TERCEIRIZAÇÃO EXTERNA

A responsabilidade da cadeia produtiva pelo direito fundamental ao trabalho digno

AUTORIA
HELDER SANTOS AMORIM

LTr®

TERCEIRIZAÇÃO EXTERNA

A responsabilidade da cadeia produtiva pelo direito fundamental ao trabalho digno

Prefácio de
GABRIELA NEVES DELGADO

2023

LTr Editora Ltda.

Rua Jaguaribe, 571
CEP 01224-003
São Paulo, SP — Brasil
Fone (11) 2167-1101
www.ltr.com.br
Março, 2023

Produção Gráfica e Editoração Eletrônica: PIETRA DIAGRAMAÇÃO
Projeto de Capa: DANILO REBELLO
Impressão: META BRASIL

Versão impressa — LTr 6403.8 — ISBN 978-65-5883-224-9
Versão digital — LTr 9879.4— ISBN 978-65-5883-225-6

Dados Internacionais de Catalogação na Publicação (CIP)
(Câmara Brasileira do Livro, SP, Brasil)

Amorim, Helder Santos

Terceirização externa: A responsabilidade da cadeia produtiva pelo direito fundamental ao trabalho digno/Helder Santos Amorim. – São Paulo: Ltr, 2023.

Bibliografia.

ISBN 978-65-5883-224-9

1. Direito do trabalho 2. Terceirização – Legislação – Brasil 3. Terceirização do trabalho I. Título.

23-146183 CDU-34:331(81)

Índices para catálogo sistemático:

1. Brasil: Terceirização: Direito do trabalho 34:331(81)

Aline Graziele Benitez – Bibliotecária - CRB-1/3129

Dedico esta obra a *mainha, Marilene de Oliveira Santos Amorim.*

Na primeira semana de escrita desta obra, *ela* encantou-se em memórias de amor, que agora aquecem meu coração e iluminam ternamente meus passos nessa insólita jornada.

Memória

Amar o perdido
deixa confundido
este coração.

Nada pode o olvido
contra o sem sentido
apelo do Não.

As coisas tangíveis
tornam-se insensíveis
à palma da mão.

Mas as coisas findas
muito mais que lindas,
essas ficarão.

(Carlos Drumond de Andrade)

AGRADECIMENTOS

À querida Professora e Orientadora da tese de doutorado desenvolvida na Universidade de Brasília, que deu origem a esta obra, *Gabriela Neves Delgado,* fonte de inspiração e estímulo dedicado à pesquisa comprometida com a construção de conhecimento a serviço dos mais elevados valores humanos.

Aos integrantes da banca examinadora da tese de doutorado, Professores *Márcio Túlio Viana, Silvio Beltramelli Neto, Renata Queiroz Dutra* e *Wilson Roberto Theodoro Filho,* pela dedicada contribuição na avaliação da pesquisa, fonte de elevado conhecimento e aperfeiçoamento.

Aos meus amados pais, *Laumyrton* e *Marilene* (em memória), pelo amor com que me ensinaram a viver e pelas lutas que me propiciaram essa valiosa conquista. Obrigado pelo amanhecer de todos os dias da minha vida!

À minha amada esposa e companheira de sonhos, *Ema,* pelo amor compartilhado, que renova de esperanças e alimenta de sentido *nosso* caminho.

Aos meus filhos, *Felipe* e *André,* amores da minha vida, que me ensinam as maravilhas e os desafios do novo mundo. À minha querida nora *Isabella,* companhia afetuosa que enche de alegria nossos corações.

Às minhas amadas irmãs *Sandra* e *Aline,* às amadas sobrinhas *Isabela* e *Luiza,* e a toda a querida família, pelo afeto acolhedor, que me alimenta de força e estímulo.

Em especial, às memórias de *vovó Nana* e *vovô Dino, vovó Sinha* e *vovô Arlindo,* pelas lutas desbravadoras e amorosas que deram vida aos nossos sonhos.

Aos meus amados sogros, *Tatá* e *Vera* (em memória), e a toda a querida família Oliveira, pela confiança afetuosa e acolhedora.

Ao Ministério Público do Trabalho, pelas experiências e oportunidades no enfrentamento do tema da pesquisa que deu origem a esta obra.

Às colegas e aos colegas, amigas e amigos *Afonso de Paula Pinheiro Rocha, Alberto Emiliano de Oliveira Neto, Ana Cláudia Nascimento Gomes, Bruno Albergaria, Carlos Eduardo de Azevedo Lima, Christiane Vieira Nogueira, Ilan Fonseca de Souza, Lorena Vasconcelos Porto, Luisa Nunes de Castro Anabuki, Lutiana Nacur Lorentz, Maurício Ferreira Britto* e *Tiago Muniz Cavalcanti,* pelo generoso auxílio no desenvolvimento da pesquisa.

Ao amigo e entusiasta Professor Cristiano Otávio Paixão Araújo Pinto, pela valiosa contribuição em estudos essenciais à pesquisa científica.

Aos eminentes Desembargadores integrantes da 1ª Turma do Tribunal Regional do Trabalho da 3ª Região, *Adriana Goulart de Sena Orsini, Emerson José Alves Lage, Luiz Otávio Linhares Renault* e *Maria Cecília Alves Pinto,* pelo aprendizado de respeito aos direitos fundamentais dos trabalhadores, na atuação judicante, fonte de permanente estímulo ao estudo do Direito do Trabalho.

A *Micailovitch Andre Ferreira,* amigo bibliotecário da biblioteca da Procuradoria Regional do Trabalho da 3ª Região, e a *Regina Divina Malaquias de Carvalho,* amiga servidora, pelo generoso e vocacionado auxílio nas atividades de pesquisa.

À querida servidora, analista e assessora do 11º Ofício da Procuradoria Regional do Trabalho da 3ª Região, *Tatiane Andrade*, pela companhia competente e solidária na condução das atividades institucionais, no curso da pesquisa.

Aos queridos amigos advogados *Ronaldo Curado Fleury, Gustavo Teixeira Ramos, Mauro de Azevedo Menezes* e *Milena Pinheiro Martins*, pelas ricas reflexões compartilhadas nos embates em torno do tema da terceirização no STF, essenciais à formulação da tese.

À Universidade de Brasília (UnB), ao Programa de Pós-Graduação em Direito (PPGD) e, em especial, aos queridos professores e queridas professoras, servidores e servidoras da UnB, que generosamente contribuíram para a construção da tese que deu origem à presente obra.

Muito obrigado.

SUMÁRIO

PARTE 1

Lista de Siglas

ADC – Ação Declaratória de Constitucionalidade

ADPF – Arguição de Descumprimento de Preceito Fundamental

AIRE – Agravo de Instrumento em Recurso Extraordinário

ANTD – Agenda Nacional do Trabalho Decente

APEC – Cooperação Econômica Ásia-Pacífico

CAFTA-RD – *Central America Free Trade Agreement and Dominican Republic* (Acordo de Livre Comércio dos EUA com a América Central e a República Dominicana)

CATSCA – Lei de Transparência em Cadeias de Suprimentos da Califórnia

CCB – Código Civil Brasileiro

CCQs – Círculos de Controle de Qualidade ou Círculos de Qualidade Total

CDC – Código de Defesa do Consumidor

CDPD – Convenção sobre os Direitos das Pessoas com Deficiência

CEDH – Comitê Empresas e Direitos Humanos

CERES – Coalición para unas Economías Responsables con el Medio Ambiente

CEREST – Centros de Referência em Saúde do Trabalhador

CIDH – Corte Interamericana de Direitos Humanos

CLT – Consolidação das Lei do Trabalho

CNDH – Conselho Nacional de Direitos Humano

CNMP – Conselho Nacional do Ministério Público

CODEMAT – Coordenadoria Nacional de Defesa do Meio Ambiente do Trabalho

CONAETE – Coordenadoria Nacional de Erradicação do Trabalho Escravo

Confederação Sindical Internacional (CSI), Coordinfância – Coordenadoria Nacional de Combate à Exploração do Trabalho da Criança e do Adolescente

CPC – Código de Processo Civil

CR – Constituição da República

CSI – Confederação Sindical Internacional

CT&I – Ciência, Tecnologia e Inovação

ECA – Estatuto da Criança e do Adolescente

ECT – Economia dos Custos de Transação

EMN – Empresa multinacional

ETN – Empresa transnacional

EUA – Estados Unidos da América

FLA – Fair Labour Association

FLACA – Charter Agreement

GCC – *Global Commodity Chains* (Cadeias Globais de Mercadorias)

GEFM – Grupo Especial de Fiscalização Móvel

GPS – Caux Round Table Principles, Global Sullivan Principles

GRI – Global Reporting Initiative

GSP – Global Sullivan Principles

GVC – *Global Value Chains* (Cadeias Globais de Valor)

IBGE – Instituto Brasileiro de Geografia e Estatística

IDH – Índice de Desenvolvimento Humano

ISO – International Organization for Standardization

ITA – Tecnologia da Informação e Comunicação

Jetro – *Japan External Trade Organization* (Organização do Comércio Exterior do Japão)

LINDB – Lei de Introdução às Normas do Direito Brasileiro

MEI – Microempreendedores Individuais

Mercosul – Mercado Comum do Sul

MPT – Ministério Público do Trabalho

MTE – Ministério do Trabalho e Emprego

NAFTA – *North American Free Trade Agreement* (Acordo de Livre Comércio da América do Norte)

NR – Norma Regulamentadora

OCDE – Organização para a Cooperação e Desenvolvimento Econômico

OIT – Organização Internacional do Trabalho

OMC – Organização Mundial do Comércio

ONG – Organização não-governamental

ONU – Organização das Nações Unidas

P&D – Pesquisa e Desenvolvimento

PEA – População Economicamente Ativa

PIB – Produto Interno Bruto

PNB – Produto Nacional Bruto

PNETD – Plano Nacional de Emprego e Trabalho Decente

PNUD – Programa das Nações Unidas para o Desenvolvimento

PPRA – Programa de Prevenção de Riscos Ambientais

PRT – Procuradoria Regional do Trabalho

RE – Recurso Extraordinário

RENAST – Rede Nacional de Atenção Integral à Saúde do Trabalhador

RSE – Responsabilidade Social Empresarial

SAI – Social Accountability International

STF – Supremo Tribunal Federal

SUS – Serviço Único de Saúde

TAC – Termo de Ajustamento de Conduta

TRT – Tribunal Regional do Trabalho

TST – Tribunal Superior do Trabalho

UNCTAD – Conferência das Nações Unidas sobre Comércio e Desenvolvimento

Lista de Figuras

PREFÁCIO

Aprendi com Paulo Freire que espaços de orientação abertos ao pensar, à liberdade de expressão, à construção de afetos e à exaltação da criatividade refletem a natureza constitutiva da educação enquanto uma prática formadora fundada numa perspectiva essencialmente humana[(1)].

A prática educativo-criativa anuncia, assim, a experiência do ensinar não como um ato de mera transferência de conhecimento ou do desempenho de destrezas, mas como um espaço de criação de possibilidades para a sua produção ou (re)construção. E este movimento só se efetiva se a relação entre quem ensina e quem aprende for recíproca, numa dinâmica de engrandecimento simultâneo de formação e ressignificação[(2)].

Receber *Helder Santos Amorim*, na condição de doutorando, após sua aprovação exitosa no processo seletivo do Programa de Pós-Graduação em Direito da Universidade de Brasília (UnB), foi uma honra. Primeiro, porque tivemos a oportunidade de retomar a parceria acadêmica inaugurada, em 2014, quando publicamos o livro dual "Os Limites Constitucionais da Terceirização", pela LTr Editora[(3)]. Segundo, porque, no doutorado, Helder Amorim recuperou a pesquisa sobre a terceirização trabalhista, desta vez com ênfase na terceirização externa, tema de nosso interesse comum a que direcionamos os estudos há um bom tempo. E, terceiro, pelo privilégio de estar ao lado de um pesquisador com formação jurídica sólida, coerente, respeitoso e com uma visão de Direito do Trabalho rigorosamente fundada na matriz filosófica humanística da Constituição Federal de 1988.

Por essas razões, o processo de orientação do qual resultou a tese de doutorado, ora publicada como livro pela Editora LTr, fluiu num movimento crescente e recíproco de construção de saberes, pelo qual sou sinceramente grata.

Estudar a terceirização não é tarefa fácil. Trata-se de tema altamente complexo, caracterizado como um dos mais "agudos conflitos de classe judicializados na atualidade brasileira"[(4)]. Ainda assim, Helder Amorim decidiu enfrentar o desafio, e o fez em terreno arenoso, o campo da terceirização externa ou externalização, dinâmica interempresarial que se espraiou, "nas últimas décadas do século XX, por todos os setores da atividade econômica, tornando-se o principal instrumento da organização produtiva flexível utilizado pelas grandes corporações dos países centrais para descentralizar e fragmentar geograficamente suas cadeias produtivas, ao redor do mundo".

A partir de extensa pesquisa multidisciplinar, confirma que as empresas fornecedoras terceirizadas de grandes cadeias produtivas, em diversos setores econômicos, tanto no plano internacional como no doméstico, tendem a precarizar as condições de trabalho, provocando graves violações aos direitos humanos trabalhistas, com destaque para o uso reiterado de "trabalho informal, sem garantias sociais mínimas, jornadas exaustivas e condições aviltantes de remuneração e descanso, problemas relacionados

---

(1) FREIRE, Paulo. *Pedagogia da Autonomia*. Rio de Janeiro: Paz e Terra, 2021. pp.9, 14, 32.
(2) *Idem*. p. 23.
(3) DELGADO, Gabriela Neves; AMORIM, Helder Santos. *Os Limites Constitucionais da Terceirização*. São Paulo: LTr, 2014.
(4) DELGADO, Gabriela Neves; AMORIM, Helder Santos. *Os Limites Constitucionais da Terceirização*. São Paulo: LTr, 2014.

à discriminação, à saúde e à segurança, ao cerceio da liberdade sindical, ao uso do trabalho infantil e do trabalho escravo".

Após minucioso diagnóstico, Helder Amorim passa à fase propositiva do texto, momento em que articula alternativas e propõe soluções jurídicas face aos impactos provocados pela terceirização externa, enquanto mecanismo de superexploração de mão de obra nas cadeias produtivas.

No plano teórico, a tese foi elaborada com suporte no *conceito de trabalho decente*, construído e promovido pela OIT "como importante paradigma internacional mínimo cogente de direitos humanos socio-trabalhistas" e na *teoria do direito fundamental ao trabalho digno*, "noção constitucional resultante do nexo lógico entre o direito fundamental ao trabalho, os direitos decorrentes do trabalho e a dignidade da pessoa humana, fundamento nuclear do Estado Democrático de Direito", principal eixo teórico das pesquisas em Direito Constitucional do Trabalho desenvolvidas sob minha orientação na Faculdade de Direito da UnB.

Partindo do cenário internacional, Helder Amorim discorre amplamente sobre os padrões regulatórios mínimos globais de respeito à pessoa humana, em especial no plano das relações entre empresas e direitos humanos, com ênfase para a Declaração da OIT sobre os Princípios e Direitos Fundamentais do Trabalho, de 1998, os Princípios Orientadores da ONU sobre Empresas e Direitos Humanos, de 2011, e as soluções propostas pela OIT, em sua 105ª Conferência Internacional, para o problema do trabalho precário nas cadeias globais de mercadorias, relacionadas aos mecanismos de governança pública e privada das cadeias produtivas.

Em seguida, volta-se para a análise da tutela pública em âmbito nacional e se lança ao desafio inédito de formular as bases de uma "teoria da responsabilidade dos agentes econômicos condutores das cadeias produtivas e, em particular, da empresa-líder, por afronta aos direitos humanos socio-trabalhistas dos trabalhadores terceirizados", oferecendo soluções de responsabilidade preventiva e reparatória. E o faz com respaldo na sólida estrutura normativa internacional, constitucional e infraconstitucional em torno da matéria, no âmbito da jurisdição brasileira.

Assim propõe uma "estrutura tridimensional das *responsabilidades em cadeia* pelo direito fundamental ao trabalho digno, nas cadeias produtivas empresariais descentralizadas", com as seguintes frentes de reparação por ele sistematizadas: a "responsabilidade trabalhista da empresa empregadora-fornecedora"; a "responsabilidade subsidiária da empresa contratante da fornecedora, que consiste em espécie de *garantia de cumprimento* dos direitos dos trabalhadores terceirizados"; e a "*responsabilidade civil-trabalhista objetiva direta* da empresa-líder pela observância dos direitos humanos socio-trabalhistas em toda a cadeia produtiva, seja essa empresa a contratante direta ou indireta da empresa fornecedora-empregadora".

Ao final do percurso da pesquisa, ainda nos brinda com o "estudo da tutela coletiva judicial e extrajudicial do direito fundamental ao trabalho digno na cadeia produtiva empresarial descentralizada à luz de *fundamentos centrais e complementares* utilizados pelo Ministério Público do Trabalho (MPT) em sua atuação judicial voltada à responsabilização de empresas contratantes de terceirização externa".

Este seguramente é um dos pontos altos da obra, momento em que o autor-pesquisador reconhece o plano teórico e o projeta em termos práticos, ressignificando o conhecimento e se alongando para a produção de soluções jurídicas abrangentes e adequadas à realidade da terceirização externa nas cadeias produtivas, a partir da sua comprometida atuação profissional enquanto Procurador Regional do Trabalho.

Enfim, os leitores terão acesso a um texto denso e sólido, que esgota o tratamento técnico referente à responsabilidade jurídica nas cadeias produtivas empresariais descentralizadas, mas que, sobretudo, impulsiona reflexões profundas e interdisciplinares sobre a necessária preservação e defesa dos direitos humanos trabalhistas.

Brasília, fevereiro de 2023.

Gabriela Neves Delgado

Professora Associada de Direito do Trabalho da Faculdade de Direito da UnB. Pesquisadora Coordenadora do Grupo de Pesquisa Trabalho, Constituição e Cidadania (UnB/CNPq). Pós-Doutorado em Desigualdades Globais e Justiça Social: diálogos sul e norte pela Faculdade Latino-Americana de Ciências Sociais e seu Colégio Latino Americano de Estudos Mundiais (FLACSO). Pós-Doutorado em Sociologia do Trabalho pelo Instituto de Filosofia e Ciências Humanas da Universidade Estadual de Campinas (UNICAMP). Doutora em Filosofia do Direito pela Universidade Federal de Minas Gerais (UFMG). Mestre em Direito do Trabalho pela Pontifícia Universidade Católica de Minas Gerais (PUC Minas). Advogada.

INTRODUÇÃO

A reestruturação flexível da organização produtiva na economia mundial globalizada, a partir da década de 1970, ocorreu no contexto de um grande movimento de relocalização industrial, em que fortes setores industriais dos países centrais transferiram suas plantas empresariais e/ou terceirizaram suas atividades industriais para países em desenvolvimento ou de industrialização tardia, em busca de vantagens ambientais, fiscais e trabalhistas, sobretudo para redução de custos produtivos. Tratava-se de uma intensa reformulação do modelo de organização produtiva, promovida pelo grande capital, que se expandiu financeiramente e se redirecionou a uma forma de produção especulativa, com vistas à recuperação dos níveis de lucratividade das décadas anteriores.

Desse movimento resultaram a desindustrialização nos países centrais e a industrialização tardia de países periféricos, o que intensificou a fragmentação internacional da produção. Essa fragmentação deu-se por meio de investimentos diretos das grandes corporações nos países periféricos, mas também e de forma progressiva, por meio da terceirização de atividades de manufatura que demandam uso mais intensivo de mão de obra e de recursos naturais, as quais foram direcionadas a regiões periféricas em busca de ambientes desregulados, com mão de obra farta e barata.[(1)]

A esse tipo de terceirização, que tem por objeto ciclos produtivos completos, executados por empresas terceirizadas em suas próprias plantas empresariais, com vistas ao fornecimento de um bem ou serviço destinado a integrar o processo produtivo da empresa contratante ou tomadora, convencionou-se denominar de *terceirização externa* ou de *externalização*. É assim identificada para contrastar com a *terceirização interna*, a típica *terceirização de serviços* em que a empresa contratante traz para dentro de sua planta ou do processo produtivo por ela diretamente executado empregados da empresa prestadora para desenvolver atividades que lhe são inerentes.

Aliada a mecanismos da cultura empresarial *toyotista* e sob impulso do desenvolvimento tecnológico dos transportes e das comunicações, a terceirização externa espraiou-se, nas últimas décadas do século XX, por todos os setores da atividade econômica, tornando-se o principal instrumento da organização produtiva flexível utilizado pelas grandes corporações dos países centrais para descentralizar e fragmentar geograficamente suas cadeias produtivas, ao redor do mundo.

Nesse movimento, a terceirização externa intensificou a descentralização e o fluxo de grandes cadeias produtivas transnacionais de mercadorias, coordenadas

---

(1) Estudos sociológicos que serão aprofundados no Capítulo 2 referem-se à desindustrialização *dos* países ricos como consequência do movimento feito por suas grandes indústrias tradicionais, que mudaram suas plantas ou externalizaram muitas de suas atividades industriais para o sudeste asiático e outros países em desenvolvimento, a partir da década de 1970. A referência à desindustrialização *nos* países ricos, acima adotada, parte da premissa de que o deslocamento geográfico de atividades industriais para outros países e regiões menos desenvolvidas não retira dos países ricos o domínio econômico sobre as atividades industriais transferidas. Essas atividades continuam sendo desenvolvidas para as corporações dos países centrais, sob seu controle estratégico, ainda que a execução produtiva seja delegada a subsidiárias ou a empresas terceirizadas situadas em países menos desenvolvidos.

e conectadas à distância pelas empresas-líderes contratantes – grandes indústrias, exportadoras, redes comerciais varejistas e proprietárias de grandes marcas. Estas mantiveram sob sua execução direta, nos países centrais, as atividades de maior valor agregado, como as atividades de pesquisa, concepção, *marketing*, comercialização e de gestão das cadeias produtivas, terceirizando as atividades de produção, sujeitas a maiores comprometimentos de mão de obra e recursos naturais.

As empresas contratadas, por sua vez, também subdividiram e subcontrataram total ou parcialmente as atividades produtivas a empresas ainda menores, cada vez mais distantes geograficamente da contratante principal, e assim sucessivamente, criando um amplo e difuso mercado global de serviços e produtos especializados, voltados a atender o processo produtivo das grandes corporações.

Esse processo de intensa divisão do trabalho entre empresas, que impulsionou a especialização produtiva, foi naturalmente determinado pela busca de uma racionalização ainda mais intensiva de custos com mão de obra e recursos naturais, em patamares que a grande empresa verticalizada fordista dos países centrais já não alcançava com a mera especialização interna de tarefas em departamentos ou seções.

Assim deslocaram-se inúmeras atividades industriais e de serviços para países periféricos, em busca de ambientes desregulados, com grande oferta de mão de obra e recursos naturais. Nessas localidades, uniram-se às atividades primárias, agropecuárias e extrativas, há séculos exploradas por grandes cadeias produtivas com emprego de trabalho rural em condições precárias para alimentar a indústria dos países centrais. O Brasil, por exemplo, desde o período colonial é alvo de exploração de bens primários que abastecem as regiões mais ricas do planeta, por meio de intrincadas cadeias transnacionais de produção, tornando-se na atualidade um grande exportador de *commodities* sob parâmetros fixados por grandes corporações transnacionais.

Desde a formação do grande capital monopolista, entre os séculos XIX e XX, as grandes corporações passaram a controlar estrategicamente o maior número possível de ciclos da cadeia produtiva dos bens de consumo, inclusive a produção da matéria-prima por elas adquirida, impondo parâmetros produtivos aos fornecedores dessas matérias-primas conforme suas próprias necessidades estratégicas de produção, e pressionando, com isso, as condições de trabalho.

A divisão e a exploração do trabalho no mercado global flexível e desregulado da atualidade acirraram a precarização do trabalho nos estratos terceirizados das cadeias produtivas transnacionais, especialmente em seus níveis de subcontratação, fomentando o uso de trabalho informal, sem garantias sociais mínimas, jornadas exaustivas e condições aviltantes de remuneração e descanso, problemas relacionados à discriminação, à saúde e à segurança, ao cerceio da liberdade sindical, ao uso do trabalho infantil e do trabalho escravo etc.,[(2)] em violação sistemática de direitos humanos socio-trabalhistas.

---

(2) O fenômeno da escravidão contemporânea será aqui retratado na expressão "*trabalho escravo*", não obstante o art. 149 do Código Penal Brasileiro a ele se refira como "*trabalho análogo ao de escravo*". Adere-se com isso à posição doutrinária de Tiago Muniz Cavalcanti, para quem a norma penal "*carrega consigo certo grau de eufemismo na designação de situações que rompem os padrões mínimos de civilidade e sociabilidade*", sugerindo "*uma conotação de abrandamento da conduta*", que em nada difere da escravidão como submissão do ser humano a situações de exploração extrema e condições subumanas. CAVALCANTI, Tiago Muniz. **Sub-humanos**: o capitalismo e a metamorfose da escravidão. São Paulo: Boitempo, 2021, p. 136.

Diante da gravidade do quadro, a Organização Internacional do Trabalho (OIT), na 105ª sessão de sua Conferência Internacional, em 2016, colocou em pauta o tema do *trabalho decente nas cadeias de abastecimento mundiais.*(3)

Segundo análise da OIT, a emergência de novas potências em desenvolvimento, como China, Índia e Brasil, fez dobrar a oferta de mão de obra, com redução de custos em suas respectivas áreas produtivas, por meio do trabalho em cadeias produtivas transnacionais terceirizadas. Esse movimento ensejou um modelo de organização produtiva em que a empresa ou marca principal, demandante e detentora do poder econômico, geralmente responsável pela venda final do produto ou serviço, controla a cadeia produtiva, definindo parâmetros (*standards*) a serem cumpridos pelas redes de pequenas e médias empresas terceirizadas-fornecedoras, de âmbito local ou regional, as quais, submetidas a intensas pressões concorrenciais, terminam praticando as maiores violações de direitos trabalhistas.

Em posição de superioridade econômica, constata a OIT, a empresa-líder exerce rígido controle de sua cadeia produtiva, por meio de normas privadas de caráter técnico sobre qualidade, segurança, transporte etc. Essas normas, não raro, assumem caráter de código de ética no plano da responsabilidade socioambiental da empresa-líder, inclusive internamente, nas relações de trabalho com seus empregados. Mas, contraditoriamente, nos elos terceirizados de sua cadeia produtiva, o poder da empresa contratante para impor custos reduzidos, alta qualidade e entregas rápidas conduz a empresa terceirizada a superexplorar o trabalho de seus empregados e a extrair vantagens dos seus próprios fornecedores subcontratados, fomentando processos de trabalho altamente precarizados.

Para enfrentamento desse desafio, a 105ª Conferência da OIT propôs, entre outras medidas, o desenvolvimento de programas estatais de avanço econômico e social e a adoção de mecanismos de governação pública e privada do *trabalho decente* nas cadeias produtivas, por meio de políticas de Responsabilidade Social Empresarial (RSE) e de políticas governamentais, além da melhoria do diálogo e da parceria social e internacional.

---

(3) Na tradução para o português do relatório da 105ª Conferência Internacional do Trabalho, intitulado *Decent work in global supply chains,* a OIT traduziu a expressão *decent work* (trabalho decente) como *trabalho digno* nas cadeias de abastecimento mundiais. Consultar: ORGANIZAÇÃO Internacional do Trabalho (OIT) - Conferência Internacional do Trabalho. 105ª Sessão. Relatório IV. **Trabalho digno nas cadeias de abastecimento mundiais.** Genebra, OIT, 2016. Tradução em português disponível em: https://bit.ly/3LoxUul. Acesso em: 22 jun. 2021. Nessa pesquisa, no entanto, será adotada a expressão original – *trabalho decente* – por três razões: (1) em respeito à expressão original, que foi mantida pela OIT na tradução do relatório da Conferência para outros idiomas, como o espanhol (*El trabajo decente en las cadenas mundiales de suministro* – Disponível em: https://bit.ly/3uHo2WB. Acesso em: 12 fev. 2022.) e o francês (*Le travail décent dans les chaînes d'approvisionnement mondiales*"- Disponível em: https://bit.ly/3BfqCEy. Acesso em: 12 fev. 2022); (2) em deferência à noção de *trabalho decente* adotada pela OIT, a partir de 1999, com conteúdo específico relacionado a um conjunto de objetivos estratégicos voltados à promoção do desenvolvimento humano no século XXI, do que decorre seu caráter histórico. Consultar: BELTRAMELLI NETO, Silvio; RODRIGUES, Mônica Nogueira. Trabalho Decente: comportamento ético, política pública ou bem juridicamente tutelado? **Revista Brasileira de Políticas Públicas**, v. 11, p. 471-494, 2021; e (3) porque, na presente pesquisa, a expressão *trabalho digno* é adotada na perspectiva do modelo teórico desenvolvido por Gabriela Neves Delgado, como noção constitucional deontológica que remete ao *direito fundamental ao trabalho digno*, resultante do nexo lógico entre o direito fundamental ao trabalho, os direitos decorrentes do trabalho e a dignidade da pessoa humana, fundamento nuclear do Estado Democrático de Direito. *In*: DELGADO, Gabriela Neves. **Direito fundamental ao trabalho digno.** 2ª ed. São Paulo: LTr, 2015, p. 49 e 209.

Guardadas as proporções, o diagnóstico da OIT no plano internacional retrata idêntica realidade presente em cadeias produtivas que operam no âmbito doméstico brasileiro. Nas últimas décadas, os órgãos de fiscalização trabalhistas reiteradamente flagraram a prática de condições extremamente precárias de trabalho, com violações de direitos humanos sociotrabalhistas, em empresas fornecedoras terceirizadas de grandes cadeias produtivas, em diversos setores econômicos, no Brasil.

Estudos realizados pela Organização das Nações Unidas (ONU) e outros organismos internacionais apontam a grande incidência de trabalho infantil nos elos iniciais (produção de matéria-prima) de grandes cadeias produtivas transnacionais, com destaque para a produção de alimentos e o extrativismo, na América Latina, o que afeta diretamente o Brasil, como maior exportador de *commodities* alimentícios da região.[(4)]

Além disso, a realidade forense trabalhista revela grande quantidade de lides individuais e coletivas decorrentes de violações sistemáticas de direitos humanos trabalhistas em pequenas e médias empresas que produzem e fornecem matérias-primas, semimanufaturados ou bens de consumo prontos para grandes cadeias produtivas. Nessas lides facilmente constata-se que as empresas terceirizadas atuam em posição de profunda inferioridade econômica e de poder contratual, sob rígidos parâmetros produtivos fixados pelas empresas-líderes das respectivas cadeias produtivas (o que produzir, quantidade, qualidade, prazo de entrega, preço etc.), com isso afetando diretamente suas condições de produção e de trabalho.

Despidas de estrutura econômica e poder negocial para oferecer condições dignas de trabalho, as empresas fornecedoras-empregadoras negam efetividade aos direitos humanos trabalhistas, suscitando a questão de saber como se articulam as responsabilidades dos demais agentes econômicos da cadeia produtiva em face desses direitos e, em especial, a responsabilidade da empresa-líder que controla estrategicamente a rede contratual.

A contratualização da produção por meio da terceirização externa, para além de constituir técnica empresarial de descentralização produtiva, precisa ser compreendida como poderoso mecanismo de organização de grandes cadeias produtivas lideradas por megacorporações, titulares do produto ou da marca, que exercem a governação de todos ou quase todos os ciclos do processo produtivo, para deles extrair o máximo de valor agregado.

No exercício dessa governação, as empresas-líderes geram pressões competitivas sobre as empresas fornecedoras-terceirizadas com vistas a obter a maior racionalização possível de custos, inclusive trabalhistas, induzindo com isso ambiente propício para a precarização de condições de trabalho e a redução de direitos dos trabalhadores terceirizados.

Os problemas trabalhistas daí decorrentes, embora diretamente vinculados à organização terceirizada da cadeia produtiva, não costumam ser tratados, no Brasil, como questões afetas à terceirização. O disciplinamento justrabalhista da terceirização aqui restou prioritariamente focado na terceirização de serviços, em sua dimensão interna, com a preocupação de evitar seu uso como instrumento de fraude à relação de emprego. Nesse sentido, a Súmula 331 do TST por mais de trinta anos vedou a terceirização de serviços em atividades finalísticas da empresa tomadora.

---

(4) CESARA, Marques. América Latina lidera trabalho infantil em cadeias produtivas. **Brasil de Fato**, 18 nov. 2019. Disponível em: https://bit.ly/3dmljbN. Acesso em: 22 jun. 2021.

Atualmente, nem mais essa preocupação orienta a legislação sobre o tema, pois as Leis n. 13.429/2017 e n. 13.467/2017, que inseriram novos dispositivos à Lei n. 6.019/1974, disciplinando o *contrato de prestação de serviços a terceiros*, autorizaram a terceirização em quaisquer atividades da empresa tomadora. Essa disciplina jurídica da terceirização na iniciativa privada fixa os marcos legais do contrato interempresarial de serviços e estabelece as responsabilidades das empresas contratantes. Mas não regulamenta diretamente os contratos interempresariais de fornecimento terceirizado de bens, objeto central da terceirização externa, e nem costuma ser invocada para essa finalidade, na prática forense justrabalhista.

A efetividade dos direitos humanos sociotrabalhistas nos elos terceirizados das cadeias produtivas exige, assim, a construção de soluções que apreendam os impactos da terceirização externa sobre aqueles direitos, na medida do seu uso como mecanismo de superexploração de mão de obra nos elos terceirizados das cadeias produtivas.

No plano internacional, para enfrentamento desse desafio nas cadeias transnacionais de mercadorias, a OIT propõe, entre outras medidas, a adoção articulada de mecanismos de governação pública e privada das cadeias produtivas: a *governação privada*, como conjunto de ações a cargo das empresas-líderes das cadeias produtivas, no plano de sua RSE (responsabilidade social empresarial), voltadas a exigir e fiscalizar o cumprimento de um padrão mínimo internacional de respeito aos direitos dos trabalhadores; e a *governação pública*, enquanto dever do Estado de promover, ao nível nacional, o respeito pela legislação trabalhista, desenvolvendo as funções administrativas, de inspeção do trabalho, e jurisdicional, de solução de conflitos trabalhistas.[5]

Tomando a dimensão da *governação pública*, identificada pela OIT como espaço de construção e aplicação das soluções estatais de responsabilidade por violações de direitos, no plano da dogmática jurídica, *a presente obra propõe-se a formular as bases de uma teoria da responsabilidade dos agentes econômicos das cadeias produtivas e, em particular, da empresa-líder, pelos direitos humanos sociotrabalhistas dos trabalhadores terceirizados.*

Será adotada, para isso, perspectiva de análise ampliada do fenômeno da terceirização externa, como mecanismo de organização da *cadeia produtiva* tomada como *locus* fenomenológico e como agente condutor do processo produtivo, articulador dos fatores de produção, inclusive da força de trabalho terceirizada.

Partindo da compreensão sociológica do modo de exploração flexível do trabalho na globalização neoliberal contemporânea, a obra lança-se ao desafio de construir uma teoria de responsabilidade por direitos humanos dos trabalhadores terceirizados em cadeias produtivas controladas por grandes corporações, que apreenda a racionalidade das relações de poder travadas entre as corporações controladoras e suas redes de fornecedores.

No plano jurídico, a formulação tomará como paradigma o *direito fundamental ao trabalho digno*, noção constitucional resultante do nexo lógico entre o direito fundamental ao trabalho, os direitos decorrentes do trabalho e a dignidade da pessoa humana, fundamento nuclear do Estado Democrático de Direito.

O livro divide-se em duas partes. A Parte 1, que compreende os Capítulos 1 a 4, dedica-se à explicação dos processos sociais que configuram o fenômeno da

---

(5) ORGANIZAÇÃO Internacional do Trabalho (OIT). **Conferência Internacional do Trabalho.** 105ª Sessão. Relatório IV. **Trabalho digno nas cadeias de abastecimento mundiais.** *Ob. cit.*

terceirização externa como mecanismo de divisão e exploração do trabalho nas cadeias produtivas nacionais e transnacionais, e as relações de poder que decorrem dessa organização contratualizada do processo produtivo.

A Parte 2, do Capítulo 5 ao Capítulo 8, com uso instrumental das categorias sociológicas formuladas na primeira parte do estudo, direciona-se a propor soluções de responsabilidade jurídica dos agentes econômicos condutores das cadeias produtivas por direitos dos trabalhadores terceirizados, articulando argumentativamente o arcabouço normativo internacional, constitucional e infraconstitucional em torno da matéria, no âmbito da jurisdição brasileira.

Na primeira parte, protagonizada pelas Ciências Sociais, a obra será conduzida por análises históricas, sociológicas e econômicas sobre a divisão internacional do trabalho nas cadeias produtivas transnacionais, denominadas pela doutrina de *cadeias globais de mercadorias, cadeias globais de commodities* ou *cadeias globais de valor*, a depender do enfoque analítico. Adota-se, nessa primeira parte, metodologia bibliográfica teórico-exploratória das categorias estudadas, mediante articulação crítica de produções doutrinárias e emprego de raciocínio dedutivo.

No Capítulo 1, será analisado o problema do trabalho precário nos estratos terceirizados das cadeias produtivas, abordando as principais categorias de análise social a serem enfrentadas, com a identificação conceitual e analítica dos fenômenos da *terceirização externa* e da *cadeia produtiva*. A partir desses conceitos, será proposta a figura da *cadeia produtiva empresarial descentralizada* – assim considerada a cadeia produtiva controlada por uma grande corporação, que utiliza a terceirização externa como método de organização de seus processos produtivos –, enquanto categoria sociológica central de análise, que orientará a formulação teórica dos estudos sobre a responsabilidade.

A divisão internacional do trabalho será analisada, no Capítulo 2, sob o prisma teórico do *sistema-mundo*, capitaneado por Immanuel Wallerstein, uma visão crítica particular sobre o modo como o sistema capitalista mundial originou-se e estratificou-se, desde o século XVI, por meio dos grandes movimentos econômicos travados no âmbito das cadeias transnacionais de produção e, nesse contexto, sobre o modo como o Brasil integrou-se a esse sistema econômico mundial.[6] O capítulo dedica-se a investigar a racionalidade expropriatória de valor inerente à divisão do trabalho nas cadeias produtivas, que culminou na organização empresarial flexível e fragmentária nas últimas décadas do século XX.

Com aporte nessas noções, no Capítulo 3 será desenvolvida a análise histórica da organização do processo produtivo empresarial na formação do sistema capitalista, de modo a fornecer os elementos necessários à compreensão da dinâmica da terceirização externa ou externalização, com especial enfoque no paradigma organizacional empresarial toyotista. O modelo organizacional, instrumento de divisão e exploração flexível do trabalho, será analisado na economia globalizada contemporânea e, particularmente, na realidade econômica brasileira.

Por fim, no Capítulo 4, será desenvolvida a análise da governação da cadeia produtiva empresarial descentralizada, de modo a identificar como as relações de poder tipicamente assimétricas se estabelecem entre a empresa-líder e a rede de fornecedores

---

(6) WALLERSTEIN, Immanuel. **Capitalismo histórico e civilização capitalista**. Trad. Renato Aguiar. *E-book*. 1ª ed. Rio de Janeiro: Contraponto Editora, 2001.

terceirizados. Nesse ponto, será feito um giro de perspectiva para compreender a governação sob a lógica da *cadeia global de valor*, noção econômica de matiz liberal, que enfoca a governação da cadeia produtiva como atividade voltada a promover agregação de valor a cada ciclo de produção, para orientar a tomadas de decisões públicas e privadas quanto a investimentos e mercados estrangeiros.

Com base em estudos empíricos, serão identificados diferentes tipos de cadeias produtivas, segundo o nível do controle exercido pela empresa-líder sobre as redes de fornecedores. A partir desses dados, será traçado estudo dos elementos que integram um quadro de governação intensamente verticalizado das cadeias produtivas empresariais descentralizadas, sob controle estratégico da empresa-líder, formando uma relação de *hierarquia produtiva estratégica* com sua rede de fornecedores.

No plano dessa relação interempresarial assimétrica, será investigada a natureza do controle estratégico exercido pela empresa-líder sobre as atividades externalizadas e a posição de *subordinação* das empresas fornecedoras aos parâmetros de governação firmados pela empresa-líder, formulando-se a correlação desses fatores com as condições de trabalho praticadas nos elos terceirizadas das cadeias produtivas.

Identificado, assim, o arcabouço fenomenológico que dá forma ao problema, a segunda parte da obra será protagonizada pela Ciência Jurídica, com propostas interpretativas voltadas a oferecer soluções de responsabilidade preventiva e reparatória dos agentes econômicos centrais das cadeias produtivas empresariais pelos direitos humanos sociotrabalhistas dos trabalhadores terceirizados. Será adotada metodologia bibliográfica jurídico-exploratória, mediante análise crítica de produções doutrinárias e exame da legislação atualizada acerca dos temas.

No Capítulo 5, será analisado o problema da violação de direitos humanos socio-trabalhistas praticada por empresas-líderes de cadeias produtivas transnacionais na exploração de atividades econômicas em países em desenvolvimento, onde se fazem sentir mais intensamente os impactos deletérios da globalização neoliberal sobre as condições de trabalho, e os desafios da governação do trabalho no plano internacional.

Será investigado, nesse capítulo, como os organismos internacionais, em especial a ONU e a OIT, vêm enfrentando os impactos da globalização sobre os direitos humanos, inclusive os direitos relacionados ao trabalho, e construído padrões regulatórios mínimos globais de respeito à dignidade da pessoa humana, em especial no plano da relação entre *empresas e direitos humanos*.

Identificada a estrutura normativa internacional aplicável ao tema, com foco na Declaração da OIT sobre os Princípios e Direitos Fundamentais do Trabalho (1998) e nos Princípios Orientadores da ONU sobre Empresas e Direitos Humanos (2011), serão analisadas as soluções propostas pela OIT, em sua 105ª Conferência Internacional, para o problema do trabalho precário nas cadeias globais de mercadorias, relacionadas aos mecanismos de governação pública e privada das cadeias produtivas.

Ainda no Capítulo 5 serão analisados os mecanismos internacionais de governação privada do trabalho (*soft law*), tais como as normas editadas por organismos multilaterais, os códigos de responsabilidade empresarial socioambiental, os sistemas de certificação e os acordos-marcos sindicais internacionais, e será demonstrada a insuficiência de suas soluções sem uma correspondente governação pública do trabalho no plano do Estado-nação, que garanta a eficácia dos instrumentos de governação privada em sua jurisdição.

Diante da lacuna de mecanismos jurídicos supraestatais, no plano do Direito Internacional, capazes de impor diretamente às empresas transnacionais um padrão normativo cogente internacional de direitos trabalhistas, no Capítulo 6 a obra volta-se para a análise da tutela pública *nacional* desses direitos. Sob influência da leitura pós-colonial do sistema-mundo, estudada no Capítulo 2, e sob aporte teórico de Boaventura de Sousa Santos, será proposta uma teoria responsabilizatória por direitos humanos sociotrabalhistas nas cadeias produtivas a partir de soluções locais contra-hegemônicas, em que os direitos humanos sejam transformados em um discurso emancipatório para os trabalhadores terceirizados, das periferias dos espaços produtivos.(7)

Nesse contexto, serão apresentadas, no Capítulo 6, as bases de uma teoria responsabilizatória da cadeia produtiva, no plano nacional. Serão analisadas as potencialidades transformadoras da noção de *trabalho decente*, construída e promovida pela OIT como importante paradigma internacional mínimo cogente de direitos humanos sociotrabalhistas, e sua transposição para a realidade nacional. Em seguida, será apresentada como eixo axiológico e baliza hermenêutica central da proposta teórica a categoria jurídica do *direito fundamental ao trabalho digno*, uma construção-síntese de valores humanos e democráticos, dimensão dos direitos humanos sociotrabalhistas positivados, que constitui barreira humanística intransponível de proteção contra a degradação e reificação do trabalho.(8)

Esteado na formulação teórica de Gabriela Neves Delgado, o *direito fundamental ao trabalho digno* sintetiza a orientação filosófico-constitucional de valorização social do trabalho, alçado a direito fundamental pela Constituição de 1988, enquanto elemento intrinsecamente relacionado à promoção da dignidade da pessoa humana.

Ao consagrar a dignidade da pessoa humana como fundamento do Estado Democrático de Direito (CR/1988, art. 1º, IV), a Constituição da República de 1988 imputou ao Estado a função de promover a proteção do ser humano como fim em si mesmo e centro convergente de direitos, razão pela qual, a dignidade da pessoa humana do trabalhador constitui o eixo nuclear do direito fundamental ao trabalho, vocacionado a valorizar e a tutelar a pessoa do trabalhador, e não apenas o trabalho como elemento inerente à ordem econômica. Daí porque o direito fundamental ao trabalho, insculpido pela Constituição de 1988, implica um direito ao *trabalho digno*, afetado pelo conjunto de garantias indisponíveis que lhe preservam o valor social e a dignidade da pessoa humana, condição essencial para construção da identidade social do trabalhador.

Nesse sentido, integram o direito fundamental ao trabalho digno todos os direitos indisponíveis trabalhistas previstos em instrumentos internacionais de direitos humanos ratificados pelo Brasil, inclusive aqueles especificamente relacionados à proteção do trabalho, tais como a Declaração Universal dos Direitos do Homem (ratificada pelo Brasil em 10/12/1948), o Pacto Internacional dos Direitos Civis e Políticos (ratificado em 24/01/1992), o Pacto Internacional dos Direitos Econômicos, Sociais e Culturais (ratificado em 24/01/1992), a Convenção Americana de Direitos Humanos, também denominada de Pacto de San José da Costa Rica (ratificado em 25/09/1992), além do Protocolo Adicional à Convenção Americana sobre Direitos Humanos em Matéria de Direitos Econômicos, Sociais e Culturais ou Protocolo de San Salvador (ratificado em 21/08/1996).

---

(7) SANTOS, Boaventura de Sousa. Poderá o direito ser emancipatório? **Revista Crítica de Ciências Sociais**, n. 65, 3-76, 2003; SANTOS, Boaventura de Sousa. **Pelas mãos de Alice**: o social e o político na pós-modernidade. 10ª Ed. São Paulo: Cortez, 2005.

(8) DELGADO, Gabriela Neves. **Direito fundamental ao trabalho digno**. São Paulo: LTr, 2006.

Os direitos previstos nessas normas internacionais têm sua fundamentalidade ou supralegalidade ancorada no art. 5º, §§ 2º e 3º, da Constituição Federal, unindo-se aos direitos fundamentais sociais trabalhistas elencados nos artigos 7º a 11 da Constituição como um bloco de constitucionalidade, que garante o patamar mínimo civilizatório indisponível de proteção ao trabalhador, no Brasil, frente ao Estado e aos particulares.[(9)] Essa estrutura constitucional se conforma, por fim, em direitos de indisponibilidade absoluta previstos nas normas infraconstitucionais, que lhe conferem, com isso, conteúdos mínimos indispensáveis à sua concretização.

A partir dessas premissas, ainda no Capítulo 6, será proposta uma estrutura tridimensional das *responsabilidades em cadeia* pelo direito fundamental ao trabalho digno, nas cadeias produtivas empresariais descentralizadas, composta: (1) pela responsabilidade trabalhista da empresa empregadora-fornecedora; (2) pela responsabilidade subsidiária da empresa contratante da fornecedora, que consiste em espécie de *garantia de cumprimento* dos direitos dos trabalhadores terceirizados; e (3) pela *responsabilidade civil-trabalhista objetiva direta* da empresa-líder pela observância dos direitos humanos sociotrabalhistas em toda a cadeia produtiva, seja essa empresa a contratante direta ou indireta da empresa fornecedora-empregadora.

Nesse terceiro e último plano de responsabilidades, que interessa particularmente à obra, será estudada a eficácia direta do direito fundamental ao trabalho digno sobre as relações privadas de terceirização, capaz de oferecer soluções de responsabilidade da empresa-líder pelos direitos humanos sociotrabalhistas na cadeia produtiva, derivadas diretamente da Constituição. Como moldura normativa dessa responsabilidade, serão estudados os *Princípios Orientadores da ONU sobre Empresas e Direitos Humanos*, norma que constitui fonte material de Direito Internacional e prevê a responsabilidade das empresas por medidas concretas de identificação, prevenção e reparação de impactos negativos sobre os direitos humanos perpetrados no âmbito da cadeia produtiva.

No Capítulo 7, a obra encaminha-se à construção interpretativa de uma fundamentação teórico-dogmática da *responsabilidade civil-trabalhista objetiva, direta e solidária* da empresa-líder da cadeia produtiva empresarial descentralizada por direitos dos trabalhadores terceirizados, com assento na disciplina jurídico-constitucional integrativa das responsabilidades civil e trabalhista vigentes no País, funcionalmente interconectadas na concretização dos direitos fundamentais.

Na formulação do raciocínio, serão inicialmente analisadas situações em que a cadeia produtiva, enquanto rede contratual de fornecimento terceirizado, configura grupo econômico empresarial trabalhista, dando azo à *responsabilidade trabalhista* solidária entre seus integrantes (CLT, art. 2º, §§ 2º e 3º). Em seguida, será analisada a *responsabilidade subsidiária* da empresa contratante da terceirização, em face dos importantes pontos de contato que mantém com a *responsabilidade civil* da empresa-líder da cadeia produtiva empresarial descentralizada. Como estrutura central do capítulo, serão abordados os fundamentos econômicos e sociológicos da responsabilidade da empresa-líder, com auxílio do instrumental teórico da Análise Econômica do Direito. E, por fim, será proposta a fundamentação jurídica da responsabilidade civil da empresa-líder por direitos humanos sociotrabalhistas em sua cadeia produtiva, com

(9) DELGADO, Maurício Godinho; DELGADO, Gabriela Neves. **A Reforma Trabalhista no Brasil** – com os comentários à Lei n. 13.467/2017. São Paulo: LTr, 2017.

assento teórico-dogmático no instituto da responsabilidade civil, à luz da ordem jurídica constitucionalizada.

A obra finaliza-se no Capítulo 8 com o estudo da tutela coletiva judicial e extrajudicial do direito fundamental ao trabalho digno na cadeia produtiva empresarial descentralizada à luz de *fundamentos centrais e complementares* utilizados pelo Ministério Público do Trabalho (MPT) em sua atuação judicial voltada à responsabilização de empresas contratantes de terceirização externa, aqui identificadas na condição de empresas-líderes de cadeias produtivas empresariais descentralizadas.

Nesse ponto, será desenvolvida a análise de fundamentos aplicados pelo MPT em casos concretos exemplificativos de sua atuação institucional, iniciando-se por situações em que pleiteia a *responsabilidade trabalhista* das empresas-líderes, vinculadas à prática de intermediação ilícita de mão de obra, à configuração de grupo econômico trabalhista e à subordinação estrutural.

Em seguida, serão enfrentados os principais fundamentos de *responsabilidade civil* das empresas-líderes, adotados pelo MPT, relacionados ao combate ao trabalho escravo, à regularização do meio ambiente do trabalho e ao combate ao trabalho infantil, temas vinculados à sua atuação estratégica prioritária. Tais fundamentos temático-contextuais serão articulados com a *fundamentação central comum* exposta nos Capítulos 6 e 7, como suporte teórico para novas construções interpretativas.

Por fim, serão apresentados *fundamentos complementares* da responsabilidade civil-trabalhista das empresas-líderes, adotados pelo MPT em sua atuação judicial, consistentes em construções interpretativas de reforço argumentativo voltadas à aplicação expansiva dos direitos fundamentais. Nessa perspectiva, será analisada a aplicação analógica da responsabilidade civil objetiva e solidária da cadeia produtiva, prevista no Direito do Consumidor, e a teoria dos contratos coligados; a aplicação e interpretação constitucional do Decreto Federal n. 9.571/2019, que institui as Diretrizes Nacionais sobre Empresas e Direitos Humanos; e a *teoria da cegueira deliberada* à luz do dever de diligência da empresa-líder.

Essa análise de casos levada a cabo no Capítulo 8 será conduzida de forma a orientar a articulação coerente de fundamentos centrais e complementares em torno da matéria, na construção interpretativa de uma fundamentação uniforme e coesa, nos casos concretos. Os casos analisados dizem respeito a fatos amplamente noticiados pela mídia e a processos judiciais públicos, cujos dados encontram-se disponíveis nos respectivos autos judiciais, não apanhados por segredo de justiça.

Trata-se, portanto, de estudo inédito, que percorre caminho epistemológico multidisciplinar inovador em torno do tema da terceirização externa, adotada como mecanismo de organização das cadeias produtivas empresariais, em que o *controle produtivo estratégico* exercido pelas empresas-líderes contratantes, em suas variadas medidas e formas de manifestação, apresenta-se como chave de leitura fundamental para a formulação de soluções de responsabilidade abrangentes e adequadas à realidade fragmentária dos processos produtivos na economia globalizada.

Imbuída desse propósito, a obra visa a contribuir para o aperfeiçoamento dos mecanismos de governação pública do trabalho nas cadeias produtivas, e, mais precisamente, com a atuação jurisdicional do Estado brasileiro no exercício do dever de proteção aos direitos fundamentais dos trabalhadores.

PARTE 1

CAPÍTULO 1

A TERCEIRIZAÇÃO EXTERNA NA ORGANIZAÇÃO DA CADEIA PRODUTIVA: CONCEITOS PRELIMINARES

Nas últimas três décadas, o Direito do Trabalho, no Brasil, foi intensamente desafiado pelo modelo de terceirização que insere trabalhadores intermediados por terceiros no ambiente da empresa tomadora, para desenvolver atividades do seu processo produtivo, fenômeno que enseja a progressiva perda de efetividade de direitos trabalhistas.

Disfarçando verdadeira comercialização de mão de obra, esse modelo denominado de *terceirização interna* corroeu as estruturas do clássico sistema normativo de proteção ao emprego, construídas pelo Direito do Trabalho sobre a figura do vínculo de emprego entre o trabalhador e o capitalista beneficiário final de sua mão de obra.

O modelo de terceirização interna foi inicialmente disciplinado no País pelo Decreto-Lei n. 200/1967, que exortou o administrador público ao uso da subcontratação de atividades no interior da máquina pública "*com o objetivo de impedir o crescimento desmesurado da máquina administrativa*".(10) Essa legislação influenciou o progressivo movimento de terceirização na iniciativa privada, com paulatina anuência ao seu uso, pela jurisprudência trabalhista, nas atividades de apoio administrativo.(11)

Ao inserir um intermediário entre as partes da clássica relação bilateral de emprego, esse tipo de terceirização decodificou, por assim dizer, os códigos de segurança do sistema normativo justrabalhista, por força das *repercussões deletérias imanentes que produz sobre a proteção social do trabalho*.(12)

Conforme demonstram inúmeras pesquisas de campo,(13) essa terceirização pulverizou a ação sindical, em face da transferência de grande contingente de empre-

---

(10) Decreto-Lei n. 200/1967, art. 10, § 7º: "*A Administração procurará desobrigar-se da realização material de tarefas executivas, recorrendo, sempre que possível, à execução indireta, mediante contrato* (...)"
(11) AMORIM, Helder Santos. **Terceirização no serviço público** – uma análise à luz da nova hermenêutica constitucional. São Paulo: LTr, 2009, p. 115.
(12) *Idem*, p. 44.
(13) Alguns exemplos de pesquisas sobre o tema: ERMIDA URIARTE, Oscar; COLOTUZZO, Natalia. **Descentralización, tercerización, subcontratación., relaciones laborales, América Latina, países de la UE**. Lima: OIT, Proyecto FSAL, 2009. Disponível em: https://bit.ly/3Be9dLq. Acesso em: 16 jun. 2021; BIAVASCHI, Magda Biavaschi; BALTAR, Paulo Eduardo de A. **Relatório Científico Final da pesquisa A Terceirização e a Justiça do Trabalho**. Campinas/SP: Programa Cesit/IE, Fapesp, 2009. Disponível em: https://bit.ly/2Yma2DG. Acesso em: 16 jun. 2021; BRASIL, Departamento Intersindical de Estatísticas e Estudos Socioeconômicos – DIEESE. **O processo de terceirização e seus efeitos sobre os trabalhadores no Brasil**. 2007. Disponível em: https://bit.ly/3a7QdlS . Acesso em: 16 jun. 2021; BRASIL, Departamento Intersindical de Estatísticas e Estudos Socioeconômicos – DIEESE. **Nota Técnica n. 172/2017** - Terceirização

gados diretos para empresas prestadoras de serviços; por conseguinte, desintegrou a identidade de classe dos trabalhadores; desmobilizou os movimentos grevistas; ensejou empregos precários e transitórios porque as empresas fornecedoras precisam de grande flexibilidade e mobilidade externa, já que estão submetidas a ambiente de acirrada concorrência pelos contratos de prestação de serviços. Além disso, promoveu a redução salarial e de benefícios sociais dos trabalhadores terceirizados; a piora sensível das condições de saúde e segurança no trabalho dos empregados terceirizados, com eliminação de benefícios sociais diretos e indiretos; a insegurança no emprego, com ampliação da rotatividade de mão de obra, impossibilitando a integração ou a participação dos trabalhadores terceirizados nos benefícios concedidos pela empresa principal, beneficiária final de seu trabalho.(14)

Diante desse potencial destrutivo de direitos, a terceirização de serviços internos recebeu um tratamento inicialmente restritivo da jurisprudência trabalhista. Na década de 1980, por meio do Enunciado de Jurisprudência 256 do Tribunal Superior do Trabalho (TST), a contratação de trabalhadores por empresa interposta foi reputada ilegal, "salvo nos casos de trabalho temporário e de serviço de vigilância, previstos nas Leis ns. 6.019, de 03.01.74 e 7.102, de 20.06.83".(15) Posteriormente, na década de 1990, diante dos imperativos da concorrência internacional, o TST relativizou a restrição e, por meio da Súmula 331, passou a admitir como lícita a terceirização de serviços em atividades de apoio administrativo, as denominadas atividades-meio, "desde que inexistente a pessoalidade e a subordinação direta".(16)

Por fim, sob o impulso das reformulações políticas neoliberais ocorridas no País, sobretudo a partir de 2016, essa jurisprudência trintenária restritiva da terceirização de serviços foi superada, primeiro, pela Lei n. 13.429/2017, que inseriu dispositivos na Lei n. 6.019/1974, admitindo a terceirização de *serviços determinados e específicos* (art. 4º-A).(17) Logo em seguida, a Lei n. 13.467/2017, que instituiu a *reforma trabalhista*, autorizou a terceirização de serviços em todas as atividades empresariais, inclusive na atividade principal da empresa, a denominada *atividade-fim*.(18)

No curso desse processo histórico, a terceirização de serviços figurou como um dos temas mais debatidos pela jurisprudência e doutrina justrabalhistas, na busca por soluções restritivas de sua prática ou redutoras de danos aos direitos dos trabalhadores. Na atualidade, diante da recente legalização da prática, inclusive com aval do Supremo Tribunal Federal (STF), que reconheceu a constitucionalidade da correlata

---

e precarização das condições de trabalho: condições de trabalho e remuneração em atividades tipicamente terceirizadas e contratantes. Disponível em: https://bit.ly/3BcRe8a. Acesso em: 18 jun. 2021; FILGUEIRAS, Vitor Araújo. Terceirização e trabalho análogo ao escravo: coincidência? **Repórter Brasil**, 24 jun. 2014. Disponível em: https://bit.ly/3akOjyr. Acesso em: 8 out. 2021.

(14) AMORIM, Helder Santos. **Terceirização no serviço público** – uma análise à luz da nova hermenêutica constitucional. *Ob. cit.*, p. 44.

(15) Enunciado 256, de 30/09/1986. *"Salvo nos casos de trabalho temporário e de serviço de vigilância, previstos nas Leis 6.019, de 03.01.74 e 7.102, de 20.06.83, é ilegal a contratação de trabalhadores por empresa interposta, formando-se o vínculo empregatício diretamente com o tomador dos serviços."*

(16) Tribunal Superior do Trabalho, Súmula 331. (...) *"III — Não forma vínculo de emprego com o tomador a contratação de serviços de vigilância (Lei n. 7.102, de 20.06.1983), de conservação e limpeza, bem como a de serviços especializados ligados à atividade-meio do tomador, desde que inexistente a pessoalidade e a subordinação direta".*

(17) *"Art. 4º-A* [inserido pela Lei n. 13.429/2017] . *Empresa prestadora de serviços a terceiros é a pessoa jurídica de direito privado destinada a prestar à contratante serviços determinados e específicos".*

(18) *"Art. 4º-A* [com redação inserida pela Lei n. 13.467/2017]. *Considera-se prestação de serviços a terceiros a transferência feita pela contratante da execução de quaisquer de suas atividades, inclusive sua atividade principal, à pessoa jurídica de direito privado prestadora de serviços que possua capacidade econômica compatível com a sua execução".*

legislação, as reflexões tendem a se voltar ao campo das responsabilidades dos agentes econômicos que dela se beneficiam.[19]

Enquanto, nas últimas décadas, as atenções concentravam-se nos efeitos deletérios da terceirização de serviços sobre os direitos dos trabalhadores, outra dimensão fenomenológica da terceirização também vinha promovendo a deterioração das condições de trabalho de uma imensa população de trabalhadores terceirizados, em aspectos muito parecidos com aqueles acima apontados.

Trata-se do modelo mais antigo e difuso de terceirização, amplamente disseminado no mundo capitalista globalizado em todos os setores da atividade econômica, a que a doutrina brasileira usualmente denomina de *terceirização externa* ou *externalização*, e que consiste na contratação externalizada de ciclos produtivos completos voltados à *produção e fornecimento de bens* necessários ao processo produtivo da empresa contratante.

A superexploração de mão de obra nos elos terceirizados de grandes cadeias produtivas vem causando sérias violações a direitos humanos dos trabalhadores, em várias regiões do planeta.

Movida por essa preocupação, a presente obra lança-se ao desafio de identificar, definir e analisar sistematicamente as organizações integradas de diferentes processos produtivos empresariais encadeados por meio da terceirização externa, que constituem as cadeias produtivas empresariais descentralizadas, controladas por grandes corporações ou grupos empresariais que disponibilizam as mercadorias no mercado.

Analisando o fenômeno sob a ótica dessas cadeias produtivas sob controle de grandes corporações, em sua dinâmica ordenadora dos diferentes processos produtivos empresariais interconectados, com relações interempresariais hierarquizadas, marcadas pela assimetria de poder, a obra busca elementos hábeis à formulação de uma teoria de responsabilidade das empresas controladoras dessas cadeias produtivas, as *empresas-líderes*, por violações aos direitos fundamentais dos trabalhadores terceirizados.

1.1. Terceirização externa ou externalização: definição, distinção e problematização

O movimento originário de descentralização empresarial, ocorrido nos países de economia central a partir da década de 1970, não teve por objetivo inicial inserir trabalhadores intermediados por terceiros no interior da empresa tomadora. O movimento consistiu, diferentemente, na fragmentação da grande empresa fordista e na externalização de partes ou lotes dos seus ciclos produtivos a terceiras empresas, para que estas passassem a desenvolvê-los em suas próprias plantas empresariais, conforme o exemplo germinal e paradigmático da indústria automobilística.

No Brasil, esse modelo de *externalização* de ciclos produtivos não recebeu do Direito do Trabalho tratamento restritivo, como ocorreu com a terceirização de serviços,[20] mas seus efeitos deletérios sobre a proteção do trabalho têm sido igualmente sentidos no decorrer do tempo e na medida da intensificação do seu uso, na economia global, como mecanismo de expropriação e precarização da mão de obra terceirizada.

---

(19) BRASIL, Supremo Tribunal Federal, Pleno. **ADI 5.685/DF**, Rel. Min. Gilmar Mendes, DJe 20 ago. 2020. A respeito da responsabilidade decorrente da terceirização de serviços, consultar: RAMOS, Gustavo Teixeira. **Responsabilidade solidária do tomador de serviços na terceirização** – fundamentos jurídicos sob perspectiva constitucional-democrática. Belo Horizonte: Ed. Dialética, 2021.

(20) No Brasil, a terceirização de serviços é regulada, há mais de trinta anos, pela Súmula 331 do Tribunal Superior do Trabalho e, recentemente, passou a ser disciplinada pelas Leis n. 13.429/2017 e n. 13.467/2017.

Na 105ª sessão de sua Conferência Internacional do Trabalho, ocorrida no ano de 2016, a Organização Internacional do Trabalho (OIT) debateu a questão do *trabalho decente nas cadeias de abastecimento mundiais*, diante do grave problema das violações de direitos humanos trabalhistas nos elos terceirizados de grandes cadeias produtivas transnacionais controladas por poderosas corporações. São problemas diretamente relacionados ao modelo de externalização de ciclos produtivos praticado por essas grandes corporações, que transferem partes dos seus processos produtivos para empresas situadas em regiões periféricas e semiperiféricas da economia mundial, em busca de espaços desregulados, para beneficiarem-se de favores fiscais e de mão de obra barata.[21]

No relatório da 105ª Conferência Internacional, segundo a OIT, a emergência de novas potências em desenvolvimento, como China, Índia e Brasil, fez dobrar a oferta de mão de obra, com redução de custos em suas respectivas áreas, por meio do trabalho em cadeias de produção que atravessam fronteiras nacionais.[22]

Essas cadeias transnacionais de produção, segundo a OIT, adotam modelo de organização produtiva em que a empresa ou marca principal, demandante e detentora do poder econômico, geralmente responsável pela venda final do produto ou serviço, exercem o controle, definindo parâmetros (*standards*) a serem cumpridos pela rede de empresas contratadas-fornecedoras, responsáveis pela parte da produção que demanda uso intensivo de mão de obra. Nos níveis mais baixos dessas cadeias figuram pequenas e médias empresas de âmbito local ou regional, geralmente subcontratadas, nas quais ocorrem as maiores violações a direitos trabalhistas.[23]

Nessa equação, a grande corporação, detentora da marca ou produto, mantém a boa imagem de responsabilidade social, enquanto suas terceirizadas exploram mão de obra com violação de direitos.

O mesmo problema ocorre no plano nacional, em que grandes corporações externalizam a operação integral ou parcial de suas cadeias produtivas para empresas menores, muitas situadas em regiões mais pobres, com vistas ao enxugamento exaustivo de custos trabalhistas, induzindo o uso de mão de obra informal e a violação sistemática de direitos dos trabalhadores. As empresas terceirizadas, aparentemente autônomas, desenvolvem as atividades com presumida autossuficiência, mas na realidade, operam, ou sob domínio econômico, que caracteriza o grupo econômico empresarial, ou sob *controle produtivo estratégico* da grande corporação contratante.

São há muito conhecidas notícias de trabalho precário, inclusive de trabalho escravo, em cadeias produtivas de grandes corporações de diversos setores econômicos. Mesmo no ano 2021, período de franco declínio da fiscalização trabalhista e das operações de combate ao trabalho escravo, no Brasil,[24] a *lista suja* de empregadores

(21) O relatório utiliza o termo *cadeias de abastecimento mundiais* para referir-se à organização transfronteiriça das atividades necessárias para a produção de bens ou serviços e para a respetiva distribuição aos consumidores, desde a utilização de fatores de produção até às diversas fases de desenvolvimento, produção e fornecimento. *In*: ORGANIZAÇÃO Internacional do Trabalho - Conferência Internacional do Trabalho, 105ª Sessão. **Trabalho digno nas cadeias de abastecimento mundiais**. *Ob. cit.*, p. 06.

(22) *Idem*, p. 6/7.

(23) *Idem*, p. 8.

(24) Em relatório apresentado na 45ª sessão do Conselho de Direitos Humanos da ONU (14 de setembro e 2 de outubro de 2020), o Brasil foi citado como exemplo de país que reduziu a capacidade de monitorar e detectar violações de direitos trabalhistas e escravidão contemporânea. De acordo com o documento intitulado *Impacto da pandemia de coronavírus sobre as formas de trabalho escravo contemporâneo* (em tradução

flagrados com a prática de trabalho escravo, mantida pelo Ministério do Trabalho e Previdência Social, aponta 92 empresas na situação ilícita, com destaque para o setor da construção civil, em que grande parte das violações ocorrem nas subempreiteiras, não raro com aliciamento de trabalhadores em regiões mais pobres do país.[25]

Relatório produzido pela Organização das Nações Unidas (ONU) em parceria com a Organização para a Cooperação e Desenvolvimento Econômico (OCDE) e outros organismos internacionais, no ano de 2019, sobre o trabalho infantil e o tráfico de pessoas nas cadeias globais de mercadorias,[26] aponta que 26% da mão de obra utilizada nos elos iniciais dessas cadeias produtivas transnacionais, com destaque para o extrativismo e a produção de alimentos, na América Latina e Caribe, é fornecida por crianças e adolescentes. O relatório faz menção a pesquisas da OIT segundo as quais 31% dos fornecedores, nessas cadeias produtivas, recorrem à terceirização para ocultar a exploração do trabalho infantil.[27]

O relatório ainda faz menção a pesquisas de campo em vários setores econômicos, incluindo agricultura e varejo, que sugerem que o trabalho forçado no Brasil tende a ocorrer nas etapas terceirizadas das cadeias globais de mercadorias.[28]

Inúmeros são os casos, no Brasil, de inspeções fiscais que flagraram trabalho escravo em atividades subcontratadas por grandes corporações, operando em cadeias produtivas de grandes marcas do varejo, a exemplo, no setor têxtil, da *Zara*,[29] *M. Officer*,[30] *Pernambucanas*,[31] *Via Veneto* (*Brooksfield Donna*),[32] e no setor siderúrgico, em

---

livre), o GIME (Grupo de Inspeção Móvel Especial), órgão ligado ao Ministério da Economia e encarregado de investigar denúncias de trabalho forçado, *"reduziu significativamente suas operações, enquanto a vulnerabilidade à exploração e ao abuso do trabalho tem aumentado"*. *In*: EM relatório da ONU, Brasil é citado como exemplo na redução de fiscalização de trabalho escravo. **Conectas Direitos Humanos**, 16 set. 2020. Disponível em: https://bit.ly/2SiAECG. Acesso em: 22 jun. 2021.

(25) KLASSMANN, Bruna. Nova edição da *lista suja* do trabalho escravo tem 92 nomes de empregadores. **Proteção**, 13 abr. 2021. Disponível em: https://bit.ly/3uVc9KD. Acesso em: 2 jun. 2021.

(26) O relatório conceitua as *cadeias globais de fornecimento* como as cadeias de produção de bens e serviços que cruzam fronteiras internacionais para consumo ou como insumos para outros processos produtivos. In: ORGANIZAÇÃO Internacional do Trabalho *et. al.* **Ending child labour, forced labour and human trafficking in global supply chains**. Disponível em: https://bit.ly/3zO6rMM. Acesso em: 22 jun. 2021

(27) *Idem*; CESARA, Marques. América Latina lidera trabalho infantil em cadeias produtivas. **Brasil de Fato**, 18 nov. 2019. Disponível em: https://bit.ly/3dmljbN. Acesso em: 22 jun. 2021.

(28) O relatório utiliza como fontes de referência os seguintes estudos: PHILLIPS, N.; SAKAMOTO, L. **Global Production Networks, Chronic Poverty and "Slave Labour" in Brazil**. Studies in Comparative International Development, Vol. 47, n. 2, 24 abr. 2012; PHILLIPS, N. **Unfree labour and adverse incorporation in the global economy**: comparative perspectives on Brazil and India. Economy and Society, n. 21, Vol. 42, n. 2, 171-196, 2013.

(29) PYL, Bianca. Roupas da Zara são fabricadas com mão de obra escrava. **Repórter Brasil**, 16 ago. 2011. Disponível em: https://bit.ly/3ouX959. Acesso em: 2 jun. 2021.

(30) A *M. Officer* foi condenada em 2017 a pagar dano moral coletivo de R$ 6 milhões por prática de trabalho escravo em empresa subcontratada que integrava sua cadeia produtiva na confecção de roupas. BRASIL, Tribunal Regional do Trabalho da 2ª Região, 4ª Turma, **Proc. 00017795520145020054**, Rel. Des. Ricardo Artur Costa e Trigueiros. DJe 13 nov. 2017; TRT confirma condenação da M. Officer por trabalho escravo. TRT-SP não aceitou argumentos da empresa e o processo transitou em julgado no tribunal; empresa fica sujeita a lei estadual e pode ser suspensa por 10 anos. **Veja**, 23 mar. 2018, Atualiz. 10 abr. 2018. Disponível em: https://bit.ly/3QgTPVv. Acesso em: 4 ago. 2022.

(31) A empresa proprietária das lojas *Pernambucanas*, Arthur Lundgren Tecidos S.A., foi condenada em R$ 2,5 milhões por prática de trabalho escravo em empresas subcontratadas para confeccionar roupas. Consultar: PYL, Bianca. Trabalho escravo é flagrado na cadeia da Pernambucanas. **Repórter Brasil**, 2 abr. 2011. Disponível em: https://bit.ly/3l9bFxp. Acesso em: 2 jun. 2021.

(32) LOCATELLI, Piero. Brooksfield Donna, marca da Via Veneto, é flagrada com trabalho escravo. Repórter Brasil, 20 jun. 2016. Disponível em: https://bit.ly/3eqDQah. Acesso em: 2 jun. 2021; CAMARGOS,

carvoarias fornecedoras de carvão às empresas *Sidepar, Cosipar* e *Siderúrgica Ibérica*, no Estado do Pará.(33)

Para além das situações mais extremas, de trabalho escravo e trabalho infantil, são variados os casos de violações de direitos elementares de trabalhadores terceirizados por meio de pequenas empresas ou pessoas físicas, em atividades voltadas ao fornecimento de matérias-primas, componentes, subprodutos e serviços de logística a grandes empresas. São o que demonstram os exemplos dos motoristas rodoviários de carga flagrados em jornadas exaustivas, perigosas à sua segurança e do público, prestando serviços terceirizados sob critério de tempo definido pela indústria de sucos *Cutrale*,(34) e dos trabalhadores encontrados sob condições precárias de trabalho na retirada de lenha para fornecimento a uma grande indústria cooperativa proprietária da marca de laticínios *Cotrisoja*.(35)

Esses casos ensejaram a responsabilização judicial das empresas contratantes principais, por conivência, omissão fiscalizatória e participação direta na extração de benefícios do trabalho precarizado, com condenação por danos morais coletivos.

Questões dessa natureza nem sempre revelam subordinação jurídica dos trabalhadores à empresa contratante principal, e nem sempre encontram soluções responsabilizatórias subsumíveis à legislação que regula a prestação de serviços (Lei n. 6.019/1974, com dispositivos inseridos pelas Leis n. 13.429/2017 e n. 13.467/2017), razões pelas quais, os problemas decorrentes dessa espécie de externalização são pouco levados à Justiça do Trabalho como problemas vinculados à terceirização.

São pontuais, na doutrina justrabalhista, as reflexões sobre responsabilidade das empresas contratantes na terceirização externa ou externalização. E, de fato, são problemáticas as questões relativas à responsabilidade da corporação contratante por violação de direitos dos trabalhadores, na terceirização externa, em face do equivocado senso comum em torno da *aparente* autonomia e autossuficiência das empresas contratadas. Isso gera dificuldades na identificação do nexo de causalidade entre o comportamento da corporação contratante e o dano sofrido pelo trabalhador, além de dificuldades decorrentes da nítida divisão funcional e até da distância geográfica entre as empresas, especialmente quando separadas por uma sucessão de subcontratos de terceirização.

Essas e outras questões põem-se como desafios à formulação teórica da responsabilidade na terceirização externa, em que as violações de direitos estão geralmente associadas à dinâmica do modelo organizacional externalizado.

1.1.1. Desenvolvimento fenomenológico e conceitual da terceirização externa

Para cumprimento do objetivo nuclear da presente obra, faz-se necessária a identificação fenomenológica da terceirização externa, sua necessária distinção com a terceirização interna e a problematização dos seus efeitos sobre as relações de trabalho,

---

Daniel. Via Veneto, fabricante da Coca-Cola e outros 48 nomes entram na 'lista suja' do trabalho escravo. Repórter Brasil, 05 out. 2018. Disponível em: https://bit.ly/3Fkx0f4. Acesso em: 2 jun. 2021.

(33) ZOCCHIO, Guilherme. Libertação recorde leva sidepar a ser suspensa do pacto nacional. Repórter Brasil, 22 jan. 2013. Disponível em: https://bit.ly/3CY93Me. Acesso em: 4 ago. 2022; Tribunal Regional do Trabalho da 8ª Região, 4ª Turma. **Proc. RO 0000807-17.2012.5.08.0110**, Rel. Des. Georgenor de Sousa Franco Filho, DJe 26 ago. 2015.

(34) Tribunal Regional do Trabalho da 15ª Região, 8ª Câmara. **Proc. RO 0011028-80.2015.5.15.0006**, Rel. Des. Claudinei Zapata Marques, DJe 11 jun. 2018.

(35) Tribunal Regional do Trabalho da 4ª Região, 8ª Turma. **Proc. RO 0020599-33.2015.5.04.0701**, Rel. Des. Luiz Alberto de Vargas, DJe 21 jul. 2017.

a fim de que se possa, adiante, articular o tema da responsabilidade dos agentes econômicos por respeito ao direito fundamental ao trabalho digno nas cadeias produtivas organizadas de forma descentralizada, com uso da externalização.

Para Rodrigo Carelli, *terceirização* é neologismo brasileiro com origem nas Ciências Econômicas e da Administração, que visa a designar o fenômeno da descentralização empresarial, por meio da qual a empresa transfere a um *terceiro* a execução de atividades que, em princípio, seriam por ela realizadas.(36)

O termo *terceirização* utilizado no Brasil, enfatiza, portanto, o processo de expulsão de uma atividade, da empresa originária para uma *terceira* empresa, inicialmente estranha ao processo produtivo original, ideia bem representada na figura da nova fábrica, proposta por Márcio Túlio Viana, como "um vulcão que vomita lava", lançando para fora tudo o que não diz respeito ao foco de suas atividades.(37)

Nos países de economia central, que primeiro difundiram o fenômeno, ele é reconhecido por noções associadas à externalização ou subcontratação: nos Estados Unidos da América (EUA) e países de língua inglesa, o fenômeno é denominado de *outsourcing*;(38) na França, *sous-traitance* ou *extériorisation*;(39) na Itália, denomina-se *subcontrattazione*, e na Espanha *subcontratación*.(40)

Como bem pontuam Magda Biavaschi e Alisson Droppa, a dificuldade em conceituar a terceirização, entre outras razões, deriva da "multiplicidade de conceitos que lhes são atribuídos por autores de diversas áreas do conhecimento".(41)

De fato, há abordagens que distinguem *outsourcing* de subcontratação, adotando o primeiro termo para designar relações de longo prazo por meio das quais a empresa contratante transfere à contratada a produção de produtos e serviços, enquanto a subcontratação seria uma espécie de contratação de tarefas específicas por períodos mais curtos.(42) No entanto, conforme acertadamente anotam Renata Queiroz Dutra e Vitor Araújo Filgueiras, *outsourcing* (terceirização) e subcontratação são essencialmente a mesma coisa, designando a transferência de atividades produtivas de uma empresa para outra.(43)

---

(36) CARELLI, Rodrigo de Lacerda. **Terceirização como intermediação de mão de obra.** *E-book*. Rio de Janeiro, edição do autor, 2014, p. 57/58. Disponível em: https://bit.ly/3d338aT. Acesso em: 22 jun. 2021.

(37) VIANA, Márcio Túlio. **Para entender a terceirização.** 3ª ed. São Paulo: LTr, 2017, p. 35.

(38) Segundo HIERREZUELO e NÚÑEZ (2016), o termo *outsourcing*, de origem empresarial americana, e cuja tradução literal seria *"de fonte ou origem externa"*, designa em sentido estrito a externalização dos serviços informáticos de uma empresa, e devido à expansão de seu uso, o termo terminou designando toda estratégia empresarial de externalização de parte da atividade que antes era desenvolvida internamente. *In*: HIERREZUELO, Ricardo Diego; NÚÑEZ, Pedro Fernando. **Responsabilidad solidaria en el contrato de trabajo.** 4ª ed. Buenos Aires: Hammurabi, 2016, p. 193.

(39) *Soustraitance*: subcontratação; *extériorisation*: externalização.

(40) *Subcontrattazione:* subcontratação.

(41) BIAVASCHI, Magda Barros; DROPPA, Alisson. A história da súmula 331 do Tribunal Superior do Trabalho: a alteração na forma de compreender a terceirização. Londrina: **Revista Mediações**, v. 16, n. 1, p. 124-141, jan/jun 2011, p. 128.

(42) ANDREFF, Wladimir. Outsourcing in the new strategy of multinational companies: foreign investment, international subcontracting and production relocation. **Papeles de Europa**, 18, 5-34. *Apud*: DUTRA, Renata Queiroz; FILGUEIRAS, Vitor Araújo. A polêmica sobre o conceito de terceirização e sua regulação. **Revista Trabalho e Desenvolvimento Humano.** Campinas – SP, Procuradoria Regional do Trabalho da 15ª Região, v.4, 2021, p. 3. Disponível em: https://bit.ly/3J8iIzB. Acesso em: 4 fev. 2022.

(43) DUTRA, Renata Queiroz; FILGUEIRAS, Vitor Araújo. A polêmica sobre o conceito de terceirização e sua regulação. **Revista Trabalho e Desenvolvimento Humano.** *Ob. Cit.*, p. 1/3.

Na América Latina, são acirrados os debates conceituais em torno da terceirização, com significativa discussão em torno das terminologias aplicáveis ao fenômeno. Em estudo empírico desenvolvido especialmente para a OIT, constatam Ermida Uriarte e Natalia Colotuzzo que as legislações dos países latino-americanos utilizam diferentes expressões relacionadas ao fenômeno, como *intermediação de mão de obra, subcontratação de produtos e serviços, subcontratação de mão de obra* etc., sob critérios conceituais diferentes e consequências jurídicas diversas, do que decorrem as dificuldades de uniformização conceitual que, segundo os autores, dificultam a produção normativa internacional em torno do tema.[44]

No Brasil, a doutrina justrabalhista vinculou a terceirização a mecanismos por meio dos quais a relação de emprego é interceptada por um terceiro, ensejando problemas à aplicação das normas de proteção ao trabalho.[45] No entanto, essa noção associada à *terceirização pessoal ou de serviços*, como será visto adiante, não retrata a integralidade do fenômeno.

Segundo Márcio Túlio Viana, a terceirização é um fenômeno de duas faces, como formas diferentes de terceirizar: (1) numa face, a que denomina de *terceirização interna*, a empresa serve-se de trabalhadores alheios (empregados de outra empresa), "como se inserisse uma outra [empresa] dentro de si"; (2) na outra face, a que denomina de *terceirização externa*, a empresa faz o movimento inverso, "jogando para fora de si não apenas os trabalhadores, como algumas das – ou mesmo *todas as* – etapas de seu ciclo produtivo, como se se lançasse dentro de outra [empresa]".[46] Essa segunda face retrata a descentralização empresarial por meio da fragmentação dos ciclos produtivos entre diferentes empresas.

A expulsão de atividades produtivas de uma empresa para outra, nos países de economia central, conforme dito acima, iniciou-se pela transferência de ciclos produtivos para desenvolvimento por terceiras empresas, em suas próprias plantas fabris. A essa forma ou espécie de terceirização Márcio Túlio Viana denomina de *terceirização externa*, assim considerada porque tem por objeto uma etapa ou ciclo completo do processo produtivo da empresa contratante, que é externalizado para outra empresa, mediante contrato de fornecimento de um bem necessário ao seu processo produtivo.[47]

Por isso, o termo *externalização* tem sido mais comumente utilizado para designar essa modalidade de terceirização, em que o terceiro geralmente se situa externamente à estrutura empresarial da empresa contratante, produzindo bens incorporados pela empresa contratante ao seu processo produtivo.

Na terceirização externa, pontuam Gabriela Neves Delgado e Helder Santos Amorim, "a empresa tomadora descentraliza atividades do seu processo produtivo para empresas periféricas, que se responsabilizam pela dinâmica produtiva, na condição de empresas autônomas".[48] Como será visto adiante, trata-se de uma *autonomia operacional*, executiva, já que o comando estratégico do negócio comum, em qualquer espécie de terceirização, sempre permanece sob o poder da empresa contratante.

---

(44) ERMIDA URIARTE, Oscar; COLOTUZZO, Natalia. **Descentralización, tercerización, subcontratación., relaciones laborales, América Latina, países de la UE**. Ob. Cit., p. 13, 24, 32, 34.

(45) Nesse sentido: KREIN, José Dari. **As tendências recentes na relação de emprego no Brasil**: 1990-2005. Tese de Doutorado em Economia Social e do Trabalho - UNICAMP, Campinas, 2007. *Apud*: *Idem*.

(46) VIANA, Márcio Túlio. **Para entender a terceirização.** *Ob. Cit.*, p.14/15.

(47) *Idem*.

(48) DELGADO, Gabriela Neves; AMORIM, Helder Santos. **Os limites constitucionais da terceirização.** 2ª ed. São Paulo: LTr, 2015, p. 56.

Em meados do século XX, quando vigorava o pensamento da economia política *keynesiana*, intervencionista, e imperava o modelo empresarial taylorista-fordista, verticalizado e hierarquizado, com prestígio ao emprego direto com a fábrica, a indústria automobilística japonesa já descobria as vantagens de remeter para outras empresas a fabricação de componentes do automóvel.[49]

No Japão pós-1945, a empresa *Toyota* inaugurou, no setor automobilístico, uma forma de organização do trabalho, adiante reconhecida como *toyotismo* (ou *ohnismo*, de *Ohno*, engenheiro que criou a fábrica *Toyota*), que se funda na produção sob demanda e na flexibilização do processo produtivo, com a externalização de etapas do processo produtivo. A ideia central desse novo modelo reside na priorização, pela empresa, em executar o que é central em sua especialidade no processo produtivo, transferindo a *terceiros* grande parte do que antes ela própria executava diretamente. [50]

Essa ideia foi absorvida pela Ciência da Administração sob a denominada *teoria do foco*, que passaria depois a constituir o argumento central de justificação técnica para o fenômeno da terceirização. É o que se extrai da concepção exposta por Lívio Giosa, que define o fenômeno como um processo de gestão pelo qual se repassam algumas atividades para terceiros, com os quais se estabelece uma relação negocial, "ficando a empresa concentrada apenas em tarefas essencialmente ligadas ao negócio em que atua".[51]

Conforme adverte Márcio Túlio Viana, o uso inicial da externalização toyotista, em meados do século XX, não tinha por objetivo *principal* a fragmentação da classe trabalhadora e a precarização de salário e trabalho. Era mais "uma necessidade imposta pela complexidade crescente do produto e pelas exigências também maiores do consumo". Apenas tornou-se inviável, já à época, por razões técnicas, reunir toda a fábrica de automóvel num único lugar, "do mesmo modo como nunca foi possível produzir todos os nossos bens de consumo numa única fábrica".[52]

Anos depois, nas últimas décadas do século XX, no novo cenário da globalização econômica neoliberal, com a superação da política econômica intervencionista e o triunfo hegemônico da doutrina neoliberal voltada à desregulamentação dos mercados e à flexibilização dos direitos dos trabalhadores, o modelo produtivo de inspiração toyotista intensificou-se, espraiando-se por todos os setores da economia como instrumento de redução de custos, inclusive trabalhistas.

Ciclos completos dos processos produtivos foram externalizados para empresas menores, submetidas a intensa pressão concorrencial, das quais passou-se a exigir respostas rápidas às alterações do consumo, com extrema racionalização de custos.

Nessas condições, a externalização de ciclos produtivos da antiga empresa verticalizada, com a formação de redes empresariais interconectadas e dependentes da contratante principal, tornou-se o padrão imperativo de sobrevivência da organização empresarial no mercado globalizado, espalhando-se por todos os setores da economia.[53]

---

(49) *Idem*, p. 52.

(50) ANTUNES, Ricardo. **Os sentidos do trabalho**: ensaio sobre a afirmação e a negação do trabalho. São Paulo: Ed. Boitempo, 2005, p. 54/55.

(51) GIOSA, Lívio. **Terceirização**: uma abordagem estratégica. 5. ed. São Paulo: Pioneira, 1997, p. 14.

(52) VIANA, Márcio Túlio. **Para entender a terceirização.** *Ob. cit.*, p. 52.

(53) A esse respeito, consultar o Capítulo 3 da clássica obra de Manuel Castells, Sociedade em Rede, intitulado *A empresa em rede: a cultura, as instituições e as organizações da economia informacional. In*: CASTELLS, Manuel. **A sociedade em rede.** 16ª ed. São Paulo: Paz & Terra, 2013, p. 209.

O intenso desenvolvimento tecnológico da informação e dos transportes, nas últimas décadas, viabilizando a organização da *empresa em rede*, motorizou esse processo, fomentando a fragmentação internacional da produção em cadeias produtivas transnacionais, designadas pela literatura especializada como *cadeias globais de commodities ou de mercadorias, cadeias globais de abastecimento* ou *cadeias globais de valor*, a depender do enfoque analítico adotado.[(54)]

Não obstante sua centralidade analítica, esse modelo paradigmático de externalização toyotista até aqui exposto, fruto de uma descentralização produtiva dissidente da antiga grande empresa-total fordista, no setor industrial, não contempla, no entanto, a totalidade do fenômeno de descentralização produtiva. Essa descentralização vem sendo promovida pelas grandes corporações há muito mais tempo, no plano transnacional, para controlar a produção de matérias-primas, insumos, subprodutos e bens acabados (produtos-base) por elas adquiridos junto aos seus fornecedores para atender aos seus próprios processos produtivos.

Conforme será visto no Capítulo 2, a circulação transnacional desses produtos-base entre produtores, por meio das grandes cadeias transnacionais de produção, remonta ao século XIV. Mas, foi especialmente com o advento do grande capital monopolista, no século XIX, que a grande corporação compradora de matérias-primas, insumos, subprodutos ou produtos acabados para o comércio adquiriu força econômica suficiente para impor parâmetros produtivos aos produtores-fornecedores desses bens, de modo a satisfazer às suas próprias necessidades estratégicas de produção.[(55)]

Por meio desse controle estratégico, a grande compradora tornou-se também contratante do processo produtivo, influenciando, com isso, a articulação dos fatores de produção no âmbito da empresa ou agente fornecedor.

Compreendida nesse sentido *lato*, aqui adotado, a terceirização externa é mecanismo que o grande capital monopolista já utilizava, antes mesmo do advento da empresa-total fordista, para dominar o maior número possível de ciclos da cadeia produtiva do bem de consumo por ela disponibilizado no mercado, de modo a extrair o máximo de valor de cada um dos ciclos explorados. De lá para cá, as técnicas de controle dos diferentes ciclos produtivos apenas se aprimoraram, com o desenvolvimento tecnológico e informacional.

Antes de fragmentar e externalizar sua atividade tipicamente industrial, portanto, a grande indústria já descentralizava a produção de matérias-primas e insumos, inclusive os de natureza extrativa e agropecuária, impondo parâmetros produtivos aos seus fornecedores. Da mesma forma, as grandes corporações comerciais também já descentralizavam a produção de suas mercadorias, ao contratar seu fornecimento sob parâmetros adequados às suas estratégias negociais.

Nesse sentido, a terceirização externa constitui, portanto, fenômeno inerente ao modelo de organização produtiva descentralizada que as grandes corporações desenvolveram para dominar cadeias produtivas transnacionais de mercadorias.

As cadeias produtivas transnacionais constituem um encadeamento de distintos ciclos ou processos produtivos espalhados ao redor do mundo, voltados a disponibilizar

---

(54) A respeito da referida literatura, consultar: BAIR, Jennifer. **Global capitalism and commodity chains**: looking back, going forward. *In*: Competition & Change, Vol. 9, n. 2, Jun 2005, p. 154.

(55) BRAVERMAN, Harry. **Trabalho e capital monopolista**: a degradação do trabalho no século XX. 3ª ed. Rio de Janeiro: LTC, 1974, p. 215/216.

mercadorias e serviços aos consumidores, que compreendem desde a produção da matéria-prima à comercialização do bem de consumo. Esses agrupamentos de processos produtivos são geralmente controlados por uma grande empresa-líder, detentora do produto ou da marca, que, ou os desenvolve diretamente, inclusive com auxílio de filiais e subsidiárias, ou, o que é mais comum na atualidade, os terceiriza, contratando seus respectivos processos produtivos a empresas fornecedoras.(56)

Trata-se de um modelo de terceirização muito mais amplo, que se manifesta de forma muito mais abrangente no grande arranjo produtivo mundial, como método de descentralização produtiva que se intensificou e disseminou globalmente, sob a cartilha ideológica neoliberal, e que por isso praticamente tornou-se um *estilo de vida* do capitalismo produtivo contemporâneo, ou, na sagaz observação de Ricardo Antunes, "o novo elixir da vida empresarial".(57)

Os exemplos mais comuns de terceirização externa no paradigma toyotista encontram-se em empresas que fornecem componentes (peças e tecnologia) para as indústrias automobilística e naval; empresas que fornecem componentes informáticos e serviços industriais de montagem para as grandes marcas de aparelhos celulares, computadores e eletrodomésticos; empresas retalhistas que fornecem peças de vestuários à grande indústria da moda; indústrias siderúrgicas que fornecem materiais acabados para a indústria da construção civil etc.

Na concepção mais ampla de terceirização externa, no entanto, agregam-se os exemplos mais comuns da empresa agropecuária que fornece matérias-primas à indústria alimentícia e cosmética; da empresa extrativista que fornece minério à indústria siderúrgica; da indústria alimentícia, de roupas, brinquedos, utensílios etc. que fornece mercadorias sob encomenda ao grande comércio de atacado e varejo etc.

Esse modelo de terceirização externa, de âmbito transnacional, encontra-se presente em quase todas as atividades econômicas, na atualidade. Por meio dela, as redes empresariais articulam-se, umas fornecendo às outras bens e serviços necessários à atividade produtiva da contratante e que, para adquiri-lo, comanda estrategicamente sua produção por meio de parâmetros produtivos.(58)

Por outro lado, a terceirização interna surgiu no final do século XX como uma espécie de aprofundamento da descentralização empresarial, constituindo uma espécie derivada da terceirização externa. Nela, a empresa contratante não externaliza ciclos do seu processo produtivo, ela mantém todos os ciclos produtivos sob sua direta execução, mas traz para dentro de si outras empresas que passam a lhe auxiliar nessa execução, em verdadeira intermediação da relação de trabalho entre a empresa tomadora e os trabalhadores necessários à realização de suas atividades.

A figura a seguir ilustra a terceirização interna, em que a empresa prestadora insere seus empregados no ambiente e no processo produtivo da empresa tomadora,

---

(56) FLÔRES JÚNIOR, R. G. A Fragmentação Mundial da Produção e Comercialização: Conceitos e Questões Básicas. *Apud*: ALVAREZ, R.; BAUMANN, R.; WOHLERS, M. (org.) **Integração produtiva**: caminhos para o Mercosul. Brasília: ABDI, 2010 (Série Cadernos da Indústria ABDI, v. XVI), 2010.

(57) ANTUNES, Ricardo. **O privilégio da servidão**: o novo proletariado de serviços na era digital. 1ª ed. *E-book*. São Paulo: Boitempo, 2018, pos. 173.

(58) Consultar: MERCANTE, Carolina Pereira. A responsabilidade social empresarial, os novos capitalistas e as relações de trabalho. *In*: **Revista do Ministério Público do Trabalho**, Brasília, Ano XX, n. 39, p. 429-442, mar. 2020.

por meio de um contrato de prestação de serviços. A inserção desses trabalhadores é intermediada pela empresa prestadora.

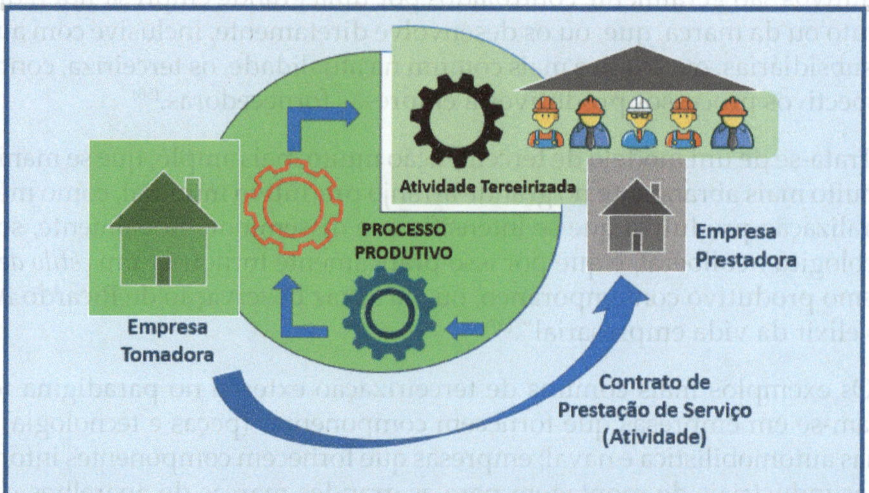

Figura 1 – Terceirização Interna

Fonte: Elaborada pelo autor

Embora nos países de economia central a terceirização externa tenha surgido inicialmente como fenômeno mais amplo e estrutural de reorganização produtiva, no Brasil ocorreu o inverso. Aqui, foi a terceirização interna que primeiro ganhou extensão e visibilidade no movimento de descentralização empresarial, sob a forma de *contratação de serviços* interempresariais.

Primeiro, essa contratação inspirou-se na figura contratual da *locação de serviços* do Código Civil Brasileiro (CCB) de 1916, denominada de *prestação de serviços* no CCB de 2002, um típico contrato de trabalho autônomo, que tem por objeto toda espécie de serviço ou trabalho lícito prestado por profissional autônomo sob remuneração (CCB/2002, art. 594), que não esteja sujeito às leis trabalhistas ou a lei especial (CCB/2002, art. 593).

Sob essa roupagem, o contrato de *prestação de serviços* passou a ser celebrado entre empresas, na década de 1980, para transferir a execução de *atividades permanentes* do processo produtivo da empresa contratante à empresa contratada, e não apenas de atividades eventuais e episódicas, como antes já ocorria em serviços de manutenção predial, elétrica, de equipamentos, elevadores etc.

Não obstante a presença anterior da terceirização externa no cenário produtivo brasileiro, em setores pontuais, como o automobilístico, foi a terceirização interna que primeiro teve impacto e visibilidade no Direito do Trabalho brasileiro, porque voltada basicamente à captação de mão de obra contratada por outras empresas para realização de atividades inerentes ao processo produtivo executado pela empresa tomadora. As empresas passaram a dispensar seus empregados e a recebê-los de volta com outros uniformes, como terceirizados, empregados de empresas prestadoras de serviços.

Essa forma *interna* da terceirização, que leva o trabalhador terceirizado para o interior do processo produtivo executado pela empresa tomadora, tornou-se instrumento de fraudes recorrentes ao clássico regime de emprego (entre o trabalhador e o beneficiário final de sua mão de obra), desencadeando as mais graves rupturas ao modelo legal de proteção ao emprego, no País.[59] Por isso, o fenômeno assumiu centralidade nos estudos das Ciências Sociais, nos debates jurídicos e na disciplina justrabalhista, no Brasil.

Apesar de reivindicar a mesma justificação teórica da terceirização externa, fundada na teoria do foco, a terceirização interna contradiz o espírito da focalização, pois a empresa tomadora não externaliza a atividade, mas continua a desenvolvê-la diretamente em seu estabelecimento, com direto controle sobre seu processo produtivo, apenas com uso de empresas interpostas para fornecer-lhe mão de obra em forma de *serviço.*[60]

Foi esse modelo de terceirização que ensejou a inicial resistência jurisprudencial consubstanciada no Enunciado de Jurisprudência 256 do TST, de 1986, acima referido, que restringiu duramente a prática da terceirização,[61] depois substituído pela Súmula 331 do TST, de 1993, que relativizou a restrição, permitindo a terceirização na atividade-meio.[62]

Por fim, após décadas de orientação jurisprudencial restritiva, o fenômeno tornou-se objeto da Lei n. 13.429/2017 e, logo em seguida, da Lei n. 13.467/2017, da reforma trabalhista flexibilizadora, que autorizou a *prestação de serviços a terceiros* em todas as atividades empresariais, por meio de uma disciplina especial do instituto (Lei n. 6.019/1974, art. 4º-A), conforme exposto no tópico anterior. A partir desse momento, a contratação de serviços interempresariais deixou de ser disciplinada exclusivamente pelo Código Civil, para reger-se por uma legislação especial trabalhista.

Mas essa legislação não faz distinção quanto ao regime interno ou externo de prestação de serviços. Dirige-se indistintamente a toda espécie de *prestação de serviços* interempresariais, executados dentro ou fora do estabelecimento da empresa contratante.[63]

1.1.2. Critérios distintivos da terceirização interna e externa

Admite Márcio Túlio Viana que a terminologia classificatória – *interna* e *externa* – apenas revela uma tendência de localização espacial da atividade terceirizada dentro ou fora da empresa principal, contratante. O local de desenvolvimento da atividade terceirizada não pode ser tomado como critério distintivo absoluto, pois a terceirização interna pode ser executada excepcionalmente fora do estabelecimento da empresa tomadora, assim como a terceirização externa também pode ocorrer excepcionalmente no estabelecimento da empresa contratante.[64]

---

(59) A esse respeito, consultar: DELGADO, Maurício Godinho. **Curso de direito do trabalho.** 18ª ed. São Paulo: LTr, 2019, p. 544/559.

(60) Essa lógica de *contratação de trabalhadores por empresa interposta* foi percebida e vedada imediatamente pela jurisprudência trabalhista, conforme retrata o Enunciado de Jurisprudência 256 do TST.

(61) Tribunal Superior do Trabalho, Enunciado 256: "*Salvo nos casos de trabalho temporário e de serviço de vigilância, previstos nas Leis 6.019, de 03.01.74 e 7.102, de 20.06.83, é ilegal a contratação de trabalhadores por empresa interposta, formando-se o vínculo empregatício diretamente com o tomador dos serviços*". BRASIL, Tribunal Superior do Trabalho, **Enunciado 256.**

(62) O tem III da Súmula 331 do TST passou a expressar sinteticamente o sentido da jurisprudência: "*(...) III — Não forma vínculo de emprego com o tomador a contratação de serviços de vigilância (Lei n. 7.102, de 20.06.1983), de conservação e limpeza, bem como a de serviços especializados ligados à atividade-meio do tomador, desde que inexistente a pessoalidade e a subordinação direta*". A esse respeito, consultar: AMORIM, Helder Santos. **Terceirização no serviço público.** *Ob. cit.*, p. 45.

(63) **É o que** evidencia o art. 5º-A, § 2º, da Lei n. 6.019/2017, inserido pela Lei n. 13.429/2017, segundo o qual, "os serviços contratados poderão ser executados nas instalações físicas da empresa contratante ou em outro local, de comum acordo entre as partes".

(64) Segundo o autor, pode acontecer, mesmo por exceção, que a empresa externalize etapas do seu ciclo produtivo, mas que as empresas parceiras atuem em sua planta, num único ambiente, como ocorre

Embora o local de execução da atividade terceirizada seja um forte indicativo da natureza interna ou externa da terceirização, ele ainda carece de outro elemento distintivo fundamental que, segundo Márcio Túlio Viana, é o modo de apropriação do trabalho terceirizado pela empresa contratante: a terceirização interna articula-se com o *trabalho por contra alheia*, em que a empresa tomadora vai se apropriando do trabalho do terceirizado na medida em que ele o executa, do mesmo modo como se apropria do trabalho de seus empregados; já a terceirização externa articula-se com o *trabalho por conta própria*, em que a empresa contratante da externalização somente se apropria do trabalho do terceirizado ao final, quando adquire o produto da empresa contratada.(65)

Essa dinâmica diz respeito a diferentes formas de exercício do *controle operacional* sobre a produção: na terceirização interna, é a empresa contratante que exerce controle operacional sobre o processo produtivo terceirizado e, por conseguinte, sobre o processo produtivo da empresa contratada-terceirizada, apropriando-se do trabalho executado na medida em que o trabalhador o executa; na terceirização externa, por outro lado, a empresa contratante delega o controle operacional da produção à empresa contratada, somente apropriando-se do trabalho terceirizado no momento em que adquire o produto.(66)

Em sua concepção arquetípica, portanto, a terceirização interna caracteriza-se pelo fato de a empresa tomadora exercer *controle operacional* sobre o processo produtivo da atividade terceirizada e, portanto, sobre o processo produtivo da empresa prestadora-contratada. Como a atividade terceirizada está inserida no processo de produção desenvolvido diretamente pela tomadora, ela termina exercendo controle imediato sobre o trabalho terceirizado, ainda que de forma relativizada e com alguns pudores, em face da presença interposta do preposto da empresa prestadora-contratada em sua planta empresarial. Daí porque a atividade é geralmente desenvolvida no estabelecimento da tomadora, que se apropria do trabalho dos terceirizados na medida em que é executado, como é inerente ao trabalho subordinado, por conta alheia.

Na terceirização externa, de outra banda, o ciclo produtivo externalizado é executado (operacionalizado) pela empresa contratada, normalmente, em seu próprio ambiente, sob seu direto controle administrativo e operacional, com vistas à produção e ao fornecimento de um bem necessário ao processo produtivo da empresa contratante. É o que ressalta Cássio Casagrande, para quem, na terceirização externa, uma das etapas do processo produtivo é repassada pela empresa principal a uma empresa terceirizada, que a executa em estabelecimento próprio.(67)

---

com algumas fábricas de automóveis [a exemplo do consórcio modular da *Wolkswagen*, em Rezende-RJ]. Da mesma forma, a empresa pode internalizar empregados alheios, mas esses trabalhadores prestarem atividade fora do seu estabelecimento, como é o caso de algumas empresas de *call center*. VIANA, Márcio Túlio. **Para entender a terceirização**. *Ob. cit.*, p. 19. A facção de vestuário também é exemplo de terceirização interna tradicionalmente realizada fora do estabelecimento da empresa tomadora: a indústria têxtil, tomadora, concebe as roupas, corta os modelos e os remete às pequenas facções, algumas domésticas, apenas para execução da costura, e às vezes para lavagem e embalagem. Essas são atividades inerentes ao processo produtivo da roupa, que continua sob controle da indústria contratante. A esse respeito, consultar: COLLI, Juliana Marília. **A trama da terceirização**: um estudo do trabalho no ramo da tecelagem. Campina, SP: Ed. da Unicamp, 2000.

(65) *Idem*, p. 20.

(66) DELGADO, Gabriela Neves; AMORIM, Helder Santos. **Os limites constitucionais da terceirização**. *Ob. cit.*, p. 58.

(67) CASAGRANDE, Cássio. Terceirização e responsabilidade solidária: a aplicação da teoria dos contratos coligados no direito do trabalho. *In*: GOULART, Rodrigo Fortunato; VILLATORE, Marco Antônio. **Responsabilidade civil nas relações de trabalho**: reflexões atuais. Homenagem ao professor José Affonso Dallegrave Neto. São Paulo: LTr, p. 47-56, 2015, p. 52.

No modelo de terceirização externa teoricamente justificada na especialização do produto e na racionalização de custos, a empresa contratante não dirige diretamente o processo produtivo da empresa contratada, delegando a ela o exercício desse *controle operacional*. Por isso se diz que, na terceirização externa, a empresa contratada desenvolve seu processo produtivo com *autonomia operacional*.

Será visto no curso da obra que essa autonomia da empresa contratada é administrativa e *operacional*, pois, mesmo na terceirização externa, a empesa-líder contratante mantém sobre a atividade terceirizada de sua rede de fornecedores uma espécie de *controle estratégico da produção*, muito mais amplo, por meio de prerrogativas contratuais próprias de quem detém o poder para definir, entre outros aspectos, o objeto, o investimento, a demanda, a qualidade, a quantidade e o preço do produto externalizado. As características, o modo de exercício e as consequências desse *controle estratégico* serão aprofundados nos próximos capítulos.

Daí porque, o paralelo entre a terceirização externa e o trabalho autônomo, acima proposto, relaciona-se exclusivamente ao aspecto *executivo* do processo de produção: a autonomia da empresa contratada, na terceirização externa, diz respeito à dimensão operacional, executiva, do processo produtivo. Quanto aos aspectos estratégicos da produção (o que produzir, quantidade, qualidade, investimento, preço do produto contratado etc.), esses elementos dizem respeito a um nível superior de controle externo – o *controle produtivo estratégico* – exercido pela empresa-líder da cadeia produtiva sobre os processos produtivos terceirizados, interna e externamente, figurando como um dique de contenção que circunda, delimitando a autonomia operacional da empresa contratada.

Portanto, à luz das características distintivas até então oferecidas, já é possível concluir que a terceirização interna (executada geralmente no estabelecimento da empresa contratante, sob seu controle operacional e com apropriação do trabalho na medida de sua execução) destina-se mais precisamente à execução de atividades, ou seja, à prestação de serviços, o que marca seu *caráter exclusivamente executivo*.

Já a terceirização externa (executada geralmente no estabelecimento da empresa contratada, sob seu controle operacional e com apropriação do trabalho, pela contratante, no momento em que adquire o produto) destina-se mais comumente para a *produção e fornecimento de bens* necessários ao processo produtivo da empresa contratante, como insumos e matérias-primas, produtos manufaturados, subprodutos, peças e componentes para uso industrial, além de bens prontos e acabados para atividade comercial.

Por influência do paradigma toyotista, tornou-se comum a identificação da terceirização externa exclusivamente com a produção e o fornecimento de bens para o setor industrial. É o que se encontra, por exemplo, na classificação proposta por Guilherme Feliciano, que distribui a terceirização em duas espécies: (1) a *terceirização material ou de produção*, em que "uma determinada fase do processo produtivo é apartada da estrutura empresarial e acometida ao terceiro especializado", que a executa com recursos próprios e autonomia gerencial, para "fornecer ao contratante o produto final de sua atividade, que será incorporado à linha de produção da empresa-cliente, no estado em que se apresenta (*i.e.*, manufaturado ou semimanufaturado)"; e (2) a *terceirização pessoal ou de serviços* indissociáveis da unidade produtiva, que consiste essencialmente na inserção de "pessoal alienígena na estrutura organizacional da empresa-cliente, sob recrutamento e subordinação da empresa contratada", e que, por isso, "tem de ser prestado nas próprias dependências da empresa-cliente".[68]

A primeira espécie (que corresponde à terceirização externa), segundo o autor, tem por objeto a produção e o fornecimento de bens para o processo produtivo industrial da empresa contratante, por meio de um *contrato de fornecimento industrial*. Já a segunda espécie (que corresponde à terceirização interna), tem por objeto a execução de atividade diretamente desenvolvida pela empresa tomadora-contratante, por meio do contrato de prestação de serviços.

De fato, como acima asseverado, a terceirização externa volta-se predominantemente para produção e fornecimento de *bens* necessários ao processo produtivo da empresa contratante. Mas, no sentido lato adotado na presente obra, a terceirização externa em muito ultrapassa o modelo toyotista de fornecimento terceirizado de peças e componentes para a atividade industrial, sob contrato formal de fornecimento industrial.

Em sua dimensão substantiva, a terceirização externa é fenômeno presente em todos os setores econômicos. Apanha o fornecimento de bens primários, de origem extrativa e agropecuária, tanto para a indústria (como matérias-primas e insumos de processos industriais) quanto para a comercialização direta ao consumidor, assim como também compreende o fornecimento de bens industriais para o comércio. Atualmente, as grandes redes do varejo contratam a produção industrial de mercadorias sob especificações, algumas inclusive com suas marcas comerciais, para disponibilizá-las ao consumidor, o que constitui essencialmente manifestação de uma terceirização externa.

O *Walmart* tornou-se, na bibliografia, uma referência desse processo. Com grande poder de compra e de controle e gestão de informações de toda a cadeia de suprimentos, a rede comercial passou a ditar a seus fornecedores, espalhados por várias regiões do planeta, parâmetros de preço, qualidade, quantidade, prazos de entrega, embalagem etc., em franco processo de externalização de suas mercadorias.[69]

Ademais, a configuração da terceirização externa não depende de forma contratual ou previsão expressa de condições produtivas em instrumento contratual, decorrendo mais da dinâmica relacional instituída entre as partes: havendo fornecimento de produto-base sob parâmetros produtivos estabelecidos pela empresa adquirente, ainda que esses parâmetros sejam dirigidos genericamente a todo e qualquer fornecedor, resta configurada a terceirização externa.

Enfim, a vinculação exclusiva da terceirização externa à produção de *bens* desconsidera a realidade de uma vasta gama de *serviços* produzidos nas instalações das empresas contratadas, sob seu direto controle operacional, mediante entrega à empresa contratante de uma unidade útil destacada do seu processo produtivo e que, por isso, mais se aproximam dos parâmetros conceituais da terceirização externa. Nessa categoria são encontrados, por exemplo, serviços de *marketing* e publicidade, logística e tecnologia, assessorias e consultorias técnico-profissionais (como a assessoria jurídica) etc., nos mais diversos setores da atividade econômica.

---

(68) FELICIANO, Guilherme Guimarães. Direito do trabalho, terceirização e contratos de fornecimento industrial: notas sobre a responsabilidade jurídica de clientes e fornecedores. Campinas: **Revista do Tribunal Regional do Trabalho da 15ª Região**, n. 30, 2007, p. 50/52.

(69) ABERNATHY, Frederick H. *et al.* **A stitch in time: Lean retailing and the transformation of manufacturing - lessons from the apparel and textile industries.** New York: Oxford university Press, 1999; LICHTENSTEIN, N. **The retail revolution: how wal-mart created a brave new world of business.** New York: Metropolitan Books, 2009.

Há serviços que, a depender do modo como são prestados, nem sempre se albergam com inteira justeza às características da terceirização interna, porque as atividades são física e funcionalmente destacadas do processo produtivo diretamente desenvolvido pela empresa contratante. Também não se ajustam com facilidade aos parâmetros da terceirização externa, na medida em que, mesmo prestados em ambiente da executada, podem constituir mera execução de atividade humana no interior do processo produtivo da empresa contratante, sob seu comando operacional, como geralmente ocorre com os serviços de facção (costura de peças de vestuário) para a indústria da moda. Tais situações figurariam numa zona conceitual intermediária, demandando análise das características predominantes em cada caso concreto.

Portanto, a terceirização externa pode ter por objeto tanto a produção e o fornecimento de bens para o processo produtivo da empresa contratante, inclusive bens prontos e acabados para a atividade comercial, quanto a prestação de serviços produzidos de forma destacada nas instalações da empresa fornecedora e sob seu direto controle operacional.

A figura a seguir ilustra a dinâmica da terceirização externa na indústria, em que a empresa contratante obtém matéria-prima, componentes e subprodutos para o seu processo produtivo, e no comércio, em que a rede varejista obtém mercadorias sob especificações.

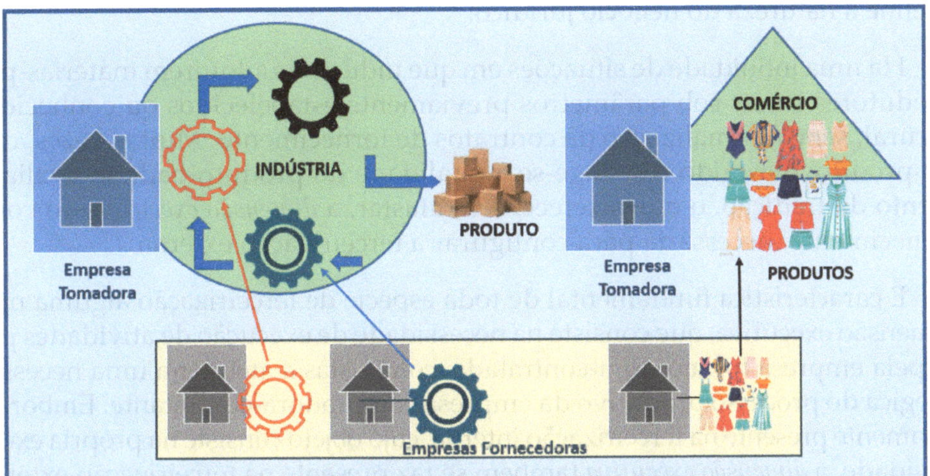

Figura 2 – Terceirização Externa na Indústria e no Comércio

Fonte: Elaborada pelo autor

Quanto ao meio contratual, no Brasil, independentemente da classificação conceitual adotada, todo e qualquer contrato de interempresarial *prestação de serviços*, seja em regime de terceirização interna ou externa, e ainda que a ele se atribua o título de contrato de *fornecimento* de serviços, sujeita-se à disciplina da Lei n. 6.019/1974, com redações inseridas pelas Leis n. 13.429/2017 e n. 13.467/2017.

Tendo por objeto o fornecimento de bens em regime de terceirização externa, por outro lado, o *contrato de fornecimento* é o instrumento contratual por excelência.

O contrato de fornecimento de bens constitui espécie do típico contrato de compra e venda disciplinado pelos arts. 481 a 532 do CCB, com a característica adicional de que a parte vendedora (o fornecedor) obriga-se a entregar os bens sob determinados parâmetros, com certa periodicidade, continuidade ou previsibilidade. A legislação nacional não disciplina de forma específica o contrato fornecimento, mas o modelo encontra tipicidade na prática comercial e na legislação estrangeira. O Código Civil italiano, por exemplo, distingue com clareza a compra e venda simples do contrato de fornecimento (*somministrazione*).[70]

Apesar da maior adequação finalística do contrato de fornecimento para veicular a terceirização externa de bens, no entanto, esse tipo de terceirização não se sujeita a taxatividade contratual. Diferentemente do *contrato de prestação de serviços a terceiros*, regulado pela Lei n. 6.019/1974, não há norma legal que discipline o específico contrato de fornecimento terceirizado de bens entre empresas, com repercussões trabalhistas, o que implica um vácuo legislativo na proteção ao trabalhador terceirizado.

A terceirização externa pode esconder-se sob o manto formal de outros modelos de negócios jurídicos interempresariais que tenham por objeto total ou parcial a produção e o fornecimento interempresarial de bens para o processo produtivo da empresa adquirente-contratante, a exemplo de contratos de compra e venda, contratos de sociedade empresária em que uma empresa comprometa-se a produzir e fornecer bens para outra; de *joint venture*, em que uma parte participe do projeto com bens por ela produzidos,[71] além de tantos outros modelos adaptáveis, como a importação--exportação, a distribuição, a franquia, a concessão comercial etc.

Para além da forma, é a identificação da causa (a função econômica do contrato) que define a natureza do negócio jurídico.

Há uma infinidade de situações em que indústrias adquirem matérias-primas de produtores rurais sob parâmetros previamente estabelecidos ou conhecidos no meio rural, sem a formalização de contratos de fornecimento. Muitas vezes, o parâmetro produtivo exigido restringe-se à qualidade do produto-padrão, avaliada no momento da tradição, o que arrefece, sem afastar, a *dimensão executiva* do contrato de fornecimento, necessária para configurar a terceirização externa.

É característica fundamental de toda espécie de terceirização alguma medida ou dimensão executiva, que consiste na necessidade de execução de atividades produtivas, pela empresa fornecedora-contratada, com vistas a atender a uma necessidade estratégica do processo produtivo da empresa compradora-contratante. Embora mais intensamente presente na terceirização interna, cujo objeto consiste na própria execução de atividade, a *dimensão executiva* também se faz presente na terceirização externa, na medida em que a produção tenha por objetivo atender a parâmetros produtivos da empresa adquirente-contratante.

O contrato de fornecimento terceirizado de bens é aquele, portanto, em que produtos-base (matérias-primas, insumos, subprodutos, peças, componentes, mercadorias etc.) são contratados sob parâmetros adequados ao processo produtivo da contratante, mediante entrega periódica, continuada ou previsível, ainda que se trate de um bem padronizado e ainda que entre as empresas opere um intermediário ou entreposto comercial. Embora em menor medida do que na prestação de serviços, portanto, a terceirização externa também possui dimensão executiva.

---

(70) Il Codice Civile Italiano. "*Art. 1.559. Nozione: La somministrazione è il contratto con il quale una parte si obbliga, verso corrispettivo di un prezzo, a eseguire, a favore dell'altra, prestazioni periodiche o continuative di cose*". Livre tradução: Art. 1.559. Noção: O fornecimento é o contrato pelo qual uma parte se obriga, mediante o correspectivo de um preço, a executar, em favor da outra, prestações periódicas ou continuativas de bens.
(71) *Joint Venture* é um acordo comercial entre duas ou mais empresas de ramos iguais ou diferentes, por meio do qual reúnem recursos para realizar um projeto específico, durante determinado período.

Consumado o fornecimento do produto-base necessário ao processo produtivo da empresa adquirente, ainda que por adesão a parâmetros implicitamente por ela estabelecidos, exsurge do negócio jurídico a dimensão executiva inerente à terceirização externa, caracterizando-se o fornecimento terceirizado.

Há processos produtivos que exigem contratação mais detalhada, a exemplo da indústria automotiva e de eletrônicos, enquanto outros processos produtivos pouco dependem de prévio detalhamento contratual, como geralmente ocorre com a indústria alimentícia que adquire matérias-primas padronizadas (por ex., grãos, sementes, frutas etc.). O detalhamento contratual prévio de parâmetros produtivos não é determinante para configuração do contrato de fornecimento terceirizado. Residindo a causa do negócio jurídico na obtenção de bem produzido para o processo produtivo da empresa adquirente-contratante, sob parâmetros produtivos por ela estrategicamente estabelecidos, resta configurada a terceirização externa.

De outra banda, a compra de produto-base exclui-se do esquadro conceitual da terceirização externa, por ausência de caráter executivo, quando a empresa adquirente, sem poder econômico para influenciar estrategicamente a produção do bem adquirido, venha a adaptar o seu próprio processo produtivo aos parâmetros do produto-base pré-existente e disponível no mercado, fornecido por corporações com superior poder econômico e de mercado.

1.1.3. A dualidade de controles estratégico e operacional na terceirização externa

Outra classificação interessante da terceirização, na mesma linha da que vem sendo exposta – *interna* e *externa* –, é a oferecida por Maurício Godinho Delgado, que identifica: (1) a *terceirização trabalhista*, que corresponde à prestação de serviços no interior da empresa tomadora e que, por isso, produz a "dissociação do vínculo socioeconômico de prestação laborativa em detrimento do vínculo jurídico-trabalhista" travado com a empresa prestadora; e (2) a *terceirização empresarial*, que corresponde à externalização de ciclos produtivos, tida pelo autor como um processo de "simples descentralização empresarial, em favor de outra empresa, a qual preserva planta empresarial própria e empregados próprios (...)".(72)

A novidade terminológica dessa classificação visa a enfatizar a preocupação principal do Direito do Trabalho com a terceirização interna (por isso denominada de *terceirização trabalhista*), em face do seu efeito imediato desarticulador da relação de subordinação jurídica e, por conseguinte, da relação de emprego direta entre o trabalhador e o beneficiário maior de sua mão de obra, a empresa tomadora, com todos os efeitos deletérios que disso resulta, conforme visto no tópico anterior.

De fato, por mais que o Direito do Trabalho tenha sido levado a regular a *prestação de serviços a terceiros* (com as Leis n. 13.429/2017 e n. 13.467/2017), incorporando em sua disciplina normativa a relação de trabalho terceirizado, verdade é que essa forma de gestão do trabalho, quando prestado no interior da empresa contratante, seja em atividade-fim ou em atividade-meio, sempre constituiu veículo de intermediação (ou venda) de mão de obra de uma empresa a outra. Nesses casos, o conceito de *serviço* como uma tarefa ou unidade de produção específica e identificável figura como um eufemismo para designar a mesma atividade empresarial, apenas realizada por empregados de uma empresa terceirizada.

---

(72) DELGADO, Maurício Godinho. **Capitalismo, trabalho e emprego**: entre o paradigma da destruição e os caminhos de reconstrução. São Paulo: LTr, 2006, p. 44.

Adverte Márcio Túlio Viana que, teoricamente, é possível distinguir a terceirização interna da intermediação de mão de obra, pois apenas na primeira o trabalhador terceirizado estaria subordinado ao tomador de serviços, como ocorre na hipótese excepcional do trabalho temporário. Mas no plano concreto, as situações quase sempre se confundem, segundo o autor, pelo menos nas situações que se prolongam no tempo, pois

> (...) é virtualmente impossível haver trabalho constante, necessário, na realização de uma atividade própria de uma empresa (e quase sempre em suas dependências, e com o seu material) sem que o trabalhador também se subordine a ela (a menos que se reduza o conceito de subordinação).[73]

Nesse sentido, a terceirização interna tende a constituir técnica de contratação intermediada de força de trabalho para execução de atividades desenvolvidas diretamente pela empresa tomadora.

Há quem considere essa a essência de toda e qualquer espécie de terceirização. Para Vítor Araújo Filgueiras e Sávio Machado Cavalcante, pesquisadores da Ciência Econômica e da Sociologia, por exemplo, o conceito construído em torno da externalização (aqui identificada com a terceirização externa), como a transferência de parte do processo produtivo de uma empresa a outra, não encontra correspondência na realidade, pois "as empresas contratantes não de deixam de comandar a atividade terceirizada".[74]

Com base em resultados de pesquisas empíricas sobre o tema, afirmam os pesquisadores que, embora a externalização implique aparente fragmentação do processo produtivo, com segregação espacial de atividades, "a essência do controle de fato do processo produtivo das atividades terceirizadas não muda, continua sendo da empresa contratante". Por conseguinte, a terceirização não implica a externalização da produção, que continua sob inteira titularidade da empresa contratante, consistindo em mera técnica de intermediação da contratação da força de trabalho, com vistas a viabilizar a superexploração da mão de obra e a redução de custos trabalhistas.[75]

Essa perspectiva de análise apreende e enfatiza aquele aspecto acima indicado, do *controle produtivo estratégico* que é exercido pela empresa contratante em qualquer espécie de terceirização. No entanto, ao negar o caráter fenomenológico da externalização, essa interpretação desconsidera as intensas alterações que, nas últimas décadas, o desenvolvimento tecnológico introduziu nos processos produtivos, com vistas a obter ganhos de produtividade fundados na superexploração do trabalho e na redução de custos fiscais e trabalhistas, mas, também, na especialização e na racionalização dos processos produtivos.

Sem atualização equivalente dos enunciados normativos que descrevem o vínculo de emprego, em especial dos que conceituam as figuras do empregado e do empregador, forjadas no paradigma empresarial do século XX, o Direito do Trabalho deixou-se impactar pela terceirização. Se a terceirização interna, notadamente voltada a intermediar mão de obra, restou plenamente incorporada à práxis trabalhista

---

(73) VIANA, Márcio Túlio. **Para entender a terceirização.** *Ob. cit.*, p. 16.

(74) FILGUEIRAS, Vitor Araújo; CAVALCANTE, Sávio Machado. Terceirização: um problema conceitual e político. **Le Monde Diplomatique Brasil**. Ed. 90, 6 jan. 2015. Disponível em: https://bit.ly/3spYieD. Acesso em: 7 fev. 2022.

(75) *Idem*, p. 2-3.

(Lei n. 6.019/1974), com o beneplácito da jurisprudência do STF, por maiores razões a terceirização externa não encontrou resistência normativa ou jurisprudencial.[76]

Isso porque, de fato, a terceirização externa seccionou o controle sobre o processo produtivo, mantendo o *controle estratégico* do negócio com a empresa principal, contratante, mas conferindo à empresa contratada acentuada autonomia *operacional* sobre o processo produtivo por ela desenvolvido, em seu próprio estabelecimento. Do exercício desse *controle operacional/executivo* sobre a produção deriva naturalmente o exercício do poder diretivo sobre o trabalho, dando ensejo à subordinação jurídica clássica do trabalhador à empresa fornecedora.

Com isso, a disciplina justrabalhista terminou assimilando com facilidade a configuração esquemática do vínculo de emprego entre o trabalhador e a empresa contratada. Sem reputar relevante o risco de fraude à relação de emprego entre o trabalhador a empresa contratante, a terceirização externa restou relegada pelo Direito do Trabalho a uma segunda ordem de preocupações.[77]

É o que também se extrai da observação de Guilherme Feliciano, para quem, "o interesse do Direito do Trabalho na terceirização repousa sobre a inserção corporativa habitual dos empregados 'terceirizados' na empresa-cliente", ou seja, na *terceirização de serviços internos*.[78] De outra banda, segundo o autor, não cabe ao Direito do Trabalho "imiscuir-se na discussão clausular dos contratos que engendram terceirização material" (*terceirização externa*), a exemplo do contrato de fornecimento, que interessa particularmente à Ciência da Administração, ao Direito Empresarial e ao Direito Econômico, somente interessando ao Direito do Trabalho quando houver fraude em sua celebração ou execução para afastar a responsabilidade trabalhista de uma das partes.[79]

É comum o uso fraudulento da externalização para intermediar mão de obra, com a subordinação direta do trabalhador à empresa contratante, conforme exemplos colhidos por Renata Queiroz Dutra e Vitor Araújo Filgueiras.[80] São situações que, no Brasil, desafiam a aplicação do Direito do Trabalho com vistas ao reconhecimento de vínculo de emprego entre o trabalhador e a empresa contratante da terceirização.

Em seu tipo ideal, à margem de fraudes, por outro lado, a contratação terceirizada de fornecimento não ameaça a higidez do vínculo de emprego com a empresa

---

(76) BRASIL, Supremo Tribunal Federal, Pleno. **ADPF 324/DF**, Rel. Min. Roberto Barroso. DJe 5 set. 2019.

(77) O enfoque à terceirização interna como elemento central de preocupação do Direito do Trabalho também foi dado pelo autor da presente pesquisa, em obra anterior: "*A terceirização de serviços, ao fracionar as diversas etapas do processo produtivo, desencadeando um novo modelo de empresa horizontalizada, desfigura a clássica relação bilateral de trabalho — tornando-a uma relação trilateral de trabalho — e fratura a organização coletiva dos trabalhadores. Estes migram da empresa beneficiária final do seu trabalho para dispersarem-se entre diversas outras empresas prestadoras de serviços, fazendo ruir as bases do referido sistema de proteção social*". AMORIM, Helder Santos. **Terceirização no serviço público** – uma análise à luz da nova hermenêutica constitucional. Ob. cit., p. 40.

(78) FELICIANO, Guilherme Guimarães. **Direito do trabalho, terceirização e contratos de fornecimento industrial: notas sobre a responsabilidade jurídica de clientes e fornecedores.** *Ob. cit.*, p. 55.

(79) *Idem.*

(80) Os autores citam exemplo do setor de logística no Reino Unido, em que grandes empresas contratantes, como grandes bancos, realizam um tipo de leilão para arregimentar trabalhadores mais baratos, por meio de empresas intermediárias. No setor automotivo, citam exemplo de uma indústria automobilística em que os trabalhadores terceirizados eram diretamente selecionados e geridos pela empresa automobilística contratante. Também no setor do vestuário, citam o exemplo de uma marca contratante de produção de roupas que controla diretamente o trabalho dos terceirizados. DUTRA, Renata Queiroz; FILGUEIRAS, Vitor Araújo. A polêmica sobre o conceito de terceirização e sua regulação. **Revista Trabalho e Desenvolvimento Humano.** *Ob. Cit.*, p. 6-9 e 13.

fornecedora. Mas, ainda assim, são imensos os impactos deletérios que a externalização pode produzir sobre a proteção jurídica dos trabalhadores, quando utilizada para extrair vantagem do acirramento da concorrência, notadamente nos estratos mais baixos das redes contratuais terceirizadas, com vistas ao enxugamento exaustivo de custos trabalhistas. E, sob esse aspecto, muito interessam ao Direito do Trabalho as violações perpetradas aos direitos dos trabalhadores terceirizados.

São problemas que se situam para além da configuração da relação de emprego, mas que mantêm íntima conexão com a causa sociológica, econômica e histórica do assalariamento, presente na noção de *dependência econômica,* que reside na origem teórico-conceitual da relação de emprego.[81] Toda forma de descentralização empresarial, em última instância, está a serviço da divisão e estratificação do trabalho, inclusive, para racionalizar custos (perspectiva empresarial), ou seja, para aumentar a extração de *mais-valia* (perspectiva laboral).

Os efeitos deletérios mais graves da terceirização externa sobre o trabalho ocorrem, basicamente, quando o mecanismo assenta-se numa relação de intensa exploração econômica da empresa terceirizada e, *por tabela,* do seu trabalhador, pela corporação contratante, reproduzindo entre elas a situação de assimetria de poder e de dependência econômica que antes o Direito somente identificava entre a empresa e o trabalhador.

Para além das razões científicas de especialização e racionalização produtiva que residem em sua justificação teórica, a contemporânea externalização tende a estear-se na lógica de transferência de atividades de mais baixo valor agregado, de alta pressão concorrencial e de elevados riscos no investimento, sob exigência de intenso enxugamento de custos, a serviço dos interesses econômicos das grandes corporações contratantes. Isso submete a empresa terceirizada, não raro, a condição de profunda dependência econômica e subordinação contratual aos interesses da empresa contratante.

Na observação de Márcio Túlio Viana, "de certo modo, é como se a subordinação – antes restrita às relações entre empresa-empregado – se deslocasse também para a relação empresa-empresa". Em certa medida, diz o autor, "até os trabalhadores da contratada seguem as diretrizes da contratante".[82] Essa é uma manifestação natural do *controle produtivo estratégico* exercido pela empresa contratante sobre a empresa contratada, do que resulta para esta uma correspondente posição de *subordinação produtiva estratégica.*

A autonomia operacional da empresa terceirizada encontra limites, portanto, no *controle produtivo estratégico* exercido pela empresa contratante. Esse controle é exercido por meio de diretrizes (o que produzir, quantidade, qualidade, investimento, preço do produto contratado etc.) que tendem a fomentar, no âmbito da empresa terceirizada, a máxima racionalização de custos produtivos, inclusive trabalhistas. Tal dinâmica enseja condições de trabalho marcadas pela violação sistemática de direitos fundamentais dos trabalhadores, elemento central à análise da responsabilidade no âmbito da terceirização externa.

Constitui, pois, traço central da terceirização externa, característico do instituto, a dualidade de controles sobre o processo produtivo dos bens ou serviços contratados.

---

(81) OLIVEIRA, Murilo C. S. O retorno da dependência econômica no direito do trabalho. Brasília: **Revista do TST**, vol. 79, n. 3, jul./set. 2013, p. 203.
(82) VIANA, Márcio Túlio. **Para entender a terceirização.** *Ob. cit.*, p 16.

No plano mais amplo, da organização estratégica da produção, a empresa-líder da cadeia produtiva, contratante da terceirização (interna ou externa) sempre exerce um *controle produtivo estratégico* derivado do seu poder de coordenação sobre o conjunto dos processos produtivos, internos e terceirizados, que integram sua cadeia produtiva. Já no plano executivo da produção, mais estrito, na terceirização externa a empresa contratante delega o *controle operacional* do processo produtivo à empresa terceirizada, que atua de forma visivelmente destacada e com acentuada autonomia operacional, oferecendo o produto como resultado concreto do contrato de fornecimento.

A figura a seguir ilustra essa dualidade de controles sobre a organização produtiva do bem ou serviço externalizado. Enquanto na terceirização interna a empresa contratante, tomadora dos serviços, exerce a unidade de controles *estratégico e operacional* sobre o processo de produção do serviço contratado, na terceirização externa a empresa contratante delega o controle executivo à empresa contratada, mantendo o *controle produtivo estratégico* sobre o processo de produção.

Organização da produção	**TERCEIRIZAÇÃO EXTERNA**	**TERCEIRIZAÇÃO INTERNA**
Meio contratual e objeto	*** Contrato de fornecimento de bens** *** Contrato de prestação de serviços externos**	*** Contrato de prestação de serviços internos**
Organização estratégica	**Empresa Contratante:** **exerce controle estratégico**	**Empresa Contratante:** **exerce controles estratégico e operacional**
Organização operacional	**Empresa Contratada:** **exerce controle operacional**	

Figura 3 – Distinção Entre Terceirização Interna e Terceirização Externa

Fonte: Elaborada pelo autor

Na terceirização externa, esse poder de *comando produtivo estratégico* sobre os ciclos produtivos terceirizados (externalizados) é exercido, pela empresa-líder contratante, na condição de agente econômico central, titular do conjunto dos processos produtivos, internos e terceirizados, que integram sua cadeia produtiva. Por isso, a identificação conceitual da *cadeia produtiva* constitui o primeiro passo para análise dos elementos que compõem a noção daquele poder de comando estratégico, categoria fundamental ao estudo da responsabilidade.

Para conferir rigor científico à análise do objeto de estudo, a presente obra adotará doravante o termo *terceirização* na perspectiva empregada por Márcio Túlio Viana, como gênero do qual derivam as espécies (a) *terceirização interna* e (b) *terceirização externa* ou *externalização*.

Ademais, a obra focará a *terceirização externa* associada ao *fornecimento terceirizado de bens*, aquela promovida por meio de *contrato de fornecimento* interempresarial de matérias-primas e insumos, produtos manufaturados, subprodutos, peças e componentes, além de bens prontos e acabados para atividade comercial, por tratar-se do campo em que os problemas estruturais de violações de direitos trabalhistas apontadas pelo OIT estão predominantemente associadas à organização terceirizada das *cadeias globais de mercadorias*.

Trata-se de uma face da terceirização – a terceirização externa – ainda pouco explorada pela ciência jurídica, apesar de seu intenso impacto deletério sobre os direitos fundamentais dos trabalhadores terceirizados.

A jornada seu curso com a identificação e construção conceitual das principais categorias analíticas relacionadas ao problema, iniciando-se pela identificação conceitual da *cadeia produtiva*, com seu posterior desdobramento nas noções da *cadeia produtiva empresarial* e da cadeia produtiva empresarial *descentralizada*, organizada com uso da terceirização externa.

1.2. Identificação conceitual da cadeia produtiva

Conforme visto acima, os problemas decorrentes do trabalho precário nas *cadeias globais de commodities* ou *cadeias produtivas transnacionais*, identificados pela OIT em sua 105ª Conferência Internacional, ou mesmo em cadeias produtivas nacionais que operam no âmbito territorial do Estado brasileiro, encontram-se intimamente relacionados ao modelo de terceirização externa de bens praticado pelas grandes corporações, no mercado globalizado contemporâneo.

Nesse modelo, a grande corporação terceiriza o fornecimento de matérias--primas, componentes, subprodutos, serviços ou mesmo toda produção material de suas mercadorias a fornecedores economicamente frágeis ou a fornecedores que subcontratam a empresas ou agentes frágeis, que, por sua vez, buscam no trabalho precário a redução de custos imposta pela intensa pressão concorrencial.

Em tal cenário, a terceirização externa figura como uma técnica de organização da cadeia produtiva da empresa contratante, com sérias repercussões sobre as condições de trabalho dos trabalhadores terceirizados.

Do ponto de vista técnico-organizacional, é a *cadeia produtiva* o fio condutor que une sistematicamente, por vínculo teleológico, os processos produtivos de empresas contratantes e contratadas em qualquer espécie de terceirização.

Na terceirização interna, esse vínculo é facilmente visualizado, em face do compartilhamento do mesmo ambiente de trabalho e da embricada interseção entre os processos produtivos das empresas tomadora e prestadora de serviços. Mas na terceirização externa, embora menos visível, o encadeamento sistemático dos processos produtivos das empresas contratante e fornecedora-contratada é igualmente intenso, constituindo um forte elo consequencial indispensável à consecução dos objetivos econômicos envolvidos.

A noção de cadeia produtiva é central para a compreensão do modo de organização e funcionamento das atividades produtivas, em cada tempo. Por conseguinte, é também essencial para a compreensão da dinâmica organizacional dos processos produtivos terceirizados e para a compreensão da divisão do trabalho terceirizado e de sua estratificação valorativa entre as empresas contratante e contratada, na relação de forças econômicas que entre elas se estabelece.

Na cadeia produtiva é possível identificar o posicionamento de liderança ou subserviência econômica das empresas que integram determinado processo produtivo, especialmente nas relações de terceirização, facilitando, assim, o estudo sobre as consequências desses fatores sobre as relações de trabalho.

O termo *cadeia produtiva* constitui noção cientificamente desenvolvida pela Engenharia de Produção e pela Ciência da Administração, em princípio, para definir o encadeamento sistemático de todas as atividades necessárias para levar um produto ao consumidor.

Nessa seara do conhecimento, a cadeia produtiva consiste num conjunto de atividades de transformação progressivamente articuladas, desde os insumos básicos (bens de produção, segundo a teoria econômica) até o produto final (ou bem de consumo), incluindo distribuição e comercialização, como elos de uma corrente.[83] Ou, em versão mais elaborada, segundo Antônio Maria de Castro, "é o conjunto de componentes interativos, incluindo os sistemas produtivos, fornecedores de insumos e serviços, indústrias de processamento e transformação, agentes de distribuição e comercialização, além de consumidores finais".[84]

Na figura a seguir, apresenta-se um esboço bastante simplificado da estrutura-padrão de uma cadeia produtiva de mercadoria industrializada, em que diferentes atividades conectam-se na transformação das matérias-primas num bem de consumo.

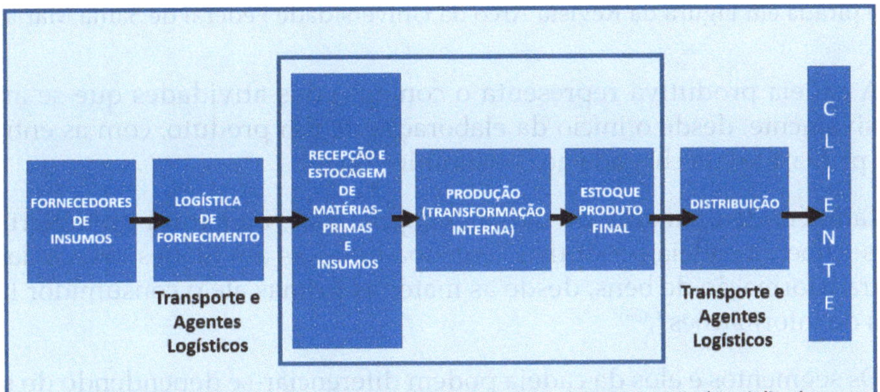

Figura 4 – Padrão de Uma Cadeia Produtiva de Bem de Consumo Industrializado

Fonte: Adaptação de Figura de José Antônio Rodrigues e Gilmar de Melo Mendes [85]

Nessa perspectiva, cadeia produtiva não é uma noção que, em princípio, proponha-se a determinar as atividades executadas por uma determinada empresa, mas visa a identificar as ações necessárias para fabricação e comercialização de um determinado produto (bem ou serviço), independentemente da empresa ou das empresas envolvidas.

Para a Engenharia de Produção, a cadeia produtiva é definida a partir da identificação de determinado produto final, um bem de consumo. Definido o produto, segundo Mário Batalha e Andrea da Silva, "cabe ir encadeando, de jusante a montante

(83) BRASIL, Ministério do Desenvolvimento, Indústria e Comércio Exterior. **Conceituação.** Brasília, DF, 2010, p. 1.
(84) CASTRO, Antônio Maria Gomes de. **Análise da competitividade de cadeias produtivas**. Workshop cadeias produtivas e extensão rural na Amazônia, Manaus, 2000. Disponível em: https://bit.ly/3jvQjJW. Acesso em: 30 jun. 2021.
(85) RODRIGUES, José Antônio; MENDES, Gilmar de Melo. **Governança corporativa**: estratégia para geração de valor. Rio de Janeiro: Qualitymark, 2004, p. 22.

[do fim para o começo], as várias operações técnicas, comerciais e logísticas, necessárias à sua produção".[86]

No exemplo bastante simples de uma cadeia produtiva de leite bovino pasteurizado longa vida, retratada na figura abaixo, após definido o produto, as operações de produção e comercialização são encadeadas, da venda no varejo (n. 6) até a produção pecuária (n. 1).

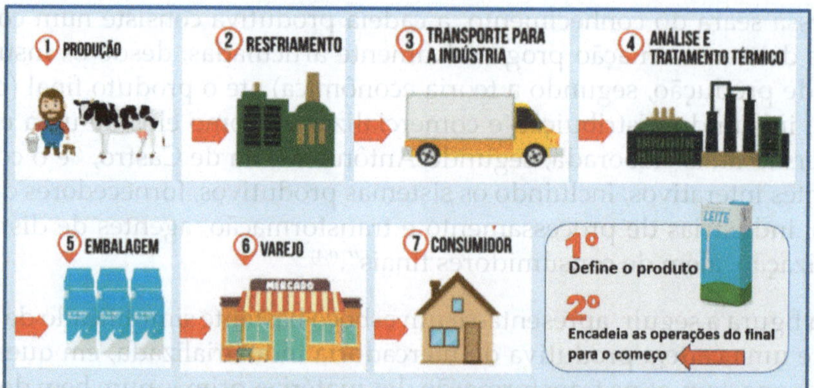

Figura 5 – Modelo Simples de Cadeia Produtiva de Leite Pausteurizado

Fonte: Inspirada em Figura da Revista Arco da Universidade Federal de Santa Maria, 2016.[87]

A cadeia produtiva representa o conjunto das atividades que se articulam progressivamente, desde o início da elaboração de um produto, com as entradas de matéria-prima, até sua chegada ao consumidor final.

Também denominada de *cadeia de suprimentos*, na leitura de Roberto Moori e Moisés Zilber, a cadeia produtiva "engloba todas as atividades associadas com o fluxo e transformação de bens, desde as matérias-primas até o consumidor final e os sistemas de informações".[88]

Os segmentos e elos da cadeia podem diferenciar-se dependendo do setor em análise, mas as etapas tipicamente encontradas em uma cadeia produtiva, como um tipo ideal, são as seguintes, na análise de Susan Elizabeth Oliveira: Pesquisa e Desenvolvimento (P&D), obtenção de insumos e matérias-primas, produção, distribuição e *marketing*, vendas e, até mesmo, a reciclagem de produtos após o fim de sua vida útil, o que corresponde ao serviço pós-venda.[89]

Segundo Mário Batalha e Andrea da Silva, *cadeia produtiva* é termo com origem em estudos da economia industrial francesa, que, desde a década de 1970, vem adotando a noção de *filière* (fiação ou ferramenta destinada a tecer fios), inicialmente

(86) BATALHA, Mário Otávio; SILVA, Andrea Lago da. Gerenciamento de sistemas agroindustriais: definições, especificidades e correntes metodológicas. *In*: BATALHA, Mário Otávio (Coord.). **Gestão Agroindustrial**. 3ª ed. São Paulo: Atlas, 2014, p. 12.

(87) Figura inspirada em gravura extraída da Revista Arco da Universidade Federal de Santa Maria, 2016. *In*: BRASIL, Universidade Federal de Santa Maria. **Revista Arco**, 6ª ed. Santa Maria – RS: UFSM, 2016. Disponível em: https://www.ufsm.br/midias/arco/6a-edicao/. Acesso em: 3 jul. 2021.

(88) MOORI, Roberto Giro; ZILVER, Moisés Ari. **Um estudo da cadeia de valores com a utilização da análise fatorial**. RAC, v. 7, n. 3, p. 127-147, jul./set. 2003, p. 131.

(89) OLIVEIRA, Susan Elizabeth Martins Cesar. **Cadeias globais de valor e os novos padrões de comércio internacional: estratégias de inserção de Brasil e Canadá.** Brasília: FUNAG, 2015, Disponível em: https://bit.ly/3htVvMA. Acesso em: 15 set. 2021. Obra resultante de tese de doutorado em Relações Internacionais apresentada ao Instituto de Relações Internacionais - IREL da Universidade de Brasília – UnB.

no setor agroalimentar, para descrever a sucessão de operações de transformação da matéria-prima agrícola em produtos, sua distribuição e comercialização, com ênfase no encadeamento de técnicas e tecnologias e nas relações comerciais e financeiras estabelecidas entre os diversos agentes e estágios de transformação.(90)

A noção francesa, muito voltada para a economia doméstica, busca explicar como essas relações tecnológicas, comerciais e financeiras entre os diferentes agentes e estágios de uma cadeia determinam a estrutura e o funcionamento de uma atividade econômica, definindo a sucesso de suas estratégias.(91)

Apesar desses pressupostos, afirmam Mário Batalha e Andrea da Silva, a noção de cadeia produtiva continuou vaga quanto ao seu enunciado, na doutrina francesa, com grande variedade de definições.(92) Procurando sintetizar e sistematizar essas ideias, Y. Morvan enumerou três séries de elementos que estariam implicitamente ligados a uma visão de *filiére* como cadeia de produção: (1) é uma sucessão de operações de transformação dissociáveis, capazes de ser separadas e ligadas entre si por um encadeamento técnico; (2) é também um conjunto de relações comerciais e financeiras que estabelecem, entre todos os estados de transformação, um fluxo de troca, situado de montante a jusante, entre fornecedores e clientes; (3) e é um conjunto de ações econômicas que presidem a valoração dos meios de produção e asseguram a articulação das operações.(93)

À luz dessas categorias, a noção de cadeia produtiva tornou-se medida de análise científica de diversos aspectos da atividade econômica produtiva em escala global, especialmente a partir da intensa fragmentação dos processos produtivos na economia globalizada, ocorrida nas últimas quatro décadas.

Embora, na perspectiva de análise do sistema-mundo, que será abordada no Capítulo 2, o caráter internacional dos processos produtivos remonte ao início das navegações marítimas, foi a partir das inovações tecnológicas das comunicações e dos transportes, ocorridas nas últimas décadas, que se consolidou a fragmentação funcional e geográfica dos processos produtivos por todas as regiões do globo.

Conforme anota Richard Baldwin, antes disso os processos produtivos eram geograficamente aglomerados, com todos os ciclos produtivos reunidos no âmbito da empresa, próximo ao mercado consumidor. Sem tecnologia que viabilizasse o desmembramento e a coordenação desses ciclos à distância, a concentração era um imperativo de custo. Essa necessidade de proximidade para facilitar a coordenação dos ciclos produtivos somente começou a desfazer-se com a revolução das tecnologias de informação, comunicação e transporte, a partir de meados da década de 1980.(94)

---

(90) BATALHA, Mário Otávio; SILVA, Andrea Lago da. **Gerenciamento de sistemas agroindustriais**: definições, especificidades e correntes metodológicas. *Ob. cit.*, p. 6.

(91) CARVALHO JÚNIOR, Luiz Carlos de. **A noção de *filière***: um instrumento para a análise das estratégias das empresas. Santa Catarina: Universidade Federal de Santa Catarina, p. 01/02. Disponível em: https://bit.ly/2UONBVD. Acesso em: 30 jun. 2021.

(92) BATALHA, Mário Otávio; SILVA, Andrea Lago da. **Gerenciamento de sistemas agroindustriais**: definições, especificidades e correntes metodológicas. *Ob. cit.*, p. 6.

(93) MORVAN, Y. **Fondements d'économie industrielle**. Paris: Economica, 1988. p. 247. *Apud*: BATALHA, Mário Otávio; SILVA, Andrea Lago da. **Gerenciamento de sistemas agroindustriais**: definições, especificidades e correntes metodológicas. *Ob. cit.*, p. 6.

(94) BALDWIN, R. Global supply chains: why they emerged, why they matter and where are they going. *In*: ELMS, D.; LOW, P. **Global Value Chains in a Changing World.** Fung Foundation, Temasek Foudation and World Trade Organization, 2013.

Assim, a externalização de atividades produtivas iniciou-se no âmbito doméstico e, em seguida, com as inovações de transporte e logística, a tendência tornou-se a de contratar essas atividades a fornecedores internacionais situados em outros países (*offshoring*), movimentos que serão estudadas nos capítulos 2 e 3.

Na atualidade, a externalização produtiva tornou-se um padrão organizacional dos processos produtivos nos mais diversos setores, como de alimentos, vestuários, autopeças, eletroeletrônicos e toda a gama de mercadorias oferecida pelo mercado.

Tecidos produzidos na Ásia a custos trabalhistas extremamente baixos são exportados para a América Central e México, onde são transformados em peças de vestuários na indústria maquiladora de frações,[95] situada em *zonas de processamento de exportação,* áreas industriais de livre comércio com isenção fiscal e mão de obra extremamente barata. Em seguida, são exportadas para os países do Norte, onde a tarifa externa é zero em função do Acordo de Livre Comércio da América do Norte (Nafta) e do Acordo de Livre Comércio dos EUA com a América Central e República Dominicana (CAFTA-RD). Da mesma forma, peças e componentes de outros produtos gerados nos Estados Unidos e Canadá também são enviados ao México para serem montados nas maquiladoras e devolvidos para os mercados centrais, graças à tarifa zero. [96]

Esse fenômeno de intensa fragmentação dos processos produtivos dos bens e serviços, com diferentes ciclos desenvolvidos em diversas jurisdições estatais, mas integrados sob coordenação de uma grande corporação titular dos produtos ou das marcas, geralmente uma empresa multinacional, remete à noção da *cadeia produtiva transnacional*.

Diferentemente dos antigos processos de internacionalização produtiva capitaneados pelas empresas multinacionais, em que a cadeia produtiva de um determinado bem era inteira ou predominantemente por ela desenvolvida em cada um dos países em que se hospedava, anota Peter Dicken, as cadeias produtivas transnacionais são um fenômeno *globalizante* no sentido de que operam na *transnacionalidade,* ou seja, a partir de uma empresa-líder localizada numa jurisdição, mas através de variados agentes situados em variadas jurisdições estatais.[97]

Nesse sentido, ao tratar da internacionalização da produção, Manuel Castells ressalta a diferença entre o caráter das empresas *multinacionais* (EMN), que possuem um capital de origem, mas mantém múltiplos vínculos políticos, econômicos e sociais com os países onde atuam, e o caráter *transnacional* das empresas em rede que lideram as cadeias produtivas transnacionais, atravessando fronteiras nacionais e atuando indiferentemente às nacionalidades e aos contextos políticos e econômicos das localidades onde operam.[98]

---

(95) Denomina-se de *maquiladora* a indústria responsável pela produção de peças ou componentes de um determinado bem de consumo, que somente será finalizado por outra empresa, em outro país. Essas indústrias de produtos intermediários geralmente têm benefícios fiscais e baixo custo de produção.

(96) SANTOS, Artur Henrique S.; JAKOBSEN, Kjeld A. O trabalho nas atuais transformações da globalização capitalista. *In*: OLIVEIRA, Dalila Andrade; POCHMANN, Márcio (org). **A devastação do trabalho**: a classe do labor na crise da pandemia. Brasília: Gráfica e Editora Positiva – Confederação Nacional dos Trabalhadores em Educação e Grupo de Estudos sobre Política Educacional e Trabalho Decente, p. 9-30, 2020, p. 12.

(97) DICKEN, P. **Global Shift**: Mapping the Contours of the World Economy. London: Sage, 2007.

(98) CASTELLS, Manuel. **A sociedade em rede.** *Ob. cit.*, p.161/164.

O que difere a cadeia produtiva *nacional* e a cadeia produtiva *transnacional* ou *transfronteiriça* é, basicamente, a geografia produtiva: a primeira, concentrada numa determinada jurisdição estatal, e a segunda, dispersa entre duas ou mais jurisdições, mas sem vinculação política, econômica ou social com qualquer delas. Na grande arena globalizada do capital internacionalizado e financeirizado, da atualidade, a origem do capital investido na produção não determina a vinculação da produção a esta ou a aquela jurisdição, apenas sugere a direção que o fluxo do capital produtivo tende a tomar quando convertido em capital-dinheiro.

Com a progressiva internacionalização da produção, o fenômeno das cadeias produtivas transnacionais ou transfronteiriças tornou-se objeto de estudos sob diferentes perspectivas. Especialmente nas áreas da Sociologia e da Economia, a figura da cadeia produtiva transnacional ganhou importância como medida de análise dos grandes processos econômicos e sociais que envolvem a atividade produtiva no sistema capitalista, praticamente integrada em todo o globo terrestre, ao que Jennifer Bair denomina de literatura das cadeias, conjunto de estudos sobre a globalização, o comércio e o fluxo de capitais na economia global, sob diversas abordagens, relacionadas, mas distintas.(99)

A perspectiva sociológica crítica, retratada na agenda de investigação denominada de *sistema-mundo*, a ser estudada no Capítulo 2, busca expor as desigualdades de riquezas entre os países sob explicação histórica da divisão internacional do trabalho no âmbito das cadeias produtivas transnacionais. Já na perspectiva doutrinária da globalização neoliberal, surgem as análises teóricas das *cadeias globais de valor* (GVC), voltadas a subsidiar a tomada de decisões políticas e empresariais sobre a atuação no mercado produtivo global, conforme será exposto no Capítulo 4. Outras tantas abordagens passaram a tomar as cadeias produtivas como chave de leitura de problemas locais e globais, de diversas ordens.

No plano conceitual, a cadeia produtiva tem nas ações em torno do produto (um bem de consumo) o objetivo central determinante de sua dinâmica, razão pela qual, em sua concepção estrita, cadeia produtiva é uma noção processual, objetiva e dinâmica: *processual*, no sentido do encadeamento progressivo de ações para realização de um fim, como uma sucessão de elos ou etapas coordenadas; *objetiva*, porque referida ao produto, e *dinâmica*, porque definida pela fotografia da realidade produtiva em cada momento.

Como elemento fundamental do conceito, portanto, figura o caráter segmentado da cadeia produtiva, composta de ciclos (conjuntos de atividades) que se conectam uns aos outros como elos, de forma ordenada, para realização de um fim (a disponibilização de um bem de consumo).

Desse ponto de vista, portanto, a cadeia produtiva de um bem de consumo não se refere à atividade de nenhuma empresa especificamente, mas a todas as atividades necessárias ao seu processo de produção, desenvolvidas por uma ou várias empresas.

Nessa perspectiva, pode-se referir à cadeia produtiva dos alimentos, dos automóveis, dos vestuários, da construção civil, do mobiliário, dos aparelhos eletrônicos ou, mais especificamente, à cadeia produtiva da *Coca-Cola*, da *Maizena*, do automóvel *Land Rover*, da calça jeans da marca *Forum*, do armário de cozinha da marca *Kit*, do *smarthphone Samsung* etc.

---

(99) BAIR, Jennifer. **Global capitalism and commodity chains**: looking back, going forward. *Ob. cit.*, p. 157.

Para auxiliar a compreensão da noção de cadeia produtiva, será doravante utilizado o caso concreto de uma grande cadeia de mercadorias, central para a economia brasileira, que é a *cadeia produtiva da soja e seus derivados produzidos no Brasil*.

O exemplo não constitui um *standard* do qual se possa extrair todas as formulações teóricas possíveis acerca do tema. Diante da intensa variação de possibilidades organizacionais que os processos produtivos apresentam na economia contemporânea, o exemplo apenas tem a utilidade heurística de conduzir de modo facilitado a construção de noções elementares, passíveis de testes interpretativos em face de outras realidades, mas colocando em prática as funções analíticas da cadeia produtiva, enquanto categoria de análise.

O aspecto generalizador do exemplo, para os fins da obra, encontra-se na tendência apresentada pelas grandes corporações de estender seu domínio e exercer controle sobre o maior número possível dos ciclos da cadeia produtiva em que atua, para transformá-la numa *cadeia transmissora de máxima vantagem econômica*.

O Brasil é um dos maiores exportadores de soja do mundo e ocupa uma posição estratégica para empresas processadoras de soja com atuação global. As empresas do agronegócio que *originam* (cultivam ou contratam o cultivo), processam e exportam grãos de soja, no Brasil, integram poderosas cadeias produtivas de inúmeros produtos industrializados no País e no exterior. Por isso, a produção de soja no Brasil está profundamente condicionada pela demanda da *commoditie* no mercado interno e externo, havendo forte participação de empresas multinacionais na exploração e coordenação dessas atividades.[100]

A figura a seguir, inspirada em publicação do Ministério da Agricultura, Pecuária e Abastecimento, oferece um panorama da intrincada cadeia produtiva da soja e dos seus derivados produzidos no Brasil, uma típica cadeia produtiva de bens de consumo, no sentido objetivo:

(1) no primeiro box (*insumos*), marcado em branco, encontram-se as empresas que produzem e fornecem insumos agrícolas (sementes, fertilizantes, defensivos, máquinas etc.) aos produtores agrícolas da soja (segundo box, marcado em vermelho);

(2) no segundo box (*produção*), marcado em vermelho, encontram-se as empresas agrícolas que cultivam os grãos e os fornecem a intermediários (*tradings*, cooperativas, corretores, armazenadores - terceiro box, marcado em amarelo) ou a indústrias esmagadoras (quarto box, marcado em azul);

(3) no terceiro box (*originadores*), marcado em amarelo, encontram-se os intermediários, que exportam ou fornecem os grãos às indústrias esmagadoras (quarto box, marcado em azul);

(4) no quarto box (*esmagadores*), marcado em azul, encontram-se as indústrias que esmagam os grãos, extraindo deles o óleo e o farelo, fornecendo o óleo para as indústrias de derivados de óleo (quinto box, marcado em azul) e o farelo para indústrias de rações e outras indústrias que utilizam o produto em seus processos produtivos (box azul inferior);

---

(100) BRASIL, Ministério da Agricultura, Pecuária e Abastecimento. **Cadeia produtiva da soja** / Ministério da Agricultura, Pecuária e Abastecimento; Secretaria de Política Agrícola; Instituto Interamericano de Cooperação para a Agricultura. Coord. Luiz Antonio Pinazza – Brasília: IICA: MAPA/SPA, 2007.

(5) no quinto box (*indústrias de derivados do óleo*), marcado em azul, encontram-se as indústrias que processam o óleo bruto de soja, transformando-o em produtos derivados (óleo de soja refinado para alimentação, margarina, maionese, molho etc.) e destinando-os ao mercado consumidor por meio de empresas comerciais do atacado e do varejo (sexto box, marcado em amarelo);

(6) no sexto box (*distribuição*), marcado em amarelo, encontram-se as empresas comerciais do atacado e do varejo que vendem os produtos finais no mercado, disponibilizando-os ao consumidor.[101]

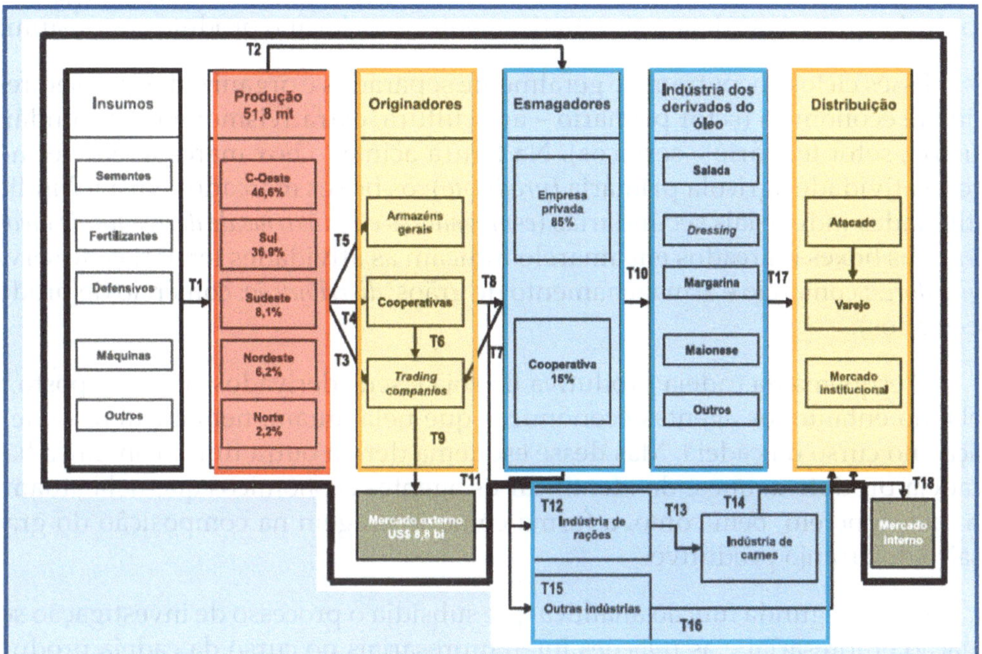

Figura 6 – Cadeia Produtiva da Soja Brasileira

Fonte: Inspirada em Figura do Ministério da Agricultura, Pecuária e Abastecimento.[102]

O exemplo revela a complexidade organizacional de uma cadeia produtiva, no mundo real, marcada por uma variedade de possibilidades de entradas de insumos, de uso e comercialização de subprodutos, de saídas de produtos finais, com interseções transversais de diferentes processos produtivos, além de uma constelação de possibilidades relacionais entre as empresas no curso da cadeia produtiva.

Além disso, cada cadeia produtiva é única e dinâmica no mundo real. Tal como no exemplo acima retratado, a cadeia produtiva não é um sistema prescritivo, mas um esquema descritivo do modo como os bens e serviços são produzidos e como no mundo real geralmente as empresas organizam-se em torno da sua produção, num processo organizacional extremamente dinâmico, que se transforma a cada momento conforme os imperativos econômicos do mercado.

A cadeia produtiva de um bem de consumo é, assim, a representação esquemática do modelo de processo produtivo e de atuação econômica da empresa ou das empresas envolvidas nos diversos ciclos de produção do bem ou serviço, na incessante busca de vantagens competitivas, sob o ímpeto propulsor do capital no livre-mercado.

---

(101) *Idem*, p. 67.
(102) *Idem*.

Não se trata, portanto, de uma figura estática, mas da fotografia de um grande processo produtivo num dado momento, sob as condições então vigentes, para permitir o estudo do sistema, sem perder de vista seu caráter dinâmico. No momento em que o leitor analisa o exemplo esquemático da cadeia produtiva da soja e seus derivados, acima proposto, é possível que seus elementos já tenham se movimentado, formando novas composições.

Enquanto categoria analítica, a primeira função elementar da cadeia produtiva de bem de consumo é a de identificar os sucessivos ciclos ou etapas de produção como processos produtivos específicos, dotados cada um deles de uma dinâmica organizacional própria, que se encadeiam sistematicamente, para levar o produto ao consumidor.

Esses ciclos encontram-se geralmente separados e organizados por setores da atividade econômica (setor primário – agricultura, extrativismo; setor secundário – indústria; setor terciário – serviços). Na figura acima, o box marcado em vermelho indica a atividade agrícola primária (*produção*); os boxes marcados em azul indicam as atividades industriais secundárias (*esmagadores e indústrias de derivados de óleo e de rações*) e os boxes marcados em amarelo indicam as atividades terciárias de serviços (*originadores*: comércio e armazenamento de grãos; *distribuição*: comércio de produtos processados).

O esquema da cadeia produtiva da soja e seus derivados, acima exposto, não revela, no entanto, os agentes econômicos que nela atuam, nem a extensão de sua atuação no curso da cadeia. Mas desse esquema deriva outra função analítica básica da cadeia produtiva, que é de identificar os agentes econômicos que nela atuam em cada caso concreto, bem como, a forma como interagem na composição do grande mosaico do arranjo produtivo.

É essa segunda função analítica que subsidia o processo de investigação sobre a atuação empresarial e as relações interempresariais no curso da cadeia produtiva, ao identificar: os agentes econômicos centrais dos processos produtivos encadeados; o modo como esses agentes organizam e exploram as cadeias produtivas, controlando as atividades de outras empresas; seu poder de influência sobre a organização dos diversos processos produtivos empresariais e as consequências que disso resultam para os direitos dos trabalhadores terceirizados.

Para dar cobro a esse exercício analítico, no próximo tópico será estudada a noção da *cadeia produtiva empresarial.*

1.3. Cadeia produtiva empresarial: definição e identificação

Para além de designar o encadeamento de ciclos produtivos voltados à produção e comercialização de um bem de consumo, a noção de cadeia produtiva também é utilizada, especialmente em estudos da Administração e Economia, para designar o encadeamento progressivo dos ciclos produtivos coordenados por uma determinada empresa, grupo empresarial ou setor econômico, na realização de sua atividade econômica, independentemente de compreender a totalidade ou parte das ações necessárias à disponibilização de um produto ao consumidor.

Para Michael Porter, na área dos estudos econômicos, "toda empresa é uma reunião de atividades executadas para projetar, produzir, comercializar, entregar e sustentar seus produtos". Na visão do autor, todas essas atividades podem ser representadas fazendo-se uso da imagem de uma cadeia produtiva ou, em sua particular terminologia, de uma *cadeia de valores*, porque no curso de uma cadeia produtiva de um bem de consumo cada atividade apresenta um potencial específico para agregar (produzir) valor. E, na busca por vantagem competitiva, a empresa tende a executar as atividades da cadeia produtiva estrategicamente mais importantes, as *atividades de valor*. Sob esse prisma, pois, toda empresa é uma *cadeia de valores*.(103)

Seja do ponto de vista estratégico proposto por Michael Porter, seja do ponto de vista puramente organizacional, portanto, toda empresa é ela própria uma cadeia produtiva, no sentido do encadeamento das atividades que integram seu processo produtivo, fundindo-se a cadeia produtiva com o processo produtivo empresarial.

Nesse sentido, os diversos ramos do estudo empresarial referem-se, por exemplo, à cadeia produtiva do agronegócio, para designar as atividades desenvolvidas por produtores agropecuários;(104) à cadeia produtiva da indústria automobilística, para retratar as atividades de empresas fabricantes e montadoras de veículos;(105) à cadeia produtiva da indústria farmacêutica, para indicar as atividades de empresas que se dedicam à fabricação de medicamentos;(106) à cadeia produtiva da indústria têxtil, para designar o conjunto de atividades de fabricação de tecidos e vestuários;(107) à cadeia produtiva do setor bancário para designar as atividades dos bancos e instituições financeiras, e assim por diante.

De forma ainda mais específica, pode-se referir à cadeia produtiva da *McDonald's Corporation*, empresa americana controladora da maior cadeia de *fast food* de hambúrgueres no mundo; à cadeia produtiva da poderosa farmacêutica americana *Johnson & Johnson*, bem como à cadeia produtiva de pequenas empresas, como da *Padaria Pampulha*, em Belo Horizonte, ou da oficina mecânica *Ancar*, em Salvador.

Cadeia produtiva empresarial é noção que designa o encadeamento sistemático de ciclos produtivos sob controle de uma empresa ou grupo empresarial, ou seja, de uma unidade empresarial. Esses ciclos podem ser executados diretamente, de forma *centralizada*, pela unidade empresarial, sob o modelo da empresa-total fordista, como podem ser executados indiretamente e de forma *descentralizada* por meio de terceiras empresas, com uso da externalização, sob controle produtivo estratégico da empresa-líder contratante, dando azo ao modelo da *empresa em rede* ou *empresa enxuta*.

Nessa perspectiva, portanto, toda unidade empresarial que se dedica a desenvolver atividade produtiva, diretamente ou com uso da terceirização, constitui uma específica cadeia produtiva empresarial.

---

(103) PORTER, Michael E. **Vantagem competitiva**: criando e sustentando um desempenho superior. Rio de Janeiro: Campus, 1985. Consultar também: MOORI, Roberto Giro; ZILVER, Moisés Ari. **Um estudo da cadeia de valores com a utilização da análise fatorial**. *Ob. cit.*, p. 127.

(104) ARIEIRA, Jailson de Oliveira; FUSCO, José Paulo Alves. **Cadeia produtiva do agronegócio**: uma caracterização dos agentes atuantes na região noroeste do paraná sob o enfoque das redes simultâneas. Biblioteca da Associação Brasileira de Engenharia de Produção, 2010. Disponível em: https://bit.ly/3hgJieM. Acesso em: 4 jul. 2021.

(105) DIAS, Ana Valéria Carneiro *et al*. **Análise contemporânea da cadeia produtivo do setor automobilístico**: aspectos relativos à capacitação tecnológica. Biblioteca da Associação Brasileira de Engenharia de Produção, 1999. Disponível em: https://bit.ly/3yrttaT. Acesso em: 4 jul. 2021.

(106) BOFF, Paulo Roberto. **A cadeia produtiva farmacêutica no estado de Santa Catarina e a sua articulação com o sistema de saúde**. Santa Catarina: Repositório da Universidade Federal de Santa Catarina, 2007. Disponível em: https://bit.ly/3jNFQKl. Acesso em: 4 jul. 2021.

(107) COSTA, Ana Cristina Rodrigues da; ROCHA, Érico Rial Pinto da. **Panorama da cadeia produtiva têxtil e de confecções e a questão da inovação**. Brasília: BNDES, Biblioteca Digital, 2009. Disponível em: https://bit.ly/36bTJd1. Acesso em: 4 jul. 2021.

A *atividade produtiva* deve ser aqui compreendida em seu sentido amplo, como toda e qualquer atividade de extração, cultivo, criação, montagem, transformação, construção, distribuição, importação, exportação e comercialização de bens e serviços.[108]

O agente econômico tanto pode ser o empresário pessoa física, quanto a empresa como empreendimento personificado, titular de direitos e obrigações.

A noção germinal de *empresa*, oriunda da Ciência Econômica, vem da ideia central da organização dos fatores de produção (capital, trabalho, natureza) para a realização de uma atividade econômica.[109]

A teoria econômica neoclássica concebe a empresa como uma unidade autônoma de produção, de propriedade do empresário, que organiza fatores de produção e transforma entradas (matérias-primas, recursos humanos e financeiros) para produzir ou comercializar bens e serviços, com vistas a maximizar os lucros.[110]

A partir dessa concepção econômica ou funcional é que se constitui o conceito jurídico de empresa, agregando os elementos subjetivo (do empresário) e objetivo (do patrimônio),[111] o que lhe confere o caráter de mecanismo vivo, em ação prática, estruturado por um patrimônio e movimentado pelo impulso capitalista do empresário.

Para os fins da responsabilidade trabalhista, a empresa ou unidade empresarial também se encontra configurada no *grupo econômico empresarial* definido pelos §§ 2º e 3º do art. 2º da Consolidação das Lei do Trabalho (CLT), no âmbito urbano, e pelo § 2º do art. 3º da Lei n. 5.889/1973, no âmbito rural.[112] À luz dessa disciplina jurídica, o grupo econômico empresarial, seja ele constituído de fato ou de direito para o desenvolvimento da atividade econômica, responde *solidariamente* pelas obrigações decorrentes da relação de emprego, figurando como *empregador único* no plano obrigacional trabalhista.

Isso porque, segundo Edilton Meireles, o grupo econômico figura como espécie de *empresa-conjunto* formada "pela soma das empresas-individuais que integram o agrupamento, voltadas para a execução de atividades em prol do interesse do grupo, e não dos interesses isolados ou individuais de cada uma das empresas integrantes do

---

(108) Noção inspirada no art. 3º da Lei n. 8.078/1990 – Código de Defesa do Consumidor, que conceitua o fornecedor como "*toda pessoa física ou jurídica, pública ou privada, nacional ou estrangeira, bem como os entes despersonalizados, que desenvolvem atividade de produção, montagem, criação, construção, transformação, importação, exportação, distribuição ou comercialização de produtos ou prestação de serviços*".

(109) MARLON, Tomazette. **Curso de direito empresarial**: teoria geral e direito societário, vol. 1., 8ª ed. São Paulo: Atlas, 2017, p. 70/72.

(110) MACKAAY, Ejan; ROUSSEAU, Sthéphane. **Análise econômica do direito**. Tradução Rachel Sztajn. 2ª ed. *E-Book*. São Paulo: Atlas, 2015, p. 517.

(111) *Idem*.

(112) CLT, Art. 2º (...)

§ 2º "*Sempre que uma ou mais empresas, tendo, embora, cada uma delas, personalidade jurídica própria, estiverem sob a direção, controle ou administração de outra, ou ainda quando, mesmo guardando cada uma sua autonomia, integrem grupo econômico, serão responsáveis solidariamente pelas obrigações decorrentes da relação de emprego*".

§ 3º "*Não caracteriza grupo econômico a mera identidade de sócios, sendo necessárias, para a configuração do grupo, a demonstração do interesse integrado, a efetiva comunhão de interesses e a atuação conjunta das empresas dele integrantes*".

Lei n. 5.889/1973, art. 3º (...)

§ 2º "*Sempre que uma ou mais empresas, embora tendo cada uma delas personalidade jurídica própria, estiverem sob direção, controle ou administração de outra, ou ainda quando, mesmo guardando cada uma sua autonomia, integrem grupo econômico ou financeiro rural, serão responsáveis solidariamente nas obrigações decorrentes da relação de emprego*".

agrupamento".[113] A análise conceitual do grupo econômico empresarial trabalhista será desenvolvida no Capítulo 7.

À luz das análises até aqui esboçadas, a noção de *cadeia produtiva* assume, portanto, duplo sentido, como enfoques diferentes de um mesmo fenômeno:

(1) cadeia produtiva no *sentido objetivo*: do ponto de vista do produto (o bem de consumo em torno do qual se articulam os fatores de produção), conforme exposto no tópico anterior, tem-se a *cadeia produtiva de bem de consumo*, comumente denominada de *cadeia de mercadorias*, *cadeia de abastecimento*, *cadeia de suprimento*, *cadeia de valor* etc. Essa noção retrata o encadeamento das ações produtivas necessárias à disponibilização de um bem ou serviço ao consumidor, desde a entrada dos insumos básicos até o produto final, incluindo distribuição e comercialização;

(2) cadeia produtiva no *sentido subjetivo*: do ponto de vista do agente econômico titular do processo produtivo, tem-se a *cadeia produtiva empresarial*, que retrata o conjunto de atividades e/ou processos de trabalho desenvolvidos por determinada empresa ou agrupamento empresarial na persecução de seu objetivo social e econômico.

À luz dessas premissas, a cadeia produtiva *empresarial* tanto pode compreender a totalidade dos *ciclos* da cadeia produtiva de um bem de consumo (a cadeia de mercadorias), como pode compreender apenas um ou alguns desses ciclos.

A figura a seguir ilustra o exemplo de uma cadeia produtiva *empresarial* (sentido subjetivo), em que uma única empresa ou um único grupo empresarial executa diretamente a totalidade dos ciclos de uma cadeia produtiva de bem de consumo (sentido objetivo), desde a produção dos insumos, passando pela fabricação, até a comercialização do produto final.

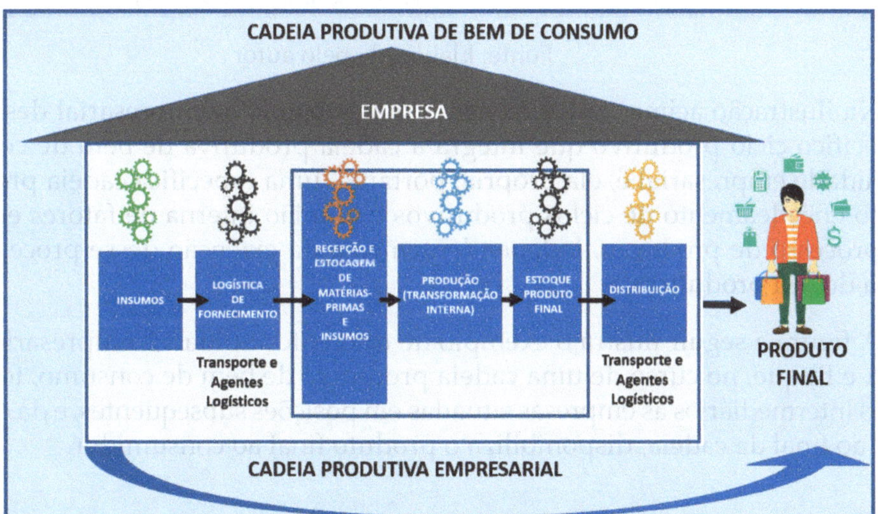

Figura 7 – Cadeia Produtiva Empresarial (Sentido Subjetivo) = Cadeia Produtiva de Bem de Consumo (Sentido Objetivo)

Fonte: Elaborada pelo autor

(113) MEIRELES, Edilton. **Grupo econômico trabalhista.** São Paulo: LTr, 2002, p. 187.

Nesse modelo de cadeia produtiva de bem de consumo operada de forma *centralizada* por uma mesma empresa ou grupo empresarial, ilustrado na figura acima, a integração entre os diferentes ciclos produtivos é realizada internamente, de cima para baixo, por um comando estratégico único, institucional e orgânico, ao que se denomina de *integração vertical orgânica*.

Já a figura abaixo ilustra o exemplo de quatro cadeias produtivas *empresariais* (no sentido subjetivo) que desenvolvem sucessivamente, cada uma delas, apenas um ciclo de uma cadeia produtiva de bem de consumo (no sentido objetivo), como, por exemplo, apenas o fornecimento de insumos, a industrialização, o armazenamento e a distribuição.

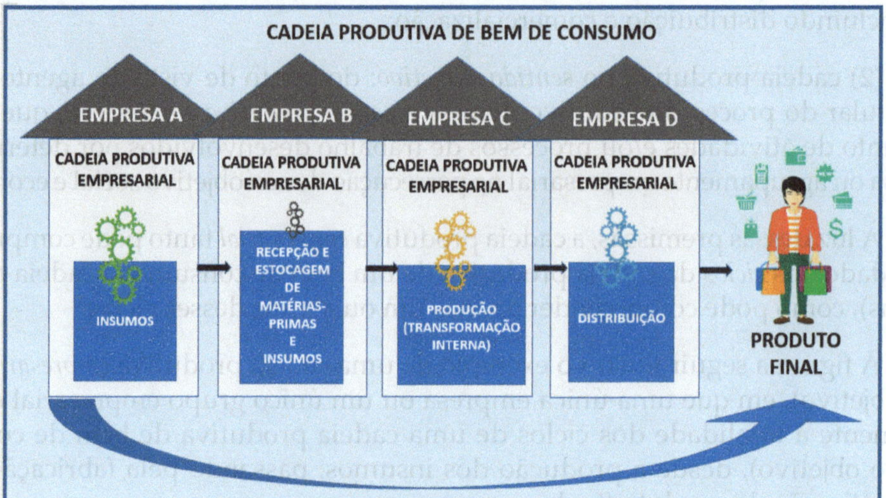

Figura 8 – Cadeia Produtiva Empresarial (Sentido Subjetivo) = Ciclo da Cadeia Produtiva de Bem de Consumo (Sentido Objetivo)

Fonte: Elaborada pelo autor

Na ilustração acima, cada empresa ou agrupamento empresarial desenvolve um específico ciclo produtivo que integra a cadeia produtiva de bem de consumo. Cada unidade empresarial é, ela própria, portanto, uma específica cadeia produtiva, enquanto encadeamento de ciclos produtivos e reunião interna de fatores em torno de um processo de produção, independentemente da extensão desse processo e da natureza do seu produto.

A figura a seguir ilustra o exemplo de diferentes unidades empresariais (empresas A e B) que, no curso de uma cadeia produtiva de bem de consumo, fornecem produtos intermediários às empresas situadas em posições subsequentes, e da empresa (C) que, ao final da cadeia, disponibiliza o produto final ao consumidor.

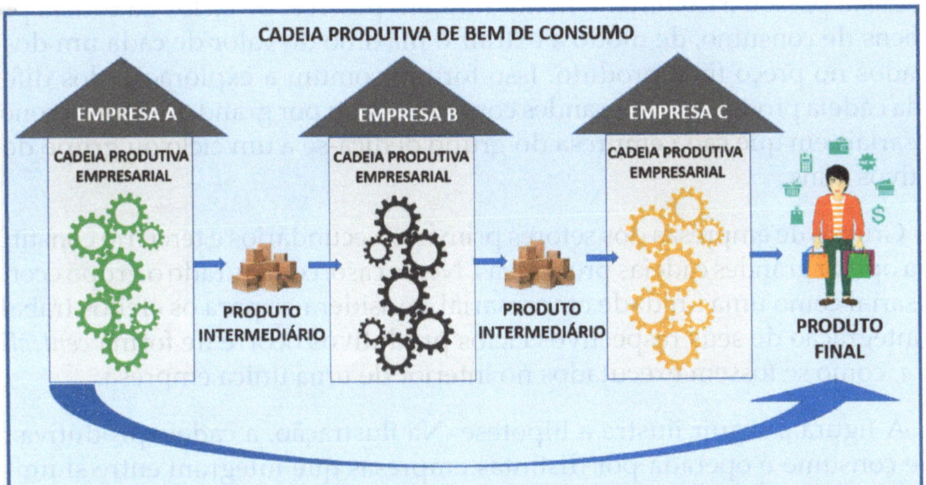

Figura 9 – Produto Intermediário (Bem de Produção) e Produto Final (Bem de Consumo)

Fonte: Elaborada pelo autor

A *Companhia Siderúrgica Nacional* (CSN) é exemplo de empresa que atua de forma destacada num determinado ciclo ou elo da cadeia produtiva de vários bens de consumo. A siderúrgica fabrica e fornece a outras empresas minério de ferro e semimanufaturados de ferro e aço, como ferro-gusa, tarugos, vergalhões e chapas de aços, que abastecem indústrias de construção civil, indústria de trilhos, produção de máquinas e equipamentos etc. A CSN é uma cadeia produtiva empresarial (no sentido subjetivo) que integra diversas cadeias produtivas de bens de consumo (no sentido objetivo).

A empresa ou grupo econômico empresarial que executa interna e diretamente seus ciclos produtivos constitui uma cadeia produtiva empresarial *centralizada*. Ela possui um *caráter sistêmico denso*, compacto e hierarquizado, pois os ciclos produtivos são *integrados* pelo comando estratégico único, institucional e *orgânico*, oriundo do empresário, da empresa titular da direção do grupo econômico ou do agente competente para administrar o negócio (de cima para baixo), com vistas à execução de um planejamento para obtenção do fim econômico projetado.

Já a cadeia produtiva de bem de consumo composta por diferentes unidades empresariais suscita a questão da forma de *integração* ou encadeamento entre as diferentes empresas e seus respectivos ciclos produtivos, indispensável ao funcionamento produtivo sistemático.

O senso comum parte do princípio de que essas diferentes empresas integram-se por meio de relações comerciais de livre troca no mercado, com uso, por exemplo, de contratos de compra e venda de matérias-primas, insumos, subprodutos, componentes, mercadorias prontas etc. De fato, o mercado é o mecanismo originário de coordenação das atividades econômicas, fundado na troca e no contrato, conforme clássica concepção de Ronald Coase.[114]

Mas conforme será adiante aprofundado, para superar a volatilidade do mercado e para reduzir os *custos de transação* comercial (custo de produção), o grande capital

(114) COASE, Ronald Harry. The Nature of the Firm. **Economica**, V. 4, 16ª ed., nov. 1937, p. 386-405. Disponível em: https://bit.ly/3M2loQV. Acesso em: 10 maio 2022. *Apud*: MACKAAY, Ejan; ROUSSEAU, Sthéphane. **Análise econômica do direito**. Tradução Rachel Sztajn. 2ª ed. *E-Book*. São Paulo: Atlas, 2015, p. 519.

monopolista passou a dominar o maior número possível de ciclos da cadeia produtiva de bens de consumo, de modo a extrair o máximo de valor de cada um dos ciclos explorados no preço final produto. Isso tornou comum a exploração dos diferentes ciclos da cadeia produtiva por grandes corporações ou por grandes grupos econômicos empresariais em que cada empresa do grupo dedica-se a um ciclo ou grupo de ciclos produtivos afins.

Grupos de empresas dos setores primário, secundários e terciário constituíram-se para operar grandes cadeias produtivas. Nesse caso, configurado o grupo econômico empresarial como uma unidade empresarial, considera-se para os efeitos trabalhistas que a integração de seus respectivos ciclos produtivos ocorre de forma *centralizada* e *orgânica*, como se fossem executados no interior de uma única empresa.

A figura a seguir ilustra a hipótese. Na ilustração, a cadeia produtiva de um bem de consumo é operada por distintas empresas que integram entre si um grupo econômico empresarial trabalhista. Nesse caso, a cadeia produtiva empresarial atua de forma *centralizada*, como um grupo que, para os fins trabalhistas, constitui uma unidade empresarial, já que todas as empresas integrantes do grupo respondem solidariamente pelas obrigações decorrentes da relação de emprego (CLT, art. 2º, §§ 2º e 3º).

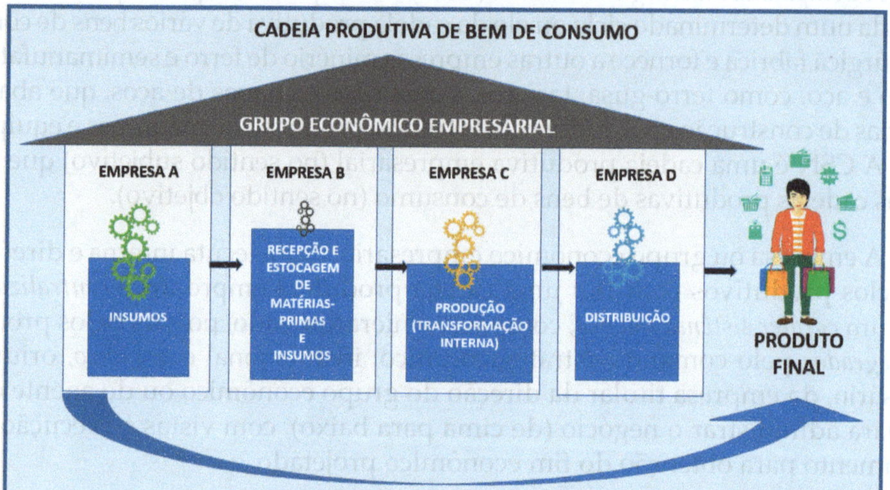

Figura 10 – Cadeia Produtiva Empresarial Centralizada - Operada por um Grupo Econômico Empresarial Trabalhista

Fonte: Elaborada pelo autor

A relação interna entre as empresas do *grupo econômico empresarial* trabalhista, à luz do art. 2º, §§ 2º e 3º da CLT, tanto pode ocorrer por meio de um contrato de empresa (*grupo de direito*), como por meio de contratos comuns (civis e comerciais) ou mesmo através de relações negociais fáticas (*grupo de fato*).[115] Independentemente do modo de constituição do grupo, a integração entre seus diferentes ciclos produtivos ocorre de forma *centralizada* e *orgânica* no interior da unidade empresarial, sob um único comando estratégico institucional.

(115) Contratos de empresas são aqueles que visam a instituir uma relação de integração econômica, financeira e diretiva, a exemplo de contratos de subordinação, de atribuição de lucros, de comunhão de lucros, de cessão de exploração de empresa, de transferência de empresa. Consultar: MEIRELES, Edilton. **Grupo econômico trabalhista.** São Paulo: LTr, 2002, p. 101.

Aliado a esse arranjo, tornou-se também paradigmático o modelo de organização em que a empresa-líder da cadeia produtiva do bem de consumo, exercendo domínio de mercado sobre os seus diferentes ciclos, externaliza sua execução a empresas fornecedoras, em regime de terceirização. Ao invés de executar diretamente ciclos que integram sua cadeia produtiva, a empresa ou grupo empresarial líder contrata a execução a outras empresas (fornecedoras), por meio de contrato de fornecimento terceirizado ou espécies contratuais equivalentes, mantendo sobre os ciclos externalizados um *controle estratégico* contratual.

Tem-se aqui o fenômeno da *contratualização* do processo produtivo, em que a grande empresa-líder externaliza a *execução* de ciclos produtivos, mantendo-os, no entanto, integrados à sua cadeia produtiva empresarial. A integração dos ciclos produtivos externalizados, ocorre, por conseguinte, no interior da cadeia produtiva da empresa-líder, sob seu *comando produtivo estratégico*, configurando espécie de integração vertical *contratual*.

A terceirização externa constitui, assim, mecanismo de organização contratualizada da cadeia produtiva empresarial *descentralizada*.

O estudo dessa figura será desenvolvido com uso do exemplo de uma grande corporação americana, a *Bunge Limited*, que explora de forma economicamente concentrada no Brasil a cadeia produtiva da soja e de seus derivados. O exemplo pretende demonstrar como a grande cadeia produtiva empresarial busca estender seu domínio sobre a cadeia produtiva de bens de consumo, executando diretamente alguns dos seus ciclos produtivos e externalizando outros, conforme seus interesses estratégicos, sem perder o controle da totalidade.

1.4. A terceirização externa na cadeia produtiva empresarial descentralizada: problematização

No setor dos derivados de soja, há profunda concentração de empresas que desenvolvem os diversos ciclos de sua cadeia produtiva. Esse é um dos setores mais concentrados do mundo, sendo dominado, na maior parte, por grandes corporações monopolistas familiares e de atuação secular. Para se ter uma ideia da concentração desse setor, a comercialização mundial de grãos está concentrada nas mãos de apenas cinco famílias e quatro grupos empresariais.[(116)]

Nesse grupo seleto encontra-se a *Bunge Limited*, uma empresa multinacional americana, maior exportadora, compradora e esmagadora de soja no Brasil. Trata-se de um *grupo econômico empresarial* que compra anualmente mais de 20 milhões de toneladas de grãos de soja, milho, trigo, sorgo, girassol etc., cultivados por mais de 20 mil produtores rurais, no País. A partir da compra dos grãos, a empresa executa diretamente quase todas as demais atividades da cadeia produtiva: desenvolve o transporte (movimentação de carga por caminhões, navios e trens), armazenamento e comercialização dos grãos internamente e para o exterior (exportação) e a fabricação industrial de diversos produtos alimentícios e rações derivados da soja.[(117)]

---

(116) Famílias *Hirsches* e *Borns*, da multinacional *Bunge Limited*; famílias *Cargill* e *MacMillans*, da multinacional *Cargill*; e a família *Louis-Dreyfus*, do grupo multinacional *Louis-Dreyfus*, além da multinacional *Archer Daniels Midland* (ADM). *Idem*, p. 67.

(117) **BUNGE**. Disponível em: https://www.bunge.com.br/. Acesso em: 7 jul. 2021.

Para isso, o grupo empresarial opera somente no Brasil mais de 100 instalações, entre fábricas, usinas, moinhos, portos, centros de distribuição e silos, em 17 estados e no Distrito Federal. Proprietária de conhecidas marcas de alimentos, a *Bunge* produz em suas indústrias produtos alimentícios derivados da soja, a exemplo do óleo de soja *Soya*.(118) Por fim, a empresa ainda desenvolve a distribuição dos seus produtos à rede comercial do varejo.(119)

Abstraindo os negócios da empresa na exploração de outros grãos e seus derivados, como milho, trigo, sorgo, girassol etc., apenas no ramo da soja, objeto da presente análise, a *Bunge* executa diretamente a maior parte dos ciclos que integram a cadeia produtiva do grão e seus derivados, retratada no tópico anterior.

Para ilustrar essa cadeia produtiva empresarial, partindo do esquema exposto anteriormente, a figura a seguir retrata os ciclos produtivos *executados diretamente* pela *Bunge* na cadeia produtiva da soja e seus derivados, no Brasil: após a compra dos grãos de soja, a empresa executa todos os ciclos subsequentes da cadeia produtiva nos setores da indústria (boxes destacados em azul) e do serviço – transporte, armazenamento e comércio (boxes destacados em amarelo).(120)

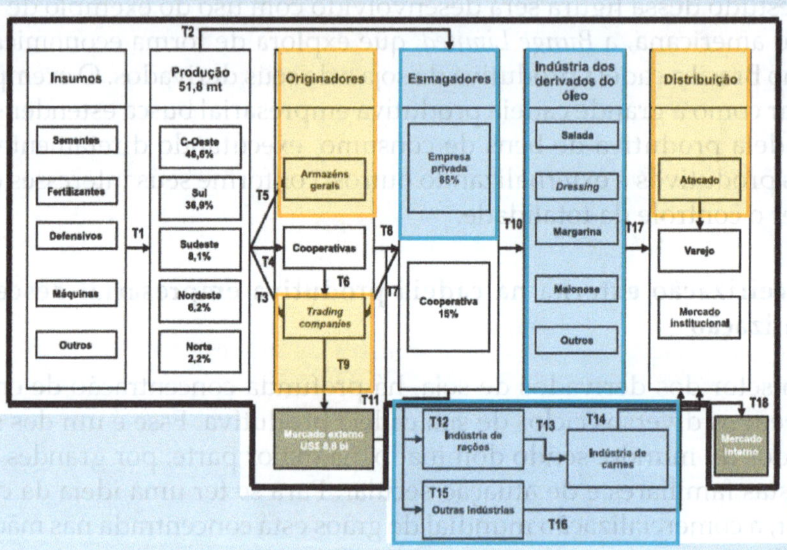

Figura 11 – Ciclos Produtivos Executados Diretamente pela *Bunge Limited*

Fonte: Inspirada em Figura Ministério da Agricultura, Pecuária e Abastecimento.(121)

Ao retratar, nos boxes destacados, apenas os ciclos produtivos executados diretamente pela empresa, o esquema sugere que a cadeia produtiva empresarial da *Bunge* a eles se limite. Essa representação simplificada não contempla na cadeia produtiva empresarial as atividades de fornecimento de insumos e de cultivo dos grãos

---

(118) No curso da escrita da presente tese, segundo notícias veiculadas pela mídia, a *Bunge* vendeu à *JBS S.A.*, proprietária da marca de alimentos *Seara*, os ativos das marcas de margarina *Delícia* e *Primor* e da maionese *Salada*, que integravam seu portfólio de produtos industriais. RODRIGUES, Lorenna. Cade aprova compra de negócios de margarina e maionese da Bunge pela Seara. **Estadão *On Line***, 18 nov. 2021. Disponível em: https://bit.ly/3kT8GbF. Acesso em 19 nov. 2021.
(119) **BUNGE**. Disponível em: https://www.bunge.com.br/. Acesso em: 7 jul. 2021
(120) *Idem*.
(121) BRASIL, **Ministério da Agricultura, Pecuária e Abastecimento**. *Ob. cit.*,p. 67.

de soja. A *Bunge*, de fato, nessa representação esquemática, não cultiva soja (*produção*), comprando os grãos de empresas agrícolas.

Mas o fato de não executar diretamente o cultivo da soja não significa que a *Bunge* não desenvolva esse ciclo produtivo de forma indireta, mediante execução por terceiras empresas, sob sua coordenação e controle estratégico.

Se o cultivo da soja não integrasse a cadeia produtiva empresarial da *Bunge*, a grande corporação restaria totalmente dependente das variações do mercado produtor do grão, sua matéria-prima central, indispensável ao desenvolvimento de suas atividades industriais e de serviços, ficando vulnerável aos temperamentos desse mercado. Essa ideia contradiz frontalmente a matriz estratégica do capital produtivo, que busca na previsibilidade dos fluxos de suprimentos e no controle do seu custo de produção a máxima segurança possível de retorno dos investimentos.

A grande corporação capitalista não investiria numa gigantesca estrutura produtiva à base de grãos de soja sem exercer sobre sua produção agrícola o controle de custos e de suprimento. Portanto, o fato de a empresa não executar diretamente o cultivo da soja, no caso em análise, não implica concluir que ela não desenvolva de outra forma esse ciclo produtivo.

Pelo contrário, a *Bunge* apresenta-se como uma empresa do setor do agronegócio que *origina*, processa e comercializa soja, figurando, por isso, como uma das maiores exportadoras de soja do Brasil. Os originadores são agentes econômicos que negociam diretamente com os produtores rurais para aquisição, armazenagem e distribuição da soja como matéria-prima[(122)] e que, por isso, exercem sobre o cultivo do grão grande poder de coordenação e controle.

Na condição de grande corporação detentora de uma poderosa fatia do mercado de exportação de soja e de produção e comercialização de seus derivados, a *Bunge* explora coordenando as atividades agrícolas de uma vasta rede de fornecedores, produtores rurais que cultivam a soja. Para isso, ela monitora 8 mil propriedades rurais das quais adquire grãos de forma direta e, segundo informa em seu relatório de sustentabilidade, instalou recentemente um sistema de rastreamento por imagens voltado a monitorar toda a cadeia de fornecimento de grãos, no País, incluindo os produtores rurais que lhe fornecem o produto indiretamente, por meio de intermediários. A justificativa apresentada para esse controle, segundo a empresa, é para garantir aos seus clientes internacionais a integridade socioambiental de seus produtos.[(123)]

Na próxima figura, extraída do relatório de sustentabilidade da *Bunge* na América do Sul, ano 2020, a empresa apresenta sua cadeia produtiva empresarial ou *cadeia de valor* integrada por todos os ciclos produtivos que compõem a cadeia produtiva

(122) LEMOS, Mario Luiz Freitas *et. al.* **Agregação de valor na cadeia da soja.** Brasil, BNDES Setorial, n. 46, p. 167-217, set. 2017, p. 176.

(123) BUNGE lança programa para monitorar fornecedores indiretos de soja. **Globo Rural**, 3 mar. 2021. Disponível em: https://glo.bo/3wIlmpz . Acesso em: 14 nov. 2021. Segundo a notícia, o rastreamento dos fornecedores de soja, pela *Bunge*, tem finalidade socioambiental, para prevenir a compra de grãos de produtores que praticam desmatamento ilegal. No entanto, segundo relatório da *Chain Reaction Research*, organização de pesquisa sobre desmatamento, a *Bunge* foi a empresa líder em compras de soja de produtores que mais desmataram o Cerrado brasileiro, em 2020. Consultar: BUNGE comprou soja dos maiores desmatadores do Cerrado em 2020, diz relatório. **R7 Economia**, 30 mar. 2021. Disponível em: https://bit.ly/3FltlgB. Acesso em: 14 nov. 2021. Consultar também: PRESSINOTT, Fernanda. Bunge lança programa para monitorar compras indiretas de soja. **Valor Econômico *On-Line***, 03 mar. 2021. Disponível em: https://glo.bo/3qCIEgw. Acesso em: 14 nov. 2021.

da soja e seus derivados no Brasil, exposta nos gráficos anteriores. Essa cadeia vai do cultivo do grão de soja (*originação de grãos*), no círculo demarcado em vermelho, até a distribuição dos derivados industriais no mercado consumidor, passando pelos ciclos de exportação, logística, armazenagem e industrialização. A empresa apenas não atua na produção e fornecimento dos insumos agrícolas (sementes, fertilizantes, defensivos, máquinas etc.) aos produtores rurais.

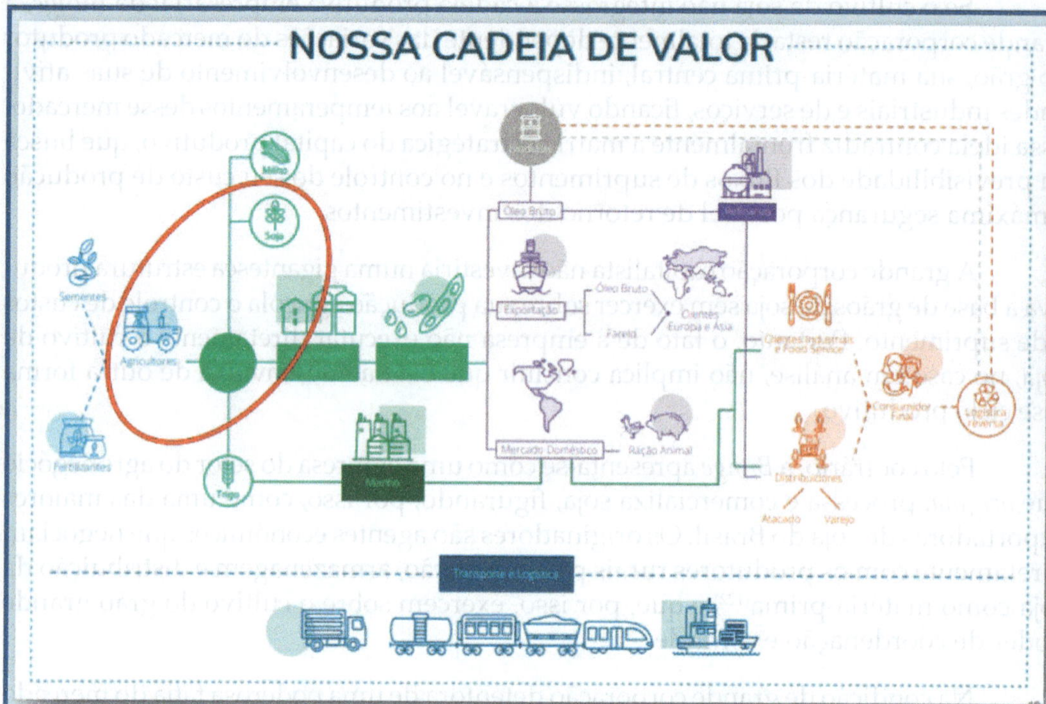

Figura 12 – Cadeia Produtiva Empresarial da *Bunge* – Relatório Sustentabilidade 2020

Fonte: Relatório de Sustentabilidade 2020 do Grupo *Bunge* na América do Sul.[124]

Ao apresentar-se como um agente *originador* do grão de soja, a *Bunge* assume o papel de coordenador do processo produtivo de cultivo do grão, inclusive para conferir segurança negocial aos seus clientes, especialmente os compradores do grão no mercado internacional.

Para isso, a *Bunge* articula seu poder econômico e de mercado e, na condição de empresa-líder de *sua* cadeia produtiva de grãos e derivados de soja, terceiriza (*externaliza*) a produção dos grãos a uma vasta rede de fornecedores agrícolas, extraindo estrategicamente maior valor dessa atividade por meio da externalização, presume-se, do que extrairia por meio da execução direta do cultivo agrícola.

Para coordenar a execução externalizada desse ciclo produtivo, a empresa desenvolve pesquisas sobre a atividade, financia linhas de crédito para o plantio[125] e

(124) Figura extraída do relatório de sustentabilidade 2020 do grupo *Bunge* na América do Sul, acrescida de círculo vermelho sobre os itens *soja, originação de grão* e *agricultores*. BUNGE América do Sul, Sede Brasil, Sustentabilidade. **Relatório de compromissos 2019**, p. 10. Disponível em: https://bit.ly/3nxkfXN. Acesso em: 19 nov. 2021.

(125) Em 2018, a *Bunge* e o *Banco Santander* lançaram uma linha de crédito para expansão do plantio de soja em áreas já desmatadas do Cerrado brasileiro. Ver em: BUNGE e Santander

firma *contratos de fornecimento terceirizado* com produtores agrícolas sob condições de qualidade, tempo, modo e preço, que lhe são mais benéficas do que aquelas que obteria na simples compra aleatória do produto no livre-mercado, conforme a disponibilidade e as condições de preço e qualidade definidas pelo vendedor.

Com isso, a grande empresa-líder da cadeia produtiva antecipa-se à produção de grãos de soja, pelos produtores rurais, coordenando e planejando estrategicamente a atividade para obter resultados (de qualidade, tempo, modo e preço) segundo seus interesses, e influenciando, por conseguinte, os processos produtivos dos rurícolas fornecedores, em típica terceirização externa da cadeia de suprimentos.

Ao contratar a produção da matéria-prima sob parâmetros que influenciam seu processo produtivo, especialmente condições voltadas à qualidade e redução de custos, a grande corporação externaliza a atividade produtiva.

Conforme acentuado em tópico anterior, nesse modelo de externalização, justificado na especialização do produto e na racionalização de custos, a empresa fornecedora-contratada tem autonomia e *controle operacional* sobre seu processo produtivo, enquanto a empresa contratante exerce uma espécie de *controle estratégico* sobre o processo produtivo da contratada, por meio de prerrogativas contratuais de coordenação, próprias de quem detém o poder para definir o investimento, a demanda, a qualidade e a quantidade, e para influenciar o preço do produto.

Externalizando a atividade de cultivo de soja, portanto, a *Bunge* atrai a *atividade* para o interior de sua cadeia produtiva *empresarial*, que se expande por praticamente todos os ciclos da cadeia produtiva dos bens de consumo que titulariza, conforme revela a figura anterior.

Para desenvolver todas as atividades da cadeia produtiva desse bem de consumo, a *Bunge* externaliza o cultivo do grão de soja a produtores rurais e, após sua aquisição, executa diretamente todas as demais atividades de transporte e armazenamento da matéria-prima, prensagem industrial da soja para extração do óleo bruto, transformação industrial do óleo bruto em óleo fino de cozinha, embalagem e distribuição do produto no atacado.[126]

A figura a seguir ilustra o exemplo, demonstrando que o ciclo produtivo do cultivo de soja, por ser externalizado, integra ao mesmo tempo a cadeia produtiva da *Bunge*, a grande empresa contratante, e da empresa agrícola fornecedora-contratada: a primeira, na qualidade de empresa-líder controladora da cadeia produtiva, e a segunda, na qualidade de empresa contratada para executar diretamente a atividade agrícola, sob comando estratégico da empresa-líder. Por isso, o ciclo produtivo externalizado integra a estrutura organizacional da cadeia produtiva da empresa-líder.

---

lançam linha para expansão de soja sem desmatamento no cerrado. **Folha de São Paulo *On Line***, 29 ago. 2018. Disponível em: https://bit.ly/3wMRObt. Acesso em: 14 nov. 2018.

(126) MANDARINO, José Marcos Gontijo. **Tecnologia para produção do óleo de soja**: descrição das etapas, equipamentos, produtos e subprodutos. Ed. *E-book*. 2ª ed. Londrina: Embrapa Soja, 2015.

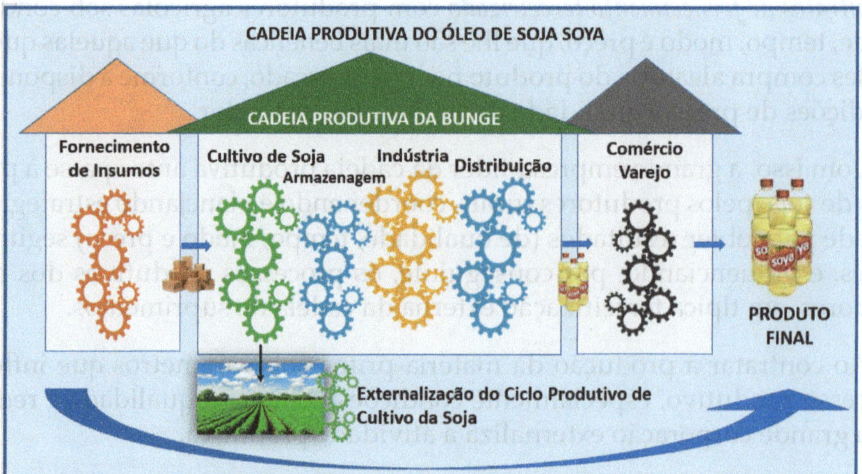

Figura 13 – Ciclo Produtivo Externalizado = Integrado à Cadeia Produtiva da Empresa Tomadora

Fonte: Elaborada pelo autor

À vista dessas noções iniciais, portanto, a cadeia produtiva *empresarial* tanto pode organizar-se de forma *centralizada,* quando todos os seus ciclos são *executados* diretamente pela empresa ou grupo empresarial titular, à imagem da grande empresa-total fordista verticalizada do século XX, quanto pode organizar-se de forma *descentralizada,* quando um ou alguns dos ciclos têm sua *execução* contratada a terceiras empresas, com uso da terceirização externa.

No relatório de sua 105ª Conferência Internacional (2016), em que debateu desafios do trabalho decente nas cadeias produtivas transnacionais, a OIT identifica essas duas formas principais de organização das cadeias, pela empresa-líder: (1) a internalização, por meio do *investimento estrangeiro direto* feito pela empresa-líder em suas empresas subsidiárias ou filiais que atuam no exterior, o que corresponde à cadeia produtiva empresarial centralizada; e (2) a externalização, por meio de relações contratuais de fornecimento com empresas fornecedoras, modelo que corresponde à *cadeia produtiva empresarial descentralizada.*[127]

Nesse contexto, a *cadeia produtiva empresarial descentralizada* pode ser definida como aquela que externaliza um ou mais ciclos do seu sistema produtivo a terceiras empresas, mantendo sobre os ciclos externalizados *controle produtivo estratégico.* Esse controle é exercido por meio de prerrogativas econômicas e contratuais próprias de quem detém poder econômico para definir aspectos como investimento, demanda, qualidade e quantidade, e para influenciar o preço do produto externalizado.

Por conseguinte, não configura terceirização externa, por ausência da dimensão executiva, a aquisição de bens padronizados disponíveis no grande mercado, ainda que utilizados como produto-base do processo produtivo da empresa adquirente, quando esta, sem poder econômico e contratual para estabelecer parâmetros produtivos frente ao vendedor, tenha, pelo contrário, o seu processo produtivo adaptado aos parâmetros do produto-base.

---

(127) ORGANIZAÇÃO Internacional do Trabalho (OIT) - Conferência Internacional do Trabalho. 105ª Sessão. Relatório IV. **Trabalho digno nas cadeias de abastecimento mundiais.** *Ob. Cit.*, p. 6.

É o que ocorre com a grande massa de lojistas, prestadores de serviços e trabalhadores informais que sobrevivem da prestação de serviços e da venda de mercadorias no varejo, e que se abastecem de mercadorias e insumos em grandes estabelecimentos comerciais do atacado, firmando com eles contratos comerciais de compra e venda simples, que se esgotam em cada transação.

São exemplos a pequena empresa agrícola que compra fertilizantes e sementes do grande fornecedor; a pequena fábrica de gôndolas que adquire chapas de aço padronizadas com o representante comercial da grande siderúrgica; o estabelecimento comercial que adquire do distribuidor produtos e embalagens padronizadas; o profissional liberal que adquire no comércio material e equipamentos para exercer a profissão etc.

Nesses casos, a empresa vendedora do grande comércio atacadista é geralmente um agente econômico mais poderoso do que o comprador. Em sua cadeia produtiva empresarial, o grande atacado geralmente externaliza a produção de suas mercadorias, mediante contratos de fornecimento terceirizado com os respectivos produtores. E, embora ela integre a cadeia produtiva dos bens de consumo produzidos pelos compradores de seus produtos-base (as pequenas empresas e profissionais autônomos), não figura como empresa contratada por esses compradores em regime de terceirização externa. Aqui a relação comercial possui natureza de simples compra e venda despida de dimensão executiva.

A figura a seguir ilustra o exemplo de um pequeno ou médio prestador de serviço ou vendedor de mercadoria (C) que adquire seu estoque ou seus insumos no grande atacadista (B), estabelecendo com ele uma relação de compra e venda simples (relação destacada no círculo em vermelho). Esse pequeno ou médio prestador de serviços figura, ao mesmo tempo, como um consumidor-comprador do insumo ou do serviço, perante o grande atacado, e como produtor de um bem ou serviço que disponibiliza ao seu cliente, o consumidor final. Entre o grande comércio vendedor do insumo e o comprador-produtor não se forma uma relação de externalização.

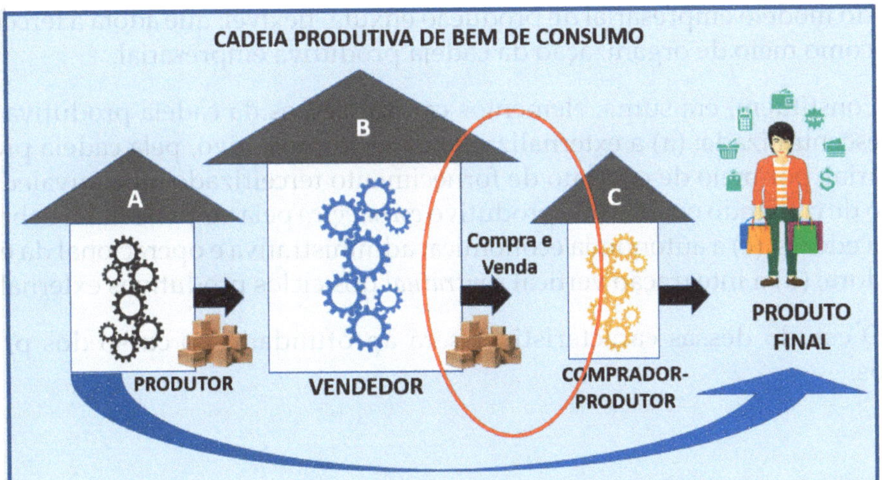

Figura 14 – Compra e Venda de Produto Intermediário na Cadeia Produtiva de Bem de Consumo

Fonte: Elaborada pelo autor

Ainda na figura acima, observe-se que a grande empresa comercial no centro (B) adquire seus produtos de outra empresa, que os produz (A). Essa relação tende a ser de terceirização externa a empresas industriais, que, por sua vez, também externalizam a produção de matérias-primas, insumos ou parte de sua produção industrial. A tendência é de que o agente econômico e contratualmente mais poderoso estabeleça parâmetros produtivos dos bens por ele adquiridos, o que caracteriza a terceirização externa.

A *cadeia produtiva empresarial descentralizada* designa, portanto, a fração externalizada de uma cadeia produtiva empresarial. Onde houver negócio jurídico de fornecimento com característica de terceirização externa, ou seja, com algum *controle estratégico* ou coordenação produtiva sobre o bem ou serviço contratado, haverá uma cadeia produtiva empresarial descentralizada.

A noção não define a predominância do modelo organizacional adotado pela empresa, se majoritariamente verticalizado ou horizontalizado. Sua função analítica aqui é designar a presença da terceirização externa de ciclos produtivos na cadeia produtiva empresarial, a partir dos seus elementos característicos, acima indicados.

Por conseguinte, a noção de cadeia produtiva empresarial *descentralizada* contrapõe-se à ideia da cadeia produtiva empresarial *centralizada*, aquela em que a empresa ou grupo econômico executa diretamente as etapas do seu processo produtivo, inclusive por meio de filiais, subsidiárias ou empresas integrantes do grupo econômico empresarial. Ainda que atuem em rede, as empresas do grupo econômico empresarial (CLT, art. 2º, §§ 2º e 3º) que executam diretamente diferentes ciclos da atividade produtiva comum, sem uso de externalização, atuam de forma *centralizada*, como uma empresa-conjunto.[128]

Em plano diverso, a *cadeia produtiva empresarial descentralizada* corresponde ao que Cássio Casagrande denomina de *terceirização em cadeia*, assim considerada "a contratação de empresas em linha, cada qual subcontratando parte do processo produtivo sucessivamente, como elos de uma corrente, sendo que o contratante principal é o destinatário final do produto objeto da terceirização".[129] Trata-se, pois, de fenômeno próprio do modelo empresarial de produção enxuta, flexível, que adota a terceirização externa como meio de organização da cadeia produtiva empresarial.

Constituem, em suma, elementos característicos da cadeia produtiva empresarial descentralizada: (a) a externalização de ciclo produtivo, pela cadeia produtiva empresarial, por meio de contrato de fornecimento terceirizado ou equivalente; (b) o exercício de comando ou controle produtivo *estratégico* pela empresa-líder sobre a rede de fornecedores; (c) a autonomia econômica, administrativa e operacional da empresa fornecedora; (d) a integração vertical *contratual* dos ciclos produtivos externalizados.

O estudo dessas características será aprofundado no curso dos próximos capítulos.

---

(128) Essa hipótese remete ao que Cássio Casagrande denomina de *terceirização em rede*, em que, ao redor da empresa contratante principal atua uma pluralidade de "empresas que se associam a esta na realização de um empreendimento econômico comum", tendo por característica central a interdependência entre as empresas congregadas em torno de um mesmo projeto ou atividade. CASAGRANDE, Cássio. Terceirização e responsabilidade solidária: a aplicação da teoria dos contratos coligados no direito do trabalho. *Ob. Cit.*, p. 52.

(129) *Idem.*

1.5. A cadeia produtiva empresarial descentralizada na jurisprudência do STF

A noção de cadeia produtiva empresarial descentralizada foi, de certa forma, acolhida pelo STF no julgado da Arguição de Descumprimento de Preceito Fundamental (ADPF) 324/DF, em que a Corte reconheceu constitucionalidade da terceirização de serviços em todas as atividades empresariais.(130)

Nesse julgado, ao decidir pela ampla liberdade da iniciativa privada para firmar contratos de terceirização de *serviços* em quaisquer atividades, afastando a restrição prevista na Súmula 331 do TST, o STF expressamente acolheu toda e qualquer forma de organização do processo produtivo, nos dizeres da Corte, como expressão da "liberdade de organização da cadeia produtiva" da empresa contratante.(131)

O julgado adota a ideia de que, ao contratar serviços (atividades do seu processo produtivo), a empresa estaria terceirizando etapas de sua *cadeia produtiva*, como se infere das seguintes passagens do acórdão:

> Terceirizar significa transferir parte da atividade de uma empresa para outra empresa, por motivos de custo, eficiência, especialização ou por qualquer outro interesse empresarial legítimo. Assim, *uma etapa da cadeia produtiva de uma empresa* - chamada empresa contratante – passa a ser cumprida por uma outra empresa - denominada empresa contratada ou empresa prestadora de serviços (sem grifos no original). (132)
>
> (...)
>
> A *terceirização de partes da cadeia produtiva* permite, ainda, que a empresa concentre os seus esforços naquelas atividades que constituem o seu diferencial, a sua vantagem competitiva, e que entregue a terceiros as atividades em que estes poderão ter melhor desempenho, em benefício do negócio da própria tomadora do serviço.

Na fundamentação, o julgado adota como argumento nuclear (*ratio decidendi*), para reputar constitucional toda forma de terceirização, o atual paradigma mundial de *cadeia produtiva empresarial descentralizada* toyotista, organizada em rede e controlada remotamente pela empresa principal contratante:

> (...) os avanços em tecnologia da informação, transporte e logística, que possibilitam a conexão de agentes situados em locais distintos, e possivelmente a influência do toyotismo, dentre outros modos de produção flexível, conduzem à consolidação de um novo modelo, por meio do qual *as empresas optam por manter sob a sua condução apenas o núcleo de sua atividade fim e terceirizam não apenas as suas atividades-meio, mas igualmente parte das atividades-fim*. Passam, portanto, a atuar *por meio de uma cadeia produtiva organizada em rede*. Deixa de ser necessário situar no mesmo local toda a cadeia produtiva, cuja sincronicidade e qualidade são controladas remotamente com o uso de recursos tecnológicos (sem grifos no original).(133)

---

(130) BRASIL, Supremo Tribunal Federal, Pleno. **ADPF 324/DF**, Rel. Min. Roberto Barroso. DJe 5 set. 2019.
(131) *Idem.*
(132) *Idem.*
(133) *Idem.*

Essas passagens revelam que o julgado não fez distinção entre a terceirização interna, objeto da Súmula 331 do TST, que era o objeto central da controvérsia, e a terceirização externa, que passava ao largo do raio de ação dessa jurisprudência impugnada.

Pelo contrário, o acórdão serve-se abundantemente da imprecisão metodológica, utilizando exemplos e argumentos próprios da externalização de ciclos do processo produtivo (terceirização externa de bens) para justificar a liberação irrestrita da terceirização de serviços, que é utilizada mais intensamente no modelo de terceirização interna.

A fundamentação do julgado encontra-se inteiramente assentada na ideia germinal da organização empresarial toyotista do Japão pós-1945, embrionária da terceirização externa, e a ela refere-se como um tipo idealizado de rede empresarial entre parceiros iguais e solidários. Com isso, o julgado abstrai a tensa relação de forças econômicas característica da integração entre a empresa contratante principal (a empresa-líder da cadeia produtiva) e seus fornecedores terceirizados, mediante exploração da assimetria econômica, conforme será estudado nos capítulos seguintes.[134]

Para justificar a terceirização de *serviços* em todas as atividades da empresa tomadora, o julgado invoca exemplos de fornecimento terceirizado de bens, como da indústria automobilística que terceiriza a produção de pneus;[135] da indústria da construção civil que terceiriza a fabricação de concreto ou pré-moldados;[136] da empresa *Apple*, que externaliza a fabricação de componentes eletrônicos a grandes indústrias, como a *Foxconn*;[137] das marcas de computadores pessoais que terceirizam praticamente toda sua produção para fabricantes de eletrônicos;[138] da *Nike* (marca comercializadora de calçados, roupas e material esportivo), que terceiriza a produção para a indústria, realizando o *design* dos produtos, *marketing* e distribuição,[139] entre outros exemplos de externalização que *não retratam o modelo de terceirização de serviços* objeto da controvérsia.

Conforme será visto no Capítulo 3, alguns desses exemplos citados no acórdão são retratados pela mídia e por estudos empíricos, inclusive, como típicos casos de superexploração do trabalho precário nos estratos terceirizados das cadeias produtivas.[140]

---

(134) "(...) *Nesse panorama simplificado – que omite, para fins didáticos, inúmeras outras pessoas jurídicas integrantes da cadeia produtiva nas atividades de desenho industrial, criação de softwares, publicidade, distribuição, sistema de pagamentos, obtenção de matérias primas, controle de qualidade etc. –,* ***já se antevê que não há verdadeiramente uma subordinação entre as empresas que compõem o sistema produtivo, senão uma coordenação entre agentes especializados para a consecução do melhor resultado final possível ao consumidor***" (sem grifo no original). *Idem.*

(135) "(...) *Por exemplo, uma montadora de automóveis, em lugar de produzir pneus, adquire-os de uma empresa especializada, com know how específico. Ela contrata externamente, terceiriza a produção dos pneus, embora não seja difícil considerar que o pneu é atividade-fim de produção de um automóvel, pois um carro sem pneu não tem condição*". *Idem.*

(136) "(...) *Ou uma construtora não precisa produzir concreto, ela pode contratar com uma empresa a produção de concreto ou pode comprar pré-moldados de concreto de uma empresa externa*". *Idem.*

(137) "(...) *O consumidor final, ao adquirir um iPhone da marca, sequer desconfia que todo o hardware foi fabricado pela Foxconn, pessoa jurídica distinta com sede em Taiwan que também produz componentes eletrônicos para Dell, Hewlett-Packard, Sony, Microsoft e Motorola, entre outros. A Foxconn, por sua vez, fabrica os aparelhos utilizando processadores da Intel*". *Idem.*

(138) "(...) *Por exemplo, na indústria de computadores pessoais, muitas das principais empresas terceirizam quase toda a produção para companhias de serviços de produção de eletrônicos (EMS, em inglês), como Solectron e Flextronic*". *Idem.*

(139) "(...) *A Nike, por exemplo, terceiriza toda a sua produção, mas realiza o design dos produtos, marketing e distribuição para revendedores(independentes)*". *Idem.*

(140) Ver no item 4.2 (*Trabalho precário nas cadeias globais de valor: a influência da empresa-líder sobre as condições de trabalho na rede de fornecedores*) relatos de casos de trabalho precário na *Foxconn*, produtora de aparelhos celulares para a *Apple* e leitores *Kindle* para a *Amazon;* trabalho infantil em fornecedores da *Nike*; trabalho escravo praticado por fornecedores da *The Coca-Cola Company etc.*

E, mesmo no campo da terceirização interna, objeto da controvérsia, o julgado da ADPF 324/DF ignorou diversas pesquisas científicas apresentadas nos autos, capazes de demonstrar os efeitos deletérios da terceirização sobre o trabalho, tais como: (1) pesquisa realizada pela Oficina Internacional do Trabalho da OIT, que relata impactos negativos da terceirização sobre a organização coletiva dos trabalhadores terceirizados e sobre suas condições de trabalho, em todo o mundo, facilitando fraudes contra a relação de emprego;[141] (2) pesquisa realizada pelo Departamento Intersindical de Estatísticas e Estudos Socioeconômicos (DIEESE), em que são analisados dados da terceirização praticada no Brasil, no setor público e em setores da iniciativa privada (financeiro, elétrico, químico, petróleo e construção civil), com indicação da intensa precarização das condições de trabalho e perda de direitos trabalhistas;[142] (3) pesquisa do DIEESE (Nota Técnica n. 172/2017), que revela a ocorrência de maior rotatividade da mão de obra, maiores jornadas, menores salários e maiores afastamentos por acidentes de trabalho nas atividades terceirizadas, quando comparadas com as mesmas atividades realizadas diretamente pela empresa tomadora;[143] (4) pesquisa acadêmica em que se demonstra, com base em dados fornecidos por fonte oficial, a íntima associação entre a terceirização e a prática do trabalho escravo.[144]

O julgado desconsiderou a realidade descortinada por essas pesquisas, que é de amplo conhecimento público e científico por meio de inúmeras publicações e maciça cobertura da mídia. Nas últimas décadas, a imprensa noticiou cotidianamente os diversos impactos negativos da terceirização sobre o trabalho, com a deterioração progressiva do ambiente e das condições de trabalho dos trabalhadores terceirizados, no Brasil e no mundo.[145]

---

(141) Pesquisa apresentada na ADPF 324/DF pela Central Única dos Trabalhadores (CUT). ERMIDA URIARTE, Oscar; COLOTUZZO, Natalia. **Descentralización, tercerización, subcontratación., relaciones laborales, América Latina, países de la UE**. Lima: OIT, Proyecto FSAL, 2009. Disponível em: https://bit.ly/3Be9dLq. Acesso em: 16 jun. 2021.

(142) Pesquisa apresentada na ADPF 324/DF pela Associação Nacional dos Procuradores e das Procuradoras do Trabalho – ANPT. BRASIL, Departamento Intersindical de Estatísticas e Estudos Socioeconômicos – DIEESE. **O processo de terceirização e seus efeitos sobre os trabalhadores no Brasil**. 2007. Disponível em: https://bit.ly/3a7QdlS . Acesso em: 16 jun. 2021.

(143) Pesquisa apresentada na ADPF 324/DF pela Central Única dos Trabalhadores (CUT) e outras centrais sindicais. BRASIL, Departamento Intersindical de Estatísticas e Estudos Socioeconômicos – DIEESE. **Nota Técnica n. 172/2017** - Terceirização e precarização das condições de trabalho: condições de trabalho e remuneração em atividades tipicamente terceirizadas e contratantes. Disponível em: https://bit.ly/3BcRe8a. Acesso em: 18 jun. 2021.

(144) Pesquisa apresentada pela Associação Nacional dos Procuradores e das Procuradoras do Trabalho – ANPT. FILGUEIRAS, Vitor Araújo. Terceirização e trabalho análogo ao escravo: coincidência? **Repórter Brasil**, 24 jun. 2014. Disponível em: https://bit.ly/3akOjyr. Acesso em: 8 out. 2021.

(145) São exemplos dessa cobertura midiática no Brasil, na última década, as seguintes reportagens: (1) Matéria da *Folha On-Line* que denunciou a deterioração das condições ambientais de trabalho na Petrobrás, por força da terceirização de atividades essenciais, como fator causal do grande acidente que matou vários trabalhadores e levou ao afundamento da Plataforma P-36, no ano de 2001. MARIA, Estanislau. Terceirização e instalações são criticadas por ambientalistas. **Folha *On-Line*,** 12 abr. 2001. Disponível em: https://bit.ly/3zM16W7. Acesso em: 21 jun. 2021; (2) Matéria de *O Estado de São Paulo*, que tratou do impacto da terceirização sobre o grande número de acidentes de trabalho, no Brasil. MACEDO, Fausto. O grave cenário dos acidentes de trabalho no Brasil. **O Estado de São Paulo**, 08 ago. 2018. Disponível em: https://bit.ly/3gLaVwk. Acesso em: 21 jun. 2021; (3) Matéria de *O Globo*, que retrata a associação da terceirização à prática do trabalho escravo: JARDIM, Lauro. Ministério do Trabalho associa terceirização a trabalho escravo. **O Globo,** 14 fev. 2017. Disponível em: https://glo.bo/3gJGMxl. Acesso em: 21 jun. 2021; (4) Matéria de *O Globo*, que trata de investigação de trabalho infantil, na China, na maior fabricante de produtos eletrônicos do mundo. AMAZON investiga denúncias de trabalho infantil em fábrica da Foxconn na China. **O Globo**, 09 ago. 2019. Disponível em: https://glo.bo/3cW1aZS. Acesso em: 21 jun. 2021.

Assim, ao invocar exemplos presumidamente bem-sucedidos de terceirização externa, o julgado da ADPF 324/DF desprezou o histórico de sérias violações trabalhistas produzidas pelo modelo, além de ignorar todos os indicadores de redução de direitos e de precarização do trabalho produzidas pela terceirização interna, seu tema central.

Mas, abstraída a indistinção metodológica e a escassez empírica dos fundamentos do julgado, conveniente à narrativa neoliberal que lhe confere contorno, aqui importa observar que o STF tomou a terceirização externa, retratada nos exemplos citados no acórdão, como instrumento de *organização descentralizada da cadeia produtiva da empresa contratante*.

A noção da *cadeia produtiva empresarial descentralizada* é, portanto, acolhida pelo julgado como uma unidade produtiva sistêmica integrada pelo conjunto de processos ou ciclos produtivos desenvolvidos (controlados) pela empresa principal, em que um ou mais desses ciclos produtivos são externalizados, mas todos permanecem conectados pela finalidade econômica que orienta o negócio empresarial da empresa tomadora.

O julgado do STF colheu essa noção doutrinária de um estudo de Felipe Jórdan Almeida *et. al.* sobre a terceirização na indústria da construção civil residencial, segundo o qual, o fenômeno da terceirização iniciou-se com a "delegação das atividades de uma determinada empresa a outro *agente externo inserido* na cadeia produtiva" (sem destaque no original).[146]

Ao adotar esse paradigma doutrinário que reconhece o fenômeno da *terceirização externa*, o julgado exerce importância referencial para os fins desta obra. Ainda que por força da indistinção conceitual entre terceirização interna e externa, a Corte constitucional brasileira reconhece o fenômeno da externalização de ciclos produtivos de bens (insumos, matérias-primas, peças, componentes etc.) como dimensão do fenômeno terceirizante.

Além disso, a noção doutrinária acolhida pelo julgado apanha aspecto essencial à compreensão do papel da externalização na organização da cadeia produtiva empresarial, acima pontuado no exemplo da *cadeia produtiva do óleo de soja Soya*: a terceirização externa atrai para o interior da cadeia produtiva da empresa contratante os processos produtivos executados pelas empresas fornecedoras-contratadas, que passam a compor seu *sistema produtivo* por um vínculo de comando estratégico.

O quadro-resumo abaixo sistematiza as principais noções até aqui apresentadas.

---

(146) ALMEIDA, Felipe Jórdan; GUARNIERI, Patricia; SERRANO, André Luiz Marques; SOBREIRO, Vinícius Amorim. Análise de decisão sobre terceirização: um estudo na indústria da construção civil residencial. **Revista de Administração, Contabilidade e Economia da FUNDACE**. Ed. 10/2014. Ribeirão Preto: Fundace, 2014, p. 03.

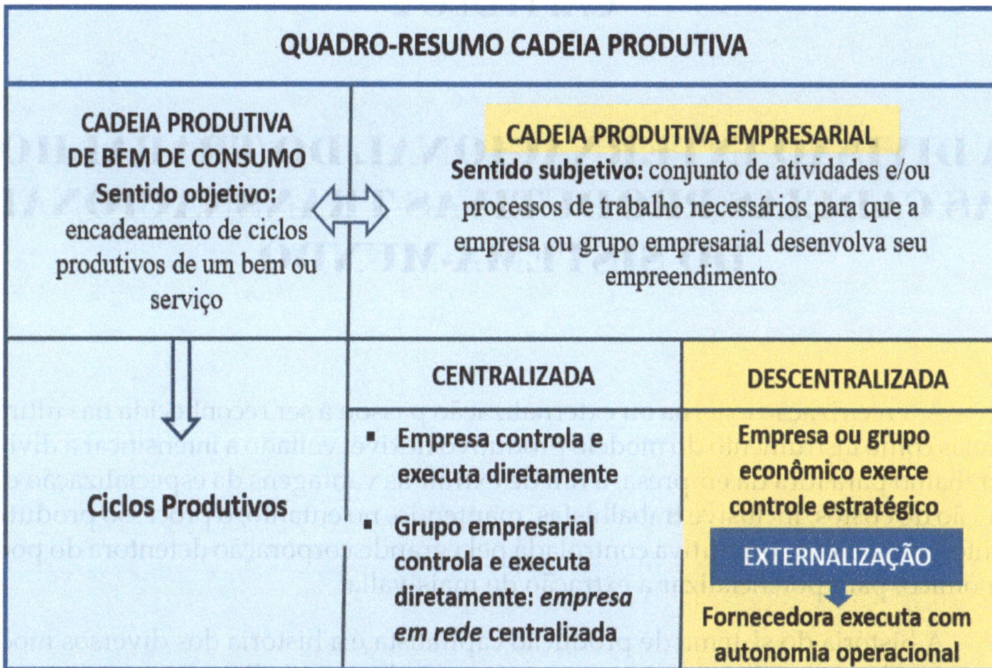

Figura 15 – Quadro-resumo da cadeia produtiva

Fonte: Elaborada pelo autor

No cenário acima retratado, a presente obra aborda a atuação da *cadeia produtiva empresarial descentralizada*, que tem na *externalização* seu mecanismo central (espaço ressaltado em amarelo), a fim de articular a responsabilidade dos seus agentes pelos direitos fundamentais dos trabalhadores terceirizados.

A exploração do trabalho precário nos elos terceirizados das cadeias produtivas empresariais descentralizadas geralmente decorre do modelo de organização do processo produtivo terceirizado, pela empresa-líder, em que a terceirização é instrumentalizada para potencializar a extração de valor das atividades terceirizadas em cadeia, exaurindo custos e drenando excedentes à empresa-líder, o que induz a violação sistemática de direitos dos trabalhadores terceirizados, em especial nos elos subcontratados, economicamente mais frágeis.

Isso demanda o estudo da lógica organizacional e das relações de poder que se estabelecem no interior das cadeias produtivas empresariais descentralizadas, entre a empresa-líder contratante e suas fornecedoras-contratadas, tema que diz respeito à *integração* e à *governação* das cadeias produtivas, objeto de análise no Capítulo 4.

Para subsidiar essa análise, antes faz-se necessário o estudo histórico, econômico e sociológico da divisão internacional do trabalho nas cadeias produtivas transnacionais sob a lógica exploratória que há séculos orienta os grandes processos produtivos e econômicos, tema a ser desenvolvido no Capítulo 2. Além disso, faz-se necessário o estudo da organização dos processos produtivos empresariais, que lastreia a divisão estratificada do trabalho, tema a ser desenvolvido no Capítulo 3.

CAPÍTULO 2

A DIVISÃO INTERNACIONAL DO TRABALHO NAS CADEIAS PRODUTIVAS TRANSNACIONAIS DO SISTEMA-MUNDO

A terceirização externa ou externalização passou a ser reconhecida nas últimas décadas como instrumento do modelo produtivo flexível voltado a intensificar a divisão do trabalho para fora da empresa, a fim de extrair as vantagens da especialização e da redução de custos, inclusive trabalhistas, mantendo, no entanto, o processo produtivo no interior da cadeia produtiva controlada pela grande corporação detentora do poder econômico, para potencializar a extração de mais-valia.

A história do sistema de produção capitalista é a história dos diversos modos de captura da mais-valia, a vantagem econômica sobre o trabalho, no curso do tempo.

Mais-valia é noção criada por Karl Marx para designar o excedente apropriado pelo capitalista, entre o valor pago pela força de trabalho (salário) e o valor efetivo da força de trabalho incorporado à mercadoria. A produção de mais-valia apresenta-se, pois, para Marx, como "o fim determinante, o interesse propulsor e o 'resultado final' do processo de produção capitalista".(147)

Em perspectiva semelhante, os teóricos pós-marxistas da *teoria do sistema-mundo*, que se dedicam ao estudo da divisão mundial das riquezas produzidas nas cadeias transnacionais de produção, utilizam a noção de *excedente*, conceitualmente diversa da mais-valia, para designar a diferença entre o valor do produto final de uma cadeia produtiva de mercadorias (o bem de consumo) e os valores totais atribuídos aos fatores de produção (capital, trabalho, bens da natureza) remunerados pelas reduzidas taxas praticadas nas regiões periféricas, onde é produzido.(148)

A primeira grande luta que confere caráter propulsor ao capitalismo diz respeito, no plano-mundo, a essa tensa e permanente disputa internacional pelo poder sobre as atividades produtivas mais rentáveis, que geram os maiores excedentes (em outras palavras, a luta pelas riquezas extraídas das atividades produtivas), questão que diz respeito à *divisão internacional do trabalho*, que se opera no interior das cadeias produtivas globais de mercadorias.

---

(147) MARX, Karl. **Capítulo VI Inédito de O Capital**: resultados do processo de produção imediata. Trad. Klaus Von Puchen. 2ª ed. São Paulo: Centauro, 2004, p. 41. O termo *mais-valia*, tradução para o português atribuída tradicionalmente ao termo alemão *mehrwert*, nas obras de Karl Marx, foi substituído pelo termo *mais-valor* em uma série de publicações de obras marxistas a partir da tradução para o português, em 2011, dos *Grundrisse*, por Mário Duayer. Aqui é utilizada a tradução original, por apego à tradição. Discussões teóricas acerca da tradução mais adequada à obra de Marx podem ser encontradas em: TEIXEIRA, Adriano Lopes Almeida. Mais-valia ou mais-valor? **Revista Economia Ensaios**, Universidade Federal de Uberlândia – UFU, n. 34(2), jan./jul. 2020. Disponível em: Acesso em: https://bit.ly/30Uzq4U. 23 nov. 2021.

(148) ARRIGHI e DRANGEL (1986) advertem que essa noção de excedente é teoricamente bastante distinta da noção de *mais-valia* usada por Karl Marx. *In*: ARRIGHI, Giovanni; DRANGEL, Jessica. **The stratification of the world-economy: an exploration of the semiperipheral zone**. Review, X, p. 9-74, 1986.

Como os países e suas corporações transnacionais exploraram as atividades das cadeias transnacionais produtivas de mercadorias no curso da história do capitalismo, na intensa *guerra* por acumulação de riquezas, portanto, é questão que responde ao modo como historicamente as relações internacionais de produção estabeleceram-se, estratificando o mundo em regiões ricas e pobres.

A divisão internacional do trabalho nas cadeias produtivas diz respeito à acirrada disputa por acesso às atividades transnacionais de mercadorias que agregam mais valor e, portanto, geram mais riquezas. Diz respeito, ademais, a uma luta histórica cujo início remete à origem do próprio sistema capitalista de produção, por volta do século XVI, e que se acirrou nas últimas décadas sob o ideário da globalização neoliberal, com os métodos de produção flexíveis.

Como resultado desse processo histórico, na atualidade, as grandes corporações do países centrais tomaram para si as atividades produtivas mais sofisticadas e intelectuais, Pesquisa e Desenvolvimento (P&D), concepção, *design*, *marketing*, serviços e comercialização, que hoje geram mais recompensas, remetendo às regiões e países economicamente periféricos e semiperiféricos, ou terceirizando para empresas dessas regiões, imensas fatias de suas atividades industriais sujeitas às maiores pressões concorrenciais, com maior demanda de mão de obra e menor potencial de recompensas, com vistas à redução do custo de mão de obra e de recursos naturais, ou seja, em busca de aumento da produtividade (sob a ótica do capital) ou do aumento da mais-valia (sob a ótica do trabalho).

O presente capítulo dedica-se a essa temática, da divisão internacional do trabalho no plano-mundo, de modo a subsidiar, no capítulo seguinte, a análise mais específica da organização produtiva empresarial, ou seja, do modo como a empresa, na grande engrenagem produtiva mundial e brasileira, articula os fatores de produção, e em particular, o trabalho, para finalizar o processo de extração da mais-valia.

A partir da década de 1970, tornou-se objeto de interesse das Ciências Sociais a questão relativa à divisão internacional do trabalho no interior das cadeias produtivas transnacionais de mercadorias, como um traço constituinte do sistema capitalista mundial, que estratifica o mundo em zonas econômicas desiguais, com uma gigantesca concentração de capital e de renda nos estratos superiores e com trabalho precarizado e mal remunerado nos estratos inferiores.

Essa questão tornou-se objeto da agenda de pesquisa denominada de *teoria do sistema-mundo* (*world system teory*), concebida para lançar um olhar metodológico inovador sobre os problemas dos países da periferia econômica, especialmente das ex-colônias europeias, países que não conseguiram, séculos após as desocupações, alcançar os níveis de desenvolvimento projetados pelas teorias clássicas das Ciências Sociais (econômicas, sociológicas e políticas) vinculadas ao capitalismo.

As teorias clássicas, desde o século XIX, explica Charles Pennaforte, justificam o atraso das ex-colônias, especialmente da África e América-Latina, numa ordem de argumentos que enfoca uma pretensa dimensão *benéfica* da colonização para seu desenvolvimento econômico, tentando justificar os resultados nefastos da colonização europeia para os povos colonizados.[149]

---

(149) PENNAFORTE, Charles. **Uma pequena introdução ao pensamento de Immanuel Wallerstein.** Rio de Janeiro: Centro de Estudos em Geopolítica e Relações Internacional, 2011, p. 26/34.

A teoria do sistema-mundo nasce, portanto, como espécie de contraponto acadêmico a essas abordagens, em especial à *teoria da modernização*, muito em voga no século XX, cujo método de análise consiste na comparação sistemática entre as atuações dos Estados, na perspectiva estatista de Adam Smith,[(150)] por segmentos separados de análise: o mercado, como objeto de estudo da Economia; o Estado, como tema da Ciência Política; a sociedade civil, como objeto da Sociologia. Essa corrente teórica parte da premissa do desenvolvimento econômico linear e universal de todas as sociedades, numa mesma direção, sob a expectativa de que todas as ex-colônias chegariam inevitavelmente aos níveis de desenvolvimento do centro, copiando seus modelos de sucesso.[(151)]

A teoria da modernização argumentava muito simplesmente que todas as sociedades passam por um conjunto definido de etapas num processo que culmina no desenvolvimento, uma modernização induzida por países-modelo.[(152)] Como anota Maíra Vieira, uma teoria muito conveniente em tempos de Guerra Fria, em que a bipolaridade dava contornos bem distintos a dois projetos possíveis de desenvolvimento, e em que o projeto capitalista dos países ricos do Ocidente apresentou-se como o padrão teórico de desenvolvimento (de modernidade) a ser perseguido pelos países pobres, por meio da repetição de experiências e estratégias. [(153)]

Em oposição crítica a essas abordagens, a teoria do sistema-mundo, muito próxima da *teoria da dependência*,[(154)] consiste numa análise pós-marxista da sociologia histórica e da história econômica, concebida a partir dos estudos do cientista social norte-americano Immanuel Wallerstein (1930-2019). Ele dedicou-se profundamente ao colonialismo africano, convertendo-se num dos mais influentes teóricos da economia capitalista global, a partir de então, ao capitanear uma agenda investigativa que continua reunindo pesquisadores em todo o mundo. [(155)]

Essa agenda investigativa busca explicar o capitalismo e a dinâmica da economia mundial capitalista, reprodutora de desigualdades, como um *sistema social total*, em que inúmeros centros político-econômicos (Estados e seus empreendedores) disputam

---

(150) Sobre o método de análise apontado, consultar: SMITH, A. **A riqueza das nações**: investigação sobre sua natureza e suas causas. V. 1. São Paulo: Abril Cultural, 1982.

(151) PENNAFORTE, Charles. **Uma pequena introdução ao pensamento de Immanuel Wallerstein.** *Ob. cit.*, p. 26/34.

(152) WALLERSTEIN, Immanuel. **O fim do mundo como o concebemos**: ciência social para o século XXI. Rio de Janeiro: Revan, 2003.

(153) VIEIRA, Maíra Baé Baladão. Desancoragem e abalroamento: trajetórias recentes da semiperiferia no sistema-mundo. **Revista Brasileira de Estratégia e Relações Internacionais - Austral**, v. 7, n. 13, jan./jun. 2018, p. 10/50.

(154) A *teoria da dependência* consiste numa leitura crítica dos processos de reprodução do subdesenvolvimento na periferia do capitalismo mundial, segundo a qual, o desenvolvimento dos países periféricos e semiperiféricos encontra-se limitado pelo desenvolvimento dos países centrais, em face de sua inserção subordinada no capitalismo mundial. São teóricos dessa linha Raúl Prebisch, Fernando Henrique Cardoso, Enzo Faletto e André Gunther Frank, a respeito do atraso econômico da América Latina entre os anos 1950 e 1970.

(155) No Brasil, o Grupo de Pesquisa em Economia Política dos Sistemas-Mundo, sediado no Departamento de Economia da Universidade Federal de Santa Catarina, dedica-se a essa abordagem científica. Na Universidade Federal do Rio de Janeiro, o Professor José Luis Fiori também é considerado um seguidor das teorias do sistema mundo, embora delas se distancie em alguns aspectos. Em Portugal, a escola ligada ao sociólogo Boaventura de Sousa Santos baseou a sua caracterização da sociedade portuguesa na teoria da semiperiferia, de Immanuel Wallerstein, a partir da teoria do sistema-mundo. *In*: SANTOS, Boaventura de Sousa. **Estado e sociedade na semiperiferia do sistema mundial**: o caso português. Análise Social, n. XXI, 869-901, 1985.

o controle hegemônico do sistema,[156] com a apropriação da maior parte dos valores agregados pelas diversas atividades produtivas no interior das cadeias transnacionais de mercadorias, designadas de *global commodity chains* (cadeias globais de *commodities* ou mercadorias). Dessa estrutura internacional de produção resulta, segundo a corrente teórica, a segmentação do sistema-mundo em três estamentos hierárquicos economicamente desiguais – o centro, a semiperiferia e a periferia –, com consequências sociais perversas.[157]

O ponto de partida metodológico da teoria é a construção de uma totalidade sistêmica de longa duração e de longa escala (a economia-mundo capitalista),[158] no interior da qual os conceitos e as instituições menos abrangentes (classe, Estado, cultura, liberalismo etc.) dela derivam, conferindo-lhes os atributos. Essa totalidade sistêmica é tomada pelas Ciência Sociais, diz Marco Antônio Acco, como uma unidade multidisciplinar de análise: as partes são consideradas em estreita conexão, e mesmo em subordinação lógica e histórica à totalidade sistêmica.[159]

Portanto, em termos lógicos, a *economia-mundo capitalista* é tida como um sistema histórico e, como tal, é a unidade de análise que figura como ponto de partida para compreender todas as demais instituições do mundo moderno, e não o contrário. Esse sistema histórico é também tomado pela corrente teórica como a via média referencial das Ciência Sociais, uma síntese dialética em que as totalidades devem ser suficientemente amplas, em termos de tempo e espaço, para escaparem do fracionamento *ad infinitum* das narrativas idiossincráticas, mas curtas o suficiente para não se diluírem em leis gerais tão remotas e genéricas que acabam perdendo a capacidade de elucidação e compreensão das ações humanas no mundo real.[160]

A teoria do sistema-mundo foi responsável por introduzir conceitos fundamentais para a agenda investigativa da *decolonialidade*,[161] sendo muito utilizada pelos estudiosos dessa agenda para o entendimento das relações de poder entre colônia e metrópole, entre centro-periferia.[162] Analisando o desenvolvimento do movimento epistemológico decolonial, afirmam Ramón Grosfoguel e Joaze Bernadino-Costa que antes mesmo de se utilizar o termo *colonialidade*, que viria a ser conceito germinal para o movimento, sua articulação já havia sido formulada de maneira explícita por Imannuel Wallerstein na abordagem teórica do sistema-mundo. Depois, o conceito foi retomado por Aníbal Quijano, que passou a denominá-lo *colonialidade do poder*.[163]

---

(156) MARTÍNEZ-VELA, Carlos. **World Systems Theory**. ESD n. 83, 2001. Disponível em: https://bit.ly/3rCk51Z. Acesso em: 26 jul. 2021.

(157) MARTINS, José Ricardo. **Immanuel Wallerstein e o sistema-mundo**: uma teoria ainda atual? Iberoamérica Social, 2015. Disponível em: https://bit.ly/368GSIy. Acesso em: 1 jul. 2021.

(158) Nesse aspecto, a teoria do sistema-mundo recebeu grande influência metodológica da *Escola dos Annales*, um movimento historiográfico do século XX que se destacou por incorporar métodos das Ciências Sociais à História, substituindo o tempo breve da história dos acontecimentos pelos processos de longa duração (*longue durré*), para tornar mais compreensível a história da civilização.

(159) ACCO, Marco Antônio. Os Estados, o sistema-mundo capitalista e o sistema interestatal: uma leitura crítica das contribuições de Immanuel Wallerstein. **Revista de Economia Política**, vol. 38, n. 4 (153), 708-730, out./dez. 2018.

(160) *Idem.*

(161) BELTRAMELLI NETO, Silvio; MENACHO, Bianca Braga. A concepção de trabalho decente é suscetível à apropriação decolonial? Reflexões a partir das críticas ao conceito moderno de desenvolvimento. **Revista Espaço Jurídico**, 2021, p. 1/2. Disponível em: https://bit.ly/3DIzi6G. Acesso em: 23 nov. 2021.

(162) OLIVEIRA, Elizabeth de Souza; LUCINI, Marizete. O pensamento decolonial: conceitos para pensar uma prática de pesquisa de resistência. **Boletim Historiar**, v. 8, n. 1, jan./mar. 2021, p. 97-115, p. 3. Disponível em: https://bit.ly/3CNoEKH. Acesso em 8 nov. 2021.

(163) BERNARDINO-COSTA, Joaze; GROSFOGUEL, Ramón. Decolonialidade e perpectiva negra. Rio de Janeiro, **Revista Sociedade e Estado**, v. 3, n. 1, p. 15-24, jan./abr. 2016. Consultar também: QUIJANO,

A decolonialidade consiste numa agenda investigativa e numa proposta epistemológica inovadora, que surge de um grupo de estudiosos latino-americanos, na década de 1990, voltado a pensar o colonialismo, em princípio na América-Latina e no Caribe, sob um olhar crítico alternativo à epistemologia e aos *standards* do pensamento político, econômico e social eurocêntrico.

Na visão de Silvio Beltramelli Neto e Bianca Menacho,

> (...) "o movimento de ideias da decolonialidade parte de uma ruptura epistemológica que pretende englobar a realidade pós-colonial dos países latino americanos, asiáticos, árabes e africanos, sem deixar de incluir, igualmente, as falas feministas, indígenas, negras, bem como as de outros grupos econômica e culturalmente vulneráveis.(164)

Ao influenciar essa perspectiva epistemológica, portanto, a teoria do sistema-mundo habilita-se a pensar a divisão internacional do trabalho sob a ótica dos grupos de trabalhadores terceirizados do Sul global, economicamente vulneráveis e excluídos da divisão dos ganhos dos processos produtivos.

1.1 A divisão internacional do trabalho nas cadeias globais de mercadorias, sob a teoria do sistema-mundo

Na formulação de Immanuel Wallerstein, o *sistema-mundo* tem suas fronteiras definidas pelas lógicas conflituosas dos processos integrados de produção capitalista, em todo o globo, que se desenvolvem no interior das cadeias transnacionais de produção de mercadorias (às vezes também denominadas de *cadeias mercantis*) sob uma específica forma de divisão do trabalho que determina a maior parte da realidade social. As regras e os procedimentos da divisão do trabalho no interior das milhares de cadeias produtivas de mercadorias que atravessam o globo enfeixam o mundo orgânico do sistema, perpassando e atribuindo as principais características dos processos econômicos, políticos e socioculturais que se desdobram em seu interior.(165)

A partir desse prisma metodológico, a pesquisa do sistema-mundo busca explicar que o desenvolvimento das forças produtivas capitalistas na Europa Ocidental e a distribuição desigual de suas riquezas (a que Adam Smith denominou de *riqueza das nações*)(166) iniciaram-se pelo comércio de longa distância, desencadeando processos de produção internacionais integrados no interior das cadeias globais de mercadorias. Estas cadeias transnacionais cruzam jurisdições políticas, resultando numa divisão internacional do trabalho entre as diversas regiões do globo, definida não por fronteiras nacionais, mas pelo âmbito geográfico efetivo desses processos transnacionais de produção.(167)

O termo *commodity chains* (cadeias de *commodities* ou de mercadorias) foi utilizado pela primeira vez por Terrence Hopkins e Immanuel Wallerstien em artigo de

---

Aníbal. **Colonialidade do poder, eurocentrismo e América Latina.** Buenos Aires, CLACSO – Consejo Latinoamericano de Ciencias Sociales, 2005. Disponível em: https://bit.ly/3CKWwYx. Acesso em 8 nov. 2021.

(164) BELTRAMELLI NETO, Silvio; MENACHO, Bianca Braga. A concepção de trabalho decente é suscetível à apropriação decolonial? Reflexões a partir das críticas ao conceito moderno de desenvolvimento. *Ob. Cit.*, p. 1/2.

(165) *Idem.*

(166) SMITH, A. **A riqueza das nações**: investigação sobre sua natureza e suas causas. *Ob. Cit.*

(167) HOPKINS, Terence K.; WALLERSTEIN, Immanuel. **Commodity chains in the world economy prior to 1800.** Review, 157-170, 1986.

1977, no qual os autores esboçaram as noções básicas da teoria do sistema-mundo.[168] Em outro artigo, de 1986, os autores descreveram pela primeira vez o conceito e a anatomia das cadeias globais de *commodities*, para tentar demonstrar, por meio da análise empírica de duas grandes cadeias produtivas, da construção naval e do trigo, que antes dos anos 1800 já havia uma divisão internacional do trabalho, com cadeias produtivas que atravessavam fronteiras políticas, produzindo a remuneração desigual do trabalho, numa dinâmica de disputa internacional de poder e de drenagem de valores gerados pelo trabalho, que prevalece até os dias atuais.[169]

O conceito de cadeia produtiva é apresentado pelos autores como uma rede de processos de trabalho, cuja descrição começa com a operação final do processo produtivo, a produção da mercadoria (o resultado) e sua comercialização ao consumidor, e avança para trás, até atingir as entradas de matérias-primas. Recua-se de frente para trás para investigar os locais das fontes de valor integrados ao produto final e para identificar as propriedades de cada uma das operações principais (os processos produtivos) que se encadeiam, como elos ou nós de uma corrente: a natureza das relações entre os nós da cadeia (características da força de trabalho utilizado: trabalho assalariado ou não assalariado – doméstico, coletivo, escravo, servil, forçado etc.); os tipos dominantes de relações de produção dentro dos nós; o modelo de organização produtiva adotado e a localização geográfica de cada uma das operações. Esses dados identificam a cadeia no espaço geográfico ou político, indicando o grau em que essas operações estão sendo distribuídas, de maneira uniforme ou desigual.[170]

Os teóricos do sistema-mundo entendem as cadeias de mercadorias, portanto, não apenas como etapas ou estágios envolvidos na transformação das matérias-primas em bens finais, mas também como teias que ligam esse conjunto de atividades produtivas com a reprodução social do trabalho humano.[171] Por isso, essa perspectiva teórica é aqui explorada, por sua utilidade na compreensão dos processos econômicos que ditam a lógica da exploração do trabalho em elos da cadeia produtiva que utilizam a externalização como meio de organização produtiva.[172]

O uso da cadeia produtiva como categoria central de análise apresenta, portanto, para os pesquisadores do sistema-mundo, vantagens consideráveis sobre outros métodos comparativos de investigação que rastreiam fluxos econômicos entre nações, como

---

(168) HOPKINS, Terrence; WALLERSTEIN, Immanuel. **Patterns of development of the modern world--system.** Review, 1(2), 11-145, 1977.

(169) HOPKINS, Terrence; WALLERSTEIN, Immanuel. **Commodity chains in the world economy prior to 1800.** *Ob. cit.*, p. 159.

(170) Nesse artigo, Wallerstein e Hopkins propõem uma metodologia para o delineamento da anatomia de uma cadeia produtiva, que passa por duas etapas: (1) A identificação dos nós da cadeia: começa do ponto de produção final de um produto consumível, dando-se um passo à frente para identificar os pontos aos quais o produto final foi enviado para consumo; depois, recua-se em todo o processo produtivo, com a designação de cada operação produtiva principal (cada operação representa um "nó" na cadeia) até chegar à produção do insumo básico; (2) A identificação de quatro propriedades de cada nó (exceto mão de obra): (a) a natureza dos fluxos entre o nó e as operações que ocorrem imediatamente antes e depois (fluxos de nó para nó: item transferido e modo de transferência – no interior da empresa ou no mercado); (b) os tipos dominantes de relações de produção dentro do nó (características da força de trabalho utilizado: trabalho assalariado ou não assalariado – doméstico, coletivo, escravo, servil, forçado etc.); (c) a organização de produção dominante, incluindo a tecnologia (fonte de energia, grau e tipo de mecanização) e a escala da unidade de produção (fábrica ou grande oficina – mais de 10 pessoas; pequena oficina, casa, estado etc.); (d) a localização geográfica da operação (unidade territorial política). *Idem*, p. 160.

(171) BAIR, Jennifer. **Global capitalism and commodity chains**: looking back, going forward. *Ob. cit.*, p. 154.

(172) HOPKINS, Terrence; WALLERSTEIN, Immanuel. **Commodity chains in the world economy prior to 1800.** *Ob. cit.*, p. 160.

comércio, migração e investimento de capital, pois é capaz de mostrar, para além disso, a totalidade dos fluxos ou movimentos que revelam a real divisão transnacional do trabalho, e, portanto, a integração do trabalho em processos complexos de produção.(173)

Segundo Wallerstein, as direções geográficas das cadeias transnacionais de produção assumiram forma centrípeta, com produtos (que incorporam trabalho) sendo transferidos de muitos pontos de origem periférica para poucas áreas centrais no destino. Isso ocorreu devido à *hierarquização dos processos produtivos*, que tem a colonização em seu *gérmen*, levando à crescente polarização entre áreas centrais e periféricas da economia-mundo, não apenas sob critério distributivo (níveis de renda, qualidade de vida), mas também, na acumulação de capital. (174)

Nessa explicação, a polarização entre as economias dos diversos países deu-se em razão da *troca desigual de trabalho* no interior das cadeias produtivas transnacionais, o que foi por muito tempo ocultado pelas abordagens clássicas da Ciências Sociais, diz Wallerstein, "sob uma chave ideológica que buscava separar o espaço da economia do espaço da política".(175)

Por isso, aponta Peter Evans, a teoria do sistema-mundo tornou-se, para alguns autores, "uma tentativa imaginativa de chacoalhar paradigmas pré-estabelecidos da sociologia comparativa".(176)

Por um lado, a teoria clássica da modernização estava marcada pela *culpabilização da vítima*, quando sugeria que os países subdesenvolvidos faziam más escolhas para a promoção do desenvolvimento, e que, para superar essas dificuldades, seriam necessárias altas doses de transferência cultural e financeira dos países ricos para os pobres. A salvação da periferia estaria dada conforme os elos que esta conseguisse criar com os países do núcleo do sistema. Por outro lado, para a teoria da dependência, também crítica da modernização, os elos com o núcleo eram o problema e não a solução, pois a força política e econômica dos países ricos era utilizada para *absorver* a maior parte dos lucros, impedindo qualquer mudança estrutural na periferia. O problema, portanto, estaria na fraqueza dos elos que ligam os países pobres aos ricos.(177)

Colocando o problema em outra perspectiva, a teoria do sistema-mundo recusa essa lógica comparativa, em que a posição de cada país decorre unicamente de fatores endógenos (da sua ação econômica, política e social), abordando a desigualdade de riquezas em termos das consequências de ocupar uma determinada posição estrutural nas cadeias transnacionais de produção, ou seja, na economia-mundo capitalista como um todo.(178)

Immanuel Wallerstein segue os teóricos da dependência ao explicar uma economia-mundo estruturada em relações centro-periferia. Mas, para o autor, essas relações não vinculam economias nacionais ou regionais, como na maioria das versões da teoria da dependência. As relações entre centro e periferia ocorrem no plano das atividades econômicas estruturadas em cadeias de *commodities* que ultrapassam as fronteiras dos Estados: "as atividades principais são aquelas que controlam a grande parte do exce-

---

(173) *Idem.*
(174) WALLERSTEIN, Immanuel. **Capitalismo histórico e civilização capitalista.** *Ob. cit.*, p. 23/24.
(175) *Idem.*
(176) EVANS, Peter. **Beyond center and periphery**: a comment on the contribution of the world system approach to the study of development. Sociological Inquiry, n. 49 (4), 1979, p. 17.
(177) *Idem.*
(178) *Idem.*

dente total produzido dentro de uma cadeia de *commodities* e as atividades periféricas são aquelas que controlam pouco ou nenhum excedente".[179]

Nessa perspectiva histórica, a transnacionalidade das cadeias produtivas remonta ao surgimento do próprio sistema capitalista de produção, no século XVI, sendo mesmo anterior à indústria capitalista, que surgiu no século XVIII.

Afirma Wallerstein que "quase todas as cadeias mercantis de alguma importância atravessaram as fronteiras dos Estados". As regiões que produziam mercadorias mais abundantes, inclusive com matérias-primas extraídas de suas colônias, vendiam às regiões mais carentes por preços mais altos do que aqueles que pagariam como compradores. Dessa forma, parte do lucro (ou do excedente) produzido por áreas mais pobres (periferia e semiperiferia) foi historicamente transferido para as áreas centrais, por meio das cadeias globais de mercadorias. Essa é a relação que se estabelece entre centro e periferia, na lição do Wallerstein: "podemos chamar a área perdedora de *periferia* e a área ganhadora de *centro*".[180]

Dando seguimento à agenda de pesquisa do sistema-mundo, Giovanni Arrighi e Jessica Drangel explicam que o excedente é obtido com a transferência da pressão competitiva de algumas atividades (elos ou nós) da cadeia produtiva para locais periféricos, onde possam ser desenvolvidas com menor custo de mão de obra e recursos naturais. O valor agregado por essas atividades periféricas é mal remunerado (apenas marginalmente mais alto do que os custo dos fatores de produção) e a diferença é incorporada pelas atividades centrais, que terminam sendo remuneradas com a maioria, senão todos os benefícios dessa divisão mundial do trabalho.[181]

O deslocamento dos excedentes para os países do centro econômico, no curso do tempo, concentrou neles o capital, tornando possível o incremento da mecanização, de modo que, historicamente, os empresários das áreas centrais ganharam vantagens competitivas, inclusive tecnológicas, para criar novos produtos.[182]

A concentração de capital nos centros também fortaleceu seus aparatos estatais, inclusive com força para assegurar que os aparatos estatais da periferia continuassem fracos e para pressionar os periféricos a aceitar maior especialização em tarefas inferiores das cadeias produtivas (tarefas menos remuneradas), utilizando força de trabalho com menor remuneração e criando diferentes níveis de salários nas diversas regiões do sistema-mundo. [183]

Nesse ponto, a teoria refuta as explicações ortodoxas à luz das quais os preços reais sempre foram negociados no mercado mundial com base em forças econômicas impessoais. Na realidade, assevera Wallerstein, "o uso da força na determinação do preço foi crucial nesse processo", acionada politicamente sempre que a troca desigual foi questionada de modo significativo. "Ultrapassado o conflito político agudo, as

---

(179) Livre tradução do trecho: *"Core activities are those that command a large share of the total surplus produced within a commodity chain and peripheral activities are those that command little or no such surplus". In:* ARRIGHI, Giovanni; DRANGEL, Jessica. **The stratification of the world-economy**: an exploration of the semiperipheral zone. *Ob. cit.*, p. 11.
(180) WALLERSTEIN, Immanuel. **Capitalismo histórico e civilização capitalista.** *Ob. cit.*, p. 25/26.
(181) ARRIGHI, Giovanni; DRANGEL, Jessica. **The stratification of the world-economy: an exploration of the semiperipheral zone.** *Ob. cit.*, p. 9/74.
(182) WALLERSTEIN, Immanuel. **Capitalismo histórico e civilização capitalista.** *Ob. cit., p.* 25/26.
(183) *Idem.*

classes empreendedoras do mundo podiam voltar a fingir que a economia movia-se exclusivamente por considerações de oferta e procura".[184]

Em estudo sobre a estratificação do sistema econômico mundial, Giovanni Arrighi assevera que a troca desigual de mercadorias não foi o único mecanismo da histórica polarização centro-periferia, sendo igualmente importantes, no período colonial, outros dois mecanismos que não pressupõem a existência de uma relação comercial ou de troca: as transferências unilaterais forçadas de trabalho, por meio do comércio de escravos e do deslocamento de prisioneiros de guerra como trabalhadores, e as transferências unilaterais forçadas de capital, por meio da extorsão de instrumentos monetários das colônias ou de reparações de guerra de inimigos derrotados.[185]

A essas formas de transferências unilaterais forçadas, do período colonial, somam-se as transferências unilaterais voluntárias, ainda em voga, baseadas no interesse exclusivo dos proprietários dos recursos que estão sendo transferidos, sendo os exemplos mais proeminentes a emigração de trabalhadores e a fuga de capitais. Todos os tipos de transferências unilaterais foram cruciais na constituição e reprodução da estrutura centro-periferia da economia mundial capitalista, embora, ao longo do tempo, afirma Giovanni Arrighi, a importância das transferências forçadas tenha diminuído em relação às transferências voluntárias.[186]

Elemento central das descobertas feitas pelos estudos do sistema-mundo é a intensa *hierarquização valorativa do trabalho* (ou seja, dos diversos processos produtivos, que figuram como elos) que o sistema de produção capitalista criou no interior das cadeias produtivas, espelhando a polarização entre as empresas de áreas centrais e periféricas da economia-mundo. O sistema polarizado também criou espaços de intensa concorrência no interior das cadeias produtivas, com práticas monopolistas e concorrenciais caminhando lado a lado. Grandes empreendedores do centro econômico passaram a desenvolver diferentes ciclos de uma mesma cadeia produtiva, monopolizando o segmento para eliminar a concorrência, o que possibilitou descolar uma parte ainda maior do excedente de riquezas em direção ao centro.[187]

Com o esforço de um número cada vez maior de empreendedores do centro econômico para controlar mais ciclos e os ciclos mais valorizados das cadeias produtivas, ocorreram desproporções de investimentos que levaram a superproduções, ensejando crises no sistema produtivo. Com isso, o sistema criou também períodos alternados de expansão e retração, que passaram a ser intrínsecos ao capitalismo.[188]

Essas crises deixaram graves sequelas, como a eliminação de empreendedores e também de empregos, pois da crise surgiam soluções drásticas, tais como a mecanização para reduzir custos de mão de obra (o processo de avanço tecnológico na produção é tido mais como consequência do que como causa do capitalismo histórico) e a transferência geográfica dos processos produtivos centrais para regiões com mão de obra

(184) *Idem*, p. 26/27.
(185) ARRIGHI, Giovanni. The developmentalist illusion: a reconceptualization of the semi-periphery. *Apud*: MARTIN, W. G. **Semiperipheral States in the World-Economy**. Westport: Greenwood Press, 1990, p. 13.
(186) *Idem*.
(187) *Idem*.
(188) *Idem*, p. 28.

mais barata (embora para a força de trabalho local essa transferência implique aumento de massa salarial).(189)

Isso porque a natureza propulsora e extremamente competitiva do sistema faz com que processos produtivos decaiam na escala hierárquica valorativa do sistema, com a respectiva redução dos seus níveis de lucro, à medida que novos processos são inseridos no topo da hierarquia. Esse movimento, por sua vez, desafia a permanente corrida empresarial por *deslocamento* de suas operações para atividades superiores (mais rentáveis),(190) processo a que a literatura das cadeias produtivas denomina de *atualização*.(191) Essa corrida pela atualização, nas regiões centrais, determina o deslocamento das atividades rebaixadas para regiões periféricas.

Para Imannuel Wallerstein, o fenômeno da transferência de atividades produtivas entre regiões é parte do capitalismo histórico desde que ele existe, ocorrendo em ciclos e tendo por consequências: (a) a permanente reestruturação geográfica do sistema-mundo capitalista, com o movimento de periferização de processos produtivos deslocados para as escalas mais baixas de valor da cadeia produtiva: a produção começa central e termina na periferia; (b) a oportunidade para a força de trabalho das regiões periféricas pressionar pelo assalariamento de sua mão de obra, para substituir a economia de sobrevivência – portanto, um dos maiores impulsos para a proletarização vem da própria força de trabalho, na busca por emprego; (c) a incorporação de novas áreas geográficas à divisão internacional do trabalho, com a melhoria dos transportes e das comunicações, viabilizando a exploração de novas zonas de mão de obra barata.(192)

Esses rearranjos periódicos que levaram atividades produtivas para regiões periféricas, na leitura de Wallerstein, somente poderiam ser identificados como fator de *desenvolvimento* se estivessem associados à redução da polarização econômica global. Mas, para o estudioso, "isso não parece ter ocorrido; ao contrário, a polarização tem aumentado ao longo da história", com a consequente concentração de capital nas regiões centrais e a pressão contínua por rebaixamento salarial e de recompensas nas regiões periféricas. Além disso, a posição econômica relativa de cada Estado ou grupo de Estados permanece mais ou menos inalterada ao longo da história da economia mundial capitalista.(193)

---

(189) Essa transferência ocorreu intensamente na década de 1990, em escala mundial, nas indústrias automobilística, siderúrgica e eletrônica. *Idem*, p. 29.

(190) *Idem*, p. 28.

(191) A literatura da cadeia produtiva define a *atualização* como a melhoria da posição de uma empresa dentro da cadeia, e isto está geralmente associado ao aumento da competitividade, o que permite a captura de um maior valor agregado através do processo de produção. São exemplos: a) atualização intracadeia ou funcional: quando uma empresa passa, na mesma cadeia de valor, de uma posição marginal para uma posição mais segura, aumentando a gama de funções desempenhadas; b) atualização de produto: quando a empresa passa a produzir bens mais sofisticados de maior preço; c) atualização de processo: quando melhora a tecnologia e/ou o sistema de produção. Também se denomina de "atualização de cadeia" a mudança de indústria ou de setor econômico, transferindo-se de uma cadeia produtiva para outra superior em rentabilidade. BAIR, Jennifer. **Global capitalism and commodity chains**: looking back, going forward. *Ob. cit.*, p. 176.

(192) WALLERSTEIN, Immanuel. **Capitalismo histórico e civilização capitalista**. *Ob. cit.*, p. 29/31.

(193) *Idem*, p. 29. Essa afirmação também encontra guarida em: ARRIGHI, Giovanni. The developmentalist illusion: a reconceptualization of the semiperiphery. *Apud*: MARTIN, W. G. **Semiperipheral States in the World-Economy**. *Ob. cit.*; ARRIGHI, Giovanni; DRANGEL, Jessica. **The stratification of the world-economy**: an exploration of the semiperipheral zone. *Ob. cit.*

Portanto, o sistema-mundo promove uma divisão funcional e geográfica do trabalho que potencializa a capacidade de poderosos grupos dentro do sistema para explorar o trabalho dos grupos vulneráveis, isto é, para receber a maior parte do seu excedente.(194)

A má distribuição do capital acumulado e do capital humano fornece uma forte tendência para a automanutenção do sistema-mundo moderno. Ou seja, são forças que contribuem para a reprodução e manutenção de um centro, com predominância de capital acumulado e de alta capacitação da força de trabalho, e de regiões periféricas, onde predomina a baixa poupança e, por conseguinte, baixos investimentos e baixa qualificação da força de trabalho, e Estados débeis, com baixo nível de autonomia.(195)

Como ator essencial à automanutenção dessa relação desigual entre o centro e a periferia, Terence Hopkins e Immanuel Wallerstein identificaram um terceiro estrato intermediário no sistema-mundo, composto por Estados *semiperiféricos*, que misturam atividades centrais e periféricas, exportando produtos periféricos para os Estados centrais, que os exploram, e exportando produtos centrais para os Estado periféricos, que são por eles explorados.(196)

Enquanto as teorias econômicas clássicas enquadram essa categoria intermediária como um estágio transicional e temporário, e até como uma categoria em movimento para o centro (teóricos da modernização), para a análise do sistema-mundo essa posição intermediária é considerada um estrato permanente na estrutura, essencial à manutenção de sua anatomia polarizada.(197) Nesse sentido, diz Wallerstein, "a *semiperiferia* é um elemento estrutural necessário em uma economia mundo", atuando como um amortecedor de conflitos do sistema polarizado, por manter distantes os polos extremos em suas relações de exploração.(198)

Longe de ser um sistema *natural*, como afirmam os economistas clássicos, o capitalismo histórico apresenta-se, portanto, na visão do sistema-mundo, como um processo acumulativo absurdo e paradoxal, em que uma pequena parte das populações vive materialmente bem, mas a maioria das populações sob seu domínio, diz Wallerstein, vive "em piores condições materiais do que nos sistemas históricos anteriores". O capitalismo histórico foi capaz de criar bens materiais em escala monumental, mas criou uma desigualdade igualmente monumental na distribuição das recompensas.(199)

---

(194) WALLERSTEIN, Immanuel. **O sistema mundial moderno**: a agricultura capitalista e as origens da economia-mundo europeia no século XVI. Vol. I. Porto: Ed. Afrontamentos, 1974, p. 339.

(195) MARTINS, José Ricardo. **Immanuel Wallerstein e o sistema-mundo**: uma teoria ainda atual? *Ob. cit.*, p. 99.

(196) HOPKINS, Terence; WALLERSTEIN, Immanuel. **World Systems Analysis**: Theory & Methodology. Beverly Hills: Sage Publications, 1982.

(197) *Idem.*

(198) WALLERSTEIN, Immanuel. **O sistema mundial moderno**: a agricultura capitalista e as origens da economia-mundo europeia no século XVI. Vol. I. Porto: Ed. Afrontamentos, 1974, p. 350.

(199) Segundo o autor, o sistema capitalista de produção fez crescer imensamente a riqueza material (todos os objetos comercializados e comercializáveis), e essa mais-valia tem sido distribuída em percentagens muito maiores da população do que nos sistemas históricos anteriores, especialmente nas classes médias. Mas em termos mundiais, esse grupo nunca excedeu 1/7 da população e geralmente se concentra em certas fronteiras nacionais dos centros da economia capitalista. Mundialmente, porém, talvez 85% das pessoas que vivem dentro da economia-mundo capitalista não tenham padrões de vida superiores àqueles das populações trabalhadoras do mundo há quinhentos ou mil anos. Muitas delas estão em piores condições materiais. E, de toda forma, as pessoas trabalham muito mais para se manter. *Idem*, p. 32, 59 e 100.

Boaventura de Sousa Santos aponta, com base em pesquisa do Programa das Nações Unidas para o Desenvolvimento (PNUD), de 2001, como a desigualdade da distribuição mundial de riquezas acentuou-se nas duas últimas décadas do século XX: 54 dos 84 países menos desenvolvidos viram seu Produto Nacional Bruto (PNB) *per capita* decrescer nos anos 1980; em 14 deles a diminuição rondou os 35%; mais de 1,2 bilhões de pessoas (pouco menos que 1/4 da população mundial) viviam na pobreza absoluta, ou seja, com um rendimento inferior a um dólar por dia e outros 2,8 bilhões viviam apenas com o dobro desse rendimento.(200)

Desse quadro resulta a crítica de Wallerstein e da corrente teórica por ele capitaneada à *ideologia autojustificada do progresso,* que dificulta reconhecer os enormes malogros históricos do sistema capitalista.(201)

Em rápido esboço, Wallerstein oferece uma explicação histórica das origens desse sistema-mundo capitalista a partir da crise do sistema feudal e da ascensão da Europa Ocidental à supremacia mundial.

Nos séculos XIV e XV, a Europa era o *locus* de uma divisão do trabalho que, comparada com outras áreas do mundo, fazia dela uma zona intermediária em termos de forças produtivas e estágio de conhecimento. Nesse período, a economia feudal passava por uma crise profunda, em que classes dominantes destruíam umas às outras, em grande escala, e o sistema de propriedade da terra ruía, reorganizando-se para uma distribuição mais igualitária. Os pequenos camponeses tornavam-se eficientes produtores rurais, as estruturas políticas enfraqueciam-se e a força crescente das massas populares amedrontavam os estratos políticos e econômicos superiores, que viam ruir sua armadura ideológica.(202)

A criação do capitalismo histórico como sistema social,(203) a partir do século XVI, reverteu dramaticamente essa tendência de nivelamento das recompensas, concentrando novamente o controle econômico, político e ideológico nas mãos dos estratos superiores, agora como novos capitalistas.(204)

A Europa avançou para o estabelecimento de uma economia mundial capitalista a fim de assegurar um crescimento económico contínuo, o que implicou a expansão geográfica do mundo econômico capitalista (por meio das coligações comerciais que extrapassavam fronteiras políticas), o desenvolvimento de diferentes modos de controle do trabalho e a criação de estruturas estatais relativamente fortes nos Estados da Europa Ocidental.

Os Estados utilizaram seus aparatos legislativos para intensificar o livre-comércio, inclusive de força de trabalho, regulando as relações de produção, e utilizaram a cobrança de impostos sobre a atividade produtiva para promover a acumulação de capital. A intervenção do Estado na economia foi fundamental para a sustentação do ca-

(200) SANTOS, Boaventura de Sousa. Os processos da globalização. **Revista Critica de Ciências Sociais,** Portugal, n. 125, p. set. 2021. Disponível em: https://bit.ly/3r6zo3N. Acesso em: 6 abr. 2022.

(201) *Idem,* p. 32/33.

(202) *Idem,* p. 34/35.

(203) Era um sistema mundial não porque tivesse incluído a totalidade do mundo, mas porque era maior do que qualquer unidade política juridicamente definida. Tratava-se de uma economia-mundo, porque o vínculo básico entre as partes do sistema era econômico. ARRUDA, José Robson de Andrade. Immanuel Wallerstein e o moderno sistema mundial. **Revistas USP.** Disponível em: https://bit.ly/3i4BgWK. Acesso em: 27 jul. 2021.

(204) WALLERSTEIN, Immanuel. **Capitalismo histórico e civilização capitalista.** *Ob. cit.,* p. 34/35.

pitalismo histórico, atuando por meio da distribuição de subsídios, da criação de fundos públicos para financiar infraestrutura e a socialização do risco, com entradas para evitar falências e restituir prejuízos, o que aumentou a desigualdade de distribuição de riquezas para acima e além da que resulta de operações correntes do mercado capitalista.(205)

Na perspectiva teórica em análise, portanto, a transição do feudalismo ao capitalismo marca histórica e logicamente a constituição da *economia-mundo*, uma específica forma de divisão de trabalho que emergiu no século XVI, cobrindo inicialmente a maior parte da Europa, a partir da transição de um mercado de longa distância, antes restrito às mercadorias de luxo, para mercados de longa distância agora calcados em mercadorias essenciais para a plena reprodução do sistema-mundo. Essas mercadorias estariam conectadas por circuitos produtivos e distributivos interdependentes, porém dispersos em cadeias mercantis de longa distância que perpassam fronteiras nacionais e que são apoiadas por Estados nacionais, reconhecidos enquanto tal por um sistema interestatal.(206)

O sistema interestatal emerge de modo concomitante com a ascensão do capitalismo e tem como um dos seus momentos mais marcantes o *Tratado de Westphalia*, de 1648. Esse tratado, assim como outros tratados de paz assinados à época para pôr fim a guerras territoriais, teve por objetivo a construção de um sistema equilibrado de forças interestatais para viabilizar o livre-comércio em ambiente de paz e conter a tentativa de dominação imperial de uns Estados sobre os outros.(207)

Mas a ideologia capitalista de livre-mercado sem intervenção estatal, segundo Wallerstein, "nunca foi verdade em lugar nenhum", pois no capitalismo histórico os aparatos estatais estiveram a serviço da acumulação de riquezas. De maneiras diferentes em cada lugar e em cada tempo, "o Estado tem sido crucial como mecanismo para otimizar a acumulação".(208)

Por isso, também constitui objeto de estudo da teoria do sistema-mundo a ascensão e expansão do moderno sistema interestatal, que, para Wallerstein, foi tanto a causa quanto um efeito da interminável acumulação de capital: "o capitalismo pôde florescer precisamente porque a economia mundial teve dentro de seus limites, não um, mas uma multiplicidade de sistemas políticos".(209)

Com isso, acentua Giovanni Arrighi, a tendência dos grupos capitalistas de mobilizar seus respectivos Estados para favorecer sua posição na economia mundial reproduziu a segmentação do domínio político em jurisdições ou grupos de jurisdições separadas, alinhando a competição interestatal e interempresarial.(210)

---

(205) *Idem*, p. 34/44.

(206) ACCO, Marco Antônio. **Os Estados, o sistema-mundo capitalista e o sistema interestatal**: uma leitura crítica das contribuições de Immanuel Wallerstein. *Ob. cit.*, p. 714.

(207) A ideia de uma autoridade ou organização acima dos Estados soberanos deixou de existir. O que veio tomar seu lugar foi a ideia de que todos os Estados compunham um sistema político mundial, ou, pelo menos, de que os Estados da Europa Ocidental formavam um único sistema político. Esse novo sistema fundamentou-se no direito internacional e no equilíbrio de poder — um direito exercido entre os Estados, e não acima deles, e um poder atuante entre os Estados, e não acima deles. GROSS, Leo. The Peace of Westphalia, 1648-1948. *In*: FALK, R. A.; HANRIEDER, W. H. (Orgs.). **International Law and Organization.** Filadélfia: Lippincott, 45-67, 1968.

(208) WALLERSTEIN, Immanuel. **Capitalismo histórico e civilização capitalista**. *Ob. cit.*, p. 44.

(209) WALLERSTEIN, Immanuel. **O sistema mundial moderno**: a agricultura capitalista e as origens da economia-mundo europeia no século XVI. *Ob. cit.*, p. 348 e 402.

(210) ARRIGHI, Giovanni. **O longo século XX**: Dinheiro, poder e as origens do nosso tempo. *E-book*. Trad. Vera Ribeiro. Rio de Janeiro: Ed. Contraponto, 2013, p. 49.

Essa tendência levou à superacumulação de capital em algumas jurisdições e a intensa competição interestatal por capital móvel. A cada novo ciclo de desenvolvimento do sistema capitalista, um Estado ou grupo de Estados exerceu domínio sobre esse capital móvel, liderando hegemonicamente uma grande expansão da produção e do comércio mundiais, num movimento de concentração e reprodução do poder econômico.

Nos ciclos históricos de liderança hegemônica do capitalismo, quando os lucros do comércio e da produção acumularam-se para uma escala além dos canais normais de investimento, na busca por flexibilidade para reprodução do capital, o grupo hegemônico promoveu uma expansão financeira global, trocando sua forma de capital-mercadoria por sua forma de capital-dinheiro (capital móvel). Assim, o capitalismo financeiro assume e domina, por algum tempo, todas as atividades do mundo empresarial. A expansão financeira infla temporariamente o poder do Estado hegemônico, colhendo o fruto de sua liderança na forma de acesso privilegiado à liquidez superabundante dos seus mercados financeiros.(211)

Porém, por outro lado, como asseveram Giovanni Arrighi e Beverly Silver, as expansões financeiras fortalecem as forças concorrenciais que desafiam o domínio do grupo hegemônico, ampliando e aprofundando a competição interestatal e entre empresas, aumentando o conflito social e realocando capital para estruturas emergentes, "que prometem maior segurança ou retornos mais elevados do que a estrutura dominante".(212)

A esse respeito, anotam Arrighi e Silver com esteio nos estudos dos ciclos históricos da civilização capitalista de Fernand Braudel,(213) que há uma certa unidade histórica de comportamento do capital, da Itália do século XIII ao Ocidente de hoje, ao promover essas expansões financeiras. E, ao atingir esse estágio, o ciclo de desenvolvimento capitalista parece experimentar a maturidade, entrando numa crise, um *caos sistêmico* que dá origem a outro ciclo.(214)

Na análise de longa duração do sistema capitalista, portanto, essas expansões financeiras sinalizam momentos de transições estruturais, em que a busca por flexibilidade do capital expressa sua capacidade de adaptação, mas também, a instabilidade do sistema, que a cada novo ciclo de acumulação organiza-se sob uma nova liderança.(215)

Essas mudanças cíclicas repetem as contradições do capitalismo histórico numa série de reorganizações fundamentais, em sucessivos momentos, que o colocam em diferentes etapas de desenvolvimento, alterando a liderança do sistema-mundo nas denominadas transições hegemônicas.(216)

---

(211) ARRIGHI, Giovanni; SILVER, Beverly J. Introduction. *In*: ARRIGHI, Giovanni; SILVER, Beverly J. (org.). **Chaos and governance in the modern world system**. Minneapolis: University of Minnesota Press, 1999, p. 31/32.
(212) *Idem*, p. 33.
(213) BRAUDEL, Fernand. **Civilization and capitalism, fiftunth-eightunth century**: The whuh of commerce. V. 2. New York: Harper and Row, 1982, pp. 433. *Apud*: ARRIGHI, Giovanni; SILVER, Beverly J. Introduction. *In*: ARRIGHI, Giovanni; SILVER, Beverly J. Introduction. *In*: ARRIGHI, Giovanni; SILVER, Beverly J. (org.). **Chaos and governance in the modern world system**. *Ob. cit.*, p. 31/32.
(214) Por caos sistêmico, Arrighi e Silver entendem uma situação de desorganização sistêmica severa e aparentemente irremediável: à medida que a concorrência e os conflitos aumentam além da capacidade regulatória das estruturas existentes, novas estruturas surgem e desestabilizam ainda mais a configuração dominante de poder. *In*: ARRIGHI, Giovanni; SILVER, Beverly J. Introduction. *In*: ARRIGHI, Giovanni; SILVER, Beverly J. (org.). **Chaos and governance in the modern world system**. *Ob. cit.*, p. 33.
(215) *Idem*, p. 31/34.
(216) COBÉRIO, Caio Graco Valle. **Os sistemas-mundo e a globalização.** Race: Unoesc, v. 7, n. 1, jan./jun. 2008, 53-70, p. 59. Disponível em: https://bit.ly/2YyH5EA. Acesso em: 8 out. 2021.

Conforme Wagner Arienti e Felipe Filomeno, em cada novo ciclo um determinado Estado hegemônico e os agentes capitalistas a ele relacionados (complexos particulares de órgãos governamentais e empresariais ou aliança capital-Estado) tomam a liderança. O Estado hegemônico lidera o sistema interestatal e seus agentes capitalistas lideram as principais cadeias de mercadorias, tornando-se os líderes dos processos sistêmicos de acumulação de capital e poder na escala do sistema-mundo.[217]

Em detido estudo sobre os *ciclos sistêmicos de acumulação*, Giovanni Arrighi oferece o seguinte panorama histórico das sucessivas lideranças hegemônicas mundiais, desde o século XV.

(1) *O ciclo genovês*. O capitalismo da cidade-Estado de Gênova, na Itália, desenvolveu-se nos séculos XV e XVI, ainda no período final do regime feudal, assim como o de outras cidades-Estado italianas (Milão, Florença e Veneza), em meio a grandes conflitos territoriais e comerciais.[218]

Gênova promoveu a anexação de sua região rural circundante, com realocação do seu capital excedente na atividade rural e na gestão do Estado, sem prejuízo da atividade comercial urbana. Para conquistar independência dos produtos estrangeiros, buscou expandir sua agricultura e sua indústria manufatureira. Com isso, a cidade--Estado formou uma forte classe capitalista urbana e rural, precursora da expansão financeira característica do fim de todos os ciclos de acumulação, e uma moeda forte e confiável, que impulsionou sua política monetária, ensejando o domínio genovês sobre as altas finanças europeias.[219]

(2) *O ciclo holandês*. O ciclo holandês teve início em meados do século XVII, replicando inicialmente o modelo genovês de acumulação, embora em maior extensão. O poderio da Holanda começou no século anterior, quando venceu guerra contra a Espanha, impondo-lhe espécie de arrocho fiscal invertido, por meio da pirataria e da pilhagem, garantindo o abastecimento de cereais e suprimentos navais. Com isso, concentrou poderio bélico, transformou Amsterdam no mais poderoso entreposto comercial europeu e do mundo (onde recebia mercadorias de todo o mundo) e no mercado central de moeda e capital, com ampla liberdade especulativa. Por fim, criou companhias de comércio de navegação de grande porte, que foram instrumentos de expansão global das redes comerciais e financeiras holandesas.[220]

Dessa forma, entre os séculos XVII e XVIII, a camada superior da classe mercantil holandesa manteve-se como líder e dirigente da máquina capitalista europeia. A derrocada desse ciclo foi bastante determinada pelas práticas mercantilistas concorrenciais dos demais centros econômicos, que limitaram bastante o comércio holandês.[221]

(3) *O ciclo britânico*. No curso do século XVIII, a Grã-Bretanha ganhou terreno em relação à Holanda como centro rival das altas finanças, fruto do sucesso de sua luta pelo controle exclusivo do comércio com o mundo extraeuropeu e pelo controle da transferência do excedente de capital holandês para empresas britânicas. O período

---

(217) ARIENTI, Wagner; FILOMENO, Felipe. **Economia política do moderno sistema mundial**: as contribuições de Wallerstein, Braudel e Arrighi. *In*: Ensaios FEE. Florianópolis: UFSC, 2007, p. 20.

(218) ARRIGHI, Giovanni. **O longo século XX**: Dinheiro, poder e as origens do nosso tempo. *Ob. cit.*, p. 143/166.

(219) *Idem*.

(220) *Idem*, p. 166/189.

(221) *Idem*.

de transição foi marcado por guerras, ao final das quais o capital caminhou de volta para uma nova fase de expansão, em direção a Londres. O controle colonial sobre a Índia gerava recursos financeiros e materiais inigualáveis.(222)

Houve pesado investimento do Estado na expansão da indústria, especialmente a metalúrgica e têxtil, transformando-a numa máquina autônoma de expansão capitalista. A revolução industrial abriu novos mercados e a Grã-Bretanha tornou-se exportadora de produtos industrializados para todo o mundo, em troca de bens primários (trocas desiguais). O poderio marítimo ampliou-se e o mercado britânico tornou-se o mais eficiente no escoamento da produção mundial. A gigantesca expansão material do capital industrial resultou em nova expansão financeira, ensejando a globalização da economia mundial capitalista. Nova expansão financeira ensejou nova onda especulativa, que, por sua vez, abriu flancos a um novo regime de acumulação.(223)

(4) *O ciclo americano*. No final do século XIX, o Reino Unido perdeu a capacidade de ocupar o centro da economia mundial capitalista, que foi minada pela nova economia dos EUA, de riqueza, dimensões e recursos superiores. O âmbito continental de sua economia doméstica e do seu mercado interno, atingido no curso do século XIX, ensejou imenso poder de atração de mão de obra, capital e iniciativa da Europa. (224)

A distância geográfica dos EUA em relação aos demais países do centro europeu foi superada pelo desenvolvimento tecnológico, que fortaleceu sua integração comercial ao mundo, rendendo-lhe a vantagem do isolamento geoestratégico em relação aos grandes conflitos interestatais na Europa. A Primeira Guerra Mundial produziu o *caos sistêmico* na economia mundial, a Revolução Russa (1917) dividiu o sistema interestatal em duas facções opostas e a Segunda Guerra Mundial insuflou revoluções sociais.(225)

Nesse cenário, os EUA alçaram a liderança do sistema econômico capitalista na primeira metade do século XX, restaurando o sistema interestatal em torno de uma ideologia humanista liberal, com a criação da ONU, e instituindo uma política econômica interventiva de proteção ao trabalho e ao consumo (a política keynesiana), contra as ameaças socialistas. Essa orientação tornou-se o padrão de política econômica para os Estados liberais do mundo ocidental.(226)

Sob essa doutrina política, no período de 1930 a 1980 os EUA lideraram uma extraordinária expansão material da economia, como centro produtivo de uma massa crescente de mercadorias, ostentando uma imensa capacidade de criação de novas tecnologias, novos arranjos produtivos e de criação de um padrão de consumo imitado na maior parte do mundo. Apesar de todo o poderio militar, foi essa superioridade produtiva que alçou o País à liderança hegemônica da economia mundial.(227)

Os estudiosos identificam o início do declínio do ciclo hegemônico dos EUA a partir da década de 1970, quando a crise de superprodução e a baixa lucratividade do capital produtivo alteraram os rumos da economia em direção ao modelo econômico neoliberal. Apesar da extraordinária expansão econômica da China, no período, esses

(222) *Idem*, p. 67/79.
(223) *Idem*.
(224) *Idem*, p. 80/100.
(225) *Idem*.
(226) *Idem*.
(227) PIRES, Marcos Cordeiro; MATTOS, Thais Caroline Lacerda. Reflexões sobre a disputa por hegemonia entre Estados Unidos e China na perspectiva do capitalismo histórico. **Revista de Relações Internacionais da UFGD**, v. 5., n. 9, 54-90, jan/jul 2016.

estudos não identificam com clareza como se daria a transição para uma nova futura liderança hegemônica.[228]

No cenário da globalização econômica neoliberal, em que se encontra o tempo presente, o mundo assiste a uma nova e extraordinária expansão financeira articulada com um novo modelo de *acumulação flexível* do capital.

Isso se caracteriza pela intensa realocação de processos produtivos do centro para novas áreas periféricas da economia-mundo, em busca de excedentes, por meio da exploração de trabalho e recursos naturais, intensificando a divisão internacional do trabalho em escala global jamais vista anteriormente. Para isso, intensificaram-se os métodos de exploração flexível do trabalho por meio de uma ampla reorganização dos processos produtivos, nos quais a *externalização* figura como um dos seus principais instrumentos.

2.2. Entre o centro e a periferia: a hierarquia das atividades produtivas no interior das cadeias transnacionais de mercadorias

No marco teórico do sistema-mundo, portanto, a histórica desigualdade de riquezas entre os países e regiões do mundo, que dá forma à polarização centro-periferia, decorreu e continua decorrendo, essencialmente, da divisão desigual de recompensas (excedentes) entre as várias atividades que integram as cadeias globais de mercadorias, numa divisão única e abrangente do trabalho na economia mundial.

Conforme antes asseverado, a maior parte do excedente das atividades, nas cadeias transnacionais de mercadorias, é capturada pelas economias dos países ricos, que se apropriam das atividades mais rentáveis, inclusive por meio da transferência de suas atividades menos rentáveis, sujeitas a maiores pressões competitivas, para locais periféricos, onde possam ser desenvolvidas com menor custo de mão de obra e de recursos naturais. Como resultado, as grandes corporações dos centros econômicos, donas das marcas, serviços e mercadorias produzidas, apropriam-se dos maiores excedentes.

Aqui importa verificar como essa dinâmica se estabelece no curso do tempo, análise que encontra aporte em substanciosa pesquisa de Giovanni Arrighi e Jessica Drangel, de 1986.[229]

Na pesquisa, os autores observam que nenhuma atividade é inerentemente de núcleo ou de periferia econômica. Qualquer atividade pode tornar-se, em determinado momento, própria do núcleo ou da periferia. Essa distribuição tem prazo de validade definido pelo caráter propulsor do capitalismo, em sua incessante busca por inovações lucrativas: novos métodos de produção, novas mercadorias, novas fontes de abastecimento, novas rotas comerciais e mercados e novas formas de organização. Esse movimento é identificado por Joseph Schumpeter como de permanente *destruição criativa*.[230]

---

(228) A esse respeito, Arrighi, Silver e Brewer entendem que a tendência mais importante para compreender o presente e o futuro da hierarquia global da riqueza pode ser a contínua expansão econômica da China. Dado o tamanho demográfico e a centralidade histórica da China na região, essa expansão contínua é muito mais significativa para a subversão da hierarquia global de riqueza do que todos os milagres econômicos anteriores ocorridos no Leste Asiático juntos. ARRIGHI, Giovanni; SILVER, Beverly J.; BREWER, Benjamin D. **Industrial Convergence, globalization, and the persistence of the north-south divide**. *In*: Studies in Comparative International Development, Vol. 38, n. 1, p. 3-31, 2003. Disponível em: https://bit.ly/3EruZNN. Acesso em: 16 set. 2021.

(229) ARRIGHI, Giovanni; DRANGEL, Jessica. **The stratification of the world-economy**: an exploration of the semiperipheral zone. *Ob. cit.*

(230) SCHUMPETER, Joseph. **Capitalism, socialism & democracy**. London: Allen & Unwin, 1954, p. 83. *Apud*: *Idem*, p. 19.

Na visão de Schumpeter, a destruição criativa, essência do capitalismo, "revoluciona continuamente a estrutura econômica, por dentro, destruindo incessantemente o antigo e criando incessantemente o novo".[231] Na busca pelas recompensas espetaculares auferidas por uma pequena minoria de vencedores, os inovadores de sucesso que figuram no topo da hierarquia dos ganhos, operações especulativas e concorrenciais são desenvolvidas em competição acirrada, impulsionando a atividade da grande maioria de empresários que, no entorno das inovações, recebe recompensas modestas, às vezes irrisórias, e que ainda assim permanecem no jogo com os olhos voltados para as grandes recompensas. Essa é a lógica que mantém a corrida pela inovação lucrativa, no sistema de produção capitalista.[232]

Para Arrighi e Drangel (1986), Schumpeter usou a figura da destruição criativa para explicar, entre outras coisas, a alternância de longos períodos ou intervalos de prosperidade, quando surgem as inovações, com a colheita dos seus ganhos espetaculares, e de depressão econômica, quando ocorre a saturação do novo e a redução dos ganhos. Os autores propõem que essa alternância entre prosperidade e depressão ocorra não apenas no tempo, mas também no espaço da produção.[233]

Via de regra, as grandes empresas atuam em mais de uma atividade, às vezes combinando atividades centrais e periféricas. Na busca pelo lucro, cada empresa esforça-se continuamente para atualizar essa mistura, acessando novas atividades nos estratos mais altos da escala hierárquica da mesma ou de outra cadeia produtiva, atividades sujeitas a menor pressão competitiva e, portanto, mais bem recompensadas. À medida que outras empresas fazem o mesmo movimento, correndo em direção à mesma atividade, sobre ela eleva-se a pressão competitiva, reduzindo-se com o tempo a sua recompensa. [234]

Assim é que, no interior de uma cadeia produtiva transnacional de mercadoria, composta de diversas atividades interconectadas, estabelece-se uma *escala hierárquica valorativa* extremamente dinâmica no tempo, com novos produtos sendo lançados ou novos processos produtivos mais lucrativos sendo inseridos no topo da hierarquia, e com o incessante rebaixamento das atividades mais concorridas, que sofrem contínua redução dos seus níveis de lucro.[235]

Foi o que ocorreu, segundo Giovanni Arrighi e Jessica Drangel, com o processo de industrialização dos países periféricos e semiperiféricos, a partir da década de 1940. Na busca por acessar as altas recompensas da atividade industrial que se concentravam nos países centrais (como EUA, Reino Unido, Alemanha, França, Itália, Japão e Canadá), e de reduzir os gastos com importação de produtos industrializados (substituição de importações), países periféricos lançaram-se em projetos desenvolvimentistas de industrialização, a exemplo do Brasil, Argentina, México, África do Sul, dentre outros.

Em estudo empírico que demandou a análise comparativa do Produto Interno Bruto (PIB) *per capita* de 93 países, no período de 1938 a 1983, Arrighi e Drangel conseguiram identificar uma formação trimodal da economia mundial, composta pelas

(231) Tradução livre de: "*incessantly revolutionizes the economic structure from within, incessantly destroyillg the old onc, incessantly creating a new one*". *Idem*.
(232) *Idem*, p. 19.
(233) ARRIGHI, Giovanni; DRANGEL, Jessica. **The stratification of the world-economy**: an exploration of the semiperipheral zone. *Ob. cit.*, p. 20.
(234) *Idem*, p. 20/21.
(235) *Idem*.

três zonas ou estratos econômicos – centro, semiperiferia e periferia –, numa estrutura piramidal bastante estável no tempo: no topo, o *centro* orgânico, composto por um pequeno número de países; abaixo, no estrato intermediário, uma *semiperiferia* composta pelo dobro de países do centro; e na base, a *periferia*, muito maior, composta por mais do dobro dos países da semiperiferia. A pesquisa constatou a alta estabilidade e pouca mobilidade dos países entre os estratos, no longo período estudado. Nessa pesquisa, o Brasil aparece em posição oscilante, ora como membro da periferia, ora como da semiperiferia.[236]

Um dos objetivos da pesquisa foi identificar o impacto do processo de industrialização dos países periféricos e semiperiféricos em suas posições, na escala econômica mundial.

A pesquisa revela que, por volta de 1950 a 1960, os novos países industrializados colheram grandes recompensas, subindo na escala hierárquica das cadeias produtivas transnacionais e até reduzindo sua distância econômica com os países centrais, o que estimulou outros a fazerem o mesmo. No período de 1965 a 1980, praticamente desapareceu a diferença do nível de industrialização entre o centro e a semiperiferia, diminuindo consideravelmente essa diferença em relação à periferia.

Mas com a grande corrida em direção às mesmas atividades, o mercado industrial tornou-se cada vez mais saturado e concorrido, reduzindo drasticamente as recompensas da atividade, com perdas que se generalizaram na década de 1980. Por conseguinte, apesar do extraordinário avanço industrial alcançado pelos países da semiperiferia e da periferia, a superioridade de poder econômico dos países do centro (medida pelo PIB *per capita*) permaneceu constante em relação à semiperiferia e até cresceu em relação à periferia, no período pesquisado.[237]

Esse e outros estudos da agenda do sistema-mundo contrastaram as teorias desenvolvimentistas, ligadas à matriz da modernização, segundo as quais, a dicotomia centro-periferia sustentava-se, basicamente, na diferença entre as atividades primárias (agricultura, extrativismo), próprias da periferia fornecedora de matéria-prima, e as atividades industriais, próprias do centro. Para romper esse ciclo, segundo os desenvolvimentistas, os países periféricos precisariam industrializar-se para ter acesso às atividades centrais, com maiores recompensas, agregando valor às suas *commodities*.

O problema é que, conforme revela a pesquisa de Arrighi e Drangel, à medida que os países periféricos e semiperiféricos industrializaram-se, em meados do século XX, as atividades industriais foram se deslocando gradativamente para a periferia das cadeias transnacionais de produção, caindo drasticamente em suas escalas hierárquicas de valor.[238]

---

(236) Os autores constataram que as zonas central, semiperiférica e periférica são altamente estáveis no tempo, com pouca mobilidade entre elas: 95% dos países analisados, que correspondem a 94% da população total pesquisada, continuaram na mesma zona por todo o período de estudo, com pequenas exceções de movimentos ascendente ou descendente. 74 Estados permaneceram estáveis numa única zona em todo o período, sendo identificados como *membros orgânicos* das respectivas zonas (10 do núcleo, 20 da semiperiferia e 44 da periferia). Apenas 3 Estados ascenderam da semiperiferia para a zona central, 1 Estado ascendeu da periferia para a semiperiferia e 1 Estado decaiu da semiperiferida para a periferia. A mobilidade ocorrida na primeira parte do período (1938-1950) foi predominantemente descendente, enquanto a mobilidade ocorrida no segundo período (1960-1983) foi predominantemente ascendente. Mas o movimento ascendente do segundo período somente trouxe de volta a população para a condição em que estava no primeiro período, o que, segundo os pesquisadores, corresponde a uma *soma zero*. *Idem*, p. 48/56.
(237) *Idem*.
(238) *Idem*.

Tanto assim que o processo de deslocamento de atividades industriais para países periféricos deu-se, inicialmente, por meio de investimento estrangeiro direto feito pelas grandes corporações multinacionais do centro, verticalmente integradas (que executam diretamente as várias atividades das cadeias produtivas), com a criação de subsidiárias ou filiais localizadas na periferia/semiperiferia.(239)

Com a consolidação e o barateamento da atividade industrial nesses países, no curso do tempo, as grandes corporações do centro passaram gradativamente a terceirizar (*externalizar*) a execução de suas atividades industriais, tomando a terceirização externa como potente instrumento de flexibilização produtiva transnacional na execução de atividades de menor valor agregado. Ou seja, a queda do valor agregado da atividade terminou estimulando sua terceirização, com a finalidade de reduzir custos.

Como resultado desse processo, na atualidade, as atividades produtivas tipicamente industriais, que demandam uso intensivo de mão de obra e recursos naturais, e que antes eram centrais, encontram-se rebaixadas na escala hierárquica valorativa das cadeias produtivas transnacionais, constituindo objeto primordial de terceirização. Enquanto isso, nos países centrais, as grandes corporações proprietárias das marcas e lojas de varejo dedicam-se primordialmente a atividades imateriais, como P&D, *design*, *marketing*, tomada de decisões estratégicas, controle, administração e serviços, as quais alcançaram o topo da escala hierárquica de valor nas cadeias produtivas.

Nesse sentido, segundo Giovanni Arrighi e Jessica Drangel, a descoberta mais surpreendente da investigação é o fato de que, no curso do século XX, toda atualização industrial dos países semiperiféricos e periféricos não afetou significativamente os diferenciais de comando econômico que separam as três camadas da economia-mundo. A zona central tornou-se o *locus* das atividades *cerebrais* do capital corporativo, a zona periférica o *locus* das atividades *musculares e nervosas* e a zona semiperiférica uma mistura de *cérebro, músculos e nervos*.(240)

Em suma, concluem os pesquisadores, a industrialização da semiperiferia e da periferia terminou sendo um meio não de subversão, mas de reprodução da hierarquia da economia mundial.

Essa descoberta, segundo os autores, confirma a tese de que a tentativa generalizada de capturar o que em determinado momento são atividades centrais, de alto valor agregado, estimula a competição que transforma tais atividades em periféricas. É essa dinâmica que, ao final, confere alta estabilidade à composição das zonas econômicas do sistema-mundo, no tempo, transformando-o num jogo de *soma zero*, pois, se a ascensão de uma atividade ao centro econômico enseja a declínio de outras atividades à periferia, a ascensão posicional de uma empresa ou de um Estado sempre implica o rebaixamento de outro.(241)

Em artigo mais recente, que atualiza a pesquisa empírica anterior, Giovanni Arrighi *et. al.* concluem que a elevação generalizada no grau de industrialização entre os países periféricos e semiperiféricos, nas duas últimas décadas do século XX, continuou não se convertendo em aumento dos níveis médios de renda de suas populações.

---

(239) *Idem.*
(240) *Idem*, p. 57.
(241) *Idem.*

Passados quase vinte anos da primeira pesquisa, o novo estudo demonstra, segundo Arrighi *et. al.*, que a divisão Norte-Sul permanece uma dimensão fundamental da dinâmica econômica global, com os países ricos que integram a Organização para a Cooperação e Desenvolvimento Econômico (OCDE) atuando como um *clube de convergência* de ganhos entre si e os demais países lutando pela afiliação a este seleto grupo, como seu principal objetivo. (242)

No paradigma teórico da decolonialidade, essa divisão Norte-Sul é retratada como uma *hierarquia global de poder colonial*, elemento epistemológico fundamental à corrente de investigação. Conforme asseveram Sivio Beltramelli Neto e Bianca Menacho no estudo do pensamento decolonial, essa hierarquia estabelece "uma divisão internacional do trabalho em centro e periferia, em que o capital organiza o trabalho na periferia de acordo com formas autoritárias e coercivas".(243)

Estudo mais recente, desenvolvido por Maíra Vieira, que também atualizou a pesquisa empírica de Arrighi e Drangel, revela a partir de 2003 uma tendência de maior mobilidade entre a periferia e a semiperiferia mundial, o que a autora atribui à entrada das populosas China e Índia na semiperiferia.(244)

Segundo Helton Ricardo Ouriques e Pedro Antônio Vieira, essas movimentações não infirmam a estabilidade da estrutura piramidal do sistema-mundo, pois ele comporta a possibilidade de um Estado periférico ou semiperiférico alcançar uma posição superior (ou seja, passar da periferia para a semiperiferia e da semiperiferia para o núcleo orgânico). Mas, considerando que a luta posicional implica concorrência pelas mesmas atividades centrais das cadeias produtivas, o movimento de ascensão posicional de um país, sendo excepcional, impede que outros países façam o mesmo.(245)

A estabilidade da estrutura estratificada do sistema-mundo é explicada por Helton Ricardo Ouriques e Pedro Antônio Vieira a partir da histórica acumulação de ativos, *expertise*, conhecimento especializado e organização, pelos países centrais e suas empresas, que terminaram monopolizando o acesso às atividades centrais e desenvolvendo *know-how* para manter-se no domínio desses espaços, no topo da hierarquia. Por conseguinte, as atividades centrais, mais valorizadas, tendem a ser

---

(242) ARRIGHI, Giovanni; SILVER, Beverly J.; BREWER, Benjamin D. **Industrial convergence, globalization, and the persistence of the north-south divide**. *Ob. cit.*, p. 6/8.

(243) Segundo Sivio Beltramelli Neto e Bianca Menacho, *"(...) as hierarquias globais de poder colonial se evidenciaram, dizem os decolonistas, em diferentes dimensões da vida. Há uma específica formação de classes de âmbito global, em que diversas formas de trabalho irão coexistir e serão organizadas pelo capital como fonte de produção de mais-valias, por meio da venda de mercadorias no mercado mundial pretendendo o lucro. Estabelece-se, também, uma divisão internacional do trabalho em centro e periferia, em que o capital organiza o trabalho na periferia de acordo com formas autoritárias e coercivas"*. BELTRAMELLI NETO, Silvio; MENACHO, Bianca Braga. A concepção de trabalho decente é suscetível à apropriação decolonial? Reflexões a partir das críticas ao conceito moderno de desenvolvimento. *Ob. cit.*, p. 10

(244) A pesquisadora percebe uma mobilidade mais acentuada entre as zonas econômicas nas duas primeiras décadas do século XXI, concluindo que a semiperiferia se encontra em processo de crescimento e profunda transformação com o avanço de países da periferia rumo a atividades economicamente centrais, inclusive de serviços, o que revela tendência de grandes alterações na estrutura do sistema-mundo, nos períodos seguintes. VIEIRA, Maíra Baé Baladão. **Desancoragem e abalroamento**: trajetórias recentes da semiperiferia no sistema-mundo. *Ob. cit.*, p. 37/41.

(245) Para a teoria do sistema-mundo, no entanto, essa ascensão posicional não consiste em apenas aumentar o PIB *per capita*, mas em alcançar os níveis do PIB *per capita* dos países do centro do sistema mundial. *In*: OURIQUES, Helton Ricardo; VIEIRA, Pedro Antônio. **A condição semiperiférica do Brasil na economia-mundo capitalista**: novas evidências. Belo Horizonte: Rev. Carta Inter, v. 12, n. 3, 199-228, 2017.

acessadas por um grupo relativamente pequeno de países e empresas realmente eficazes na competição.(246)

A polarização econômica toma dimensão espacial, dividindo o espaço da economia mundial em zonas centrais e periféricas, primeiro, porque o capital central já se encontra ali localizado por razões históricas. Também porque as maiores corporações, responsáveis pelas maiores inovações, acabam atraídas para os mesmos locais, em razão da economia que resulta de sua união e da vantagem de operar numa zona central, em face da proximidade com os mercados mais abundantes e estáveis, onde concentram-se os maiores salários e maior poder de compra, proporcionando as maiores recompensas.(247)

No entanto, e nisso reside mais uma das inúmeras contradições do sistema capitalista, quanto mais se aglomera o capital produtivo nessas localidades centrais, mais elevados ali se tornam os salários e as rendas do capital, aumentando proporcionalmente os custos de produção. Isso faz com que as vantagens da proximidade com as altas receitas para o consumo sejam superadas pelos altos custos, o que desencadeia ciclicamente a realocação do capital central para locais mais periféricos, em busca de redução dos custos de produção.(248)

Advertem Giovanni Arrighi e Jessica Drangel que esses processos de movimentação do capital em busca dos melhores cenários produtivos, para maximização do lucro, estão intimamente atrelados à competição entre os Estados pela acumulação das riquezas produzidas nas cadeias transnacionais de mercadorias. Como cada Estado tem jurisdição formal sobre o movimento de mercadorias, ativos, força de trabalho e energias empresariais através e dentro de suas fronteiras, ele pode afetar em algum grau a divisão internacional do trabalho. Ao restringir ou aumentar a liberdade de empreender ou entrar em atividades econômicas específicas, Estados podem elevar algumas atividades ao *status* central e rebaixar outras ao *status* periférico, afetando em alguma medida a própria estrutura núcleo-periferia da economia mundial.(249)

Mas numa economia mundial dividida em múltiplas jurisdições estatais, pelas quais transitam os mais variados nós das cadeias produtivas mundiais continuamente sujeitas aos impactos externos de inovações empresariais, o poder de cada aparato estatal de moldar as relações centro-periferia de sua economia é sempre limitado pelo poder dos outros Estados para fazerem o mesmo e, sobretudo, pelas pressões competitivas continuamente geradas pelas inovações econômicas, o que tende a conferir certo equilíbrio ao sistema interestatal.(250)

Certo é que, a capacidade de cada Estado para moldar as relações centro-periferia de sua economia é proporcional ao seu poder econômico mundial. A grande (e crescente) diferença que se constata entre as recompensas das atividades centrais e periféricas reflete-se numa capacidade dos Estados centrais – e uma incapacidade correspondente dos Estados periféricos – para controlar o acesso aos pontos de venda mais bem remuneradores de todas as principais cadeias de *commodities*, fornecendo

---

(246) ARRIGHI, Giovanni; DRANGEL, Jessica. **The stratification of the world-economy**: an exploration of the semiperipheral zone. *Ob. cit.*, p. 12.
(247) *Idem*, p. 22.
(248) *Idem*.
(249) *Idem*.
(250) *Idem*, p. 23.

a infraestrutura e os serviços exigidos por atividades de núcleo e criando um clima político favorável ao empreendedorismo capitalista.[(251)]

Por conseguinte, os Estados centrais controlam as vantagens de receita do seu mercado de consumo e podem usar esse controle para desenvolver uma relação simbiótica com o capital central, que já está localizado dentro de sua jurisdição, e para atrair mais capital central de locais periféricos. Por outro lado, os Estados periféricos também podem controlar as vantagens de custo de suas localizações, mas em geral, segundo Arrighi e Drangel, eles não podem usar esse controle para competir de forma eficaz com os Estados centrais na atração de capital central, por duas razões principais.[(252)]

Em primeiro lugar, tendo em vista o número muito maior de Estados periféricos do que centrais, é mais fácil para estes negociar e obter livre acesso às vantagens de custo de localizações periféricas do que para os Estados periféricos negociar e obter livre acesso às vantagens de receita das localizações centrais. Por consequência, as vantagens de custo das localizações periféricas são muito mais dependentes das vantagens de receita de locais centrais.[(253)]

Em segundo lugar, intimamente relacionado com o aspecto anterior, no ambiente típico da zona central caracterizado por mercados remuneradores, infraestruturas e serviços eficientes, e um clima político favorável à empresa capitalista, os altos custos de produção não são um obstáculo, mas um incentivo ao fluxo contínuo de inovações (geralmente voltadas a reduzir custos), o que é necessário para estimular o *know-how* em atividades centrais, mantendo o *status* central dessa zona.[(254)]

Em contraste a esse cenário, no ambiente típico da zona periférica caracterizada por mercados fragmentados e descontínuos, infraestrutura e serviços ineficientes e um clima político muitas vezes desfavorável ao empreendedorismo capitalista, custos de produção elevados são obstáculos para inovações, enquanto custos baixos simplesmente estimulam a organização de atividades periféricas, reproduzindo seu *status* inferior no sistema-mundo.[(255)]

Por essas razões, concluem Arrighi e Drangel, ao longo do tempo os Estados centrais e o capital central desenvolveram entre si uma relação simbiótica, que aumenta a capacidade um do outro de consolidar e reproduzir sua associação com atividades predominantemente similares às centrais, enquanto os Estados periféricos sofrem a incapacidade de escapar de sua associação com atividades predominantemente periféricas. Em conjunto, as duas tendências implicam uma polarização estável, senão crescente, do espaço da economia mundial em uma zona periférica e uma zona central.[(256)]

2.3. A globalização econômica neoliberal: caos sistêmico e transição para um novo ciclo

Inspiradas na abordagem teórica dos ciclos econômicos de Nikolai Kondratieff,[(257)] teóricos do sistema-mundo consideram o tempo presente, da globalização econômica

(251) ARRIGHI, Giovanni; DRANGEL, Jessica. **The stratification of the world-economy**: an exploration of the semiperipheral zone. *Ob. cit.*, p. 25.
(252) *Idem*, p. 25/26.
(253) *Idem*, p. 25.
(254) *Idem*, p. 25/26.
(255) *Idem*.
(256) *Idem*, p. 26.
(257) Elaboração teórica do economista russo Nikolai Kondratieff, da década de 1930, de que o desenvolvimento do sistema capitalista é baseado em ciclos. Um ciclo de Kondratiev teria um período de duração

neoliberal com a expansão financeira dos EUA e demais países centrais, como uma fase de declínio do ciclo de liderança hegemônica norte-americana, pela similitude de comportamento com as fases finais dos ciclos anteriores, sem identificar, no entanto, uma nova liderança econômica mundial. Nesse cenário, os teóricos do sistema-mundo caracterizam o atual momento como de transição hegemônica para um novo ciclo, com uma nova liderança ainda desconhecida.[(258)]

Esse processo teria se iniciado com uma enorme crise de superprodução industrial nos países centrais, no período de 1960-1970. O trabalho havia se valorizado nesses países, sob a doutrina econômica keynesiana, enquanto a superprodução industrial e o elevado custo de produção impulsionado pela crise do petróleo de 1973 rebaixavam os níveis de lucratividade do capital. Esses fatores levaram ao deslocamento de atividades industriais dos países do centro para países da periferia e semiperiferia mundial, entre 1965 e 1980.

Wallerstein vai além, ao defender que a reestruturação produtiva, nesse período, também decorreu da indisposição do capital para cumprir a promessa de desenvolvimento econômico no então denominado Terceiro Mundo.

Para o autor, a expansão dos direitos dos trabalhadores e dos cidadãos nos países centrais, desde meados do século XIX, teve como premissa a exclusão desses direitos para a maioria da população mundial. Naqueles países, a expansão dos direitos originou-se de uma tentativa da elite de lidar com uma classe trabalhadora cada vez mais numerosa e militante dentro de seus próprios países, por meio de uma estratégia de cooptação. Um triplo pacote foi oferecido – o sufrágio, o Estado de bem-estar e um duplo nacionalismo (dos Estados e do mundo branco).[(259)]

Para Wallerstein, a estratégia transformou as classes revoltosas das regiões centrais numa *oposição responsável*, com os movimentos sociais reivindicando uma fatia do bolo. No entanto, a estratégia ficou muito cara quando se expandiu para incluir a promessa de desenvolvimento econômico no resto do mundo. Seria possível conceder direitos a centenas de milhões de trabalhadores dos países centrais e ainda tornar o sistema lucrativo. Mas se isso fosse feito com vários bilhões de trabalhadores do Terceiro Mundo, não sobraria nada para maior acumulação de capital.[(260)]

Daí a mudança repentina que, segundo Giovanni Arrighi *et. al.*, foi uma resposta ao início da crise mais ampla da hegemonia dos EUA. A partir de então, o líder hegemônico global buscou recuperar a competitividade na produção industrial por meio de uma política monetária expansionista, que desvalorizou o dólar e forneceu aos bancos e corporações norte-americanos toda liquidez necessária para expandir-se no exterior,

---

determinada (de 40 a 60 anos), que corresponderia aproximadamente ao retorno de um mesmo fenômeno. Essas flutuações de longo prazo seriam características da economia capitalista. *In*: PENNAFORTE, Charles. **Uma pequena introdução ao pensamento de Immanuel Wallerstein**. *Ob. cit.*, p. 49/51.

(258) Nesse sentido: ARRIGHI, Giovanni; DRANGEL, Jessica. **The stratification of the world-economy**: an exploration of the semiperipheral zone. *Ob. cit.*; ARRIGHI, Giovanni; SILVER, Beverly J. Introduction. *In*: ARRIGHI, Giovanni; SILVER, Beverly J. (org.). **Chaos and governance in the modern world system**. *Ob. cit.*; SILVER, Beverly J.; SLATER, Eric. The social origins of world hegemonies. *In*: ARRIGHI, Giovanni; SILVER, Beverly J. (org.). **Chaos and governance in the modern world system**. Minneapolis: University of Minnesota Press, 1999.

(259) WALLERSTEIN, Immanuel. **Response: declining states, declining rights**? International Labor and Working-Class History, n. 47, 1995, p. 25.

(260) *Idem*.

por meio de investimentos diretos e outras ações, em busca de ambiente desregulado e desvinculado do compromisso fordista com os direitos dos trabalhadores.(261)

Mas a estratégia gerou pressões inflacionárias, tanto doméstica quanto mundialmente, na esteira da retirada dos EUA do Vietnã. Isso levou, no final do governo *Carter* e início do governo *Reagan*, a uma mudança drástica da política econômica, com forte contração da oferta de moeda, taxas de juros mais altas e liberdade de ação praticamente irrestrita para a empresa capitalista. Por meio dessa bateria de políticas, para financiar um crescente *déficit* comercial e em conta corrente na balança de pagamentos, o governo dos EUA começou a competir agressivamente por capital, provocando assim um forte aumento nas taxas de juros reais em todo o mundo e uma grande reversão na direção dos fluxos globais de capital.(262)

Essa reversão extraordinária refletiu a capacidade de acumulação das empresas americanas, convertendo capital-mercadoria em capital-dinheiro. Quando a superprodução e a escalada da concorrência reduzem drasticamente os nichos relativamente vazios e altamente lucrativos nas cadeias produtivas de *commodities*, anotam Arrighi *et. al.*, as principais organizações capitalistas da época buscam no mercado monetário mundial um refúgio, de onde possam transferir as pressões competitivas para outras empresas. Invocando Schumpeter, reforçam os autores, o mercado "é sempre, por assim dizer, a sede do sistema capitalista, de onde saem as ordens para suas divisões individuais".(263)

Foi nesse contexto que, em meados da década de 1970, intensificou-se o bem-sucedido processo de industrialização de países da Ásia, alçando os denominados Tigres Asiáticos (Coreia do Sul, Taiwan, Hong Kong e Cingapura) à corrida por atividades centrais. A partir da década de 1980, a industrialização também se tornou o foco da Índia, Indonésia, Malásia, Tailândia e China.

O movimento de industrialização tardia do Leste da Ásia marca uma reestruturação da geografia produtiva característica da globalização econômica neoliberal, quando, sob a liderança dos EUA, os países do centro promoveram a maior expansão financeira da história do capitalismo, investindo pesado no deslocamento de grandes lotes de atividades industriais para a periferia, em busca de flexibilidade produtiva.

Essa reestruturação global foi levada a cabo sob a doutrina econômica neoliberal da Escola de Chicago, capitaneada por Milton Friedman, sob influência teórica do austríaco Friedrich von Hayek, considerado o maior pensador do liberalismo do século XX.(264) A doutrina neoliberal, que culpou duramente o Estado de Bem-Estar Social pela grande crise de produtividade do capital, em face do seu traço interventivo e seu maior peso fiscal, firmou-se nos países centrais sob os governos de Ronald Reagan, nos Estados Unidos, e Margaret Thatcher, na Inglaterra.

---

(261) ARRIGHI, Giovanni; SILVER, Beverly J.; BREWER, Benjamin D. **Industrial convergence, globalization, and the persistence of the north-south divide.** *Ob. cit.*

(262) *Idem*, p. 20/22.

(263) Livre tradução do seguinte trecho: "*Is always, as it were, the headquarters of the capitalist system, from which orders go out to its individual divisions*". SCHUMPETER, Joseph. **The Theory of Economic Development. New York**: Oxford University Press, 1961, pp. 126. *Apud*: *Idem*, p. 22.

(264) Em *O Caminho da Servidão*, Hayek expôs os princípios básicos de sua teoria, segundo a qual, o crescente controle do Estado é o caminho que leva à completa perda da liberdade. *In*: HAYEK, Friedrich August von. **O caminho da servidão.** Trad. Anna Maria Capovilla, José Ítalo Stelle e Liane de Morais Ribeiro. 5ª ed. Rio de Janeiro: Instituto Liberal, 1990.

Por meio do Consenso de Washington, as principais agências do capital central – o Fundo Monetário Internacional (FMI), o Banco Mundial e Departamento do Tesouro Americano – impuseram aos países do Terceiro Mundo, seus devedores, uma agenda econômica ultraflexível, com vistas a promover a desproteção aos capitais nacionais, a abertura dos mercados e a desregulação e flexibilização das condições de trabalho. [265] Com isso, os países periféricos e semiperiféricos foram levados a abrir suas economias nacionais à competição no mercado mundial, passando a competir intensamente entre si e com os países centrais.[266]

Essa mudança radical na política dos EUA provocou uma grande reestruturação dos aparatos industriais que haviam crescido sob o regime anterior. Sob o novo regime neoliberal, apenas os aparelhos industriais que conseguiam tornar-se lucrativos pelos *padrões mundiais* permaneciam em operação ou expandiram-se ainda mais, enquanto aqueles que não conseguiram foram reduzidos ou eliminados completamente.[267]

No início do século XXI, apesar dos EUA continuarem sendo a maior potência militar mundial, o alto endividamento, a crise sistêmica internacional iniciada no mercado imobiliário americano, em 2008, os graves prejuízos causados pelas incursões militares norte-americanas e o fracasso do projeto imperial, segundo Arrighi, comprometeram a credibilidade do País e sua moeda na economia global, fortalecendo uma tendência de promoção da China como alternativa à liderança norte-americana na Ásia oriental e em outras regiões.[268]

Em estudo de 2003, Giovanni Arrighi *et. al.* já notavam que a tendência mais importante para compreender o futuro da hierarquia global da riqueza seria a contínua expansão econômica da China, tendo em vista seu tamanho demográfico, que corresponde a um quinto da população mundial, e sua centralidade histórica na região.[269]

Nos últimos 50 anos, contrastando a trajetória declinante dos EUA em poder econômico e político, a China desenvolveu o mais bem sucedido projeto de moderniza-

---

(265) O *Consenso de Washington* designa um mínimo denominador comum de recomendações de políticas econômicas feitas por instituições financeiras baseadas em Washington (FMI, Banco Mundial e Departamento do Tesouro Americano), a serem aplicadas especialmente pelos países da periferia, como a América Latina e África. Essas recomendações, de cunho liberal, tornaram-se a doutrina oficial dessas instituições e fazem parte do *receituário* e condicionalidades para empréstimo aos países em desenvolvimento com crises fiscais e econômicas: disciplina fiscal, redução dos gastos públicos, reforma tributária, juros de mercado, câmbio de mercado, abertura comercial, investimento estrangeiro direto (com eliminação de restrições), privatização das estatais, desregulamentação (afrouxamento das leis econômicas e trabalhistas) e direito à propriedade intelectual. BATISTA, P. N. O Consenso de Washington: a visão neoliberal dos problemas latino-americanos. *In*: Lima Sobrinho, B. *et al.* **Em defesa do interesse nacional**: desinformação e alienação do patrimônio público, São Paulo: Paz e Terra, 1994.

(266) ARRIGHI, Giovanni; SILVER, Beverly J.; BREWER, Benjamin D. **Industrial convergence, globalization, and the persistence of the north-south divide.** *Ob. cit.*, p. 20/22.

(267) *Idem.*

(268) ARRIGHI, Giovanni. **Adam Smith em Pequim**: origens e fundamentos do século XXI. 1. ed. São Paulo: Boitempo, 2008, p. 2.

(269) A expansão da China seria muito mais significativa para a subversão da hierarquia global de riquezas do que todos os milagres econômicos anteriores dos novos países industrializados do Leste Asiático juntos (Hong Kong, Japão, Coreia do Sul e Taiwan). Essas unidades, cuja população corresponde a cerca de um vigésimo da população mundial, teriam alcançado uma mobilidade ascendente bem acomodada à hierarquia global estável, sob a liderança hegemônica dos Estados Unidos. Beneficiadas com altos investimentos estatais, nas últimas duas décadas do século XX os países do Leste Asiático investiram na industrialização e experimentaram uma expansão industrial em toda a região que, em termos de velocidade e extensão, tem poucos paralelos na história. ARRIGHI, Giovanni; SILVER, Beverly J.; BREWER, Benjamin D. **Industrial convergence, globalization, and the persistence of the north-south divide.** *Ob. cit.*, p. 26.

ção tecnológica da economia e de inserção do país na economia mundial globalizada, atraindo grandes somas de capital estrangeiro com benefícios fiscais e vasta oferta de mão de obra barata,[270] criando novas tecnologias e modelos organizacionais e proliferando gigantescos parques industriais e de serviços.

Com isso, nesse período, a China tornou-se a segunda maior economia do mundo e a primeira nação exportadora.[271] O País abriu-se à economia global, integrando-se às cadeias produtivas e comerciais transnacionais controladas pelos países capitalistas e por suas empresas, e sua atuação na economia capitalista mundial é expressiva e crescente, não apenas por tornar-se a *fábrica do mundo*, mas também pelo crescente papel que exerce nas finanças mundiais, com sua moeda (*yuan*) aceita na cesta de moedas dos Direitos Especiais de Saque (SDR) do FMI, a partir de 2016.[272]

Essa extraordinária escalada da China tornou-se, na última década, o marco de uma disputa central de poder com os EUA, especialmente na região do Pacífico Ocidental, onde os países concorrem por controle de rotas navais e acesso a recursos naturais.[273]

Interessante observar, como ressaltam Marcos Pires e Thais Mattos, que foram exatamente os processos de *deslocalização produtiva* e de *terceirização*, no âmbito das cadeias transnacionais de mercadorias, que levaram à China os capitais, a tecnologia e os modelos de gestão com os quais o País tem promovido seu crescimento econômico em forte ritmo. Ou seja, o processo de expansão material chinês (transformação do capital-dinheiro em capital-mercadoria) constitui a contraface do processo de expansão financeira dos EUA e demais países ricos (financeirização da economia: transformação do capital-mercadoria em capital-dinheiro), a partir da década de 1970. Esse processo teria ocorrido, portanto, dentro dos parâmetros da economia-mundo capitalista.[274]

Os estudos do sistema-mundo tendem a compreender, nesse cenário, que a globalização econômica neoliberal, ao contrário da projeção do fim da história, de Francis Fukuyama,[275] constituiria uma fase de exaustão de um ciclo sistêmico de acumulação capitalista, em direção a um futuro ainda totalmente desconhecido. Como um momento de transição e de caos sistêmico, a globalização neoliberal condensaria, portanto, todas as limitações e contradições do capitalismo, não representando, no entanto, nada de *novo* sob o prisma teórico do sistema-mundo.

Segundo Marco Antônio Acco, Wallerstein interpretou o capitalismo como um sistema que, desde o início, no século XVI, buscava abarcar o globo com sua divisão de trabalho, suas cadeias produtivas e, principalmente, com sua racionalidade altamente

---

(270) Para além da vasta força de trabalho de baixo custo, essa reserva contava com qualidade em termos de saúde, educação e capacidade de autogerenciamento, combinada à expansão rápida das condições de oferta e demanda para sua mobilização produtiva, condições que não foram alcançadas com capital estrangeiro, mas com o "*desenvolvimento baseado em tradições nativas – inclusive a tradição revolucionária que deu origem à República Popular da China*". *In*: ARRIGHI, Giovanni. **Adam Smith em Pequim:** origens e fundamentos do século XXI. *Ob. cit.*, p. 2.

(271) Desde o fim dos anos 1970, quando Deng Xiaoping começou a fazer reformas de abertura da economia do país, até o ano de 2020, o PIB chinês subiu mais de 9.000%, ou 90 vezes, enquanto no mesmo período, o PIB dos Estados Unidos avançou oito vezes. *Idem*.

(272) PIRES, Marcos Cordeiro; MATTOS, Thais Caroline Lacerda. **Reflexões sobre a disputa por hegemonia entre Estados Unidos e China na perspectiva do capitalismo histórico**. *Ob. cit.*, p. 63.

(273) *Idem*, p. 82.

(274) *Idem*, pp. 86.

(275) FUKUYAMA, Francis. **O fim da História e o último homem**. Rio de Janeiro: Rocco, 1992.

expansionista, de modo que a globalização econômica ou os efeitos de uma economia globalizada não seriam uma novidade, para a teoria do sistema-mundo. Para o teórico, o declínio de poder do Estado nacional, característico do momento atual, não seria suficiente para caracterizar uma nova fase de expansão da economia, até porque os Estados seriam categorias derivadas do sistema-mundo capitalista, atuando de forma apenas complementar às cadeias transnacionais de mercadorias.(276)

Wallerstein chegou a argumentar que a relação básica entre Estados e capital permaneceu a mesma ao longo da história capitalista, com corporações transnacionais mantendo hoje a mesma postura estrutural em face dos Estados que mantiveram todos os seus predecessores globais.(277)

Também muito comum, segundo Giovanni Arrighi e Beverly Silver, é a afirmação de que as transformações que ocorreram sob a rubrica da globalização originaram-se no século XIX. Demonstrando evidências, Robert Zevin teria afirmado que todas as descrições disponíveis dos mercados financeiros no final do século XIX e no início do século XX sugerem que eles estavam mais integrados do que antes ou desde então.(278) Para evitar o fim desta onda anterior de globalização financeira, segundo Saskia Sassen, em 1920 a agência de avaliação americana *Moody's* já avaliava os títulos emitidos por cerca de cinquenta governos, número que caiu rapidamente na Grande Depressão e na Segunda Guerra Mundial e só recentemente voltou a níveis comparáveis.(279)

A tese de um desempoderamento geral dos Estados por forças econômicas supranacionais, que ganhou ampla aceitação sob a rubrica da globalização, é alvo de severas críticas, anotam Giovanni Arrighi e Beverly Silver, pois muitos consideram que o processo de integração e desregulamentação dos mercados financeiros, tendo ocorrido sob participação ativa de Estados particulares, em especial dos EUA, também é passível de reversão por decisões políticas. (280)

Marco Antônio Acco considera demasiadamente simplista a proposta de Wallerstein para a modesta participação do Estado no sistema-mundo, por não abarcar a complexidade das lutas políticas que, no bojo dos grandes ciclos econômicos, instalam-se na esfera estatal, determinando o sistema econômico.(281)

---

(276) WALLERSTEIN, Immanuel. States? sovereignty? The dilemmas of capitalists in an age of transition. *In:* SMITH, D. *et al.* (org.) **States and sovereignity in the global economy**. London and Nova York: Routledge, 20-33, 1999.

(277) WALLERSTEIN, Immanuel. **Response:** declining states, declining rights? *Ob. cit.*, p. 24/27.

(278) ZEVIN, Robert. 1991. Our world financial market is more open? If so, why and with what effect? *In*: BANURI, T.; SCHOR, J. B. (org). **Financial openness and national autonomy**: opportunity and constraints. New York: Oxford University Press. *Apud*: ARRIGHI, Giovanni; SILVER, Beverly J. Introduction. *In*: ARRIGHI, Giovanni; SILVER, Beverly J. (org.). **Chaos and governance in the modern world system**. *Ob. cit.*, p. 31/32.

(279) SASSEN, Saskia. **Losing control sovereignty in an age of globalization**. New York: Columbia University Press, 1996, p. 43. *Apud*: *Idem.*

(280) Consultar: BLOC, Fred I. **Postindustrial possibilities**: a critique of economic discourse. Berkeley: University of California Press, 1990; SOBEL, Andrew C. **Domestic choices, internationol markets**: dismantling national barriers and liberalizing securities markets. Michigan: University of Michigan Press, 1994; HELLEINER, Eric. **States and the reemergence of global finance**: from bretton woods to the 1990s. lthaca: Cornell University Press, 1994; WEISS, Linda. **Globalization and the myth of the powerless state.** New Left Review, 225: 3-27, 1997. *Apud*: *Idem.*

(281) Com suporte em Fernand Braudel, afirma Marco Antônio Acco que, não obstante a força do sistema econômico capitalista, a dependência, também estrutural e insuperável, que esse sistema apresenta da política, dos Estados e de suas políticas e instituições, *"representa a existência de espaços que estão sendo disputados politicamente"*. Ainda que as sociedades capitalistas e seus Estados dependam estruturalmente do bom andamento dos negócios privados, há uma longa distância entre o que os Estados e seus agentes

Para Giovanni Arrighi e Beverly Silver, parece certo que a globalização do mercado de trabalho e o desempoderamento do Estado nacional ensejaram um declínio geral na capacidade dos trabalhadores de proteger e promover seus interesses. Não obstante os trabalhadores dos países periféricos possam beneficiar-se temporariamente da industrialização de suas economias, a hipermobilidade do capital produtivo e financeiro torna a ameaça de *fuga de capitais* fator de constante poder de barganha do capital para o rebaixamento das condições de trabalho.[282]

Charles Tilly anota que os trabalhadores estão enfrentando uma "reversão devastadora" da tendência secular de expansão de direitos, iniciada no século XIX, o que ele atribui ao impacto da globalização nas capacidades do Estado. O autor identifica quatro ondas de globalização no último milênio (nos séculos XIII, XVI, XIX e final do século XX), constatando que, diferentemente das ondas anteriores, em que os Estados ocidentais adquiriram capacidades aprimoradas de ação, na globalização atual os Estados estão perdendo a capacidade de promover políticas sociais eficazes. Portanto, para o autor, o enfraquecimento do Estado nacional, vetor de garantia dos direitos democráticos, entre eles, os direitos dos trabalhadores, ameaça todas as garantias de direitos dos trabalhadores e cidadãos.[283]

Segundo John Markoff, o desafio de recriar os direitos democráticos no mundo, por meio da tomada de decisões transnacionais, só pode ser atendido pela organização de movimentos transnacionais democráticos capazes de extrair concessões dos novos titulares do poder transnacional.[284]

A esse respeito, Boaventura advoga o potencial emancipatório do Direito reinventado e adequado "às reivindicações normativas dos grupos sociais subalternos e dos seus movimentos, bem como das organizações que lutam por alternativas à globalização neoliberal", no contexto dos movimentos contra-hegemônicos.[285] O tema será aprofundado no Capítulo 6, em abordagem propositiva.

2.4. A inserção subordinada do Brasil na periferia e na semiperiferia da economia-mundo

Característica fundamental do sistema-mundo capitalista como totalidade sistêmica, segundo Wallerstein, é que sua expansão implica a incorporação de periferias e semiperiferias às lógicas dominantes do centro. Os territórios incorporados à divisão econômica e social do trabalho da economia-mundo capitalista, sob jurisdição formal do Estado nacional, não mais detém autonomia econômica. Ao serem incorporados

---

públicos "deveriam" fazer para atender idealmente à agenda do capitalismo e dos capitalistas e aquilo que os Estados efetivamente "*querem ou conseguem*" fazer, tendo em vista a disputa política que se trava em seu âmbito. *In*: BRAUDEL, Fernand. **Civilização material, economia e capitalismo** – Séculos XV- XVIII (Vol. I). Trad. Selma Costa. São Paulo: Martins Fontes, 1996. *Apud*: ACCO, Marco Antônio. **Os Estados, o sistema-mundo capitalista e o sistema interestatal**: uma leitura crítica das contribuições de Immanuel Wallerstein. *Ob. cit.*, p. 727.

(282) ARRIGHI, Giovanni; SILVER, Beverly J. (org.). Introduction. *In*: ARRIGHI, Giovanni; SILVER, Beverly J. (org.). **Chaos and governance in the modern world system.** *Ob. cit.*, p. 31/32.

(283) TILLY, Charles. **Globalization threatens labor's rights**. International Labor and Working-Class History, n. 47, p. 1-13, 1995.

(284) MARKOFF, John. **Wares of democracy**: social movements and political change. Thousand Oaks, California: Pine Forge Press, 1996.

(285) SANTOS, Boaventura de Sousa. Poderá o direito ser emancipatório? **Revista Crítica de Ciências Sociais**, n. 65, 3-76, 2003; SANTOS, Boaventura de Sousa. **Pelas mãos de Alice**: o social e o político na pós-modernidade. 10ª Ed. São Paulo: Cortez, 2005.

às cadeias produtivas e distributivas da economia-mundo capitalista, esses territórios passam a integrar o sistema, sofrendo e/ou beneficiando-se dos seus ritmos e ciclos.(286)

Nesse sentido, os Estados nacionais dos novos territórios incorporados, como o brasileiro, operam basicamente no sentido de facilitar tanto a periferização dos processos de produção na região, como garantir os fluxos de mais-valia para as regiões centrais, entre outras formas, via sistema de trocas desiguais.(287)

A inserção da América Latina e, particularmente, do Brasil, no sistema-mundo capitalista remete à sua gênese colonial, como periferia subordinada, alvo de exploração de bens primários (minério, madeira, açúcar, café, especiarias etc.) que abasteciam os portos da Europa por meio de intrincadas cadeias transnacionais de produção, no bojo do empreendimento das *grandes navegações e descobrimentos*, desde o século XVI.(288)

Exemplo paradigmático encontra-se no estudo empírico desenvolvido por Pedro Antônio Vieira, que apresenta evidências históricas de como o plantio da cana-de-açúcar e a produção do açúcar no Brasil-colônia integrou uma intrincada cadeia produtiva transnacional que explorava os recursos locais, desde o século XVI, beneficiando basicamente a metrópole e outros países europeus.(289)

Idêntico estudo desenvolvido por Rosângela Vieira também demonstra como a produção do café no Brasil, já entre 1830 e 1929, do império à república, inseria o país de forma subalterna na economia mundial, num período de declínio da hegemonia britânica (principal financiador da infraestrutura para o plantio e escoamento do produto, no Brasil) e de florescimento da liderança americana (que forneceu máquinas para o beneficiamento e foi o principal comprador do produto). A exportação, atividade que extrai imensa parcela de excedentes na cadeia produtiva, era dominada por empresas americanas e europeias. Isso revela, segundo a autora, a subordinação da etapa de produção, desenvolvida no País, a interesses externos, retratando a posição extremamente periférica com que o Brasil-república ingressou na economia mundial.(290)

---

(286) WALLERSTEIN, Immanuel. **The politics of the world-economy**: the states, the movements and the civilizations. Cambridge: Cambridge University Press, 1984. *Apud*: ACCO, Marco Antônio. **Os Estados, o sistema-mundo capitalista e o sistema interestatal**: uma leitura crítica das contribuições de Immanuel Wallerstein. *Ob. cit.*, p. 718/719.

(287) *Idem*.

(288) TOPIK, Steven; MARICHAL, Carlos; FRANK, Zephyr. **From Silver to Cocaine**: Latin American commodity chain and the building of the world economy, 1500-2000. Durham and London: Duke University Press, 2006, p. 1. *Apud*: LIMA VIEIRA, Rosângela de. A cadeia mercantil do café produzido no Brasil entre 1830 e 1929. *In*: VIEIRA, Pedro Antônio; LIMA VIEIRA, Rosângela de; FILOMENO, Felipe Amin (org). **O Brasil e o capitalismo histórico**: passado e presente na análise do sistema-mundo - Capítulo 2. São Paulo: Cultura Acadêmica Editora, p. 265-296, 2012.

(289) Essa cadeia se iniciava na África, de onde provinha a mão de obra escrava, principal insumo para produção do açúcar, no período; o plantio e a produção do açúcar eram feitos em engenhos montados com equipamentos parcialmente importados; conforme uma lei portuguesa de 1571, o açúcar produzido na colônia deveria ser transportado para Portugal, para ser então reexportado em navios portugueses, mas como a Coroa Portuguesa não tinha meios para impor essa regra, o produto era transportado em navios licenciados de várias nacionalidades e parte era contrabandeado; o refino do açúcar era feito na Holanda e na Inglaterra, e, por fim, o produto final era comercializado com alto valor agregado no mercado europeu. *In*: VIEIRA, Pedro Antônio. A inserção do "Brasil" nos quadros da economia-mundo capitalista no período 1550-c.1800: uma tentativa de demonstração empírica através da cadeia mercantil do açúcar. Campinas: **Revista Economia e Sociedade**, v. 19, n. 3 (40), 499-527, 2010. Disponível em: https://bit.ly/2XwdsD4. Acesso em: 19 set. 2021.

(290) LIMA VIEIRA, Rosângela de. **A cadeia mercantil do café produzido no Brasil entre 1830 e 1929**. *Ob. cit.*, p. 265/296.

Nesse contexto, afirma Marcelo Arend (2013), o Brasil, desde 1500 até o início do século XX, foi uma economia agroexportadora de *status* periférico, levando quatro séculos para apenas dobrar sua renda *per capita*. (291) Mesmo nas primeiras décadas do século XIX, quando a indústria transformava-se no motor das mudanças sociais no mundo e a industrialização passou a ser sinônimo de progresso, no Brasil o desenvolvimento industrial continuou inexpressivo, mesmo após a sua independência (1822), assim permanecendo até o começo do século seguinte.(292)

A partir de 1930, sob Getúlio Vargas, o País passa a experimentar um período de crescimento econômico aliado ao desenvolvimento industrial, o que se intensifica na década de 1950.

Para Marcelo Arend, a intensificação ocorre precisamente a partir de 1956, com Juscelino Kubitschek, quando, na esteira do ciclo de expansão material em curso nos países centrais, o Brasil adotou uma estratégia de desenvolvimentismo internacionalista, que buscou abrir o País às cadeias transnacionais de mercadorias, conferindo maior participação ao capital privado internacional na economia. Mas para o autor, esse processo não ocorreu desarticulado da economia-mundo, pois ele tirou proveito do crescimento econômico mundial pós-guerra, sob liderança dos EUA, assegurando os bons resultados que elevaram o Brasil à condição semiperiférica na economia-mundo.(293)

No entanto, conforme advertem Pedro Antônio Vieira e Luiz da Ferreira, a industrialização no Brasil ocorreu num processo de transplante de empresas transnacionais, principalmente norte-americanas, para o território nacional, as quais trouxeram prontas as máquinas, tecnologias, organização produtiva e produtos importados, que não correspondiam à dotação de conhecimentos da mão de obra abundante e pouco qualificada existente no Brasil. Esse processo equivalia, na visão dos autores, a uma espécie de verniz de modernização sem alteração nas estruturas mais profundas da economia brasileira.(294)

Diante da facilidade de importação das técnicas, o empresariado brasileiro não se movimentou para o aprendizado e o desenvolvimento de inovações industriais (soluções e técnicas originais) adaptadas à realidade brasileira, reservando-se a desenvolver as atividades de menor rentabilidade das cadeias produtivas, enquanto as atividades mais rentáveis, que demandavam conhecimento intensivo, como P&D, eram monopolizadas pelas empresas multinacionais.(295)

Por conseguinte, o Estado brasileiro também não foi demandado, no período, a promover investimentos de longo prazo em educação básica, criação de escolas técnicas e cursos universitários em quantidade suficiente para a transformação das estruturas herdadas da economia agroexportadora. Com isso, a industrialização, no País, apenas reproduziu os interesses das empresas transnacionais e de seus respectivos Estados (de

---

(291) AREND, Marcelo. O Brasil e o longo século XX: condicionantes sistêmicos para estratégias nacionais de desenvolvimento. *In*: VIEIRA, Rosângela (org.). **O Brasil, a China e os EUA na atual conjuntura da economia-mundo capitalista**. São Paulo: Cultura Acadêmica, p. 135-172, 2013.

(292) VIEIRA, Pedro Antônio; FERREIRA, Luiz Mateus da. O Brasil atual conjuntura científico-tecnológica da economia-mundo capitalista. *In*: VIEIRA, Rosângela (org.). **O Brasil, a China e os EUA na atual conjuntura da economia-mundo capitalista**. São Paulo: Cultura Acadêmica, 247-278, 2013.

(293) AREND, Marcelo. **O Brasil e o longo século XX**: condicionantes sistêmicos para estratégias nacionais de desenvolvimento. *Ob. cit.*, p. 137/138.

(294) VIEIRA, Pedro Antônio; FERREIRA, Luiz Mateus da. **O Brasil atual conjuntura científico-tecnológica da economia-mundo capitalista**. *Ob. cit.*, p. 267.

(295) *Idem*.

manter a liderança das cadeias produtivas), sem promover ou induzir um ambiente institucional promotor de conhecimento, P&D, ciência, Tecnologia e Inovação (CT&I), o que requer mudanças profundas na infraestrutura econômica, política, educacional, jurídica e social.[(296)]

Em suma, se, por um lado, essa decisiva participação de empresas e tecnologias estrangeiras viabilizou a industrialização numa economia e *sociedade secularmente agrária*, por outro impediu o desenvolvimento de capacidades científico-técnicas próprias, inibindo mudanças profundas nas instituições e estruturas sociais. No curso dessa industrialização orientada pelo Estado, anotam Helton Ouriques e Pedro Antônio Vieira, as capacidades educacionais, científicas e tecnológicas desenvolvidas foram apenas as suficientes para copiar e operar máquinas e processos importados do centro, pelas empresas estrangeiras aqui instaladas, ou adquiridos pelas empresas nacionais, estatais (a exemplo da Companhia Siderúrgica Nacional – CSN) ou privadas.[(297)]

Ainda assim, mesmo sem mover-se em direção às atividades centrais das cadeias produtivas, o esforço industrializante do período 1930-1980 foi suficiente para tirar o Brasil da posição de periferia, alçando-o à semiperiferia da economia-mundo.[(298)] De 1950 até 1980, os ganhos de participação no PIB global ficaram por conta principalmente dos novos países industrializados da América Latina, com destaque para o Brasil, que contribuiu com 75% desse ganho.[(299)]

Nas décadas seguintes a 1980, no entanto, com a reorientação da política econômica dos EUA para o mercado globalizado, a dinâmica mudou completamente. Os ganhos de participação dos países em desenvolvimento no PIB global ficaram restritos aos Tigres Asiáticos, os novos países industrializados da Ásia, com queda drástica de crescimento nos países da América Latina, em especial no Brasil.[(300)] Os países asiáticos receberam fortes investimentos estatais estratégicos em inovação tecnológica e capacitação de mão de obra, o que não ocorreu na América Latina.

Nesse sentido, afirma Marcelo Arend, para a América Latina e, em especial, para o Brasil, o desempenho do período 1950-1980 jamais foi retomado, sendo marcantes as perdas do período posterior. Ao elevado endividamento externo do país, na década de 1970, seguiu-se o período de ausência de liquidez internacional na década de 1980, no novo mercado financeiro internacional desregulado. Com isso, caíram bruscamente as fontes de financiamento externo da economia brasileira, que sofreu forte estagnação

---

(296) *Idem*, p. 268.

(297) O quadro retratado não ignora a existência de casos brasileiros de sucesso na ciência e na tecnologia, a exemplo da Petrobrás (empresa que, entre outras inovações, desenvolveu tecnologias para exploração de petróleo em águas profundas), o programa Proálcool (projeto do governo brasileiro que, no final dos anos de 1970, desenvolveu tecnologias de utilização do álcool como combustível para veículos), a Embraer (Empresa Brasileira de Aeronáutica S.A.) e os aprimoramentos tecnológicos no agronegócio, estes em parte devidos às pesquisas realizadas nas últimas décadas pela Embrapa (Empresa Brasileira de Pesquisa Agropecuária). *In*: OURIQUES, Helton Ricardo; VIEIRA, Pedro Antônio. **A condição semiperiférica do Brasil na economia-mundo capitalista**: novas evidências. *Ob. cit.*, p. 200.

(298) VIEIRA, Pedro Antônio; FERREIRA, Luiz Mateus da. **O Brasil atual conjuntura científico-tecnológica da economia-mundo capitalista**. *Ob. cit.*, p. 268.

(299) O processo de transição hegemônica entre Grã-Bretanha e Estados Unidos, no período pós-colapso de 1929, como parte do esforço de superar crises políticas provocadas pelo fracasso do sistema de mercado, em particular pelo desemprego em massa, afirma Marcelo Arend, teria contribuído para a redução de condicionamentos externos à política econômica brasileira. AREND, Marcelo. **O Brasil e o longo século XX**: condicionantes sistêmicos para estratégias nacionais de desenvolvimento. *Ob. cit.*, p. 142/151.

(300) *Idem*, p. 148.

diante da acirrada concorrência produtiva internacional, pondo fim à estratégia de desenvolvimento internacionalista, capitaneada pelo Estado.[301]

A partir da década de 1980, as deficiências da industrialização brasileira – debilidade do Estado, dependência de tecnologia estrangeira, ausência de investimento em soluções tecnológicas próprias – atingiram seu auge, quando esgotou-se o modelo de industrialização substitutiva de importações. Nesse contexto, segundo Helton Ouriques e Pedro Antônio Vieira, reduziu-se a disponibilidade de empréstimos externos e a capacidade de financiamento do Estado brasileiro, que não havia promovido sequer a entrada da economia nacional na III Revolução Industrial, no período de maior pujança do seu parque industrial.[302]

Diante de uma enorme instabilidade macroeconômica, elevada inflação, desequilíbrio nas contas públicas, atraso tecnológico na estrutura produtiva e forte restrição interna, na década de 1990 o Brasil sucumbiu às pressões da agenda neoliberal, aderindo ao Consenso de Washington como condição de acesso às formas disponíveis de financiamento internacional. Aceitou o investimento sob controle direto do capital, em que as decisões são controladas por dirigentes corporativos, com critérios de gerenciamento dominados pelas finanças, elaborados para atender a objetivos de portfólios de grandes acionistas institucionais.[303]

O *novo* mercado financeiro internacional desregulado e imediatista, da globalização neoliberal, substituiu as antigas formas de financiamento de projetos de longo prazo por empréstimos securitizados, de curto prazo, debilitando ainda mais a economia nacional, que se tornou sujeita ao controle de um capital estrangeiro desregulado e arisco. Por sua vez, o intenso deslocamento industrial do centro para o Leste Asiático, especialmente para a China, e o sucesso desse processo de industrialização, exacerbou o atraso tecnológico da estrutura produtiva nacional e sua vulnerabilidade externa. [304]

Alice Amsden destaca o intenso contraste entre os projetos de industrialização tardia dos países do Leste da Ásia e dos países da América Latina:

> China, Índia, Coreia e Taiwan começaram a investir pesado em habilidades nacionais próprias, o que as ajudou a sustentar a propriedade nacional de empresas nas indústrias de média tecnologia e a invadir setores de alta tecnologia com base em "líderes nacionais". Em contraste, Argentina e México e, em menor medida, Brasil e Turquia aumentaram sua dependência do know-how estrangeiro para o crescimento futuro. Nesses países, o investimento estrangeiro predominou, mas os gastos locais em ciência e tecnologia por parte de investidores estrangeiros foram praticamente nulos.[305]

Estudo da OCDE, de 2013, mostra que a distribuição espacial das cadeias produtivas, nas primeiras décadas do século XXI, deu-se de forma assimétrica, com a

---

(301) *Idem*, pp. 162/163.

(302) OURIQUES, Helton Ricardo; VIEIRA, Pedro Antônio. **A condição semiperiférica do Brasil na economia-mundo capitalista**: novas evidências. *Ob. cit.*, p. 206/207.

(303) AREND, Marcelo. **O Brasil e o longo século XX**: condicionantes sistêmicos para estratégias nacionais de desenvolvimento. *Ob. cit.*, p. 163/164.

(304) *Idem*.

(305) AMSDEN, Alice. **A ascensão do resto**. São Paulo, Editora da UNESP, 2009. Atlas da Complexidade Econômica. Disponível em: <www.atlas.cid.harvard.edu. Acesso em: 5 maio 2017. *Apud*: OURIQUES, Helton Ricardo; VIEIRA, Pedro Antônio. **A condição semiperiférica do Brasil na economia-mundo capitalista**: novas evidências. *Ob. cit.*, p. 206.

perda de posição no valor agregado industrial não apenas por economias centrais, mas também por economias emergentes industrializadas, como o Brasil, que diminuiu sua participação na produção mundial de excedente industrial. Os ganhadores na disputa da concorrência global foram os asiáticos, sob a liderança chinesa.[306]

Muito comumente estudos associam o rápido desenvolvimento industrial da China com a existência de uma força de trabalho barata. A título de ilustração, no ano de 2002, o salário-hora de manufatura nos EUA correspondia a U$ 21,33; na Europa, U$ 20,18; na Coreia do Sul, U$ 9,16; em Taiwan, U$ 5,41; no Brasil, U$ 2,57 e na China, U$ 0,69.[307] Desde então, tem havido importante valorização dos salários na China. Em 2019, a média salarial por hora subiu para U$ 3,60, superando a média brasileira.[308] Mas para além do salário, o que atrai os processos produtivos para a China, segundo Giovanni Arrighi, é a existência de uma força de trabalho abundante, qualificada e disciplinada, por ausência de organização coletiva e de atuação sindical forte.[309]

Enquanto isso, o mesmo documento da OCDE, de 2013, acima citado, afirma que o Brasil e demais países da América Latina, à exceção do México, ficaram praticamente à margem da reorganização das cadeias globais de mercadorias, no começo do século, destacando o Brasil como uma das economias com menor participação nas recompensas dessas cadeias, em face de sua posição de mero fornecedor de insumos de baixo valor agregado para empresas de outras nacionalidades, as quais extraem os maiores excedentes das respectivas cadeias produtivas:

> De acordo com o relatório da OCDE e OMC, o Brasil é uma das economias com menor valor adicionado estrangeiro nas suas exportações, da ordem de 10%, o que é um indicador para trás nas cadeias de valor. É um indicador também de que a economia brasileira é fechada, ou porque é forte na produção doméstica de matérias-primas e bens intermediários, ou porque produz relativamente poucos bens que demandam componentes vindos do exterior ou ainda porque somos uma economia protegida. Contudo, a contribuição brasileira enquanto valor adicionado nas exportações dos outros países, um indicador para frente da integração nas CGVs, é a segunda maior entre os países em desenvolvimento, principalmente por conta das exportações de insumos e matérias-primas. O comentário pertinente sobre estas constatações é que o Brasil não está totalmente fora das CGVs, mas seu lugar é mais como fornecedor de insumos para empresas de outras origens adicionarem mais valor na cadeia produtiva, do que como exportador de produtos com maior valor adicionado.[310]

---

(306) OURIQUES, Helton Ricardo; VIEIRA, Pedro Antônio. **A condição semiperiférica do Brasil na economia-mundo capitalista**: novas evidências. *Ob. cit.*, p. 222.

(307) OURIQUES, Helton Ricardo. O ressurgimento da China e suas consequências para a América Latina e o Brasil. *In*: VIEIRA, Rosângela (org.). **O Brasil, a China e os EUA na atual conjuntura da economia-mundo capitalista.** São Paulo: Cultura Acadêmica, p. 81-108, 2013.

(308) MADRIGALI, Mariana. Mercado de trabalho na China: transformações e avanços, **China Link Trading**, 6 nov. 2019. Disponível em: https://bit.ly/39FWncH. Acesso em: 27 set. 2021.

(309) (...) *"mesmo em áreas urbanas, a principal vantagem competitiva dos produtores chineses não é o salário baixo por si só, mas o uso de técnicas que empregam mão de obra instruída e barata, em vez de máquinas e administradores caros. Um bom exemplo disso é a fábrica de automóveis Wanfeng, perto de Xangai, onde não há um único robô à vista. Como em muitas outras fábricas chinesas, as linhas de montagem são ocupadas por fileiras de rapazes recém-saídos das muitas escolas técnicas da China, os quais trabalham com pouco mais do que grandes furadeiras elétricas, chaves de boca e martelos de borracha"*. ARRIGHI, Giovanni. **Adam Smith em Pequim.** *Ob. cit.*, p. 371.

(310) INSTITUTO de Estudos para o Desenvolvimento Industrial – IEDI. Carta IEDI n. 578, de 28 jun. 2013, p. 1. Disponível em: https://bit.ly/3ktslPR. Acesso em: 21 set. 2021. *Apud*: *Idem*, p. 222.

A esse respeito, explicam Helton Ouriques e Pedro Antônio Vieira, o Brasil vende mais minério de ferro do que aço, que é o produto semimanufaturado; igualmente, vende mais petróleo bruto do que refinado e mais grãos de soja do que farelo e óleo de soja.

Os autores destacam como os recentes esforços do País para internalizar a cadeia produtiva do petróleo, através do Marco Regulatório do Pré-Sal, vêm sofrendo ataques nos últimos anos, tanto na esfera estatal quando na esfera do capital internacional, revelando a imensa dificuldade enfrentada por um país semiperiférico para inserir-se nos elos mais rentáveis das cadeias globais de mercadorias.(311) Nesse sentido, concluem os autores, em alguns setores de alta tecnologia o Brasil apresenta um grau intermediário de especialização produtiva, mas não o suficiente para tornar-se competitivo em termos globais.(312)

Por conseguinte, Ana Célia Castro ressalta o *déficit* de recursos humanos qualificados no Brasil, mostrando que a estrutura industrial brasileira não estimula a formação de um montante significativo de força de trabalho qualificada, o que se relaciona com o peso da exportação de produtos primários ou pouco elaborados, ensejando um círculo vicioso alimentado por ausência de qualificação humana.(313)

Em tal contexto, a economia brasileira enfrenta as primeiras décadas do século XXI com baixo desempenho, sem estrutura tecnológica para concorrer por inovações, perdendo investimentos de capital internacional produtivo e, com isso, perdendo transferência tecnológica, o que, segundo Marcelo Arend, coloca em dúvida sua autonomia para continuar figurando na semiperiferia do sistema-mundo.(314)

Desde então, o Brasil experimentou um curto período de prosperidade econômica no governo Lula (PT, 2003-2010), quando parecia estar se movendo para cima na hierarquia do poder e da riqueza mundiais. Porém, essa prosperidade cessou a partir de 2014,(315) quando instalou-se uma brutal crise político-econômica no País, abrindo fendas ao movimento conservador que alçou ao poder a agenda ainda mais intensa de reformas neoliberais dos governos Temer (PMDB) e Bolsonaro (PSL). A pretexto da crise, foi aprovada a reforma trabalhista, com liberação da terceirização de serviços em todas as atividades empresariais, entre outros retrocessos sociais.

Ainda assim, o apontado período de prosperidade econômica do governo Lula (PT, 2003-2010) foi extremamente dependente do *boom* no preço internacional das *commodities* exportadas pelo Brasil (soja, minério de ferro, petróleo cru, açúcar e carne), produtos primários de baixo valor agregado, o que somente intensificou a pauta produtiva exportadora, historicamente característica do país.(316)

---

(311) A esse respeito, consultar: OURIQUES, Helton R.; SCHMIDT, Cristiane B. **O pré-sal no Brasil: oportunidade de "upgrading" ou ilusão desenvolvimentista?** Século XXI, Porto Alegre, v. 6, n. 2, p. 13-33, jul./dez. 2015. Disponível em: https://bit.ly/2Xv2gXv. Acesso em: 21 set. 2021.
(312) OURIQUES, Helton Ricardo; VIEIRA, Pedro Antônio. **A condição semiperiférica do Brasil na economia-mundo capitalista**: novas evidências. *Ob. cit.*, p. 222.
(313) CASTRO, Ana Célia. **Políticas de inovação e capacidades estatais comparadas**: Brasil, China e Argentina. IPEA, Texto para Discussão, Rio de Janeiro, n. 2.106, jul. 2015, p. 43.
(314) AREND, Marcelo. **O Brasil e o longo século XX:** condicionantes sistêmicos para estratégias nacionais de desenvolvimento. *Ob. cit.*, p. 165/166.
(315) OURIQUES, Helton Ricardo; VIEIRA, Pedro Antônio. **A condição semiperiférica do Brasil na economia-mundo capitalista**: novas evidências. *Ob. cit.*, p. 200.
(316) *Idem*, p. 224.

Em importante abordagem crítica das estratégias políticas de inserção do Brasil no comércio internacional, nos primeiros ano do século XXI, com repercussão sobre a participação do País nas cadeias produtivas transnacionais, Susan Elizabeth de Oliveira ressalta que por anos o Brasil optou por manter a proteção ao mercado regional do Mercado Comum do Sul (Mercosul), adotando estratégia que foca na ampliação da reserva de mercado para produtos brasileiros na região, por meio de uma tarifa externa comum, o que levou a políticas industriais de conteúdo local com maior adensamento (concentração) das cadeias produtivas domésticas. [(317)]

Argumenta a autora que, embora o Brasil tenha conseguido atrair, nas últimas décadas, altos níveis de investimentos de empresas-líderes de cadeias produtivas transnacionais, a abertura de subsidiárias produtivas e até mesmo a atração de centros de P&D, a exemplo do recente investimento feito pela *General Eletric* em pesquisas nos setores de gás natural, energia eólica, hidrelétricas e outros,[(318)] ainda assim, em face da configuração dos acordos de comércio de que o Brasil participa, com seu perfil tarifário protetivo da indústria doméstica e regional, o País somente tem sido usado como plataforma produtiva, pelas empresas transnacionais, para atender ao mercado doméstico ou no máximo o mercado regional. Diferentemente ocorre nos demais países emergentes, principalmente os asiáticos, cujas empresas estão inseridas em cadeias produtivas transnacionais e vendem seus produtos e serviços para o mercado global.[(319)]

Em setores como o aeronáutico, que visam a atender o mercado global, o Brasil teria conseguido superar a grande diferença entre níveis de educação e qualificação da mão de obra, desenvolvendo a *Embraer*, empresa-líder de uma cadeia produtiva global, um grande competidor da canadense *Bombardier*. Mas em setores protegidos no Brasil, como o de informática e bens de tecnologia da informação, argumenta Susan Elizabeth de Oliveira, o país estaria fora da competição global, até por não participar do acordo de Tecnologia da Informação e Comunicação (ITA), da Organização Mundial do Comércio (OMC), por meio do qual os países-membros comprometem-se a eliminar completamente as alíquotas de produtos de tecnologia, cobertos pelo tratado.[(320)]

Por essas razões, entre os grupos de países classificados segundo o nível de integração às cadeias produtivas transnacionais, o Brasil figura entre os países que são grandes provedores de matérias-primas e alimentos, participando das cadeias produtivas nessa função inicial de baixa agregação de valor, ao lado da Austrália, alguns países latino-americanos e outros pontuais na África.[(321)]

Contraponto à abordagem crítica acima exposta pode ser encontrada em autores que defendem a postura restritiva do Brasil a acordos multilaterais de comércio com países centrais, especialmente com os EUA, que impliquem a abertura do mercado doméstico às suas empresas sem a concessão de vantagens correspondentes ao Brasil

---

(317) OLIVEIRA, Susan Elizabeth Martins Cesar de. **Cadeias globais de valor e os novos padrões de comércio internacional**: estratégias de inserção de Brasil e Canadá. *Ob. Cit.*, p. 247/248.

(318) **A General Electric (GE) investe em P&D no Brasil, em setores como gás natural, energia eólica, hidrelétricas e outros. O objetivo é transformar o Brasil em uma potente distribuidora de energia. In:** YOSHIDA, Soraia. GE investe US$ 550 milhões em centro de pesquisa. **Época Negócios**. Disponível em: https://glo.bo/3vuxPxK. Acesso em 19 out. 2021.

(319) OLIVEIRA, Susan Elizabeth Martins Cesar de. **Cadeias globais de valor e os novos padrões de comércio internacional**: estratégias de inserção de Brasil e Canadá. *Ob. cit.*, p. 248.

(320) *Idem*.

(321) *Idem*, p. 69.

no acesso a mercados centrais, especialmente para exportação de produtos agrícolas, atividade em que o País mantém larga vantagem competitiva.[322]

2.5. A instável condição semiperiférica do Brasil no sistema-mundo, no século XXI

Na avaliação de Márcio Pochmann, após experimentar o exitoso ciclo de expansão produtiva e ocupacional, do período 1930-1970, o país passou a apresentar trajetória declinante de sua economia. A inserção passiva e subordinada do Brasil à globalização neoliberal, a partir da década de 1980, ensejou a reprimarização da pauta de exportação (foco na exportação de produtos primários), a precoce desindustrialização e a antecipação da terciarização, com o florescimento de um setor de serviços anêmico e sem competitividade, fatores que reposicionaram negativamente o País na divisão internacional do trabalho.[323]

De produtor e exportador de bens industriais com crescente incorporação de valor agregado, o Brasil assumiu cada vez mais a *vocação* agropecuária e extrativa, dependendo das exportações de *commodities*, inclusive com sérias implicações para o meio ambiente e para o mundo do trabalho, marcado pela precarização das ocupações multifuncionais, com contratos precários, intensificação da terceirização e formação de enorme excedente de força de trabalho.[324]

Entre 1989 e 2019, por exemplo, afirma Pochmann, o emprego formal diminuiu e o trabalho formal aumentou,[325] com elevação da taxa de desemprego.[326] Entre 1986 e 2016, os postos de trabalho abertos concentraram-se na base da pirâmide social, com rendimento de até dois salários-mínimos, enquanto os postos de trabalho com maiores remunerações decresceram, no País.[327]

A partir de 1990, a disseminação da terceirização ensejou contratações terceirizadas em atividades de operação, com remunerações e condições de trabalho inferiores

---

(322) Nesse sentido: OLIVEIRA, Ivan Tiago Machado; REIS, Cristina Fróes de Borja; BLOCH, Carolina Dubeux. A inserção do Brasil no comércio internacional de serviços e suas relações com cadeias globais de valor. *In*: OLIVEIRA, Ivan Tiago Machado; CARNEIRO, Flávio Lyrio; SILVA FILHO, Edison Benedito da (org). **Cadeias globais de valor, políticas públicas e desenvolvimento**. Brasília: Ipea, p. 571-618, 2017; ARAÚJO, Ernesto Henrique Fraga. **O mercosul**: negociações extra-regionais. Brasília: Fundação Alexandre Gusmão, 2007.

(323) POCHMAN, Márcio. Os trabalhadores na regressão neoliberal. *In*: OLIVEIRA, Dalila Andrade; POCHMANN, Márcio (org). **A devastação do trabalho**: a classe do labor na crise da pandemia. Brasília: Gráfica e Editora Positiva – Confederação Nacional dos Trabalhadores em Educação e Grupo de Estaduso sobre Política Educacional e Trabalho Decente, p. 31-54, 2020, p. 34.

(324) Segundo o autor, entre as décadas de 1920 e 1980, por exemplo, a participação da população rural no total dos brasileiros saltou de mais de 80% para menos de 1/3. Simultaneamente, a presença dos produtos primários no total das exportações do País decaiu de próximo de 100% para menos de 1/3. Por outro lado, a população rural na década de 2010 aproximou-se de 10% do total dos brasileiros, enquanto os produtos primários ultrapassaram a 2/3 do total das exportações. Ao mesmo tempo, o país que respondia por 3 bens industriais a cada 100 manufaturados produzidos no mundo, em 1980, regrediu para apenas 1 a cada 100 no mundo, em 2019. *Idem*, p. 35/36.

(325) No período, o trabalho informal aumentou em 14,8%, saltando de 49,2% para 41,9% da População Economicamente Ativa (PEA). No mesmo período, o trabalho informal saltou de 35,9% para 40,2% da PEA, com aumento de 12%. *Idem*.

(326) A taxa de desemprego sofreu redução significativa no período 2005-2014, chegando nesse último ano ao seu menor nível histórico, de 4,8%. No entanto, a taxa voltou a subir a partir de 2015, mantendo-se, desde então, em patamares superiores a 11%. BRASIL, **Instituto Brasileiro de Geografia e Estatística - IBGE**. Disponível em: https://bit.ly/337pYMB. Acesso em: 8 fev. 2022.

(327) No período, o estrato de postos de trabalho com rendimento de até dois salários-mínimos aumentou de 68,1% para 70,7% da população assalariada, enquanto os postos de trabalho com maiores remunerações decresceram 19,2%. POCHMAN, Márcio. Os trabalhadores na regressão neoliberal. *Ob. Cit.*, p. 36/40.

aos postos de trabalho anteriormente equivalentes, contribuindo para concentrar a contratação formal na base da pirâmide social brasileira, enquanto as ocupações de gerência, supervisão e atividades intelectuais mais valorizadas, do topo da pirâmide salarial, foram mais contratadas por meio de pessoas jurídicas – fenômeno conhecido como *pejotização*, voltado a driblar o vínculo de emprego.(328)

Em meados de 2021, período de fechamento da presente análise, além dos problemas acima apontados, a economia internacional encontrava-se sob profundos impactos das políticas sanitárias de isolamento social determinadas pela pandemia de Covid-19, o que levou à desaceleração econômica global, ao fechamento de vários setores econômicos e à intensa pressão sobre a política fiscal dos Estados, com a deterioração de suas contas.(329)

Nesse contexto, a posição econômica do Brasil na economia mundial sofreu grande revés. Com baixa evolução do PIB,(330) alta inflação (10,06% em 2021), alta taxa de desemprego (14,6% primeiro trimestre 2021), aumento vertiginoso da informalidade(331) e com a situação fiscal do Estado ainda mais debilitada,(332) a economia nacional caiu para a 13ª posição no *ranking* mundial, segundo a agência classificadora de risco brasileira *Austin Rating*, com base em dados do FMI.(333) Esses dados indicam a instabilidade da posição do Brasil na semiperiferia da economia mundial.

Ao conceber a noção de semiperiferia, na década de 1970, Wallerstein já classificou o Brasil como um Estado semiperiférico.(334) Submetida a classificação à verificação empírica, em estudo do ano de 1986, com base em séries históricas dos indicadores de Produto Interno Bruto (PIB) *per capita*, Giovanni Arrighi e Jessica Drangel a confirmaram.(335)

Analisando a posição do Brasil no sistema-mundo capitalista, Pedro Lima conclui que o País comportou-se como membro da zona semiperiférica no período 1950-2003.(336) Também Maíra Vieira, ao atualizar a pesquisa empírica de Arrighi e Drangel, em 2018, dessa vez utilizando como fonte de análise o PNB *per capita* de 104

---

(328) POCHMANN, Márcio. Terceirização desregulada e seus efeitos no mercado de trabalho no Brasil. **Revista do TST**, Brasília, vol. 80, n. 3, jul./set., p. 215-227, 2014, p. 219/220.

(329) GASTOS com Covid-19 aumentam desequilíbrios na conta corrente mundial, diz FMI. **CNN Brasil**, 02 ago. 2021. Disponível em: https://bit.ly/3EDnSSD. Acesso em: 21 set. 2021.

(330) O PIB negativo brasileiro no segundo trimestre de 2021 (-0,1%) colocou o País na 38ª posição no *ranking* dos maiores países, conforme a lista da Austin Rating. DESEMPENHO do PIB do Brasil no 2º trimestre fica em 38º em ranking de 48 países. **G1 *On-Line***, 1 set. 2021. Disponível em: https://glo.bo/3ztoaaX. Acesso em: 21 set. 2021.

(331) BRASIL, Instituto Brasileiro de Geografia e Estatística - IBGE. Disponível em: <https://bit.ly/3CvhBGM. Acesso em: 21 set. 2021.

(332) A Emenda Constitucional (EC) n. 95/2016 já havia congelado por 20 anos o gasto primário do governo federal, que ficou limitado por um teto definido pelo montante gasto no ano anterior, reajustado pela inflação acumulada medida pelo Índice Nacional de Preços ao Consumidor Amplo (IPCA). BRASIL, **Emenda Constitucional n. 95/2016**.

(333) Segundo a agência de risco, a economia brasileira caiu da 9ª para a 12ª posição no *ranking* mundial, em 2020, e da 12ª para a 13ª, em 2021. *In*: BRASIL perde mais 1 posição no ranking das maiores economias. **Monitor Mercantil**, 06 abr. 2021. Disponível em: https://bit.ly/3kpWsro. Acesso em: 21 set. 2021.

(334) WALLERSTEIN, Immanuel. **The capitalist World-Economy**. New York, Cambridge University Press, 1979, p. 305.

(335) ARRIGHI, Giovanni; DRANGEL, Jessica. **The stratification of the world-economy**: an exploration of the semiperipheral zone. *Ob. cit.*

(336) LIMA, Pedro Garrido C. **Posicionamento no sistema mundial e semiperiferia**: evidências empíricas por meio de análise exploratória de dados no período 1950-2003. Niterói, Universidade Federal Fluminense, Dissertação de Mestrado, 2007. Disponível em: https://bit.ly/3AuwM2t. Acesso em: 21 set. 2021.

países,[337] no período de 1973 a 2015, confirma a presença do Brasil na semiperiferia econômica, ao lado de China, Índia, Rússia e África do Sul.[338]

Essa posição da economia brasileira na semiperiferia econômica mundial, longe de retratar apenas o aspecto quantitativo das riquezas produzidas pela economia nacional, no sistema-mundo, é um aspecto econômico *qualitativo*, pois diz respeito à função que os países da semiperiferia exercem para organização do sistema-mundo.

Num de seus primeiros textos sobre o tema, Wallerstein cita duas importantes funções da semiperiferia para a própria existência do sistema-mundo estavelmente polarizado, tal como se apresenta: a função política, porque um sistema baseado em recompensas desiguais, altamente polarizado entre um setor de alta renda e outro de baixa renda, tenderia rapidamente à desintegração; e uma função racionalizadora do sistema, pois a semiperiferia absorve setores que se tornam pouco lucrativos nos países do centro, sob pena do sistema capitalista enfrentar sucessivas crises econômicas.[339]

Quando, no centro, um setor ou atividade começa a apresentar desvantagens para os produtores, seja pelo aumento dos salários, seja por um declínio nas margens de lucro, a capacidade de movimentar o capital para outros setores é a única maneira do produtor sobreviver às cíclicas mudanças que ocorrem nos setores líderes. E os *setores* para os quais derivam-se esses investimentos são encontrados nos *países* semiperiféricos.[340]

Trata-se, pois, de uma zona intermediária razoavelmente favorecida pela divisão mundial do trabalho, que, por combinar características dos dois extremos, atua como uma zona periférica para os Estados do centro e, simultaneamente, como zona central para os Estados da periferia. Além de preservar o equilíbrio do sistema, essa zona tem

---

(337) O uso do PNB *per capita* é metodologicamente justificado por compreender o PIB *per capita* mais a renda líquida recebida do exterior, retratando, portanto, os ganhos auferidos no exterior em cadeias produtivas transnacionais e as transações internacionais feitas pelos cidadãos do Estado. *In*: VIEIRA, Maíra Baé Baladão. **Desancoragem e abalroamento**: trajetórias recentes da semiperiferia no sistema-mundo. *Ob. cit.*, p. 42.

(338) No período estudado foi identificada a seguinte distribuição dos países nos estratos do sistema-mundo: **CENTRO**: Alemanha, Austrália, Áustria, Bélgica, Brunei Darussalam, Cabo Verde, Catar, Chipre, Dinamarca, Espanha, Estados Unidos, Finlândia, França, Islândia, Irlanda, Israel, Itália, Japão, Coreia do Sul, Kuwait, Luxemburgo, Holanda, Nova Zelândia, Noruega, Cingapura, Suécia, Suíça, Emirados Árabes, Reino Unido. **SEMIPERIFERIA**: Antígua e Barbuda, Arábia Saudita, Argentina, Azerbaijão, Bahamas, Bahrain, Barbados, Belarus, Botsuana, Brasil, Bulgária, Cazaquistão, Chile, China, Colômbia, Costa Rica, Croácia, Dominica, Eslovênia, Estônia, Gabão, Granada, Grécia, Guiné Equatorial, Hungria, Letônia, Líbano, Lituânia, Malásia, Maldivas, Malta, Maurício, México, Montenegro, Nauru, Omã, Palau, Panamá, Peru, Polônia, Portugal, República Checa, República Eslovaca, Romênia, Rússia, Santa Lúcia, São Cristóvão e Névis, São Vicente e Granadinas, Seychelles, Suriname, Trinidad e Tobago, Turcomenistão, Uruguai, Venezuela. **PERIFERIA**: Afeganistão, África do Sul, Albânia, Angola, Argélia, Armênia, Bangladesh, Belize, Benin, Bolívia, Bósnia e Herzegovina, Burkina Faso, Burundi, Butão, Camarões, , Camboja Canadá, Chade, Cisjordânia e Gaza, Comores, Rep. Dem. Congo, Congo, Costa do Marfim, Egito, El Salvador, Equador, Etiópia, Fiji, Filipinas, Gâmbia, Gana, Geórgia, Guatemala, Guiana, Guiné, Guiné-Bissau, Haiti, Honduras, Iêmen, Ilhas Marshall, Ilhas Salomão, Índia, Indonésia, Iraque, Jamaica, Jordânia, Kiribati, Kosovo, Laos, Lesoto, Libéria, Macedônia, Madagáscar, Malaui, Mali, Marrocos, Mauritânia, Micronésia, Moçambique, Moldávia, Mongólia, Myanmar, Namíbia, Nepal, Nicarágua, Níger, Nigéria, Paquistão, Paraguai, Peru, Quênia, Quirguizistão, República Centro-Africana, República Dominicana, Ruanda, Samoa, São Tomé e Príncipe, Senegal, Serra Leoa, Sérvia, Sri Lanka, Suazilândia, Sudão, Sudão do Sul, Tailândia, Tajiquistão, Tanzânia, Timor-Leste, Togo, Tonga, Tunísia, Tuvalu, Ucrânia, Uganda, Uzbequistão, Vietnã, Zâmbia, Zimbábue. Consultar: VIEIRA, Maíra Baé Baladão. **Desancoragem e abalroamento**: trajetórias recentes da semiperiferia no sistema-mundo. *Ob. cit.*, p. 43/44.

(339) WALLERSTEIN, Immanuel. **The present state of the debate on world inequality.** World Inequality. Montreal: Black Rose Books, 12-28, 1975. *Apud*: *Idem*, p. 17.

(340) *Idem*.

também uma função dinamizadora, pois nos períodos de contração econômica, quando intensifica-se a luta pelo excedente mundial, alguns estados semiperiféricos podem tirar proveito de sua constituição híbrida e ameaçar o centro do sistema, promovendo transformações significativas nas estruturas de poder e de riqueza internacionais.[341] Um exemplo dessa função dinamizadora ocorre com a China, que vem tirando o melhor proveito de sua ascensão à semiperiferia no sistema mundial.

É certo, conforme adverte Maíra Vieira, que o conceito de semiperiferia, embora considerado por muitos estudiosos como a mais importante contribuição de Wallerstein,[342] não ficou a imune a críticas, especialmente em face da dificuldade metodológica de sua identificação empírica.[343] Mas, apesar dessa dificuldade, o conceito tem sido posto à prova com sucesso.[344]

Em pesquisa empírica, Giovanni Arrighi et. al. confirmaram as previsões iniciais de Wallerstein, de que a zona semiperiférica está sujeita, internamente, à mesma dinâmica polarizada entre atividades centrais e periféricas, sendo essa dinâmica de polarização interna o que reproduz a semiperiferia como uma posição estrutural distinta, na economia mundial. Essa descoberta, segundo os autores, confirma a tese de que os Estados semiperiféricos são capazes de explorar seletivamente as mesmas técnicas de periferização da economia (ou seja, de terceirização de atividades para regiões periféricas), utilizadas pelo centro, de modo a evitar o rebaixamento de suas atividades, mas não o suficiente para atingir o *status* central. [345]

Por isso, ao mesmo tempo em que funciona com um amortecedor de conflitos, por manter distantes as relações de exploração entre centro e periferia, a semiperiferia é um conflituoso local de instabilidade política. Os mecanismos de expropriação presentes no sistema, em seus mais diversos níveis de violência, e que não se chocam justamente em razão da existência da semiperiferia, coexistem dentro dela, dividindo um mesmo espaço e gerando conflitos sociais mais frequentes, já que no interior de uma única unidade semiperiférica estão reunidas atividades centrais e periféricas.[346]

---

(341) MARIUTTI, Eduardo Barros. A perspectiva do sistema-mundo: fundamentos e tendências. *In*: VIEIRA, Pedro Antônio; LIMA VIEIRA, Rosângela de; FILOMENO, Felipe Amin (org). **O Brasil e o capitalismo histórico**: passado e presente na análise do sistema-mundo, Capítulo 2. São Paulo: Cultura Acadêmica Editora, 2012, p. 54.

(342) A autora cita como exemplos: BABONES, Salvatore. **The country-level income structure of the world-economy**. Journal of world-systems research, n. XI, I: 29-55, 2005; CHASE-DUNN, Christopher. **Global formation**: structures of the world economy. Oxford: Rowman & Littlefield, 1998; GRELL-BRISK, Marilyn. **China and global economic stratification in an interdependent world**. Palgrave Communications: 10.1057, 2017, p. 87. *Apud*: VIEIRA, Maíra Baé Baladão. **Desancoragem e abalroamento**: trajetórias recentes da semiperiferia no sistema-mundo. *Ob. cit.*

(343) A exemplo da crítica de Boaventura de Sousa Santos, que, apesar de utilizar o conceito para descrever a conjuntura de Portugal no final dos anos 1980, o considera vago e negativo. SANTOS, Boaventura de Sousa. **Estado e sociedade na semiperiferia do sistema mundial**: o caso português. *Ob. cit.*

(344) A autora se refere aos seguintes estudos: TERLOUW, C. P. **The elusive semiperiphery**: A critical examination of the concept semiperiphery. International Journal of Comparative Sociology, XXXIV, 1-2, 1993; KORZENIEWICZ, Roberto Patricio; MARTIN, William. The Global Distribution of Commodity Chains. *In:* GEREFFI, Gary; KORZENIEWICZ, Miguel (ed.) **Commodity Chains and Global Capitalism**. Westport, CT: Praeger Publishers, 67-91, 1994; BABONES, Salvatore. **The Country-Level Income Structure of the World-Economy**. Journal of world-systems research XI, I: 29-55, 2005.; GRELL-BRISK, Marilyn. 2017. **China and global economic stratification in an interdependent world**. Palgrave Communications, 10.1057, 2017, p. 87. *Apud*: *Idem*, pp. 26/27.

(345) ARRIGHI, Giovanni; SILVER, Beverly J.; BREWER, Benjamin D. **Industrial convergence, globalization, and the persistence of the north-south divide**. *Ob. cit.*

(346) WALLERSTEIN, Immanuel. **After developmentalism and globalization, what?** Social Forces, 83 (3), 1263-1278, 2005. Disponível em: https://bit.ly/3CCfq43. Acesso em: 21 set. 2021.

A semiperiferia apresenta uma forma híbrida de divisão do trabalho, pois, ao tempo em que parte da economia é baseada em formas de trabalho periféricas – com condições de trabalho precárias em produções de baixo valor agregado, voltadas à exportação –, economias semiperiféricas também combinam a especialização e a diversificação em suas produções, à semelhança do que ocorre em economias centrais.(347)

Esse ambiente conflitivo da semiperiferia sintetiza com intensidade a antinomia de classes (burguesia-proletariado), mas também comporta outras formas de exploração e conflitos entre empreendedores que desenvolvem atividades de centro (como as empresas contratantes da terceirização) e empreendedores que desenvolvem atividades de periferia (empresas terceirizadas), bem como entre trabalhadores precarizados e não precarizados, que disputam os mesmos espaços de trabalho e renda.(348)

A economia brasileira concentra todas essas contradições, retratadas num mercado de trabalho intensamente estratificado e desigual, com fortes marcações de gênero e raça.

O sistema de direitos trabalhistas criado no País a partir das décadas de 1930-1940, no compasso da industrialização, foi inicialmente destinado ao trabalho urbano, embora 70% da população ainda estivesse situada no campo.(349) Desde a abolição da escravatura, em 1888, até a década de 1960, manteve-se o império quase absoluto do poder patronal no setor agrário brasileiro.(350) O art. 7º, *b*, da CLT, de 1943, excluiu expressamente os trabalhadores rurais de suas normas protetivas.

Somente em 1963 adveio o Estatuto do Trabalhador Rural (Lei n. 4.214/1963), seguido da Lei n. 5.889/1973, que passou a reger as condições empregatícias rurais. Em 1964, adveio o Estatuto da Terra (Lei n. 4.504/1964), que concedeu alguns direitos aos parceiros agrícolas. Por fim, a Constituição de 1988 instituiu um arcabouço mínimo de direitos voltados indistintamente a trabalhadores urbanos e rurais,(351) embora no plano infraconstitucional as condições de trabalho no campo continuem submetidas a legislação específica.

Mas, apesar da aproximação normativa entre o trabalho urbano e o rural, no Brasil os direitos trabalhistas sempre foram uma realidade destinada a uma fração muito pequena da classe trabalhadora. À origem escravagista muito recente – o Brasil foi um dos últimos países da América Latina a abolir a escravidão – alia-se o alto grau de conivência social para com seu descumprimento, aspecto ilustrado pela dificuldade dos órgãos de fiscalização trabalhista em instituir rotinas de respeito a direitos trabalhistas, especialmente nas regiões agrárias, e pela persistência do trabalho escravo em várias regiões do país, em pleno século XXI.

O traço cultural da escravatura ficou profundamente marcado no Brasil, como sociedade forjada pelo colonialismo europeu. Como bem registrado por Tiago Muniz

(347) AGUIRRE, Marcia Luiza Cruz *et. al*. Brasil e China e a dependência da semiperiferia: uma análise das relações econômicas (2009-2018). Araguaína: **Revista Tocantinense de Geografia**. v. 10, n. 20, jan/abr 2021, p. 157.

(348) VIEIRA, Maíra Baé Baladão. **Desancoragem e abalroamento**: trajetórias recentes da semiperiferia no sistema-mundo. *Ob. cit*., p. 15.

(349) DELGADO, Maurício Godinho. **Capitalismo, trabalho e emprego**: entre o paradigma da destruição e os caminhos de reconstrução. *Ob. cit*., p. 132.

(350) DELGADO, Maurício Godinho. **Curso de Direito do Trabalho**. *Ob. cit*., p. 478.

(351) Constituição. Art. 7º, *caput*. *"São direitos dos trabalhadores urbanos e rurais, além de outros que visem à melhoria de sua condição social (...)"*.

Cavalcanti, a pobreza, compreendida em seu sentido multidimensional, como carência de direitos, oportunidades, informação e esperanças, resulta da desigualdade produzida e reproduzida nos planos político, econômico, social e cultural, e que persiste como "condição axiomática para a existência da sociedade capitalista que define formas de existência e modos de sociabilidade", afetando o estado de sujeição e submissão do trabalhador ao capital. [352]

Assim é que, abolida a escravatura, surgiram novas formas de servidão, em que uma vasta população trabalhadora pobre coloca-se à inteira disposição do capital, para obter o sustento, perdendo o controle sobre seu trabalho e a autoridade sobre sua pessoa. Nesse sentido, a escravidão contemporânea resulta "das tendências atuais do capitalismo mundial, que obriga o trabalhador a aceitar toda e qualquer forma de exploração para sobreviver", afirma Tiago Cavalcanti.[353]

Em países periféricos e semiperiféricos, como o Brasil, a pobreza extrema, residente na gênese do trabalho escravo contemporâneo, alimenta-se de um ciclo vicioso que se inicia com o trabalho infantil, uma espécie de *escravidão precoce* que vitima dezenas de milhões de crianças em todo o mundo, sobretudo no Sul global.[354] Estimativas recentes da OIT, referenciadas pelo autor, dão conta de que há no mundo mais de 150 milhões de crianças de 5 a 17 anos envolvidas em alguma forma de trabalho infantil, o que corresponde a quase uma em cada 10 crianças. Deste universo, mais de 70 milhões são vítimas das piores formas de trabalho infantil.[355] No Brasil, segundo dados do Instituto Brasileiro de Geografia e Estatística (IBGE) para o período 2016-2019, o trabalho infantil ainda é realidade para 1,768 milhão de crianças.[356]

O mercado de trabalho brasileiro ainda é profundamente marcado por um abismo entre o trabalho formal e o informal. O alto excedente de força de trabalho criado nas últimas décadas, especialmente com o aumento do desemprego, gerou, além da concorrência predatória pelos melhores postos de trabalho, a prevalência de uma alta taxa de informalidade e uma estrutura ocupacional muito heterogênea,[357] atualmente bastante marcada pela *uberização* do trabalho, que se caracteriza pela exploração de trabalho informal por meio de aplicativos (*Uber*, *Cabify*, *Ifood* etc.).

Nesse novo tipo de informalização do trabalho sob demanda (ou *crowdwork*), mediado por um pequeno número de plataformas tecnológicas, o trabalhador é submetido a jornadas elevadas e despadronizadas para obter remuneração suficiente ao seu sustento, sem qualquer garantia social equivalente.[358]

---

(352) CAVALCANTI, Tiago Muniz. **Sub-humanos**: o capitalismo e a metamorfose da escravidão. *Ob. Cit.*

(353) *Idem*, p. 140.

(354) *Idem.*

(355) ORGANIZAÇÃO Internacional do Trabalho. **Global Estimates of Child Labour**: Results and trends, 2012–2016, 2017. Disponível em: https://bit.ly/3BWbz2b . Acesso em: 19 out. 2021.

(356) TRABALHO infantil cai em 2019, mas 1,8 milhão de crianças estavam nessa situação. **Agência IBGE Notícias**, 17 dez. 2000. Disponível em: https://bit.ly/2Z39eEq. Acesso em: 19 out. 2021.

(357) KREIN, José Dari; BUARQUE, Carolina de Prá Camporez. Apresentação. *In*: KREIN, José Dari *et. al.* **O trabalho pós-reforma trabalhista (2017)**. Vol. 1. *E-book*. São Paulo: Cesit – Centro de Estudos Sindicais e de Economia do Trabalho, p. 18-55, 2021, p. 26.

(358) A esse respeito, consultar: KREIN, José Dari; ABÍLIO, Ludmila; BORSARI, Pietro. A despadronização do tempo de trabalho: múltiplos arranjos e sofisticação dos mecanismos de controle de jornada. *In*: KREIN, José Dari *et. al.* **O trabalho pós-reforma trabalhista (2017)**. Vol. 1. *E-book*. São Paulo: Cesit – Centro de Estudos Sindicais e de Economia do Trabalho, p. 252-282, 2021.

A informalidade e o desemprego, no Brasil, atingem grupos de trabalhadores de formas muito diferentes. Entre os trabalhadores subutilizados,[359] segundo dados do IBGE, os trabalhadores pretos e pardos representam a maioria, e, quando estão empregados, são minoria em cargos gerenciais, representam a maior parcela da população com menores ganhos e sua remuneração média representa apenas a metade dos rendimentos de um trabalhador branco.[360]

É também traço característico do mercado de trabalho brasileiro a intensa discriminação de gênero, com forte transversalidade entre gênero e raça. O maior nível de escolaridade das mulheres não é suficiente para inseri-las, na mesma proporção, no mercado de trabalho, nem para garantir rendimentos equivalentes aos dos homens.[361]

A discriminação de gênero ainda é atravessada pelo fator racial. Constitui traço da sociedade patriarcal e racista a divisão sexual e racial do trabalho, especialmente do trabalho terceirizado, em funções operacionais simples, como de conservação e limpeza.[362]

Mesmo no âmbito do emprego formal, o Brasil caracteriza-se por intensas desigualdades. Segundo estudo realizado no ano de 2013 pela empresa de consultoria Mercer, amplamente divulgado na mídia, o Brasil é o 10º país, entre 75 países pesquisados, com a maior diferença salarial entre o alto escalão e o nível operacional da empresa, fator atribuído à baixa qualificação da mão de obra de nível operacional.[363]

Maior é a diferença de condições de trabalho no âmbito da empresa entre empregados próprios e trabalhadores terceirizados. Segundo dados do Departamento Intersindical de Estatísticas e Estudos Socioeconômicos (DIEESE) do ano de 2017, os trabalhadores terceirizados recebem remuneração em média 23,4% menor do que os empregados diretos que exercem idênticas funções; nas atividades terceirizadas a taxa

---

(359) Segundo dados oficiais do IBGE, em 2021 o País possuía uma massa de mais de 32 milhões de trabalhadores subutilizados, assim considerados os que se encontram desempregados, que trabalham menos do que poderiam, que estão disponíveis para trabalhar ou que procuraram emprego mas não se encontram aptos para a vaga. PNAD Contínua: taxa de desocupação é de 14,6% e taxa de subutilização é de 29,3% no trimestre encerrado em maio. Agência IBGE Notícias, 30 jul. 2021. Disponível em: https://bit.ly/3AWfRVZ. Acesso em: 19 out. 2021.

(360) Segundo dados do IBGE para o ano de 2019, os trabalhadores pretos e pardos, quando estão empregados, são minoria em cargos gerenciais (29,9%), representam a maior parcela da população com menores ganhos (75,2%) e sua remuneração média representa apenas 56,1% dos rendimentos de um trabalhador branco. NITAHARA, Akemi. Negros são maioria entre desocupados e trabalhadores informais no país. **Agência Brasil**, 13 nov. 2019. Disponível em: https://bit.ly/3voyWi8. Acesso em 19 out. 2021.

(361) Segundo o IBGE, com dados de 2019, as mulheres ainda ganham, em média, 20,5% a menos que os homens, sendo muito maior a diferença em atividades específicas, a exemplo de funções qualificadas da agricultura (35,8% menos) e gerentes no comércio (34% menos). PARADELLA, Rodrigo. Diferença cai em sete anos, mas mulheres ainda ganham 20,5% menos que homens. **Agência IBGE Notícias**, 08 mar. 2019. Disponível em: https://bit.ly/3jdwgzi. Acesso em: 19 out. 2021. Ver também: BRASIL, Instituto de Pesquisa Econômica Aplicada – IPEA. Retrato das desigualdades de gênero e raça. *E-book*. 4ª ed. Brasília: IPEA, 2011. Disponível em: https://bit.ly/3pd5ivn. Acesso em: 19 out. 2021.

(362) É o que demonstra, por exemplo, pesquisa qualitativa realizada por Renata Queiroz Dutra e Ilana Barros Coelho junto a mulheres trabalhadoras do serviço de limpeza terceirizado da Universidade Federal da Bahia. A maioria mães, negras e sem oportunidades de crescimento profissional, sujeitam-se a condições de trabalho ainda mais extenuantes do que as usufruídas por homens e mulheres brancos, em idênticas funções. Isso evidencia, segundo as autoras, como mulheres pretas e pobres são alvos de mais intensa exploração capitalista. DUTRA, Renata Queiroz; COELHO, Ilana Barros. "Eles pensam que a gente é invisível": gênero, trabalho terceirizado e educação jurídica popular. **Revista Direito e Práxis**, [S.l.], v. 11, n. 4, p. 2359-2395, dez. 2020. Disponível em: https://bit.ly/3lWXGec. Acesso em: 19 out. 2021.

(363) BRASIL está em 10º entre 75 países com a maior diferença salarial. G1 On Line, 28 maio 2013. Disponível em: https://glo.bo/2YY2YgG. Acessado em: 19 out. 2021.

de rotatividade é duas vezes maior e a jornada e o índice de afastamentos por acidentes de trabalho também são mais elevados.(364)

A tendência de desvalorização do trabalho terceirizado bem se retrata em pesquisa segundo a qual, nas dez maiores operações de resgate de trabalhadores submetidos a trabalho escravo, realizadas no País entre 2010 e 2013, 90% dos trabalhadores submetidos a essa condição eram terceirizados.(365)

Como se vê, o Brasil reúne em suas práticas trabalhistas todas as contradições de um país semiperiférico, que abarca realidades de centro e periferia numa estrutura piramidal, com o emprego formal bem remunerado no vértice, um estrato intermediário um pouco maior de empregados em atividades técnicas e, na grande base, o trabalho terceirizado, informal, uberizado, infantil, servil e precarizado, todos convivendo lado a lado e disputando os mesmos espaços de sociabilidade.

Como assevera Antônio Brussi, o que na realidade do trabalho informal precário brasileiro aparenta ser, à primeira vista, uma tradição de subsistência ou uma dimensão típica do subdesenvolvimento, deve ser entendido como uma dimensão sistêmica fundamental do processo de acumulação capitalista, em que a economia subterrânea, que opera ao largo da regulação legal, figura entre os diversificados modos de exploração e de expropriação das classes subalternas, globalmente implementados e localmente particularizados.(366)

É o que representa o cenário de abundante oferta de mão de obra e de trabalho precário, subutilizado e informal, no Brasil, que transforma o País em ambiente propício à implementação das variadas formas de flexibilização da força de trabalho empreendidas pelo grande capital, inclusive do centro econômico, por meio da terceirização de atividades produtivas, na incansável busca por redução de custos.

Assim é que o País explora seletivamente as mesmas técnicas de periferização da economia utilizadas pelo centro, com a intensa terceirização de atividades, inclusive para suas próprias *regiões* periféricas, os espaços ocupados pelas grandes massas de trabalhadores marginalizados no campo e nos grandes centros.

Com essas avaliações, é possível assentar que o modelo de divisão e remuneração do trabalho e de distribuição dos excedentes, no âmbito das cadeias transnacionais de produção, no sistema-mundo capitalista, sujeita-se a uma lógica historicamente condicionada de expropriação do trabalho em países periféricos e semiperiféricos, como o Brasil, o qual reproduz as desigualdades originárias do colonialismo.

Essa lógica, por sua vez, reproduz-se na organização do processo produtivo empresarial, tendo a terceirização externa como seu mais pujante mecanismo propulsor de desigualdades. Essa questão será objeto de estudo do próximo capítulo.

---

(364) BRASIL, Departamento Intersindical de Estatísticas e Estudos Socioeconômicos – DIEESE. **Nota Técnica n. 172/2017** - Terceirização e precarização das condições de trabalho: condições de trabalho e remuneração em atividades tipicamente terceirizadas e contratantes. *Ob. cit.*

(365) FILGUEIRAS, Vitor Araújo. Terceirização e trabalho análogo ao escravo: coincidência? **Repórter Brasil**, *Ob. cit.*

(366) BRUSSI, Antônio José Escobar. Das eras douradas aos "tempos bicudos" do capitalismo mundial: práticas empresariais e ilicitudes como estrutura. *In*: VIEIRA, Pedro Antônio; LIMA VIEIRA, Rosângela de; FILOMENO, Felipe Amin (org). **O Brasil e o capitalismo histórico**: passado e presente na análise do sistema-mundo, Capítulo 2. São Paulo: Cultura Acadêmica Editora, p. 169-206, 2012, p. 189.

CAPÍTULO 3

A ORGANIZAÇÃO DO TRABALHO NA EMPRESA E NA CADEIA PRODUTIVA

A divisão do trabalho entre os integrantes de uma sociedade é um fato histórico que remonta a comunidades primitivas. Em vasta pesquisa sociológica sobre a *divisão social do trabalho*, Émile Durkheim demonstra que essa divisão de atividades ou funções entre as pessoas, na vida cotidiana, varia e intensifica-se continuamente na razão direta do crescimento e adensamento das sociedades.(367)

O sociólogo identifica o papel fundamental que a divisão social do trabalho exerce na construção dos laços de solidariedade social entre pessoas diferentes, que se complementam por meio de diferentes atividades.(368) Trata-se, segundo o autor, de um processo histórico de transformação lenta, em que, sob a lógica da utilidade que as várias atividades exercem para o coletivo, os pequenos territórios tribais integraram-se a distritos maiores, que se envolvem em terrenos ainda mais extensos (condados, províncias). Com o tempo, os indivíduos passaram a agrupar-se segundo a natureza particular de sua atividade profissional, e esse ambiente torna-se seu meio natural.(369)

Mesmo no âmbito especificamente econômico, no processo de produção de bens para o consumo, sua divisão em atividades simultâneas ou sucessivas desenvolvidas por diferentes pessoas, em razão do conhecimento especial ou da necessidade de colaboração, é prática tão antiga quanto a própria atividade humana transformadora da natureza, retratando o processo natural de divisão social do trabalho.

Mas o sistema de produção capitalista inaugurou uma nova forma de divisão e organização do trabalho, a partir do século XVI, que não mais se assenta em vínculos de solidariedade social do tipo orgânica, identificada por Durkheim no amplo ambiente social profissionalizado. Essa nova divisão assenta-se num específico vínculo contratual que tem por objeto a venda de força de trabalho como mercadoria assalariada, em que o trabalhador é destituído dos meios de produção e sua atividade é incorporada ao produto como mero valor de troca.

Esse fenômeno, que se inicia com a divisão pormenorizada das tarefas entre os trabalhadores no interior da fábrica capitalista (I Revolução Industrial), intensificando-se depois sob a cartilha taylorista (II Revolução Industrial), radicalizou-se no mecanismo da externalização, quando a divisão do trabalho saiu da fábrica no movimento

---

(367) DURKHEIM, Émile. **Da divisão social do trabalho.** Trad. Eduardo Brandão. 2ª Ed. São Paulo: Martins Fontes, 1999.

(368) Nesse sentido, a evolução civilizacional é retratada por Durkheim como a transição de um tipo de sociedade fundada numa solidariedade *mecânica*, em que os indivíduos de ambos os sexos muito se assemelham, inclusive na realização das mesmas tarefas, traço próprio das sociedades primitivas, para um tipo de sociedade organizada por uma solidariedade *orgânica*, que instrumentaliza a divisão de papeis na família (com acentuada divisão sexual do trabalho), nas relações individuais, na administração pública e nas atividades econômicas, com vistas a promover o progresso material das pessoas. *Idem*, p. 126/184.

(369) *Idem*, p. 166/174.

de fragmentação do processo produtivo entre diferentes empresas, com a dispersão global da produção, sob o modelo flexível de produção (III Revolução Industrial).

Os desdobramentos desse processo, no cenário da globalização econômica, viabilizaram a configuração das redes empresariais transnacionais, que difundiram o modelo fragmentado e flexível de produção por todos os continentes, sob a lógica neoliberal das *cadeias globais de valor*. Essas cadeias deslocalizam a produção dos grandes centros em busca de regiões periféricas com mão de obra barata e ambiente desregulado, para reduzir custos.

Pesquisas empíricas demonstram que os modelos organizacionais que utilizam a terceirização externa são os que apresentam característica de maior verticalidade na relação entre a empresa-líder, contratante, e seus fornecedores terceirizados. No plano da governação dessas cadeias produtivas, variados fatores organizacionais influenciam a concentração de poder das empresas controladoras dos processos produtivos.

No microcosmo organizacional da empresa e do seu processo produtivo externalizado reproduz-se, na devida proporção, a grande luta expropriatória do trabalho travada entre o centro e a periferia no âmbito das cadeias produtivas transnacionais, conforme análise empreendida no capítulo anterior. Nesse microcosmo, a disputa diz respeito ao modo como o trabalho é gerido pelo empreendedor capitalista na organização do seu processo produtivo, para dele extrair o máximo proveito econômico.

Por coerência metodológica, essa análise toma o processo produtivo como um elemento do sistema econômico mundial, em estreita conexão e mesmo em subordinação lógica e histórica à noção teórica do sistema-mundo, a totalidade sistêmica no interior da qual os conceitos e as instituições menos abrangentes dela derivam, conferindo-lhes os atributos.[370] Conforme assentado no Capítulo 2, essa totalidade sistêmica é tomada pelas Ciência Sociais como uma unidade multidisciplinar de análise, em que as partes sujeitam-se à dinâmica do todo.

Figurando a empresa e sua respectiva cadeia produtiva como uma peça da grande engrenagem da economia produtiva mundial, sua dinâmica organizacional espelha a lógica da divisão internacional do trabalho, em que se encontra inserida. Por ser uma personificação do capital produtivo na economia globalizada, a empresa é também uma manifestação do modo como esse capital se movimenta no plano mundial, dividindo o trabalho em busca do melhor proveito econômico.

O modo como a empresa dividiu o trabalho interno entre os trabalhadores, nos diversos países, no curso do tempo, e como segmentou suas atividades em partes ou ciclos especializados, externalizando as etapas com maiores custos e riscos para outras empresas, sem perder o controle estratégico sobre o conjunto, de modo a extrair o melhor proveito econômico dessa divisão, é questão que diz respeito, portanto, ao modelo de *organização* da cadeia produtiva empresarial adotado em cada tempo. E, como elemento ou mecanismo do sistema econômico capitalista mundial (o sistema-mundo), esse modelo organizacional submete-se à mesma lógica expropriatória que drena da periferia para o centro (das empresas terceirizadas para as empresas-líderes das cadeias produtivas empresariais) grande parte das riquezas produzidas pelo trabalho.

---

(370) ACCO, Marco Antônio. Os Estados, o sistema-mundo capitalista e o sistema interestatal: uma leitura crítica das contribuições de Immanuel Wallerstein. **Revista de Economia Política**, vol. 38, n. 4 (153), 708-730, out./dez. 2018.

A externalização, na dinâmica da cadeia produtiva empresarial, opera, pois, como um instrumento do modelo de organização produtiva que potencializa a extração da mais-valia pelas empresas centrais.

Nessa esteira, o presente capítulo dedica-se ao estudo histórico e sociológico da tecnologia organizacional do processo produtivo no âmbito da empresa e da cadeia produtiva, de modo a subsidiar a análise, a ser desenvolvida no Capítulo 4, sobre as relações de poder interempresariais derivadas da externalização, no âmbito das cadeias produtivas empresariais descentralizadas, aspecto essencial às formulações teóricas em torno da responsabilidade, que se seguirão na segunda parte desta obra.

3.1. Da manufatura artesanal ao comércio, nos primórdios da sociedade feudal: as primeiras segmentações entre a produção e o consumo

A imagem do sujeito que produz manualmente produtos agrários ou artesanais, em sua unidade domiciliar, com uso de seus próprios insumos, para o consumo da própria família, e que leva alguns excedentes ao mercado local para vendê-los ou permutá-los com outro sujeito, que também os adquire para o consumo, é a representação histórica mais elementar e atomizada de uma cadeia produtiva, numa economia de subsistência. E era assim que funcionava a economia produtiva nos primórdios da sociedade europeia feudal, na qual germinou o sistema produtivo capitalista que hoje se encontra planificado por todo o globo.

No início da Idade Média, a vida econômica, como aponta Leo Huberman, "era uma economia de consumo, em que cada aldeia feudal era praticamente autossuficiente".(371) O servo e sua família construíam suas casas, cultivavam seus alimentos e fabricavam seu mobiliário. O senhor feudal atraía para sua casa servos bons artífices, para fabricar objetos de que necessitava. Pouco comprava-se de fora, como sal e ferro. O resto, inclusive toda alimentação e vestuário, era fabricado e obtido no feudo. Assim, o feudo desenvolvia todos os ciclos de produção e consumo de bens, ainda bastante rudimentares.(372)

Nessa fase inicial, os homens eram predominantemente rurais, vivendo em torno dos ciclos das atividades agrícolas, de onde retiravam todos os recursos. Os camponeses cultivavam com poucos equipamentos, a maioria feitos de madeira.(373) Havia um certo intercâmbio de mercadorias nos mercados locais, mas era um comércio de baixa intensidade, que não produzia excedentes em larga escala.(374) Além disso, conforme Hilário Franco Júnior, toda região produzia os mesmos bens de necessidades básicas.(375)

Somente a partir do século XI o comércio separa-se da produção e expande-se, causando grandes transformações na Europa. Sob o impetuoso movimento das Cruzadas, desenvolveu-se o comércio de mantimentos e provisões, criando oportunidades para o crescimento de cidades comerciais, como Veneza, Gênova e Pisa, que ofereciam especiarias orientais.(376)

---

(371) HUBERMAN, Leo. **A história da riqueza do homem.** 16ª ed. Trad. Waltensir Dutra. Rio de Janeiro: Zahar, 1981, p. 26.
(372) *Idem*, p. 26/27.
(373) DUBY, George. **Economia rural e vida no campo no Ocidente medieval.** Lisboa: Edições 70, 1987, p. 19/20.
(374) HUBERMAN, Leo. **A história da riqueza do homem.** *Ob. cit.*, p. 26/27.
(375) FRANCO JÚNIOR, Hilário. **A Idade Média, nascimento do ocidente.** São Paulo: Brasiliense, 2006, p. 49.
(376) HUBERMAN, Leo. **A história da riqueza do homem.** *Ob. cit.*, p. 30.

Nos séculos XI a XIII, cresceu o comércio de longa distância, baseado no transporte marítimo, bem mais barato. Mas com um sistema de transporte terrestre ainda pouco desenvolvido e sem uma procura firme e constante de mercadorias em todas as regiões, a maioria das cidades, na Europa, não possuía comércio permanente.(377)

As grandes feiras periódicas na Inglaterra, França, Bélgica, Alemanha e Itália constituíram o passo inicial para um comércio estável e permanente, com uso de moedas como meio de troca. Eram feiras imensas, muitas permanentes e, diferente dos mercados locais dos séculos anteriores, negociavam mercadorias por atacado, que provinham de todas as partes do mundo conhecido. Funcionavam como um centro distribuidor, onde os grandes mercadores, que se diferenciavam dos pequenos revendedores e artesãos locais, compravam e vendiam as mercadorias estrangeiras procedentes do Oriente.(378)

Assim, a partir do século XII, destaca Leo Huberman, "com o crescimento do comércio, a economia natural do feudo autossuficiente do início da Idade Média se transformou em economia de dinheiro, de um mundo de comércio em expansão",(379) movimento que, segundo Hilário Franco Júnior, foi uma "revolução burguesa no mundo feudal", marcando a passagem da fase feudo-clerical para a feudo-burguesa.(380)

A expansão do comércio trouxe consigo o crescimento das cidades, habitadas sobretudo por uma classe de mercadores que reivindicava liberdade de comércio e de autogoverno, em conflitos com a estrutura feudal.(381) Os habitantes ocupavam-se total ou principalmente do comércio e da manufatura (a atividade de fabricação artesanal de mercadorias), o que resultou na divisão social do trabalho entre as cidades, concentradas no comércio e na manufatura, e o campo, voltado à produção agrícola para abastecer o crescente mercado.(382)

O progresso das cidades e o uso do dinheiro fizeram com que muitos artesãos abandonassem a agricultura e passassem a viver de seu ofício, não mais para satisfazer a suas necessidades de consumo, mas para atender a um mercado crescente, inclusive com a contratação de ajudantes.(383) O processo industrial de manufatura, ainda muito simples, concentrava, naturalmente, todos os ciclos de produção, após a entrada dos insumos.

Desde o século XIV, conforme destaca Durkheim, as cidades, com seus arredores imediatos, tornaram-se os centros comerciais das aldeias vizinhas, nos quais as atividades de manufatura passaram a ser divididas rigorosamente em ofícios corporativos, com vistas à autossuficiência. Os habitantes eram agrupados de acordo com sua profissão e cada corporação de ofício era "como uma cidade que tem vida própria".(384)

Anota Hilário Franco Júnior que são controvertidas as origens das corporações de ofício, mas as razões, além de religiosas, eram também econômicas e sociais, pois,

---

(377) HUBERMAN, Leo. **A história da riqueza do homem.** *Ob. cit.*, p. 31.
(378) *Idem*, p. 34.
(379) *Idem.*
(380) FRANCO JÚNIOR, Hilário. **A Idade Média, nascimento do ocidente.** *Ob. cit.*, p. 130.
(381) HUBERMAN, Leo. **A história da riqueza do homem.** *Ob. cit.*, p. 36/45.
(382) *Idem*, p. 51.
(383) *Idem*, p. 62.
(384) DURKHEIM, Émile. **Da divisão social do trabalho.** *Ob. cit.*, p. 172.

por meio delas, a plebe de artesãos buscava garantir o monopólio de determinada atividade e organizar-se diante do patriciado mercador que detinha o poder na cidade.[385]

Mas, como adverte o autor, as corporações não foram tão difundidas na Idade Média quanto se imaginou, sendo mais representativas do modelo econômico da época mercantilista. Existia um razoável contingente de mão de obra não engajado em corporações de ofício, artesãos que, para defender seus interesses, ocasionalmente reuniam-se em grupos independentes.[386]

Em sua organização produtiva interna, cada corporação dedicava-se a um específico ofício (construção, carpintaria, padaria etc.), exercendo monopólio sobre suas respectivas atividades. Cada oficina pertencia a um mestre, dono da matéria-prima, das ferramentas e do resultado econômico gerado pela produção, e que comandava as equipes de trabalho: os artesãos e os aprendizes, adolescentes que se dedicavam ao aprendizado da profissão.[387] A divisão técnica do trabalho no âmbito dos ofícios era determinada pelos mestres, mas todos aprendiam e participaram de todas as fases do processo produtivo, pois a expectativa social legítima era a de, um dia, alcançar a posição do mestre.[388]

Nesse ambiente, a divisão técnica do trabalho não lhe retirava o caráter artesanal e os processos produtivos eram concentrados. Após a entrada da matéria-prima, todas as atividades de transformação eram operadas sob intenso controle do mestre artesão, inclusive a comercialização direta ao consumidor, no varejo.[389]

Na fase final da Idade Média, entre os séculos XIII e XVI, esses processos sofreram grandes transformações, por força da grande recessão econômica e dos imensos conflitos entre os senhores feudais e os camponeses, que já cultivavam as terras sob arrendamento em dinheiro, mas pagavam preços defasados em comparação aos que eram pagos pelos senhores à Coroa. O fechamento das terras e a elevação dos arrendamentos causou crise de grande proporção, expulsando muitos camponeses de suas plantações e submetendo-os a condição de miséria.[390]

Por sua vez, os artesãos organizados em associações corporativas, pressionados pelas forças políticas burguesas, que cresciam no confronto com a estrutura feudal, e pela concorrência do comércio internacional, não mais conseguiam manter a antiga hegemonia sobre os processos produtivos. Os artesãos perdiam espaço para os novos

(385) DURKHEIM, Émile. **Da divisão social do trabalho.** *Ob. cit.*, p. 172.

(386) Grupos denominados de *compagnonnages*, na França, e de *gesellenverbände*, na Alemanha. *Idem*, p. 55.

(387) A corporação era dirigida por um colegiado formado pelos vários mestres, responsáveis por fiscalizar o cumprimento das regras internas, sendo a mais importante delas a que impedia concorrência entre os ofícios, para manter o espírito de cartel da associação. *Idem*, p. 55.

(388) BATISTA, Alfred. Processos de trabalho: da manufatura à maquinaria moderna. **Revista Serv. Soc. São Paulo**, n. 118, abr/jun 2014, p. 216.

(389) A partir da pressão do mercado consumidor e do avanço cultural, dezenas de técnicas foram aperfeiçoadas e máquinas foram desenvolvidas para a produção de bens, nas oficinas. As duas maiores indústrias medievais foram a da construção e a têxtil. A primeira, impulsionada pela construção de igrejas, mosteiros e castelos; a segunda, pela produção de panos de lã, e depois tecidos leves e mais baratos, praticamente em todas as cidades. Florença, na Itália, um dos maiores centros têxteis da Europa, mantinha 30.000 pessoas trabalhando em suas oficinas. Em seguida, a liderança têxtil foi tomada pela Inglaterra, que tinha lã abundante e de boa qualidade. Consultar: HUBERMAN, Leo. A história da riqueza do homem. *Ob. cit.*, p. 53

(390) *Idem*, p. 187.

capitalistas da indústria e do comércio, que passaram a controlar os governos das cidades, desvinculados do sistema corporativo.[391]

Muitos mestres artesãos e seus ajudantes passaram a atuar no sistema artesanal doméstico, ainda com a propriedade dos instrumentos de trabalho, mas progressivamente intermediados por um empreendedor comerciante, que lhes fornecia matérias-primas e negociava as mercadorias, extraindo vantagem da diferença de preço.[392] Outros tantos eram aos poucos incorporados às primeiras fábricas independentes.

Nesse ambiente floresceu o modo de produção capitalista industrial, em que, aos poucos, o empreendedor colocava um número expressivo de trabalhadores sob o mesmo teto, mediante remuneração, para produzir mercadorias vendidas no atacado, com vistas à acumulação do excedente.[393]

3.2. O modelo industrial capitalista de manufatura e as Revoluções Industriais: a reunião de processos produtivos no interior da fábrica

Registra Maurice Dobb que, diferentemente do regime da antiga guilda artesanal, em que o artesão vendia diretamente seus produtos a varejo no mercado da cidade, o capitalismo industrial já poderia ser considerado presente assim que "os atos de produzir e de vender a varejo se separaram no espaço e no tempo pela intervenção de um comerciante atacadista que adiantava dinheiro para a compra de artigos com o fito de subsequente venda com lucro".[394]

Esse movimento retrata uma visão mais nítida da cadeia produtiva de mercadorias segmentada nos três clássicos setores da atividade econômica, como hoje a conhecemos: o setor primário, rural, produtor da matéria-prima agropecuária ou extrativista; o setor secundário, industrial urbano, transformador da matéria-prima no produto para consumo; e o setor terciário, comercial, que intermedia a venda do produto ao consumidor.

Prenunciava-se o fim do antigo regime, cujas estruturas, segundo Grijalbo Coutinho, já vinham sendo sistematicamente corroídas, a partir do século XIII, por "um revolucionário movimento introjetado nas relações de produção, responsável pela mercantilização da totalidade das coisas e valores existentes no mundo ocidental". Dessa forma, a era comercial da baixa Idade Média, até o século XV, "inaugurou um capitalismo embrionário (...), até o momento de sua radical industrialização".[395]

Entre os séculos XVI a XVIII, a cooperação simples e a combinação entre vários ofícios foi sendo substituída pela produção manufatureira, o processo de trabalho capitalista industrial, com a organização coletiva do trabalho assalariado e a divisão cada vez mais pormenorizada das atividades que integram os processos de produção. Na fábrica, os artesãos perdiam o domínio técnico de seus ofícios, tornando-se fazedores de atividades mecânicas repetidas e fragmentadas, sob rígido controle patronal,

---

(391) Conforme exposto no tópico anterior, diferentemente das demais cidades-Estados italianas, nos séculos XV e XVI, Gênova investiu recursos de impostos em atividades agrárias capitaneadas por uma forte aristocracia rural, formando uma classe capitalista amplamente distribuída entre os setores da economia, o que constituiu fator do predomínio econômico genovês sobre a Europa, no final da Idade Média. ARRIGHI, Giovanni. **O longo século XX**: Dinheiro, poder e as origens do nosso tempo. *Ob. cit.*, p. 143/166.
(392) *Idem*, p. 104/105.
(393) BATISTA, Alfred. **Processos de trabalho**: da manufatura à maquinaria moderna. *Ob. cit.*, p. 218.
(394) DOBB, Maurice Herbert. **A evolução do capitalismo**. *Ob. cit.*, p. 06.
(395) COUTINHO, Grijalbo Fernandes. **Terceirização**: máquina de moer gente trabalhadora. *Ob. cit.*, p. 37.

numa forma de organização do trabalho que aumentava a produtividade e expandia os lucros do empreendedor.(396)

Destituído da propriedade de suas ferramentas e do conhecimento da totalidade do processo produtivo, o trabalhador passou a vender força de trabalho como uma mercadoria assalariada, adquirida no livre-mercado sob os auspícios de legislações protetivas da liberdade de comércio.

O trabalho assalariado não era uma novidade, pois, como observou Karl Marx, ele já era praticado nas relações de trabalho corporativas, nos ofícios medievais, mas sob uma relação social muito diferente do capitalismo. Embora o mestre fosse proprietário dos meios de produção (matéria-prima e ferramentas) e pagasse salário aos artesãos e aprendizes, ele próprio era um artesão e, no processo de trabalho, exercia a função de *mestre*, iniciando os aprendizes no conhecimento do ofício, com a "mesma relação que medeia [...] o professor e o aluno". (397)

Além disso, afirma Marx, o capital empregado pelo mestre estava limitado à reprodução de uma certa mercadoria, com qualidade e volume de reprodução regulamentados pelo sistema social corporativo, e o objetivo da exploração do trabalho alheio não era seu valor de troca nem o enriquecimento, em si, "mas uma existência conforme à sua posição social".(398)

A esse respeito, Karl Marx salientou a profunda e substancial diferença entre a divisão *social* do trabalho, uma natural divisão do trabalho no interior da sociedade, que levou o homem a desenvolver diferentes potencialidades "pela variação das condições naturais em que vive, a diversidade de suas próprias necessidades, capacidades, meios de trabalho e modos de trabalhar", produzindo objetos de troca, e a divisão *pormenorizada* do trabalho no interior da fábrica, em que a força de trabalho, dessubjetivada, não produz nada além de mais-valia, tornando-se "no campo da consciência individual e coletiva, um bem natural e imanente ao capital".(399)

Com o acirramento do modelo de produção industrial capitalista, os processos produtivos das mercadorias, progressivamente mecanizados, migravam aos poucos do ambiente doméstico, das pequenas oficinas, para o grande ambiente da fábrica, marcado pela superexploração do proletariado em condições precárias que despertariam os primeiros movimentos operários de resistência e, aos poucos, as primeiras legislações de proteção ao trabalho.

Quando, nos séculos XVIII e XIX, consolidou-se a I Revolução Industrial (1760-1830), já haviam-se passado quase quatro séculos de progressivo desapossamento dos trabalhadores dos seus meios de produção.

---

(396) BATISTA, Alfred. **Processos de trabalho**: da manufatura à maquinaria moderna. *Ob. cit.*, p. 218. Stephen A. Marglin defende que o parcelamento pormenorizado do trabalho fabril não foi determinado por medida de produtividade, mas em face de sua utilidade como instrumento de controle da produção, pelo capitalista: na medida em que o trabalhador é despojado do conhecimento do processo produtivo, torna-se dependente da mediação feita pelo capitalista. Consultar: MARGLIN, Sthepen A. Origem e funções do parcelamento das tarefas – para que servem os patrões? *In*: GORZ, André (org.). **Crítica da divisão do trabalho.** São Paulo: Martins Fontes, 2001, p. 37/78.

(397) MARX, Karl. **Capítulo VI inédito de O Capital**: resultados do processo de produção imediata. *Ob. cit.*, p. 98/99.

(398) *Idem.*

(399) MARX, Karl. **O capital**: crítica da economia política. Rio de Janeiro: Civilização Brasileira, 1975. L. 1, v. 1, p. 382/387.

Nesse cenário, afirma Coutinho, "a máquina a vapor, o ferro, o tear mecânico, a tecnologia simples difundida por homens práticos, a fábrica verticalizada e o modo fabril de produção fincaram as suas bases definitivas".[400] O casamento da máquina a vapor com os novos mecanismos automáticos, aponta Maurice Dobb, abriu um campo de investimentos na diminuição do trabalho humano, fator que não teve paralelo para a produção de riquezas.[401]

A teoria econômica do liberalismo, desde o século XVIII, já oferecia as bases do pensamento sobre a livre concorrência e a regulação do mercado e do trabalho, sob o paradigma teórico liberal. Nesse período, aprofundou-se a extração da mais-valia, radicalizou-se a divisão pormenorizada do trabalho e elevaram-se os níveis de produtividade nos variados setores da economia, especialmente na grande indústria, emergindo as condições para o desenvolvimento tecnológico que impulsionou a II Revolução Industrial (1830-1890).[402]

Superando a simplicidade de sua primeira fase, nesse segundo momento a indústria sofisticou-se em todas as etapas da produção, que já se encontrava bastante segmentada. Segundo Grijalbo Coutinho, "o processo produtivo passou a contar com a eletricidade, o petróleo, a energia, a química pesada, o aço, a mecânica de previsão, os abundantes investimentos realizados pelo sistema financeiro",[403] fatores que potencializaram a fábrica como centro produtivo e veículo de expansão do capital monopolista.

A evolução dos transportes e das comunicações, especialmente a ampliação da capacidade dos navios a vapor, do navio frigorífico e do telégrafo, *produziram* os produtores de alimentos e matérias-primas nas regiões periféricas.[404]

A transferência dos processos produtivos artesanais do ambiente doméstico ou da oficina para o interior da fábrica não ocorreu de forma simultânea em todas as atividades. Foi um processo paulatino, que se intensificou a cada nova invenção tecnológica financiada e implementada pelo capitalista industrial, em cada ramo de atividade, determinando, na mesma medida, a concentração do próprio capital.[405]

Nas primeiras fases do capitalismo industrial de manufatura, cada estabelecimento doméstico funcionava como um pequeno núcleo que concentrava todas as etapas do processo de produção da respectiva mercadoria, financiado e subcontratado pelo capitalista industrial. Em muitas atividades, o capitalista empreitava os lotes de mercadorias a um mestre, que contratava os trabalhadores em regime de trabalho domiciliar. Mesmo em atividades externas ao domicílio, como na extração de carvão e na mineração, os trabalhadores eram contratados por produção, isoladamente ou em turmas, diretamente ou por meio de um empregador, que subcontratava a mão de obra.[406]

Relata Maurice Dobb que, mesmo após a chegada da máquina a vapor, a concentração de atividades no interior da fábrica sofreu atrasos na Inglaterra, já no século XIX, em várias atividades que eram subcontratadas aos artesãos, pelo capitalista, ensejando

(400) COUTINHO, Grijalbo Fernandes. **Terceirização**: máquina de moer gente trabalhadora. *Ob. cit.*, p. 45.
(401) DOBB, Maurice Herbert. **A evolução do capitalismo**. *Ob. cit.*, p. 194.
(402) COUTINHO, Grijalbo Fernandes. **Terceirização**: máquina de moer gente trabalhadora. *Ob. cit.*, p. 47.
(403) *Idem*, p. 48.
(404) BELLUZZO, Luiz Gonzaga; GALÍPOLO, Gabriel. **A escassez na abundância capitalista**. São Paulo: Ed. Contracorrente, 2019, p. 63/64.
(405) DOBB, Maurice Herbert. **A evolução do capitalismo**. *Ob. cit.*, p. 194.
(406) *Idem*, p. 190/194.

um processo produtivo industrial misto, mas predominantemente externo, arraigado às tradições artesanais. Somente no último quartel do século XIX, afirma Dobb, com o pleno desenvolvimento da maquinaria e dos processos técnicos de produção, as atividades concentraram-se na fábrica e a classe trabalhadora começou a tomar o caráter homogêneo de um proletariado fabril.(407)

E, mesmo no interior da fábrica, o sistema de subcontratação de trabalho persistiu. Em fábricas de fios de algodão, tecidos, tapetes, metalúrgicas, olarias, indústrias de construções, obras públicas, transportes e pedreiras, na Europa, eram comuns práticas de subcontratação das atividades a capatazes, que tomavam conta de algumas máquinas e contratavam trabalhadores assalariados para operá-las. Nos EUA, esse sistema era característico da indústria metalúrgica até quase o fim do século XIX. Como destaca Harry Braverman, o regime de subcontratações fazia parte do contínuo esforço do capitalista industrial para comprar força de trabalho da mesma forma como adquiria suas matérias-primas.(408)

Quando as fábricas substituíram os pequenos ofícios metalúrgicos de Birmlngham, na Inglaterra, por exemplo, descreve Dobb (1983), "não surgiu a ideia de que o empregador devesse encontrar por si os lugares de trabalho, aparelhagem e materiais, e exercesse supervisão quanto aos detalhes dos processos de fabricação". E, mesmo em grandes estabelecimentos persistiram situações antigas, como o desconto salarial pelo aluguel de espaço na oficina e o pagamento da energia.(409)

Somente com a chegada do motor a gás, no lugar da máquina a vapor, e com a substituição do ferro pelo aço (para manipular prensas e máquinas), material básico dos ofícios metalúrgicos, completou-se a transição do ofício doméstico para a indústria fabril, dada a necessidade de investimento e padronização do processo produtivo, o que também impulsionou a contratação direta de mão de obra empregada.(410)

Além disso, como adverte Harry Braverman, os sistemas de subcontratação e produção domiciliar eram afligidos por problemas de irregularidade da produção, perdas de material em trânsito e desfalques, lentidão no fabrico, falta de uniformidade e rigor na qualidade do produto. Mas, acima de tudo, esse regime de produção subcontratada limitava a capacidade de expansão e transformação dos processos produtivos. Quando o industrial capitalista percebeu que a divisão pormenorizada do trabalho no interior da fábrica, sob intenso gerenciamento, aumentava exponencialmente a

---

(407) *"(...) A indústria de pregos do Black Country (condados de Stafford e Warwick), na década de 1830, via-se em grande parte ainda em mãos de pequenos mestres que trabalhavam em pequenas oficinas e continuava em grande parte assim até a década de 1870, com um mestre do ofício possuindo armazéns dos quais distribuía barras e encomendas aos fabricantes domésticos de pregos, ou alugando espaço nas oficinas próximas a seu armazém a outros que não dispunham de forjas próprias. Quanto ao ofício metalúrgico de Birmingham em geral, em 1845 um autor da época observou que (...)* ***durante os primeiros sessenta anos do século XIX em todo esse distrito a expansão da indústria representara (...) um aumento do número de pequenos fabricantes, mais do que a concentração de suas atividades dentro de grandes fábricas****. Na fabricação de armas, joalheria, fundição de bronze, selaria e arreamento, a década de 1860 testemunhou ainda uma coexistência notável de* ***processos de produção altamente subdivididos, com a pequena unidade de produção do dono de oficina distribuindo trabalho aos artesãos que trabalhavam em suas casas.*** *(...) Mesmo a chegada da força do vapor deixou, em muitos casos, de transferir essas pequenas indústrias para uma base fabril adequada. As 'fábricas' dividiram-se numa série de oficinas separadas, e através de cada uma se projetavam correias de transmissão movidas por máquinas a vapor, sendo tais oficinas alugadas a pequenos mestres que precisavam de energia em algumas de suas operações"*. (sem grifos no original). *Idem*, p. 190.

(408) BRAVERMAN, Harry. **Trabalho e capital monopolista:** a degradação do trabalho no século XX. *Ob. Cit.*, p. 62/63.

(409) DOBB, Maurice Herbert. **A evolução do capitalismo.** *Ob. cit.*, p. 192.

(410) *Idem.*

produção e a extração de mais-valia, recorreu a um sistema rigoroso de gerência, de caráter fortemente disciplinar, para controlar a massa refratária.(411)

Daí que a revolução das técnicas de produção impulsionou um movimento contraditório, que foi a reunião, no interior da fábrica, dos diversos ofícios (processos produtivos) que antes estavam dispersos entre os artesãos (uma concentração *social* do trabalho) e, ao mesmo tempo, a divisão interna de cada um desses ofícios em tarefas parciais e fragmentadas (divisão *pormenorizada* do trabalho).

Nesse novo ambiente e sob a nova lógica organizacional extrativa de mais-valia, inicia-se o longo caminho de decomposição interna dos processos produtivos em tarefas mecânicas parciais, distribuídas entre os trabalhadores, movimento que levaria à crescente especialização de tarefas e ciclos produtivos.(412)

A cada avanço da máquina, uma nova especialização era exigida das unidades da equipe humana que a operava, impulsionando a divisão pormenorizada do trabalho, que simplificava os movimentos individuais. Isso, por sua vez, facilitava a invenção de novas máquinas, voltadas a imitar esses movimentos simplificados, criando um círculo inventivo que levou ao aprofundamento da divisão interna das atividades industriais.(413)

Esse movimento ensejou a concentração cada vez maior da produção e da propriedade do capital, preparando terreno para outra transformação crucial na estrutura da indústria capitalista, que foi a formação do capital produtivo monopolista, voltado a promover produção em larga escala, para dominar mercados.

3.3. O capital industrial monopolista e o modelo organizacional taylorista-fordista do século XX: a divisão interna do trabalho manual e intelectual

Em obra específica sobre o tema, afirma Braverman que o capital monopolista tomou forma nas duas ou três últimas décadas do século XIX, quando a concentração do capital, sob a forma dos primeiros trustes, carteis e outras formas de combinação, começaram a firmar-se. Desse processo resultou o aumento das grandes organizações industriais monopolistas em cada país capitalista, intensificando a internacionalização do capital, a divisão internacional do trabalho e o mercado mundial, sob a atmosfera das rivalidades políticas internacionais.(414)

Com a concentração do grande capital monopolista, a grande corporação compradora de matérias-primas, insumos, subprodutos ou produtos acabados para o comércio adquiriu força econômica para controlar estrategicamente o maior número possível de ciclos da cadeia produtiva de bens de consumo, impondo parâmetros

(411) *"O verbo 'to manage' (administrar, gerenciar), vem de 'manus', do latim, que significa mão. Antigamente significava adestrar um cavalo nas suas andaduras, para fazê-lo praticar o 'manège'. Como um cavaleiro que utiliza rédeas, bridão, esporas, cenoura, chicote e adestramento desde o nascimento para impor sua vontade ao animal, o capitalista empenha-se, através da gerência, ('management'), em controlar"*. BRAVERMAN, Harry. **Trabalho e capital monopolista**: a degradação do trabalho no século XX. *Ob. cit.*, p. 67/68.

(412) Esse processo de especialização, conforme será visto adiante, constitui o movimento germinal da desconcentração produtiva implementada nas últimas décadas do século XX sob inspiração toyotista, e que interessa particularmente aos fins da pesquisa.

(413) DOBB, Maurice Herbert. **A evolução do capitalismo**. *Ob. cit.*, p. 192.

(414) BRAVERMAN, Harry. **Trabalho e capital monopolista**: a degradação do trabalho no século XX. *Ob. cit.*, p. 215/216.

produtivos aos fornecedores desses bens conforme suas próprias necessidades estratégicas de produção.[415]

Dessa forma, a grande compradora passa a figurar também como contratante do processo produtivo, influenciando, com isso, o modo de produzir (a articulação dos fatores de produção) no âmbito da empresa ou agente fornecedor, arranjo de poder germinal da *terceirização externa* tal como hoje reconhecida, uma descentralização produtiva sob controle estratégico do agente econômico contratante. Esse arranjo germinal remonta, pelo menos, ao momento anterior à eclosão do modelo da empresa-total fordista.

A grande empresa surge, nesse cenário, segundo Ronald Coase em sua clássica obra *The Nature of the Firm*, de 1937, como resultado de uma decisão racional estratégica do grande capital para substituir a volatilidade do mercado pela autoridade hierárquica do empresário na organização dos processos produtivos, com o objetivo de reduzir os *custos de transação*.[416]

Coase parte da concepção de que o mercado é o mecanismo originário de coordenação das atividades econômicas, fundado na troca e no contrato. O processo de produção implica numerosas trocas de recursos materiais e imateriais, maquinários, terra, insumos, matérias-primas, subprodutos e bens prontos e acabados para comercialização. Essas trocas originalmente ocorrem no livre-mercado, entre os diversos produtores. Mas para o autor, e nisso reside sua principal contribuição, o processo de troca no mercado é complexo e gera custos, denominados *custos de transação*, que devem ser considerados pelo empresário em sua decisão sobre como organizar as atividades de produção.[417]

Ronald Coase identifica três diferentes custos ligados à utilização do mercado. O produtor que deseja produzir utilizando os meios de troca do mercado deve incorrer, primeiro, nos *custos de descoberta dos preços adequados*. Depois, o produtor deve encontrar a outra parte contratante e *negociar e firmar contratos que espelhem a realidade da operação* (transação) como, por exemplo, a qualidade e a quantidade de bens a serem adquiridos, o prazo de entrega etc. Essa negociação envolve custos. Por fim, o produtor deve assumir os *custos relacionados às relações de longo prazo*.[418]

Nas relações contratuais de longo prazo, como nos contratos de fornecimento de insumos e matéria-prima, o produtor nem sempre pode definir previamente e com precisão todas as variáveis que influenciarão a execução contratual no curso do tempo. Por isso, o contratante deve prever *custos adicionais* para controlar os riscos de *comportamento oportunista* do contratado, que pode recorrer a astúcia e trapaça para obter aumento de ganhos.[419]

Para conter esse tipo de comportamento, o produtor contratante precisa investir em medidas de fiscalização contratual e de incentivos materiais, de modo a induzir o fornecedor a atuar conforme seus interesses, medidas essas que implicam custos de transação.

---

(415) BRAVERMAN, Harry. **Trabalho e capital monopolista**: a degradação do trabalho no século XX. *Ob. cit.*, p. 215/216.

(416) COASE, Ronald Harry. The Nature of the Firm. **Economica**, V. 4, 16ª ed., nov. 1937, p. 386-405. Disponível em: https://bit.ly/3M2loQV. Acesso em: 10 maio 2022. *Apud*: MACKAAY, Ejan; ROUSSEAU, Sthéphane. **Análise econômica do direito**. Tradução Rachel Sztajn. 2ª ed. *E-Book*. São Paulo: Atlas, 2015, p. 519.

(417) *Idem*.

(418) *Idem*.

(419) *Idem*.

Daí que, para Ronald Coase, o empresário que recorre à instituição da empresa para organizar as atividades de produção, concentrando a propriedade e exercendo controle sobre os recursos produtivos necessários, o faz com a finalidade de substituir as trocas do mercado pela administração gerencial dos recursos, quando essa substituição implicar redução de custos de transação: "dentro da empresa, essas trocas são eliminadas e o mercado, estrutura complexa caracterizada pelas trocas, é substituído pelo empresário coordenador que dirige a produção".(420)

Foi sob essa concepção neoclássica de empresa, como instituição apartada do mercado, que surgiu, no início do século XX, o sistema taylorista-fordista de produção industrial em massa, que buscava concentrar no interior da empresa todos ou quase todos os ciclos da cadeia produtiva do bem de consumo.

O modelo foi naugurado por Henry Ford em sua indústria automobilística, que temperou os métodos da *organização científica do trabalho,* de Frederick Taylor (1911) – o *taylorismo,*(421) com a engenhosidade tecnológica da linha de montagem contínua de Ford, em torno da qual os operários concentravam-se, desenvolvendo específicos e sucessivos segmentos da atividade fabril, numa rotina fragmentada e cronometrada sob o ritmo imposto pela máquina.(422)

O taylorismo, surgido primeiro no final do século XIX, propõe a obtenção da máxima produtividade do trabalho por meio da decomposição de cada processo de trabalho em movimentos rigidamente estudados e previstos e da organização e execução das tarefas fragmentadas, conforme rígidos padrões de tempo e movimento, separando o trabalho intelectual do trabalho manual e repetitivo. (423) O primeiro, o trabalho intelectual, é atribuído aos empregados especializados, engenheiros e gerentes, ensejando intensa hierarquização dos postos de comando. Já o trabalho manual e repetitivo é reservado ao operário do chão de fábrica, totalmente destituído de poder criativo e cientificamente submetido a *standards* inflexíveis de movimentos predeterminados, sob austero controle de tempo. (424)

Já no início do século XX, os princípios teóricos do taylorismo, que vinham se afirmando como uma nova cultura do trabalho, foram absorvidos pelo modelo organizacional fordista, que se transformou paulatinamente no paradigma ocidental de organização empresarial, marcando o triunfo da liderança hegemônica americana sobre o sistema-mundo capitalista: uma estrutura industrial verticalizada e mecanizada, que domina de alto a baixo todos os ciclos do processo produtivo industrial, sob um rígido padrão de organização de tempo e movimento.(425)

---

(420) Livre tradução de "*Within a firm these market transactions are eliminated, and in place of the complicated market structure with exchange transactions, is substituted by the entrepreneur-coordinator, who directs production*". Idem, p. 519.

(421) Objeto do livro "Princípios de Administração Científica do Trabalho", publicado em 1911. TAYLOR, F. W. **Princípios de administração científica.** 8. ed. São Paulo: Atlas, 1990.

(422) AMORIM, Helder Santos. **Terceirização no serviço público** – uma análise à luz da nova hermenêutica constitucional. *Ob. cit.*, p. 25/26.

(423) *"Antes de Frederick Taylor, que publicou o livro 'Princípios de Administração Científica do Trabalho' em 1911, Adam Smith (1723-1790) e James Mill (1773-1836), em seu livro 'Elementos de Economia Política', já abordavam os tempos e movimentos dedicados à produção". In:* APOLINÁRIO, Valdênia. **A racionalização taylorista da produção e o trabalho.** Departamento de Economia da Universidade Federal do Rio Grande do Norte. Periódicos, p. 34. Disponível em: https://bit.ly/3hUSaXz. Acesso em: 21 jul. 2021.

(424) *Idem*, p. 36.

(425) Sobre a interseção histórica entre o taylorismo e do fordismo, consultar: DRUCK, Maria da Graça. **Terceirização:** (des)fordizando a fábrica – um estudo do complexo petroquímico. 1ª ed. Salvador – Ba: EDUFBA – Editora da Universidade Federal da Bahia; São Paulo: Boitempo Editorial, 1999, p. 40.

Como ressalta Márcio Túlio Viana, "Ford produzia tudo, dos pneus até a última porca de seus carros", concentrando verdadeiros exércitos de empregados ao redor da planta fabril. Foi o primeiro industrial a produzir em massa um produto padronizado, com o uso de peças intercambiáveis.[(426)] Mas a organização fordista do processo de trabalho, ressalta Maria da Graça Druck, transcende o chão de fábrica, constituindo um novo modo de vida marcado pela racionalidade através da capacidade de comando do capital, da imposição de sua disciplina sobre o trabalho e sobre os trabalhadores.[(427)]

A estrutura empresarial fordista opera rigidamente, de forma hierarquizada, segundo critérios traçados pelo alto comando, sem flexibilidade para grandes mudanças, voltada a uma produção padronizada, que comporta poucas alterações. Além do automóvel, novos produtos surgiam, como o rádio, a televisão, o náilon, os eletrodomésticos, as calças jeans etc., mas todos, depois de inventados, tendiam a uma certa estabilidade, sem mudança de linha.[(428)]

A produção em massa caracteriza-se pela serialização de máquinas e processos, de modo a "reduzir a manipulação e a arrumar a montagem e outras operações num transportador contínuo ou intermitente, com os processos altamente subdivididos e padronizados". As etapas sucessivas, que antes eram atos de produção separados e frouxamente coordenados, tornam-se firmemente integradas, tornando a produção contínua, em vez de intermitente.[(429)]

Não obstante a especialização das atividades em torno dessa linha de produção em massa, o mais importante efeito desse modelo, para Maurice Dobb, é a "maior unidade conferida ao processo produtivo", em que "cada parte constitutiva tem de ser intimamente entrosada nas demais com uma disciplina um tanto parecida com aquela que coordena os distintos instrumentos de uma orquestra". A produção, diz o autor, "tem de ser um processo verticalmente equilibrado e observar um ritmo comum, pois uma perturbação em qualquer ponto pode abalar o conjunto. [(430)]

Mas o processo produtivo industrial passou a segmentar-se internamente. Uma das consequências da divisão entre o trabalho intelectual e o trabalho manual, segundo Harry Braverman, foi a separação dos processos de trabalho em lugares distintos e em distintos grupos de trabalhadores: "num local, são executados os processos físicos da produção; no outro estão concentrados o projeto, planejamento, cálculo e arquivo".[(431)]

Outras duas ordens de especializações internas ainda marcaram a grande corporação monopolista verticalizada.

A primeira, ainda no começo do século XX, foi a divisão técnica naturalmente decorrente da especialização das tarefas internas, o que levou a empresa a dividir-se em departamentos funcionais, cada um dedicado a um assunto do processo produtivo: planejamento, organização e P&D; controle da produção; controle da qualidade; apuração de custos da produção; transporte; compra e controle de estoque; manutenção da maquinaria; recursos humanos etc. [(432)]

---

(426) VIANA, Márcio Túlio. **Terceirização e sindicato**: um enfoque para além do jurídico. LTr, São Paulo, v. 6, n. 7, jul. 2003, p. 778.

(427) DRUCK, Maria da Graça. **Terceirização**: (des)fordizando a fábrica – um estudo do complexo petroquímico. *Ob. cit.*, p. 48.

(428) APOLINÁRIO, Valdênia. **A racionalização taylorista da produção e o trabalho**. *Ob. cit.*, p. 36.

(429) DOBB, Maurice Herbert. **A evolução do capitalismo**. *Ob. cit.*, p. 225.

(430) *Idem*, p. 256.

(431) BRAVERMAN, Harry. **Trabalho e capital monopolista**: a degradação do trabalho no século XX. *Ob. cit.*, p. 112.

(432) *Idem*, p. 223.

A segunda subdivisão, muito superior em importância, segundo o autor, foi a do *aparelho de mercadejamento* ou estrutura comercial. Desde final do século XIX, as grandes corporações passaram a organizar-se sob um revolucionário enfoque mercadológico. O aumento crescente do mercado, em volume e dispersão geográfica, exigiu das grandes fábricas a implementação de estruturas internas de organização do comércio nacional e, depois, do comércio e distribuição internacional de seus produtos, o que ensejou a criação de grandes seções ou departamentos de vendas, publicidade, promoção, pedidos, comissões, análise de vendas etc.[433]

Cada uma dessas subdivisões terminou exigindo a criação de departamentos imensos, que assumiram características de uma empresa distinta, com seu próprio pessoal administrativo. E a área comercial tornou-se progressivamente mais importante, na medida da complexidade do mercado e da necessidade de induzir a demanda.[434]

Esse quadro ficou ainda mais complexo com a tendência da empresa monopolista de integrar-se tanto verticalmente, para compreender o máximo de atividades da cadeia produtiva ou a elas conexas (a produção de matérias-primas, o transporte, o aumento do capital ou ampliação do crédito por meio de instituições financeiras etc.), como horizontalmente, para compreender outros e variados produtos.[435] Com isso, as atividades terciárias voltadas para a indústria (serviços comerciais, de transporte, crédito etc.) submeteram-se também ao mesmo modelo de organização produtiva industrial, racionalizada com base na divisão e especialização do trabalho.

Essa racionalidade organizacional, esteada na divisão entre concepção e execução – *trabalho intelectual* e *manual* – dos processos produtivos, viria a aprofundar-se na segunda metade do século XX, sob o novo modelo organizacional de produção flexível, de inspiração toyotista. Nele, a empresa não apenas se divide internamente, mas com uso das novas ferramentas tecnológicas dos transportes, das comunicações e da informática, divide e externaliza para outras empresas as atividades predominantemente executivas, de menor valor agregado, mantendo sob sua direta execução as atividades intelectuais, de concepção e *design*, nas quais restaram concentradas as maiores recompensas.

Foi o que ocorreu quando o modelo de empresa verticalizada deu sinais de esgotamento, exaurindo-se como padrão produtivo de acumulação capitalista, a partir dos anos 1970 e 1980, no contexto da grande crise de superprodução que dificultava a expansão da indústria. Em reação, o capital organizou-se politicamente em forte ofensiva neoliberal, iniciando um turbulento movimento de transição para o modelo produtivo flexível da atualidade.[436]

3.4. Organização flexível do processo produtivo: a empresa-líder enxuta e a rede de produção externalizada

Diante da crise de superprodução nos países centrais, a partir da década de 1960, o padrão de política econômica keynesiana de matriz intervencionista no mercado tornou-se um obstáculo ao poder das corporações multinacionais, *os verdadeiros agentes do capital em geral*, mundializado e predominantemente financeirizado, que

---

(433) BRAVERMAN, Harry. **Trabalho e capital monopolista:** a degradação do trabalho no século XX. *Ob. cit.*, p. 224/225.
(434) *Idem*, p. 226/227.
(435) *Idem*, p. 225.
(436) Sobre a crise do fordismo, consultar: DRUCK, Maria da Graça. **Terceirização:** (des)fordizando a fábrica – um estudo do complexo petroquímico. *Ob. Cit.*, p. 68.

reivindicou politicamente a reconstituição de sua base de valorização por meio da acumulação flexível.[437]

Iniciava-se o novo ciclo de expansão financeira global do capital acumulado. Extrapolando a capacidade de investimento na produção, esse capital buscou flexibilidade para circular com liberdade espacial e entre todas as suas formas de manifestação (capital-dinheiro, capital-produtivo e capital-mercadoria), sem vincular-se a nenhuma forma concreta e estável.[438]

Com reorientações políticas e econômicas de *deslocamento da matriz estatal para o mercado,*[439] o movimento neoliberal dos países centrais espraiou-se pelo planeta. Para atender ao novo consumo global volátil induzido, em cenário de forte concorrência internacional, as corporações recorreram a uma nova lógica produtiva *on demand,* que pressupõe o intenso enxugamento de custos aliado à flexibilidade, em suas múltiplas dimensões: flexibilidade estratégica e de volume, de adaptação sazonal, de adaptação a falhas e a erros de previsão e flexibilidade nas relações intra e extra-empresa.[440] Tudo isso contrastava com a rigidez do padrão fordista de produção.

A partir dos anos de 1970 e 1980, projetaram-se em algumas regiões do mercado mundial uma série de experimentos produtivos que retratavam o novo modo de acumulação flexível. Giovanni Alves aponta como exemplos a *especialização flexível,* na *Terceira Itália,* e o *kalmarianismo,* na Suécia.[441] Entretanto, conforme ressalta o autor, nisso seguido por outros estudiosos, o movimento que teve a maior capacidade de expressar as necessidades imperativas do capitalismo mundial foi a experiência do *toyotismo,* no Japão.[442]

Com uso das novas tecnologias dos transportes, das comunicações e da informática, as grandes corporações deflagraram intensas transformações no processo produtivo, voltadas ao enxugamento das estruturas e dos custos de produção, inspiradas no modelo automobilístico japonês da *Toyota,* a organização toyotista.

---

(437) ALVES, Giovanni. **Reestruturação produtiva e crise do sindicalismo no Brasil**. *Ob. cit.*

(438) *Idem,* p. 13/15. Conforme visto no Capítulo 2, os estudiosos identificam, nesse momento, o início do declínio do ciclo de liderança hegemônica dos Estados Unidos sobre a economia-mundo, pela similitude de comportamento, com as fases finais dos ciclos anteriores, sem identificar, no entanto, uma nova liderança econômica mundial, razão pela qual, caracterizam o atual momento como de transição hegemônica. Consultar: ARRIGHI, Giovanni; SILVER, Beverly J.; BREWER, Benjamin D. **Industrial convergence, globalization, and the persistence of the north-south divide**. *Ob. cit.*, p. 26. A esse respeito, conferir também o Epílogo de "O Longo Século XX": Pode o capitalismo sobreviver ao sucesso? *In*: ARRIGHI, Giovanni. **O longo século XX**: dinheiro, poder e as origens do nosso tempo. *Ob. cit.*, p. 426/469.

(439) DELGADO, Gabriela Neves. **Terceirização**: paradoxo do direito do trabalho contemporâneo. São Paulo: LTr, 2003, p. 5.

(440) *Idem,* p. 20.

(441) ALVES, Giovanni. **Reestruturação produtiva e crise do sindicalismo no Brasil**. *Ob. cit.*, p. 18. A *Terceira Itália* designa a experiência produtiva flexível realizada na região localizada entre o Norte e o Sul italianos (Milão, Turim, Bolonha, Florença, Ancona, Veneza, Modena e Gênova), em que distritos industriais compostos por micro, pequenas e médias empresas utilizaram estratégias de cooperação, inovação e flexibilização produtiva, alcançando importante espaço no mercado internacional. A expressão contrasta as experiências da denominada *Primeira Itália,* região do Norte italiano em que predominavam as grandes empresas industriais, e as do Sul italiano, em que predominava uma indústria pouco expressiva composta por pequenas firmas que produziam especialmente para o mercado local. A esse respeito, consultar: PIORE, Michael J.; SABEL, Charles F. **The second industrial divide**: possibilities for prosperity. New York: Basic Books, 1984. Por *Kalmarianismo* se designa a experiência produtiva flexível adotada na década de 1970 pela indústria automotiva Volvo, na região de Kalmar, na Suécia.

(442) Também nesse sentido, consultar: ANTUNES, Ricardo. **Adeus ao trabalho?** Ensaio sobre as metamorfoses e a centralidade do mundo do trabalho. 11ª Ed. São Paulo: Cortez; Capinas-SP: Editora da Universidade Estadual de Campinas, 2006, p. 31.

Esse modelo organizacional, segundo Benjamim Coriat, é ontologicamente impulsionado pela busca de "ganhos de produtividade inéditos, fora dos recursos das economias de escala e da padronização taylorista e fordista", para produção simultânea de produtos diferentes e variados, em pequenas séries.[443]

Na feliz síntese de Ricardo Antunes, o modelo toyotista (1) assenta-se na produção vinculada à demanda, visando a atender às exigências mais individualizadas do consumidor; (2) fundamenta-se no trabalho em equipe, células de produção, *team work*, círculos de controle de qualidade etc., com multivariedade de funções; (3) tem por princípio o *just in time*, com melhor aproveitamento do processo de produção; (4) funciona segundo o método *kanban*, com uso de placas ou senhas de comando para reposição de peças e de estoque na estrita medida das necessidades; e (5) a empresa tem estrutura horizontalizada (em rede), priorizando a execução direta das atividades que considera prioritárias em sua especialidade (teoria do foco), com a terceirização de grande parte do que antes executava diretamente, movimento que tende a reproduzir-se nas empresas terceirizadas.[444]

Em idêntico sentido, afirma Maria da Graça Druck que o modelo japonês de produção é caracterizado por um conjunto de elementos-chave, composto por quatro dimensões, a saber: (1) um sistema de emprego adotado pelas grandes empresas, que inclui a vitaliciedade no emprego e a promoção por antiguidade ou tempo de serviço; (2) um sistema de organização e gestão do trabalho que inclui: o *just in time* – produção no tempo certo, na quantidade exata, com uma quantidade certa de trabalho; *kanban* – sistema de informações dos vários estágios de produção e de estoque, por meio de placas; trabalho em equipe – organização do trabalho baseada em grupos de trabalhadores polivalentes que desempenham múltiplas funções; (3) um sistema de representação sindical por empresa, integrada à política de gestão do trabalho, e que se confunde com a própria estrutura hierárquica da empresa, afastando-se do modelo de organização sindical como forma de resistência dos trabalhadores às práticas gerenciais; e (4) um sistema de terceirização externa marcado por relações interempresariais muito hierarquizadas entre as grandes empresas contratantes e as pequenas e médias empresas contratadas: "há uma relação de subordinação destas últimas, que é institucionalizada por um estatuto de dependência e fidelidade (...)" e, também, por formas de contratação e qualificação de mão de obra diferentes e, muitas vezes, precárias.[445]

As grandes empresas buscam estender as práticas *just in time* e de qualidade total a parte de sua rede de fornecedoras diretas e subcontratadas, para obter um fornecimento satisfatório de produtos e serviços. A rede de terceirização é estratificada e diferenciada entre contratações mais estáveis, inclusive com programas de formação tecnológica e de treinamento, e contratações mais instáveis e precárias de pequenas e microempresas, sendo esse um elemento fundamental da estrutura produtiva japonesa.[446]

---

(443) CORIAT, Benjamin. **Pensar pelo avesso** – o modelo japonês de trabalho e organização. Rio de Janeiro: Ed. Revan/UFRJ. *Apud*: ALVES, Giovanni. **Reestruturação produtiva e crise do sindicalismo no Brasil.** *Ob. cit.*, p. 35.

(444) ANTUNES, Ricardo. **Os sentidos do trabalho**: ensaio sobre a afirmação e a negação do trabalho. *Ob. cit.*, p. 54/55.

(445) DRUCK, Maria da Graça. **Terceirização**: (des)fordizando a fábrica – um estudo do complexo petroquímico. *Ob. cit.*, p. 92/93.

(446) *Idem.*

Na perspectiva de Graça Druck, é parte integrante do modelo japonês esse caráter estratificado da externalização, que diferencia as condições de tralho na grande empresa contratante e em sua rede de fornecedores, fortemente subordinada:

> (...) No caso das grandes empresas: emprego vitalício; mão de obra mais qualificada; uma organização do trabalho baseada na gestão da qualidade total e participativa, a fim de envolver o trabalhador na busca por produtividade, redução de custos e qualidade para obter produtos diferenciados e de alta qualidade no mercado, níveis salariais mais condizentes com as funções assumidas; e um sindicalismo de empresa como elemento-chave de colaboração para neutralizar qualquer reação e oposição mais organizada dos trabalhadores.
>
> No caso das pequenas e médias empresas, que formam a rede de subcontratação, encontram-se todos os tipos de trabalho. Marcadas, em geral, por uma instabilidade muito grande, nessas empresas não existe emprego vitalício, há menor qualificação da mão de obra, condições precárias de trabalho, assim como contratos irregulares e de trabalho ocasionou ou parcial – em geral realizado por mulheres – com padrões salariais muito mais baixos que os vigentes nas grandes corporações. Estas pequenas e médias empresas, duramente subordinadas à gestão e organização do trabalho de tipo toyotista, têm que empreender enorme esforço para dar conta dos padrões de qualidade e produtividade exigidos.[447]

Por isso, na visão de Druck, a rede de terceirização constitui elemento central do modelo toyotista de produção, por sua função de reservar o trabalho precário terceirizado às empresas contratadas, como uma das formas de sustentação, inclusive no plano político, do *trabalho limpo, participativo, qualificado* e *estável* das grandes corporações. É característico da estrutura produtiva na economia japonesa essa relação de complementariedade entre as grandes e pequenas empresas, indispensáveis para o sucesso do modelo.[448] Disso decorre, como componente central do modelo japonês de externalização, a forma como se estruturam as relações interempresariais na rede de fornecedores.

Giovanni Arrighi também acentua o caráter altamente estratificado do sistema japonês de subcontratação, em múltiplas camadas integradas por *fornecedores primários*, contratados diretamente pela empresa-líder; *fornecedores secundários*, subcontratados pelo fornecedores primários; *fornecedores terciários*, e assim sucessivamente, "até a cadeia chegar à camada inferior, que formada por uma grande massa de casas que subcontratam operações simples". Sem a presença de todas essas camadas subalternas de subcontratantes formalmente independentes, conforme reconhecido pela Organização do Comércio Exterior do Japão (Jetro), "as grandes empresas japonesas se atrapalhariam e *afundariam*".[449]

Por outro lado, na visão de Arrighi, as redes de terceirização japonesas, mais marcadas por relações familiares e de grupo econômico, são instrumentos mais estáveis de cooperação a longo prazo entre as empresas do que as redes de terceirização dos EUA e da Europa Ocidental (em que se inspira o modelo brasileiro). Aqui, as relações interempresariais são mais mercadológicas, obrigando os contratantes e subcontratantes

(447) DRUCK, Maria da Graça. **Terceirização**: (des)fordizando a fábrica – um estudo do complexo petroquímico. *Ob. cit.*, p. 98/99.
(448) *Idem*, p. 99 e 123.
(449) ARRIGHI, Giovanni. **O longo século XX**: Dinheiro, poder e as origens do nosso tempo. *Ob. cit.*, pos. 451.

a renegociar com mais frequência e sob maior pressão competitiva os seus contratos, do que no Japão.[450]

Esse *standard* produtivo japonês alçou a posição de "objetivação universal da categoria da flexibilidade", diz Ricardo Antunes.[451] Sua transferibilidade total ou de parte do seu receituário tornou-se imperativa para as empresas ocidentais, inclusive como condição indispensável à participação flexível nas cadeias produtivas transnacionais, por meio da terceirização. Mas a sua adaptabilidade, em maior ou menor escala, foi condicionada às singularidades de cada país, inclusive quanto à participação desses países nas cadeias produtivas transnacionais.[452]

No decorrer dos anos 1980, os princípios organizacionais do toyotismo foram adotados por várias corporações transnacionais nos EUA, Europa, Ásia e da América Latina, principalmente no setor industrial (mas também no de serviços), adaptados às práticas e possibilidades concretas de cada economia. Ao assumir caráter de modelo universal, segundo Giovanni Alves, o toyotismo passou a mesclar-se, em maior ou menor proporção, com outras formas de racionalização do trabalho voltadas a potencializar a lógica da flexibilidade.[453]

Por isso, quando adaptadas pelos países ocidentais, as práticas gerenciais e empregatícias da *Toyota* assumiram uma nova significação para o grande capital, não mais vinculando-se às suas características originárias, mas representando uma nova via de racionalização do processo produtivo centrado na flexibilidade produtiva e na redução de custos, adequado ao novo momento do capitalismo mundial[454]

Esgotada a possibilidade de expansão da produtividade por meio da produção em massa, como era próprio da organização fordista, a organização produtiva flexível propunha-se a reduzir custos, inclusive, por meio da redução do quadro de empregados e da terceirização intensiva de ciclos produtivos, com máxima exigência de produtividade por parte das empresas terceirizadas. Nesse movimento, surge o modelo da empresa *enxuta*, em que o empresário já não precisa exercer direito de propriedade sobre todos os meios de produção.

A propriedade sobre todos os meios de produção deixou de exercer importância fundamental no processo produtivo à medida que se desenvolveram as economias de escala, dando ensejo ao imenso mercado disposto a atender os processos produtivos. Esse movimento gerou fortes incentivos econômicos para que a grande empresa reduzisse a propriedade direta sobre as atividades consideradas *não essenciais* e passasse a coordenar esse mercado,[455] dando ensejo ao movimento de externalização produtiva.

A terceirização externa passou a reproduzir, assim, no interior da cadeia produtiva descentralizada, lógica expropriatória de trabalho ainda mais intensa do que aquela desenvolvida no modelo da empresa-total. O excedente de valor da atividade produtiva é obtido, pela empresa-líder, por meio da transferência a terceiros da pressão

(450) ARRIGHI, Giovanni. **O longo século XX**: Dinheiro, poder e as origens do nosso tempo. *Ob. cit.*, p. 452.
(451) ALVES, Giovanni. **Reestruturação produtiva e crise do sindicalismo no Brasil**. *Ob. cit.*, p. 26.
(452) ANTUNES, Ricardo. **Os sentidos do trabalho**: ensaio sobre a afirmação e a negação do trabalho. *Ob. cit.*, p. 55. A inserção da terceirização, no Brasil, na década de 1980, visou inicialmente a assegurar a sobrevivência empresarial num contexto de quase estagnação econômica e de ampla competição internacional desregulada, vinculada à inserção subordinada e passiva da economia nacional à globalização.
(453) ALVES, Giovanni. **Reestruturação produtiva e crise do sindicalismo no Brasil**. *Ob. cit.*, p. 30.
(454) *Idem*, p. 29.
(455) GEREFFI, Gary *et. al.* **The governance of global value chains**. *Ob. cit.*, p. 91.

competitiva das atividades externalizadas. O valor agregado nas atividades externalizadas é mal remunerado e parte dele é incorporado pelas atividades centrais, que terminam remuneradas com a maioria, senão com todos os benefícios da divisão do trabalho.

Como bem apontam Gay Gereffi *et. al.*, a viabilidade econômica da separação da propriedade do meio de produção é um fator determinante para o modo como se organiza a produção, especialmente no plano internacional. Onde a separação de propriedade não é viável por meio da terceirização externa, as corporações multinacionais exercem papel dominante por meio do investimento estrangeiro direto; onde é viável, predominam as relações terceirizadas, mesmo à distância.(456)

A possibilidade de embarcar produtos em um mesmo container desde sua origem até o destino (a *conteinerização*) diminuiu sobremaneira os custos e transformou a forma de administração logística do comércio e da produção. Assim, a revolução tecnológica tornou possível integrar e coordenar à distância os múltiplos ciclos produtivos, por meio de *serviços produtivos conectores*, ao passo em que a grande diferença salarial entre países desenvolvidos e em desenvolvimento tornou lucrativa esta separação da produção.(457)

Nesse sentido, o desenvolvimento tecnológico, informacional e dos transportes, do século XX, e o ímpeto para reduzir custos trabalhistas, ensejou o novo movimento de descentralização produtiva para regiões mais *baratas*, tornando atrativos os novos *custos de transação* gerados pela terceirização.(458)

Como afirmam Ejan Mackaay e Sthéphane Rousseau no plano reflexivo da Análise Econômica do Direito, a manutenção de um quadro de empregados imunes à concorrência (de outros fornecedores no mercado) passou a afetar negativamente os custos de produção do bem ou do serviço, prejudicando a competitividade da empresa.(459) A noção expressa a lógica econômica germinal da terceirização, que submete o trabalho terceirizado à concorrência entre fornecedores e prestadores de serviços para induzir o aumento de produtividade, com redução de custos.

Assim as grandes empresas detentoras das grandes fatias de mercado tornaram-se *clientes* de uma constelação de empresas fornecedoras de bens e serviços localizadas em todas as regiões do planeta, numa relação de consumo às avessas, em que as poderosas corporações *consumidoras* de matérias-primas, peças, componentes, serviços etc., moldam o mercado de fornecedores às suas necessidades estratégicas, exercendo sobre eles, para os fins produtivos, um poder de controle equivalente ao de propriedade.

Nessa perspectiva deve ser compreendida a noção da *empresa mínima*, como a antiga empresa-total que, por decisão estratégica fundada em custos de transação, reduziu o domínio proprietário sobre os fatores de produção para contratualizar seu processo produtivo, tornando-se o centro cerebral da *empresa em rede* (*firme réseau*, *impresa rete* ou *network firm*). A antiga empresa-total é hoje a *empresa-líder* controladora de um conglomerado técnico-funcional composto por ela (contratante) e por uma rede de *fornecedoras externalizadas* (contratadas) interconectadas pela tecnologia informacional.

---

(456) GEREFFI, Gary *et. al.* **The governance of global value chains.** *Ob. cit.*, p. 80.

(457) OLIVEIRA, Susan Elizabeth Martins Cesar de. **Cadeias globais de valor e os novos padrões de comércio internacional:** estratégias de inserção de Brasil e Canadá. *Ob. cit.*, p. 58/63.

(458) *Idem*, p. 247/248.

(459) MACKAAY, Ejan; ROUSSEAU, Sthéphane. **Análise econômica do direito.** *Ob. Cit.*, p. 520.

Dessa forma, a fábrica enxuta resultante da *fragmentação sistêmica* provocada pela externalização de ciclos produtivos[(460)] retrata a grande corporação multinacional que descentraliza seu processo produtivo e que passa a atuar como empresa-líder em rede, em íntima relação de controle estratégico sobre suas empresas fornecedoras.

Manuel Castells identifica a *empresa em rede* como manifestação do modelo produtivo internacionalmente fragmentado e flexível, a nova unidade operacional real da economia globalizada, adaptada à sua natureza *informacional*. As grandes empresas organizam suas cadeias produtivas transnacionais em redes e, com poder econômico e tecnológico, mantém-se no topo hierárquico e no controle dessas cadeias, como empresas-líderes detentoras das atividades cerebrais (P&D, concepção, *design* etc.), em face de sua maior capacidade de produzir e transmitir conhecimentos.[(461)] A partir daí, toda disputa empresarial por acesso e atualização nas cadeias produtivas gira em torno da competição por *know-how* nessas atividades.

Essa ideia da *empresa em rede* retrata com fidelidade a noção da cadeia produtiva empresarial descentralizada, ilustrando a posição de comando da grande empresa-líder que lançou no mercado seus antigos departamentos e seções, passando a controlá-los não mais sob a hierarquia gerencial orgânica da empresa-total verticalizada, fundada no direito de propriedade, mas sob uma nova forma de *hierarquia contratualizada*, que deriva do poder de mercado (poder econômico e tecnológico) e impõe-se por meio de estímulos econômicos, ensejando uma *integração vertical contratual* dos ciclos produtivos.

Nesse novo movimento, as grandes corporações dos países centrais, especialmente as estadunidenses, transferiram ciclos completos de seus processos produtivos, com atividades que demandam maiores custos de mão de obra, para outros países ou regiões periféricas e semiperiféricas (*offshoring*). Essa transferência deu-se por meio de investimento estrangeiro direto, com realocação de plantas industriais (abertura de novas empresas, subsidiárias ou filiais), mas também e especialmente por meio da externalização de atividades, com vistas à racionalização de custos, especialmente trabalhistas.

Segundo o relatório da 105ª Conferência da OIT, que tratou do *trabalho decente* nas cadeias produtivas transnacionais, o modelo de externalização e deslocalização produtiva evoluiu e expandiu-se, de modo que "as empresas fornecedoras estão cada vez mais interligadas através de relações de contratação e de subcontratação que não implicam uma participação direta no seu capital".[(462)]

Para Wallerstein, a desindustrialização ocorrida nos países ricos, a partir da década de 1970, como EUA, Alemanha Ocidental e Grã-Bretanha, decorrente desse movimento de relocalização industrial, teve por objetivo central a desmobilização da organização coletiva do trabalho industrial nesses países, cuja mão de obra encareceu-se sob a política keynesiana. Muitas indústrias tradicionais mudaram suas plantas ou externalizaram atividades industriais executivas para o sudeste asiático e outros países em desenvolvimento, de industrialização tardia, com a finalidade de colher vantagens das condições de trabalho desregulamentadas.[(463)]

---

(460) MACKAAY, Ejan; ROUSSEAU, Sthéphane. **Análise econômica do direito.** *Ob. Cit.*, p. 520.

(461) CASTELLS, Manuel. **A sociedade em rede.** *Ob. cit.*, p. 119, 163 e 232.

(462) ORGANIZAÇÃO Internacional do Trabalho - Conferência Internacional do Trabalho, 105ª Sessão. **Trabalho digno nas cadeias de abastecimento mundiais.** *Ob. cit.*, p. 9.

(463) WALLERSTEIN, Immanuel. **Capitalismo histórico e civilização capitalista.** *Ob. cit.*, p. 70.

Conforme visto no Capítulo 2, disso resultou o processo de desindustrialização nos países centrais, a industrialização de países periféricos, a fragmentação internacional da produção e a consequente intensificação das cadeias produtivas transnacionais, uma combinação de processos produtivos geograficamente espalhados ao redor do mundo, mas conectados à distância pelas empresas-líderes contratantes.

Na perspectiva de leitura de Giovanni Alves, o toyotismo não consiste num novo modo de regulação da produção capitalista, como o foi o fordismo. Seu potencial heurístico consiste na compreensão da nova lógica de produção de mercadorias, novos princípios de administração produtiva e de gestão da força de trabalho, que tem por valor universal constituir uma nova forma de hegemonia do capital na produção. Nesse sentido, o toyotismo, como um estágio superior de racionalização capitalista do trabalho, não rompe com a lógica do taylorismo-fordismo, mas o aprofunda (por isso, denominado por alguns autores de *neofordismo*), realizando um "salto qualitativo na captura da subjetividade operária pela lógica do capital", o que lhe confere traço distintivo.[(464)]

Como o próprio Ohno reconheceu, segundo Giovanni Alves, é mais importante insistir sobre as continuidades do que sobre as rupturas do toyotismo em relação ao taylorismo-fordismo. De certo modo, o toyotismo teria conseguido superar, no sentido dialético (superar/conservando), alguns aspectos predominantes da gestão taylorista--fordista do século XX, que instaurou a parcelização e repetitividade do trabalho. Por trás da intensificação do ritmo do trabalho, que o toyotismo busca na maximização da taxa de ocupação das ferramentas e dos homens, persistiria uma nova e mais intensa forma de repetitividade do trabalho.[(465)]

Na mesma esteira, o intenso processo de especialização de ciclos produtivos no interior da empresa taylorista-fordista, que se iniciou com a divisão *científica* entre o trabalho manual e intelectual e definiu setores e departamentos da grande empresa, terminou modelando a nova forma organizacional toyotista flexível, em que os ciclos especializados distribuem-se em distintas empresas, mantendo na empresa-líder o aparato cerebral de coordenação e de integração sistêmica das partes.

A terceirização, sofisticada ou não sob o modelo toyotista, opera, pois, como uma correia de transmissão de valor, que mantém integrados os ciclos produtivos desmembrados no interior da cadeia produtiva, deslocando mais-valia da periferia empresarial terceirizada para o centro empresarial contratante.

Nesse sentido, a cadeia produtiva empresarial descentralizada, organizada por meio da terceirização externa com a *integração vertical contratualizada* dos ciclos produtivos, passou a constituir a nova unidade empresarial de controle produtivo do grande capital, na atualidade.

3.5. O modelo flexível externalizado no Brasil

A inserção do modelo descentralizado de produção no Brasil, nos moldes aqui propostos, em que a grande corporação controladora da cadeia produtiva estabelece parâmetros produtivos aos fornecedores de seus produtos-base (matérias-primas, insumos, subprodutos, produtos acabados etc.), confunde-se com a própria inserção

---

(464) ALVES, Giovanni. **Reestruturação produtiva e crise do sindicalismo no Brasil.** *Ob. cit.*, p. 28.
(465) *Idem*, p. 33.

colonial e subordinada do País no sistema-mundo capitalista, fenômeno retratado no Capítulo 2, item 2.4.[466]

Alvo de exploração de bens primários (minério, madeira, açúcar, café, especiarias etc.) que abasteciam e continuam abastecendo as regiões mais ricas do planeta por meio de intrincadas cadeias transnacionais de produção, o Brasil especializou-se em exportar *commodities* sob parâmetros fixados por grandes corporações transnacionais. A subordinação da etapa de produção desses bens a grandes compradores externos, ao tempo em que retrata a posição periférica ou semiperiférica do País na economia mundial, revela o quanto as empresas brasileiras muito cedo tornaram-se fornecedoras especializadas do grande empreendimento descentralizado internacional.[467]

Mesmo com o desenvolvimento industrial, as empresas brasileiras continuaram desenvolvendo ciclos iniciais, de menor rentabilidade, nas cadeias produtivas transnacionais, produzindo bens primários ou intermediários de menor valor agregado sob padrões internacionais de qualidade e preço,[468] fatores que pressionam negativamente as condições de trabalho.

Resultado desse cenário, segundo estudos da OIT, é que Brasil apresenta grande incidência de trabalho infantil nos elos iniciais (produção de matéria-prima) de grandes cadeias produtivas transnacionais, com destaque para a produção de alimentos e o extrativismo.[469] E a maior parte dos resgates de trabalhadores em condições de trabalho escravo, realizados pela Inspeção do Trabalho, nas duas últimas décadas, no País, ocorreu em atividades agropecuárias vinculadas a grandes cadeias produtivas internacionais, a exemplo das cadeias produtivas do café, laranja, cacau, carnaúba[470] e carne bovina.[471]

Mesmo nas atividades industriais, em que se desenvolveu o modelo descentralizado tipicamente toyotista, o Brasil conheceu a externalização muito cedo.

Desde os anos 1950, quando se iniciou a política de industrialização internacionalista de Juscelino Kubitscheck, uma parcela da produção da indústria automobilística instalada no País já era externalizada, constituindo-se ao redor das montadoras multinacionais uma rede de empresas fornecedoras de componentes e peças. Porém, tanto as montadoras quanto suas fornecedoras possuíam estruturas verticalizadas,

(466) TOPIK, Steven; MARICHAL, Carlos; FRANK, Zephyr. **From Silver to Cocaine**: Latin American commodity chain and the building of the world economy, 1500-2000. Durham and London: Duke University Press, 2006, pp. 1. *Apud*: LIMA VIEIRA, Rosângela de. A cadeia mercantil do café produzido no Brasil entre 1830 e 1929. *In*: VIEIRA, Pedro Antônio; LIMA VIEIRA, Rosângela de; FILOMENO, Felipe Amin (org). **O Brasil e o capitalismo histórico**: passado e presente na análise do sistema-mundo - Capítulo 2. *Ob. Cit.*

(467) LIMA VIEIRA, Rosângela de. **A cadeia mercantil do café produzido no Brasil entre 1830 e 1929.** *Ob. cit.*, p. 265/296.

(468) *Idem.*

(469) CESARA, Marques. América Latina lidera trabalho infantil em cadeias produtivas. **Brasil de Fato**, 18 nov. 2019. Disponível em: https://bit.ly/3dmljbN. Acesso em: 22 jun. 2021.

(470) BRASIL, Ministério Público do Trabalho. **PGEA 20.02.2200.0000406/2019-06**, Grupo de Trabalho Reação em Cadeia: Atuação do Ministério Público do Trabalho em Cadeias Produtivas, 2020.

(471) O Ministério Público Federal desenvolveu o Projeto Carne Legal em face da cadeia produtiva de carnes, no bojo do qual várias indústrias frigoríficas e curtumes assinaram termos de compromisso comprometendo-se a não adquirir carne proveniente de áreas de desmatamento na Amazônia, onde se pratica trabalho escravo e outras violações socioambientais. BRASIL, Ministério Público Federal. **Projeto Carne Legal**. Disponível em: https://bit.ly/3929NmK. Acesso em: 7 jun. 2022.

terceirizando apenas serviços de apoio, próprios da terceirização interna (por ex., alimentação, transporte, vigilância, assistência médica etc.).[472]

A maioria das pesquisas e estudos de casos sobre a adoção do modelo de organização produtiva flexível, no Brasil, ocorre no setor automotivo, onde é possível visualizar melhor a transição do padrão fordista para o toyotista, com o uso dos Círculos de Qualidade Total (CCQs) entre os anos 1970-1980, e do regime *just in time* e da terceirização, nos anos 1980-1990. Nesse período, a terceirização generalizou-se com imensa rapidez, passando das atividades de apoio (atividades-meio), como limpeza, alimentação, transporte etc., para atividades nucleares (atividades-fim), como produção, manutenção, usinagem etc.[473]

Esse processo ocorreu num contexto de crise, recessão, desemprego e instabilidade econômica, que marcava a situação macroeconômica do país.

Segundo Márcio Pochmann, o uso intensivo da terceirização, no Brasil, nesse período, teve por finalidade precípua assegurar a sobrevivência empresarial num contexto de quase estagnação econômica e de ampla competição internacional desregulada, vinculada à "inserção subordinada e passiva da economia nacional à globalização". Por isso, diz o pesquisador, a terceirização instrumentalizou no País uma reestruturação produtiva de caráter defensivo, "mais caracterizada pela minimização de custos e adoção de estratégias empresariais de resistência (sobrevivência)", do que pela busca de qualificação do produto.[474]

Por isso, a terceirização interna, que leva mão de obra alheia para o interior da empresa, foi a que mais intensamente instalou-se no País, com vistas à redução imediata de custos laborais.

Mas também na década de 1980 a terceirização externa ganhava notoriedade no País. Um dos principais exemplos, segundo Alisson Droppa e Magda Biavaschi, foi o da empresa *Riocell*, do setor de papel e celulose, que em 1986 externalizou o plantio de árvores de eucalipto para produção de madeira, sua matéria-prima. E, mesmo no setor automotivo, a partir dos anos 1990, intensificou-se o processo de externalização de atividades vinculadas à produção (por ex., manutenção, ferramentaria, estamparia etc.). [475]

Nesse período, investimentos transformaram o País em palco de experiências inovadoras de externalização no setor automotivo, a exemplo do condomínio industrial e do consórcio modular.

No condomínio industrial, empresas fornecedoras escolhidas pela montadora instalam-se nas adjacências e dentro da planta da montadora, e passam a fornecer componentes ou subconjuntos completos em regime de *just-in-sequence*, diretamente ao lado da linha de montagem, a exemplo das plantas da VW/Audi no Paraná, da GM em Gravataí-RS e da Ford em Camaçari-Ba, esta última encerrada no início de 2021.[476]

---

(472) AMORIM, Helder Santos. **Terceirização no serviço público** – uma análise à luz da nova hermenêutica constitucional. *Ob. cit.*, p. 33.

(473) DRUCK, Maria da Graça. **Terceirização**: (des)fordizando a fábrica – um estudo do complexo petroquímico. *Ob. cit.*, p. 105.

(474) POCHMANN, Márcio. **A superterceirização do trabalho**. *Ob. cit.*

(475) DROPPA, Alisson; BIAVASCHI, Magda Barros. **A terceirização e a justiça do trabalho**: a história da terceirização no setor de papel e celulose no rio grande do sul. ANPUH – XXV Simpósio Nacional de História. Fortaleza, 2009. Disponível em: https://bit.ly/36ZrWwQ. Acesso em: 24 jul. 2021.

(476) VANALLE, Rosangela Maria; SALLES, Antonio Arantes. **Relação entre montadora e fornecedores:** modelos teóricos e estudos de caso na indústria automobilística brasileira. Gestão de Produção, v. 18, n. 2. São Calos: 237-250, 2011, pp. 239. Disponível em: https://bit.ly/3gHiTG3. Acesso em: 28 ago. 2021.

Já no modelo de consórcio modular, implantado pela GM na fábrica de caminhões e chassis de ônibus em Resende-RJ, a montadora ficou responsável pela planta e pela linha de montagem final, por ela coordenada, enquanto as fornecedoras imediatas (chamadas de modulistas) assumiram a montagem dos módulos dentro da linha de montagem final da montadora.[(477)]

Estudos empíricos no Brasil demonstram que, para assegurar o fluxo estável e contínuo de suprimentos, a indústria automotiva promoveu a redução do número de fornecedores e a sua hierarquização em 3 ou 4 níveis das cadeias de suprimentos, da seguinte forma:

(1) no *primeiro nível de contratação*, os fornecedores primários desenvolvem produtos e administram uma rede própria de fornecedores, de modo a capacitá-la a atender à montadora, fornecendo subsistemas completos e prontos para entrar na linha de montagem;

(2) no *segundo nível de contratação*, os fornecedores secundários de componentes, peças e materiais atendem os fornecedores primários, oferecendo maior desempenho em tecnologia;

(3) no *terceiro e quarto níveis de contratação*, os fornecedores terciários e quaternários fornecem peças isoladas e materiais de baixo valor agregado aos fornecedores secundários e terciários, respectivamente.[(478)]

Isso demonstra como o modelo de externalização adotado na indústria automobilística brasileira manteve o caráter estratificado da rede de fornecedores presente no Japão.

Por outro lado, estudos sobre a adaptação do modelo japonês no Brasil sugerem que as formas nacionais aqui assumidas não romperam totalmente com o padrão taylorista-fordista, pois a automação parcial e seletiva em alguns setores das montadoras somente intensificou a padronização, a mecanização e a intensidade do ritmo do trabalho, mantendo uma organização fordista combinada com a automação flexível terceirizada em outros setores, com vistas à obtenção de mão de obra barata.[(479)]

Por isso, afirma Leda Gitahy *et. al.*, referenciada por Maria da Graça Druck, a noção de flexibilidade adaptada à realidade brasileira adequa-se às condições locais, onde há muita facilidade no ajuste do volume da força de trabalho, por meio de dispensas; é fácil o recurso às horas extras; há possibilidade de transferência de trabalhadores entre setores de acordo com a flutuação da produção e existe a mobilidade regional (por meio de migrações) de grande oferta de mão de obra não qualificada, que se submete facilmente à disciplina industrial.[(480)]

Druck aponta estudos empíricos sobre a terceirização externa no Brasil que ainda revelam singularidades regionais e setoriais nas formas de sua implementação. No setor de autopeças, máquinas-ferramentas e computadores da região de Campinas, por exemplo, pesquisa desenvolvida por Leda Gitahy verificou que a terceirização

---

(477) *Idem.*
(478) *Idem*, p. 236/237
(479) GITAHY, Leda; RABELO, F; COSTA, M. **Inovação tecnológica, relações industriais e subcontratação.** Campinas: Instituto de Geografia – IG Campinas, 1989. *Apud*: DRUCK, Maria da Graça. **Terceirização:** (des)fordizando a fábrica – um estudo do complexo petroquímico. *Ob. cit.*, p. 111/112.
(480) *Idem*, p. 116/117.

adotada na década de 1980 resultou da pressão por redução de custos e aumento de eficiência, e que a relação de colaboração entre empresas clientes e fornecedoras ensejou um processo de qualificação de pequenos fornecedores, inclusive com investimentos em tecnologia.(481)

Já a pesquisa realizada por Roberto Ruas na indústria de calçados no Rio Grande do Sul, também analisada por Graça Druck, evidencia que a externalização com uso de trabalho em domicílio por meio de micro e pequenas empresas (ateliês), teve por objetivo a redução de custos, com a intensa precarização das condições de trabalho e emprego, sem qualquer relação de colaboração entre empresas clientes e fornecedoras.(482)

Outro estudo empírico realizado no setor de confecções do Rio de Janeiro, em que a costura de vestuário foi externalizada, sob intenso controle informático, para redes de pequenas empresas, artesãos e trabalhadores informais em domicílio, revelou que essa externalização foi parte de estratégias empresariais voltadas à redução de custos para obter competitividade internacional. (483)

Esse tipo de trabalho em domicílio na indústria têxtil nunca deixou de existir, no Brasil. Os trabalhadores realizam as atividades em suas casas ou pequenas oficinas, com máquinas e ferramentas próprias ou alugadas, e geralmente são pagos por produção. O que mudou foi a generalização da prática e sua justificação no processo de reestruturação produtiva, afirma Graça Druck.

Por fim, pesquisa de Tânia Franco *et. al.* no complexo industrial da Bahia igualmente identificou, na década de 1980, uma relação entre o crescimento da terceirização externa e a transferência dos problemas de saúde e de acidentes de trabalho para os trabalhadores terceirizados.(484)

Há certa tendência dos estudos empíricos em afirmar a existência de duas formas de terceirização praticadas no Brasil: uma que integra uma estratégia relacional, com vistas a apoiar e qualificar as fornecedoras, fundada em relação de parceria, e outra com objetivo único de reduzir custos, fundada numa estratégia de confronto, e que decorre mais do atraso do empresariado brasileiro.(485)

Trata-se da diferenciação sociológica entre uma terceirização considerada *autêntica*, que integraria uma estratégia relacional, com tecnologias gerenciais de qualidade, típica da especialização flexível, e uma terceirização considerada *espúria*, que integraria uma estratégia de confronto baseada unicamente no menor preço para reduzir custos de produção, em profundo antagonismo com os direitos dos trabalhadores.

---

(481) *Idem*, p. 140.
(482) RUAS, R. Reestruturação socioeconômica, adaptação das empresas e gestão do trabalho. In: GITAHY, Leda (org). **Reestrutuacion productiva, trabajo y educacion em America Latina.** Campinas: IG-Unicamp, p. 103/122, 1994. *Apud*: DRUCK, Maria da Graça. **Terceirização**: (des)fordizando a fábrica – um estudo do complexo petroquímico. *Ob. cit.*, p. 142/143.
(483) ABREU, A. R. de P..; SORJ, B. **Trabalho a domicílio e relações de gênero**: as costureiras externas no Rio de Janeiro. In: ABREU, A. R. de P.; SORJ, B. (org.). O trabalho invisível: estudos sobre trabalhadores a domicílio no Brasil. Rio de Janeiro: Rio Fundo, p. 43-61, 1993. *Apud*: DRUCK, Maria da Graça. **Terceirização**: (des)fordizando a fábrica – um estudo do complexo petroquímico. *Ob. cit.*, p. 142/143.
(484) FRANCO, T. M. *et al.* **Mudanças de gestão, precarização do trabalho e riscos industriais.** Caderno CRH, Salvador, n. 21, p. 68-89, jul./dez. 1994. *Apud*: DRUCK, Maria da Graça. **Terceirização:** (des)fordizando a fábrica – um estudo do complexo petroquímico. *Ob. cit.*, p. 142/143.
(485) *Idem*, p. 146/147.

Mas a distinção é problemática, pois o próprio *modelo* japonês de externalização já compreende uma dupla dimensão de caráter, ao promover a qualificação do trabalho e a eficiência produtiva nas grandes empresas à custa da máxima redução de custos, inclusive trabalhistas, que fomenta a degradação das condições de trabalho nas pequenas empresas terceirizadas.

Portanto, sob o ponto de vista do impacto da terceirização sobre as condições de trabalho, a distinção não constitui critério relevante para identificação de responsabilidade. A externalização é instrumento do modelo de produção flexível que repousa, *per se*, na radicalização da divisão do trabalho para intensificar sua exploração e obter, com isso, maior extração de excedentes.

Ainda que praticada em modelo relacional mais cooperativo, definida prioritariamente com base em critérios de qualidade, tecnologia, investimento etc., esse modelo relacional mais equilibrado apenas tende a ensejar, no caso concreto, uma menor intensidade da função expropriatória de trabalho, que reside na gênese da terceirização, em face do presumido interesse superior das partes contratantes na eficiência da especialização. Mas sob a ótica dos direitos sociais trabalhistas, sua violação sistemática em regime de terceirização externa é o que constitui, em último plano, a manifestação objetiva da intensidade expropriatória da externalização, tal como implementada.

As análises até aqui desenvolvidas permitem, portanto, compreender a terceirização externa como mecanismo de divisão e estratificação do trabalho no âmbito da cadeia produtiva empresarial descentralizada, viabilizando a organização contratualizada do processo produtivo, própria do modelo empresarial toyotista. Nesse novo paradigma organizacional, a cadeia produtiva empresarial, titularizada pela empresa-líder enxuta, substituiu a empresa-total fordista como nova unidade de controle do grande capital sobre o processo produtivo.

CAPÍTULO 4

GOVERNAÇÃO DA CADEIA PRODUTIVA EMPRESARIAL DESCENTRALIZADA: A HIERARQUIA PRODUTIVA ESTRATÉGICA NA EXTERNALIZAÇÃO

4.1. As cadeias globais de valor fundadas na externalização e a estratificação valorativa de suas atividades

À imagem da rede de fornecedores japonesa, formada em torno da grande empresa-líder contratante sob forte relação hierárquica, as cadeias produtivas ocidentais organizadas com uso da externalização também se estruturaram em redes de fornecedores altamente estratificadas e hierarquizadas, conforme a capacidade financeira para investir em conhecimento, tecnologia e inovação. Nesse sentido, a externalização funciona como instrumento de estratificação valorativa das atividades que integram os processos produtivos (as cadeias produtivas) das grandes corporações.

No modelo de estratificação adotado em grandes corporações de alta tecnologia, a externalização mantém: (1) no topo hierárquico, as atividades imateriais executadas diretamente pelas empresas-líderes contratantes, de altíssimo valor agregado, por isso reservadas ao seu exclusivo domínio; (2) no estrato logo abaixo, as atividades produtivas externalizadas aos fornecedores primários, dependentes de alto investimento tecnológico e interação de conhecimento com a tomadora; (3) no estrato abaixo, as atividades subcontratadas aos fornecedores secundários, que ainda atendem a demandas tecnológicas relevantes dos fornecedores primários; e (4) nos estratos inferiores, as atividades produtivas operacionais, de baixo valor agregado, subcontratadas aos fornecedores terciários e seguintes, sucessivamente.

A figura a seguir ilustra o padrão distributivo das atividades entre a empresa-líder e sua rede de fornecedores, em cadeias produtivas de alto investimento em tecnologia.

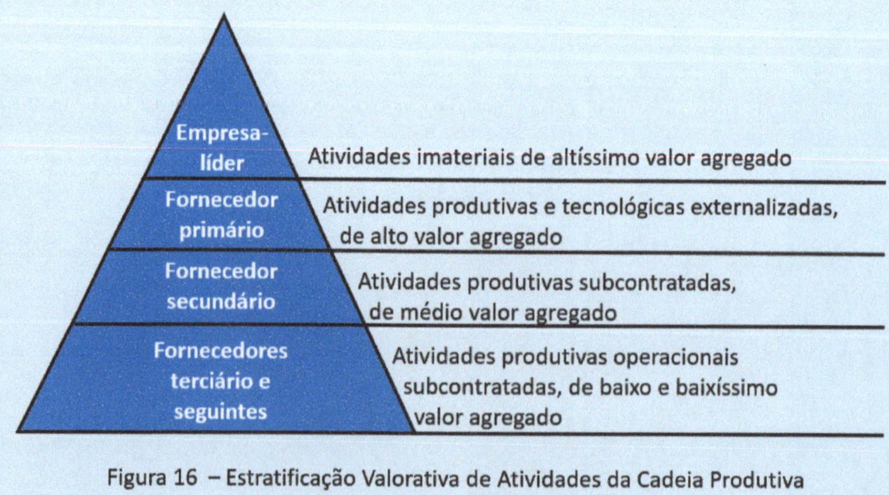

Figura 16 – Estratificação Valorativa de Atividades da Cadeia Produtiva

Fonte: Elaborada pelo autor

Embora a figura retrate um modelo arquetípico identificado pelas pesquisas empíricas em determinados setores estudados, ele reproduz-se nos diversos setores econômicos com as variações e especificidades de cada realidade produtiva. Em qualquer setor ou ambiente econômico, no entanto, essa estratificação tem por matriz ideológica a divisão internacional do trabalho no sistema-mundo capitalista, vista no Capítulo 2.

Na perspectiva desse sistema, quando atividades situadas no topo hierárquico das cadeias produtivas sofrem crises de superprodução e o encarecimento da produção, tais atividades tendem a ter seus processos produtivos terceirizados e transferidos para regiões e empresas periféricas em busca de redução de custos, especialmente por meio de mão de obra mais barata, enquanto novas atividades são elevadas ao topo da hierarquia das cadeias produtivas transnacionais.

Submetidos a intensa concorrência, os processos produtivos terceirizados para a periferia tornam-se progressivamente mais baratos, decaindo na escala hierárquica valorativa do sistema, com a respectiva redução dos seus níveis de lucro. Enquanto isso, a permanente disputa empresarial por acesso às atividades do topo hierárquico (novos produtos, novos processos etc.), nas regiões centrais, continua ensejando o deslocamento de atividades rebaixadas para regiões periféricas, num círculo dinâmico de hierarquização das atividades produtivas, que se retroalimenta.

Essa lógica reproduz-se em todos os processos de estratificação do trabalho no interior das empresas e de suas cadeias produtivas, sejam elas nacionais ou transnacionais.

As grandes corporações multinacionais começaram a promover essa estratégia nas décadas de 1980 e 1990, aumentando os gastos em P&D, em *branding*,[(486)] com investimento maciço em *hardware*, *software* e serviços de TI. Em meados da década de 2000, as 1.400 maiores empresas do mundo investiram U$ 445 bilhões em P&D. No mesmo período, as 100 maiores empresas do mundo responderam por 60% do gasto total com P&D, enquanto as 100 empresas da base respondem por menos de 1 por cento do total.[(487)]

Como resultado desse processo, na atualidade, as atividades produtivas tipicamente industriais, que demandam uso intensivo de mão de obra e recursos naturais, e que antes eram centrais, encontram-se rebaixadas na escala hierárquica valorativa das cadeias produtivas transnacionais, constituindo objeto primordial de terceirização em regiões periféricas e semiperiféricas. Enquanto isso, nos países centrais, as grandes corporações proprietárias das marcas e lojas de varejo dedicam-se primordialmente às atividades imateriais, que se encontram no topo da escala valorativa de suas cadeias produtivas, como P&D, *design*, *marketing*, tomada de decisões estratégicas, controle, administração e serviços, além da coordenação de suas redes de fornecedores.

A título de exemplo, *Stan Shih*, cofundador da empresa de computadores *Acer*, analisando a evolução da hierarquia de valor das atividades que compõem seu proces-

(486) *Branding* é o conjunto de ações ligadas à administração das marcas. São ações que, tomadas com competência e conhecimento, levam as marcas para além de sua natureza econômica, passando a fazer parte da cultura e influenciar a vida das pessoas. A esse respeito, consultar: MARTINS, José Roberto. ***Branding***: um manual para você criar, gerenciar e avaliar marcas. 3ª ed. São Paulo: GlobalBrands, 2006, p. 6.
(487) SELWYN, Benjamim. **Global value chains or global poverty chains?** A new research agenda. Bringhton, United Kingdom, The Centre for Global Political Economy – CGPE, Working Paper n. 10, Jun. 2016, p. 13.

so produtivo, entre os anos 1970 e 2000, retratou essa evolução na figura que ficou conhecida como *curva do sorriso*, devido ao seu formato. Dispostas todas as atividades do seu processo produtivo em ordem de encadeamento, a representação identifica as atividades iniciais e finais da cadeia como aquela que mais adicionaram valor ao produto, no período: atividades iniciais de concepção, P&D e *branding*, e atividades finais de *marketing*, distribuição, comercialização e serviços pós-venda. As atividades intermediárias de logística permaneceram no mesmo patamar de valor e a atividade produtiva propriamente, de fabricação do produto, que demanda uso mais intensivo de mão de obra, tempo e recursos naturais, decaiu na escala valorativa.(488)

Como se pode observar na ilustração abaixo, em três décadas a *curva do sorriso* acentuou-se devido à elevação de valor das atividades imateriais (intangíveis) situadas nos extremos da cadeia produtiva (no início e no final da linha) e devido à redução de valor das atividades produtivas (tangíveis), situada no centro da linha de produção.

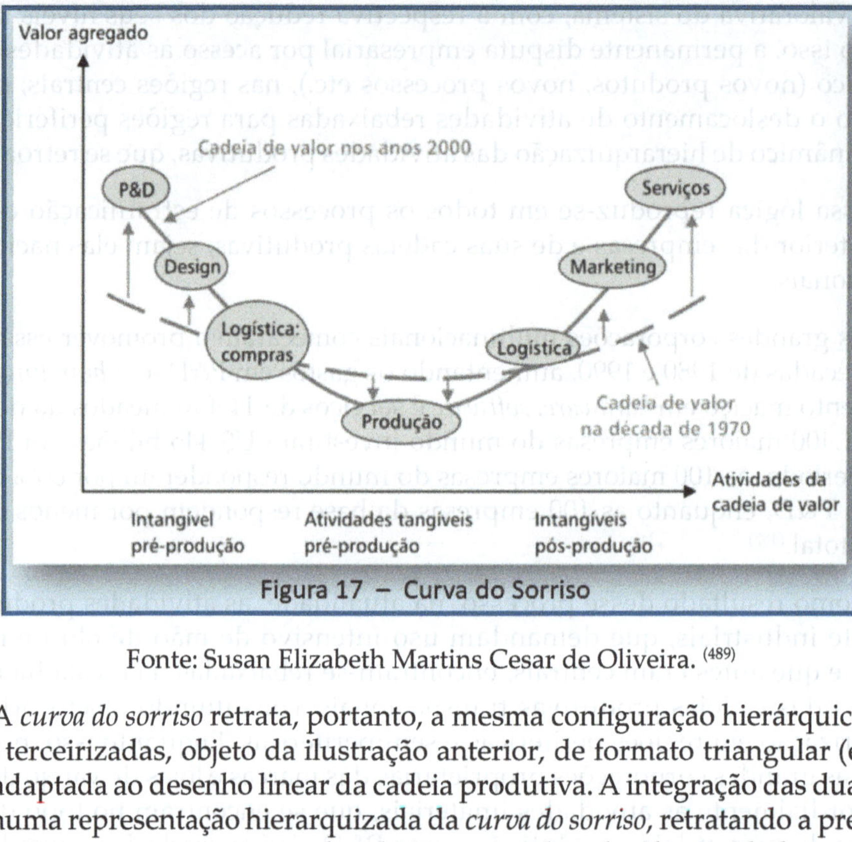

Figura 17 – Curva do Sorriso

Fonte: Susan Elizabeth Martins Cesar de Oliveira. (489)

A *curva do sorriso* retrata, portanto, a mesma configuração hierárquica das atividades terceirizadas, objeto da ilustração anterior, de formato triangular (em azul), apenas adaptada ao desenho linear da cadeia produtiva. A integração das duas figuras resulta numa representação hierarquizada da *curva do sorriso*, retratando a presença da terceirização externa no processo de rebaixamento de valor de atividades produtivas.

A figura a seguir traz essa representação da *curva do sorriso* integrada à configuração hierárquica das atividades terceirizadas, para acentuar o efeito da externalização no processo de periferização das atividades terceirizadas.

---

(488) OLIVEIRA, Susan Elizabeth Martins Cesar de. **Cadeias globais de valor e os novos padrões de comércio internacional**: estratégias de inserção de Brasil e Canadá. *Ob. cit.*, p. 124.
(489) Fonte: *Idem*.

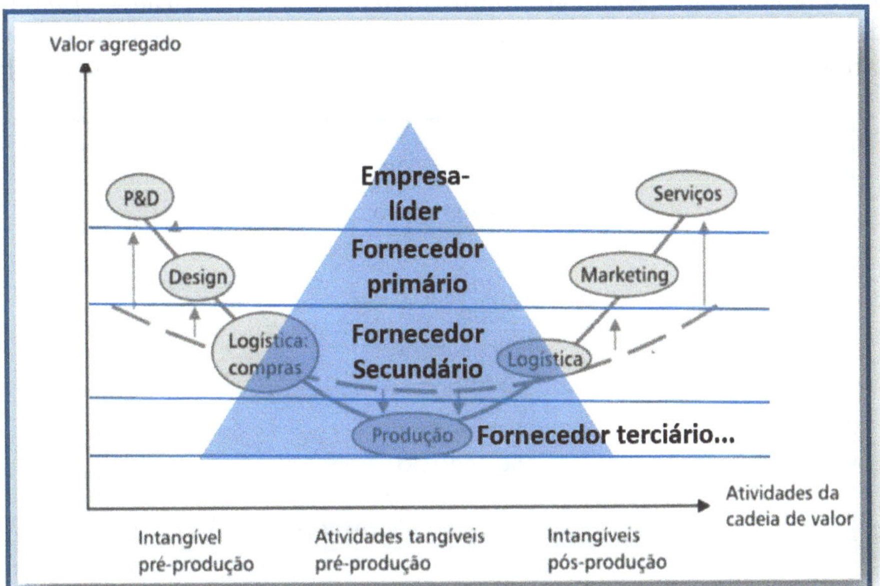

Figura 18 – Curva do Sorriso Hierarquizada

Fonte: Livre Adaptação da Figura *Curva do Sorriso.* [(490)]

A ilustração não tem por finalidade definir quais atividades encontram-se terceirizadas no âmbito das cadeias produtivas, nem quais atividades são desenvolvidas por cada um dos estratos da rede de fornecedores, pois isso depende da dinâmica interna de cada realidade produtiva. Na indústria automobilística, por exemplo, como visto acima, a atividade tipicamente produtiva é fragmentada entre diversos estratos, enquanto na indústria têxtil é comum que a produção seja objeto de subcontratação. O objetivo da figura é apenas demonstrar a tendência de periferização das atividades produtivas externalizadas, hoje situadas nas escalas hierárquicas inferiores dos processos produtivos.

Isso porque, ao lado do investimento estrangeiro direto em países e regiões periféricas, a externalização é instrumento fundamental para o desenho dessa hierarquia. Por meio da externalização, atividades produtivas (na figura, as atividades tangíveis) são remetidas à *periferia* do processo produtivo, não apenas no plano geográfico internacional, mas também no *plano funcional* da divisão do trabalho nas cadeias produtivas nacionais, entre as grandes corporações controladoras e as pequenas e médias empresas terceirizadas, economicamente dependentes.

O deslocamento da atividade para o espaço da terceirização tem por imediato efeito submetê-la a uma pressão concorrencial que força a redução do seu custo de produção, com o rebaixamento da remuneração do trabalho. A diferença alcançada com essa redução é capturada como excedente nos estratos superiores da hierarquia produtiva, ao que se denomina de *valor agregado*. O excedente é capturado por meio da correia de transmissão de valores, que é a cadeia produtiva. Portanto, para cada valor agregado nas escalas superiores, há um correspondente *valor desagregado* nas escalas inferiores. Entre outros fatores, esse valor desagrega-se da remuneração do trabalho.

Em outras palavras, o valor do trabalho distribui-se entre as empresas da cadeia produtiva na razão direta da posição de sua(s) atividade(s) na escala hierárquica, independentemente do investimento necessário para sua realização.

(490) Inspirada na Figura *Curva do Sorriso. Idem.*

Para representar essa ideia, a figura abaixo ilustra a *curva do sorriso* novamente adaptada à escala hierárquica das atividades (em azul), acrescida de uma nova escala (em amarelo) que representa a distribuição de valor agregado entre as atividades.

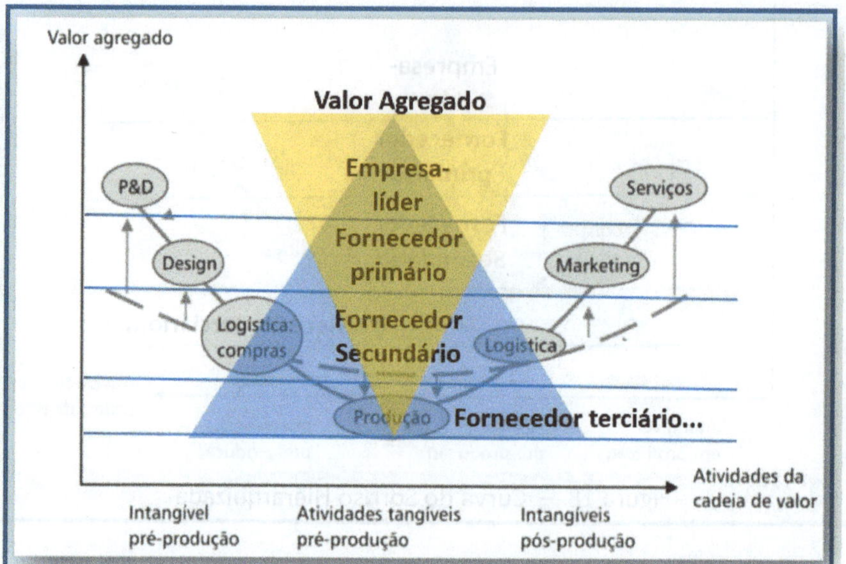

Figura 19 – Curva do Sorriso Hierarquizada + Valor Agregado

Fonte: Livre Adaptação da Figura *Curva do Sorriso.*[491]

Portanto, na perspectiva teórica do sistema-mundo e, em particular, à luz dos estudos de Giovanni Arrighi e Jessica Drangel,[492] a externalização é uma técnica de organização do processo produtivo por meio da qual as atividades terceirizadas são submetidas a rebaixamento do valor de seu custo de produção para que essa redução de custo seja capturada como excedente pelas atividades hierarquicamente superiores e, em especial, pelas atividades primarizadas da cadeia produtiva.

No plano simbólico, pode-se afirmar, portanto, que a *curva do sorriso*, acentuada das últimas décadas, retrata a satisfação do capital central financeirizado e revitalizado, que, por meio das técnicas de flexibilização produtiva, como a terceirização, recuperou lucratividade à custa do rebaixamento de valor de atividades tipicamente produtivas. Essas são as atividades que demandam maior emprego de mão de obra, razão pela qual, o rebaixamento forçado de seu custo de produção ocorre com sacrifício da remuneração e das condições de trabalho dos trabalhadores terceirizados.

A partir da globalização econômica neoliberal do século XX, o capital passou a competir nos mercados globais por *acesso ao sorriso*, ou seja, às atividades centrais de alto valor agregado das cadeias produtivas transnacionais. No grande tabuleiro do capital desregulado, países e empresas passaram a orientar-se pela lógica da disputa por acesso ao topo hierárquico das cadeias produtivas.

Como acentua Benjamim Selwyn, a formação de cadeias produtivas globais geograficamente dispersas e funcionalmente integradas, *governadas* por empresas-líderes – as grandes multinacionais – representa o resultado de uma tentativa bem-sucedida

(491) Livre adaptação da Figura *Curva do Sorriso. Idem.*
(492) ARRIGHI, Giovanni; DRANGEL, Jessica. **The stratification of the world-economy: an exploration of the semiperipheral zone.** *Ob. cit.*

dessas empresas e de seus predecessores, apoiadas por Estados e instituições internacionais, para escapar da crise de lucratividade da economia central da década de 1970. E a razão central para a relocalização produtiva em regiões de industrialização tardia é o baixo custo salarial.(493) A motivação principal por trás do *offshoring*, assevera Charles Whalen, é o desejo de reduzir os custos trabalhistas: um operário de fábrica com sede nos EUA, contratado por U$ 21,00 a hora, pode ser substituído por um operário de fábrica chinês que recebe U$ 0,64 por hora.(494)

Para orientar as decisões estratégicas dos países e suas empresas na disputa por mercado internacional, linhas de investigações científicas desenvolveram-se sobre as cadeias transnacionais de mercadorias, com enfoque especificamente voltado a compreender como a participação dos países, especialmente os países em desenvolvimento, nas cadeias globais de mercadorias, pode fomentar sua modernização industrial.

Uma das principais correntes de investigação dessa vertente, capitaneada por Gary Gereffi, denominada pela sigla GCC (de *global commodity chains*), embora inspirada nos pressupostos críticos da teoria do sistema-mundo, dela afasta-se radicalmente no aspecto instrumental, pois sua preocupação central passa a residir na questão de como a participação em cadeias globais de *commodities* pode viabilizar a modernização industrial para os exportadores dos países em desenvolvimento.(495)

Com isso, o estudo das cadeias produtivas tomou dupla perspectiva: a dos estudos críticos, que se concentram no papel das cadeias produtivas no sistema-mundo, vista no Capítulo 2, e a dos estudos econômicos de matiz liberal, que se dedicam a investigar sua estrutura dinâmica e a governação do seu funcionamento interno, com vistas a orientar tomadas de decisões públicas e privadas, especialmente quanto a investimentos.

Dada a variedade de abordagens sobre o mesmo fenômeno, em setembro de 2000, em reunião realizada em Bellagio, Itália, vários acadêmicos que estudam as cadeias produtivas transnacionais na globalização formaram uma grande rede de investigação denominada de *Initiative* (Iniciativa *Cadeias Globais de Valor*, sob a sigla GVC) – disponível no *site* www.globalvaluechain.org. O grupo de estudos iniciou os trabalhos com vários textos publicados na Revista *IDS Bulletin*, de julho de 2001, intitulada *Value of Value Chains* (o valor das cadeias de valor).(496)

Gary Gereffi explica que a terminologia *cadeia de valor*, originária da obra de Michael Porter, foi adotada pela rede de investigação, em detrimento de *cadeia de mercadorias* ou *cadeia de fornecimento*, por ser a mais inclusiva de toda a gama possível de atividades e de produtos finais, ao enfocar a dinâmica da atividade produtiva na perspectiva da *agregação de valor* a cada etapa do processo de produção de bens e serviços.(497)

---

(493) SELWYN, Benjamim. **Global value chains or global poverty chains?** *Ob. cit.*, p. 10. Esses valores devem ser considerados no contexto temporal da escrita. Conforme registrado anteriormente, a média salarial por hora na China subiu, em 2019, para U$ 3,60, o que não altera a validade do argumento.

(494) WHALEN, C. **Sending jobs offshore from the United States.** Intervenção: A Journal of Economics, 2 (2): 33-40, 2005, pp. 35. *Apud*: SELWYN, Benjamim. **Global value chains or global poverty chains?** *Ob. cit.*, p. 10.

(495) BAIR, Jennifer. **Global capitalism and commodity chains**: looking back, going forward. *Ob. cit.*, p. 162.

(496) GEREFFI, Gary *et. al.* Introduction: Globalisation, value chains and development. *In*: GEREFFI, Gary *et. al.* (ed.). **Value of value chains.** IDS Bulletin. Institute of Development Studies. V. 32, n. 3, jul. 2001. Disponível em: https://bit.ly/3wa5RWD. Acesso em: 1 jul. 2021.

(497) A edição n. 32 da Revista IDS Bulletin (Globalisation, Value Chains and Development) é inteiramente dedicada ao tema das Cadeias Globais de Valor. *In*: IDS Bulletin. Institute of Development Studies, v. 32, n. 3, jul. 2001. Disponível em: https://bit.ly/3wa5RWD. Acesso em: 1 jul. 2021.

Além disso, somou-se à análise a ideia desenvolvida na literatura sobre negócios internacionais, principalmente por Michael Porter, de que comércio internacional e produção industrial podem ser conjuntamente compreendidos como uma cadeia de agregação de valor.(498)

A linha de estudos da GCC e GVC não são as únicas, evidentemente, a abordar a temática da atuação empresarial e econômica no mercado global fragmentário. Várias outras vertentes também utilizam a cadeia produtiva transnacional como chave de leitura dos problemas econômicos, sociais e culturais relacionados à globalização econômica, a exemplo da *international production network* (rede de produção internacionais – M. Borrus *et al.*),(499) *global production network* (rede de produção globais – D. Ernest),(500) *global production system* (sistema de produção global – W. Milberg),(501) *global supply chain* ou *cadena mundial de suministro* (cadeia global de abastecimento – OIT(502) e Richard Baldwin),(503) empresa em rede (M. Castells),(504) entre outras.

Mais recentemente, um terceiro ramo da literatura vem propondo o uso do conceito de *rede global de valor* ao invés de *cadeia*, para retratar a complexidade da relação entre produtores globais, que aconteceriam em forma de circuitos, com avanços, retrocessos e ações circulares, ao invés de processos lineares tipificados pela ideia da cadeia (Peter Dicken; Neil Coe *et. al.*).(505) No entanto, como bem ressalta Susan Elizabeth de Oliveira, a diferença terminológica mais denota o processo evolutivo do conceito, sem alterar substancialmente seu significado.(506)

Nesse sentido, prevalece o conceito de *cadeia global de valor* como a articulação de todas as fases do processo produtivo de um bem ou serviço, realizadas em diversas regiões do planeta, desde a obtenção de insumos até os serviços de pós-venda. O conceito tem por característica-chave a *integração funcional* das atividades ou dos diversos fragmentos dispersos, por meio de relações contratuais, no plano do comércio internacional, elemento fundamental à operacionalização empresarial desse processo produtivo geograficamente disperso.(507)

Por ser uma teoria mais técnica e formal da governação das cadeias produtivas, especialmente apropriada para orientar os debates políticos sobre a melhor maneira de os países em desenvolvimento acessarem e beneficiarem-se de sua participação em

---

(498) PORTER, Michael. Competition in global industries: a conceptual framework. *In:* PORTER, Michael (Ed.). **Competition in global industries**. Boston: Harvard Business School Press, 1986.

(499) BORRUS, M.; ERNST, D.; HAGGARD, S. **International production networks in Asia**: rivalry or riches? Londres: Ed. Routledge, 2000. *Apud*: BAIR, Jennifer. **Global capitalism and commodity chains**: looking back, going forward. *Ob. cit.*, p. 170.

(500) ERNST, D. **Globalization and the changing geography of innovation systems**. *Paper* apresentado no Workshop on the Political Economy of Technology in Developing Countries. Brighton: 1999, p. 8/9. *Apud*: BAIR, Jennifer. **Global capitalism and commodity chains**: looking back, going forward. *Ob. cit.*, p. 170.

(501) MILBERG, Weiss. **The changing structure of trade linked to global production systems**: what are the policy implications? Organização Internacional do Trabalho (OIT), 2003. *Apud*: BAIR, Jennifer. **Global capitalism and commodity chains**: looking back, going forward. *Ob. cit.*, p. 170.

(502) ORGANIZAÇÃO Internacional do Trabalho - Conferência Internacional do Trabalho, 105ª Sessão. **Trabalho digno nas cadeias de abastecimento mundiais.** *Ob. cit.*

(503) BALDWIN, R. Global supply chains: **why they emerged, why they matter, and where they are going**. CEPR Discussion Papers n. 9103, 2012. Disponível em: https://bit.ly/3jxW1Lr. Acesso em: 1 jul. 2021.

(504) CASTELLS, Manuel. **A sociedade em rede.** *Ob. cit.*

(505) DICKEN, P. **Global shift**: transforming the world economy. London: Paul Chapman Publishing Ltd, 1999; COE, N.; DICKEN, P. ; HESS, M. Global production networks: realizing the potential. **Journal of Economic Geography**, p. 271-295, 2008.

(506) OLIVEIRA, Susan Elizabeth Martins Cesar de. **Cadeias globais de valor e os novos padrões de comércio internacional:** estratégias de inserção de Brasil e Canadá. *Ob. cit.*

(507) *Idem*, p. 72.

mercados estrangeiros, a linha GVC mantém uma afinidade eletiva com as concepções neoliberais de crescimento econômico, fundadas em estratégias de integração dos países em desenvolvimento ao mercado global (projeto de globalização), em oposição às estratégias estatais (projeto de desenvolvimento). [(508)]

Estudos coordenados por Gary Gereffi e Miguel Korzeniewicz em 1994, no paradigma teórico da GVC, confirmam a mudança drástica na hierarquia valorativa das cadeias produtivas, no final do século XX. Atividades extrativas, que antes situavam-se na base da pirâmide de valor, estão sendo inovadas tecnologicamente, com aumento do valor agregado, e muitas indústrias de serviços com alta inovação tecnológica (*Google*, *Amazon*, bancos etc.) estão entre as mais poderosas empresas do mundo, a serviço das atividades industriais, as quais continuam operando a todo vapor nos países periféricos e semiperiféricos, colocando por terra a ideia de uma sociedade pós-industrial.[(509)]

José Ricardo Martins exemplifica esse fenômeno com a empresa norte-americana *Nike*, grande marca de calçados, roupas e acessórios esportivos. A empresa não possui fábricas, nem caminhões ou navios para produzir e executar sua logística. Ela coordena sua cadeia produtiva executando diretamente nos EUA as atividades intelectuais de *design* e desenvolvimento do produto, enquanto as atividades musculares de produção são externalizadas para fábricas da China, Vietnã e outros países asiáticos com baixo custo de mão de obra, mantendo alguma produção no Brasil; sua logística, também externalizada, é realizada e controlada por uma empresa do Reino Unido; suas atividades de Tecnologia da Informação (TI) estão a cargo de uma empresa da Índia.[(510)]

Para o autor, o exemplo constitui padrão de comportamento das grandes corporações transnacionais, que concentraram as atividades imateriais de alto valor agregado em seu país de origem e externalizaram as demais atividades, especialmente as fabris, para empresas situadas em países da periferia e semiperiferia, geralmente sob condições de trabalho duvidosas quanto à responsabilidade social.[(511)]

No plano transnacional, a externalização torna-se veículo ainda mais potente de precarização das condições de trabalho nos ambientes periféricos desregulados, distantes dos olhos dos consumidores dos países centrais e dos mercados por eles conquistados.

Como bem adverte José Ricardo Martins, a mão de obra barata nos estratos terceirizados traz consigo riscos que incluem exploração do trabalho infantil, trabalho escravo, trabalhadores mal pagos e sobrecarregados em ambientes de trabalho inseguros. "Tais condições é a realidade corrente em países como a China, Vietnã, Combodja, Laos e mesmo em algumas regiões do Brasil, incluindo o setor de confecção dentro da cidade de São Paulo".[(512)]

Dessa forma, na feliz síntese de Giovanni Alves, a terceirização passou a representar a lógica do *capitalismo em rede*, que opera como um *circuito de valorização*, com a

---

(508) BAIR, Jennifer. **Global capitalism and commodity chains**: looking back, going forward. *Ob. cit.*, p. 162.
(509) GEREFFI, Gary; KORZENIEWICZ, Miguel (ed.). **Commodity chains and global capitalism.** *Ob. cit.*
(510) MARTINS, José Ricardo. **Immanuel Walllerstein e o sistema-mundo**: uma teoria ainda atual? *Ob. cit.*
(511) *Idem*, p. 105.
(512) *Idem.*

transferência de valor das empresas terceiras para a grande empresa tomadora, articulando o regime de acumulação por espoliação.[513]

4.2. Trabalho precário nas cadeias globais de valor: a influência da empresa-líder sobre as condições de trabalho na rede de fornecedores

A superexploração do trabalho nos níveis contratuais mais baixos das cadeias produtivas de grandes marcas, em países periféricos, é fato amplamente noticiado na grande mídia, nas últimas décadas, retratando a situação abordada pela OIT em sua 105ª Conferência Internacional.[514]

A entidade debateu o trabalho precário no modelo de organização produtiva em que a grande empresa ou marca principal, geralmente responsável pela venda final do produto ou serviço, detentora de imagem socialmente responsável, controla a cadeia produtiva, definindo parâmetros (*standards*) a serem cumpridos pela rede de pequenas e médias empresas terceirizadas/fornecedoras, de âmbito local ou regional. Submetidas a intensas pressões concorrenciais, essas empresas terminam promovendo as maiores violações de direitos trabalhistas. Nesse sentido, o diagnóstico feito pela OIT em sua 105ª Conferência Internacional:

> As consequências económicas que a externalização e a subcontratação dentro das cadeias de abastecimento trazem aos pequenos e médios produtores locais são múltiplas. Por um lado, a sua integração nos níveis inferiores das cadeias de abastecimento pode abrir o acesso a novas oportunidades de mercado, aumentando assim a produção e a exposição a novas práticas e normas de produção, suscetíveis de se traduzirem em melhorias na produtividade e na qualidade. Por outro lado, *a redução das barreiras à entrada nos escalões inferiores das cadeias de abastecimento, caracterizados por atividades pouco qualificadas e por mão-de-obra intensiva, tende a intensificar a concorrência de preço entre potenciais fornecedores, criando assim pressão descendente nos lucros e salários, o que pode ter repercussões negativas nas condições de trabalho*, especialmente para trabalhadores pouco qualificados e trabalhadores da economia informal (sem grifo no original).[515]

A mídia expõe repetidamente situações de condições precárias de trabalho em fábricas globais terceirizadas de alta tecnologia.

Em reportagem de 2012, o *New York Times* denunciou a *Apple* por condições precárias de trabalho, jornadas exaustivas, trabalho infantil e desrespeito a normas de segurança do trabalho, circunstância que resultou em acidentes de trabalho com morte em estabelecimento de sua fornecedora, a gigante taiwanesa *Foxconn Technology*, que fabricava *Iphones* e *Ipads*.[516]

Relata Benjamim Selwyn que na China a *Foxconn* adotava regime de trabalho de estilo militar. No início do dia, os gerentes perguntam aos empregados "como você está?", e a equipe deve responder "bom! muito bom! muito muito bom!" Depois, devem trabalhar em silêncio, monitorados pelos gerentes e com limites rígidos de intervalos para idas ao banheiro. Os salários são muito baixos e as horas extras costumam ser a

---

(513) ALVES, Giovanni. Terceirização e capitalismo no Brasil: um par perfeito. **Revista do TST**, Brasília, vol. 80, n. 3, jul./set. 2014, p. 94.

(514) ORGANIZAÇÃO Internacional do Trabalho (OIT) - Conferência Internacional do Trabalho. 105ª Sessão. Relatório IV. **Trabalho digno nas cadeias de abastecimento mundiais**. *Ob. cit.*

(515) *Idem*, p. 12.

(516) SPITZCOVSKY, Débora. 5 empresas envolvidas com trabalho escravo. **The Greenest Post**. *Ob. cit.*

única maneira de os trabalhadores ganharem o suficiente para a subsistência. Após vários casos de suicídio e uma onda de greves e protestos, a *Foxconn* aumentou os salários em até 25%.(517)

Após esses eventos, relata Selwyn, a *Apple* contratou outro fornecedor, a *Pegatron*, alegando que a mudança contribuiria para elevar as condições de trabalho. Mas a nova contratação teria economizado para a empresa-líder cerca de U$ 61 milhões por ano, já que a nova fornecedora conseguiu oferecer componentes mais baratos com base em salários ainda mais baixos e condições piores do que a *Foxconn*.(518)

A *Nike* teve sua imagem associada ao trabalho infantil no mundo após a revista *Life* divulgar, em 1996, foto de um menino paquistanês de apenas 12 anos de idade costurando uma bola de futebol da marca.(519) Antes, em 1990, a empresa já havia enfrentado denúncia de trabalho em condições precárias, na China.(520)

Em 2018, novas denúncias foram publicadas contra uma fábrica da *Foxconn* que produzia leitores *Kindle* para a *Amazon*, na China. Foram noticiadas jornadas exaustivas (empregados que faziam até 100 horas extras por mês), baixos salários, treinamento inadequado e uso excessivo de trabalhadores temporários, que chegavam a até 40% do efetivo.(521)

Em 2012, a multinacional *The Coca-Cola Company* também esteve envolvida em denúncia de trabalho escravo noticiada pelo jornal *The Independent*, entre outros veículos de comunicação. A empresa importava laranjas para fabricação do refrigerante *Fanta* de uma empresa em Rosarno, na Itália, que foi flagrada utilizando mão de obra de imigrantes africanos em condição de escravidão. Na época, a *Coca-Cola* anunciou que teria rompido o contrato com o fornecedor.(522)

Inúmeros são os exemplos de problemas idênticos também no plano nacional, em que grandes marcas externalizam atividades produtivas para pequenas empresas destituídas de estrutura econômica, fomentando situações de trabalho precário, trabalho infantil e trabalho escravo, conforme exemplos já referidos no Capítulo 1, ocorridos com grandes marcas do setor têxtil, como a *Zara*,(523) *M. Officer*,(524) *Pernambucanas*(525) e *Via Veneto* (*Brooksfield Donna*).(526)

---

(517) SELWYN, Benjamim. **Global value chains or global poverty chains?** *Ob. cit.*, p. 32.
(518) *Idem.*
(519) SPITZCOVSKY, Débora. 5 empresas envolvidas com trabalho escravo. **The Greenest Post**. Disponível em: https://bit.ly/3CZiKXt. Acesso em: 28 set. 2021.
(520) CARVALHO NETO, Antonio *et. al.* **Relações de trabalho na China**: reflexões sobre um mundo que nos é ainda desconhecido. XXXVI Encontro da ENPAD. Rio de Janeiro: EnANPAD 2012. Disponível em: https://bit.ly/2WIT4EJ. Acesso em: 28 set. 2021.
(521) FOXCONN investiga condições de trabalho em fábrica na China que produz Echo e Kindle para a Amazon. G1 *On Line*, 11 jun. 2018. Disponível em: https://glo.bo/3Gf4ADQ. Acesso em: 25 out. 2021.
(522) MILMO, Cahal; WASLEY, Andrew. The hard labour behind soft drinks. The Independent, 24 fev. 2012. Disponível em: https://bit.ly/3md0Zhy. Acesso em: 25 out. 2021.
(523) PYL, Bianca. Roupas da Zara são fabricadas com mão de obra escrava. **Repórter Brasil**, 16 ago. 2011. Disponível em: https://bit.ly/3ouX959. Acesso em: 2 jun. 2021.
(524) BRASIL, Tribunal Regional do Trabalho da 2ª Região, 4ª Turma, **Proc. 00017795520145020054**, Rel. Des. Ricardo Artur Costa e Trigueiros. DJe 13 nov. 2017.
(525) PYL, Bianca. Trabalho escravo é flagrado na cadeia da Pernambucanas. **Repórter Brasil**, 2 abr. 2011. Disponível em: https://bit.ly/3l9bFxp. Acesso em: 2 jun. 2021.
(526) CAMARGOS, Daniel. Via Veneto, fabricante da Coca-Cola e outros 48 nomes entram na 'lista suja' do trabalho escravo. **Repórter Brasil**, 05 out. 2018. Disponível em: https://bit.ly/3FkxOf4. Acesso em: 2 jun. 2021.

O mesmo ocorre comumente em grandes cadeias produtivas que utilizam matéria-prima agropecuária, a exemplo de casos retratados em Ações Civis Públicas promovidas pelo Ministério Público do Trabalho (MPT) em face de grandes empresas controladoras de cadeias produtivas de madeira, carvão, piaçava, mandioca, tabaco, carnaúba etc.(527)

Com o objetivo de fomentar o debate em torno de situações dessa natureza, Benjamim Selwyn propõe uma abordagem alternativa à GVC, a que denomina de *global poverty chains* ou *cadeias globais de pobreza*, em que procura investigar como as cadeias produtivas transnacionais contribuem para a (re)produção da pobreza e da desigualdade no mundo. Afastando-se da linha GVC, que pressupõe a adesão acrítica dos países e empresas ao projeto de globalização econômica, o autor propõe uma análise prioritária das relações capital-trabalho de modo a reorientar o debate sobre as cadeias produtivas transnacionais para uma agenda emancipatória transformadora.(528)

Selwyn critica o ambiente doutrinário da GVC, que reputa permissivo ao aumento da lucratividade por meio da imposição das piores práticas trabalhistas, empobrecedoras dos trabalhadores, e em que a centralidade na relação interempresarial, como fator de atualização benéfica à cadeia produtiva, naturaliza práticas de governança coniventes com a má distribuição de rendimentos nas bases contratuais da cadeia produtiva, especialmente por meio de péssimas condições de trabalho.(529)

As empresas-líderes desenvolveram estratégias para *governar* as cadeias globais de valor, diz Selwyn, terceirizando riscos e custos de produção, estabelecendo e impondo uma série de requisitos às empresas fornecedoras, como especificações do produto, condições de produção, prazos de entrega e, principalmente, preço, e presidindo à distância a intensificação da exploração da mão de obra barata. Por meio dessas estratégias, as poderosas multinacionais capacitaram-se em capturar valor de outros atores da cadeia, especialmente dos fornecedores terceirizados.(530)

Três estudos de casos são abordados por Benjamim Selwyn, com base em estudos empíricos, para sustentar os pressupostos de sua abordagem.

(1) *Setor têxtil*. Estudos realizados em diversos países asiáticos produtores de peças de vestuário revelam que aproximadamente 30 milhões de trabalhadores, predominantemente do sexo feminino, estão empregados nessa indústria. A maioria trabalha em condições extremamente abusivas, que envolvem trabalho infantil e trabalho forçado, conforme exemplo paradigmático das indústrias de roupas de Bangladesh e Camboja, países com baixíssimos índices de desenvolvimento humano (IDH), que conquistaram o mercado de exportação de vestuário explorando trabalho a baixíssimo custo, em condições precárias e de alto risco, que ensejaram graves acidentes e levaram à morte centenas de trabalhadores, na última década.(531)

Em Bangladesh, em abril de 2013, 1.113 trabalhadores do setor de vestuário foram mortos e 2.500 ficaram feridos após o colapso do *Rana Plaza*, um prédio de 8 andares no qual operavam fábricas têxteis.(532) Segundo noticia a mídia, entre 2012 e 2019 ocorreram mais de 150 incêndios e outros incidentes de segurança ligados à indústria

(527) Os exemplos serão analisados e referenciados no Capítulo 8.
(528) SELWYN, Benjamim. **Global value chains or global poverty chains?** *Ob. cit.*, p. 6.
(529) *Idem*, p. 6/12.
(530) *Idem*, p. 13.
(531) *Idem*, p. 18.
(532) *Idem*, p. 19.

de vestuário.[533] Enquanto isso, uma camiseta fabricada em Bangladesh e vendida na Alemanha pela marca *H&M* por € 4,95 tem o custo médio de trabalho de apenas € 0,2 a 0,3. O trabalhador ganha € 1,36 por dia, com jornada de 10 a 12 horas, produzindo até 250 camisetas por hora.[534]

Na indústria de vestuário do Camboja, o processo de trabalho é extremamente intenso, sob permanente exigência de metas de produtividade. Por exemplo, um trabalhador deve produzir 1.200 peças de *desenho difícil* ou 2.000 peças de *desenho simples*, numa jornada de 11 horas. Os direitos trabalhistas são mínimos e os trabalhadores estão sujeitos a uma vigilância rigorosa. A maioria dos trabalhadores nas grandes fábricas têxteis trabalham entre 3 e 5 horas extras por dia.[535]

Também em países do Leste europeu e na Turquia, dizem as pesquisas, aproximadamente 3 milhões de pessoas, predominantemente mulheres jovens e de meia-idade, trabalham na indústria de vestuário, principalmente para empresas-líderes da Alemanha e da Itália. Essas trabalhadoras estão sujeitas a pressões de produtividade semelhantes às das fábricas no Camboja.[536]

(2) *Alimentos e agricultura*. A produção de um número crescente de *commodities* alimentares é destinada a mercados distantes, o que decorre do desmantelamento dos programas alimentares nacionais e da integração crescente da agricultura no mercado globalizado. Os países do Sul global facilitaram essa transformação, investindo em automação e estimulando o uso de insumos químicos (de fertilizantes a pesticidas), com vistas a obter safras de alto rendimento.[537]

Na América Latina, setores que produzem *commodities* agrícolas para exportação explodiram, a exemplo da produção da soja no Brasil e na Argentina, das flores cultivadas no Equador, do vinho e das frutas no Chile, amendoim na Nicarágua, vegetais de inverno no Peru, México e Guatemala. Esse modelo produtivo transformou o campo por meio do crescente domínio do capital transnacional (agronegócio), da conversão do campesinato em proletariado rural, do uso de modelos contratuais precários e da predominância do trabalho feminino.[538]

Varejistas gigantes como *WalMart*, *Carrefour* e *Tesco* tomaram o palco do sistema alimentar globalizado. Os produtos são cultivados e fornecidos sob rígidos requisitos estabelecidos pelos grandes varejistas, como a forma, o tamanho, a cor, os níveis de teor de açúcar, a quantidade, o prazo de entrega e os tipos de embalagem etc., tudo isso sob rígida pressão de redução de custos trabalhistas no ambiente altamente competitivo entre os produtores.[539]

As pesquisas apontam o alto poder do mercado varejista para capturar grandes parcelas de valor da produção agrícola. Ainda em 1991, enquanto meio quilo do melão produzido em El Salvador era vendido nos EUA por U$ 0,65, o produtor recebia o correspondente a U$ 0,005 (meio centavo), do qual o trabalhador recebia apenas uma fração.[540]

---

(533) DEZENAS morrem quando mais um incêndio em uma fábrica ataca Bangladesh. **PLU7**, 9 jul. 2019. Disponível em: https://bit.ly/3zEBASd. Acesso em: 2 set. 2021.
(534) SELWYN, Benjamim. **Global value chains or global poverty chains?** *Ob. cit.*, p. 20.
(535) *Idem*, p. 21/24.
(536) *Idem*.
(537) *Idem*, p. 25.
(538) *Idem*, p. 25/26.
(539) *Idem*, p. 26.
(540) *Idem*.

A produção brasileira de cana-de-açúcar em São Paulo disparou em resposta à crescente demanda por biocombustíveis e, por meio da reestruturação industrial, tornou-se cada vez mais intensiva em capital desde o início dos anos 2000. Apesar de aumentos significativos na produtividade, no entanto, apontam os estudos, os trabalhadores recebem três vezes menos do que o salário necessário para atender às suas necessidades vitais.(541)

(3) *Alta tecnologia.* Bens de consumo de alta tecnologia, como *laptops* e *smarthphones* são ícones do capitalismo global contemporâneo, pois sua produção e venda globalmente dispersas integram trabalhadores, empresas e consumidores em todo o mundo. Em muitas análises da linha GVC costuma-se presumir que essas indústrias, incorporando as tecnologias mais recentes e sujeitas a rápida inovação, geram altos lucros, salários relativamente altos e fornecem uma base sólida sobre a qual se pode alcançar melhoria social.

No entanto, a realidade revela o contrário. A americana *Apple*, por exemplo, no auge da cadeia de alta tecnologia, controla sua cadeia produtiva por meio da terceirização da produção e montagem de componentes para diferentes empresas em todo o mundo, especialmente na Ásia. Ela mantém seu domínio de mercado por meio de altos investimentos em inovações do produto e uso de patentes para proteger seus projetos. Em 2010, o lucro da empresa para o *Iphone* constituiu mais de 58% de seu preço de venda final, enquanto a participação do trabalhador chinês foi de apenas 1,8% desse valor.(542)

Conforme acima exposto, empresas fornecedoras da gigante tecnológica foram reiteradamente flagradas praticando condições precárias de trabalho e salário, na China.

Esses estudos reforçam um dos argumentos centrais defendidos por Benjamim Selwyn, de vital importância para os fins da presente obra, de que, por meio do poder de governação, que lhes permite capturar a maior parte do valor gerado em suas cadeias produtivas, as empresas-líderes desempenham um papel significativo sobre as condições precárias de trabalho, indutoras de pobreza.(543)

A governação é um papel institucional de poder desempenhado pela empresa-líder da cadeia produtiva, que se confunde com o exercício da *integração funcional* das atividades geograficamente dispersas no âmbito da cadeia.

A própria noção germinal da cadeia global de valor já compreende, na concepção de Gary Gereffi, além da estrutura de encadeamento dos ciclos produtivos e de uma territorialidade por onde circulam esses ciclos, também uma dimensão específica de integração funcional dos ciclos produtivos dispersos, identificada pelo estudioso como uma *estrutura de governança*, que diz respeito, nas palavras do autor, a "relações de autoridade e poder que ditam como os recursos financeiros, materiais e humanos serão alocados dentro da cadeia e fluem por ela".(544)

Nesse sentido, a integração funcional da cadeia produtiva, por meio da governança, não é um elemento marginal, contingente ou consequencial da organização fragmentada do processo produtivo, mas um *elemento estrutural* dessa forma de produzir.

---

(541) *Idem*, p. 27/28.
(542) SELWYN, Benjamim. **Global value chains or global poverty chains?** *Ob. cit.*, p. 30.
(543) *Idem*.
(544) GEREFFI, Gary *et. al.* Introduction: global commodity chains. *Ob. cit.*, p. 97/97.

Como bem ressalta Selwyn, a concepção e análise da governança da cadeia global de valor, feita pela linha teórica GVC, ilustram com clareza empírica a falácia da ideia de livre-mercado como fator regente das relações interempresariais nessas cadeias, revelando como as relações entre e dentro das empresas são coordenadas e planejadas pelas empresas-líderes. A abordagem GVC dedica-se a analisar como a governança da cadeia pela empresa-líder impacta as estratégias de atualização da empresa fornecedora, revelando com isso como as decisões e práticas corporativas em uma parte do mundo impactam os processos de desenvolvimento em outra parte do mundo.(545)

Essas relações interempresariais são marcadas por uma miríade de possibilidades negociais, a depender dos objetivos e do modo como se estabelecem, com maior ou menor interdependência entre as empresas. Nas cadeias produtivas organizadas em torno da externalização, em que a empresa-líder coordena uma rede de terceiras empresas fornecedoras, essa coordenação estabelece-se por meio do contrato de fornecimento terceirizado, mas é nos bastidores do contrato que se travam as relações de poder que condicionam profundamente o modo de execução das atividades terceirizadas.

4.3. A governação das cadeias globais de valor: estudos empíricos

No relatório da sua 105ª Conferência Internacional, a OIT descreve o processo de precarização do trabalho nos estratos terceirizados das cadeias produtivas nacionais e transnacionais como consequência de uma relação de poder profundamente *assimétrica* entre a empresa-líder (ali denominada de *comprador mundial*), que detém o poder de negociação, ditando o que vai produzir, quem irá produzir, como, quando e onde serão produzidas suas mercadorias, e as pequenas, médias e grandes fornecedoras contratadas e subcontratadas, as quais, submetidas à "tripla exigência de custos reduzidos, alta qualidade e entregas rápidas", adotam processos de trabalho altamente flexíveis:

> As cadeias de abastecimento mundiais podem incluir pequenas, médias e grandes empresas que operam em níveis da cadeia de abastecimento, bem como na economia formal e informal. Embora um comprador mundial possa possuir poucas, ou nenhuma, das fábricas que produzem os seus produtos de origem, o enorme volume das suas compras garante o seu elevado poder de negociação numa relação de mercado assimétrica em que o comprador pode negociar preços e especificar o que se vai produzir, quem irá produzir, e como, quando onde serão produzidos. Numa sequência de relações de subcontratação, as empresas fornecedoras podem procurar extrair mais concessões a nível de preço dos seus próprios fornecedores e subcontratados dos níveis inferiores na cadeia de abastecimento. De modo a responder à tripla exigência de custos reduzidos, alta qualidade e entregas rápidas, os subcontratantes adotam muitas vezes processos de trabalho e de produção altamente flexíveis, nomeadamente através da informalidade, da produção à peça, do trabalho no domicílio e do recurso a formas atípicas de emprego.(546)

---

(545) SELWYN, Benjamim. **Global value chains or global poverty chains?** A new research agenda. *Ob. cit.*, p. 4.

(546) ORGANIZAÇÃO Internacional do Trabalho (OIT) - Conferência Internacional do Trabalho. 105ª Sessão. Relatório IV. **Trabalho digno nas cadeias de abastecimento mundiais.** *Ob. cit.*, p. 11.

A assimetria de poder entre as grandes empresas e suas fornecedoras terceirizadas decorre de uma característica própria da relação interempresarial de externalização. Registra Manuel Castells que a rede de fornecedores centralizada na grande empresa é um fenômeno *verticalizado*, diferente das redes horizontais constituídas em forma de alianças estratégicas entre pequenos e médios negócios e entre grandes empresas.(547)

Conforme diagnosticado pela OIT, os fornecedores terceirizados adotam processos de trabalho e de produção altamente flexíveis através da informalidade, da produção à peça, do trabalho em domicílio e do recurso a formas atípicas de emprego para responder às *exigências* de custos reduzidos, alta qualidade e entregas rápidas, formuladas por suas clientes.(548) Essas exigências decorrem do poder de governação das empresas-líderes.

O conceito de *governação* foi erigido nas últimas décadas a uma categoria essencial para explicar a relação entre o público e o privado no horizonte da globalização neoliberal, cuja doutrina recusa a centralidade do Estado na economia e a autoridade do governo nos negócios, promovendo imensa transformação no quadro político e regulatório.

Trata-se, na lição de André-Jean Arnaud, de um estilo de gestão e de administração de questões públicas e privadas não emanado de um ente governamental soberano (*top down*), mas fundado numa autoridade partilhada em relações horizontalizadas (*botton up*).(549) As decisões são produzidas num sistema complexo de interações entre vários atores públicos e privados, diz o autor, "com o intuito de produzir regras elaboradas coletivamente".(550)

A noção teórica de governança projetou-se nos espaços deixados pela redução da atuação estatal na economia, buscando racionalizar o conjunto de mecanismos decisórios por meio dos quais indivíduos e organizações, no âmbito de uma determinada área de atuação, perseguem seus próprios interesses, não mais guiados por projeções legais fundadas em noções de interesse coletivo, mas orientados por critério de eficiência decisória, para produzir os resultados desejados na esfera econômica. Trata-se, portanto, de uma categoria tecnocrática, fundada basicamente em critérios de eficiência econômica, o que remete, segundo Philippe Moreau Defarges, ao esvaziamento da dimensão político-democrática dos processos decisórios.(551)

No plano microeconômico, a nova linha de governança corporativa tecnocrática de origem norte-americana, como bem anota Orlando Villas Bôas Filho, volta-se à gestão da empresa financeirizada, fragmentada e descentralizada, em superação ao tradicional modelo de gestão patronal onipotente da empresa monopolista verticalizada de origem fordista, de capital fechado. A nova governação pressupõe a entrada massiva de um conjunto de *stakeholders* no complexo empresarial (os terceiros vinculados, interessados ou afetados pela atividade corporativa, com enfoque especial

---

(547) CASTELLS, Manuel. **A sociedade em rede.** 16ª ed. São Paulo: Paz & Terra, 2013, p. 241 e 250/254.

(548) ORGANIZAÇÃO Internacional do Trabalho (OIT) - Conferência Internacional do Trabalho. 105ª Sessão. Relatório IV. **Trabalho digno nas cadeias de abastecimento mundiais.** *Ob. cit.*, p. 11.

(549) ARNAUD, André-Jean. **La gouvernance** - un outil de participation. Paris: Librairie Générale de Droit et de Jurisprudence, 2014, p. 22. *Apud*: BÔAS FILHO, Orlando Villas. A governança em suas múltiplas formas de expressão: o delineamento conceitual de um fenômeno complexo. Rio de Janeiro: **Revista Estudos Institucionais**, UFRJ, v. 2, n. 2, 671-706, 2016, p. 674.

(550) CHEVALLIER, Jacques. **L'État post-moderne.** 3ª éd. Paris: Librairie Générale de Droit et de Jurisprudence, 2008, p. 237. *Apud*: BÔAS FILHO, Orlando Villa. *Idem.*, p. 675.

(551) MOREAU DEFARGES, Philippe. **La gouvernance.** 5ª ed. Paris: Presses Universitaires de France, 2015, p. 27. *Apud*: VILLAS BÔAS FILHO, Orlando. *Idem*, p. 679.

para os parceiros comerciais, fornecedores e empresas terceirizadas), o que demanda a instauração de *mecanismos internos e externos de controle* (*compliance*) demarcando a forte distinção entre funções de controle e de execução, determinante às finalidades da governação corporativa.[552]

No plano das cadeias transnacionais de produção, conforme visto no tópico anterior, a globalização econômica intensificou a integração funcional dos nós ou ciclos dessas cadeias, difusamente espalhados pelo globo, demandando uma específica forma de governança ou coordenação administrativa integrativa dos processos produtivos. A integração dos mercados mundiais trouxe consigo a desintegração organizacional das empresas multinacionais, que passaram a terceirizar uma parcela cada vez maior de suas atividades de manufatura e serviços, tanto no mercado interno quanto no exterior, elevando em grandes proporções o comércio internacional de componentes e outros bens intermediários.[553]

Daí a questão central da *governança* ou *governação* das cadeias globais de valor, que implica saber como se coordenam e integram essas atividades produtivas fragmentadas e terceirizadas. A ausência de uma coordenação governamental mais ampla, por meio de acordos internacionais de comércio sobre padrões e regulamentações das cadeias globais de valor, tem incentivado o setor privado a buscar seus próprios mecanismos, com significativo aumento da *autorregulação*.

Neste contexto, afirma Susan Elizabeth de Oliveira, o estabelecimento de normas técnicas e padrões por setores privados deve ser visto como uma tentativa de suprir lacunas de regulamentação e governança pública em um ambiente de rápida evolução de processos e produtos. Em redes globais de produção, diz a autora,

> (...) as firmas tendem a estabelecer **padrões e normas para os fornecedores de insumos**, com o objetivo de atender os níveis de qualidade desejados, tornar o componente compatível com as outras fases do processo produtivo, ou mesmo como forma de gerenciamento de riscos do compartilhamento da produção.[554]

Na visão de John Humphrey e Hubert Schmitz, a governação das cadeias produtivas transnacionais organizada em torno da terceirização decorre de duas necessidades distintas de coordenação: (1) a necessidade de especificação do produto a ser fabricado pelos fornecedores, por imperativo de mercado, o que enseja a estruturação de uma governação para *coordenar a atividade produtiva;* e (2) a necessidade de eliminar ou reduzir riscos do produto ao consumidor decorrentes de falhas dos fornecedores, o que leva a governação a *intervir diretamente e monitorar a cadeia produtiva.*[555]

Ainda segundo os autores, na cadeia produtiva, e em qualquer ponto da cadeia, o processo produtivo (no sentido amplo, incluindo *design*, qualidade etc.) é definido pela empresa-líder com base num conjunto de parâmetros. Os quatro parâmetros principais são: (1) *o que deve ser produzido*: definição de produto; (2) *como deve ser produzido*: envolve a definição de processos produtivos, que podem incluir elementos como a tecnologia a ser utilizada, sistemas de qualidade, normas trabalhistas e ambientais;

---

(552) *Idem*, pp. 679.

(553) GEREFFI, Gary *et. al.* **The governance of global value chains.** Review of International Political Economy, v. 12:1, 78–104, 2005, p. 79. Disponível em: https://bit.ly/3la1xEJ. Acesso em: 2 out. 2021.

(554) OLIVEIRA, Susan Elizabeth Martins Cesar de. **Cadeias globais de valor e os novos padrões de comércio internacional**: estratégias de inserção de Brasil e Canadá. *Ob. cit.*, p. 109.

(555) HUMPHREY, John; SCHMITZ, Hubert. **Governance in global value chains**. Institute of Development Studies – IDS Bulletin, n. 32.3, 2001. Disponível em: https://bit.ly/3uzqxbm. Acesso em: 2 out. 2021.

(3) *quando deve ser produzido*; (4) *quanto deve ser produzido*. A esses quatro parâmetros adiciona-se (5) *o preço*. Embora o preço seja geralmente tratado como uma variável determinada pelo mercado, é muito comum que o grande cliente demande dos fornecedores a projeção de produtos e processos capazes de atender a um determinado preço-alvo.(556)

Analisando as diversas especificações negociais passíveis de interferir na forma de governação de uma cadeia produtiva, a que os estudos econômicos denominam de *especificidade de ativos*, Oliver Williamson identifica como fundamentais as especificações de (1) local da produção, se próximo ou distante, por força de investimento em logística, estoque etc.; (2) instalações físicas adequadas ao atendimento da demanda; (3) recursos humanos qualificados para o desempenho da atividade; (4) capital de marca (o valor que uma marca bem gerida agrega a um produto); (5) investimentos específicos na planta do fornecedor (ativos dedicados); e (6) tempo de atendimento da demanda, o que implica integração tecnológica.(557)

A governança surge, portanto, segundo John Humphrey e Hubert Schmitz, para gerir relações entre empresas, quando as fornecedoras trabalham de acordo com parâmetros definidos pelas empresas clientes/contratantes, ou mesmo de acordo com parâmetros fixados externamente à cadeia (por governos, organizações não-governamentais, consumidores etc.) e exigidos pelas clientes/contratantes.(558)

Essa situação geralmente ocorre quando a contratante pode ser responsabilizada pelas ações das contratadas, ou por suas consequências, em outros pontos da cadeia, como comumente ocorre em relação aos direitos dos consumidores por defeito do produto, exercitáveis em face do comerciante, do distribuidor e do fornecedor. A preocupação com a responsabilização por direitos dos trabalhadores terceirizados em outros pontos da cadeia produtiva, objeto da presente obra, é questão mais recente, que integra o tema *Empresas e Direitos Humanos*, no âmbito do Direito Internacional dos Diretos Humanos, e será objeto de estudos a partir do Capítulo 5.

Do ponto de vista conceitual, portanto, a governança da cadeia produtiva consiste, na visão de John Humphrey e Hubert Schmitz, no *conjunto de relações interempresariais e de mecanismos institucionais por meio dos quais é realizada a coordenação executiva de produtos e processos produtivos a serem atendidos pelas empresas da cadeia*.(559)

Em estudo germinal sobre a governação das cadeias globais de valor, explicam Gary Gereffi *et. al.* que no modelo de concentração produtiva, em que os diversos ciclos produtivos são realizados no interior de uma única empresa, o poder de coordenação é exercido hierarquicamente pela gestão corporativa, a direção da empresa (hierarquia orgânica). Mas quando as cadeias produtivas fragmentam-se e expandem-se espacialmente para uma rede de empresas, por meio da terceirização externa da produção, a estrutura de governação sai da hierarquia corporativa orgânica para dar espaço a diferentes *relações de poder interempresariais*, conforme o modelo organizacional adotado pela cadeia produtiva.(560)

---

(556) *Idem*, pp. 5.

(557) WILLIAMSON, O. **Comparative economic organization**: the analysis of discrete structural alternatives. Administrative Science Quarterly,Ithaca, v. 36, n. 2, p. 269-296. Jun. 1991, p. 114/115.

(558) HUMPHREY, John; SCHMITZ, Hubert. **Governance in global value chains.** *Ob. cit.*, p. 6/7.

(559) *Idem*, p. 1 e 5.

(560) GEREFFI, Gary *et. al.* Introduction: global commodity chains. *In*: GEREFFI, Gary; KORZENIEWICZ, Miguel (ed.). **Commodity chains and global capitalism.** Westport, CT: Praeger Publishers, 67-91, 1994.

Na visão de Gary Gereffi *et. al.*, as cadeias globais de valor apresentam dois padrões básicos de governança: (1) a cadeia produtiva *dirigida pelo produtor* e (2) a cadeia produtiva *dirigida pelo comprador*.

A cadeia produtiva *dirigida pelo produtor* é característica das indústrias de capital e tecnologia mais intensivos, como as indústrias automobilística, aeronáutica, de semicondutores, maquinário elétrico e eletrônico etc., em que poderosos fabricantes, como *Embraer, Ford, Wolkswagen, Intel*, etc. controlam rigidamente os vários níveis de fornecedores verticalmente organizados e estratificados em suas cadeias produtivas.[(561)] Nesse tipo de indústria, a estratificação opera conforme a importância da atividade contratada e a proximidade contratual do fornecedor ao contratante.

Por sua vez, a cadeia produtiva *dirigida pelo comprador* é característica de grandes corporações varejistas (retalhistas) e de proprietárias de marcas de roupas, calçados, brinquedos, utensílios domésticos e uma grande generalidade de bens de consumo, que exercem o poder de coordenação em razão da força de suas marcas, de sua rede de distribuição e do acesso ao cliente final, a exemplo de grandes marcas de roupas, como *GAP* e *Nike*, ou de alimentação, como *Carrefour* e *Walmart*.[(562)]

São cadeias produtivas que se assentam em indústria de capital e tecnologia menos intensivos, mas que demandam uso intensivo de mão de obra. Essas grandes corporações desempenham papel central na formação das cadeias produtivas empresariais descentralizadas, com atividades terceirizadas dispersas em uma variedade de países exportadores, geralmente localizados na periferia e semiperiferia. As grandes marcas geralmente executam diretamente apenas as atividades imateriais de alto valor agregado (P&D, *design* e *marketing* etc.), além da governança de sua ampla rede de fornecedores, para garantir que todas as transações da cadeia encaixem-se perfeitamente.[(563)]

As cadeias produtivas dirigidas pelo produtor tendem a ser espacialmente concentradas, enquanto as cadeias dirigidas pelo comprador tendem a dispersar-se no espaço, o que permitiu a algumas empresas do varejo ganharem competitividade num mercado consumidor cada vez mais complexo, a exemplo da *Amazon, Alibaba* etc.[(564)]

O modo de governação das cadeias globais de valor depende da configuração geral das relações interempresariais no curso da cadeia, com variados níveis de poder e controle da empresa-líder sobre os fornecedores terceirizados.

Em seus estudos iniciais, de 1994, Gary Gereffi *et. al.* apontaram uma tendência das cadeias produtivas *dirigidas pelo produtor*, mais hierarquizadas e concentradas espacialmente, tornarem-se progressivamente cadeias *dirigidas pelo comprador*, mais flexíveis e dispersas internacionalmente.[(565)]

No entanto, em estudos empíricos posteriores, de 2005, os autores afastaram a ideia inicial de que as cadeias dirigidas pelo comprador mantenham com seus fornecedores relações mais distantes e fluídas. Eles constataram que os grandes compradores

---

(561) *Idem*, p. 4.

(562) *Idem*.

(563) *Idem*, p. 7.

(564) *Idem*, p. 7/8.

(565) A configuração relacional no interior de uma cadeia produtiva ainda depende de fatores como o *comprimento* da cadeia (o número de nós ou ciclos produtivos), a *densidade* de suas interações (a indústria do vestuário é exemplo de cadeia produtiva *densa*, em que um grande número de empresas terceirizadas fornece a um única contratante) e a *profundidade* dessas interações, determinada pelo número de níveis de contratação e subcontratação nos diferentes estágios da cadeia produtiva (a indústria automobilística é um exemplo de cadeia produtiva *densa*, pois costuma se organizar em níveis de contratação terceirizada). *Idem*.

globais (os grandes varejistas e proprietários de marcas) investiram e impulsionaram a formação de redes empresariais de distribuição terceirizada globalmente dispersas e organizacionalmente fragmentadas, mas submetidas a uma *coordenação explícita, com exercício efetivo de controle*, para ajudar a criar uma base de fornecimento altamente competente, sem precisar exercer sobre elas a propriedade direta.[566]

Observado que a cadeia produtiva *dirigida pelo produtor* apresenta certa uniformidade relacional entre as empresas, com uma governação marcada por forte relação hierárquica verticalizada entre a empresa-líder e sua rede de fornecedores, por ela rigidamente controlada, Gary Gereffi *et. al.* voltaram-se a investigar a governação da cadeia produtiva *dirigida pelo comprador*, em que se identificou maior variação de modelos relacionais entre as empresas.

A partir de estudos empíricos sobre a governação das cadeias globais de valor,[567] em 2005 Gereffi *et. al.* propuseram uma tipologia de governação a partir de cinco tipos ou padrões básicos de cadeias produtivas *dirigidas pelo comprador*, numa escala de *intensidade de controle pela empresa-líder*. Essa escala tem, num extremo, a relação mais fluída de mercado, de compra e venda simples à vista, com pouco ou praticamente nenhum controle da contratante sobre o fornecedor, e, no outro extremo, a relação hierárquica corporativa de mais intenso controle, própria da cadeia produtiva da empresa verticalizada, sob gestão corporativa. Os tipos ou padrões são os seguintes:

(1) *mercado*: governação própria da cadeia produtiva em que a empresa-líder encomenda e adquire produtos padronizados à vista, esgotando em cada negociação o objeto da relação comercial. Como a complexidade das informações trocadas entre comprador-fornecedor é geralmente baixa, as transações podem ser controladas com pouca ou praticamente nenhuma coordenação explícita por parte da empresa-líder;

(2) *cadeia de valor modular*: são aquelas em que os *fornecedores turn-key* produzem bens personalizados para os compradores, mas com maquinário flexível, o que torna a relação estreita, pela troca de informações facilmente decodificáveis (instruções de fácil leitura), mas com alto nível de autonomia do fornecedor, que atende igualmente a outros clientes, do que decorre a necessidade de pouca coordenação explícita por parte da empesa-líder, com baixa assimetria de poder entre as empresas;

(3) *cadeia de valor relacional*: trata-se de um tipo de cadeia produtiva em que fornecedor e cliente mantém entre si relações de colaboração e parceria (contratualizada ou não), com lastro de confiança que decorre de reputação ou laços familiares, ensejando alto grau de investimentos e trocas de informações complexas (instruções detalhadas), em face da especificidade do produto. Disso resulta uma relação de dependência mútua, característica das redes empresariais colaborativas, em que, apesar de haver uma relação de coordenação explícita da empresa-líder sobre o fornecedor, essa coordenação é alcançada por meio de um diálogo próximo entre os parceiros, caracterizando uma relação mais simétrica de poder;

---

(566) GEREFFI, Gary *et. al.* **The governance of global value chains.** *Ob. cit.*

(567) Pesquisas de campo foram realizadas por STURGEON (2002) e STURGEON e LEE (2001). Ver em: STURGEON, T. **Modular production networks:** a new american model of industrial organization. Industrial and corporate change, 11(3), p. 451–96, 2002; STURGEON, T.; LEE, J-R. **Industry co-evolution and the rise of a shared supply-base for electronics manufacturing.** Paper Presented at Nelson and Winter Conference, Aalborg, 2001. *Apud*: GEREFFI, Gary *et. al.* **The governance of global value chains.** *Ob. cit.*, p. 83/87.

(4) *cadeia de valor cativa*: nesse tipo de cadeia produtiva empresarial descentralizada, pequenos fornecedores fazem investimentos consideráveis em maquinários específicos para produzir produtos personalizados para o cliente grande e poderoso, mediante troca de informações complexas (instruções detalhadas), tornando-se, por isso, cativos, e submetendo-se, portanto, a um alto grau de monitoramento e controle por parte da empresa-líder, com alto nível de assimetria de poder entre as empresas;[568]

(5) *hierarquia*: governança caracterizada pela *integração vertical orgânica* dos ciclos produtivos dentro de uma única empresa ou grupo empresarial, em que a forma dominante é o controle gerencial, que flui dos gerentes aos subordinados ou da matriz para as subsidiárias e filiais.[569]

Para ilustrar essa classificação com as características próprias de cada tipo, Susan Elizabeth de Oliveira apresenta a figura a seguir, traduzida do estudo original de Gary Gereffi *et. al.*, de 2005, com adaptações de Peter Dicken. Observe-se, na figura, que os diferentes tipos de governação da cadeia produtiva *dirigida pelo comprador* (mercado, modular, relacional, cativa e hierarquia) situam-se num espectro que vai do mais alto ao mais baixo nível de *coordenação explícita* e de *assimetria de poder* entre a empresa contratante e a empresa fornecedora-contratada.

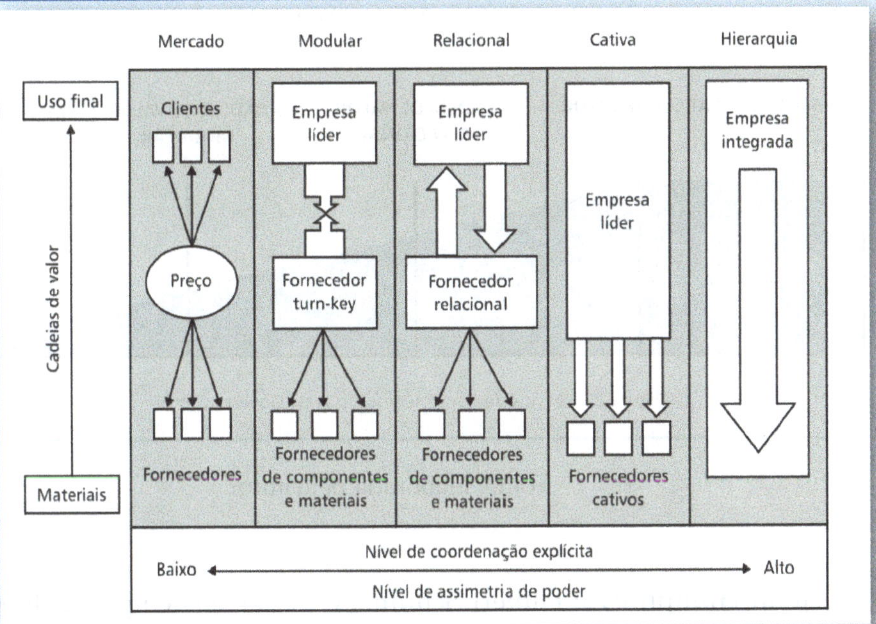

Figura 20 – Cinco Tipos de Governação

Fonte: Gary Gereffi *et al.* Adaptação de P. Dicken.
Trad. Susan Elizabeth Martins Cesar de Oliveira.[570]

(568) Os fornecedores cativos frequentemente estão confinados a uma gama restrita de tarefas, como por exemplo, a simples montagem de equipamentos, e dependem da empresa-líder para atividades complementares, como projeto, logística, compra de componentes e atualização de tecnologia de processo. GEREFFI, Gary *et. al.* **The governance of global value chains.** *Ob. cit.*, p. 83/87.

(569) *Idem.*

(570) GEREFFI *et al.* (2005), com adaptações de DICKEN (2007) e tradução de OLIVEIRA (2015). Ver: GEREFFI, Gary *et. al.* **The governance of global value chains.** *Ob. cit.*; DICKEN, P. **Global Shift**: Mapping the Contours of the World Economy. London: Sage, 2007. *Apud*: OLIVEIRA, Susan Elizabeth Martins Cesar de. **Cadeias globais de valor e os novos padrões de comércio internacional**: estratégias de inserção de Brasil e Canadá. *Ob. cit.*, p. 84.

No último box à direita, que retrata o modelo relacional *hierarquia*, não há uma empresa fornecedora, já que o processo produtivo desenvolve-se integralmente no interior da empresa verticalizada. No primeiro box à esquerda, que retrata o modelo de relação de *mercado*, a empresa-líder é identificada como *cliente* da empresa fornecedora, com baixo nível de controle explícito e assimetria de poder. Já os boxes intermediários, dos modelos *modular*, *relacional* e *cativa*, ilustram relações com mais elevado nível de controle explícito de uma empresa-líder contratante sobre a empresa fornecedora-contratada.

Com base nessas informações, a ilustração a seguir enfatiza os diferentes *níveis de controle* exercidos pela empresa-líder sobre os fornecedores, na cadeia produtiva *dirigida pelo comprador*, decorrentes da coordenação explícita. Da esquerda para a direita, observe-se que na cadeia de valor *cativa* (2), o nível de controle exercido pela empresa-líder sobre a empresa fornecedora é equivalente ao nível de controle exercido pela direção empresarial sobre seus departamentos e suas filiais, no modelo *hierarquia* (1). Nos modelos *relacional* (3) e *modular* (4), por sua vez, os níveis de controle são menores, mas ainda assim suficientes para determinar a assimetria de poder e a verticalidade características da governação interempresarial na externalização.

GOVERNAÇÃO DA CADEIA GLOBAL DA VALOR

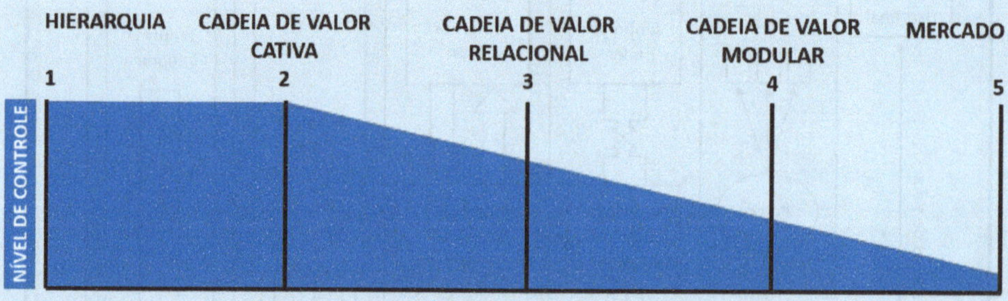

Figura 21 – Níveis de Controle nos Tipos de Governação

Fonte: Elaborada pelo autor

Para John Humphrey e Hubert Schmitz, o poder das empresas-líderes nas cadeias produtivas organizadas com terceirização deriva de dois atributos: (1) seu *poder de mercado* (concentração ou quota de um mercado); e (2) seu *posicionamento mais elevado na cadeia produtiva*, que lhe permite apropriar-se de elevados excedentes. Esse poder gera capacidade para influenciar ou determinar as atividades das empresas fornecedoras terceirizadas, por meio da definição de parâmetros produtivos, de decisões sobre os recursos produtivos necessários (investimentos) e sobre o acesso das empresas terceirizadas em sua cadeia produtiva, bem como por meio do monitoramento dessas empresas fornecedoras.[571]

Nas cadeias globais de valor *cativas*, por exemplo, é tão intenso o poder exercido pela empresa-líder sobre os fornecedores que, segundo Gary Gereffi *et. al.*, chega a ser

(571) HUMPHREY, John; SCHMITZ, Hubert. **Governance in global value chains.** *Ob. cit.*

idêntico ao controle hierárquico administrativo direto, da gestão corporativa, que a alta administração exerce sobre os subordinados em uma subsidiária *offshore* ou filial de uma empresa verticalmente integrada.(572) Ou seja, a empresa terceirizada praticamente funciona como uma seção ou departamento da empresa contratante.

Mas é importante observar, conforme enfatiza Susan Elizabeth de Oliveira, que esses padrões de governança expostos são tipos ideais, que se misturam no mundo real, dando ensejo a várias formas de governança com predominância de traços de um ou outro modelo.(573)

Em suma, à luz dos estudos empíricos acima expostos é possível inferir sinteticamente que:

(1) a cadeia produtiva cuja empresa-líder atua na produção do bem ou serviço, externalizando o fornecimento de matérias-primas, subprodutos, peças e componentes, especialmente em indústrias de alta tecnologia, tende a retratar o tipo ideal da cadeia produtiva *dirigida pelo produtor*, em que a empresa-líder controla rigidamente os processos produtivos das empresas fornecedoras externalizadas, estabelecendo-se entre elas uma forte relação de hierarquia produtiva; e

(2) a cadeia produtiva cuja empresa-líder atua seletivamente em P&D, *design*, *marketing* e comercialização, externalizando toda a produção, tende a retratar o tipo ideal da cadeia produtiva *dirigida pelo comprador*, em que o controle produtivo exercido pela empresa-líder sobre as empresas fornecedoras terceirizadas varia de intensidade conforme o modelo relacional entre elas estabelecido (de *mercado*, *modular*, *relacional* ou *cativa*).

De modo geral, no entanto, as discussões aqui apresentadas sobre governança nas cadeias produtivas demonstram que, em última análise, *são as empresas-líderes das cadeias produtivas organizadas em torno da externalização as responsáveis pela decisão de fragmentar, dispersar ou verticalizar a produção e pela escolha de onde localizá-la. São suas as decisões sobre o que terceirizar, a quem fazê-lo e sob quais condições contratuais essa produção terceirizada deve operar. São suas as decisões fundamentais sobre investimentos e, o mais importante, sobre o preço que se dispõem a pagar pelo produto terceirizado.*

Esses elementos integram o poder de regulação da cadeia produtiva, pela empresa-líder, aspecto central da governação, que condiciona o modo de execução dos contratos de terceirização e, por conseguinte, o modo de organização e gestão do trabalho terceirizado.

Com base nesses estudos empíricos serão analisados, a seguir, os elementos que integram o quadro de governação das cadeias produtivas empresariais descentralizadas: a) a atividade de coordenação e integração funcional da cadeia produtiva, pela empresa-líder; b) a relação de *hierarquia produtiva estratégica* entre a empresa-líder e sua rede de fornecedores, fundada, entre outros aspectos, na assimetria de poder contratual e econômico entre as empresas; c) o exercício do *comando* ou *controle produtivo estratégico*, pela empresa-líder, sobre as atividades externalizadas; e d) a posição de *subordinação produtiva estratégica* das empresas fornecedoras à empresa-líder.

---

(572) GEREFFI, Gary *et. al.* **The governance of global value chains.** *Ob. Cit.*, p. 88.
(573) OLIVEIRA, Susan Elizabeth Martins Cesar de. **Cadeias globais de valor e os novos padrões de comércio internacional:** estratégias de inserção de Brasil e Canadá. *Ob. cit.*, p. 85/86.

Ao tratar da assimetria de poder, será feita uma análise comparativa entre a externalização e o contrato de franquia (*franchising*), com vistas à delimitação conceitual entre os institutos.

4.4. A posição de poder da empresa-líder na governação da cadeia produtiva empresarial descentralizada

Conforme assentado nos tópicos anteriores, além da estrutura de encadeamento de diversos ciclos produtivos e de uma territorialidade por onde eles circulam, também constitui característica-chave do conceito de cadeia produtiva a *integração funcional dos seus ciclos produtivos dispersos*. Essa dimensão da integração funcional dos ciclos produtivos é identificada por Gary Gereffi como uma *estrutura de governança*, que diz respeito, segundo o estudioso, a "relações de autoridade e poder que ditam como os recursos financeiros, materiais e humanos serão alocados dentro da cadeia e fluem por ela".[574]

Também já foi dito que a integração funcional das atividades geograficamente dispersas é um papel institucional de poder desempenhado pela empresa-líder da cadeia produtiva, que se confunde com o exercício da governação. Em outras palavras, é por meio de mecanismos de governação (coordenação, controle e fiscalização) da cadeia produtiva empresarial descentralizada que a empresa-líder executa sua integração funcional, (re)unindo sistematicamente seus diversos ciclos produtivos fragmentados, para realização de seu objetivo econômico.

A atividade integrativa retrata, pois, a (re)união dos processos produtivos externalizados no espaço-tempo produtivo da empresa-líder.

Assim, a cadeia produtiva empresarial descentralizada reproduz no plano funcional a estrutura verticalizada da empresa-total, que, reorganizada sob o modelo enxuto flexível, exerce um comando não mais diretivo, orgânico, de gestão empresarial, como antes exercia sobre departamentos internos, mas um *comando* ou *controle produtivo estratégico* sobre as atividades externalizadas, por meio das relações contratuais de externalização conduzidas conforme seus *interesses estratégicos*.

Conforme será adiante demonstrado com base em estudos sociológicos no campo da teoria das organizações, a cadeia produtiva empresarial descentralizada consiste numa espécie de *rede contratual* de fornecimento terceirizado organizada sob comando verticalizado, que busca obter o mesmo efeito econômico da organização empresarial orgânica.

4.4.1. *Coordenação explícita: a integração funcional verticalizada da cadeia produtiva empresarial descentralizada*

Conforme visto no Capítulo 3, a grande empresa verticalizada de inspiração fordista já havia dividido internamente suas atividades (seu trabalho) em tarefas especializadas, organizadas em setores, seções, departamentos etc., e algumas dessas tarefas depois foram transferidas a empresas subsidiárias, formando um grande quebra-cabeça cujas peças mantinham-se unidas por uma forte gestão corporativa hierárquica, fundada em laços de propriedade.

Ao adotar o modelo de atuação organizacional flexível, a grande empresa desmontou o quebra-cabeça, fragmentando e externalizando diversos ciclos produtivos

---

(574) GEREFFI, Gary *et. al.* Introduction: global commodity chains. *Ob. cit.*, p. 97/97.

a terceiras empresas fornecedoras. Mas na condição de líder do processo produtivo, detentora dos seus resultados, titular das marcas e do espaço no mercado, a grande empresa continuou no domínio do quebra-cabeça. Ela o desmonta para externalizar (e obter os ganhos provenientes da externalização) e ao final remonta os diversos ciclos produtivos executadas por terceiros para auferir os elevados ganhos que a conexão de todas as peças proporciona.

Somente a revolução tecnológica tornou possível montar esse quebra-cabeça à distância, ou seja, integrar e coordenar os múltiplos ciclos produtivos dispersos geograficamente. Esta integração é feita por meio de *serviços conectores*, atividades de coordenação e controle telemáticos por meio de programas tecnológicos aliados à internet, que permitem o acompanhamento dos ciclos produtivos à distância, em tempo real, e serviços de administração logística do comércio e da produção, que viabilizam o deslocamento de bens tangíveis pelo globo, com intensa previsibilidade.[575]

A própria execução e administração desses serviços conectores é passível de externalização, fenômeno a que se denomina de *quarteirização,* consistente na contratação de uma firma, pela empresa-líder, para gerir suas relações com o conjunto das empresas terceirizadas.

Na Ciência da Administração, Reinaldo Dias define a *quarteirização* como "a evolução do processo de terceirização, em que o gerenciamento dos terceiros passa para uma quarta empresa".[576] Na doutrina justrabalhista, Gabriela Neves Delgado identifica na *quarteirização* um novo processo de intensificação da terceirização realizado por empresas interlocutoras entre a tomadora e as prestadoras de serviços.[577]

Afonso Fleury e Maria Tereza Fleury identificam a quarteirização na figura do contratante de serviços (*service contractor*), comum nas cadeias dirigidas pelo comprador. Esse contratante consiste num intermediário que organiza as redes de fornecimento para atender às demandas especificadas pela empresa-líder. A figura é muito comum, por exemplo, na cadeia produtiva do vestuário, em que a empresa-líder, que detém a marca e a distribuição, desenha uma nova coleção e contrata um *apparel contractor* (contratante de produção de vestuário). Esse intermediário monta uma cadeia de fornecimento conforme sua conveniência e assume todo o processo de produção, conforme as especificações da contratante. [578]

---

(575) Essa previsibilidade encontra-se profundamente fragilizada, no atual cenário de pandemia da Covid-19, que causou imensa crise de logística em todo o mundo. As paralisações de atividades produtivas, em muitos setores, no período pandêmico, causaram o acúmulo de mercadorias em armazéns, galões e docas, nos países exportadores, e os navios cargueiros sofreram redução de velocidade em suas operações, por força das restrições impostas pela doença, nos portos de todo o mundo. Como consequência, a demanda reprimida gerou uma super demanda dos contêineres disponíveis, que se tornaram insuficientes, atrasando as atividades de logística em todo o globo. Consultar: CRISE na logística por causa de contêineres será longa e deve afetar empresas no Brasil. **Agência Infra**, 1 out. 2021. Disponível em: https://bit.ly/3DNSkZC. Acesso em 22 nov. 2021.

(576) *"Trata-se do gerenciamento por parte de uma empresa quarteirizadora, de todas as atividades, serviços e fornecimentos de uma empresa e que podem ser terceirizados, empregando para isto, além de sua própria equipe e banco de dados, parceiros especializados que atuam em cada um dos setores". In:* DIAS, Reinaldo. **Tópicos atuais em administração:** quarteirização. São Paulo: Alínea, 1998.

(577) *"A quarteirização é definida como um mecanismo viabilizador de processos de administração e gerência do trabalho terceirizado (prestado por empresa interveniente ao tomador de serviços), por meio de uma quarta empresa".* In: DELGADO, Gabriela. **Terceirização:** paradoxo do direito do trabalho contemporâneo. *Ob. cit.*, p. 142.

(578) FLEURY, Afonso; FLEURY, Maria Tereza Leme. **A reconfiguração das cadeias globais de valor (global value chains) pós-pandemia**. Estudos Avançados, n. 34 (100). São Paulo, **Scientific Electronic Library Online – SciELO, p. 204-219, 2020, p. 206/207. Disponível em: https://bit.ly/3mlZRXU. Acesso em: 5 out. 2021.**

Muitas empresas coreanas, depois de aprenderem executando a produção como terceirizadas-contratadas, passaram a dominar a intermediação em grande escala, sendo contratadas por grandes marcas globais para administrar e subcontratar a produção em todo o mundo, inclusive na África.[579]

Por coerência conceitual, é importante distinguir a *quarteirização*, em que a empresa *quarteirizada* administra os contratos de terceirização firmados pela contratante, da *subcontratação*, em que o intermediário subcontrata o serviço a terceiras empresas, figurando como parte em ambas as relações contratuais, no contrato principal (onde é contratada) e no subcontrato (em que é subcontratante).

De toda forma, como visto, a integração funcional da cadeia produtiva não implica necessariamente a execução direta dos serviços conectores dos ciclos produtivos pela empresa-líder, que pode terceirizá-los, restringindo-se às atividades de coordenação, imprescindíveis ao exercício do controle sobre o resultado final do seu processo produtivo.

Trata-se daquilo a que Gereffi denomina de *coordenação explícita*, a atuação integrativa inerente ao poder de governação da cadeia produtiva,[580] presente em todos os tipos de cadeia produtiva estudados, embora mais rígida em alguns (como nas cadeias dirigidas pelo produtor e nas cadeias dirigidas pelo comprador do tipo *cativa* e *relacional*) e menos rígida em outros (como nas cadeias dirigidas pelo comprador do tipo *modular* e de *mercado*).

Utilizando o exemplo da cadeia produtiva automotiva, paradigmática do modelo de cadeia dirigida pelo produtor, Maria Vanalle e Antônio Salles relatam que a partir da década de 1980 ocorreu um novo movimento de racionalização estratégica centrado nas relações interempresariais, com intensas mudanças na relação entre a montadora e suas fornecedoras, pois *os princípios da produção enxuta exigem uma integração bastante estreita entre as partes*, o que pressupõe maior intensidade dos fluxos de informações e compromisso de continuidade no fornecimento. [581]

Em estudo de casos realizado pelos pesquisadores, no Brasil, frente a 14 empresas fornecedoras automotivas de primeiro nível de contratação, no ano de 2008, sobre o tipo de relacionamento mantido com suas respectivas montadoras contratantes, foram constatados os seguintes traços de *coordenação explícita* do processo produtivo: (a) o sistema de qualidade é tradicionalmente definido pelas montadoras, que não admitem sua definição pelas fornecedoras; (b) a definição dos projetos é mais compartilhada, porque as fornecedoras tendem a decidir sobre a tecnologia adequada para atender às exigências dentro do *preço oferecido pelas montadoras*, o que indica o predomínio da contratante na definição do preço; (c) o sistema de entrega dos componentes é rigidamente controlado pelas montadoras, cabendo às fornecedoras cumprirem rigidamente o plano mestre de produção, com entrega *just in time* (produção na medida da demanda); (d) a maioria das montadoras faz os pedidos por meio de sistemas tecnológicos de intercâmbio de dados, que transmitem às fornecedoras instantaneamente os pedidos para produção *just in time;* e (e) as montadoras interferem na gestão das fornecedoras por meio de contratos em que se reservam a propor, assessorar e facilitar melhorias no processo produtivo, incluindo ajuda técnica, com a presença de empregados das mon-

---

(579) *Idem.*

(580) GEREFFI, Gary *et. al.* Introduction: global commodity chains. *Ob. cit.*

(581) VANALLE, Rosangela Maria; SALLES, Antonio Arantes. **Relação entre montadora e fornecedores:** modelos teóricos e estudos de caso na indústria automobilística brasileira. *Ob. cit.*

tadoras nas plantas das fornecedoras para fiscalizar aspectos gerenciais relacionados ao domínio tecnológico, à gestão da qualidade, além de capacitação dos empregados e desempenho das entregas.(582)

Mesmo no Japão contemporâneo, as redes de empresas autônomas formadas em torno da externalização são muito estratificadas, com fornecedores subordinados ao comando da grande fábrica.(583) Leda Gitahy destaca que no modelo japonês de produção toyotista a cadeia produtiva é hierarquizada e verticalizada, ensejando a constituição de um *sistema de integração* baseado no *rígido monitoramento* exercido pela empresa contratante sobre o processo produtivo de seus fornecedores:

> (...) *forte integração do processo produtivo de clientes e fornecedores*, desde a fase de desenvolvimento do produto (engenharia conjunta) até a sua produção; alto nível de confiança tanto na qualidade como nos prazos de entrega, o que *implica o estabelecimento de um "conglomerado" de firmas em cadeia verticalizada de produção*; este conglomerado implica, por sua vez, *o monitoramento exercido pelos clientes sobre o processo produtivo de seus fornecedores* (sem grifos no original).(584)

Isso confirma a ideia inicial de que, mesmo havendo externalizado seus ciclos produtivos, a grande cadeia produtiva empresarial descentralizada de inspiração toyotista, agora sob a imagem da empresa enxuta, continua no controle estratégico do sistema produtivo para garantir sua integridade funcional e extrair as vantagens próprias da integração vertical orgânica.

4.4.2. *A hierarquia produtiva estratégica da cadeia produtiva empresarial descentralizada: controle produtivo estratégico e assimetria de poder*

Como ressaltado no Capítulo 1, cada empresa é ela própria uma específica cadeia produtiva, enquanto encadeamento de ciclos produtivos e reunião de fatores em torno de um processo de produção, independentemente da extensão desse processo e da natureza do seu produto.

Toda cadeia produtiva empresarial *centralizada* (processo produtivo executado diretamente pela empresa ou grupo empresarial) possui um *caráter sistêmico denso*, compacto, independentemente da extensão do processo produtivo. Seus ciclos produtivos são internamente interligados pelo comando estratégico único, institucional, oriundo da direção empresarial (de cima para baixo), com vistas à execução de um planejamento para obtenção do fim econômico precisamente planejado. Entre a direção empresarial e os setores, seções ou departamentos empresariais vigora uma *hierarquia orgânica* determinada pelo poder de comando diretivo fundada no direito de propriedade ou em relações contratuais societárias.

Essa estrutura determina o modo de *integração vertical orgânica* entre os ciclos produtivos internos (setores, seções ou departamentos) que integram a cadeia produtiva empresarial, encadeados por relações institucionais, intracorporativas.

A figura abaixo retrata a empresa composta de ciclos produtivos internos que se conectam sob a *hierarquia orgânica* própria da governação corporativa.

---

(582) *Idem*, p. 244/249.
(583) DRUCK, Maria da Graça. **Terceirização:** (des)fordizando a fábrica – um estudo do complexo petroquímico. *Ob. cit.*, p. 98/99.
(584) GITAHY, Leda. **Inovação tecnológica, subcontratação e mercado de trabalho.** *Ob. cit.*, p. 145.

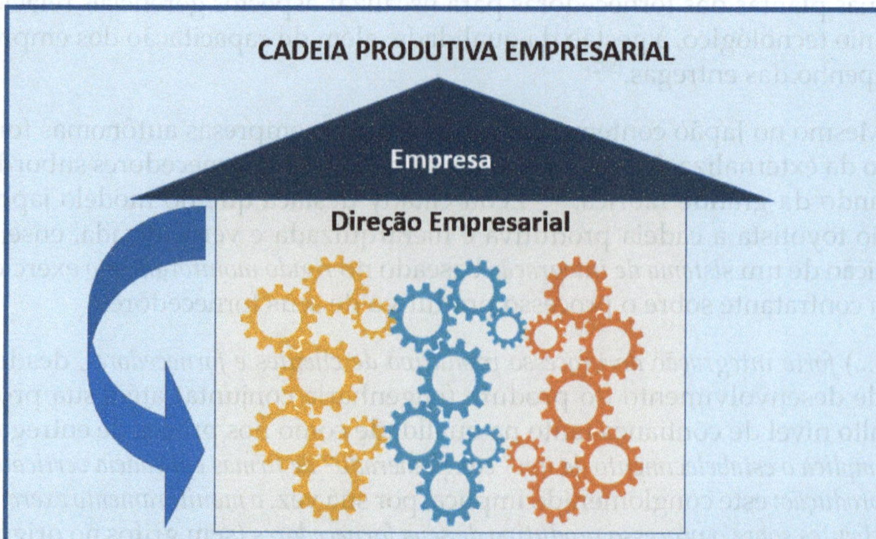

Figura 22 – Hierarquia Orgânica da Governação Corporativa

Fonte: Elaborada pelo autor

Ao externalizar ciclos produtivos por meio de contratos de fornecimento terceirizado celebrados com empresas fornecedoras, mantendo sobre eles controle produtivo estratégico, a cadeia produtiva empresarial *descentraliza-se*, mas os ciclos externalizados continuam a ela integrados. Os contratos de fornecimento, embora constituam transações firmadas no livre-mercado entre agentes econômicos autônomos e formalmente iguais, são fortemente atravessados pelo *comando produtivo estratégico* da empresa-líder, que mantém integrados à cadeia produtiva empresarial os ciclos externalizados.

Os estudos empíricos da governança das cadeias globais de valor expostos no tópico 4.2 claramente demonstram a impropriedade da ideia de plena autonomia fundada no livre-mercado como fator regente das relações interempresariais nas cadeias produtivas empresariais descentralizadas, revelando como essas relações são governadas pela empresa-líder.[(585)]

Da grande empresa contratante, situada no topo da pirâmide organizacional da cadeia produtiva, titular da marca, do produto, do mercado e, portanto, da totalidade do processo produtivo, emana uma cadeia de comando com as *decisões estratégicas* centrais sobre quanto investir na produção, o que produzir, quanto, quando e como produzir, qual preço se propõe a pagar e, o mais relevante, que empresas terão acesso à cadeia produtiva. São decisões que se iniciam na concessão de acesso à cadeia produtiva, projetam-se em cláusulas contratuais, mas se exercem efetivamente nas entrelinhas do contrato, no campo do poder econômico da empresa contratante, tais como as decisões derivadas do poder de fiscalização do processo produtivo.

O controle ou comando produtivo estratégico opera, assim, por meio de *mecanismos de incentivo* próprios do mercado, especialmente o incentivo de acesso à cadeia

(585) SELWYN, Benjamim. **Global value chains or global poverty chains?** A new research agenda. *Ob. cit.*, p. 4.

produtiva oferecido pela empresa-líder em troca de uma atuação alinhada aos seus interesses estratégicos, por parte das empresas fornecedoras.

A relação entre as empresas contratante e contratada, nessa estrutura vertical de poder, assenta-se numa *hierarquia produtiva estratégica* em que a empresa-líder, por meio das relações contratuais de terceirização, exerce posição de *controle* ou *comando produtivo estratégico*, que condiciona o modo de execução dos contratos pelas empresas fornecedoras, embora cada empresa guarde sua autonomia gerencial, administrativa, financeira e operacional.

Formalmente, o comando produtivo estratégico exerce-se por meio do contrato de fornecimento terceirizado e dele extrai sua legitimidade jurídica. Mas o poder de comando estratégico da empresa-líder espraia-se para muito além dos estritos limites contratuais, situando-se mais fortemente na realidade fática das relações de poder entabuladas nos bastidores do contrato. Do alto da posição de coordenação do processo produtivo, a empresa-líder reproduz no plano funcional a mesma estrutura de comando da empresa-total (integração vertical orgânica).

O binômio comando-execução, que é unificado no interior da empresa-total fordista, separa-se na cadeia produtiva empresarial descentralizada: a empresa-líder exerce o comando, transferindo a *execução* para a empresa fornecedora-contratada.(586) O comando é o que mantém os ciclos produtivos externalizados integrados à cadeia produtiva da empresa-líder, não mais por uma relação de *hierarquia orgânica*, de pertencimento à estrutura empresarial, mas de *hierarquia produtiva estratégica*, de controle produtivo contratual sobre as empresas executoras.

Por meio do contrato de fornecimento, portanto, a empresa terceirizada ingressa na cadeia produtiva da empresa-líder contratante para executar o ciclo externalizado, submetendo-se ao seu comando estratégico.

O grupo empresarial *Bunge Limited*, por exemplo, com mais de 100 instalações no Brasil, opera seus ciclos produtivos no País sob comandos que partem de uma governação corporativa central liderada, em seu mais alto escalão, por um conselho consultivo *responsável pelo alinhamento dos direcionamentos estratégicos*, formado pelo CEO da *Bunge Limited* e outros profissionais com experiências em diferentes áreas.(587) Essa unidade de comando da empresa é o que garante, portanto, uma integração estratégica vertical estável dos seus ciclos produtivos internos e externalizados, ou seja, da sua cadeia produtiva empresarial.

Os ciclos produtivos internos, executados diretamente pela *Bunge* (compra e armazenamento de grãos, exportação, industrialização e distribuição dos produtos derivados), integram-se sob hierarquia orgânica, fundada no laço de propriedade. Já o ciclo de plantio de grãos de soja, por exemplo, atividade externalizada e coordenada pela *Bunge*, integra-se à sua cadeia produtiva por relações contratuais com os fornecedores, que se submetem ao seu *comando produtivo estratégico* (condições de qualidade, quantidade, tempo, modo e preço etc.). Essas atividades são executadas fora da empresa, mas no interior de sua cadeia produtiva empresarial descentralizada, em sua *hierarquia produtiva estratégica*.

---

(586) FELICIANO, Guilherme Guimarães. **Direito do trabalho, terceirização e contratos de fornecimento industrial:** notas sobre a responsabilidade jurídica de clientes e fornecedores. *Ob. cit.*, p. 51.
(587) BUNGE América do Sul. **Relatório de sustentabilidade** - Brasil, edição 2012. Disponível em: https://bit.ly/2WocJmS. Acesso em: 25 ago. 2021.

Como destacado no Capítulo 1, a *Bunge Limited*, utilizada no exemplo, é uma típica cadeia produtiva dirigida pelo produtor, corporação ainda muito verticalizada, que executa diretamente a maior parte de suas atividades produtivas. Mas ainda que a empresa-líder da cadeia produtiva adote em sua estrutura corporativa um modelo empresarial totalmente flexível, horizontalizado, restringindo-se a coordenar e integrar estrategicamente a cadeia produtiva, essa integração é feita também de forma verticalizada, tal como ocorre no interior da empresa, por meio da ordem de *comando produtivo estratégico* que emana do vértice da pirâmide organizacional da cadeia produtiva.

A figura a seguir representa essa noção. No exemplo retratado na imagem, uma parte do processo produtivo da empresa-líder é por ela diretamente executado (engrenagens pretas no interior da casa maior) e outra parte é externalizada para empresas fornecedoras (engrenagens coloridas no exterior da casa, destacadas pelo círculo vermelho). Apesar de sua organização empresarial horizontalizada, a empresa-líder exerce a governação verticalizada da cadeia produtiva. Observe-se que a cadeia produtiva é composta pela empresa-líder e pelas empresas fornecedoras, numa estrutura de sobreposição que ilustra a relação de *hierarquia produtiva estratégica*. Como resultado, a organização horizontalizada da empresa-líder insere-se na estrutura verticalizada de sua cadeia produtiva.

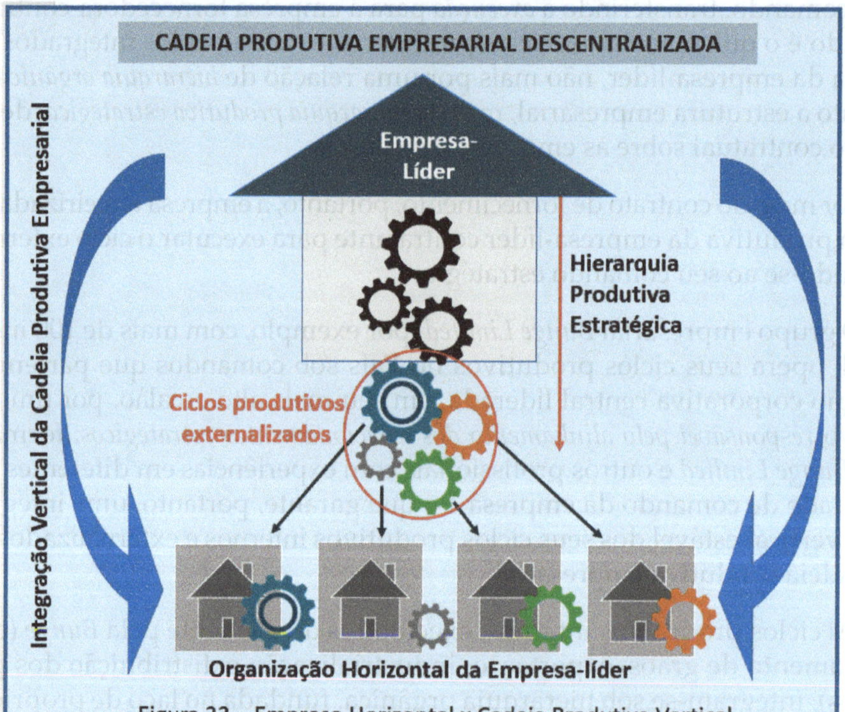

Figura 23 – Empresa Horizontal x Cadeia Produtiva Vertical

Fonte: Elaborada pelo autor

É verticalizada a integração da cadeia produtiva porque, à imagem e semelhança da empresa-total, a cadeia produtiva da empresa-líder corresponde ao *conjunto das atividades produtivas que ela se dispõe a comandar* para produzir o bem ou serviço objeto de seu empreendimento.

Os ciclos produtivos externalizados continuam no interior da cadeia produtiva da empresa contratante, sistematicamente encadeados aos ciclos produtivos por ela *eventualmente* executados (internalizados). Essa integração é determinada, do ponto de vista estratégico, pela unidade organizacional teleológica do empreendimento produtivo e, do ponto de vista jurídico, pela unidade sistêmica da *rede contratual* de terceirização externa, ideia a ser adiante aprofundada.

A *hierarquia produtiva estratégica* característica da cadeia produtiva empresarial descentralizada tem fundamento na *assimetria de poder* entre a empresa-líder e as empresas fornecedoras. Uma assimetria informal decorrente de desigualdades fáticas de poder econômico-contratual, que se manifesta nos bastidores dos contratos de terceirização, condicionando-lhes fortemente.

Embora diferente da assimetria institucional, orgânica, formal, decorrente de relação de propriedade, sociedade, administração ou controle societário de uma empresa sobre outra, a assimetria de poder entre a empresa-líder e as empresas fornecedoras autônomas produz uma *função econômica equivalente* na integração verticalizada dos ciclos produtivos externalizados, no âmbito da cadeia produtiva empresarial descentralizada.

Essa assimetria fática e informal de poder tanto pode ensejar a hierarquia produtiva estratégica própria da cadeia produtiva empresarial descentralizada, em que a empresa contratada mantém sua autonomia econômica em relação à contratante, como pode ter sua potência elevada ao ponto de a empresa contratada tornar-se economicamente dependente da empresa contratante.

Nessa hipótese, conforme será exposto no Capítulo 7, a relação entre a empresa-líder e a fornecedora pode configurar verdadeiro *grupo econômico empresarial de fato por dominação econômica*, em face da *influência econômica dominante* exercida pela empresa-líder sobre a fornecedora, com a consequente responsabilidade trabalhista solidária dos seus integrantes, na forma do art. 2º, § 2º, da CLT.

A *dominação econômica* constitui relação de poder diferente do *controle produtivo estratégico*, na medida em que suprime a autonomia econômica e operacional da empresa controlada. Juridicamente, esta pode formar livremente sua vontade, mas, no plano fático, por força da intensa dependência econômica, a vontade cede aos interesses da empresa dominante.[588]

Configurado o estado de dominação econômica caracterizador do grupo econômico empresarial, o controle superior da empresa contratante sobre a atividade econômica da empresa fornecedora prevalece sobre (e incorpora) o mero controle produtivo estratégico característico da terceirização externa. A configuração do grupo econômico predomina, pois o agrupamento passa a configurar uma unidade empresarial e, portanto, uma cadeia produtiva empresarial *centralizada*, com consequência deflagradora de responsabilidade trabalhista solidária.

O *controle* ou *comando produtivo estratégico* consiste, assim, numa posição de poder da empresa-líder contratante da terceirização que, não sendo suficiente para configurar a dominação econômica própria de um grupo econômico empresarial de fato, nos termos do art. 2º, § 2º, da CLT, é suficiente para ensejar a *capacidade de influência* da empresa contratante sobre a atuação econômica da contratada, elemento crucial à configuração de responsabilidade civil da empresa-líder pela observância de direitos

(588) MEIRELES, Edilton. **Grupo econômico trabalhista.** *Ob. Cit.*, p. 112/136.

fundamentais dos trabalhadores terceirizados, conforme análise a ser desenvolvida na Parte 2 da obra.

O quadro comparativo a seguir ilustra sinteticamente os elementos conceituais acima desenvolvidos.

TERCEIRIZAÇÃO EXTERNA CONTROLE DA EMPRESA CONTRATANTE SOBRE A CONTRATADA	
Terceirização Externa SEM Grupo empresarial	**Terceirização Externa COM Grupo Empresarial por Dominação Econômica**
❑ **CONTROLE PRODUTIVO ESTRATÉGICO:** ✓ **Empresa fornecedora mantém autonomia;** ✓ **Empresa-líder exerce controle produtivo estratégico;** ✓ **Empresa fornecedora sofre influência produtiva da empresa-líder**	❑ **DOMINAÇÃO ECONÔMICA (grupo de fato):** ✓ **Empresa dominante controla atividade econômica da empresa dominada;** ✓ **Empresa dominada é dependente econômica - não exercita autonomia** ✓ **Dominação econômica incorpora controle produtivo estratégico**
Figura 24 – Quadro Comparativo Hierarquia Produtiva Estratégica x Grupo Empresarial por Dominação Econômica	

Fonte: Elaborada pelo autor

4.4.3. Tipologia das redes empresariais segundo as relações de poder: a cadeia produtiva empresarial descentralizada como uma rede empresarial social assimétrica

Analisando modelos de governação (integração) característicos de diferentes espécies de redes empresariais, Anna Grandori e Giuseppe Soda identificam três tipos básicos de agrupamentos empresariais: as *redes sociais*, as *redes burocráticas* e as *redes de propriedade*. Em cada um dos tipos, identificam formas *simétricas* e *assimétricas* de relação interempresarial, conforme a articulação de poder presente entre as empresas. Os tipos são assim descritos:

(1) *redes sociais* (informais): são redes formadas por empresas que se conectam por contratos bilaterais, os quais se restringem a disciplinar o objeto da transação, não disciplinando o relacionamento interempresarial de longo prazo em aspectos como o equilíbrio econômico-contratual, a divisão de lucros, riscos, responsabilidades etc. O contrato-base é formal, mas o relacionamento interempresarial não é objeto de prévia disciplina ou normatização, o que confere característica informal ao agrupamento. São de dois subtipos:

1.a) *redes sociais simétricas*: agrupamentos empresariais que implicam a troca de recursos e de informações estratégicas, do que decorre a ineficiência de mecanismos burocráticos de coordenação de uma empresa sobre a outra. Exemplo: os distritos industriais;

1.b) *redes sociais assimétricas*: redes contratuais em que há a presença de um agente central de poder, que exerce a coordenação, a exemplo das *redes fundadas em contratos de terceirização;*

(2) *redes burocráticas* (formais): as empresas são ligadas por contratos, que, além do objeto da transação, também disciplinam fortemente o relacionamento de longo prazo entre as empresas, com vistas a conferir segurança ao *negócio coletivo* no curso do tempo. A relação entre as empresas possui natureza mais cooperativa, de parceria ou colaboração mútua. São de dois subtipos:

2.a) *redes burocráticas simétricas*: são redes contratuais extremamente formais em que as empresas compartilham recursos para atingir metas coletivas, a exemplo das associações comerciais e consórcios;

2.b) *redes burocráticas assimétricas*: são redes muito formalizadas em seus relacionamentos, em que há uma empresa central definidora de padrões de funcionamento, comercialização e *marketing* das outras empresas, a exemplo dos contratos de franquia (*franchising*) e licenciamento; e

(3) *redes de propriedade*: são arranjos que envolvem a criação de uma terceira entidade jurídica, sobre a qual as empresas do arranjo possuem direitos de propriedade. São de dois subtipos:

3.a) *redes de propriedade simétricas*: quando as empresas, para levar adiante atividades coletivas, fundam uma nova empresa, juridicamente independente das outras, a exemplo das *joint ventures*;[(589)]

3.b) *redes de propriedade assimétricas*: são redes em que a empresa proprietária ou investidora exerce sobre a outra um poder fundado na propriedade. É o que ocorre com as *holdings*, em que a empesa principal possui participação majoritária e controla suas subsidiárias, e com os grupos empresariais de *venture capitals* (capitais de risco), em que uma empresa investidora (parceiro capitalista) adquire empresas menores com alto potencial de crescimento, para influenciar sua valorização e ganhar com a venda de participação acionária.[(590)]

Nesse quadro, a *cadeia produtiva empresarial descentralizada* enquadra-se à categoria da *rede social assimétrica* (1.b), um arranjo em que as empresas são ligadas por contratos bilaterais de fornecimento terceirizado, os quais regulam o objeto contratado (o fornecimento) mas não disciplinam a relação interempresarial no longo prazo, a distribuição de riscos e as responsabilidades conforme a participação econômica das partes. A dimensão relacional de poder entre as empresas é normalmente exercida nos espaços em branco deixados pelo contrato, exatamente em face da forte presença de um agente central que exerce rígido controle estratégico fático e informal sobre as atividades da empresa contratada.[(591)]

Na categoria das redes sociais assimétricas encontra-se também o *grupo econômico empresarial trabalhista de fato por dominação econômica*, referido no tópico anterior, caracterizado pela forte dependência econômica da empresa dominada em relação à

(589) *Joint Venture*: acordo comercial entre duas ou mais empresas de ramos iguais ou diferentes, por meio do qual reúnem recursos para realizar um projeto específico, durante determinado período.
(590) GRANDORI, Anna; SODA, G. **Inter-firm networks**: antecedents, mechanisms and forms. Organization Studies, v. 16, n. 2, 183-214, 1995.
(591) *Idem*.

dominante. Nesse caso, conforme acima assentado, o controle econômico da empresa contratante-dominante sobre a empresa fornecedora-dominada prevalece sobre (e incorpora) o mero controle produtivo estratégico, dando azo à configuração de uma unidade empresarial, uma cadeia produtiva empresarial *centralizada*, com consequente responsabilidade trabalhista solidária (CLT, art. 2º, § 2º).

No estudo de Anna Grandori e Giuseppe Soda, a assimetria de poder econômico e contratual é característica que também pode estar presente em redes de propriedade e redes burocráticas.[(592)]

Nas *redes de propriedade assimétricas*, a assimetria de poder resulta do direito de propriedade de uma empresa sobre outra ou sobre o capital investido no negócio, caracterizando a hierarquia orgânica, acima explicitada, própria da unidade empresarial. Aqui, por maiores razões, a rede empresarial configura grupo econômico empresarial trabalhista, nesse caso por dominação econômica *de direito* (direito de propriedade). Também aqui o grupo econômico retrata uma cadeia produtiva empresarial *centralizada*, cujos membros sujeitam-se à responsabilidade trabalhista solidária prevista no art. 2º, § 2º da CLT.

Quando uma empresa subsidiária executa ciclos da cadeia produtiva empresarial de sua empresa controladora, atuando como sua fornecedora, não obstante a presença da hierarquia produtiva estratégica própria da externalização, a relação que entre elas se sobrepõe é de dominação econômica orgânica caracterizadora do grupo econômico empresarial.

No que diz respeito às *redes empresariais burocráticas assimétricas*, a assimetria de poder assenta-se apenas numa posição de proeminência de uma empresa em relação à outra na pactuação contratual, decorrente do seu direito de propriedade ou de uso sobre marca, símbolo, produto, serviço ou qualquer outro bem material ou imaterial de valor, objeto do contrato. É o que ocorre com os contratos de franquia e licenciamento, em que as empresas franqueadoras e licenciadoras desfrutam de especial poder contratual como titulares do direito de uso de marcas, patentes, direitos autorais ou sinais distintivos de alto valor de mercado.

Nesse tipo ideal – da rede empresarial burocrática assimétrica –, a assimetria revela-se *formalmente* na disciplina contratual relacional e exerce-se nos lindes do contrato, não deixando espaço para exercício de um poder informal de uma empresa sobre outra, capaz de influenciar o modo de execução do contrato, como ocorre nas redes empresariais sociais assimétricas.

Diferentemente da externalização típica da cadeia produtiva empresarial descentralizada, na execução dos contratos de franquia e licenciamento, em seu tipo ideal, o franqueador e o licenciador não exercem (ou, pelo menos, não devem exercer) sobre os franqueados e licenciados um comando estratégico informal nos bastidores do contrato, limitando-se a fiscalizar o cumprimento das condições contratuais voltadas à preservação da higidez da marca ou sinal distintivo. Não obstante marcados por uma assimetria de poder negocial, portanto, esses tipos contratuais não se ajustam aos padrões de governação presentes nas cadeias produtivas de fornecimento terceirizado.

---

(592) GRANDORI, Anna; SODA, G. **Inter-firm networks**: antecedents, mechanisms and forms. Organization Studies, v. 16, n. 2, 183-214, 1995.

4.4.4. A cadeia produtiva empresarial descentralizada como típica rede contratual

No plano da sociologia econômica, importantes estudos desenvolvem-se sobre a atuação coletiva de empresas autônomas por meio de conexões informais decorrentes da execução de contratos bilaterais, e sobre a repercussão dessa atuação coletiva na distribuição de responsabilidades.

Especificamente no campo da teoria das organizações, esses estudos identificam as *redes contratuais* (*network*) e os *contratos híbridos* como espécies de agrupamentos empresariais situados no espaço (ou configurados como modelo) intermediário entre a organização empresarial (integração vertical orgânica) e as relações de trocas econômicas episódicas no mercado, orientadas pelo preço, sem vínculo obrigacional adicional entre as empresas (mercado).

Hugh Collins identifica as *redes contratuais* como conjuntos de empresas independentes que celebram contratos bilaterais voltados à realização de uma finalidade econômica comum, sob coordenação informal de um agente econômico central, de modo a conferir às partes vantagens próprias da integração vertical orgânica, embora o agrupamento não ostente forma ou natureza de uma empresa ou grupo empresarial, comportando interesses contrapostos entre as empresas contratantes.[(593)]

Caracterizadas por conexões funcionais entre contratos bilaterais autônomos, sem a presença de um vínculo formal societário ou de parceria entre as empresas, as redes contratuais não se amoldam com justeza, por isso, a quaisquer categorias do Direito Contratual ou do Direito Societário.[(594)] Por meio dessas conexões contratuais, porém, conforme anota Angelo Gamba Prata de Carvalho, as *networks* organizam-se e funcionam sob incentivos de mercado que, embora invisíveis ao Direito Contratual, criam verdadeiras *estruturas empresariais multilaterais*.[(595)]

Entre os vários tipos de redes contratuais catalogados por Gunther Teubner, em exaustivo estudo sobre o tema, destacam-se as *redes de fornecimento* compostas por relações verticais hierarquizadas entre as *empresas focais* ou *centros de rede* (aqui denominadas de empresas-líderes) e as empresas fornecedoras de bens,[(596)] figuras típicas da cadeia produtiva empresarial descentralizada.

A cadeia produtiva empresarial descentralizada constitui, portanto, espécie de *rede contratual* com características próprias da *rede empresarial social assimétrica* acima descrita: as empresas são ligadas por contratos que se restringem a disciplinar o objeto da transação (no caso, o contrato de fornecimento terceirizado), não disciplinando o relacionamento empresarial a longo prazo entre as partes, do que resulta a dimensão informal da rede, cuja governação verticalizada é exercida de fato por um agente central de poder, a empresa-líder.

Trata-se, portanto, de agrupamento empresarial em que a empresa-líder articula uma estrutura informal verticalizada de poder para obter as vantagens próprias da integração empresarial vertical orgânica, com máxima concentração de controle, para disso extrair o máximo de valor agregado dos diferentes ciclos produtivos, mantendo,

---

(593) COLLINS, Hugh. Legal regulation of dependent entrepreneurs: comment. **Journal of institutional and theoretical economics**, v. 152, n. 1, p. 263-270, mar. 1996.
(594) TEUBNER, Gunther. **Networks as connected contracts**. *E-Book*. Oxford: Hart Publishing, 2011.
(595) CARVALHO, Angelo Gamba Prata de. Sociologia do poder nas redes contratuais. *Ob. Cit.*, p. 30.
(596) TEUBNER, Gunther. **Networks as connected contracts**. *E-Book*. Oxford: Hart Publishing, 2011, p. 98.

no entanto, a distância formal necessária das empresas fornecedoras para flexibilizar a distribuição de riscos e responsabilidades.

A esse respeito, aponta Teubner, a rede contratual assenta-se num paradoxo que retrata a permanente tensão entre o coletivo e o individual: de um lado, movida por incentivos de mercado, a rede empresarial apresenta-se no ambiente econômico como um ente coletivo unitário, por meio de uma coordenação central (*unitas multiplex*); por outro lado, as empresas integrantes da rede mantêm interesses contrapostos e contraditórios, inclusive como concorrentes em dado mercado (*coincidentia oppositorum*).(597)

No espaço intermediário entre a integração vertical orgânica e o mercado, além das redes contratuais, encontram-se presentes também os *contratos híbridos*, cuja proximidade com as redes contratuais desafia sua identificação distintiva.

Segundo estudos de Angelo Prata de Carvalho com base em vasta revisão bibliográfica, *contratos híbridos* são negócios típicos ou atípicos por meio dos quais empresas autônomas integram-se em relações mais formalizadas de natureza cooperativa, de parceria ou colaboração mútua, sem direção ou controle unificados, compartilhando ou intercambiando tecnologias, capital, produtos e serviços para protegerem-se da instabilidade do sistema de preços (mercado), preservando a autonomia e os interesses contrapostos de cada entidade.(598)

Observe-se que os contratos híbridos encontram correspondência na figura da *rede empresarial burocrática*, acima descrita: as empresas conectam-se por contratos, que, além do objeto da transação, também disciplinam fortemente o relacionamento interempresarial de longo prazo, com vistas a conferir segurança ao negócio coletivo no curso do tempo, do que decorre seu caráter predominantemente formal. É o caso dos contratos de franquia e licenciamento.

No aspecto relacional, portanto, os contratos híbridos consistem em verdadeiros ordenamentos privados, conjuntos de normas de conduta e de estrutura que regulam comportamentos, condições e procedimentos relacionais de longo prazo. Nessa regulação, o contrato *consolida riscos e aloca responsabilidades*, fornecendo as bases para sua própria execução no curso do tempo, às vezes até sem um conteúdo patrimonial explícito.(599) São híbridos porque regulam o objeto contratual e, ao mesmo tempo, o relacionamento interempresarial voltado à sua execução cooperativa a longo prazo.

Na disciplina relacional, os mecanismos de governação e riscos relativos à atividade econômica dos contratantes tendem a ser previamente pactuados, com distribuição de responsabilidades na medida da participação de cada contratante nas atividades coletivas, conforme as características da espécie contratual adotada.

É o que comumente ocorre, por exemplo, com o contrato de franquia, em que as decisões econômicas estratégicas e fundamentais sobre o desenvolvimento do negócio são tomadas antecipadamente, no momento da celebração contratual, com alto nível de formalidade. Isso restringe o espaço de poder discricionário do franqueador

---

(597) TEUBNER, Gunther. "Unitas multiplex": a organização do grupo de empresas como exemplo. **Revista DireitoGV**, v. 1, n. 2, p. 77-110, jun./dez. 2005. p. 18 e 97. *Apud*: CARVALHO, Angelo Gamba Prata de. Sociologia do poder nas redes contratuais. *Ob. Cit.*, p. 31.
(598) CARVALHO, Angelo Gamba Prata de. **Os contratos híbridos como formas de organização jurídica do poder econômico**: aspectos dogmáticos e a postura do CADE no caso Monsanto. (Monografia). Brasília: Universidade de Brasília, 2017, p. 34. Disponível em: https://bit.ly/3NA37us. Acesso em: 1 jul. 2022.
(599) *Idem*, p. 59.

em relação ao franqueado, afastando a presença de hierarquia produtiva estratégica entre as empresas no curso da execução contratual.

Embora os contratos híbridos sejam uma categoria sociológica sem correspondência específica numa figura jurídica, eles têm características relacionais identificáveis na disciplina jurídica de algumas espécies contratuais típicas.[600]

A figura a seguir ilustra a presença das redes contratuais e dos contratos híbridos entre os espaços da integração vertical orgânica (sociedade empresarial – box azul escuro, à esquerda) e do mercado (box preto, à direita). Observe-se que os contratos híbridos (box cinza) encontram-se mais próximos do espaço do mercado, pois buscam obter efeitos próprios das relações negociais horizontais por meio de intensa disciplina contratual da relação interna entre as empresas. Já as redes contratuais (box azul claro), a exemplo da cadeia produtiva empresarial descentralizada, localizam-se mais proximamente do espaço da integração vertical empresarial. Isso porque o seu arranjo interno de poder (informal), retratado no controle produtivo estratégico da empresa-líder sobre a rede de fornecedores, visa a obter as vantagens próprias da integração vertical orgânica.

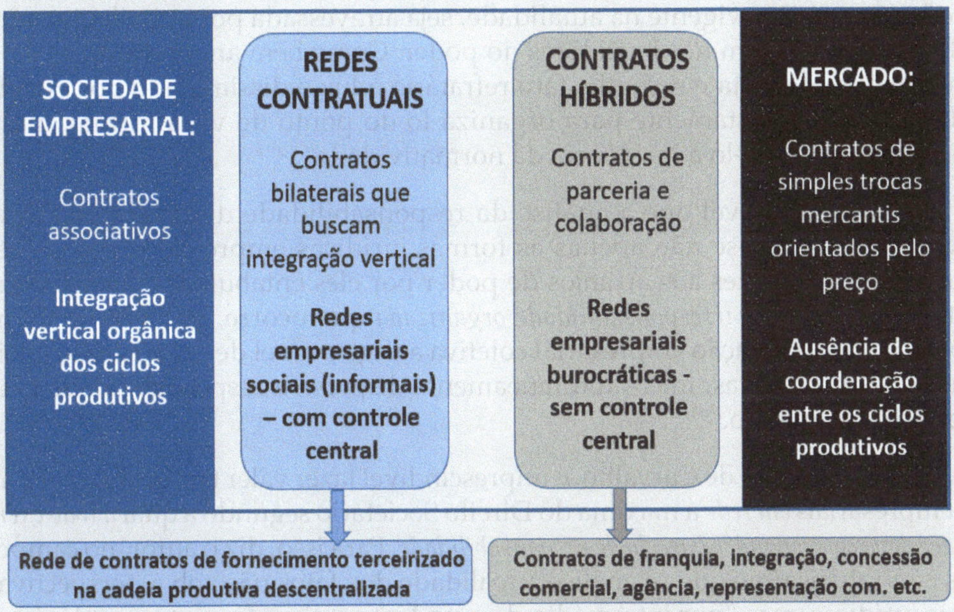

Figura 25 – As Redes Contratuais Entre Integração Vertical Orgânica e Mercado

Fonte: Elaborada pelo autor

A posição da cadeia produtiva descentralizada (como rede contratual) entre os espaços da *integração vertical orgânica* e do *mercado* condiz com a posição também intercalar dos diferentes tipos de cadeias produtivas dirigidas pelo comprador (modular,

(600) A título de exemplo, Prata de Carvalho cita a *Lei de Franquias* (Lei n. 8.955/1994), a Lei de Representação Comercial (Lei n. 4.886/1965), a *Lei Ferrari* (Lei n. 6.729/1979, que dispõe sobre a *concessão comercial* entre produtores e distribuidores de veículos automotores), a *Lei do Contrato de Integração* (Lei n. 13.288/2016, que dispõe sobre os contratos de integração entre produtores da atividade agrossilvipastoril), e mesmo o Código Civil, que traz disposições gerais sobre diversos contratos que podem ser considerados híbridos, de parceria, a exemplo do *contrato de comissão* (CCB, arts. 693/709) e do *contrato de agência* (CCB, art. 710/721). *Idem*, p. 80.

relacional e cativa), propostos por Gary Gereffi *et. al.* (tópico 4.3), numa escala entre *hierarquia* e *mercado*. Trata-se do mesmo fenômeno observado sob diferentes enfoques.

Nessa posição intercalar, a empresa-líder da cadeia produtiva empresarial descentralizada administra com informalidade relacional a tensão entre o interesse coletivo da rede contratual e seus interesses individuais, buscando alcançar o melhor dos mundos: sem adotar a forma jurídica de uma sociedade empresarial (integração vertical orgânica) e sem compartilhar relacionamento interempresarial de cooperação, com proporcional distribuição de lucros, riscos e responsabilidades (contratos híbridos), busca explorar com máxima flexibilidade as vantagens da terceirização (mercado) para obter resultado econômico próprio da integração vertical orgânica (empresa), com captação da maior parte do valor agregado, mediante acentuado controle do trabalho nos elos terceirizados.

Para identificar a intensidade do controle exercido pela empresa-líder sobre a rede de fornecedores é necessário, portanto, focar as relações de poder que se travam nos bastidores do raso conteúdo relacional dos contratos de fornecimento terceirizado.

No âmbito dos estudos sobre a *sociologia do poder* nas organizações multiempresariais, José Alexandre Tavares Guerreiro propõe que a regulação jurídica formalista do poder econômico, vigente na atualidade, seja atravessada por um olhar atento aos conflitos que se travam nos bastidores do poder. Como bem anota o autor, "o poder é um fato que se oculta e esconde, fato refratário à luz e dissimulado por estruturas jurídicas armadas justamente para organizá-lo do ponto de vista formal, mas que terminam por subtraí-lo à incidência da normatividade".[601]

É imprescindível que a análise da responsabilidade decorrente da atividade econômica atente-se não apenas às formas jurídicas empregadas pelos agentes empresariais, mas antes aos arranjos de poder por eles entabulados,[602] sob pena de institucionalizar-se a *irresponsabilidade organizada* que ocorre, na lição de Gunther Teuber, quando a atuação empresarial coletiva atinge o nível de organização eficiente das relações produtivas, mas simultaneamente dispersa a responsabilidade externa da rede como um todo.[603]

Segundo Prata de Carvalho, é imprescindível fazer valer também nas organizações empresariais *em rede* a máxima do Direito Societário segundo a qual *a todo exercício de poder deve corresponder parcela de responsabilidade*. Para isso, diz o autor, no campo das redes contratuais urge que se analise a realidade dos fatos não sob a perspectiva das formas jurídicas, mas "por intermédio de uma lente eminentemente sociológica, que permita identificar as dinâmicas de poder, controle e dominação capazes de moldar o comportamento dos agentes e do mercado".[604]

Para ilustrar mais precisamente a divisa conceitual entre os contratos híbridos e as redes contratuais, será a seguir desenvolvida uma análise comparativa das relações de poder nos contratos de fornecimento terceirizado e de franquia, em face da proximidade entre os institutos.

---

(601) GUERREIRO, José Alexandre Tavares. Sociologia do poder na sociedade anônima. **Revista de direito mercantil, industrial, econômico e financeiro**, v. 29, n. 77, p. 50-56, jan./mar. 1990. *Apud*: CARVALHO, Angelo Gamba Prata de. Sociologia do poder nas redes contratuais. *In*: FRAZÃO, Ana; CARVALHO, Angelo Gamba Prata de (coord.). **Empresa, mercado e tecnologia.** Belo Horizonte: Fórum, p. 17-50, 2019, p. 19.
(602) TEUBNER, Gunther. **Networks as connected contracts**. *E-Book*. Oxford: Hart Publishing, 2011, p. 68.
(603) *Idem*.
(604) CARVALHO, Angelo Gamba Prata de. Sociologia do poder nas redes contratuais. *Ob. Cit.*, p. 19.

4.4.5. *As relações de poder na externalização e na franquia: análise comparativa*

O contrato de franquia (*franchising*), acima enquadrado na categoria das *redes burocráticas assimétricas*, é um típico contrato de adesão por meio do qual a empresa franqueada submete-se às condições estabelecidas unilateralmente pelo franqueador para exercer o direito de explorar economicamente sua marca valorizada na produção, comercialização e/ou prestação de serviços.

Ensina Jorge Lobo que a franquia consiste em método de fazer negócios por meio do qual "é conferido a um franqueado o direito de produzir ou vender mercadorias ou serviços sob uma formatação mercadológica definida pelo franqueador". O franqueador concede ao franqueado o uso de sua marca registrada, seu nome e sua publicidade.(605) O contrato de licença, por sua vez, também tem por objeto a cessão de direitos inerentes à exploração de marcas, patentes, nomes e sinais distintivos, mas na licença, o licenciado tem o direito, e não o dever de utilizar o objeto licenciado, como ocorre com a franquia.(606)

Há quem entenda a franquia como espécie de terceirização externa. Segundo Guilherme Feliciano com apoio em Luiz Carlos Robortella, são modalidades de terceirização externa (a que denomina de terceirização material) "tanto os *contratos de fornecimento industrial*, quanto os próprios *contratos de franquia* (ou *franchising*)".(607)

Vários elementos distintivos, no entanto, tendem a afastar as figuras, quando consideradas em seus tipos ideais.

A franquia empresarial é figura surgida no final do século XIX, nos EUA, quando se fortalecia o padrão produtivo de empresa verticalizada, que viria a tornar-se hegemônico no início século XX. Não se tratava do gérmen de um *modelo de organização produtiva* flexível, que sucederia a empresa verticalizada, mas de um *modelo de negócio* em parceria, alternativo à figura da empresa monopolista adotada pelo capitalista que não queria ou não podia investir capital na exploração direta de todas as etapas da cadeia produtiva dos bens por ela desenvolvidos.(608)

Diferentemente da externalização, na franquia as empresas contratantes atuam em diferentes ciclos da cadeia produtiva do bem de consumo. O franqueador explora a comercialização do valor da marca e do *know-how* reconhecidos pelo público, enquanto o franqueado explora a execução do negócio (produção, comércio e/ou serviço) perante o consumidor, para auferir as vantagens de mercado que a marca proporciona. Não obstante o franqueador também possa desenvolver atividades executivas, na formulação típica do contrato de franquia as atividades reservadas a franqueador e franqueado excluem-se mutuamente e encadeiam-se, complementando-se.

A lógica da franquia reside exatamente em permitir ao capitalista proprietário da marca amplamente reconhecida, com tecnologia e *know-how* testados pelo mercado, a

---

(605) LOBO, Jorge. **Contrato de *Franchising*.** Rio de Janeiro: Forense, 1996, p. 24.

(606) ALMEIDA, Vitor Luís. **O contrato de franquia.** RIDB, ano 3, n. 4, p. 2349-2447, 2014.

(607) ROBORTELLA, Luiz Carlos Amorim. Terceirização – tendências em doutrina e jurisprudência. *In*: GUIMARÃES, Lélia Carvalho Ribeiro; PAMPLONA FILHO, Rodolfo (coord.). **Direito do Trabalho**: estudos em homenagem ao Prof. Luiz de Pinho Pedreira da Silva. São Paulo: LTr, 1998, 312-320. *Apud*: FELICIANO, Guilherme Guimarães. **Direito do trabalho, terceirização e contratos de fornecimento industrial**: notas sobre a responsabilidade jurídica de clientes e fornecedores. *Ob. cit.*, p. 54.

(608) ALMEIDA, Vitor Luís. **O contrato de franquia.** *Ob. cit.*, p. 2354.

expandir seus ganhos sobre toda a cadeia produtiva do bem de consumo, sem assumir os pesados investimentos necessários à exploração do negócio, e seus respectivos riscos.

Para isso, o capitalista comercializa seu direito de uso e exploração da marca a terceiros, mediante remuneração consistente em taxa de filiação, taxas periódicas e *royalties* (percentual no faturamento anual do franqueado), auferindo participação nos ganhos da atividade econômica desenvolvida pelo parceiro franqueado.[609] Assim, apesar do íntimo encadeamento e interdependência entre as atividades do franqueador e do franqueado, cada um explora uma parcela (ou etapa) diferente do negócio, ou seja, da cadeia produtiva do bem de consumo.

Além disso, nos contratos de franquia, o comando estratégico do negócio, titularizado pelo franqueador, tende a ser objeto de extenuante disciplina contratual, com previsão de investimentos e expectativas de retorno, e com cláusulas que asseguram o equilíbrio econômico do empreendimento, para ambos os contratantes.[610] Desse modo, apesar de assumir os riscos do negócio, o franqueado tem prévio domínio de todas as condições previsíveis em que irá operar no mercado, com garantias que protegem seu investimento.

Como afirma Oliver Williamson, do ponto de vista da governança o contrato de franquia, embora não se encaixe no modelo de gestão corporativa orgânica (como ocorreria se o próprio franqueador executasse o negócio), conferindo maior autonomia às partes, ele compreende regras adicionais de garantia de resultados, em comparação com os contratos em geral.[611]

Assim a franquia constitui, também para Williamson, uma forma *híbrida* de governação fundada num modelo contratual mais elástico situado entre as opções extremas da *hierarquia* e do *mercado*, em que as partes firmam relações de longo prazo com mecanismos especiais de adaptação para permitir o realinhamento das condições contratuais diante de distúrbios inesperados, reduzindo com isso os custos da transação.[612]

Na franquia, as decisões econômicas estratégicas e fundamentais sobre o desenvolvimento do negócio são tomadas antecipadamente, no momento da celebração contratual, com alto nível de formalidade. Isso restringe o espaço de decisões discricionárias do franqueador em relação ao franqueado, afastando a presença de poder discricionário entre as empresas no curso da execução contratual.

Enquanto a franquia tende a aproximar-se de um modelo negocial de parceria, com íntima comunhão dos interesses e compartilhamento de resultados, a externalização, pela lógica que orienta sua prática no mundo real, tende a constituir um modelo de negócio marcado por uma permanente disputa por vantagens competitivas entre as empresas. A contratante busca transferir para a contratada a máxima redução de custos produtivos, para extrair o máximo de excedentes de sua atividade na cadeia

---

(609) ALMEIDA, Vitor Luís. **O contrato de franquia.** *Ob. cit.*, p. 2363/2364.
(610) *Idem*, p. 2414 e 2423.
(611) WILLIAMSON, O. **Comparative economic organization**: the analysis of discrete structural alternatives. Administrative Science Quarterly, Ithaca, v. 36, n. 2, p. 93-122. Jun. 1991, p. 116.
(612) O autor explica que o *franchising* concede ao franqueador maior autonomia do que a empresa vertical (hierarquia), mas coloca os franqueados sob regras e vigilância adicionais em comparação com mera terceirização da atividade franqueada (mercado). O controle de custos e as adaptações locais são mais fortes sob franquia do que sob uma empresa verticalizada. Nesse sentido, a abordagem teórica defende a franquia como uma escolha mais eficiente de custos de transação. Consultar: *Idem*, p. 93/100.

de valor, enquanto a contratada busca se defender dessa pressão, transferindo-a para os trabalhadores e empresa subcontratada, e por aí adiante.

Não por outra razão, a externalização tornou-se canal de proliferação de trabalho precário e de degradação ambiental nos estratos contratuais inferiores. Porque as empresas centrais transferem às empresas periféricas as pressões competitivas que fomentam ambientes de exploração de mão de obra e de recursos naturais.

Assim, enquanto na franquia o franqueador transfere ao franqueado a execução de ciclos produtivos do seu negócio com alto valor agregado, como o *marketing* e a comercialização dos produtos diretamente ao consumidor, compartilhando os resultados conhecidos pela empresa franqueada, na externalização, ao contrário, o jogo lucrativo, para a empresa contratante, reside em manter domínio sobre as atividades estrategicamente mais valiosas e sobre os resultados econômicos de sua cadeia produtiva, transferindo à contratada as atividades de menor valor agregado, com baixa remuneração do capital investido, para extrair o máximo de excedentes do produto final.

Em seu tipo ideal, a franquia não suporta essa lógica de transferência de pressões competitivas entre os contratantes, pois o franqueado executa o negócio à frente da marca, que constitui o maior patrimônio do franqueador. O franqueado aparece para o consumidor como um representante da marca. A transferência, para o franqueado, de pressões abusivas por redução de custos produtivos, tende a prejudicar o negócio, criando ambiente propício a violações de direitos, inclusive do consumidor, em prejuízo à imagem do empreendimento.

Na produção externalizada, ao contrário, o contrato é tipicamente executado nos bastidores do processo produtivo da marca reconhecida, no interior de sua cadeia produtiva, fora do campo de visão do consumidor. Isso facilita à contratante praticar preços contratuais extremamente enxutos, que impelem a fornecedora-contratada a reduzir custos, inclusive trabalhistas, a patamares perigosos.

Não obstante todas essas diferenças conceituais que distanciam os institutos, há que se atentar que no terreno da responsabilidade, conforme assentado acima, é a realidade fática que prevalece sobre a forma. Renata Queiroz Dutra e Vitor Araújo Filgueiras apontam diversos exemplos apanhados em pesquisas empíricas, de grandes empresas franqueadoras, a exemplo da *McDonad's* e da *Domino's Pizza*, que exercem controle operacional cotidiano sobre o trabalho executado e até sobre a jornada praticada pelos empregados das franqueadas, em evidente controle operacional que muito se aproxima do modelo relacional da externalização.[613]

Nesses casos, constatada a presença de controle informal extraordinário do franqueador sobre o franqueado, há que se verificar a natureza desse controle: sendo um controle produtivo estratégico próprio de uma rede contratual de fornecimento terceirizado, com características da externalização produtiva voltada a expropriar mais intensamente o trabalho do franqueado, há que se aplicar o regime próprio de responsabilidade da cadeia produtiva empresarial descentralizada, a ser estudada na Parte 2; sendo um controle econômico ainda mais intenso, a ponto de interferir na autonomia empresarial do franqueado, há que se averiguar a configuração de grupo econômico empresarial de fato, por subordinação.

(613) DUTRA, Renata Queiroz; FILGUEIRAS, Vitor Araújo. A polêmica sobre o conceito de terceirização e sua regulação. *Ob. Cit.*, p. 8/9.

Nesse sentido a doutrina de Edilton Meireles, para quem, havendo no contrato de franquia, assim como em outros contratos híbridos acima referidos (contratos de agência, licenciamento, concessão mercantil etc.) o exercício de controle operacional de uma empresa sobre a outra, não há como se deixar de reconhecer a presença de solidariedade trabalhista decorrente da configuração de grupo econômico empresarial, na forma do art. 2º, § 2º, da CLT.[614]

4.4.6. *A subordinação produtiva estratégica da empresa fornecedora*

Vale relembrar que, do ponto de vista conceitual, a terceirização externa caracteriza-se pela autonomia operacional-executiva da empresa contratada no desenvolvimento do seu processo produtivo, sobre o qual exerce *controle operacional*. No plano mais amplo, da organização da cadeia produtiva empresarial descentralizada, que ora interessa, no entanto, a empresa contratada não detém autonomia estratégica, subordinando-se ao *controle produtivo estratégico* da empresa-líder na execução do contrato.

A figura a seguir ilustra a dupla dimensão organizacional da produção na cadeia produtiva empresarial descentralizada: a) no plano mais amplo da organização estratégica da produção, exercida pela empresa-líder da cadeia produtiva, a empresa fornecedora-contratada sujeita-se a esse comando, em posição de *subordinação estratégica;* b) no plano mais restrito da organização executiva e operacional da produção, a empresa contratante delega o comando operacional à empresa contratada, que o exerce com autonomia executiva.

CADEIA PRODUTIVA EMPRESARIAL DESCENTRALIZADA		
ORGANIZAÇÃO PRODUTIVA	**EMPRESA CONTRATANTE**	**EMPRESA CONTRATADA**
COMANDO Organização estratégica da produção	Exerce o comando: controle produtivo estratégico	Observa o comando: subordinação estratégica ↓
EXECUÇÃO Organização operacional da produção	Delega (terceiriza) a execução	Exerce autonomia operacional →

Figura 26 Relações Interempresariais nas Dimensões Estratégica e Operacional da Terceirização Externa

Fonte: Elaborada pelo autor

No plano da organização estratégica da produção, portanto, a relação de poder interempresarial é constantemente desigual, seja na terceirização interna ou externa, em face do exercício do poder organizacional pela contratante sobre a contratada. A empresa contratante exerce permanente poder de *comando estratégico* de sua cadeia produtiva, preenchendo a todo tempo os espaços vazios de comando (espaços informais) que a

(614) MEIRELES, Edilton. **Grupo econômico trabalhista.** *Ob. Cit.*, p. 317.

relação contratual de terceirização deixa em branco, à semelhança do que ocorre na relação de trabalho subordinado, por conta alheia.

No polo oposto correspondente ao comando produtivo estratégico da empresa-líder encontra-se a empresa fornecedora-contratada em posição de *subordinação produtiva estratégica*, como devedora da execução de atividades produtivas e da entrega dos correspondentes bens ou serviços contratados com observância ao comando estratégico da empresa-líder.

Essas diferentes posições de poder assumidas pelos contratantes na externalização caracterizam a *hierarquia produtiva estratégica*, que tem causa sociológica na assimetria de poder econômico, e que afeta profundamente a igualdade contratual material entre as partes.

Como bem observa Cássio Casagrande, "a terceirização frequentemente reúne em uma mesma *cadeia* produtiva empresas com diferentes recursos econômicos". Do alto de seu poderio econômico, a empresa principal geralmente está em situação de impor à sua contratada condições (preço, níveis de produtividade, prazos de entrega etc.) que impactam os contratos de terceirização. Esses contratos são disputados por várias empresas concorrentes, que tendem a rebaixar ao máximo seus custos na disputa de mercado:

> Não raro, o pequeno prestador de serviços assume uma posição de hipossuficiência em relação ao contratante principal, distanciando-se assim a relação jurídica do ideal civilista de *igualdade contratual*, com prejuízo à autonomia e liberdade contratual do menor empreendedor.[615]

Embora, conforme visto nos capítulos anteriores, a assimetria de poder econômico entre as empresas contratante e contratada resida na origem do movimento de flexibilização produtiva, é o poder para definir parâmetros produtivos, exercido *através* do contrato, que justifica a posição hierarquicamente superior da contratante na relação com a empresa contratada.

No polo reflexo, a posição de subordinação estratégica da empresa contratada, também com fundamento contratual, não se confunde com subordinação diretiva (orgânica) ou dependência econômica à empresa contratante, como é próprio dos grupos econômicos, implicando, sim, sujeição ao seu comando produtivo estratégico.

Do ponto de vista conceitual, a subordinação estratégica da empresa contratada, na terceirização externa, equipara-se à subordinação jurídica do empregado, na relação de emprego. A dependência econômica do empregado ao empregador, embora resida na origem sociológica da subordinação jurídica, com ela não se confunde. Ensina Maurício Godinho Delgado que a subordinação jurídica é "o polo reflexo e combinado do poder de direção empresarial, também de matriz jurídica".[616]

A subordinação estratégica da empresa contratada também não se confunde com dependência técnica. Assim como ocorre na relação de emprego, em que o empregador pode captar tecnologia por meio de empregados especializados,[617] na relação interempresarial de externalização a empresa contratante também pode buscar na

---

(615) CASAGRANDE, Cássio. Terceirização e responsabilidade solidária: a aplicação da teoria dos contratos coligados no direito do trabalho. *Ob. Cit.*, p. 50/51.
(616) DELGADO, Maurício Godinho. **Curso de Direito do Trabalho.** *Ob. cit.*, p. 350/351.
(617) *Idem.*

contratada a especialização tecnológica necessária para a realização do ciclo produtivo externalizado. Aliás, esse é o argumento central da justificação teórica do fenômeno, na Ciência da Administração.

Conforme destacado no Capítulo 1, ao identificar os elementos definidores da terceirização externa afirma Márcio Túlio Viana que, "de certo modo, é como se a subordinação – antes restrita às relações entre empresa-empregado – se deslocasse também para a relação empresa-empresa".[618] Trata-se, portanto, de subordinação técnico-contratual, que também é traço característico da relação de externalização.

No entanto, se a subordinação estratégico-contratual avançar para uma forma de subordinação diretiva com dependência econômica do agente fornecedor à empresa contratante, a ponto de tornar-se desta um mero representante ou intermediário na execução da atividade produtiva, a relação de externalização se desconfigura, dando ensejo a outras composições relacionais. Nesses casos, há que se investigar a presença dos requisitos caracterizadores de grupo econômico empresarial, na forma do art. 2º, §§ 2º e 3º da CLT, ou verificar se a terceirização constitui mero mecanismo de fraude à relação de emprego (CLT, art. 9º), a ensejar responsabilidade trabalhista da empresa contratante.

Em relação ao tema há de concluir-se, portanto, que a *subordinação produtiva estratégica* da empresa fornecedora à contratante, na cadeia produtiva empresarial descentralizada, não se situa no plano da dominação econômica e nem da sujeição passiva à mera representação da empresa contratante. Pressupõe a preservação da autonomia administrativa e operacional da empresa contratada na execução do contrato, sob pena de desconfiguração da relação de terceirização.

Os desdobramentos dessas hipóteses e suas repercussões sobre a responsabilidade da cadeia produtiva empresarial descentralizada serão desenvolvidos no Capítulo 7.

(618) VIANA, Márcio Túlio. **Para entender a terceirização.** *Ob. cit.*, p 16.

PARTE 2

CAPÍTULO 5

EMPRESAS E DIREITOS HUMANOS: A LACUNA DE GOVERNAÇÃO SUPRANACIONAL DO TRABALHO NAS CADEIAS GLOBAIS DE MERCADORIAS

Identificada a lógica organizacional e operativa da cadeia produtiva empresarial descentralizada, inclusive no complexo plano produtivo transnacional, essa segunda parte da obra encaminha-se a investigar estruturas jurídico-normativas aptas a subsidiar propostas interpretativas de responsabilização dos agentes econômicos centrais das cadeias produtivas empresariais por violações a direitos humanos dos trabalhadores terceirizados.

O percurso investigativo inicia-se, neste capítulo, pelas discussões sobre violações de direitos humanos perpetradas por corporações líderes de cadeias produtivas, inclusive por meio de suas redes de fornecedores, na exploração de atividades econômicas em países em desenvolvimento, com legislações sociais e ambientais fracas, onde se fazem sentir mais intensamente os impactos deletérios da globalização neoliberal sobre as condições de trabalho, intensificados a partir da década de 1990.

As práticas de exploração de trabalho em condições precárias nos estratos terceirizados das grandes cadeias produtivas, em países economicamente periféricos, exemplificadas no capítulo anterior, levaram movimentos sociais, entidades e organizações internacionais de defesa de direitos humanos a suscitar, nas últimas décadas, a necessidade de um padrão mínimo internacional de condições de trabalho, passíveis de serem exigidos das corporações transnacionais, onde quer que atuem, inclusive por meio de suas empresas fornecedoras.

O debate fomentou iniciativas da ONU e da OIT voltadas ao estudo dos impactos da globalização sobre os direitos humanos, inclusive os direitos relacionados ao trabalho, e à promoção de padrões mínimos globais de condições de trabalho condizentes com a dignidade humana.

No âmbito da OIT, o tema alcançou centralidade no ano de 1998, quando a Conferência Internacional do Trabalho aprovou os *Princípios e Direitos Fundamentais no Trabalho*, adotando a noção de *trabalho decente* como eixo central de convergência dos seus objetivos estratégicos. Desde então, a *Agenda do Trabalho Decente* vem pautando a atuação da OIT na promoção, junto aos Estados-membros, de um padrão de conduta empresarial condizente com condições de vida mais justas para todos, e tem angariado apoio internacional nos níveis global e regional.

No âmbito da ONU, desde a década de 1970 vem se desenvolvendo a agenda de estudos sobre a relação entre *empresas e direitos humanos*. Em resposta à conscientização crescente do público sobre o envolvimento de empresas transnacionais (ETNs) em violações de direitos humanos, inclusive contra seus trabalhadores, o tema passou a ocupar papel central na ONU com a finalidade de consolidar noções de responsabilidade internacional dos agentes econômicos.[619]

Partindo, assim, do reconhecimento internacional do problema e dos debates em torno de suas possíveis soluções, serão aqui analisados os desafios enfrentados por entidades e movimentos de defesa dos direitos humanos para construção de normas e mecanismos internacionais de responsabilização de ETNs por violações de direitos humanos no trabalho.

Será demonstrado como o novo caráter pluridimensional da governança econômica global, na atualidade, dominada por novos atores não-estatais e pelos poderosos interesses privados de mercado que deram ensejo a uma *constituição econômica global*, tornou ainda mais difícil a instituição de normas internacionais vinculantes de responsabilização empresarial.

Assim, identificando a estrutura normativa internacional aplicável ao tema, serão analisadas as soluções propostas pela OIT, em sua 105ª Conferência Internacional, para o problema do trabalho precário nas cadeias globais de mercadorias, relacionadas aos mecanismos de governação pública e privada das cadeias produtivas.

Por fim, serão abordados os instrumentos de governação internacional privada do trabalho, no plano da *soft law*, dos códigos de responsabilidade empresarial socioambiental e dos acordos-marcos internacionais, demonstrando-se a insuficiência de suas soluções sem uma forte governação pública do trabalho no plano do Estado-nação, inclusive para garantir a eficácia dos instrumentos de governação privada em sua jurisdição.

5.1. A precarização estrutural do trabalho na globalização neoliberal: o poder das corporações transnacionais e a elisão combinada de regimes jurídicos

As violações sistemáticas de direitos humanos sofridas por trabalhadores terceirizados a serviço das cadeias globais de mercadorias, nos países em desenvolvimento, com remuneração insuficiente ao sustento, jornadas extenuantes, condições aviltantes de saúde e segurança, uso de trabalho infantil e até em condição análoga a de escravo, integram o conjunto dos impactos socioambientais deletérios da globalização neoliberal. Esses impactos decorrem da atuação predatória de ETNs que lideram cadeias produtivas, no amplo mercado global, inclusive por meio de empresas subsidiárias e de redes de fornecedores, empreiteiros e prestadores de serviços, nos países anfitriões.[620]

Tais violações igualmente ocorrem nos elos terceirizados das cadeias produtivas que atuam exclusivamente no território nacional. E também essas violações integram os impactos da globalização econômica, à medida que a concorrência com produtos provenientes de zonas livres de garantias sociais, no exterior, pressiona o uso intensivo da terceirização e outros mecanismos de rebaixamento do custo de produção no mercado doméstico, a níveis por vezes incompatíveis com o cumprimento de direitos laborais.

---

(619) FEENEY, Patricia. A luta por responsabilidade das empresas no âmbito das Nações Unidas e o futuro da agenda do advocacy. **Revista Internacional de Direitos Humanos – SUR**, v. 6, n. 11, p. 175-191, dez. 2009, p. 177.

(620) O termo *anfitrião*, no sentido comumente empregado, para designar aquele que recebe em sua casa com hospitalidade, aqui se adota para ilustrar a posição dos países receptores de ETNs em relação ao capital por elas investido, oferecendo-lhes ambiente desregulado e facilitado para exploração de trabalho e recursos naturais.

A intensa precarização das condições de trabalho, associada à negação de direitos sociais na arena econômica globalizada, está diretamente associada às políticas internacionais neoliberais de liberalização dos mercados e de livre circulação de capitais. Essas políticas fomentaram, de um lado, a corrida do capital financeiro em direção a sistemas jurídicos tributários, ambientais e trabalhistas fracos, despidos de regulamentação e/ou efetividade, em busca de redução de custo produtivo, e, de outro lado, fomentaram a corrida concorrencial entre países da periferia e semiperiferia econômica por esses investimentos internacionais ciosos de espaços desregulados.

Essa conjunção de interesses pressionou exponencialmente o rebaixamento dos estatutos sociais em todos os cantos do planeta. E isso somente foi possível graças ao surgimento das corporações transnacionais, a representação produtiva fluida e flexível do capital financeiro, e a sua consolidação na arena global como agente econômico dotado de influência extraordinária no tabuleiro internacional, com poder decisório igual ou maior ao de muitos Estados.[(621)]

Entre as várias e profundas transformações do modo de ser e viver coletivamente, que marcam o período da globalização neoliberal, segundo Giovanni Olsson e Isadora Lazaretti, destaca-se o surgimento de novos atores econômicos cada vez mais poderosos e esquivos às regulações nacionais, "dos quais as corporações transnacionais representam o espécime mais evoluído da cadeia alimentar do capitalismo industrial e financeiro globalizado".[(622)]

As corporações transnacionais surgem de uma transformação qualitativa das grandes empresas multinacionais, essas *personae* do capital monopolista industrial que capitanearam os antigos processos de internacionalização produtiva, operando cadeias produtivas inteiras ou quase inteiras nos países em que se hospedavam, sob um modelo organizacional fordista bastante concentrado, para atender ao mercado doméstico. Com as políticas internacionais neoliberais da globalização econômica, essas corporações incorporaram a cultura flexível toyotista e passaram a atuar com fluidez acima e além dos recortes nacionais.[(623)]

Conforme visto na primeira parte da obra, em busca de ambientes produtivos desregulados com baixo custo de produção, a grande corporação alterou sua configuração gerencial e produtiva, fragmentando sua cadeia produtiva e deslocando partes significativas para diferentes regiões do planeta, e passou a operá-la na *transnacionalidade* a partir da sua jurisdição de origem, mas por meio de variados agentes situados em variadas jurisdições estatais.[(624)]

Entre as várias propostas teóricas de definição da *empresa transnacional*, a de Dimitri Uzunidis é que melhor retrata a natureza da sua complexidade organizacional. Para o autor, a empresa é uma figura antes de tudo nacional, porque se sujeita às normas do seu Estado-matriz, enquanto suas filiais e subsidiárias sujeitam-se às

---

(621) OLSSON, Giovanni; LAZARETTI, Isadora Kauana. Corporações transnacionais e elisão combinada de sistemas jurídicos: a dinâmica da precarização laboral glocalizante. Brasília - DF: **Revista Sobre Acesso à Jutiça e Dieitos nas Américas – Abya Yala**, v. 5, n. 2, p. 74-109, jul./dez. 2021, p. 85.

(622) *Idem*, p. 76.

(623) *Idem*, p. 86. A partir do início do século XXI, os estudos sociais identificam um novo movimento de flexibilização do trabalho, em expansão, nos sistemas de prestação de serviços por meio de plataformas digitais, que constituem a denominada *plataformização do trabalho*, fenômeno que aumenta a informalidade e impede que os trabalhadores tenham acesso às garantais fundamentais trabalhistas. Consultar: DELGADO, Gabriela Neves *et. al*. **Plataformas digitais de consumo**: perspectivas e desafios de proteção justrabalhista para o divulgador digital. Salvador: Juspodivm, 2022.

(624) DICKEN, P. **Global Shift**: Mapping the Contours of the World Economy.*Ob Cit.*

normas dos Estados anfitriões. *Transnacional* é, portanto, sua atuação e os sistemas regulatórios supraestatais por meio dos quais essa atuação é realizada. Nesse sentido, embora propondo a denominação de *empresa global*, o autor refere-se à *empresa transnacional* como a corporação nacional originária de um país cuja economia encontra-se no topo da economia-mundo hierarquizada, e que organiza suas atividades horizontal e verticalmente por meio das fronteiras políticas e econômicas.[(625)]

A noção condiz com a diferença apontada por Manuel Castells entre o caráter *multinacional* da grande corporação que possui um capital de origem, mas mantém múltiplos vínculos políticos, econômicos e sociais com os países onde atuam, e o caráter *transnacional* da grande corporação que atua em rede, atravessando fronteiras nacionais e atuando indiferentemente às nacionalidades e aos contextos políticos e econômicos das localidades onde operam.[(626)]

Ao adquirem a conformação *transnacional*, segundo Olsson e Lazaretti, essas corporações transbordam os referenciais estatais e respondem apenas e exclusivamente aos interesses de seus acionistas, cada vez mais anônimos, fluídos e globalmente dispersos.[(627)] Mais do que isso, as grandes corporações multinacionais transformaram-se em poderosos agentes econômicos e tecnológicos *transnacionais* controladores de extensas estruturas produtivas reticulares ao redor do planeta, capazes de afetar a economia de populações inteiras.

Seu extraordinário poder econômico expressa-se em faturamentos que muitas vezes superam o PIB somado de diversos Estados, tendo em vista a extrema concentração monopolista em vários segmentos econômicos, como alimentação, farmacêutica, petroquímica, automotiva etc.[(628)]

O conjunto das empresas identificadas pela OCDE que compõe a rede global de ETNs era controlado, em 2014, por apenas 147 *hiperentidades econômicas*, sendo que três quartos desse número era composto por atores financeiros.[(629)] Esse fenômeno constitui resultado do longo processo histórico de trocas desiguais de poder e riqueza, no sistema-mundo, estudado no Capítulo 2, e que alcançou seu ápice no ambiente desregulado da globalização neoliberal contemporânea.

Segundo dados de 2018, das 100 maiores economias do mundo, apenas 39 são Estados nacionais, as outras 61 são corporações transnacionais; das 200 maiores economias, 157 são corporações. O faturamento das 100 maiores corporações globais ultrapassa o PIB de vários países.[(630)] Portanto, a transformação qualitativa das ETNs sempre esteve a serviço da transformação quantitativa do seu poder econômico.[(631)]

---

(625) UZUNIDIS, D. La naturaleza financiera y economía de las transnacionales y el ordenamiento jurídico global. **Alternativas Sur**, Vol. I, n. 2, 2002. *Apud*: ZUBIZARRETA, Juan Hernández. **Las empresas transnacionales frente a los derechos humanos:** historia de una asimetría normativa. De la responsabilidad social corporativa a las redes contrahegemónicas transnacionales. Madrid: Bilbao, Hegoa, 2009, p. 294.

(626) CASTELLS, Manuel. **A sociedade em rede.** *Ob. cit.*, p.161/164.

(627) OLSSON, Giovanni; LAZARETTI, Isadora Kauana. Corporações transnacionais e elisão combinada de sistemas jurídicos: a dinâmica da precarização laboral glocalizante. *Ob. Cit.*, p. 76.

(628) *Idem.*

(629) VITALI, S.; GLATTFELDER, J.B.; BATTISTON, S. 2011. The Network of Global Corporate Control. **Plos One**, California, 26 oct. Disponível em: https://bit.ly/3qkBTz4. Acesso em: 19 mar. 2022.

(630) GLOBAL Justice Now. **69 of the richest 100 entities on the planet are corporations, not governments, figures show**. 17 out. 2018. Disponível em: https://bit.ly/3hTZaDr. Acesso em: 24 set. 2020. No topo da lista das maiores corporações encontram-se empresas de tecnologia, como *Amazon, Facebook* e *Apple*, e as plataformas de serviços, como *Uber* e *AIRBNB*. Consultar: SLEE, Tom. **Uberização:** a nova onda do trabalho precarizado. Tradução de João Peres. São Paulo: Editora Elefante, 2017.

(631) A respeito do poder econômico das empresas transnacionais, consultar: ZUBIZARRETA, Juan Hernández. **Las empresas transnacionales frente a los derechos humanos:** historia de una asimetría

A concentração de poder econômico das transnacionais, alcançada com a otimização extraordinária dos lucros na exploração de ambientes econômicos desregulados, de baixo custo de produção, foi possibilitada pela fluida movimentação de sua riqueza e de suas operações em nível global, especialmente por meio de suas cadeias globais de mercadorias.(632)

Com uso dessa estrutura reticular fluida e terceirizada, as grandes corporações deslizam entre as frestas regulatórias dos diversos países com uso de estratégias a que Giovanni Olsson e Isadora Lazaretti denominam de *elisão combinada de sistemas jurídicos* nos planos ambientais, sociais e tributários, a serviço da "máxima otimização na sua racionalidade econômica puramente instrumental".(633)

Na tenaz leitura de Alain Supiot, as corporações transnacionais são agentes do *mercado total*, o princípio geral de regulagem da vida econômica, de matriz neoliberal, "sob a égide do qual os homens, os sinais e as coisas têm todos a finalidade de se tornaram comensuráveis e mobilizáveis, numa competição tornada global (...)". Nele, o Direito estatal é considerado um produto de disputa em escala mundial, sujeitando-se à seleção natural das legislações nacionais mais adaptadas às exigências do rendimento financeiro, processo a que o autor denomina de *darwinismo normativo*, com referência a teorização anterior de Friedrich Hayek.(634)

Trata-se de um processo articulado em que, a pretexto de *privilegiar* com investimentos internacionais ambientes de negócios com legislações favoráveis à liberdade econômica, o grande capital transita no mercado global de legislações nacionais (*law shopping*),(635) garimpando oportunidades em países com legislações sociais fracas ou inexistentes, com recursos naturais fartos e pouco protegidos, com comunidades economicamente vulneráveis à superexploração do seu trabalho.

Para isso, nas últimas décadas, contaram com o suporte de entidades multilaterais e agências econômicas internacionais, a exemplo do Banco Mundial que, entre 2004 e 2019, publicou relatório anual de ranqueamento de legislações nacionais, com indicadores de níveis de *inflexibilidade* dos direitos trabalhistas, de modo a apontar os *entraves* que o Direito do Trabalho representa para os investimentos, em cada país. O relatório mensurava fatores como dificuldades para contratar e demitir, para prolongar ou reduzir jornada, para utilizar contratos por tempo determinado, custos do emprego e da demissão etc., com a finalidade de orientar investidores na busca de ambientes desregulados.(636)

---

normativa. De la responsabilidad social corporativa a las redes contrahegemónicas transnacionales. *Ob. Cit.*, p. 110/141.

(632) OLSSON, Giovanni; LAZARETTI, Isadora Kauana. Corporações transnacionais e elisão combinada de sistemas jurídicos: a dinâmica da precarização laboral glocalizante. *Ob. Cit.*, p. 88.

(633) *Idem*, pp. 76.

(634) SUPIOT, Alain. **O espírito de Filadélfia**: a justiça social diante do mercado total. *Ob. Cit.*, p. 58/59. Quanto à teoria do *darwinismo social*, o autor faz referência a: HAYEK, Friedrich A. **L'ordre politique d'um peuple libre**. PUF, 1983, p. 184.

(635) *Idem*.

(636) Entre os indicadores oferecidos pelo relatório executivo *Doing Business*, o *índice de inflexibilidade do emprego* impunha pontos de penalidades aos Estados que adotavam *excesso* de direitos trabalhistas, tais como proteção social ao trabalho em tempo parcial, salários-mínimos considerados elevados (20 dólares por mês era considerado um valor alto para países africanos), jornada inferior a 66 horas por semana, aviso prévio na dispensa e programas contra discriminação racial ou sexual. *Idem*, pp. 59/60. Em 2019, o Banco Mundial encerrou a divulgação do documento por força de irregularidades verificadas em auditoria interna. Segundo o Governo Federal brasileiro, no último relatório, publicado em 2019, o Brasil estava na classificação 124

Essa lucrativa corrida ao *baixo preço social* conduziu a abusos ao princípio da livre concorrência que, ao mesmo tempo, enfraqueceram profundamente a regulação social estatal emancipatória, inclusive do trabalho, fragmentando a soberania do Estado-nação.

Como adverte Supiot, quando uma empresa decide estabelecer-se no exterior para conquistar partes dos mercados, ali estará em concorrência com outras empresas sujeitas às mesmas regras sociais, fiscais e ambientais. Sendo competitiva, favorecerá a condição material das pessoas. Mas quando, ao contrário, a empresa desloca sua atividade para ambiente desregulado com a finalidade de reimportar, em seguida, a baixo custo, produtos feitos na contravenção de regras fiscais, sociais, trabalhistas e ambientais do seu país de origem, não são os produtos que entram em concorrência, mas os sistemas normativos.(637)

E quando essa corrida por condições comparativas vantajosas de baixo custo socioambiental enseja a violação de direitos, tem-se configurado o *dumping* social.

Em seu sentido puramente comercial, o *dumping* consiste na prática de colocar no mercado produtos abaixo do custo com a finalidade de eliminar a concorrência, mecanismo geralmente utilizado por empresas que pretendem conquistar novos mercados.(638) No plano internacional, a OMC ainda vislumbra o *dumping* quando a empresa exporta o produto a um preço inferior ao que é praticado no mercado interno ou abaixo do custo de produção, com a mesma finalidade de conquistar mercado artificialmente.(639)

Na perspectiva social, explicam Jorge Souto Maior *et. al.*, o *dumping* social consiste no descumprimento sistemático de direitos dos trabalhadores como forma de possibilitar a majoração do lucro e a obtenção de vantagem sobre a concorrência, seja no mercado nacional ou internacional.(640)

Portanto, quando a corrida internacional ao *baixo preço social* conduz a violações de direitos dos trabalhadores em seus respectivos países, e, principalmente, quando violam direitos humanos do trabalho, que constituem um piso mínimo de garantias abaixo do qual o indivíduo é coisificado e seu trabalho reduzido à condição de mercadoria,(641) esse *dumping* social penaliza os esforços dos países que mantém sistemas eficientes de proteção social do trabalhador.

---

de 190 países. Consultar: BANCO Mundial anuncia interrupção imediata do relatório Doing Business. BRASIL, **Secretaria Geral da Presidência da República**, 18 nov. 2021. Disponível em: https://bit.ly/3IUW9yo. Acesso em: 7 mar. 2022.

(637) SUPIOT, Alain. **O espírito de Filadélfia**: a justiça social diante do mercado total. *Ob. Cit.*, p. 63/64.

(638) Geralmente, a empresa começa a vender o produto temporariamente a preço baixo, para aniquilar a concorrência, e depois passa a praticar preços mais altos. Consultar: SANTOS, Enoque Ribeiro dos. O dumping social nas relações de trabalho: formas de combate. **Revista do TRT da 3ª Região**. Disponível em: https://bit.ly/3vNYE21. Acesso em: 9 mar. 2022.

(639) HERNANDEZ, Julianna do Nascimento. **Empresas e direitos humanos**: uma análise das violações de direitos elementares trabalhistas na indústria da moda. Dissertação de metrado apresentada ao Programa de Pós-Graduação em Direito da Faculdade de Direito da Universidade Federal de Minas Gerais – UFMG. Belo Horizonte, 2018, p. 74. Disponível em: https://bit.ly/2VfkICQ. Acesso em: 2 set. 2021.

(640) SOUTO MAIOR, Jorge Luiz; MOREIRA, Ranúlio Mendes Moreira; SEVERO, Valdete Souto. **Dumping social nas relações de trabalho.** São Paulo: LTr, 2012, p. 10.

(641) A esse respeito, afirmam Gabriela Neves Delgado e Ana Carolina Paranhos de Campos Ribeiro que, *"no prisma internacional, o Direito do Trabalho é considerado uma das vertentes dos Direitos Humanos, além de política social facilitadora da promoção dos postulados éticos intrínsecos à tríade 'dignidade, cidadania e justiça social'"*. Consultar: DELGADO, Gabriela Neves; RIBEIRO, Ana Carolina Paranhos de Campos. Os direitos sociotrabalhistas como dimensão dos direitos humanos. **Revista do TST**, Brasília, vol. 79, n. 2, p. 199-219, abr./jun. 2013, p. 205.

A política concorrencial entre sistemas normativos por rebaixamento de condição de trabalho, do neoliberalismo, conflita com o sentido fundamental da ordem internacional de regulação do trabalho construída pela OIT, consistente em promover e planificar um regime de trabalho condizente com os imperativos da dignidade humana para equalizar a concorrência internacional sob um padrão de justiça social.[642]

Foi no caminho oposto, porém, que as ETNs tornaram-se, nas últimas décadas, alguns dos atores mais poderosos do mundo, às vezes maiores do que Estados-nações inteiros.[643]

Analisando, por exemplo, o processo de deslocamento produtivo na cadeia produtiva têxtil na corrida por ambientes com baixo custo trabalhista, constata Julianna Hernandez, com base em dados coletados em bancos oficiais do ano de 2016, que o cultivo de algodão e as indústrias têxtil e de vestuários estão entre as 10 atividades que mais utilizam mão de obra escrava e infantil, no mundo. Tais condições de trabalho são praticadas por grandes redes empresariais, principalmente em países com acentuadas vulnerabilidades sociais. O Brasil figura entre os países onde a cadeia produtiva explora trabalho infantil no plantio de algodão, ao lado do Cazaquistão, Turquia, Uzbequistão e Zâmia, e explora trabalho forçado na indústria do vestuário, ao lado da China, Índia, Malásia, Tailândia e Vietnã.[644]

Também no ramo eletrônico de alta tecnologia, conforme exposto no Capítulo 4, a poderosa norte-americana *Apple*, paradigmática do desenvolvimento tecnológico, controla sua cadeia produtiva empresarial descentralizada na produção e montagem dos aparelhos, especialmente na China, onde a *Foxconn Technology*, à época sua maior empresa terceirizada, foi flagrada praticando condições precárias de trabalho com jornadas exaustivas, trabalho infantil e desrespeito às normas de segurança do trabalho.[645] Hoje, a *Apple* é a primeira empresa no mundo a atingir 3 trilhões de dólares em valor de mercado.[646]

Esse fenômeno da elisão combinada de regimes jurídicos não teria sido viável sem a participação ativa dos países anfitriões. O deslocamento massivo de capitais para países com legislações desreguladas ou flexibilizadas acirrou a competição entre

---

(642) Nesse sentido, dispõe o Preâmbulo da Constituição da OIT, de 1919: "(...) *Considerando que existem condições de trabalho que implicam, para grande número de indivíduos, miséria e privações (...), e que é urgente melhorar essas condições (...); e Considerando que a não adoção por qualquer nação de um regime de trabalho realmente humano cria obstáculos aos esforços das outras nações desejosas de melhorar a sorte dos trabalhadores nos seus próprios territórios*" (...). Consultar: ORGANIZAÇÃO internacional do trabalho. **Constituição da Organização Internacional do Trabalho (OIT) e seu Anexo (Declaração de Filadélfia)**. Disponível em: https://bit.ly/3vPFYin. Acesso em: 9 mar. 2022.

(643) BLOOMER, Phil. Os direitos humanos são uma ferramenta eficaz para a mudança social? Uma perspectiva sobre direitos humanos e empresas. **Revista Internacional de Direitos Humanos – SUR**, v. 11, n. 20, jun/dez 2014, p. 119-126. Consultar também: Segundo Justine Nolan, alguns dos atores globais mais poderosos na atualidade são empresas, não governos. Consultar: NOLAN, Justine. Refining the Rules of the Game: The Corporate Responsibility to Respect Human Rights. **Utrecht Journal of International and European Law**, vol. 30, n. 78, p. 7-23, fev. 2014, p. 9.

(644) HERNANDEZ, Julianna do Nascimento. **Empresas e direitos humanos**: uma análise das violações de direitos elementares trabalhistas na indústria da moda. *Ob. Cit.*, p. 66/68.

(645) SPITZCOVSKY, Débora. 5 empresas envolvidas com trabalho escravo. **The Greenest Post**. *Ob. cit.*

(646) MCGEE, Patrick. Apple torna-se primeira empresa a atingir US$ 3 trilhões em valor de mercado. **Folha de São Paulo**, 3 jan. 2022. Disponível em: https://bit.ly/37ANPpP. Acesso em: 18 mar. 2022.

esses Estados para oferecer ambientes *mais baratos* para os investimentos internacionais, fenômeno a que Onofre Batista Júnior denomina de *corrida ao fundo do poço*.[647]

Para captar esses investimentos, Estados periféricos e semiperiféricos assumem sacrifícios no plano tributário, que ensejam guerras fiscais e comprometem a capacidade de promoção de direitos sociais e econômicos; oferecem isenções à observância de normas ambientais e facilitação na exploração de recursos naturais; flexibilizam direitos trabalhistas reconhecidos internacionalmente e abrandam sua fiscalização, além da facilitar a ocupação da terra e o uso de despejos e deslocamentos forçados de populações.

As condições favoráveis ao capital são geralmente pactuadas em *tratados bilaterais de investimentos*, acordos celebrados entre Estados voltados a proteger investidores estrangeiros contra medidas restritivas dos governos locais, e em *contratos* diretos entre investidores e Estados, voltados a proteger os investidores em projetos específicos, como na exploração de petróleo e mineração.[648] Por meio desses acordos de natureza vinculante o país receptor de capital fornece garantias ao investidor, que incluem padrões brandos de tratamento regulatório e fiscalizatório, inclusive com previsão de indenização em caso de prejuízos. Tais acordos naturalmente implicam autocontenção do espaço regulatório de interesses sociais, pelo Estado receptor.[649]

A elisão combinada de regimes jurídicos, figura proposta por Giovanni Olsson e Isadora Lazaretti, resulta, portanto, da convergência de interesses entre as ETNs, na corrida ao *baixo preço social*, e os Estados dispostos a receber os investimentos internacionais, na *corrida ao fundo do poço*, gerando uma aliança precificada com o sacrifício às condições sociais, trabalhistas e ambientais das populações afetadas.

Em princípio, segundo os autores, a elisão de sistemas jurídicos não implica o descumprimento das obrigações sociais, trabalhistas, ambientais e tributárias do país anfitrião, esgotando-se na seleção de Estados que oferecem as melhores condições normativas para o baixo custo, em cada etapa ou ciclo da cadeia produtiva.[650] No entanto, a intensa disputa casada entre empresas e entre Estados por rebaixamento dos estatutos sociais induz o rebaixamento de condições ambientais e de trabalho a níveis muitas vezes incompatíveis com o cumprimento de direitos trabalhistas e ambientais, dos trabalhadores e demais comunidades vulneráveis.

Na elisão de sistemas ambientais, a empresa-líder da cadeia transnacional dispersa seus ciclos produtivos com maior impacto ambiental e maior demanda de recursos naturais em países cujas legislações ambientais sejam brandas ou que, embora restritivas, não sejam efetivamente fiscalizadas, inclusive com conivência dos Estados anfitriões.[651]

Exemplo clássico é o das atividades de processamento de couro (curtume) realizadas em Bangladesh, com grave impacto sobre a saúde dos trabalhadores e da comunidade, em face do emprego de produtos químicos altamente tóxicos e com

---

(647) BATISTA JÚNIOR, Onofre Alves. **O outro leviatã e a corrida ao fundo do poço.** São Paulo: Ed. Almedina, 2015.

(648) RUGGIE, John Gerard. **Quando negócios não são apenas negócios.** *Ob. Cit.*, pos. 1898/1904 e 3352/3357.

(649) *Idem.*

(650) OLSSON, Giovanni; LAZARETTI, Isadora Kauana. Corporações transnacionais e elisão combinada de sistemas jurídicos: a dinâmica da precarização laboral glocalizante. *Ob. Cit.*, p. 88.

(651) *Idem*, p. 92.

elevada utilização de água, o que contamina rios e lençóis freáticos. Em 2012, essa atividade exportava mais de 660 milhões de dólares/ano em couro processado para empresas dos Estados Unidos, Japão, Itália e Alemanha. Nesses países, dotados de legislações ambientais mais restritivas e efetivas, as empresas realizavam apenas etapas finais dos processos produtivos, ambientalmente menos nocivas, como a costura, estampa, colocação de acessórios etc., deixando o passivo ambiental para o país periférico.[(652)]

Com o crescimento da consciência ambiental, as corporações não apenas remeteram as etapas tóxicas de suas cadeias produtivas para locais distantes dos olhos do seu consumidor final, como também buscaram decompor a cadeia produtiva em sucessivos níveis de subcontratação, para dispersar o risco de exposição de sua imagem caso os danos sejam denunciados.[(653)]

A elisão de sistemas jurídicos sociais ocorre sob idênticas estratégias, especialmente com uso da terceirização e dispersão de atividades que demandam uso intensivo de mão de obra para países com legislações trabalhistas fracas e/ou inefetivas, ou para regiões de um mesmo país com níveis remuneratórios mais baixos, em face do maior oferta de mão de obra e pouca atividade sindical, pressionando com isso o rebaixamento das condições de trabalho.

No Capítulo 2 analisou-se o fenômeno da deslocalização massiva de atividades industriais das regiões do centro para a periferia econômica mundial, ocorrida a partir da década de 1970. Esse movimento ocorreu no bojo das políticas empresariais de elisão de sistemas jurídicos, especialmente ambientais e trabalhistas. No Capítulo 4 (4.2), foram analisados casos paradigmáticos de trabalho precário em empresas fornecedoras-terceirizadas de grandes ETNs, em países asiáticos, no México e no Brasil, que também resultam de práticas de elisão de sistemas jurídicos sociais.

Na atualidade, o mundo assiste ao advento e expansão dos sistemas de prestação de serviços por meio de plataformas digitais, que integram a denominada *economia sob demanda* ou *crowdwork*. Esses sistemas promovem a elisão de sistemas jurídicos trabalhistas, na medida em que intermediam prestação de trabalho em inúmeros países, por meio de plataformas tecnológicas, criando um *novo proletariado da era digital*[(654)] cujo trabalho, embora sujeito a subordinação algorítmica, recebe a roupagem de trabalho autônomo, despido de garantias sociais.[(655)]

Tais sistemas, capitaneados pela *Uber* no setor de transportes, difundiram-se intensamente em países com altos índices de desemprego, fomentando a *economia do bico* (*gig economy*), composta de trabalhos informais precários, temporários, a tempo parcial e sem garantia de remuneração. Provocando evasão maciça de direitos trabalhistas, as ETNs titulares dessas plataformas contornam legislações trabalhistas em diversos países do mundo, obtendo com isso margens extraordinárias de lucro.

Fundada em 2008, a *Uber* alcançou em 2019 receita de mais de 14 bilhões de dólares,[(656)] concentrando mais de 30% do setor de transportes em todo o mundo, juntamente com a *Lyft*, embora essas empresas não sejam proprietárias de veículos de transportes.[(657)]

---

(652) *Idem*, p. 93.
(653) *Idem*, p. 94.
(654) ANTUNES, Ricardo. **O privilégio da servidão**: o novo proletariado de serviços na era digital. *Ob. Cit.*
(655) COUTINHO, Raianne Liberal. **Subordinação algorítmica**: há autonomia na uberização do trabalho? São Paulo: Ed. Dialética, 2021.
(656) *Idem*, p. 80/81.
(657) SLEE, Tom. **Uberização**: a nova onda do trabalho precarizado. Tradução: João Peres. São Paulo: Editora Elefante, 2017, p. 55.

A elisão de sistemas jurídicos sociais, na globalização econômica, é causa fundamental da *precarização estrutural do trabalho*, que caracteriza a *nova morfologia* do trabalho, na era globalizada neoliberal.[(658)]

Essa nova morfologia, segundo Ricardo Antunes, ensejou a precarização das condições de trabalho do proletariado industrial herdeiro da era fordista e fez expandir um novo proletariado, especialmente no setor de serviços informatizados, geracionalmente jovem e heterogêneo, que vive de trabalhos com maior grau de informalidade, muitas vezes em atividades terceirizadas, parciais, por tempo determinado.[(659)] A eles somam-se contingentes de imigrantes menos qualificados, que aumentam os "bolsões de trabalhadores sobrantes, descartáveis, subempregados e desempregados".[(660)]

A classe trabalhadora, em sua nova morfologia, segundo Antunes, é cada vez mais submetida ao processo de valorização do capital e da geração de mais-valia nas cadeias globais de mercadorias, em condições de intensa pauperização:

> As formas de intensificação do trabalho, a burla dos direitos, a superexploração, a vivência entre a formalidade e a informalidade, a exigência de metas, a rotinização do trabalho, o despotismo dos chefes, coordenadores e supervisores, os salários degradantes, os trabalhos intermitentes, os assédios, os adoecimentos, padecimentos e mortes decorrentes das condições de trabalho indicam o claro processo de proletarização dos assalariados de serviços que se encontra em expansão no Brasil e em várias partes do mundo, dada a importância das informações no capitalismo financeiro global. Constituem-se, portanto, numa nova parcela que amplia e diversifica a classe trabalhadora.[(661)]

O articulado sistema produtivo transnacional fundado na corrida concorrencial pelo rebaixamento das condições ambientais e de trabalho, em todo o mundo, tornou-se fonte de toda sorte de violações a direitos humanos causadas por corporações.

Segundo dados fornecidos por entidades de defesa de direitos socioambientais, as violações manifestam-se em múltiplas formas, desde a promoção de guerras e conflitos interétnicos para controlar recursos locais, à degradação ambiental, corrupção de elites políticas, apropriação de conhecimentos ancestrais e científicos e violações de direitos humanos trabalhistas. Nessa última categoria são comuns o trabalho infantil e forçado, as condições degradantes de trabalho, ataques a dirigentes sindicais e descumprimento em geral de direitos trabalhistas.[(662)]

Tais violações nem sempre encontram, no entanto, respostas adequadas no plano regulatório estatal, nem dispõem as vítimas de um sistema de governança social transnacional com organicidade e poder suficientes para impor barreiras à superexploração

---

(658) A respeito do fenômeno da *precarização estrutural do trabalho*, consultar: ANTUNES, Ricardo. **O privilégio da servidão**: o novo proletariado de serviços na era digital. *Ob. Cit.*
(659) *Idem*, p. 64.
(660) *Idem*, p. 36.
(661) *Idem*, p. 70/71.
(662) Consultar: OBSERVATORIO de las Multinacionales de América Latina. Disponível em: www.omal.info. Acesso em: 30 mar. 2022; OBSERVATORIO de las Transnacionales. Disponível em: www.corporateeurope.org. Acesso em: 30 mar. 2022; Observatorio de la Deuda en la Globalización (ODG). Disponível em: ww.odg.cat. Acesso em: 30 mar. 2022; REPÓRTER Brasil. Disponível em: https://reporterbrasil.org.br. Acesso em: 30 mar. 2022. Também consultar: ZUBIZARRETA, Juan Hernández; RABASCO, Jesús Carrión. Las empresas transnacionales y los derechos humanos. *In*: ROMÁN, B.; CASTRO G. de (coord.). **Cambio social y cooperación en el siglo XXI**. V. 2 - El reto de la equidad dentro de los límites económicos. *Ob. Cit.*, p. 117.

predatória do trabalho em ambientes desregulados. Isso porque, os problemas sociais derivados da globalização econômica enfrentam uma profunda lacuna de governação no plano supranacional.

5.2. Desafios à governação do trabalho no plano internacional: constituição econômica global, pluralidade jurídica e corrosão da soberania estatal

A fluidez da atuação das ETNs, especialmente por meio de empresas terceirizadas que compõem sua cadeia global de mercadorias, conforme anota Gunther Teubner, torna geralmente pouco eficaz a regulação de sua atividade pelo poder normativo vinculante de entes nacionais ou internacionais.(663)

As tentativas de regulação de sua conduta por meio de normas estatais e internacionais cogentes não têm apresentado sucesso, pois, com a influência do seu extraordinário poder econômico e do poder político dos seus respectivos Estados, essas corporações conseguem conter as tentativas de normatização vinculante, logrando reduzi-las a normas meramente orientadoras com caráter de *soft law*.(664)

Tem sido no plano da governação privada, promovida por organizações não-governamentais (ONGs) e pela mídia global perante a opinião pública, que se tem conseguido, ainda que pontualmente, constranger grandes redes empresariais violadoras de direitos humanos a adotarem práticas de responsabilidade social empresarial (RSE). Em reação a pesada crítica pública espraiada globalmente pelas redes sociais, combinada à ação expressiva de movimentos e organizações da sociedade civil, as ETNs passaram a adotar códigos de conduta corporativa.(665)

O aumento vertiginoso da influência político-econômica das ETNs na governança econômica global promoveu uma redução relativa da autonomia do Estado-nação para conduzir sua agenda política, econômica e social. Isso alterou profundamente o estatuto da *sociedade internacional globalizada.* (666)

Novos atores *não-estatais*, como as corporações transnacionais e suas representações intergovernamentais (OCDE, OMC etc.), e mesmo as ONGs com gigantesco poder de mobilização por meio das redes sociais, alcançaram poder de impactar tão profundamente a realidade e de produzir fluxos e relações tão relevantes no âmbito social, econômico, político internacional, que essa nova configuração de poder alterou profundamente a governança global.(667)

A decisão estratégica de uma corporação transnacional de instalar ou não uma parte de sua cadeia produtiva em determinada região, ou a vocalização de um protesto organizado por uma ONG global, em tempo real, nas redes sociais, conforme Olsson e

---

(663) TEUBNER, Gunther. Autoconstitucionalização de corporações transnacionais? Sobre a conexão entre os códigos de conduta corporativos (*Corporate Codes of Conduct*) privados e estatais. Trad. Ivar Hartmann. Rev. Germano Schwartz. *In*: SCHWARTZ, Germano (org.). **Juridicização das esferas e fragmentação do direito na sociedade contemporânea**. Porto Alegre: Livraria do Advogado, 2012, p. 110.

(664) FORNASIER, Mateus de Oliveira; FERREIRA, Luciano Vaz. Complexidade, globalização e regulação jurídica: a conduta das empresas transnacionais e suas possibilidades de normatização. Londrina, **Scientia Iuris**, vol. 19, n. 2, p. 73-100, dez. 2005, p. 74.

(665) *Idem.*

(666) OLSSON, Giovanni; LAZARETTI, Isadora Kauana. Corporações transnacionais e elisão combinada de sistemas jurídicos: a dinâmica da precarização laboral glocalizante. Brasília - DF**: Revista Sobre Acesso à Jutiça e Dieitos nas Américas – Abya Yala**, v. 5, n. 2, p. 74-109, jul./dez. 2021, p. 85.

(667) *Idem.*

Lazaretti, "são tão ou mais impactantes que o movimento de um exército ou o aumento do produto interno bruto".[668]

Mas são os poderosos interesses de mercado em nível transnacional que ditam a *constituição econômica global*, que dá o contorno das relações sociais e econômicas no plano transnacional. Essa constituição econômica material é identificada por estudos sociológicos como o conjunto de normas construídas no plano transnacional pelas *hiperentidades econômicas* que controlam a economia mundial, para garantir a abertura comercial internacional e a autonomia dos mercados.[669]

A constituição econômica global tem fonte numa série de instituições econômicas transnacionais que exercem intensa atividade normativa, como FMI, Banco Mundial, OMC, OCDE, União Europeia, Mercosul, NAFTA, Cooperação Econômica Ásia-Pacífico (APEC), dentre outros. O Consenso de Washington, firmado sob os princípios orientadores do FMI e do Banco Mundial, destaca Teubner, desencadeou não só a regulação política, mas também a normatização dos princípios constitucionais do neoliberalismo, em que se assenta a constituição econômica.[670]

Para Juan Zubizarreta, é o *Direito Comercial Global* ou *nova lex mercatoria* que formaliza o poder das ETNs por meio dos usos e costumes internacionais, das normas dos organismos internacionais, especialmente na esfera econômico-financeira, dos contratos-padrão de empresas transnacionais e das sentenças arbitrais. As regras da OMC, os Tratados Regionais, os Tratados Bilaterais de Livre Comércio e Investimento, além dos contratos de investimento e exploração de empresas transnacionais, constituem o núcleo da *nova lex mercatoria* que, muitas vezes, supera *hierarquicamente* os princípios internacionais.[671]

E, assim, o exercício do poder político na sociedade globalizada torna-se cada vez mais instrumentalizado por mecanismos de *governança multinível* produzidos por atores não-estatais, fazendo florescer o *pluralismo jurídico transnacional* na multiplicidade de origens e fontes de legitimação dos sistemas regulatórios, tanto econômicos quanto sociais, tanto acima como abaixo do nível estatal.[672]

Na dianteira desse processo, Teubner identifica um *pluralismo jurídico transnacional* de caráter econômico, que se manifesta numa variedade de normas não-estatais de fonte contratual "em grau hierárquico igual ao lado do direito judicial e da legislação", autolegitimadas por regras de reconhecimento próprias dos processos de criação de direitos.[673]

---

(668) *Idem*, p. 86.

(669) TEUBNER, Gunther. The Project of Constitutional Sociology: Irritating Nation State Constitutionalism. **Transnational Legal Theory**, 4:1, p. 44-58, 2013.

(670) *Idem*.

(671) ZUBIZARRETA, Juan Hernández. **Las empresas transnacionales frente a los derechos humanos**: historia de una asimetría normativa. De la responsabilidad social corporativa a las redes contrahegemónicas transnacionales. *Ob. Cit.*, p. 152.

(672) OLSSON, Giovanni; LAZARETTI, Isadora Kauana. Corporações transnacionais e elisão combinada de sistemas jurídicos: a dinâmica da precarização laboral glocalizante. *Ob. Cit.*, p. 83/84. Ainda para Antônio Carlos Wolkmer, o pluralismo jurídico é a "*multiplicidade de práticas jurídicas existentes num mesmo espaço sócio-político, interagidas por conflitos e consensos, podendo ser ou não oficiais e tendo a sua razão de ser nas necessidades existenciais, materiais ou culturais*". Consultar: WOLKMER, Antonio Carlos. **Pluralismo Jurídico**: fundamentos de uma nova cultura no Direito. 3. ed. São Paulo: Editora Alfa Omega, 2001, p. 219.

(673) TEUBNER, Gunther. A Bukowina Global sobre a Emergência de um Pluralismo Jurídico Transnacional. **Impulso**, Piracicaba, v. 13, n. 33, p. 9-31, 2003.

Nessa perspectiva sociológica, o Direito Global apresenta-se como um ordenamento jurídico *sui generis*, que não se ancora nos aparatos políticos e institucionais estatais, acontecendo por meio, mas também além desses aparatos, o que revela a relativa distância entre a política internacional e o Direito Internacional.[(674)]

Esse *constitucionalismo mercantil global*, na perspectiva de Afonso de Julios-Campuzano, governa os mercados acima e distante do âmbito público estatal, interferindo poderosamente nos processos regulatórios dos Estados para impor-lhes a desregulação de políticas e estruturas públicas. Um constitucionalismo dos grandes interesses econômicos transnacionais "que é, por natureza, anticonstitucional, pois trata de evadir-se de todo controle e brinda-se contra toda intervenção".[(675)]

Entre ignorar essas poderosas forças econômicas transnacionais, com o risco de tornar ineficaz a normatividade interna contrária aos seus interesses, ou a elas submeter-se inteiramente para manter a coesão do ordenamento jurídico interno, os Estados-nação tendem a recorrer a soluções que preservem a autonomia do seu poder político. Para isso, flexibilizam suas legislações sociais, fragilizando políticas e mecanismos de proteção jurisdicional e de defesa cidadã dos direitos econômicos, sociais e culturais consagrados em seus programas constitucionais.[(676)]

Nesse movimento, a interpretação dos direitos sociais e das normas programáticas da Constituição estatal tende a moldar-se a contextos externos da constituição econômica global, tornando insuficiente o modelo político estatal e sua correspondente estrutura jurídica para continuar garantindo níveis aceitáveis de igualdade material e justiça social.[(677)] Ressuscitam-se teorias que negam a fundamentalidade e a justiciabilidade desses direitos, encobrindo-se, na realidade, um movimento que é contra a Constituição como paradigma regulatório de transformação social emancipatória.[(678)]

Essa flexibilização do jurídico em nível constitucional é sabiamente retratada na ideia do *direito dúctil*, de Gustavo Zagrebelsky, que identifica uma profunda transformação no paradigma da soberania estatal, corroída por novos processos externos, entre os quais a formação de centros de poder alternativos e concorrentes com o Estado, que operam no campo político, econômico, cultural e religioso, em dimensões independentes do território estatal. [(679)]

A independência desse sistema econômico transnacional revelou a crise do modelo de Westfália baseado na capacidade reguladora do Estado-Nação, levando ao enfraquecimento da autonomia do Estado para promover bens públicos, incrementar a qualidade de vida e proteger os mais vulneráveis dentro de suas fronteiras.[(680)]

---

(674) *Idem.*

(675) JULIOS-CAMPUZANO, Afonso de. **Constitucionalismo em tempos de globalização.** *E-Book.* Trad. Jose Luiz Bolzan de Morais e Valéria Ribas do Nascimento. Porto Alegre: Livraria do Advogado, 2009, pos. 1970.

(676) *Idem,* pos. 1976/1982.

(677) A respeito da desconstrução dos direitos sociais dos trabalhadores, no Brasil, por meio da interpretação a eles conferida pelo STF, na última década, consultar: COUTINHO, Grijalbo Fernandes. **Justiça política do capital**: a desconstrução do direito do trabalho por meio de decisões judiciais. São Paulo: Ed. Tirant Lo Blanch Brasil, 2021.

(678) Idem, pos. 1988/1999.

(679) ZAGREBELSKY, Gustavo. **El Derecho Dúctil**. Trad. Marina Gascón. 3. ed. Madrid: Editora Trotta, 1999, p. 10.

(680) JULIOS-CAMPUZANO, Afonso de. **Constitucionalismo em tempos de globalização.** *Ob. Cit.,* pos. 2011. O Tratado de *Westphalia,* de 1648, assim como outros tratados de paz assinados à época para pôr fim a guerras territoriais, teve por objetivo a construção de um sistema equilibrado de forças interes-

Isso, por certo, acentua Julios-Campuzano, "afeta a força normativa da Constituição, cujas cláusulas sociais ficam ao acaso das formas imprevisíveis do mercado". A ausência de mecanismos efetivos de proteção e tutela jurisdicional dessas cláusulas propicia que legisladores e governantes sacrifiquem a implementação das demandas constitucionais em benefício da *governabilidade sistêmica*.(681)

Tais processos erosionam as formas de legitimação democrática dos ordenamentos constitucionais em benefício de uma legitimação técnica baseada na *governança pelos números*, uma doutrina gerencial que, em substituição à *governança pelas leis*, segundo Alain Supiot, objetiva a autorregulação da sociedade com base em *cálculos*, por meio da quantificação e da programação dos comportamentos (a exemplo das técnicas de avaliação e ranqueamento) para perseguir objetivos economicamente mensuráveis.(682)

Para Supiot, essa governança tecnocrática submete os Estados às mesmas regras de funcionamento das empresas, orientados para satisfação de objetivos quantitativos que dissimulam a situação real da economia e da sociedade, sob o jugo de "uma classe dirigente desconectada da vida daqueles que ela dirige".(683)

E, assim, no plano da governança global, o domínio tecnocrático da constituição econômica sobre o espaço da política estatal restringe o âmbito da discussão e deliberação pública, limitando drasticamente os mecanismos democráticos de promoção de cidadania.(684)

À medida que reduzem a soberania estatal na condução de sua agenda social interna, essas transformações também tornam inviáveis, no plano internacional, as antigas soluções *estatocêntricas*, em que os Estados atuavam diretamente com sua força militar e econômica, e indiretamente, por meio de braços intergovernamentais dotados de personalidade jurídica de Direito Internacional, como a ONU, OIT, OMS etc., na construção de agendas e soluções sociais.(685)

Cada vez mais, os instrumentos clássicos de exercício de poder político dos atores estatais tornaram-se limitados ou inoperantes, diante de desafios que ultrapassam as fronteiras nacionais, tais como o aquecimento global, o terrorismo, as pandemias e mesmo as mazelas sociais originadas da superexploração ambiental e trabalhista difusamente promovidas pelas cadeias globais de mercadorias.

---

tatais para viabilizar o livre-comércio em ambiente de paz e conter a tentativa de dominação imperial de uns Estados sobre os outros (Ver Capítulo 2 - 2.1). Consultar: WALLERSTEIN, Immanuel. **Capitalismo histórico e civilização capitalista**. *Ob. cit.*, p. 44.

(681) JULIOS-CAMPUZANO, Afonso de. **Constitucionalismo em tempos de globalização.** *Ob. Cit.* pos. 2040.

(682) SUPIOT, Alain. **O espírito de Filadélfia**: a justiça social diante do mercado total. Porto Alegre: Sulina, 2015, p. 70/71.

(683) Segundo *Supiot*, a governança pelos números retrata um processo de progressiva "redução da diversidade dos seres e das coisas a uma quantidade mensurável", como elemento do projeto de instauração um *mercado total* que, enquanto tal, abarcaria todos os homens e todos os produtos do planeta, mediante a abolição progressiva das fronteiras comerciais de cada país, para tirar proveito de *vantagens comparativas*. Nesse caminho, segundo o autor, vem trabalhando a OMC, que, a pretexto de eliminar *discriminações nas relações comerciais internacionais*, exige reduzir a diversidade dos sistemas jurídicos nacionais para livrar-se de regras suscetíveis de limitar a livre circulação de capitais e mercadorias. Consultar: *Idem*, p. 71/72 e 76/77.

(684) PÉREZ LUÑO, A. E. **Derechos Humanos, Estado de Derecho y Constitución**. Madrid: Tecnos, 1984, p. 199. *Apud*: JULIOS-CAMPUZANO, Afonso de. **Constitucionalismo em tempos de globalização**. *Ob. Cit.*, pos. 1949.

(685) *Idem*.

Nesse ambiente, tornaram-se hercúleos os desafios à governação do trabalho no plano transnacional.

As violações a direitos humanos produzidas nas cadeias globais de mercadorias, especialmente em seus elos terceirizados, já não são obra direta do Estado tirânico, destinatário por excelência dos deveres pactuados pela comunidade estatal, mas do novo Leviatã corporativo transnacional. Empresas com poder econômico e normativo superior ao de muitos Estados, mas que, no atual quadro institucional, não são os sujeitos do Direito Internacional.(686)

Como anotou Hans Kelsen, qualquer assunto pode ser suscetível de regulação pelo Direito Internacional, desde que seja de interesse da comunidade internacional.(687) Nessa perspectiva, não haveria óbice a que as ETNs também se tornem sujeitos do Direito Internacional.(688)

Mas, na bem armada trama da globalização econômica, em que empresas de Estados ricos competem por oportunidades de *baixo preço social* em Estados pobres, e em que Estados pobres competem entre si por recursos internacionais na *corrida ao fundo do poço*, não há interesse comum desses Estados em submeter seus agentes econômicos a um sistema internacional unificado de controle de conduta trabalhista e socioambiental, que venha a constituir limite ao ímpeto exploratório.(689)

Padrões internacionais de conduta empresarial sociotrabalhista condizentes com os direitos humanos têm sido construídos pelo Direito Internacional dos Direitos Humanos e pelo Direito Internacional do Trabalho. No âmbito da OIT, o paradigma do *trabalho decente*, em permanente construção desde 1999 com base na premissa do *desenvolvimento humano e sustentável*, consiste no principal *standard* internacional de direitos humanos na seara trabalhista.

Mas, sem mecanismos de tutela internacional desses direitos, dotados de coercibilidade em face das empresas, a comunidade internacional sofre de profundo abismo de governação em torno das mazelas sociotrabalhistas produzidas por ETNs, através de suas cadeias globais de mercadorias. Como bem pontuam Juan Hernández Zubizarreta e Jesús Carrión Rabasco, o poder político, econômico e jurídico dessas corporações permite-lhes atuar livremente no plano transnacional, protegidas pela *lex mercatoria*, mas suas obrigações continuam referidas à legislação nacional sujeita às políticas neoliberais.(690)

A lacuna de governação transnacional localiza-se, portanto, no descompasso entre a ampla liberdade territorial de atuação e o restrito sistema estatal de responsabilização dessas empresas pelos danos dela decorrentes.

---

(686) ALVAREZ, Jose E. Are corporations "subjects" of international law? **Santa Clara Journal of International Law**, v. 9, n. 1, p. 1-36, 2011.

(687) Kelsen, Hans. Princípios do Direito Internacional. Ijuí: Unijuí, 2010, p. 250.

(688) FORNASIER, Mateus de Oliveira; FERREIRA, Luciano Vaz. Complexidade, globalização e regulação jurídica: a conduta das empresas transnacionais e suas possibilidades de normatização. *Ob. Cit.*, p. 86.

(689) A respeito do ímpeto exploratório do agente capitalista, ver no Capítulo 2 (2.2) a análise sobre o movimento concorrencial de *destruição criativa* inerente ao capitalismo, que, segundo Joseph Schumpeter, revoluciona continuamente por dentro a estrutura econômica, destruindo o antigo e criando incessantemente o novo.

(690) ZUBIZARRETA, Juan Hernández; RABASCO, Jesús Carrión. Las empresas transnacionales y los derechos humanos. *Ob. Cit.*, p. 116.

É certo que a transnacionalidade de uma empresa não a coloca no limbo jurídico, fora do alcance da jurisdição estatal. Como bem advertem Mateus Fornasier e Luciano Ferreira, toda corporação transnacional submete-se, pelo menos em tese, a duas ordens jurídicas: a do país do domicílio, seu país de origem, e a do local onde exerce suas atividades, o país anfitrião. Ambos os Estados podem utilizar-se do direito nacional e dos mecanismos que garantem sua aplicação, para regular o comportamento dessas entidades.(691)

Em princípio, portanto, se hipoteticamente os países anfitriões aprovassem legislações de controle das atividades empresariais sob determinado padrão civilizatório compatível com os direitos humanos, e as aplicassem sistematicamente às ETNs que atuam em seus territórios, essa atuação estatal orquestrada provavelmente ensejaria resultado bastante satisfatório na prevenção e reparação de violações a direitos humanos perpetradas pelas corporações.(692)

Mas a hipótese não encontra assento na realidade. Como advertem Fornasier e Ferreira, "achar que mais de 200 países com (...) realidades e interesses diversos fiscalizarão essas empresas da mesma maneira, de forma espontânea e sem qualquer estímulo externo, é utópico, para não dizer ingênuo".(693)

Muito ao contrário, não interessa aos países de origem das ETNs, geralmente países ricos com influência internacional, regular conduta de suas empresas no exterior, inclusive por meio de *jurisdição extraterritorial*, quando o que buscam é obter oportunidades de ganhos econômicos para essas empresas no mercado externo. Aliás, há uma forte tendência dos Estados economicamente poderosos em permanecerem inertes, a esse respeito, com objetivo de proteger as práticas comerciais de suas empresas, ainda que prejudiquem as populações dos países hospedeiros.(694)

Ademais, nem os sistemas de governança internacional de direitos humanos – sejam elas juridicamente formais, como a ONU, as comissões regionais de direitos humanos e a OIT, ou informais, como as ONGs e movimentos globais de defesa de interesses socioambientais – dispõem de mecanismos supraestatais de tutela eficazes para *impor* às ETNs a observância de direitos humanos trabalhistas e socioambientais.

Por essas razões, apontuam Zubizarreta e Rabasco, o Direito Internacional dos Direitos Humanos e o Direito Internacional do Trabalho apresentam na atualidade manifesta dificuldade em proteger os direitos sociais.(695)

A esse respeito, já anotou Herbert Hart que o Direito Internacional, enquanto sistema jurídico dotado tão somente de normas primárias, não dispõe de ferramentas para garantir a efetividade de suas normas. Faltam-lhe regras secundárias que lhe permitam criar poderes legislativo e judiciário internacionais, como "ainda lhe falta uma regra de reconhecimento unificadora que especifique as 'fontes' do direito e que estabeleça critérios gerais de identificação de suas regras".(696)

---

(691) FORNASIER, Mateus de Oliveira; FERREIRA, Luciano Vaz. Complexidade, globalização e regulação jurídica: a conduta das empresas transnacionais e suas possibilidades de normatização. *Ob. Cit.*, p. 81.
(692) *Idem*.
(693) *Idem*.
(694) *Idem*, p. 85.
(695) ZUBIZARRETA, Juan Hernández; RABASCO, Jesús Carrión. Las empresas transnacionales y los derechos humanos. *In*: ROMÁN, B.; CASTRO G. de (coord.). **Cambio social y cooperación en el siglo XXI**. V. 2 - El reto de la equidad dentro de los límites económicos. *Ob. Cit.*, p. 116.
(696) HART, Herbert L. A. **O conceito de direito**. 4ª ed. Lisboa: Fundação Calouste Gulbenkian, 2005, p. 30.

A teorização de perspectivas sobre um governo ou Constituição mundial(697) tem assento exatamente na busca de soluções para os limites do Direito Internacional na tutela de suas normas de direitos humanos, porque essa disciplina tem fonte e é inteiramente projetada sobre a ideia de *soberania* própria do Estado-nação.(698)

Certamente que o Direito Internacional dos Direitos Humanos amenizou os traços da soberania autoritária, afastando a ideia de soberania como fonte única e essencial do Direito, em face da necessidade de submissão do Estado ao bem comum dos indivíduos, conforme ressalta Silvio Beltramelli Neto.(699)

Mas, no atual paradigma normativo do Direito Internacional, somente o Estado, por meio de seus poderes executivo, legislativo e judiciário, figura como cumpridor ou violador da agenda internacional dos direitos humanos, com exceção aos crimes de guerra e crimes contra a humanidade, que admitem responsabilidade pessoal do indivíduo, pessoa física, passível de responder internacionalmente por seus atos.(700)

Disso resulta que, no plano das violações de direitos humanos trabalhistas e socioambientais provocadas por ETNs, o Direito Internacional não oferece mecanismos de responsabilização *jurídica* internacional dessas corporações, dependendo para isso de ações estatais.(701)

Nesse cenário, como bem pontuam Melina Girardi Fachin *et. al.*, as corporações ficam praticamente intocadas do ponto de vista legal-internacional, o que "tem sido um ponto cego dos sistemas de proteção aos direitos humanos internacionais, que não conseguem atingir diretamente os grandes agentes empresariais causadores de danos".(702)

Essa dificuldade de responsabilização legal no plano internacional, imposta pelo poder econômico, é o que fomenta a substituição da função normativa do Estado por regulações privadas.(703)

---

(697) Exemplos: (1) Immanuel Wallerstein previu em fase posterior ao atual capitalismo mundial a emergência de um governo mundial socialista, o único sistema mundial alternativo que poderia manter um elevado nível de produtividade e alterar o modelo distributivo desigual da atualidade, integrando os níveis de decisão política e económica. Consultar: WALLERSTEIN, Immanuel. **The modern world--system.** New York: Academic Press, p. 229-233, 1976; (2) Jürgen Habermas teoriza a constitucionalização do Direito Internacional Público a partir da ideia de Immanuel Kant sobre uma Constituição da comunidade internacional, idealizando uma Constituição cosmopolita mundial fundante de um direito público supraestatal, de todos os povos, voltado a garantir direitos humanos para além dos interesses dos Estados. Consultar: HABERMAS, jürgen. La constitucionalización del derecho internacional público y el problema de legitimación de uma comunidade internacional constituída. *In*: SÁNCHEZ, Carbonell; BARNEY, Óscar Miguel Cruz (coord.). **Historia y Constitución.** Homenaje a José Luis Soberanes Fernández, Tomo II. Barcelona: Instituto de Investigaciones juridicas, p. 217-234, 2019.

(698) A respeito desse limite do Direito Internacional, consultar: (1) RODOTÀ, Stefano. **El derecho a tener derechos.** Madri: Editorial Trotta, 2014, p. 76/77; (2) ZUBIZARRETA, Juan Hernández. **Las empresas transnacionales frente a los derechos humanos**: historia de una asimetría normativa. De la responsabilidad social corporativa a las redes contrahegemónicas transnacionales. *Ob. Cit.*, p. 55.

(699) BELTRAMELLI NETO, Silvio. **Curso de direitos humanos**. *Ob. Cit.*, p. 106/107.

(700) FACHIN, Melina Girardi *et. al.* Ponto cego do direito internacional dos direitos humanos: uma superação do paradigma estatocêntrico e a responsabilidade internacional de empresas violadoras de direitos humanos. *Ob. Cit.*, p. 4/5.

(701) Consultar: OLIVEIRA NETO, Alberto Emiliano. **Negociação coletiva transnacional**: acordos marco globais, sindicatos e globalização. Belo Horizonte: RTM, Instituto Edésio Passos, 2020, p. 105.

(702) FACHIN, Melina Girardi *et. al.* Ponto cego do direito internacional dos direitos humanos: uma superação do paradigma estatocêntrico e a responsabilidade internacional de empresas violadoras de direitos humanos. **Homa Publica – Revista Internacional de Direitos Humanos e Empresa**, vol. 1, n. 1, jun./nov. 2016, p. 2.

(703) ZUBIZARRETA, Juan Hernández. **Las empresas transnacionales frente a los derechos humanos**: historia de una asimetría normativa. De la responsabilidad social corporativa a las redes contrahegemónicas transnacionales. *Ob. Cit.*, p. 116.

Esse problema constitui o cerne do debate internacional sobre a relação entre *empresas e direitos humanos*, e mais precisamente, sobre a *eficácia horizontal dos direitos humanos*. Trata-se de um debate que propõe a sujeição direta das empresas às normas internacionais de direitos humanos, de modo que possam responder por sua violação perante Cortes internacionais e organismos internacionais de monitoramento de tratados. Tal responsabilização direta exige, no entanto, o rompimento com a postura estatocêntrica tradicional dos direitos humanos, à luz da qual apenas os Estados são sujeitos diretamente obrigados pelas normas internacionais.(704)

Enquanto isso não ocorre, permanece imensa a lacuna de governação dos problemas sociais derivados da globalização econômica, especialmente na relação entre as empresas transnacionais controladoras de cadeias globais de mercadorias e os direitos humanos.

5.3. Empresas e direitos humanos: um debate em aberto

O Direito Internacional dos Direitos Humanos surgiu na segunda metade do século XX por iniciativa da comunidade internacional, no pós-guerra, diante das inúmeras atrocidades cometidas pelos sistemas nazista e fascista, instrumentalizados por meio do Estado.(705) Os direitos humanos irrompem, assim, como resposta necessária à demonstração da irracionalidade e da capacidade do homem de autodestruir-se, surgindo "como paradigma ético capaz de restaurar a lógica do razoável".(706)

Na explicação de Joaquín Herrera Flores, os direitos humanos surgiram como resposta às formulações sociais e filosóficas coloniais que pressupunham "a expansão global de um novo modo de relação social baseada na constante acumulação de capital", com a consequente extensão do *ius commercii*, ou seja, do "direito de se estabelecer comercialmente nas terras conquistadas". Tendo em vista os desastres provocados pelo desacordo das grandes potências na distribuição dos lucros da pilhagem colonial, afirma o autor, os direitos humanos foram instituídos como "um marco muito importante na luta pelo processo de humanização da humanidade".(707)

Sua consolidação ocorreu nesse contexto, com o propósito de criar uma base normativa a ser compartilhada por toda a comunidade de Estados, assentada num novo paradigma ético e jurídico fundado na existência humana como única condição legítima para titularidade de direitos básicos, independentemente de qualquer outra condição, de forma a garantir a todos indistintamente o *direito a ter direitos*.(708)

Supera-se o entendimento, então dominante, de que violências praticadas pelo Estado contra cidadãos nacionais eram assuntos domésticos de cada Estado, sepultando-se o paradigma da soberania estatal externa absoluta e ilimitada.(709) Os

---

(704) ZANITELLI, Leandro Martins. Corporações e direitos humanos: o debate entre voluntaristas e obrigacionistas e o efeito solapador das sanções. **Revista Internacional de Direitos Humanos**. São Paulo, v. 8., n. 15, p. 37-57, dez. 2011.

(705) *Idem*.

(706) PIOVESAN, Flávia. **Direitos Humanos e o Direito Constitucional Internacional**. 12. ed. São Paulo: Saraiva, 2011, p. 176.

(707) FLORES, Joaquín Herrera. **A (re)invenção dos direitos humanos**. Trad.: Carlos Roberto Diogo Garcia *et al*. Florianópolis: Boiteux, 2009, p. 36.

(708) FACHIN, Melina Girardi. Ponto cego do direito internacional dos direitos humanos: uma superação do paradigma estatocêntrico e a responsabilidade internacional de empresas violadoras de direitos humanos. *Ob. Cit.*, p. 3.

(709) BELTRAMELLI NETO, Silvio. **Curso de direitos humanos**. 6ª ed. São Paulo: Atlas, 2021, p. 105.

direitos humanos passam a revestir-se de caráter histórico, como constantes processos e resultados provisórios de lutas travadas em cada tempo pelo ser humano, para ter acesso aos bens necessários à vida.(710)

Essa esfera de proteção normativa e institucional dos direitos humanos ganhou contornos mais bem definidos com a criação da ONU, em 1945, e com a elaboração da Declaração Universal dos Direitos Humanos (DUDH), proclamada em 1948.(711) O documento, emblemático na história da universalização dos direitos humanos, transformou direitos então constitucionalizados por vários Estados em valores supraestatais, nos dizeres de Silvio Beltramelli Neto, "aos moldes de um contrato social internacional" que supera o paradigma do direito internacional *pactício*, fundado em acordos interestatais bilaterais.(712)

Concretizando o objetivo inicial de criar um marco normativo vinculante, em 1966 foram aprovados o Pacto Internacional sobre Direitos Civis e Políticos (PIDCP) e o Pacto Internacional sobre Direitos Econômicos, Sociais e Culturais (PIDESC). Em conjunto com a Declaração Universal dos Direitos Humanos, esses tratados passaram a compor a denominada Carta Internacional dos Direitos Humanos.

O Pacto Internacional sobre Direitos Civis e Políticos entrou em vigor em 1967. Sua finalidade precípua foi tornar juridicamente vinculantes aos Estados vários direitos já previstos na Declaração Universal dos Direitos Humanos. Em sua Parte II, o PIDCP estabelece *o dever do Estado de respeito e a garantia* de todos os direitos nele previstos a todos os indivíduos que se achem em seu território, sem qualquer tipo de discriminação, inclusive quanto a origem nacional e, especialmente, entre homens e mulheres.(713)

O Pacto Internacional sobre Direitos Econômicos, Sociais e Culturais, também aprovado e aberto para assinaturas desde 1966, somente entrou em vigor em 1976. O PIDESC é considerado um marco, por ter assegurado destaque aos direitos econômicos, sociais e culturais, *vencendo a resistência* de vários Estados e mesmo da doutrina, que viam os direitos sociais como meras recomendações ou exortações, sem caráter vinculante.(714)

Ambos os pactos possuem caráter de tratado internacional, por isso dotados de efeito vinculante em relação aos Estados signatários. A DUDH, não obstante o caráter de declaração, passou a compor o direito *costumeiro* internacional, também adquirindo natureza de *jus cogens*, segundo interpretação autorizada pela ONU.(715)

A centralidade experimentada pelas normas internacionais de direitos humanos deu azo ao transformador processo de humanização do direito internacional,(716)

---

(710) FLORES, Joaquín Herrera. **A (re)invenção dos direitos humanos**. *Ob. Cit.*, p. 36/54.

(711) ORGANIZAÇÃO das Nações Unidas (ONU). **Declaração Universal dos Direitos Humanos**. Disponível em: https://bit.ly/3rH0ijd. Acesso em: 12 abr. 2022.

(712) BELTRAMELLI NETO, Silvio. **Curso de direitos humanos.** *Ob. Cit.*, p. 105.

(713) No Brasil, o Congresso Nacional aprovou o PIDCP por meio do Decreto Legislativo n. 226, de 12 de dezembro de 1991. Disponível em: https://bit.ly/3i2cKEX. Acesso em: 13 mar. 2022. Consultar: RAMOS, André de Carvalho. **Curso de direitos humanos.** *E-Book.* 8ª ed. São Paulo: Saraiva Educação, 2021, p. 167/169.

(714) O texto do PIDESC também foi aprovado por meio do mesmo Decreto Legislativo n. 226, de 12 de dezembro de 1991. *Idem*, p. 175/178. Disponível em: https://bit.ly/3BmKRlU. Acesso em: 27 jul. 2022.

(715) FACHIN, Melina Girardi *et. al.* Ponto cego do direito internacional dos direitos humanos: uma superação do paradigma estatocêntrico e a responsabilidade internacional de empresas violadoras de direitos humanos. *Ob. Cit.*, p. 4.

(716) TRINDADE, Antonio Augusto Cançado. **A humanização do direito intenacional.** 2ª ed. Belo Horizonte: Del Rey, 2015. *Apud*: BELTRAMELLI NETO, Silvio. **Curso de direitos humanos**. *Ob. Cit.*, p. 105.

inspirando diversas constituições democráticas pelo mundo. A Constituição brasileira de 1988 aderiu à *prevalência dos direitos humanos* nas relações internacionais (CR/1988, art. 4º, II), elegeu a *dignidade da pessoa humana* como princípio fundamental da República (art. 1º, III), inseriu os direitos sociais no rol dos direitos e garantias fundamentais (arts. 6º e 7º) e promoveu abertura material à incorporação dos direitos humanos no rol dos direitos fundamentais (art. 5º, §§ 2º e 3º).

Para além de estabelecer normas de proteção do indivíduo, o sistema internacional global (ONU) e os sistemas regionais interamericano, africano e europeu de direitos humanos,(717) erigidos no pós-guerra, institucionalizaram órgãos e mecanismos de monitoramento que examinam, apuram e julgam casos concretos de violações de direitos humanos levados a esses órgãos pelas próprias vítimas ou seus representantes.(718)

Mas, nas demandas perante Cortes internacionais de direitos humanos, o cerne das discussões volta-se à responsabilização do Estado, ainda que a violação tenha sido praticada por uma empresa ou indivíduo, ou ainda que a sua vítima seja um particular. A única exceção consolidada a essa hipótese, conforme acima registrado, diz respeito aos crimes de guerra e crimes contra a humanidade, que admitem responsabilidade pessoal do indivíduo, pessoa física, que pode vir a responder internacionalmente por seus atos.(719)

Há diversos casos na jurisprudência internacional de responsabilização internacional de Estados por violação de direitos humanos cometidas por empresas, principalmente em face de sua omissão em *prevenir* e, muitas vezes, por omissão em *reprimir* as violações de direitos humanos realizadas por empresas.(720)

No caso *Trabalhadores da Fazenda Brasil Verde contra a República Federativa do Brasil*, por exemplo, a Corte Interamericana de Direitos Humanos (CIDH) reconheceu a responsabilidade do Estado brasileiro pela prática de tráfico de pessoas e trabalho escravo envolvendo 85 trabalhadores na atividade pecuária, em propriedade rural no Estado do Pará, na década de 1990, por ineficácia das medidas estatais de prevenção e erradicação do trabalho escravo, na região. Pela primeira vez, nesse caso, o Tribunal estabeleceu a responsabilidade internacional de um Estado por perpetuar *discriminação estrutural histórica*, geradora de exclusão social.(721)

---

(717) Os três sistemas regionais de direitos humanos, constituídos por meio de tratados, fazem parte de sistemas de integração regional com atribuições bem mais amplas. O sistema africano tem matriz na União Africana (UA), funciona por meio da Comissão Africana de Direitos Humanos e da Corte Africana dos Direitos Humanos e dos Povos; o sistema interamericano tem matriz na Organização dos Estados Americanos (OEA) e funciona com base na Comissão Interamericana de Direitos Humanos e na Corte Interamericana de Direitos Humanos; e na Europa o sistema tem assento no Conselho da Europa (CE) e funciona por meio da Comissão Europeia dos Direitos do Homem e da Corte Europeia de Direitos Humanos. Consutar: HEYNS, Christof *et. al.* Comparação esquemática dos sistemas regionais de direitos humanos: uma atualização. Trad. Luís Reyes Gil. **Revista Internacional de Direitos Humanos – SUR**, n. 4, jun. 2006, p. 160-169.

(718) BELTRAMELLI NETO, Silvio. **Curso de direitos humanos.** *Ob. Cit.*, p. 105.

(719) FACHIN, Melina Girardi. Ponto cego do direito internacional dos direitos humanos: uma superação do paradigma estatocêntrico e a responsabilidade internacional de empresas violadoras de direitos humanos. *Ob. Cit.*, p. 5.

(720) RAMOS, André de Carvalho. **Curso de direitos humanos**. *Ob. Cit.*, p. 322.

(721) CORTE Interamericana de Direitos Humanos. **Caso Trabalhadores da Fazenda Brasil Verde Vs. Brasil**. Sentença, 20 out. 2016. Disponível em: https://bit.ly/3MGD599. Acesso em: 24 mar. 2022.

Também no caso dos *Empregados da Fábrica de Fogos de Santo Antônio de Jesus e seus familiares Vs. Brasil*, em que a explosão de uma fábrica de fogos de artifício no interior da Bahia, em 1998, ensejou a morte de 64 trabalhadores e familiares, ferindo tantas outras, a Corte Interamericana de Direitos Humanos (CIDH) responsabilizou o Estado brasileiro por descumprir o dever estatal de prevenção de danos a direitos humanos, especialmente em face da situação de extrema pobreza estrutural associada à discriminação intersecional a que estavam submetidas as vítimas, aliada à ausência de efetiva fiscalização trabalhista.[722]

Mas a responsabilização do Estado, embora implique constrangimento internacional e possa estimular políticas nacionais de prevenção de idênticas lesões, não tem o condão de afetar diretamente a conduta ou patrimônio da empresa violadora. Daí o debate em torno da necessidade de superação do paradigma estatocêntrico dos direitos humanos, para que entes privados também possam ser diretamente responsabilizados. Esse debate, segundo Leandro Martins Zanitelli, envolve a controvérsia entre *voluntaristas* e *obrigacionistas*.[723]

Os *voluntaristas* defendem que a prevenção e a reparação internacional a violações de direitos humanos, por empresas, sejam promovidas por meio de normas internacionais orientadoras de ações de RSE, de adesão voluntária (*soft law*), reservando-se aos Estados responderem por esses direitos, no plano internacional, e exercerem a regulação e o controle de legalidade da conduta empresarial, no plano interno, conforme o padrão de regulação atualmente vigente no Direito Internacional.

Os *obrigacionistas*, por sua vez, descrentes na efetividade das propostas voluntaristas, defendem a necessidade de fixação de normas internacionais vinculantes com medidas de responsabilização direta de empresas por violações a direitos humanos (*hard law*), tanto em nível nacional quanto internacional, para induzir a prevenção de violações cometidas por ETNs ou com a sua cumplicidade.[724]

Alimentado por essas discussões, o tema da relação entre *empresas e direitos humanos* tornou-se nas últimas décadas, segundo John Ruggie, um microcosmo disciplinar em torno da crise de governança global contemporânea, decorrente das lacunas cada vez maiores entre o âmbito de impacto dos agentes econômicos e a capacidade das sociedades para administrar suas consequências negativas.[725]

De um lado, o pensamento conservador voluntarista, capitaneado pelos interesses do mercado, que busca manter o padrão de responsabilidade pelos direitos humanos centrado no Estado, e do outro, as ideias obrigacionistas reformistas, defendidas por pensadores e ativistas dos direitos humanos, que advogam a responsabilidade direta das empresas com base na *eficácia horizontal dos direitos humanos*.[726]

---

(722) CORTE Interamericana de Direitos Humanos. **Caso dos Empregados da Fábrica de Fogos de Santo Antônio de Jesus e seus familiares Vs. Brasil.** Sentença, 15 jul. 2020. Disponível em: https://bit.ly/3IywI4N. Acesso em: 24 mar. 2022.

(723) ZANITELLI, Leandro Martins. Corporações e direitos humanos: o debate entre voluntaristas e obrigacionistas e o efeito solapador das sanções. *Ob. Cit.*, p. 37.

(724) *Idem.*

(725) RUGGIE, John Gerard. **Quando negócios não são apenas negócios**: as corporações multinacionais e os direitos humanos. *Ob. Cit.* pos. 215.

(726) Nesse sentido, defende Silvio Beltramelli Neto que a obrigação das empresas de respeitar os direitos humanos está amparada no reconhecimento da universalidade dos direitos humanos, pautada na Carta da ONU e na Declaração Universal dos Direitos Humanos, *"uma vez que sem a incidência de tais direitos em todas as relações (vertical ou horizontalmente), a universalidade não seria completa"*. Assim, para o autor, a vinculação das empresas aos direitos humanos resolve-se, no campo jurídico, de forma relativamente

A comunidade empresarial prefere sujeitar-se ao cumprimento das leis dos países anfitriões (*hard law*) e adotar medidas voluntárias de responsabilidade social, por meio de códigos internos de conduta (*soft law*). E muitos Estados também resistem a normas internacionais vinculantes para empresas: os Estados anfitriões, porque competem para receber investimentos; os Estados que sediam as ETNs, porque buscam para elas as melhores oportunidades de investimentos no exterior; e ambos sofrem pressões de suas respectivas comunidades empresariais para favorecer as vias voluntárias (*soft law*) e não obrigatórias (*hard law*).(727)

5.3.1. *Primeiros embates entre empresas e direitos humanos na globalização neoliberal*

Desde os anos 1970, denúncias de atividades ilegais e antiéticas de grande impacto, por empresas multinacionais, motivavam propostas em prol de uma regulação internacional da responsabilidade das empresas. Nas décadas de 1970 e 1980, boicotes foram realizados contra grandes agentes econômicos que apoiavam o *apartheid* na África do Sul e contra empresas que forneciam equipamentos militares a regimes violadores de direitos humanos.(728)

Em resposta à conscientização crescente do público sobre o envolvimento de empresas em violações de direitos humanos, na década de 1970 a ONU passou a ocupar o papel central na formulação de medidas voltadas a responsabilizar agentes econômicos. Em 1973, criou-se a *Comissão da ONU sobre Corporações Transnacionais*, com a finalidade de estudar os impactos de suas atividades econômicas e aumentar a capacidade de negociação dos países anfitriões. (729)

O resultado dessa iniciativa, denominado *Projeto de Código de Conduta da ONU sobre Corporações Transnacionais* (*draft code*, 1983), foi a primeira tentativa de estabelecer diretrizes sociais, trabalhistas e ambientais, em âmbito global, para companhias transnacionais.(730)

No entanto, como ressalta Patricia Feeney, apesar do apoio de muitos governos do Sul Global, esse processo de elaboração do código de conduta enfrentou fortes resistência dos países ricos do Norte, onde a maioria das ETNs estão sediadas, o que levou, com o passar do tempo, ao cancelamento do projeto.(731) *Lobbies* corporativos criticaram duramente qualquer compromisso empresarial que não fosse voluntário e de livre adesão.(732)

Temendo uma iniciativa global para regular as atividades empresariais com caráter vinculante no âmbito das Nações Unidas, os países ricos refugiaram-se na OCDE, em busca de uma solução. Em 1976, surgiram as *Diretrizes da OCDE para Em-*

---

simples, por aplicação da teoria sobre a produção de efeitos desses direitos nas relações entre particulares. Consultar: BELTRAMELLI NETO, Silvio. **Curso de direitos humanos**. *Ob. Cit.*, p. 223/224.

(727) RUGGIE, John Gerard. **Quando negócios não são apenas negócios**. *Ob. Cit.*, pos. 191.

(728) FEENEY, Patricia. A luta por responsabilidade das empresas no âmbito das nações unidas e o futuro da agenda de advocay. *Ob. Cit.*, p. 176.

(729) *Idem*.

(730) ORGANIZAÇÃO das Nações Unidas (ONU). **Draft UN Code of Conduct on Transnational Corporation**. Disponível em: https://digitallibrary.un.org/record/44947. Acesso em: 10 mar. 2022.

(731) FEENEY, Patricia. A luta por responsabilidade das empresas no âmbito das nações unidas e o futuro da agenda de advocay. *Ob. Cit.*, p. 176.

(732) BARROS, Amon. Empresas e direitos humanos: premissas, tensões e possibilidades. **Revista Organização e Sociedade – O&S**. Universidade Federal da Bahia, v. 25, n. 84, p. 87-99, jan./mar. 2018, p. 91. Disponível em: https://bit.ly/3tVYtzb. Acesso em: 12 mar. 2022.

preendimentos Multinacionais,[(733)] documento com finalidade orientadora de ações de responsabilidade social corporativa, que ficou reconhecido mais como uma concessão simbólica às preocupações da sociedade civil sobre o poder das empresas multinacionais. Revisadas por diversas vezes, essas diretrizes continuaram pouco utilizadas nas duas décadas seguintes.[(734)]

Em 1977, a OIT adotou a *Declaração Tripartida de Princípios Relativos a Empreendimentos Multinacionais e Política Social*, dirigida a governos, empregadores e empregados, com objetivo de incentivar empresas multinacionais a contribuir positivamente "para o progresso econômico e social e para a concretização do trabalho digno para todos, bem como para atenuar e resolver as dificuldades que possam ser criadas pelas suas diversas operações" (item 2).[(735)]

Atualizada em 2000, 2006 e 2017, com linguagem tímida, sugestiva de condutas "na medida do possível", "sempre que possível", a Declaração *aconselha* ETNs, entre outras medidas, a priorizar o emprego, o desenvolvimento profissional, a promoção e o aperfeiçoamento dos trabalhadores nacionais do país de acolhimento (item 18); a promover o emprego estável a esses trabalhadores (33) e evitar o despedimento arbitrário (35); a contribuir para a eliminação do trabalho forçado (25) e do trabalho infantil (26); a promover igualdade de oportunidades e de tratamento no emprego (30); a manter nível máximo de segurança e saúde, de acordo com as exigências nacionais (44); a respeitar a liberdade de associação sindical (48), negociar de boa-fé com os sindicatos e não obstar o livre exercício da atividade sindical (59).[(736)]

Embora sem efeito vinculante (*soft law*), com base nessa declaração grupos da sociedade civil em parceria com sindicatos passaram a apresentar denúncias de abusos trabalhistas praticados por corporações multinacionais.[(737)]

A partir da década de 1980, iniciaram-se os programas internacionais de ajustamento econômico estrutural que moldaram a globalização neoliberal. As corporações multinacionais passaram por aqueles processos de crescimento econômico exponencial e de transformação operativa, descritos no tópico anterior, tornando-se os mais poderosos atores econômicos *não-estatais* na arena global.[(738)]

Mas, ao tempo em que a atuação econômica das transnacionais estendia-se pelo planeta na corrida ao *baixo preço social*, na década de 1990, causando impactos ambientais e trabalhistas devastadores sobre populações vulneráveis, intensificavam-se reivindicações antiglobalização da sociedade civil e de organizações sociais por respeito aos direitos humanos. Esses movimentos eram impulsionados pela suspeita de que os interesses dos grandes empreendimentos globais tomavam precedência em diversos organismos internacionais, sobre os direitos dos indivíduos.[(739)]

---

(733) ORGANIZAÇÃO para Cooperação e Desenvolvimento Econômico (OCDE). **Diretrizes da OCDE para Empreendimentos Multinacionais.** Disponível em: https://bit.ly/3vQVmuS. Acesso em: 10 mar. 2022.
(734) FEENEY, Patricia. A luta por responsabilidade das empresas no âmbito das nações unidas e o futuro da agenda de advocay. *Ob. Cit.*, p. 177.
(735) ORGANIZAÇÃO Internacional do Trabalho (OIT). **Declaração Tripartida de Princípios Relativos a Empreendimentos Multinacionais e Política Social.** Disponível em: https://bit.ly/35Oq50X. Acesso em: 10 mar. 2022.
(736) *Idem.*
(737) FEENEY, Patricia. A luta por responsabilidade das empresas no âmbito das nações unidas e o futuro da agenda de advocay. *Ob. Cit.*, p. 177.
(738) HOBSBAWN, Eric. **Entrevista sobre el siglo XXI**. Barcelona: Crítica, 2000, p. 82/114.
(739) FEENEY, Patricia. A luta por responsabilidade das empresas no âmbito das nações unidas e o futuro da agenda de advocay. *Ob. Cit.*, p. 177.

Por outro lado, as corporações passaram a ser tratadas pelas instituições econômicas como *agentes de desenvolvimento* e os debates sobre o tema, segundo Silvio Beltramelli Neto, foram adjudicados à Conferência das Nações Unidas sobre Comércio e Desenvolvimento (UNCTAD), por pressão dos EUA e de agentes empresariais.(740)

Nessa época, condições de trabalho degradantes tornaram-se cada vez mais conhecidas do público em geral, o que motivou diversos protestos em todo o mundo, a exemplo da marcha das cem mil pessoas em Seatle, EUA, no final da década de 1995, contra a criação da OMC, acusada ser um veículo para aumentar a influência dos interesses empresariais no âmbito dos organismos internacionais. Isso ocorreu em meio a uma onda de litígios em Cortes internacionais, em especial nos EUA e Europa, contra empresas acusadas de cometerem violações a direitos humanos, diretamente ou com a cumplicidade de Estados anfitriões.(741)

A Conferência Mundial sobre Direitos Humanos de Viena, em 1993, foi marcada por denúncias de efeitos noviços da industrialização e de projetos de desenvolvimento danosos a interesses sociais, em países periféricos.

O cenário desafiou a comunidade internacional de direitos humanos a reconhecer a *universalidade, indivisibilidade, interpendência* e *interrelação* de todos os direitos humanos – civis, políticos, econômico, sociais e culturais –, sem relação de primazia ou prioridade.(742) Antes de Viena, anota Patricia Feeney, a maioria das organizações de direitos humanos do Norte privilegiava os direitos civis e políticos em detrimento dos direitos econômicos, sociais e culturais, os quais eram negligenciados e relegados a segundo plano.(743)

5.3.2. Mudança estratégica da OIT no fomento de suas normas internacionais

Na década de 1990, o aprofundamento do processo de globalização econômica neoliberal, com ideário adverso ao compromisso de justiça social constitutivo da missão institucional da OIT, ensejou a estagnação nas taxas de ratificação de suas normas internacionais, representando para a entidade um gigantesco desafio.

Diante de questionamentos sobre a perda de efetividade e de protagonismo do seu papel regulador no novo cenário internacional globalizado, a OIT promoveu um giro estratégico em sua atuação institucional, política e normativa, passando a priorizar a cooperação internacional com os Estados e a adotar novos mecanismos de fomento e projeção de suas normas internacionais.(744)

---

(740) BELTRAMELLI NETO, Silvio. **Curso de direitos humanos.** *Ob. Cit.*, p. 226.
(741) *Idem.*
(742) Declaração e Programa de Ação de Viena, de 1993. Art. 5º. "*Todos os direitos humanos são universais, indivisíveis interdependentes e interrelacionados. A comunidade internacional deve tratar os direitos humanos de forma global, justa e equitativa, em pé de igualdade e com a mesma ênfase*". Consultar: ORGANIZAÇÃO das Nações Unidas (ONU). **Declaração e programa de ação de Viena**: conferência mundial sobre direitos humanos. Viena, jun./1993. Disponível em: https://bit.ly/3KEDTtH. Acesso em: 12 mar. 2022.
(743) FEENEY, Patricia. A luta por responsabilidade das empresas no âmbito das nações unidas e o futuro da agenda de advocay. *Ob. Cit.*, p. 178. Essa tendência de prestígio aos direitos civis e políticos em detrimento dos direitos econômicos e sociais, em países do Norte, reflete o espectro das posições políticas que dividiram o mundo, na Guerra Fria, e que levaram os EUA a não ratificarem o Pacto Internacional de Direitos Econômicos, Sociais e Culturais.
(744) DELGADO, Maurício Godinho; DELGADO, Gabriela Neves. A OIT e sua missão de justiça social. **Revista Pensamento Jurídico**, São Paulo, v. 13, n. 2, p. 424-448, jul./dez. 2019, p. 237.

Entre os novos mecanismos de atuação desde então adotados destacam-se a *Declaração da OIT sobre os Princípios e Direitos Fundamentais no Trabalho*, de 1998, seguida da *Agenda do Trabalho Decente*, de 1999.

Em sua 86ª Conferência Internacional, de 1998, a OIT aprovou a Declaração sobre os Princípios e Direitos Fundamentais no Trabalho, que condensa direitos assentados em suas oito *convenções fundamentais* (Convenções 29, 87, 98, 100, 105, 111 e 182), as quais disciplinam postulados de justiça social previstos na Declaração de Filadélfia, de 1944, e na Constituição da entidade, de 1946.(745)

Esses direitos estão organizados em quatro grandes eixos: a) liberdade sindical e reconhecimento efetivo do direito de negociação coletiva (Convenções 87 e 98 da OIT); b) eliminação de todas as formas de trabalho forçado ou obrigatório (Convenção 29); c) abolição efetiva do trabalho infantil (Convenção 182); e d) eliminação da discriminação em matéria de emprego e ocupação (Convenções 100, 105 e 111).(746)

Em maio de 2022, a 110ª Conferência Internacional do Trabalho acrescentou um quinto eixo central à Declaração da OIT sobre os Princípios e Direitos Fundamentais no Trabalho (1998): o *direito a um ambiente de trabalho seguro e saudável* (Convenções 155 e 187). Com isso, tais convenções internacionais também passaram a integrar o patamar mínimo cogente de direitos humanos passível de ser exigido dos Estados-membros, independentemente de ratificação das correspondentes convenções internacionais.(747)

Conforme registra Jean-Claude Javillier, tais princípios e direitos passaram a traduzir um *piso social* para o mundo do trabalho, numa tentativa de fixação de um padrão universal de proteção trabalhista para toda comunidade internacional.(748) Por isso, ressaltam Maurício Godinho Delgado e Gabriela Neves Delgado, essa declaração constituiu importante marco civilizatório trabalhista no plano internacional, sendo reconhecidos seus princípios e direitos como *fontes de direitos humanos dos trabalhadores*.(749)

A esses princípios e direitos fundamentais a OIT atribui caráter vinculante em relação a todos os Estados-membros da OIT, ainda que não tenham ratificado as aludidas convenções. Isso porque, ao integrarem a organização, os Estados-membros assumiram o compromisso de "promover e tornar realidade, de boa fé e de confor-

---

(745) DELGADO, Mauricio Godinho; DELGADO, Gabriela Neves. As declarações de direitos da OIT e sua repercussão na fundamentação e na prática da missão de justiça social do poder judiciário trabalhista. *Ob. Cit.*, p. 315.

(746) ORGANIZAÇÃO Internacional do Trabalho (OIT). **Declaração da OIT sobre os princípios e direitos fundamentais no trabalho**. Disponível em: https://bit.ly/3wKGmio. Acesso em: 28 mar. 2022.

(747) Passaram a figurar como Convenções fundamentais a Convenção 155, sobre Segurança e Saúde dos Trabalhadores (1981) e a Convenção 187, do Quadro Promocional para a Segurança e Saúde Ocupacional (2006). ORGANIZAÇÃO Internacional do Trabalho. **Conferência internacional do trabalho acrescenta segurança e saúde aos princípios e direitos fundamentais no trabalho**, 10 jun. 2022. Disponível em: https://bit.ly/3A3Df5s. Acesso em: 17 ago. 2022.

(748) JAVILLIER, J. **Introducción a OIT**. Derechos fundamentales en el trabajo. Madri: Ministerio de Trabajo y Asuntos Sociales, 2003. *Apud*: DELGADO, Mauricio Godinho; DELGADO, Gabriela Neves. As declarações de direitos da OIT e sua repercussão na fundamentação e na prática da missão de justiça social do poder judiciário trabalhista. *In*: IGREJA, Rebecca Lemos; NEGRI, Camil (org.). **Desigualdades globais e justiça social**: violência, discriminação e processos de exclusão na atualidade. Vol. 2. Brasília: Faculdade Latino-Americana de Ciências Sociais, p. 291-332, 2021, p. 315.

(749) DELGADO, Mauricio Godinho; DELGADO, Gabriela Neves. As declarações de direitos da OIT e sua repercussão na fundamentação e na prática da missão de justiça social do poder judiciário trabalhista. *Ob. Cit.*, p. 314.

midade com a Constituição, os princípios relativos aos direitos fundamentais que são objeto dessas convenções" (item 2).(750)

A nova fase de articulação institucional da OIT reforçou-se, em 1999, com a adoção da concepção e correspondente *Agenda do Trabalho Decente*, apresentada pelo então Diretor-Geral da entidade, Juan Somavía, na 87ª Conferência Internacional do Trabalho, para tornar-se a pauta central de atuação da OIT no século XXI.(751)

A proposta de atuação fundada na concepção do *trabalho decente*, que será amiúde analisada em tópico específico, apresenta-se como um marco programático de políticas públicas que condensa os 39 principais programas de atuação da OIT em quatro objetivos estratégicos: (1) proteção dos *direitos humanos das relações de trabalho*, (2) geração de empregos de qualidade, (3) ampliação da proteção social e (4) fomento do diálogo social.(752)

Conforme anotam Silvio Beltramelli Neto e Mônica Rodrigues, esses objetivos estratégicos do *trabalho decente* dirigem-se claramente à ação estatal. Apesar da estratégia denominada de *enfoque integrado*, que visa à disseminação da concepção às demais instituições internacionais, constitui pedra angular da agenda o conjunto de ações de cooperação técnico-jurídicas desenvolvidas pela OIT junto aos Estados-membros na construção de *programas (agendas) de trabalho decente* específicos para cada país.(753)

Nesses programas, a concepção de *trabalho decente* considera os desafios regionais e as vicissitudes e condições de desenvolvimento próprias de cada Estado e região, constituindo uma meta móvel e multiforme a ser implementada pelos países.(754)

Reforçando seu novo programa estratégico de atuação institucional, em 2008 a OIT lançou a *Declaração da OIT Sobre Justiça Social para uma Globalização Justa*, que se propõe a expressar a visão contemporânea do mandato da Organização na era da globalização. O documento reforça a necessidade de que cada Estado-membro implemente e alcance os objetivos estratégicos da *Agenda do Trabalho Decente* (1999) de forma integral, indissociável e interdependente, de acordo com os Princípios e Direitos Fundamentais do Trabalho (1998) – item I.(755)

Para colocar em prática esses objetivos, segundo a Declaração, deve a OIT apoiar de maneira eficaz os esforços dos seus Membros (item II.A), e, ao mesmo tempo, "os Membros devem assumir a responsabilidade fundamental de contribuir, mediante sua política econômica e social, à realização de uma estratégia global e integrada para colocar em prática (...) a Agenda do Trabalho Decente (...)" – item II.B.(756)

---

(750) ORGANIZAÇÃO Internacional do Trabalho (OIT). **Declaração da OIT sobre os princípios e direitos fundamentais no trabalho.** *Ob. Cit.*

(751) ORGANIZACIÓN Internacional del Trabajo. Conferencia Internacional del Trabajo. 87ª reúnion. **Memoria Del Director General:** Trabajo Decente. Oficina Internacional del Trabajo, Ginebra, jun. 1999. p. 14. Disponível em: https://bit.ly/3LqovBs. Acesso em: 29 mar. 2022.

(752) *Idem*, p. 473.

(753) *Idem*, p. 473/483.

(754) BELTRAMELLI NETO, Silvio; VOLTANI, Julia de Carvalho. Investigação histórica do conteúdo da concepção de Trabalho Decente no âmbito da OIT e uma análise de sua justiciabilidade. **Revista de Direito Internacional**, v. 16, n. 1, p. 166-186, 2019, p. 168.

(755) ORGANIZAÇÃO Internacional do Trabalho (OIT). **Declaração da OIT Sobre Justiça Social para uma Globalização Justa.** Disponível em: https://bit.ly/3NuaPY4. Acesso em: 29 mar. 2022.

(756) *Idem.*

5.3.3. *Tentativas recentes da ONU de mediar a tensão entre empresas e direitos humanos: os Princípios Orientadores sobre Empresas e Direitos Humanos*

Importante iniciativa relacionada à promoção de práticas empresariais condizentes com os direitos humanos foi o *Pacto Global da ONU*, lançado em 2000 pelo Secretário-Geral da ONU, Kofi Annan. O Pacto é uma iniciativa para encorajar empresas a adotarem políticas de responsabilidade social e sustentabilidade, por meio da observância de dez princípios universais nas áreas de *direitos humanos, trabalho, meio ambiente* e *anticorrupção*, e de ações que contribuam para o enfrentamento dos desafios da sociedade. [(757)]

Os princípios do Pacto Global são derivados da Declaração Universal de Direitos Humanos, da Declaração da OIT sobre Princípios e Direitos Fundamentais no Trabalho, da Declaração do Rio sobre Meio Ambiente e Desenvolvimento[(758)] e da Convenção das Nações Unidas Contra a Corrupção.[(759)]

Entre os princípios de responsabilidade social corporativa previstos no Pacto destacam-se aqueles genericamente relacionados à promoção dos direitos humanos – (1) "apoiar e respeitar a proteção de direitos humanos reconhecidos internacionalmente" e (2) "assegurar-se de sua não participação em violações destes direitos" –, e os princípios especificamente relacionados ao trabalho, que coincidem com os Princípios e Direitos Fundamentais no Trabalho, da OIT: (3) "apoiar a liberdade de associação e o reconhecimento efetivo do direito à negociação coletiva"; (4) "a eliminação de todas as formas de trabalho forçado ou compulsório"; (5) "a abolição efetiva do trabalho infantil"; e (6) "eliminar a discriminação no emprego".[(760)]

O Pacto não se propõe a ser um instrumento regulatório, um código de conduta obrigatório ou um fórum para fiscalizar as políticas e práticas gerenciais. Sua proposta é auxiliar as corporações a incorporar práticas de responsabilidade com os direitos humanos, como estratégia de sustentabilidade dos negócios, o que depende do comprometimento voluntário das empresas signatárias, marcando seu caráter de *soft law*.[(761)]

Em 2015, o Pacto Global incorporou os Objetivos de Desenvolvimento Sustentável (ODS) da ONU, passando a articular a *Agenda 2030 para o Desenvolvimento Sustentável*, um plano de ação global firmado por 193 Estados-membros, que reúne 17 Objetivos e 169 metas voltadas a erradicar a pobreza e promover vida digna a todos, a serem alcançadas até 2030. O oitavo objetivo de Desenvolvimento Sustentável trata da promoção articulada de *trabalho decente e crescimento econômico*, meta que consiste em *promover o crescimento econômico inclusivo e sustentável, o emprego pleno e produtivo e o trabalho digno para todos*.[(762)]

---

(757) A iniciativa conta com adesão voluntária de mais de 13.000 empresas, integrantes de aproximadamente 80 redes empresariais, abrangendo 160 países. Consultar: ORGANIZAÇÃO das Nações Unidas (ONU). **Pacto global** – rede Brasil. Disponível em: https://bit.ly/3CCBbSy. Acesso em: 12 mar. 2022.

(758) DECLARAÇÃO do Rio sobre Ambiente e Desenvolvimento. Disponível em: https://bit.ly/3qmH01V. Acesso em: 12 mar. 2022.

(759) ORGANIZAÇÃO das Nações Unidas (ONU) - Escritório de Drogas e Crimes (UNODC) - Escritório de Ligação e Parceria no Brasil. **Convenção das Nações Unidas contra a Corrupção**. Disponível em: https://bit.ly/3CGNgGr. Acesso em: 12 mar. 2022

(760) ORGANIZAÇÃO das Nações Unidas (ONU). **Pacto global** – rede Brasil. Disponível em: https://bit.ly/3CCBbSy. Acesso em: 12 mar. 2022.

(761) *Idem.*

(762) ORGANIZAÇÃO das Nações Unidas (ONU). **A Agenda 2030 para o Desenvolvimento Sustentável.** Set. 2015. Disponível em: https://bit.ly/3wJ8T83. Acesso em: 29 mar. 2022.

O Pacto Global, assim como muitas outras iniciativas de responsabilidade social empresarial, é criticado por pesquisadores e representantes da sociedade civil por sua alegada incapacidade de pôr fim, por si só, aos níveis alarmantes de impunidade empresarial por violações a direitos humanos.(763) Pesquisadores *obrigacionistas* mostram-se céticos quanto à possibilidade de avanços contra a impunidade sem que a responsabilidade empresarial direta seja prevista em normas internacionais vinculantes.(764)

Essa percepção de ineficácia dos sistemas de controle social diante do poderoso aparato internacional do poder corporativo, a que Juan Zubizarreta denomina de *arquitetura da impunidade*,(765) correntemente ilustra-se em exemplos como dos desastres de Bhopal, na Índia, em 1984, e da Texaco/Chevron, na Amazônia equatoriana, há mais de 20 anos sem uma solução adequada aos atingidos; dos desabamentos no complexo de Rana Plaza, em Bangladesh, em 2013, e dos recentes rompimentos da Barragem de Fundão, da Samarco, em 2015, e da Mina Córrego do Feijão, da Vale, em 2019, no Brasil.(766)

Há pesquisadores que, além disso, temem a cooptação da ONU por interesses empresariais, que utilizariam da parceria com a entidade, em torno de ações voluntaristas, para legitimar práticas corporativas.(767)

Em mais uma tentativa de responder a essas críticas, em 2003, depois de quatro anos de debates e consultas, a Subcomissão da ONU sobre a Promoção e Proteção de Direitos Humanos apresentou um novo *projeto de normas* com parâmetros obrigatórios a serem seguidos pelas empresas, denominado de *Normas sobre Responsabilidades em Direitos Humanos das Empresas Transnacionais e Outros Empreendimentos Privados* (projeto de Normas).(768)

---

(763) FEENEY, Patricia. A luta por responsabilidade das empresas no âmbito das nações unidas e o futuro da agenda de advocay. *Ob. Cit.*, p. 177. Para Juan Hernández Zubizarreta e Jesús Carrión Rabasco, *"essa impunidade só pode ser explicada pela debilidade dos estados empobrecidos – que muitas vezes são 'estados fraturados' – ou pela chantagem de instituições internacionais, pelas imposições de empresas transnacionais ou pelo movimento ultraliberal atitude deseus governantes. Neste contexto, a fragilidade dos ordenamentos jurídicos interno e internacional permite, com maior ou menor intensidade conforme a dependência dos centros de poder, um alto grau de impunidade para as transnacionais, cuja expressão máxima são as zonas francas, as maquiladoras e zonas económicas especiais (...), que podem estender-se a regiões ou países inteiros. São verdadeiros espaços jurídicos onde não existem os direitos – fundamentalmente – das mulheres trabalhadoras* (...)". Consultar: ZUBIZARRETA, Juan Hernández; RABASCO, Jesús Carrión. Las empresas transnacionales y los derechos humanos. *Ob. Cit.*, p. 117.

(764) BYRNE, E. F. In lieu of a sovereignity shield, multinational corporations should be responsible for the harm they cause. **Journal of Business Ethics**, v. 124, n. 4, p. 1-13, 2013; NOLAN, J. With power comes responsibility: human rights and corporate accountability. **University of New South Wales Law Journal**, v. 28, n. 3, p. 581-613, 2005; VOICULESCU, A. Human rights and the new corporate accountability: learning from recent developments in corporate criminal liability. **Journal of Business Ethics**, v. 87, p. 419-432, 2009. *Apud*: BARROS, Amon. Empresas e direitos humanos: premissas, tensões e possibilidades. *Ob. Cit.*, p. 88.

(765) ZUBIZARRETA, Juan Hernández. **El tratado internacional de los pueblos para el control de las empresas transnacionales** - una análisis desde la sociologia jurídica. Madrid: Paz con Dignidad y OMAL, 2017.

(766) ROLAND, Manoela Carneiro (org.). **Reflexões sobre o decreto 9571/2018 que estabelece diretrizes nacionais sobre empresas e direitos humanos**. Cadernos de Pesquisa, Universidade Federal de Juiz de Fora – MG, Centro de Direitos Humanos e Empresas – HOMA, v. 1, n. 7, dez. 2018. Disponível em: https://bit.ly/3z4QK61. Acesso em: 31 maio 2022.

(767) SETHI, S. P.; SCHEPERS, D. H. United Nations global compact: the promise-performance gap. **Journal of Business Ethics**, v. 122, p. 193-208, 2014. Apud: BARROS, Amon. Empresas e direitos humanos: premissas, tensões e possibilidades. *Ob. Cit.*, p. 88.

(768) FEENEY, Patricia. A luta por responsabilidade das empresas no âmbito das nações unidas e o futuro da agenda de advocay. *Ob. Cit.*, p. 179.

Diferentemente do *draft code*, de 1983, o projeto de Normas foi construído com participação de organizações da sociedade civil e empresas multinacionais. Entretanto, sob fortes ataques das corporações, que não aceitaram sua sujeição direta às obrigações internacionais, o projeto foi abandonado em 2005, quando o Secretário-Geral da ONU nomeou John Ruggie como seu representante especial para construir um novo marco sobre o tema, que fosse aceito pelo conjunto de atores.(769)

Desse mandato, que envolveu seis anos de pesquisas e proposições (2005-2011), resultou um primeiro relatório com o *Quadro Referencial Proteger, Respeitar e Remediar*, aprovado pelo Conselho de Direitos Humanos da ONU, em 2008.(770) E, por fim, em 2011 foi apresentado e aprovado por unanimidade o documento final denominado *Empresas e Direitos Humanos: Parâmetros da ONU para Proteger, Respeitar e Reparar*, que apresenta os *Princípios Orientadores da ONU sobre Empresas e Direitos Humanos*, doravante denominados apenas de *Princípios Orientadores*.(771)

O Quadro *Referencial Proteger, Respeitar e Remediar* não cria novos direitos, apenas sistematiza e distribui entre Estados e empresas os papeis em face dos direitos humanos já previstos em tratados internacionais. Esses papeis são distribuídos em três pilares:

(1) *o dever do Estado de proteger os direitos humanos*: o Estado tem o dever de proteger os direitos humanos contra abusos cometidos por terceiros, incluindo empresas, por meio de políticas, normatização e julgamentos adequados;

(2) *a responsabilidade das empresas de respeitar os direitos humanos:* as empresas têm responsabilidade *independente* (do cumprimento das responsabilidades do Estado) de respeitar os direitos humanos, por meio de processos de auditoria (*due diligence*) para evitar a violação dos direitos de terceiros e para enfrentar os impactos negativos de sua atuação sobre os direitos humanos; e

(3) *o direito das vítimas a reparação por meios judiciais e extrajudiciais*: a necessidade de maior acesso das vítimas à reparação efetiva, por meio de ações judiciais e extrajudiciais a cargo dos Estados e das empresas.(772)

Os *Princípios Orientadores* consistem em 31 postulados que descrevem as condutas consideradas *adequadas* e *necessárias* para preservar os direitos humanos impactados pela atuação empresarial, relativamente a cada um dos atores envolvidos: os Estados (Princípios 1 a 10), as empresas (Princípios 11 a 24) e as vítimas (Princípios 25 a 31).

---

(769) BARROS, Amon. Empresas e direitos humanos: premissas, tensões e possibilidades. *Ob. Cit.*, p. 88.
(770) ORGANIZACIÓN de las Naciones Unidas (ONU). **Proteger, respetar y remediar: un marco para las actividades empresariales y los derechos humanos.** Informe del Representante Especial del Secretario General sobre la cuestión de los derechos humanos y las empresas transnacionales y otras empresas comerciales, John Ruggie. Consejo de Derechos Humanos, 7 abr. 2008. Disponível em: https://bit.ly/3agzaS1. Acesso em: 25 maio 2022.
(771) UNITED Nations – Office of the High Commissioner. **The corporate responsibility to respect human rights** – an interpretive guide. New York and Geneva, fez. 2012. Disponível em: https://bit.ly/3PI15un. Acesso em: 25 maio 2022. Documento em português: CONECTAS Direitos Humanos. **Empresas e Direitos Humanos**: Parâmetros da ONU para proteger, respeitar e reparar. Relatório final de John Ruggie – Representante Especial do Secretário-Geral. 2011. Disponível em: https://bit.ly/3weQzn5. Acesso em: 22 mar. 2022.
(772) RUGGIE, John Gerard. **Quando negócios não são apenas negócios.** *E-book*. Trad. Isabel Murray. São Paulo: Ed. Planeta Sustentável, 2014, pos. 165/169.

Com caráter de *soft law*, esses princípios não alteram a posição jurídica das empresas em relação aos direitos humanos.[773] Sua responsabilidade de respeitar os direitos humanos, no plano internacional, segundo John Ruggie, continua tendo fundamento no sistema de governança social que expressa as *expectativas da comunidade* em torno da conduta e da responsabilidade corporativa, sob sanções sociais, "mesmo que seja apenas uma condenação pública generalizada".

Portanto, a edição do Princípios Orientadores não teve o condão de converter automaticamente a responsabilidade social empresarial de respeito aos direitos humanos em responsabilidade *jurídica*, o que segue dependendo da incorporação das normas de direitos humanos pela legislação nacional.[774]

Na proteção dos direitos humanos, os Princípios Orientadores apontam os seguintes deveres do Estados: (a) prevenir, investigar, punir e reparar judicialmente violações a direitos humanos ocorridas em seu território ou e/ou em sua jurisdição (Princípio 1); (b) estabelecer claramente a expectativa de que todas as suas empresas respeitem os direitos humanos em seu território e/ou jurisdição, por meio de legislação (Princípio 2); (c) fazer cumprir as leis que imponham às empresas o respeito aos direitos humanos e assegurar que normas do Direito Empresarial não restrinjam esse respeito (Princípio 3.a); (d) estimular e se for preciso exigir que as empresas informem como lidam com o impacto de suas atividades sobre os direitos humanos (Princípio 3.d); e (e) assegurar o respeito pelos direitos humanos por empresas estatais e por empresas que recebam apoios e serviços do Estado etc.

A inovação oferecida pelos Princípios Orientadores, na verdade, consiste na interpretação prática sobre como as empresas, especialmente as ETNs, devem agir para respeitar os direitos humanos. O documento aponta as seguintes medidas de responsabilidade da empresa: (a) identificar os *impactos potenciais e reais* sobre direitos humanos das atividades por ela executadas diretamente e daquelas contratadas a empresas fornecedores, em sua cadeia produtiva (Princípios 13 e 18); (b) assumir compromisso político expresso, perante a comunidade, de respeito aos direitos humanos (Princípio 15); (c) adotar a *devida diligência* por meio de processos de auditoria (*due diligence*) para identificar, prevenir, mitigar e prestar contas de sua atuação quanto aos direitos humanos (Princípios 15, 17 e 19); (d) integrar os resultados das diligências em seus processos e práticas empresariais (Princípio 19); e (e) instituir mecanismos de denúncia e processos de apuração e de reparação extrajudicial de danos perpetrados a direitos humanos (Princípios 15 e 22).[775]

A responsabilidade empresarial refere-se aos *direitos humanos internacionalmente reconhecidos*, que incluem os direitos enunciados na Carta Internacional de Direitos Humanos e todos demais tratados e convenções internacionais de direitos humanos incidentes sobre relações de trabalho, ratificados nas respectivas jurisdições, tais como as Convenções da OIT e os tratados específicos sobre eliminação de discriminação racial (1968), direitos da criança (1989), eliminação de discriminação contra a mulher (1984), prevenção da tortura (1985), proteção das pessoas com deficiência (2007) etc.

---

(773) Nesse sentido: ZANITELLI, Leandro Martins. Corporações e direitos humanos: o debate entre voluntaristas e obrigacionistas e o efeito solapador das sanções. *Ob. Cit.*, p. 40.

(774) *Idem*, pos. 1985/2009.

(775) CONECTAS Direitos Humanos. **Empresas e Direitos Humanos**: Parâmetros da ONU para proteger, respeitar e reparar. Relatório final de John Ruggie – Representante Especial do Secretário-Geral. *Ob. Cit.*

As normas de responsabilidade empresarial definidas nesses Princípios Orientadores da ONU serão objeto de detida análise no Capítulo 6 (6.6) enquanto fontes de interpretação do direito fundamental ao trabalho digno nas cadeias produtivas empresariais descentralizadas, no Brasil.

O caráter não vinculante dos Princípios Orientadores frustrou países, movimentos de defesa de direitos humanos e pesquisadores com postura obrigacionista.(776) O documento foi acusado de ser condescendente com o poder econômico das ETNs;(777) de, ao invés de afirmar a supremacia dos direitos humanos, submetê-los à lógica e aos interesses empresariais.(778)

Em 2013, por força de pressões iniciadas pelo Equador, apoiado por mais de 80 Estados e organizações não governamentais, o Conselho de Direitos Humanos novamente instituiu um grupo de trabalho com a missão de elaborar novo instrumento internacional voltado a regular a relação entre empresas e direitos humanos, com caráter vinculante.(779) Em 2020, o grupo de trabalho apresentou o rascunho de um denominado *Tratado Internacional sobre Empresas e Direitos Humanos*.(780)

Mas a proposta, que constitui a terceira tentativa de regulamentação vinculante da conduta empresarial, no âmbito da ONU, já é objeto de críticas por organizações da sociedade civil, entre outras razões, por não apresentar disposições sobre a responsabilidade empresarial por violações perpetradas ao longo da cadeia produtiva.(781)

---

(776) Para Melina Girardi Fachin *et. al.*, "*o cenário torna-se desfavorável à proteção dos direitos daqueles afetados pelas atividades empresariais, na medida em que os Guiding Principles são apenas parâmetros de ação e políticas sem força vinculante alguma e não há nenhuma medida jurídica que alcance essas empresas quando tais violações ocorrem. Nesses casos, o mais preocupante é que a vítima das violações não ocupará espaço central no processo, pois não encontrará no direito internacional diretrizes vinculantes a todos os atores que violaram seus direitos – porquanto mesmo que o Estado sofra eventual condenação em tribunal internacional a empresa continuará impune. Distancia-se, aí, o Direito Internacional dos Direitos Humanos dos próprios indivíduos*". Consultar: FACHIN, Melina Girardi. Ponto cego do direito internacional dos direitos humanos: uma superação do paradigma estatocêntrico e a responsabilidade internacional de empresas violadoras de direitos humanos. *Ob. Cit.*, p. 13/14. Consultar também: PARIZZI, João Hangenbeck; FIALHO, Lucas Silva. Liability companies for damages in their production chain: a study based on the reality of the brazilian garment industry. **Homa Publica** – Revista Internacional de Direitos Humanos e Empresa, vol. 4, jan/dez 2020.

(777) BARROS, Amon. Empresas e direitos humanos: premissas, tensões e possibilidades. *Ob. Cit.*, p. 93. As críticas mais contundentes vieram de Alejandro Teiltelbaum e Melik Özden, para quem o relatório final de John Ruggie, além de não propor normas obrigatórias para as transnacionais, foi elaborado sob falsa consulta à sociedade civil, já que os únicos interlocutores ouvidos e considerados foram as grandes empresas e associações empresariais, como a Câmara de Comércio Internacional. Consultar: TEILTELBAUM, Alejandro; ÖZDEN, Melik. Sociedades Transnacionales: Actores mayores en las violaciones de los Derechos Humanos. **Cuaderno Crítico**, n. 10 - Business y Derechos Humanos, Centro Europa – Tercer Mundo (CETIM), Genebra, 2011. Disponível em: http://www.cetim.ch/es/documents/cuaderno_10.pdf. Acesso em: 30 mar. 2022.

(778) ROLAND, Manoela Carneiro (org.). **Reflexões sobre o decreto 9571/2018 que estabelece diretrizes nacionais sobre empresas e direitos humanos.** *Ob. Cit.*, p. 7.

(779) UNITED Nations. **Grupo de Trabalho Intergovernamental sobre Empresas Transnacionais e Outras Empresas Comerciais com Respeito aos Direitos Humanos.** Resolução 26/9. Documento ONU A/HRC/RES/26/9. 14 jul. 2014. Disponível em: https://bit.ly/3qaggS3. Acesso em: 17 mar. 2022.

(780) UNITED Nations. **Legally binding instrument to regulate, in international human rights law, the activities of transnational corporations and other business enterprises.** 06 ago. 2020. Disponível em: Acesso em: https://bit.ly/3KPHtRO. 17 mar. 2022.

(781) BERRÓN, Gonzalo. Poder econômico, democracia e direitos humanos: um novo debate internacional sobre direitos humanos e empresas. **Revista Internacional de Direitos Humanos – SUR**, v. 11, n. 20, p.127-134, jun./dez. 2014; ALMEIDA, Maria Clara Araújo de; MOREIRA, Thiago Oliveira. O futuro tratado internacional sobre empresas e direitos humanos e seus potenciais impactos no sistema jurídico brasileiro. **Homa Publica – Revista Internacional de Direitos Humanos e Empresa**, vol. V, n. 2, jul./dez. 2021;

Esse cenário confirma projeções de John Ruggie sobre a gigantesca dificuldade de negociação de um tratado internacional sobre responsabilidade empresarial internacional. Em sua análise, a negociação de um tratado dessa natureza demanda não apenas o reconhecimento consensual dos Estados sobre a responsabilidade direta de empresas, mas também a instituição de estruturas internacionais de monitoramento e julgamento de violações, tendo em conta que as estruturas atuais seriam insuficientes para tal finalidade.(782)

Na visão de Ruggie, um debate desse porte tende a ser inconclusivo, porque altamente suscetível de procrastinação por poderosos interesses corporativos, e, portanto, incapaz de oferecer as necessárias soluções de curto a médio prazo. E, ainda que fosse aceito pelos países, o tratado tenderia a estabelecer um teto muito baixo de direitos, amortecendo a pressão social externa pela melhoria da responsabilidade social das empresas. Esses motivos o teriam levado a optar pelo modelo de norma branda na elaboração dos Princípios Orientadores.(783)

Esses relatos evidenciam que, embora tenha incorporado importantes avanços no campo interpretativo e orientador da responsabilidade social corporativa, o debate sobre empresas e direitos humanos, especialmente no âmbito da ONU, encontra-se em aberto, distante de oferecer solução efetiva à responsabilização jurídica internacional das ETNs por danos trabalhistas e socioambientais provocados em sua atuação transnacional.

5.3.4. A devida diligência empresarial na legislação internacional

Por sua importância política, precisão técnica e centralidade no trato do tema, os Princípios Orientadores da ONU sobre Empresas e Direitos Humanos influenciaram positivamente outros documentos internacionais e continuam influenciando o debate público em torno da responsabilidade da cadeia produtiva por violações a direitos humanos.

Em 2011, as *Diretrizes da OCDE para Empresas Multinacionais*, que não tratavam de direitos humanos, receberam uma extensa revisão que incluiu um novo capítulo (IV) sobre o respeito empresarial aos direitos humanos, em sintonia com os Princípios Orientadores, apresentando uma nova abordagem sobre o dever empresarial de *due diligence* (IV.5) e a gestão responsável da cadeia produtiva (IV.6).(784)

Em 2018, a OCDE adotou o *Due Diligence Guidance for Responsible Business Conduct* (Guia de Devida Diligência para Uma Conduta Empresarial Responsável), sob inspiração dos Princípios Orientadores da ONU. No documento, a entidade oferece orientações pormenorizadas sobre como devem agir as empresas para prevenir e reparar infrações a direitos humanos de terceiros, o que inclui a prévia identificação de riscos, adoção de medidas preventivas de violações, acompanhamento das medidas preventivas (*due diligente*) e a reparação de danos, quando cabível.(785)

---

(782) RUGGIE, John Gerard. **Quando negócios não são apenas negócios.** *Ob. Cit.*, pos. 1435/1513.
(783) *Idem.*
(784) ORGANIZAÇÃO para Cooperação e Desenvolvimento Econômico – OCDE. **Diretrizes da OCDE para Empresas Multinacionais.** Disponível em: https://bit.ly/3ipemIX. Acesso em: 21 mar. 2022.
(785) ORGANIZAÇÃO para Cooperação e Desenvolvimento Econômico (OCDE). **Due Diligence Guidance for Responsible Business Conduct**, 2018. Disponível em: https://bit.ly/3lUiHFF. Acesso em: 30 maio 2022.

A figura a seguir, extraída do guia da OCDE, retrata as etapas integrantes da devida diligência nas cadeias produtivas, proposta pela entidade, que se iniciam com o (1) compromisso público de conduta empresarial responsável, passando pela (2) identificação de riscos nas empresas fornecedoras, (3) as medidas de prevenção e cessação das violações, (4) o acompanhamento dos resultados, (5) a comunicação ao público sobre o modo como os riscos são abordados e, por fim, com a (6) reparação às vítimas.

DEVIDA DILIGÊNCIA (*Due Diligence*)

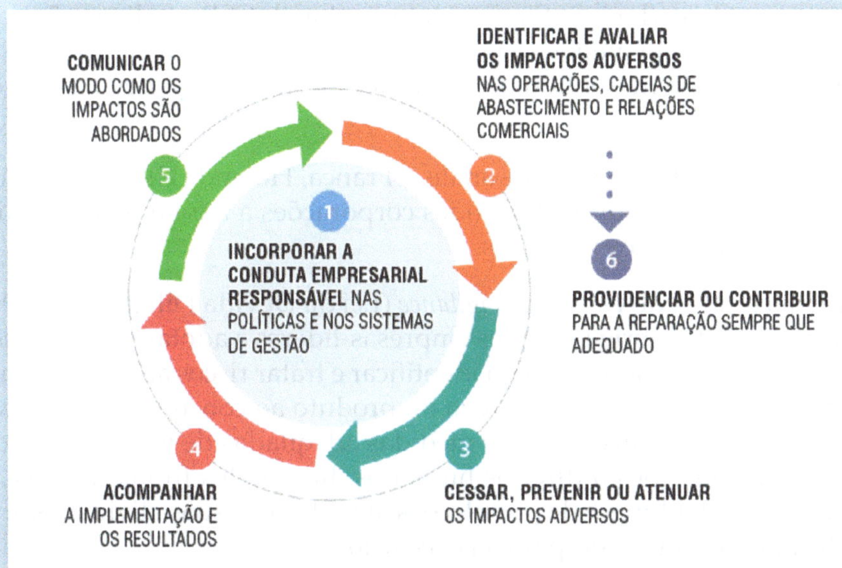

Figura 27 – Processo de Devida Diligência e Medidas de Apoio (OCDE)

Fonte: OCDE (2018)[786]

Também a OIT, em 2017, promoveu revisão em sua *Declaração Tripartida de Princípios sobre Empresas Multinacionais e Política Social*, na qual incorporou os Princípios Orientadores da ONU, inserindo em seu item 10 os elementos centrais dos Princípios, inclusive a expectativa de *devida diligência* empresarial sobre o respeito aos direitos humanos em suas próprias atividades e nas atividades desenvolvidas por suas relações comerciais (cadeia produtiva). No item 65, a Declaração Tripartida da OIT passou a prever que as empresas multinacionais deveriam utilizar do seu poder de influência para "encorajar os seus parceiros de negócio a proporcionar meios eficazes de reparação para as violações dos direitos humanos internacionalmente reconhecidos".[787]

A devida diligência também foi incorporada pelo *Quadro de Sustentabilidade* da *International Finance Corporation* (Sociedade Financeira Internacional), braço de financiamento do Banco Mundial, que orienta a análise de riscos e desenvolvimento

(786) ORGANIZAÇÃO para Cooperação e Desenvolvimento Econômico (OCDE). **Due Diligence Guidance for Responsible Business Conduct**, 2018. *Ob. Cit. Apud*: CONFEDERAÇÃO Sindical Internacional (CSI). **Em prol da obrigatoriedade de diligência devida nas cadeias de abastecimento globais**, 2020. Disponível em: https://bit.ly/3MWzwvA. Acesso em: 30 maio 2022.
(787) ORGANIZAÇÃO Internacional do Trabalho (OIT). **Declaração Tripartida de Princípios Relativos a Empreendimentos Multinacionais e Política Social**. *Ob. Cit.*

sustentável dos empreendimentos financiados. O Quadro foi atualizado em 2012, com inserção de diretrizes de devida diligência.[(788)]

Os Princípios Orientadores ainda têm influenciado debates, na União Europeia e em diversos países, acerca da necessidade de incorporação às respectivas legislações do dever de transparência e de devida diligência empresarial, pelas grandes empresas, especialmente as ETNs, a fim identificar e tratar riscos de violações a direitos humanos em suas cadeias produtivas.

Segundo a Confederação Sindical Internacional (CSI), as discussões em torno do tema ocorrem em pelo menos 18 jurisdições, para além do compromisso assumido pela União Europeia no sentido de adotar legislação sobre a devida diligência no âmbito da comunidade.

Até o fechamento da presente análise, França, Holanda e Alemanha já haviam aprovado legislações que obrigam grandes corporações a adotar a devida diligência em matérias afetas a direitos humanos.

Na França, a Lei do *Devoir de Vigilance* (Lei da Devida Diligência), n. 2017-399, de 27 de março de 2017, obriga grandes empresas-líderes a adotarem um *plano de vigilância* em toda a cadeia produtiva, para identificar e tratar riscos aos direitos humanos, desde a entrada de insumos até a entrega do produto ao consumidor final. No plano de vigilância, a empresa deve detalhar medidas adequadas de identificação de riscos a fim de impedir violações a direitos humanos, liberdades fundamentais, saúde e segurança dos trabalhadores e de populações afetadas por suas atividades, e ao meio ambiente, ficando responsáveis por sua execução.[(789)]

Na Holanda, a *Wet Zorgplicht Kinderarbeid* (Lei da Diligência Devida sobre o Trabalho Infantil), de 24 de outubro de 2019, obriga todas as empresas que operam no território holandês a apresentarem uma declaração de que praticam a devida diligência com vistas a impedir o trabalho infantil em sua cadeia produtiva.[(790)]

Também a Alemanha aprovou a Lei das Cadeias de Fornecimento (*Lieferkettengesetz – LkSG*), de 22 de julho de 2021, que obriga grandes empresas sediadas ou com filiais na Alemanha a adotarem medidas de devida diligência para prevenir violações a direitos humanos em suas cadeias produtivas. A Lei cobre riscos presentes nas atividades da empresa e dos seus fornecedores diretos (empresas por elas diretamente contratadas) ou indiretos (fornecedores subcontratados). Entre os segmentos de direitos humanos cobertos pela norma encontram-se o trabalho escravo, trabalho infantil, violações à saúde e segurança dos trabalhadores, liberdade sindical e não pagamento de salário justo.[(791)]

---

(788) INTERNATIONAL Finance Corporation (IFC). **IFC's Sustainability Framework: From Policy Update to Implementation**. Disponível em: Acesso em: https://bit.ly/3GvSkzg. 30 maio 2022.

(789) A lei aplica-se a empresas com mais de 5 mil empregados, com sede na França, ou àquelas com mais de 10 mil empregados, que operem na França, mas com sede em outro país. Consultar: XAVIER, Juliana Benício; SILVA, Lucas Reis da. A nova lei que institui o direito de vigilância na França: uma luz no fim do túnel contra a impunidade das grandes empresas transnacionais. **Revista Ciências do Trabalho**, n. 18 – Trabalho e meio ambiente, 2020. Disponível em: Acesso em: https://bit.ly/3t4gnQG. 30 maio 2022.

(790) ORGANIZAÇÃO para Cooperação e Desenvolvimento Econômico (OCDE). **Due Diligence Guidance for Responsible Business Conduct**, 2018. *Ob. Cit. Apud*: CONFEDERAÇÃO Sindical Internacional (CSI). **Em prol da obrigatoriedade de diligência devida nas cadeias de abastecimento globais**. *Ob. Cit.*

(791) A *Lieferkettengesetz* aplica-se a empresas com pelo menos 3.000 empregados a partir de janeiro 2023, quando entra em vigor, e com pelos menos 1.000 empregados a partir janeiro de 2024. Consultar: SANTOS, Jorgete Vitorino Clarindo dos. A nova lei alemã de diligência em cadeias de fornecimento: novas

Em vários outros países, há processos sociais e políticos em curso para adoção de legislações idênticas, com a previsão de dever empresarial de devida diligência, a exemplo da Dinamarca, Finlândia, Itália, Luxemburgo, Noruega, Suécia e Suíça. Na Itália, a Lei n. 231/2001 prevê responsabilidade penal por crimes cometidos em benefício ou interesse da empresa, incluindo violações a direitos humanos.(792)

Leis aprovadas no Reino Unido, Califórnia (EUA) e Austrália, por sua vez, também sob o influxo dos Princípios Orientadores da ONU, instituíram o dever da grande empresa-líder de dar ampla publicidade da presença de violações ou riscos de violações a direitos humanos relacionados ao trabalho.

No Reino Unido, a *Modern Salvery Bill* (Lei da Escravidão Moderna), de 2015, obriga empresas com atividade total ou parcial em seu território que ultrapasse 36 milhões de libras em volume de negócios a apresentarem anualmente uma declaração sobre as medidas tomadas para assegurar que o trabalho escravo e o tráfico de seres humanos estejam ausentes em sua cadeia de fornecimento.(793)

No Estado da Califórnia, nos EUA, a *California Supply Chain Transparency Act* (Lei de Transparência em Cadeias de Suprimentos da Califórnia – CATSCA), de janeiro de 2012, exige que fabricantes com negócios naquele Estado em valor igual ou superior a 100 milhões de dólares divulguem os esforços tomados para garantir que suas cadeias de fornecimento estejam livres de trabalho escravo e tráfico humano.(794)

Na Austrália, a *Modern Salvery Bill* (Lei da Escravidão Moderna), de 2018, obriga empresas australianas com receitas anuais superiores a 100 milhões de dólares australianos a divulgarem relatório sobre riscos de trabalho escravo em suas cadeias produtivas.(795)

No âmbito da União Europeia já existem iniciativas que impõem obrigações de devida diligência às empresas, em determinados setores ou assuntos, tais como o Regulamento Europeu da Madeira(796) e o Regulamento Europeu relativo a Minerais Provenientes de Zonas de Conflito.(797)

Em 2021, movido por intensas pressões sociais, o Parlamento Europeu e o Conselho da União Europeia solicitaram à Comissão Europeia que apresentasse proposta legislativa sobre a obrigatoriedade do dever de diligência nas cadeias de abastecimento, de acordo com um projeto previamente aprovada pelo Parlamento. O projeto torna obrigatório o dever de diligência das empresas que atuam no território da UE, sobre suas cadeias produtivas, para que adotem todas as medidas necessárias a fim

---

tarefas para o departamento de compliance de empresas multinacionais. **Revista Científica do CPJM**, Rio de Janeiro, V. 1, n. 03, p. 480-497, 2022. Disponível em: https://bit.ly/3NFvpUI. Acesso em: 30 maio 2022.

(792) CONFEDERAÇÃO Sindical Internacional (CSI). **Em prol da obrigatoriedade de diligência devida nas cadeias de abastecimento globais**. *Ob. Cit.*

(793) *Idem.*

(794) *Idem.*

(795) *Idem.*

(796) UNIÃO Europeia. Regulamento (EU) n. 995/2010 do Parlamento Europeu e do Conselho Europeu. 20 out. 2010. Fixa obrigações dos operadores que colocam no mercado madeira e produtos da madeira. Disponível em: https://bit.ly/3N3ywpo. Acesso em: 30 maio 2022.

(797) UNIÃO Europeia. Regulamento (EU) n. 821/2017 do Parlamento Europeu e do Conselho Europeu. 17 maio 2017. Estabelece obrigações referentes ao dever de diligência na cadeia de produção que incumbe aos importadores de estanho, de tântalo e de tungsténio, dos seus minérios, e de ouro, provenientes de zonas de conflito e de alto risco. Disponível em: https://bit.ly/3N3zD8y. Acesso em: 30 maio 2022.

de prevenir violações a direitos humanos, e para dar uma resposta apropriada a essas violações, quando ocorrerem.[798]

Um dos fatores que mais contribuiu para o acirramento das discussões em torno do tema, na atualidade, foi a constatação de insuficiência das políticas de RSE das corporações controladoras de grandes cadeias produtivas, diante dos imensos problemas sociais causados pela pandemia da Covid-19.

O cancelamento em massa de contratos de fornecimento, sem prévio aviso, por parte de grandes marcas, no período mais acentuado da pandemia, levou fornecedores a paralisarem atividades em várias partes do mundo, especialmente em países mais pobres, deixando milhões de trabalhadores, entre os quais mulheres e migrantes, sem remuneração e sem direitos rescisórios. A situação revelou a fragilidade das políticas voluntaristas de SRE para prevenir violações a direitos humanos nas cadeias produtivas mundiais, notadamente em situações de crise.[799]

Nessa esteira, as entidades de defesa de direitos humanos constatam um crescente movimento social frente aos governos no mundo, para tornar obrigatória a devida diligência empresarial.

5.4. A governação privada do trabalho nas cadeias globais de mercadorias e a insuficiência de suas soluções

Para enfrentamento dos desafios da *promoção do trabalho decente nas cadeias globais de mercadorias*, tema objeto de sua 105ª Conferência Internacional, em 2016, o OIT propõe, entre outras medidas, o desenvolvimento de programas estatais de avanço econômico e social e a adoção de mecanismos de *governação pública e privada do trabalho decente* nas cadeias globais de mercadorias, por meio de políticas governamentais e políticas empresariais de RSE, respectivamente.[800]

A OIT classifica os métodos de governação para promoção do *trabalho decente* nas cadeias globais de mercadorias em quatro categorias que se sobrepõem e se complementam mutuamente, conforme a natureza dos agentes envolvidos:

(1) a *governação pública*, que diz respeito ao dever do Estado de promover, *em nível nacional*, por meio de suas funções legislativa, executiva e jurisdicional, o respeito pela legislação e regulamentação do trabalho, bem como de ratificar e implementar normas internacionais do trabalho. Nessa esfera de governação destacam-se as atividades de promoção de políticas públicas, de inspeção do trabalho, de resolução jurisdicional de litígios e condenação dos infratores;

(2) a *governação privada*, que consiste em atividades de autorregulação exercidas pelas próprias empresas, organizações de empregadores ou associações empresariais. São desenvolvidas por meio de programas de RSE, códigos de conduta empresariais, iniciativas privadas de controle de conformidade (auditorias, diligências internas

(798) PARLAMENTO Europeu. **Dever de diligência das empresas e responsabilidade empresarial**. Processo n. 2020/2129(INL). Res. P9_TA (2021)0073. Disponível: https://bit.ly/3PQSFkl. Acesso em: 30 maio 2022.
(799) BURROW, Sharan; BLOOMER, Phil. Something for Europeans to celebrate: a new social contract begins to emerge? **Open Democracy**, 4 maio 2020. Disponível em: Acesso em: https://bit.ly/38YfSRc. 30 maio 2022.
(800) ORGANIZAÇÃO Internacional do Trabalho (OIT) - Conferência Internacional do Trabalho. 105ª Sessão. Relatório IV. **Trabalho digno nas cadeias de abastecimento mundiais**. *Ob. Cit.*

etc.), sistemas de certificação social e outras estratégias de *compliance* para melhorar a conformidade legal da gestão da cadeia produtiva;

(3) a *governação social*, consistente em *iniciativas de parceiros sociais* nos níveis empresarial, setorial, nacional ou internacional, voltadas ao *diálogo social*, à negociação coletiva e aos acordos marco internacionais. Em algumas iniciativas dessa natureza, as ONGs também desempenham papel na promoção dos interesses dos trabalhadores, dos consumidores e do público em *programas de regulamentação específicos* para determinadas cadeias globais de mercadorias; e

(4) as *iniciativas sociais multilaterais*, que compreendem a elaboração de programas e normas de *soft law* voltadas a estabelecer mecanismos de formulação de políticas públicas e políticas empresariais de RSE, a exemplo dos documentos multilaterais referidos no tópico anterior: as Diretrizes da OCDE para Empreendimentos Multinacionais (1976); a Declaração Tripartida de Princípios sobre Empresas Multinacionais e Política Social, da OIT (1977); o Pacto Global (2000); os Princípios Orientadores da ONU sobre Empresas e Direitos Humanos (2011) etc.[801]

Do ponto de vista funcional, as duas últimas categorias (governação social e iniciativas sociais multilaterais) tornaram-se dimensões normativas da governação privada, à medida que se converteram em veículos da autorregulação corporativa para subsidiar políticas de RSE, no vácuo de regulação pública do trabalho imposto pela constituição econômica global e pela *nova lex mercataria*.[802]

A responsabilidade social empresarial tornou-se, assim, objeto central das normas de *soft law* editadas pela ONU, OIT e organismos multilaterais econômicos, como a OCDE, no bojo das *iniciativas sociais multilaterais*, nas últimas décadas, para preencher o vazio de governação pública dos problemas sociais causados pelas ETNs. Isso diante da manifesta fragilidade, acima pontuada, dos mecanismos do Direito Internacional dos Direitos Humanos e do Direito Internacional do Trabalho para a proteger os direitos sociais das maiorias no esquadro da globalização econômica neoliberal.[803]

Na apurada análise de Juan Zubizarreta, a mera existência desses *códigos externos* de responsabilidade social confirma a fragilidade dos sistemas universais e nacionais de controle das ETNs. Como visto no tópico anterior, desde a década de 1970 a ONU acompanha a intervenção direta dessas empresas em assuntos políticos, instrumentalizando projetos econômicos exploratórios em regiões pobres, a serviço dos países

(801) Outras iniciativas de *soft law* relacionadas com a governação das cadeias globais de mercadorias também são apontadas pela OIT: a União Europeia adotou metas de regulação de cadeias de abastecimento em sua Estratégia 2020 para o Crescimento; o G20 e o G7 deram prioridade ao trabalho digno nas cadeias globais de mercadorias; a OMC levou a cabo uma importante investigação para o mapeamento das cadeias de mercadorias para a política industrial; a Organização para a Alimentação e Agricultura da ONU (FAO) iniciou projetos para melhorar a sustentabilidade das cadeias de abastecimento alimentares etc. *Idem*, p. 40.

(802) Há autores que não consideram conveniente vincular as normas da OIT à RSE, para não deslocar para esse campo a atividade normativa da Organização. A esse respeito: FERNÁNDEZ, Juan Jiménez. **La Responsabilidad Social de las empresas, cómo entenderla, cómo afrontarla**: una perspectiva sindical. Albacete Altaban, 2007, p. 38; ARAGÓN, J.; ROCHA, F. **La Responsabilidad Empresarial en España: una aproximación desde la perspectiva laboral.** Madrid: Ministerio de Trabajo y Asuntos Sociales, 2004, p. 44/50. No entanto, a vinculação funcional aqui apresentada diz respeito exclusivamente às normas multilaterais de *soft law*, a exemplo da Declaração Tripartida de Princípios Relativos a Empreendimentos Multinacionais e Política Social, da OIT (1977).

(803) ZUBIZARRETA, Juan Hernández; RABASCO, Jesús Carrión. Las empresas transnacionales y los derechos humanos. *In*: ROMÁN, B.; CASTRO G. de (coord.). **Cambio social y cooperación en el siglo XXI**. V. 2 - El reto de la equidad dentro de los límites económicos. *Ob. Cit.*, p. 116.

do centro, com intensa ofensiva contra direitos humanos. E, não obstante importantes movimentos internos de reação a essa realidade, a ONU não conseguiu aprovar normas de conduta vinculantes que limitem a atuação desses agentes econômicos.[804]

No âmbito do Direito Internacional do Trabalho, por sua vez, a OIT não conseguiu regulamentar por meio de normas convencionais a prática da externalização ou, pelo menos, as responsabilidades das empresas contratantes por danos produzidos aos trabalhadores terceirizados, questão central à transnacionalização produtiva, da qual decorrem os maiores impactos deletérios às relações de trabalho no plano global.

A precarização do trabalho promovida pela terceirização é fato internacionalmente reconhecido, objeto de estudos e relatórios emitidos pela OIT,[805] e não obstante as tentativas de regulação sobre o tema, o poder econômico das ETNs conseguiu barrá-las, impondo um vácuo de normatização internacional que reduz o campo de atuação do Direito Internacional do Trabalho.

Em 1997 e 1998, a Conferência Internacional do Trabalho da OIT discutiu a terceirização e tentou regulamentá-la, mas a representação empresarial vetou. Em maio de 2000 uma Conferência de Peritos produziu uma declaração conjunta sobre a necessidade de proteger determinadas situações vinculadas à terceirização. Em 2003, houve nova tentativa frustrada e, em 2006, diante da recusa da representação patronal em negociar, foi expedida a *Recomendação n. 198 da OIT*, que exorta os Estados-membros a combater relações de trabalho triangulares disfarçadas sob cláusulas que escondam seu verdadeiro *status* legal (3.b) e de estabelecer a responsabilidade das partes envolvidas nesses modelos contratuais triangulares (3.d).[806]

Nesse contexto, para conter tentativas de regulamentação com efeito vinculante, e para neutralizar protestos sociais contra a violação de direitos humanos, grandes ETNs passaram a desenvolver códigos internos de conduta, unilaterais e voluntários, com declarações sobre ética empresarial, geralmente acompanhados de uma política de *compliance* voltada à autofiscalização da legalidade das ações empresariais.[807]

A experiência consolidou-se, no curso do tempo, e os códigos internos passaram a tratar de temas como meio ambiente, relações de consumo e relações de trabalho, com o objetivo de melhorar a imagem da empresa frente a investidores, consumidores e comunidade em geral, e inclusive para prevenir ou mitigar a responsabilização judicial

---

(804) Em 1974, a ONU aprovou a *Declaração de Estabelecimento de uma Nova Ordem Econômica Mundial* e a *Carta de Direitos e Deveres Econômicos dos Estados*. Na linha de princípios desses documentos, a nova ordem econômica mundial deveria basear-se na *igualdade soberana*, na cooperação internacional e na eliminação de desequilíbrios entre os países, de modo que cada país possa adotar o modelo econômico e social que julgar adequado, com regulação e fiscalização das atividades das ETNs, em benefício das economias nacionais. Mas, esses documentos terminaram neutralizados pela constituição econômica neoliberal. *Idem*, p. 360/362.

(805) A exemplo do seguinte estudo: ERMIDA URIARTE, Oscar; COLOTUZZO, Natalia. **Descentralización, tercerización, subcontratación, relaciones laborales, América Latina, países de la UE.** *Ob. Cit.*

(806) ORGANIZAÇÃO Internacional do Trabalho (OIT). **Recomendación sobre la relacón de trabajo**, 2006. Disponível em: https://bit.ly/36Vy78R. Acesso em: 5 abr. 2022. Consultar: ZUBIZARRETA, Juan Hernández; RABASCO, Jesús Carrión. Las empresas transnacionales y los derechos humanos. *Ob. Cit.*, pp. 380; (2) CARELLI, Rodrigo de Lacerda. Terceirização e direitos trabalhistas no Brasil. *In*: DRUCK, Graça; FRANCO, Tânia (org). **A perda da razão social do trabalho**: terceirização e precarização. São Paulo: Boitempo, 2007, p. 66.

(807) *Compliance* é expressão construída pela literatura de gestão empresarial a partir do verbo *to comply*, que remete ao ato de cumprir e obedecer, representando o ato ou procedimento que visa assegurar o cumprimento do ordenamento jurídico. Consultar: BOTTINI, P. C. O que é compliance no âmbito do Direito Penal? **Revista Consultor Jurídico**, 30 abr. 2013. *Apud*: OLIVEIRA NETO, Alberto Emiliano. **Negociação coletiva transnacional**: acordos marco globais, sindicatos e globalização. *Ob. Cit.*, p. 110.

por violação da lei.[808] Esses códigos expressam compromissos de ética empresarial, seguindo padrões cada vez mais disciplinados por normas internacionais de *soft law*.[809]

Adalberto Perulli relaciona o surgimento dos códigos de conduta com a tentativa de criar um consumo ético para os consumidores do Norte, mais exigentes com aspectos sociais da produção, um dado positivo que, na visão do autor, contrasta com sua escassa eficácia como mecanismo de autorregulação das ETNs.[810]

Esses códigos de conduta têm sido demandados das grandes ETNs para estabelecer padrões homogêneos de condições de trabalho nas empresas subsidiárias e nas empresas fornecedoras terceirizadas instaladas em países periféricos com capacidade limitada de garantir proteção social trabalhista. Pretende-se com isso que o código de conduta seja instrumento de regulação privada do trabalho não apenas nas corporações, mas também nas cadeias globais de mercadorias por elas controladas.

O problema é que, conforme analisado no Capítulo 2, o grande capital deslocou suas atividades produtivas para os países periféricos, a partir da década de 1970, exatamente em busca de condições socioambientais desreguladas. Neles, as ETNs induziram e tiraram proveito de condições precárias de trabalho. Na ausência de um sistema internacional público efetivo de tutela do trabalho, foram as próprias ETNs socialmente pressionadas a regular a conduta de seus fornecedores terceirizados, atividade que contradiz o impulso de seu movimento exploratório, fadando essa regulação a pouca chance de sucesso.

Foi o que ocorreu, por exemplo, com a multinacional *Nike*, maior fabricante de calçados esportivos do mundo, que na década de 1990 foi flagrada externalizando a fabricação de seus produtos para empresas e países que praticavam trabalho infantil, baixos salários e outras violações rotineiras de direitos humanos. Em 1992, pressionada por ONGs e consumidores, a *Nike* instituiu um código de conduta segundo o qual seus fornecedores deviam respeitar normas trabalhistas básicas e condições ambientais e sanitárias. Em 2001, a empresa lançou um programa de *compliance* para avaliar seus fornecedores por meio de um sistema de pontuação.[811]

Em pesquisa que analisa relatórios de auditorias em 800 fábricas fornecedoras da *Nike*, distribuídas em 50 países do mundo, Richard Lock *et. al.* constatam que há alta variedade de condições de trabalho entre as empresas e países, e que, em geral, os fornecedores auditados melhoraram modestamente sua conformidade com o código de conduta vigente.[812]

A principal conclusão do estudo foi de que a melhoria das condições de trabalho ocorreu em maior medida, no entanto, em países com legislação trabalhista e fiscalização mais rigorosas. Daí porque, concluíram os pesquisadores, confirmando pesquisas anteriores sobre o tema, que a eficácia dos códigos de conduta depende, além de sua integração ao sistema de gestão da empresa-líder contratante, da *existência concomitante*

---

(808) OLIVEIRA NETO, Alberto Emiliano. **Negociação coletiva transnacional**: acordos marco globais, sindicatos e globalização. *Ob. Cit.*, p. 110.
(809) FORNASIER, Mateus de Oliveira; FERREIRA, Luciano Vaz. Complexidade, globalização e regulação jurídica: a conduta das empresas transnacionais e suas possibilidades de normatização. Londrina, **Scientia Iuris**, vol. 19, n. 2, p. 73-100, dez. 2005, p. 74.
(810) PERULLI, Adalberto. **Diritto del Lavoro e Globalizzazione**. Padova: Cedam, 1999, p. 300.
(811) LOCKE, Richard *et. al.* Más allá de códigos de conducta como el que rige para los proveedores de Nike. **Revista Internacional del Trabajo**, v. 126, n. 1-2, OIT, 2007, p. 25.
(812) *Idem*, p. 35/38.

de um sistema público operativo de fiscalização trabalhista e da atuação de sindicatos no local de trabalho.[813]

Isso demonstra que a autorregulação (socialmente pressionada) não é capaz, por si só, de promover as transformações necessárias à promoção de trabalho nas regiões periféricas em condições condizentes com as normas internacionais. Essas conclusões auxiliarão análises posteriores acerca do tema.

Outro mecanismo privado de conformidade bastante utilizado para enquadrar as ETNs a padrões de responsabilidade social são os *sistemas de verificação e certificação social* para corporações e negócios, tais como *Fairtrade International, International Organization for Standardization* (ISO),[814] *Global Reporting Initiative* (GRI), *Caux Round Table Principles, Global Sullivan Principles* (GSP), *Coalición para unas Economías Responsables con el Medio Ambiente* (CERES), *Fair Labour Association* (FLA), *Charter Agreement* (FLACA) e *Social Accountability International* (SAI).[815]

Essas certificações geralmente utilizam como parâmetros as normas internacionais de proteção ambiental e do trabalho, inclusive as normas de responsabilidade social editadas por organismos multilaterais (*soft law*), acima referidas.

A norma *ISO 26000 – Diretrizes sobre Responsabilidade Social*, por exemplo, já foi concebida com previsão do dever empresarial de respeitar os direitos humanos como elemento integrante da responsabilidade social corporativa (itens 4.8, 6.3). Para isso, a norma prevê a necessidade de realização da devida diligência (auditorias internas) no âmbito da cadeia produtiva, nos moldes dos *Princípios Orientadores* da ONU (item 6.3.3).

Outro importante instrumento de autorregulação transnacional de condições de trabalho, o *acordo marco* internacional, desenvolveu-se também no rastro dos códigos externos de responsabilidade social. Para superar a predominância dos interesses econômicos das grandes ETNs nos processos de autorregulação unilateral, por meio de seus códigos de conduta, a negociação coletiva transnacional surge como alternativa de autorregulação dialógica, legitimada pela participação das federações sindicais de trabalhadores.

Na lição de Alberto Emiliano de Oliveira Neto, *acordos marco globais* ou *acordos marco internacionais* são instrumentos de negociação coletiva transnacional firmados entre ETNs e federações sindicais globais, com o objetivo de garantir condições mínimas padronizadas de trabalho nas operações de suas cadeias produtivas realizadas em mais de um país.[816]

O desenvolvimento dos *acordos marco globais* ocorreu, a partir da década de 1980, para assegurar a observância das declarações internacionais de direitos fundamentais

---

(813) *Idem.*

(814) A *Fairtrade International* fornece um rótulo para produtos que cumpriram determinadas normas sociais, ambientais e económicas durante a sua produção e comercialização. A auditoria de conformidade é levada a cabo de forma independente pela *Flocert*, que certifica mais de 20 produtos diferentes, entre eles bananas, chá, açúcar, cacau, café, algodão, flores e bolas de futebol. Um conjunto de normas aplica-se a empregadores que pagam salários dignos, garantem o direito de filiação num sindicato e proporcionam segurança e saúde no trabalho, bem como um alojamento adequado. *Idem*, p. 52.

(815) ZUBIZARRETA, Juan Hernández. **Las empresas transnacionales frente a los derechos humanos**: historia de una asimetría normativa. De la responsabilidad social corporativa a las redes contrahegemónicas transnacionales. *Ob. Cit.*, p. 573/575.

(816) OLIVEIRA NETO, Alberto Emiliano. **Negociação coletiva transnacional**: acordos marco globais, sindicatos e globalização. *Ob. Cit.*, p. 152.

dos trabalhadores destinadas a ETNs, de caráter cogente, como a Declaração da OIT sobre Princípios e Direitos Fundamentais no Trabalho (1998), mas também daquelas normas multilaterais sobre responsabilidade social corporativa destituídas de caráter vinculante (*soft law*).[(817)]

Por seu caráter autônomo, esses acordos não são regulados nem pelo direito local nem pelo Direito Internacional, tratando-se de manifestação da autonomia coletiva privada, com contornos definidos pelas partes.[(818)]

Registra a OIT que *acordos-marcos* mais recentes começaram a tratar da terceirização nas cadeias globais de mercadorias, incluindo a observância de suas cláusulas como condição de continuidade das relações comerciais entre as ETNs e seus fornecedores e subcontratados. Ademais, esses acordos tornaram-se úteis para aplicar normas mínimas de trabalho às operações das cadeias produtivas das ETNs em localidades onde os sindicatos nacionais têm limitada capacidade de negociar diretamente com essas empresas.[(819)]

Não obstante a destacada importância conferida pela OIT a esses instrumentos de promoção e regulação privada do *trabalho decente*, no relatório de sua 105ª Conferência Internacional, acima referida, a entidade reconhece a insuficiência desses veículos, especialmente dos códigos de conduta e políticas de *compliance*, para garantir a efetividade dos direitos fundamentais dos trabalhadores nas cadeias globais de mercadorias.[(820)]

Os resultados das políticas de RSE têm se mostrado modestos e a eficácia dos códigos de conduta depende de medidas de governação pública no âmbito do Estado-nação. Por exemplo, as auditorias sociais privadas para verificação dos códigos de conduta não conseguem detectar violações relacionadas a temas como a não-discriminação, a liberdade sindical e o direito de negociação coletiva, demandando a necessidade de auditoria pública sobre as matérias.[(821)]

Ademais, conforme constatou John Ruggie em pesquisa de campo preparatória aos trabalhos de elaboração dos Princípios Orientadores da ONU sobre Empresas e Direitos Humanos (2011), nas cadeias globais de mercadorias, trabalhadores de uma mesma empresa fornecedora sujeitam-se a diferentes códigos de conduta adotados por diferentes empresas-líderes contratantes, e a uma multiplicidade correspondente de auditorias internas paralelas, o que enseja uma espécie de *fadiga de auditoria* que induz a trapaças e falhas, em burla ao sistema de monitoramento interno.[(822)]

Relata a OIT que vários códigos de conduta de ETNs, aplicados a seus fornecedores em países periféricos, preveem condições de trabalho incompatíveis com as

(817) *Idem*.
(818) *Idem*, p. 152/157.
(819) ORGANIZAÇÃO Internacional do Trabalho (OIT) - Conferência Internacional do Trabalho. 105ª Sessão. Relatório IV. **Trabalho digno nas cadeias de abastecimento mundiais**. *Ob. Cit.*
(820) *Idem*.
(821) *Idem*, p. 48.
(822) No curso da pesquisa, afirma John Ruggie, a *Fair Labor Association*, associação de defesa do trabalho, com base em pesquisas de campo constatou que o monitoramento da cadeia de fornecedores, por si só, não melhorava significativamente o desempenho dos funcionários, fazendo-se necessários maiores investimentos no treinamento de gerentes sobre direitos humanos. Além disso, as pesquisas revelaram que, entre as deficiências que afetavam o desempenho no chão de fábrica, estava a necessidade de mais inspetores públicos de trabalho, equipados com melhores recursos. RUGGIE, John Gerard. **Quando negócios não são apenas negócios**. *Ob. Cit.*, pos. 1769.

normas internacionais, como, por exemplo, jornadas de até 60 horas semanais, muito superiores ao limite de 48 horas previsto em convenções da OIT para indústria, comércio e escritório.[823]

Além disso, segundo a OIT, códigos de conduta adotados por ETNs controladoras de grandes cadeias produtivas para assegurar salários mais elevados e melhores condições de trabalho em países periféricos tiveram efeito modesto, dada a volatilidade das subcontratações.[824]

Empresas envolvidas em denúncias de trabalho infantil na fabricação de bolas de futebol em Sialkot, no Paquistão, por exemplo, implementaram códigos de responsabilidade social para enfrentar as causas do problemas.[825] Mas, apesar de algumas dessas medidas terem sido casos de sucesso muito midiatizados, segundo a OIT, o trabalho forçado e o trabalho infantil continuaram presentes na região, "especialmente nos níveis das cadeias de abastecimento relacionados com a economia informal".[826]

A esse respeito, segundo demonstrou a pesquisa de campo realizada por John Ruggie, um dos fatores limitadores das iniciativas voluntárias de RSE é a dificuldade de aprofundamento do seu alcance aos elos das cadeias produtivas contratualmente mais distantes das ETNs (empresas-líderes). É o que ocorre nas atividades agropecuárias e extrativistas desenvolvidas por milhares de fornecedores de matérias-primas espalhados em diversos países, geralmente os setores mais atrasados da curva de aprendizado sobre direitos humanos.[827] Não por coincidência, segundo dados da OIT, esses setores são os que apresentam os maiores índices de trabalho infantil e trabalho forçado, no mundo.[828]

A pandemia da Covid-19 expôs a imensa fragilidade dos instrumentos de RSE nas cadeias globais de mercadorias. Pesquisa realizada na gigantesca indústria do vestuário em Bangladesh, por exemplo, revela que, por força da pandemia da Covid-19, mais da metade das empresas fornecedoras tiveram canceladas pelas grandes marcas contratantes as aquisições de produções em curso ou dos produtos já concluídos. Mesmo obrigados contratualmente ao pagamento dessas produções, os compradores invocaram cláusulas de força maior. E, mesmo dispondo, grande parte dessas empresas compradoras, de normas internas de responsabilidade social, inclusive normas de *saída responsável* dos contratos de fornecimento para evitar impactos negativos sobre os trabalhadores, a pesquisa revela que 72,1% desses compradores recusaram-se a pagar pelas matérias-primas empregadas nas produções e 91,3%

---

(823) Convenção n. 1, sobre a Duração do Trabalho na Indústria, de 1919; Convenção n. 30, sobre as Horas de Trabalho no Comércio e Escritórios, de 1930. *Idem*, p. 21/22.

(824) ORGANIZAÇÃO Internacional do Trabalho (OIT) - Conferência Internacional do Trabalho. 105ª Sessão. Relatório IV. **Trabalho digno nas cadeias de abastecimento mundiais**. *Ob. Cit*, p. 48.

(825) Siakolt, no Paquistão, possui intensa atividade industrial de produtos esportivos para grandes marcas, como Nike, Adidas e Puma, chegando a produzir 85% das bolas de futebol do mundo. Em 2018, a cidade chegou a exportar 65 milhões de bolas. A indústria local é reconhecida pela precariedade das condições de trabalho e, em especial, pelo intenso uso do trabalho infantil, especialmente terceirizado e em domicílio, segundo relatórios da International Labor Rights Forum – ILRF. Consultar: SHAHID, Umar. Um lado obscuro da FIFA: os trabalhadores da bola no Paquistão. **Esquerda Online**, 29 jun. 2018. Disponível em: https://bit.ly/38eJiJX. Acesso em: 1 abril. 2022.

(826) ORGANIZAÇÃO Internacional do Trabalho (OIT) - Conferência Internacional do Trabalho. 105ª Sessão. Relatório IV. **Trabalho digno nas cadeias de abastecimento mundiais**. *Ob. Cit.*, p. 55. *Idem*, pp. 31, p. 34.

(827) RUGGIE, John Gerard. **Quando negócios não são apenas negócios**. *Ob. Cit.*, pos. 1774.

(828) ORGANIZAÇÃO Internacional do Trabalho (OIT). **Trabalho infantil**: estimativa global 2020. Jun. 2020. Disponível em: https://bit.ly/3LHIWKx. Acesso em: 3 abr. 2022.

recusaram-se a pagar pelos custos de produção. Diante do quadro de abandono por parte dos contratantes, 58% das empresas fornecedoras tiveram que encerrar total ou parcialmente suas operações, o que resultou em mais de um milhão de trabalhadores dispensados ou postos em suspensão contratual, sendo que, destes trabalhadores, 72,4% foram mandados para casa sem remuneração e 80,4% sem o pagamento de verbas rescisórias; 98,1% dos compradores recusaram-se a contribuir com o custo dos salários parciais dos trabalhadores que tiveram contratos suspensos; e 97,3% recusaram-se a contribuir com despesas de indenizações rescisórias.[(829)]

Com as quedas abruptas das atividades comerciais decorrentes dos bloqueios de circulação de pessoas (*lockdown*) instituídos por governos dos países ricos, para conter a contaminação pelo vírus da Covid-19, milhões de trabalhadores em países pobres exportadores, que laboram nos estratos iniciais das cadeias produtivas, inclusive na produção de matérias-primas, ficaram sem seus postos de trabalho.[(830)] As normas de RSE adotadas pelas grandes corporações contratantes não foram suficientes para amenizar os impactos negativos da pandemia sobre as comunidades mais vulneráveis.

A pesquisa de John Ruggie, acima referida, constatou a inexistência de mecanismos eficazes de responsabilização por inobservância dos padrões assumidos voluntariamente pelas ETNs, nos países anfitriões de suas cadeias produtivas. Isso levou o autor a concluir que iniciativas empresariais voluntárias, como os códigos de conduta, apresentam consideráveis limites de eficácia, sendo impossível que possam, por si sós, preencherem lacunas de governança na área das empresas e dos direitos humanos.[(831)]

Essa insuficiência da governação baseada em iniciativas de RSE espelha a baixa eficácia sancionatória das normas internacionais de *soft law*, em que se ancoram.[(832)]

É inquestionável a importância dessas normas brandas no processo de construção de uma normatividade forte. Conforme acentuam Mateus Fornasier e Luciano Ferreira, a edição prévia de normas de *soft law* sobre determinado tema pode ser utilizada como importante teste de aceitação, no processo de negociação de tratado internacional sobre o assunto. Outra função interessante ressaltada pelos autores é a de detalhar tratados internacionais que se limitam a aspectos jurídicos gerais, evitando o desgaste político na elaboração de emendas ou de um novo instrumento pactício. Isso deixa o Direito Internacional mais flexível, dinâmico e adaptável às mudanças.[(833)]

Ainda conforme Mônica Rodrigues, essas normas de *soft law* exercem importante função integrativa e auxiliadora na interpretação do Direito Internacional contemporâneo, instrumentalizando obrigações previstas em normas internacionais cogentes e facilitando a compreensão das responsabilidades empresariais, de modo a corresponder às demandas sociais.[(834)] Ademais, anotam Fornasier e Ferreira, a

---

(829) ANNER, Mark S. **Abandoned? The Impact of Covid-19 on Workers and Businesses at the Bottom of Global Garment Supply Chains.** ResearchGate, mar./2020. Disponível em: https://bit.ly/3LThHMI. Acesso em: 30 maio 2022.

(830) *Idem.*

(831) RUGGIE, John Gerard. **Quando negócios não são apenas negócios.** *Ob. Cit.*, pos. 1779.

(832) São exemplos paradigmáticos, abordados anteriormente, as Diretrizes da OCDE para Empreendimentos Multinacionais (1976), a Declaração Tripartida de Princípios sobre Empresas Multinacionais e Política Social, da OIT (1977), o Pacto Global (2000) e os Princípios Orientadores sobre Empresas e Direitos Humanos da ONU (2011).

(833) FORNASIER, Mateus de Oliveira; FERREIRA, Luciano Vaz. Complexidade, globalização e regulação jurídica: a conduta das empresas transnacionais e suas possibilidades de normatização. *Ob. Cit.*, p. 89.

(834) RODRIGUES, Mônica Nogueira. **Responsabilidade internacional de empresas e responsabilidade social corporativa no investimento internacional por violação do trabalho decente.** Dissertação

soft law conserva um ímpeto transformador de ordenamentos jurídicos internos dos países vinculados, podendo estimular o surgimento de novas experiências de Direito nacional.[835] Mas por não disporem de mecanismos de coercibilidade, essas normas multilaterais de *soft law* sofrem de intenso *déficit* operacional.

Algumas dessas normas até preveem mecanismos de monitoramento privado, gerenciados pelas próprias partes signatárias, em que as violações são registradas e tornam-se objeto de *sugestões* de medidas corretivas. Mas esse caráter pedagógico e facultativo, próprio dos instrumentos de autorregulação empresarial, não corresponde à expectativa social de responsabilização da empresa que viola direitos previstos em seus próprios códigos de conduta.[836]

Relatórios de monitoramento de normas multilaterais de responsabilidade social revelam que sua operacionalização voluntária é um processo lento, seletivo – as empresas escolhem os aspectos que se propõem a desenvolver –[837] e de escassa eficácia no enfrentamento das violações de direitos nas cadeias globais de mercadorias.

No âmbito da OIT, o monitoramento da Declaração Tripartida de Princípios Relativos a Empreendimentos Multinacionais e Política Social (1977), realizado por meio de questionários respondidos por Estados-membros e representantes de empregadores e trabalhadores, conforme destaca Juan Zubizarreta, é um procedimento formal e distante da realidade devastadora de violação de direitos nas cadeias produtivas das grandes ETNs. [838] Amparo Merino e Jesús Rentero ressaltam a escassa incidência da Declaração sobre a atuação empresarial, chegando a assegurar que a maioria das empresas multinacionais ignora sua existência, preferindo criar seus próprios códigos de conduta.[839]

Esse abismo entre norma e realidade, segundo Zubizarreta, revela a urgente necessidade de um código externo regulatório das atividades das ETNs com efeito vinculante, para fazer contrapeso à predominância do Direito Comercial Global, na atualidade.[840]

No balanço da primeira década de implementação dos Princípios Orientadores da ONU, em 2021, o grupo de trabalho responsável pelo monitoramento do documento

---

de mestrado apresentada no Programa de Pós-Graduação em Direito da Pontifícia Universidade Católica de Campinas – PUC-Campinas. Campinas: PUC-Campinas, 2020, p. 74. Disponível em: https://bit.ly/3KfQJOK. Acesso em: 3 mar. 2022.

(835) *Idem.*

(836) *Idem.*

(837) Segundo John Ruggie, em pesquisa realizada no bojo do trabalhos de preparação dos Princípios Orientadores sobre Empresas e Direitos Humanos, da ONU, constatou-se que a maioria das ETNs agia de forma reativa a denúncias e normalmente escolhiam seletivamente as normas de direitos humanos que se dispunham a observar. RUGGIE, John Gerard. **Quando negócios não são apenas negócios**. *Ob. Cit.*, pos. 1769.

(838) ZUBIZARRETA, Juan Hernández; RABASCO, Jesús Carrión. Las empresas transnacionales y los derechos humanos. *Ob. Cit.*, p. 388/395.

(839) MERINO, Amparo; RENTERO, Jesús. Fórmulas atípicas de regulación de las relaciones laborales en la empresa transnacional: códigos de conducta y buenas prácticas. *In*: BAYLOS, Antonio (coord.). **La dimensión europea y transnacional de la autonomia Colectiva.** Bomarzo, 2004, p. 280. *Apud*: ZUBIZARRETA, Juan Hernández; RABASCO, Jesús Carrión. Las empresas transnacionales y los derechos humanos. *In*: ROMÁN, B.; CASTRO G. de (coord.). **Cambio social y cooperación en el siglo XXI**. V. 2 - El reto de la equidad dentro de los límites económicos. *Ob. Cit.*, p. 395.

(840) *Idem*, p. 400/401

destacou progresso na adoção da *devida diligência* (auditorias) de direitos humanos por empresas.(841)

Mas, ainda assim, o relatório aponta lentidão e dificuldade na implementação dos Princípios por falta de políticas de direitos humanos no âmbito dos Estados, empresas e instituições multilaterais. Os Estados que se esforçaram em criar a obrigatoriedade da devida diligência *em suas jurisdições* são exatamente os mais ricos, integrantes da OCDE, onde são menos necessárias as medidas para conter violações de direitos. Por outro lado, das 50 principais empresas listadas nas bolsas de valores da Indonésia, Malásia, Filipinas, Cingapura e Tailândia, países anfitriões das ETNs ocidentais, apenas 37,1% comprometeram-se publicamente a respeitar os direitos humanos.(842)

Em análise de dados da cadeia produtiva da moda, Julianna Hernandez verifica que os Princípios Orientadores também não surtiram os efeitos esperados, especialmente em decorrência de fraudes nas auditorias internas, de ausência de implementação dos mecanismos extrajudiciais de denúncia e do comportamento oscilante das ETNs diante de violações constatadas, como a manutenção da empresa fornecedora irregular em sua cadeia produtiva na qualidade de subcontratada de outra fornecedora.(843)

Por razões dessa natureza, autores como Sean Murphy questionam a eficácia da das normas sociais multilaterais com caráter de *soft law*. Para o autor, é imprescindível que os Estados instituam parâmetros mínimos de autorregulação empresarial, fiscalizem a observância dos códigos de conduta e apliquem sanções à sua inobservância. Sem essa intervenção, diz Murphy, as políticas de RSE e os mecanismos de *compliance* tornam-se instrumentos de retórica.(844)

Na raiz dessa crítica, Peter Muchlinski ressalta o caráter neoliberal das normas e instrumentos de autorregulação empresarial, marcados que são pela estratégia de privatização da função regulatória estatal sobre interesses sociais para satisfazer a interesses do capital internacional.(845)

Conforme reconhece a OIT, os códigos de conduta mostram-se mais eficazes onde estão integrados às estruturas de gestão das ETNs controladoras e a um ambiente

---

(841) ORGANIZAÇÃO Internacional do Trabalho (OIT). **Princípios orientadores sobre negócios e direitos humanos em 10**: fazendo um balanço da primeira década. Relatório do Grupo de Trabalho sobre a questão dos direitos humanos e corporações transnacionais e outras empresas. Genebra, jun. 2021. Disponível em: https://bit.ly/36Ku1R2. Acesso em: 03 abr. 2022.

(842) Em 2017, a França aprovou a *lei do dever de vigilância das empresas controladoras e terceirizadas* (na cadeia produtiva), primeira medida legislativa nacional decorre dos Princípios Orientadores. Outros países, como Alemanha, Países Baixos e Noruega estariam avançando nesse sentido. A CIDH recomendou, em 2019, que seus países adotassem a devida diligência obrigatória. Consultar: ZUBIZARRETA, Juan Hernández; RABASCO, Jesús Carrión. Las empresas transnacionales y los derechos humanos. *Ob. Cit.*, p. 395.

(843) HERNANDEZ, Julianna do Nascimento. **Empresas e direitos humanos**: uma análise das violações de direitos elementares trabalhistas na indústria da moda. *Ob. Cit.*, p. 179/181.

(844) MURPHY, Sean D. Taking Multinational Corporate Codes of Conduct to the Next Level. **Columbia Transnational Law**, New York, v. 43, p. 1-55, 2005.

(845) MUCHLINSKI, Peter T. **Multinational Enterprises and the Law**. 2 ed. Oxford: Oxford University Press, 2007. Com leitura socialmente mais otimista, Ana Frazão compreende a responsabilidade social empresarial como uma política de integração voluntária de preocupações sociais e ambientais na atividade empresarial, que não se confunde com a *compliance* e com a própria função social da empresa, estas situadas no marco regulatório estatal. Sob essa perspectiva, diz a autora, o fomento estatal à responsabilidade social empresarial não deve ser visto como medida neoliberal de desregulação, mas como incentivo à autorregulação das empresas, que pode ser aliado ao estabelecimento estatal de padrões mínimos de efetividade como condição, por exemplo, para concessão de incentivos fiscais. Consultar: FRAZÃO, Ana. Responsabilidade social empresarial. *In*: FRAZÃO, Ana (org.). **Constituição, empresa e mercado**. Brasília: Faculdade de Direito – UnB, p. 200-223, 2017, p. 208.

de aplicação da legislação nacional e de atuação sindical no local de trabalho. A eficácia dos mecanismos de governação privada do *trabalho decente* nas cadeias globais de mercadorias, na avaliação da entidade, depende de sua integração a mecanismos estatais de governação pública, em especial de um sistema legal de fiscalização e de responsabilização judicial das empresas por violações de diretos sociotrabalhistas, no plano da *hard law*.(846)

Mas é exatamente nesses ambientes que a presença forte de políticas estatais e sindicais de proteção social torna menos necessárias as políticas de RSE. Nas regiões periféricas, onde os códigos são mais necessários para colmatar falhas dos sistemas estatais de proteção social, eles não exercem o papel fundamental que a doutrina neoliberal lhes atribui.

Naturalmente, nada disso reduz a relevância das políticas privadas de RSE no conjunto das ações necessárias à promoção de direitos humanos sociotrabalhistas. Essas análises apenas buscam dimensionar a real importância dessas políticas privadas para a governação do trabalho nas cadeias globais de mercadorias.

Inclusive, conforme será abordado oportunamente, a responsabilidade civil das cadeias produtivas também pode se articular eficientemente com mecanismos privados de *soft law*. Inez Lopes sugere que os compromissos éticos assumidos pelas empresas em seus códigos de conduta sejam considerados pelos tribunais estatais para majorar o valor de indenizações por seu descumprimento, quando obtenham vantagens desleais auferidas com a imagem social desconecta de sua real postural em relação aos direitos humanos.(847)

Certo é que as políticas privadas de RSE (*sof law*) não substituem e, por isso, não podem reduzir o papel da governação pública dos interesses sociais (*hard law*). Na acertada análise de Justine Nolan, a diferença entre *soft law* e *hard law* não é binária, mas deve ser vista como se desenvolvendo num *continuum*. As iniciativas privadas de conformidade são tão fortes quanto seus atores decidem fazê-las.(848)

Essa decisão depende fortemente, entretanto, da existência de uma regulação pública sancionadora, capaz de compelir os agentes econômicos a uma conduta condizente com a legalidade, já que a atividade empresarial capitalista, naturalmente inclinada à maximização do lucro, não tem vocação para promover interesses sociais que limitem seu ímpeto exploratório.(849)

Como afirma Leandro Zanitelli, à falta de regulação pública ou de algum outro incentivo informal (como, por exemplo, uma ameaça de boicote de consumidores) graças ao qual a obediência aos direitos humanos mostre-se economicamente conveniente para a realização desse objetivo, "pouco ou nenhum respeito a esses direitos pelas corporações é de se esperar". Submetidos à concorrência, diz o autor, "empresários podem ser levados a violar direitos humanos (por exemplo, mediante a exploração de

---

(846) ORGANIZAÇÃO Internacional do Trabalho (OIT) - Conferência Internacional do Trabalho. 105ª Sessão. Relatório IV. **Trabalho digno nas cadeias de abastecimento mundiais**. *Ob. Cit.*, p. 49.

(847) LOPES, Inez. Sindicatos globais e a proteção dos direitos trabalhistas. *In*: DELGADO, Gabriela Neves; PEREIRA, Ricardo José Macêdo de Britto (Org.). **Trabalho, Constituição e Cidadania**: a dimensão coletiva dos direitos sociais trabalhistas. São Paulo: LTr, 2014, p. 91.

(848) NOLAN, Justine. Refining the Rules of the Game: The Corporate Responsibility to Respect Human Rights. *Ob. Cit.*, p. 15.

(849) Consultar: VOGEL, D. The private regulation of global corporate conduct: Achievements and limitations. **Business Society**, v. 49, n. 1, p. 68-87, mar. 2010, p. 79/80.

trabalhadores) não apenas para maximizar seus ganhos, mas como condição mesma para sua subsistência".[850]

A maximização dos ganhos, portanto, é o principal motivo para que uma corporação atue voluntariamente de maneira socialmente responsável,[851] o que submete a autorregulação socioambiental a um condicionamento econômico incompatível com a universalidade e inviolabilidade dos direitos humanos.

O enfrentamento das dificuldades decorrentes da lacuna de governação internacional do trabalho será objeto de análise do próximo capítulo.

---

(850) ZANITELLI, Leandro Martins. Corporações e direitos humanos: o debate entre voluntaristas e obrigacionistas e o efeito solapador das sanções. *Ob. Cit.*, p. 44.

(851) AGUILERA, Ruth V. *et al.* Putting the 's' back in corporate social responsibility: a multilevel theory of social change in organizations. **Academy of Management Review**, v. 32, n. 3, p. 836-863, jul. 2007, p. 847.

CAPÍTULO 6

A TUTELA JURÍDICA NACIONAL DO TRABALHO DIGNO NOS ELOS TERCEIRIZADOS DA CADEIA PRODUTIVA EMPRESARIAL DESCENTRALIZADA

A governação pública do *trabalho decente* fundada em normas cogentes e mecanismos sancionatórios constitui base indispensável de um sistema compartilhado, público e privado, de promoção de direitos sociotrabalhistas.

Partindo dessa premissa, na linha do que se vem sustentando, o cenário ideal para a promoção do *trabalho decente* nos elos terceirizados das cadeias globais de mercadorias, no plano transnacional, seria a existência de um sistema internacional de governação pública do trabalho em que as empresas transnacionais (ETNs) pudessem ser diretamente compelidas à observância do Direito Internacional dos Direitos Humanos, nele compreendido o Direito Internacional do Trabalho, com especial atenção às convenções internacionais da OIT.

Esse sistema público internacional de direitos sociais, garantidor de um padrão de direitos humanos trabalhistas, constituiria a base sobre a qual seriam implementadas políticas públicas e privadas efetivas de Responsabilidade Social Empresarial (RSE) nas cadeias globais de mercadorias.

À vista das análises entabuladas no capítulo anterior, no entanto, não existem, no âmbito do Direito Internacional, mecanismos jurídicos supraestatais de adjudicação capazes de *impor* às ETNs condutas condizentes com um padrão internacional de direitos trabalhistas e socioambientais. A globalização neoliberal constitucionalizou sistemas regulatórios econômicos transnacionais privados que obstaculizam a formação de um sistema *tutelar* social global no âmbito dos organismos multilaterais, expondo a incapacidade do Direito Internacional de conter os flagelos sociais da globalização.

O enfrentamento desse problema desafia propostas teóricas que oscilam entre mecanismos internacionais concentrados, como a criação de uma Constituição mundial supraestatal, a processos mais fragmentários, embora coesamente articulados, de lutas contra-hegemônicas voltadas a contrapor os efeitos deletérios da globalização econômica sobre os interesses sociais.

Entre os mecanismos concentrados figura, por exemplo, a ideia da *constitucionalização do Direito Internacional Público,* pensada por Jürgen Habermas a partir de teorização de Immanuel Kant sobre uma Constituição da comunidade internacional. A proposta conduz à idealização de uma Constituição cosmopolita mundial fundante de um direito público supraestatal, de todos os povos, voltada a garantir direitos humanos para além dos interesses dos Estados. Nessa dimensão constitucional internacional, o caráter multilateral das relações internacionais seria juridicizado, vinculando a conduta de indivíduos e Estados, os sujeitos de um novo Direito Internacional.[852]

---

(852) HABERMAS, Jürgen. **El derecho internacional en la transición hacia un escenario pós-colonial.** Barcelona: Centro Cultural Contemporánea de Barcelona, 2008; HABERMAS, jürgen. La constitucionalización del derecho internacional público y el problema de legitimación de uma comunidade internacional

Com uma Constituição cosmopolita dessa natureza, cujas normas de *jus cogens* não poderiam ser derrogadas pelos Estados, segundo Otávio Cançado Trindade, o indivíduo se emanciparia do próprio Estado quando tivesse por ele negado direito fundamental reconhecido por convenções internacionais, podendo pleiteá-lo perante tribunais internacionais.[853]

Em outro plano teórico encontra-se a perspectiva do *Direito Transnacional*, de Philip Jessup, que pensa a construção de um projeto universal de direitos, centrado na cidadania, mas por meio da autorregulação promovida por agentes privados e instâncias do Direito Internacional de forma compartilhada, através de normas voluntárias (*soft law*) e vinculantes (*hard law*) voltadas a disciplinar as relações entre particulares e entre particulares e Estados.[854]

Nessa vertente encontra-se a proposta do *Direito Transnacional do Trabalho*, de Ojeda Avilés, ancorada tanto em normas do Direito Internacional Privado, quanto em normas de tratados de direitos humanos e convenções da OIT, todas voltadas à tutela transnacional do trabalhador. Essa ideia pressupõe a capacidade dos mecanismos regulatórios da globalização de promover e concretizar direitos humanos, tendo como foro de solução de conflitos as câmaras arbitrais, numa espécie de jurisdição privada baseada na *lex mercatoria*, em tratados de livre comércio e em outros mecanismos não-estatais.[855]

Entretanto, esse tipo de proposta esbarra exatamente no desequilíbrio de forças que atualmente impera entre a normatividade econômica global e os direitos humanos, razão pela qual, como bem adverte Alberto Emiliano de Oliveira Neto, é duvidosa a capacidade do Direito Transnacional, contaminado pela *nova lex mercatoria* neoliberal, de tutelar direitos humanos, notadamente dos trabalhadores que integram cadeias produtivas globais.[856]

Não obstante a relevância desse debate teórico propositivo na construção de soluções *ad futurum*, certo é que, na atualidade, a força normativa coercitiva e a responsabilização *jurídica* de ETNs por violações de direitos sociotrabalhistas nas cadeias globais de mercadorias depende da atuação dos Estados anfitriões, onde ocorrem os fatos danosos, por mais desgastada que se encontre sua soberania para tutelar direitos fundamentais sociais.

Em tese, a responsabilização por violações corporativas de direitos humanos também pode ser imposta pela jurisdição do Estado de domicílio da ETN, caso esse país adote *jurisdição extraterritorial* sobre danos produzidos por suas empresas no exterior. Mas a jurisdição extraterritorial não é uma prática corrente internacional, salvo em temas específicos objeto de tratados internacionais que impõem aos Estados *obrigações extraterritoriais*, a exemplo do combate ao terrorismo, lavagem de dinheiro,

---

constituída. *In*: SÁNCHEZ, Carbonell; BARNEY, Óscar Miguel Cruz (coord.). **Historia y Constitución**. Homenaje a José Luis Soberanes Fernández, Tomo II. Barcelona: Instituto de Investigaciones juridicas, p. 217-234, 2019.

(853) TRINDADE, Otávio Cançado. A constitucionalização do direito internacional: mito ou realidade? **Revista de Informação Legislativa**, Brasília, a. 45, n. 178, p. 271-284, abr./jun. 2008. Disponível em: https://bit.ly/3Kdn61Y. Acesso em: 31 mar. 2021.

(854) JESSUP, P. **Transnational Law.** New Haven: Yale University Press, 1956. p. 01-08. Disponível em: https://www.jstor.org/stable/1598310. Acesso em: 1 abr. 2022.

(855) AVILÉS, A Ojeda. **Derecho Transnacional del Trabajo.** Valencia: Tirant lo Banch, 2013.

(856) OLIVEIRA NETO, Alberto Emiliano. **Negociação coletiva transnacional**: acordos marco globais, sindicatos e globalização. *Ob. Cit.*, p. 107.

combate à corrupção e turismo sexual infantil. Com exceção desses tipos de conduta, afirma John Ruggie, a jurisdição nacional ainda é territorialmente limitada em outras áreas dos direitos humanos.(857)

Portanto, na atualidade, a responsabilização das empresas por violações a direitos humanos depende basicamente da configuração do Direito doméstico, na medida em que incumbe aos Estados criar normas jurídicas que viabilizem investigações, processamento, julgamento e exigência de reparação.(858)

Nesse cenário, conforme bem reconhece a OIT, a base de garantia de direitos sociotrabalhistas nas cadeias globais de mercadorias ainda repousa na *governação pública* a cargo dos Estados, na medida de suas possibilidades. Cabe ao Estado exigir das empresas que, no âmbito de sua jurisdição, respeitem as normas trabalhistas nacionais assentadas nas normas trabalhistas da OIT, independentemente de participarem ou não de cadeias produtivas nacionais ou mundiais. Para a OIT, essa atuação estatal em face das empresas é uma "condição prévia do trabalho decente".(859)

6.1. A tutela jurídica nacional dos direitos humanos sociotrabalhistas: soluções locais contra-hegemônicas na perspectiva de Boaventura de Sousa Santos

Em países periféricos destituídos de sistemas jurídico-trabalhistas fortes, são bastante limitados os mecanismos de governação pública nacional do trabalho. Mesmo em países do centro econômico, o movimento de reformas trabalhistas neoliberais produzido nas últimas décadas reduziu drasticamente o potencial tutelar de seus sistemas laborais.

O movimento manifestou-se muito intensamente, a partir da década de 1980, nas sucessivas reformas trabalhistas implementadas na Europa e demais regiões do mundo. Vitor Filgueiras *et. al.* identificam o fenômeno, nos últimos quarenta anos, em forma de ondas que geralmente surgem em contextos de crises econômicas nos países que conseguiram construir um padrão de direitos e proteções, e que ressurgem tão logo a onda anterior se esgote e os problemas do mercado de trabalho se agravam.(860)

Tais reformas, segundo análise empírica de Magda Biavaschi *et. al.*, têm sido feitas para reduzir custos e, sem cumprir a promessa de geração de emprego, têm contribuído para aumentar a informalidade, a precariedade das condições de trabalho e fragilizar as organizações sindicais.(861)

Não foi diferente no Brasil. Aqui, a mais ampla e radical reforma trabalhista da história, implementada pela Lei n. 13.467/2017, modificou mais de cem artigos da CLT, reduzindo direitos com fundamento constitucional e ampliando formas precárias de contratação. Essa reforma foi aprovada em ritmo acelerado para atender às urgências

---

(857) RUGGIE, John Gerard. **Quando negócios não são apenas negócios.** *Ob. Cit.*, pos. 1263.

(858) MONGELARD, E. Corporate civil liability for violations of international humanitarian law. **International Review of the Red Cross**, v. 88, n. 863, set. 2006, p. 673.

(859) ORGANIZAÇÃO Internacional do Trabalho (OIT) - Conferência Internacional do Trabalho. 105ª Sessão. Relatório IV. **Trabalho digno nas cadeias de abastecimento mundiais**. *Ob. Cit.*, p. 40.

(860) FILGUEIRAS, Vitor Araujo *et. al.* Os impactos juridicos, economicos e sociais das reformas trabalhistas. **Cadernos CRH**, Salvador, v. 32, n. 86, p. 231-252. Disponivel em: https://bit.ly/3qmo7vN. Acesso em: 19 mar. 2022.

(861) BIAVASCHI, Magda Barros *et al.* O impacto de algumas reformas trabalhistas na regulação e nas instituições públicas do trabalho em diálogo comparado. *In*: KREIN, José Dari *et al* (org.). **Dimensões críticas da reforma trabalhista no Brasil**. Campinas – SP: Curt Nimuendajú, p. 209-242, 2018, p. 222.

do mercado, tramitando em apenas 157 dias nas duas Casas legislativas,(862) menos da metade do tempo médio (de 335 dias) que apenas a Câmara dos Deputados demora para aprovar um projeto de lei ordinária de iniciativa do Poder Executivo.(863)

Na reforma legislativa, a Justiça do Trabalho foi intensamente atacada em aspectos fundamentais ao seu caráter democrático, distributivo de justiça, como ao imputar honorários advocatícios e periciais a trabalhadores beneficiários de justiça gratuita, ao restringir a produção de jurisprudência sumulada pelos Tribunais e ao limitar a autoridade judicial no controle da legalidade de instrumentos normativos, entre vários outros aspectos.(864)

Ademais, nos últimos anos, o País atravessou forte ofensiva neoliberal contra as instituições de tutela trabalhista, com o desmantelamento de políticas públicas, estruturas e programas de promoção do trabalho decente.(865)

Ainda assim, o Brasil continua dispondo de um sistema constitucional e institucional de tutela pública do trabalho capaz de viabilizar a construção de soluções normativas de proteção aos direitos fundamentais dos trabalhadores terceirizados nas cadeias globais e nacionais de mercadorias, que aqui atuam.

Mas, para produzir soluções que enfrentem as causas fundamentais da desproteção do trabalho terceirizado, é necessário que o Direito e o sistema judicial resistam, no plano da juridicidade interpretativa, ao papel que, segundo Boaventura de Sousa Santos, o consenso hegemônico neoliberal busca conferir-lhes, o de garantir a primazia dos mercados, dos investimentos e do sistema financeiro sobre os interesses sociais,(866) tal como o papel assumido pela reforma trabalhista brasileira de 2017.

---

(862) Em tramitação extremamente veloz, o PL n. 6.787/2016 foi aprovado pela Câmara dos Deputados em 26/04/2017, após 82 dias de tramitação, em regime de urgência. Dois dias depois da aprovação do texto-base, em 28/04/2017, o projeto foi recebido no Senado Federal (PLC 38/2017). No Senado, o projeto de reforma também recebeu regime de urgência, sendo aprovado sem qualquer alteração em 11/07/2017, 75 dias após a apresentação. BRASIL, Câmara dos Deputados. Disponível em: https://bit.ly/36t5dwc. Acesso em: 19 mar. 2022.

(863) GOMES, Fábio de Barros Correia *et. al.* Projetos de Lei Ordinária Apresentados na Câmara dos Deputados entre 1999 e 2006: Tramitação Geral e dos Relacionados à Saúde. **E-Legis**, n. 02, 1º semestre, 2009, p. 24. Disponível em: https://bit.ly/3N09IPE. Acesso em: 19 mar. 2022.

(864) Entre outros aspectos, a Lei n. 13.467/2017: *(1) imputou a trabalhadores carentes de recursos, mesmo quando beneficiários da gratuidade judiciária, o pagamento de honorários advocatícios e periciais de sucumbência com recursos obtidos em outros pedidos ou demandas trabalhistas (CLT, arts. 790-B, caput e § 4º, e 791-A, § 4º). A esse respeito, por meio da ADI 5.766/DF, o STF declarou inconstitucionais os referidos dispositivos.* BRASIL, Supremo Tribunal Federal, Pleno. **ADI 5766/DF**, Rel. Min. Roberto Barroso. Ata de julgamento, 20 out. 2021. Disponível em: https://bit.ly/3CRlHun. Acesso em: 17 mar. 2022; (2) restringiu a edição e alteração de súmulas de jurisprudência pelo TST e por tribunais regionais: o art. 702, *f*, da CLT, passou a exigir quórum mínimo de dois terços dos órgãos dos Tribunais, e que a matéria já tenha sido decidida de forma idêntica por unanimidade em, no mínimo, dois terços das turmas em pelo menos dez sessões diferentes em cada uma delas. A esse respeito, o TST declarou a inconstitucionalidade do dispositivo, estando pendente de julgamento no STF a ADI 6.188/DF; (3) vedou que a Justiça do Trabalho exerça o pleno controle de legalidade sobre o conteúdo de normas de instrumentos coletivos, restringindo esse controle a aspectos formais dos instrumentos jurídicos (CLT, art. 8º, § 3º).

(865) EM relatório da ONU, Brasil é citado como exemplo na redução de fiscalização de trabalho escravo. **Conectas Direitos Humanos**, 16 set. 2020. *Ob. Cit.* Consultar também: MAGALHÃES, Vera. Retaliações à inspeção do trabalho tentam desmantelar fiscalização. **Correio Braziliense**, Blog do Servidor, 17 jan. 2017. Disponível em: https://bit.ly/3KcC8UP. Acesso em: 5 abr. 2022.

(866) SANTOS, Boaventura de Sousa. Os processos da globalização. **Revista Critica de Ciências Sociais**, Portugal, n. 125, set. 2021, p. 12. Disponível em: https://bit.ly/3r6zo3N. Acesso em: 6 abr. 2022.

Do contrário, capturados pelo esquadro ideológico neoliberal determinista, o Direito e o sistema judicial continuarão reproduzindo e legitimando desigualdades sociais e violações a direitos humanos sociotrabalhistas.

Não obstante a corrosão da soberania estatal produzida pela globalização econômica neoliberal, uma reflexão crítica assentada no paradigma teórico de Boaventura de Sousa Santos sugere a possibilidade de construção de soluções normativas fundadas numa democracia substantiva, nesse espaço público. Essa reflexão parte da complexidade dos fenômenos que a globalização envolve e a disparidade de interesses que neles se confrontam.

Uma dessas contradições inerentes à globalização, situada na arena da disputa política e argumentativa, diz respeito exatamente ao papel do Estado-nação. Se para uns, afirma Boaventura, o Estado é uma entidade obsoleta e em vias de extinção ou, em qualquer caso, muito fragilizada para organizar e regular a vida social, para outros, o Estado continua a ser a entidade política central, "não só porque a erosão da soberania é muito seletiva, mas sobretudo, porque a própria institucionalidade da globalização – das agências financeiras multilaterais à desregulação da economia – é criada pelos Estados nacionais.[867]

Partindo de premissas analíticas sobre o sistema capitalista mundial equivalentes às do paradigma teórico do sistema-mundo, estudado no Capítulo 2,[868] Boaventura compreende *a globalização* iniciada no século XX como "uma constelação de diferentes processos de globalização e, em última instância, de diferentes, e por vezes, contraditórias globalizações", que envolvem conflitos e, por isso, vencedores e vencidos.[869]

Também em perspectiva paralela à do sistema-mundo, Boaventura propõe a abordagem teórica da globalização como um *sistema mundial em transição*, por conter em si o sistema mundial velho em transformação e, ao mesmo tempo, um conjunto de processos emergentes que podem ou não conduzir a um novo sistema mundial.[870] Entre esses processos, o autor destaca dois que constituem a *globalização hegemônica*, protagonizado pelo Norte, de-cima-para-baixo:

(1) o *localismo globalizado*, que consiste no processo pelo qual determinado fenômeno local é globalizado com sucesso, a exemplo das atividades produtivas das ETNs de países do centro econômico (o local globalizado) transferidas para países periféricos e semiperiféricos (anfitriões); e

(2) o *globalismo localizado*, que consiste no impacto nas condições locais produzido pelas práticas e imperativos transnacionais decorrentes do localismo globalizado, a exemplo da desestruturação e reestruturação das condições de trabalho nos países

---

(867) *Idem*, p. 21. A esse respeito, ver a crítica de Giovanni Arrighi e Beverly Silver à tese do desempoderamento geral dos Estados pela globalização econômica neoliberal, no Capítulo 2 - "2.3. *A globalização econômica neoliberal: caos sistêmico e transição para um novo ciclo*".

(868) São importantes as influências da *teoria do sistema-mundo*, de Immanuel Wallerstein, sobre o pensamento de Boaventura de Sousa Santos. Em Portugal, a escola ligada ao sociólogo baseou a sua caracterização da sociedade portuguesa na teoria da semiperiferia, de Immanuel Wallerstein, a partir da teoria do sistema-mundo. *In*: SANTOS, Boaventura de Sousa. **Estado e sociedade na semiperiferia do sistema mundial**: o caso português. *Ob. Cit.* Consultar também: SANTOS, Boaventura de Sousa. O anti-sistema. **Sul21**, 10 fev. 2021. Disponível em: https://bit.ly/3LIizUo. Acesso em: 24 maio 2022.

(869) *Idem*, p. 21/22.

(870) A respeito da globalização neoliberal como um sistema mundial em transição, também ver Capítulo 2 - "2.3. *A globalização econômica neoliberal: caos sistêmico e transição para um novo ciclo*".

anfitriões das ETNs, sob a forma de inclusão subalterna, sob os imperativos flexíveis do capital central.

É a articulação sustentada dessa globalização hegemônica que, segundo Boaventura, reproduz a hierarquização do *sistema-mundo* entre regiões centrais e periféricas, gerando a divisão intensamente desigual da remuneração do trabalho.(871)

Os outros dois processos, que ocorrem no interior das práticas sociais e culturais transnacionais, dizem respeito ao que o autor denomina de *globalização contra-hegemônica*, protagonizado pelo Sul, de-baixo-para-cima:

(3) o *cosmopolitismo*, que consiste na organização transnacional da resistência de Estados-nação, regiões, classes ou grupos sociais vitimizados pelas trocas desiguais de que se alimenta a globalização hegemônica, e que se traduz em lutas contra seus efeitos sociais deletérios; e

(4) o *patrimônio comum da humanidade*, que consiste em lutas transnacionais pela proteção e desmercadorização de recursos, entidades, ambientes considerados essenciais para a sobrevivência digna da humanidade e cuja sustentabilidade só pode ser alcançada em escala planetária, a exemplo de lutas ambientais pela preservação da Amazônia e da Antártida, da biodiversidade ou dos fundos marinhos etc. (872)

Exemplos de atividades cosmopolitas, segundo Boaventura, são os movimentos e organizações das periferias do sistema mundial; a articulação entre organizações operárias de diferentes países ou entre trabalhadores da mesma cadeia produtiva operando em diferentes países (o novo internacionalismo operário); organizações transnacionais de direitos humanos; ONGs transnacionais de militância socioambiental; redes de movimentos e associações indígenas, ecológicas ou de desenvolvimento alternativo etc.(873)

Uma das preocupações centrais da obra de Boaventura reside em pensar novas formas de cidadania, coletivas e não individuais, menos assentes em direitos e deveres abstratos e mais em formas e critérios de participação não-liberais e não estatizantes, numa relação mais equilibrada com a subjetividade, baseada no *princípio da comunidade*.(874)

O princípio da comunidade Rousseauniana é, para Boaventura, o que tem maior potencialidade de gerar novas energias emancipatórias: a ideia da obrigação horizontal entre cidadãos e a ideia da participação e da solidariedade na formulação da vontade geral, para fundar uma nova cultura política baseada na autonomia, no autogoverno, na democracia participativa, no cooperativismo e na produção socialmente útil.(875)

Assim, diante das mazelas sociais provocadas pela globalização hegemônica neoliberal, Boaventura vislumbra o retorno do princípio da comunidade nos novos movimentos sociais de globalização contra-hegemônica, os quais, certamente, não podem preterir as conquistas e mecanismos da cidadania social, de matriz estatal, mas a elas agregar energias emancipatórias.(876)

---

(871) SANTOS, Boaventura de Sousa. Os processos da globalização. *Ob. Cit.*, p. 18 e 27.
(872) *Idem*, p. 27 e 28.
(873) *Idem*, p. 28.
(874) SANTOS, Boaventura de Sousa. **Pelas mãos de Alice**: o social e o político na pós-modernidade. 10ª Ed. São Paulo: Cortez, 2005, p. 261/265.
(875) *Idem*.
(876) *Idem*.

Foi a partir dessas lutas globais contra-hegemônicas que nas últimas décadas logrou-se extrair compromissos políticos internacionais, ainda que modestos, em torno de interesses supraeconômicos, a exemplo das *iniciativas sociais multilaterais de proteção ao trabalho* referidas no tópico anterior.[877]

Esses processos de globalização contra-hegemônica, não obstante sua vocação transnacional, estão ancorados em lutas sociais concretas em defesa de direitos e patrimônios humanos situados em locais concretos, onde estejam sendo violados.[878] Exemplos dessas lutas concretas são os acordos marco globais, voltados a melhorar condições de vida em cada um dos locais de trabalho, e a advocacia de direitos humanos sociotrabalhistas em determinada jurisdição nacional para impor a implementação de direitos ou reparar danos produzidos por sua violação naquela jurisdição.

Para que essas lutas locais interajam, transformando-se em lutas globais contra-hegemônicas (ou *lutas antissistema-mundo*, na perspectiva teórica de Immanuel Wallerstein, exposta no Capítulo 2),[879] sustenta Boaventura, é preciso "criar inteligibilidade recíproca entre as diferentes lutas locais e aprofundar o que têm em comum", de modo a promover alianças translocais e a criar capacidades para que elas possam efetivamente prosperar.[880]

Os processos de globalização contra-hegemônica eclodem, portanto, em *movimentos locais de resistência* aos impactos da globalização hegemônica, antes de espraiarem-se como experiências compartilhadas em alianças globais.

Nessa perspectiva situa-se a proposta teórica objeto da presente obra. Parte-se da premissa de que atuações nacionais em defesa dos direitos humanos de trabalhadores terceirizados que laboram, no país, para cadeias globais ou nacionais de mercadorias, constituem movimentos locais com *potencialidade de se transformar em lutas jurídicas globais contra-hegemônicas*, se seus padrões de inteligibilidade puderem ser compartilhados com outras localidades.

No âmbito da cidadania social estatal, essas atuações locais podem dar-se no plano administrativo, em forma de pressões frente ao Estado-executivo para efetivar políticas públicas de promoção de direitos sociotrabalhistas; no plano legislativo, por

---

(877) São exemplos: a Declaração da OIT sobre Princípios e Direitos Fundamentais no Trabalho (1998); as Diretrizes da OCDE para Empreendimentos Multinacionais (1976, atualizada em 2011); a Declaração Tripartida de Princípios sobre Empresas Multinacionais e Política Social, da OIT (1977, com atualizações em 2000, 2006 e 2017), o Pacto Global (2000), a Agenda 2030 (2015), os Princípios Orientadores sobre Empresas e Direitos Humanos da ONU (2011).

(878) SANTOS, Boaventura de Sousa. **Pelas mãos de Alice**: o social e o político na pós-modernidade. 10ª Ed. São Paulo: Cortez, 2005, p. 32.

(879) SANTOS, Boaventura de Sousa. O antissistema. **Sul21**, 10 fev. 2021. Disponível em: https://bit.ly/3JeV446. Acesso em: 6 abr. 2022.

(880) SANTOS, Boaventura de Sousa. Os processos da globalização. *Ob. Cit.*, p. 33. Em texto de 2008, Boaventura sustenta que, na reinvenção da emancipação social contra-hegemônia e pós-colonial, esse procedimento de tradução entre diferentes processos ou movimentos é necessário para evitar a tentação de se recorrer a uma teoria geral da emancipação social, nos moldes modernos e coloniais. Para o pensador, uma teoria geral da transformação social produziria dois resultados considerados inaceitáveis pelos grupos sociais que compõem a globalização contra-hegemônica: algumas lutas, objetivos e agentes sociais serão postos na sala de espera da história, por não ter chegado seu tempo; e outras lutas, objetivos e agentes sociais serão hierarquizados entre si, gerando relações de subordinação interna. Sustenta Boaventura que, no paradigma epistemológico e social pós-moderno e pós-colonial, nenhuma luta, objetivo ou agente deve deter a receita geral para a emancipação social da humanidade. Consultar: SANTOS, Boaventura de Sousa. Do pós-moderno ao pós-colonial. E para além de um e de outro. **Travessias**, Repositório Científico da Universidade de Coimbra, 2008, p. 31. Disponível em: http://hdl.handle.net/10316/43227. Acesso em: 7 abr. 2022.

meio de pressões frente ao Estado-legislador para aprovar normas de proteção laboral; e no plano jurisdicional, por meio de ações judiciais voltadas a impor condutas empresariais de respeito aos direitos humanos sociotrabalhistas.

Nesse último plano encontram-se as ações judiciais voltas a apurar a responsabilidade de empresas controladoras de cadeias produtivas por violações a direitos humanos sociotrabalhistas, perpetradas contra trabalhadores terceirizados, objeto da preocupação central da presente obra.

Para que movimentos dessa natureza ocorram na arena jurídica, adverte, no entanto, Boaventura de Sousa Santos, é preciso "repensar o potencial emancipatório do direito sob as condições da globalização", pois, na quadra atual de domínio hegemônico do conservadorismo jurídico neoliberal, o Direito está instrumentalizado a serviço do funcionamento da *sociedade civil baseada no mercado*, cabendo ao Poder Judiciário garantir sua naturalização e aplicação eficiente.[881]

A nova contratualização social do Estado de Direito conservador neoliberal é, para Boaventura, um falso contrato, uma mera aparência de compromisso constituído por condições custosas, impostas sem discussão à parte mais fraca.[882]

Daí porque é necessário reinventar o Direito "por forma a adequar-se às reivindicações normativas dos grupos sociais subalternos e dos seus movimentos, bem como das organizações que lutam por alternativas à globalização neoliberal". Esse Direito deve desafiar a concepção de *interesse geral* que subjaz a globalização hegemônica, que visa a promover desenvolvimento econômico à custa de formas amplas de exclusão social, legitimadas pelo discurso do crescimento econômico. Para isso, deve-se partir da premissa de que, em qualquer escala, a exclusão social nega a *dignidade humana*,[883] que constitui centro axiológico dos direitos humanos.

Exemplo de armadilha *demoliberal* que o cosmopolitismo deve evitar, segundo Boaventura, é a noção de prevalência da primeira geração de direitos civis e políticos em detrimento da segunda geração de direitos sociais, trabalhistas, econômicos e culturais, ideia que neutraliza o potencial radicalmente democrático dos direitos humanos.[884]

Nessa esteira segue a crítica exposta por Silvio Beltramelli Neto sobre a abordagem geracional dos direitos humanos, por induzir a uma falsa ideia de sobreposição, hierarquia e compartimentação, o que contradiz a universalidade, indivisibilidade, interrelação e interdependência desses direitos, conforme reconhecido pelo art. 5º da Declaração e Programa de Ação de Viena, de 1993.[885]

De outra banda, considerando as condições desfavoráveis em que se trava o combate contra-hegemônico, especialmente no campo do trabalho, para Boaventura de Sousa Santos o cosmopolitismo não pode se dar ao luxo de dispensar as ferramentas legais disponíveis, devendo mobilizar a legalidade *demoliberal* de forma não-hegemônica, pressionando os tribunais e os legisladores através de uma mobilização política inovadora.[886]

---

(881) SANTOS, Boaventura de Sousa. Poderá o direito ser emancipatório? *Ob. Cit.*, p. 10/11.
(882) *Idem*, p. 17/18.
(883) *Idem*, p. 12 e 27.
(884) Boaventura de Sousa Santos denomina de *demoliberal* o Direito resultante da democracia liberal, que busca implementar o Estado mínimo e põe a liberdade acima da igualdade. *Idem*, p. 5/6 e 30/31.
(885) BELTRAMELLI NETO, Silvio. **Curso de direitos humanos**. *Ob. Cit.*, p. 90/91. No mesmo sentido, consultar: DELGADO, Gabriela Neves. Direitos humanos dos trabalhadores: perspectiva de análise a partir dos princípios internacionais do Direito do Trabalho e do Direito Previdenciário. **Revista do TST**, Brasília, v. 77, n. 3, jul./set. 2011, p. 64.
(886) SANTOS, Boaventura de Sousa. Poderá o direito ser emancipatório? *Ob. Cit.*, p. 56.

Para isso, é necessário ampliar simbolicamente a violação dos direitos dos trabalhadores, especialmente dos trabalhadores terceirizados situados nas esferas mais externas e marginalizadas da cidadania social, transformando cada questão jurídica numa questão moral: "a questão – moral e injusta – da negação da dignidade humana".[887]

Tem sido essa a tática utilizada nas lutas contra-hegemônicas mais bem sucedidas levadas a cabo contra as *sweatshops*,[888] aliando ações judiciais locais com pressão internacional exercida por organizações e movimentos sociais ativistas dos direitos humanos.[889]

Para traduzir no plano jurídico a questão moral da dignidade humana nos elos terceirizados e marginalizados das cadeias produtivas, na atualidade, é necessário que o Direito e o sistema judicial abordem os *direitos humanos sociotrabalhistas* desses trabalhadores num sentido radicalmente contra-hegemônico, sob um paradigma de leitura pós-colonial.

Por *pós-colonial* compreende-se, ainda segundo Boaventura de Sousa Santos, o conjunto de correntes teóricas e analíticas que, desde a década de 1960, dão primazia teórica e político-econômica às relações desiguais entre o Norte e o Sul – entre o centro e a periferia econômica – na explicação ou na compreensão do mundo contemporâneo.[890]

O que caracteriza o pós-colonialismo, portanto, é o conjunto de trocas extremamente desiguais constituídas historicamente pelo colonialismo, que, segundo Boaventura, se assentam "na privação da humanidade da parte mais fraca como condição para sobre-explorar ou para a excluir como descartável".[891] Mesmo após o seu fim enquanto relação política, o colonialismo permaneceu enquanto relação social, "enquanto mentalidade e forma de sociabilidade autoritária e discriminatória".[892]

Essa perspectiva de análise vem sendo levada a cabo, a respeito do trabalho terceirizado nas cadeias globais de mercadorias, desde a Parte 1 da presente obra, e em especial, a partir do Capítulo 2.

---

(887) *Idem*.

(888) A literatura denomina de *sweatshop* ou *fábrica de suor* o local de trabalho com condições muito precárias, socialmente inaceitáveis. Algumas condições de trabalho ilegais incluem trabalho infantil, trabalho forçado, remuneração insuficiente à manutenção material do trabalhador, longas jornadas, ventilação deficiente, pouca ou nenhuma pausa, espaço de trabalho inadequado, iluminação insuficiente ou temperaturas altas ou baixas, desconfortáveis e/ou perigosas. As mulheres representam 85 a 90% dos trabalhadores dessas fábricas. O *2006 Annual Public Report* da *Fair Labor Association* encontrou situações dessa natureza em 18 países, incluindo Bangladesh, El Salvador, Colômbia, Guatemala, Malásia, Tailândia, Tunísia, Turquia, China, Índia, Vietnã, Honduras, Indonésia, Brasil, México e Estados Unidos. Consultar: *FAIR Labor Association.* **2006 Annual Public Report**. *Disponível em: https://bit.ly/3umg5Fy. Acesso em: 8 abr. 2022.*

(889) SANTOS, Boaventura de Sousa. Poderá o direito ser emancipatório? *Ob. Cit.*, p. 56.

(890) Boaventura utiliza as metáforas do *Norte* e do *Sul* para referir-se ao abismo historicamente criado entre as dimensões culturais e políticas colonizadoras e imperialistas do Norte e as colonizadas e subalternas do Sul. Consultar: SANTOS, Boaventura de Sousa. Do pós-moderno ao pós-colonial. E para além de um e de outro. *Ob. Cit.*, p. 23. Para Santos, a forma de superar esse *pensamento abissal*, não é reverter a situação, espancando a tradição europeia, mas deslegitimando sua idiossincrática pretensão de universalidade e seu monopólio da verdade para criar as condições para um diálogo adequado com o pensamento emergente de fora da Europa. Consultar: BARRETO, José-Manuel. Contextualising Boaventura de Sousa Santos's post-colonial legal theory. **International Journal of Law in Context**, Cambridge University Press, 13:4, p. 558-561, 2017, p. 559.

(891) *Idem*, p. 18 e 25/26.

(892) *Idem*, p. 18.

Sob a *leitura pós-colonial do sistema-mundo*, que ofereceu aporte epistemológico à *teoria decolonial*,(893) o modelo de divisão e remuneração internacional do trabalho operado no âmbito das cadeias globais de mercadorias, característico do *sistema-mundo* capitalista, revela a lógica historicamente condicionada pelo colonialismo, de exploração hierarquizada do trabalho, por países do centro, em países periféricos e semiperiféricos, e que continua reproduzindo desigualdades séculos após a descolonização política.

A mesma lógica reproduz-se na organização do processo produtivo empresarial, que utiliza a terceirização externa como mecanismo expropriatório de valor do trabalho nas cadeias produtivas, drenando da periferia para o centro (das empresas terceirizadas para as empresas-líderes das cadeias produtivas) as riquezas produzidas pelo trabalho terceirizado. Esse processo também é instrumentalizado nacionalmente, por empresas multinacionais do capital central que instalam suas lojas em regiões centrais do país anfitrião, explorando trabalho terceirizado em suas regiões periféricas, prática comum no Brasil.

Para isso, esse regime capitalista de organização produtiva submete os trabalhadores terceirizados a condições marginalizadas de trabalho, sob *legitimação* do Direito liberal-conservador-hegemônico, que tende a abordar a terceirização como uma forma de exclusão social de *interesse geral*, inevitável e, em última análise, positiva, porque necessária para promoção do crescimento econômico.(894)

Segundo a leitura epistemológica pós-colonial de Boaventura de Sousa Santos, retratada em sua linha de pesquisa das *Epistemologias do Sul*, o pensamento colonial separa com uma *linha abissal*, tão radical quanto invisível, a massa de trabalhadores das regiões periféricas socialmente colonizadas, composta de seres incivilizados *sub-humanos*, da massa de trabalhadores das áreas centrais colonizadoras, cidadãos inseridos no prestigiado círculo da civilização ocidental.(895)

Enquanto nesse mundo metropolitano *civilizado* as inferioridades sociais dos trabalhadores geram exclusões não abissais, passíveis de serem geridas por mecanismos da modernidade ocidental, como o Estado Liberal, o Estado de Direito, os direitos humanos e a democracia, no mundo colonial dos dominados, situado do outro lado da *linha abissal*, a exclusão é imperativa, incontornável, sendo por isso ineficientes os mecanismos acima referidos, entre eles os direitos humanos, para gerir essa exclusão.(896)

Contrapondo a visão colonial, Boaventura teoriza sobre como os direitos humanos podem ser transformados em um discurso emancipatório para os excluídos das periferias.(897) Em sua análise, essa transformação somente pode ser feita por meio das

---

(893) Ver no Capítulo 2, parte introdutória, a influência da teoria do sistema-mundo, de Immanuel Wallerstein, sobre a noção de *colonialidade*, que viria a ser o conceito germinal para o *movimento decolonial*, uma agenda investigativa que surge de um grupo de estudiosos latino-americanos, na década de 1990, voltada a pensar o colonialismo, em princípio na América-Latina e no Caribe, sob um olhar crítico alternativo à epistemologia e aos *standards* do pensamento político, econômico e social eurocêntrico.

(894) A respeito dessa lógica da globalização hegemônica, consultar: SANTOS, Boaventura de Sousa. Poderá o direito ser emancipatório? *Ob. Cit.*, p. 27.

(895) SANTOS, Boaventura de Sousa. Postcolonialism, Decoloniality, and Epistemologies of the South. **Oxford Research Encyclopedias**, Literature, p. 1-30, 2021, p. 15/16.

(896) *Idem.*

(897) Segundo José-Manuel Barreto, a teoria emancipatória de Boaventura de Sousa Santos tem como pano de fundo a ampla escola crítica ao eurocentrismo, que pode ser identificada com o apelo à descolonização do conhecimento. Trata-se de uma corrente de pensamento que surgiu como uma nova epistemologia que defende a reformulação do modo de pensar ocidental-moderno hegemônico e a introdução de uma busca por justiça epistêmica. Essa epistemologia tem sido perseguida ao longo das últimas décadas pelos *Estudos*

lutas cosmopolitas, que libertam os direitos humanos da específica concepção cultural eurocêntrica, submetendo-os a uma *hermenêutica diatópica*, multicultural, capaz de capturar e traduzir mutuamente, numa hibridação virtuosa, as diferentes perspectivas alternativas de dignidade humana, as mais abrangentes e emancipatórias, especialmente as concepções perfilhadas pela *tradição* dos direitos humanos.(898)

Daí que, embora as concepções hegemônicas e seletivas dos direitos humanos sejam frequentemente utilizadas para resolver problemas sociais do mundo civilizado, os direitos humanos também têm sido (e devem ser) utilizados de forma contra-hegemônica para resistir à opressão e construir uma humanidade *pós-abissal*.(899)

A força vital dos direitos humanos como instrumento de transformação social, como afirma Phill Bloomer, está em seu papel inspirador de justiça, em sua linguagem porosa às diversas concepções de dignidade humana e em sua justificativa convincente para o tratamento digno das comunidades pobres e vulneráveis.(900)

6.2. Trabalho decente e terceirização: descolonizando os direitos humanos sociotrabalhistas

Para enfrentar de forma propositiva as mazelas sociais da globalização econômica no mundo do trabalho, em sua 87ª Conferência Internacional do Trabalho, em 1999, a OIT lançou o conceito de *trabalho decente* como importante paradigma internacional de direitos humanos sociotrabalhistas.

Por meio da noção de *trabalho decente*, a OIT busca aplicar à seara laboral a concepção integrada de *desenvolvimento humano e sustentável*, teoricamente concebida pelo filósofo e economista indiano Amartya Sen como uma abordagem ética da economia, que refuta a noção de desenvolvimento veiculada pelo pensamento econômico tradicional, como resultante unicamente do crescimento econômico, com base no PIB e na renda *per capita* dos países.(901)

Subalternos, a exemplo da noção de provincialização do conhecimento europeu, de Dipesh Chakravarty, que questiona sua pretensão de transcendência e universalidade. Consultar: CHAKRABARTY, Dipesh. **Provincializing europe**: postcolonial thought and historical difference. Princeton: Princeton University Press, 2007. Também foi formulada pela *Teoria Decolonial* e sua geopolítica do conhecimento desenvolvida por Enrique Dussel, Aníbal Quijano e Walter Mignolo, que sustentam que a produção do conhecimento na modernidade corre paralela à história do capitalismo mundial e do imperialismo moderno. Consultar: MIGNOLO, Walter. The Geopolitics of Knowledge and the Colonial Difference. **The South Atlantic Quarterly** 101: 57-96, 2002, p. 63/74. *Insights* com uma orientação semelhante também foram desenvolvidos por escolas de pensamento como os *Estudos Culturais* (HALL, Stuart. **Cultural Studies**: two paradigms. Culture and Society 2: 57–72), o *Atlântico Negro* (GILROY, Paul. The Black Atlantic: Modernity and Double Consciousness. Cambridge: **Harvard University Press**, 1993) e a *Black Radical Theory* (BOGUES, Anthony. **Black Heretics: Black Prophets: Radical Political Intellectuals.** New York: Routledge, 2003). Consultar: BARRETO, José-Manuel. Contextualising Boaventura de Sousa Santos's post-colonial legal theory. *Ob. Cit.*, p. 559.

(898) SANTOS, Boaventura de Sousa. Poderá o direito ser emancipatório? *Ob. Cit.*, p. 46.

(899) SANTOS, Boaventura de Sousa. Some theses on decolonizing history. **Seminar**, n. 743, p. 16-27, jul. 2021, p. 17. Disponível em: https://bit.ly/3LMkgAq. Acesso em: 98 abr. 2022. Consultar ainda: SANTOS, Boaventura de Sousa. Postcolonialism, Decoloniality, and Epistemologies of the South. *Ob Cit.*, p. 17.

(900) BLOOMER, Phil. Os direitos humanos são uma ferramenta eficaz para a mudança social? Uma perspectiva sobre direitos humanos e empresas. *Ob. Cit.*

(901) SEN, Amartya. **Sobre ética e economia**. São Paulo: Companhia das Letras, 1999. p. 17. *Apud*: BELTRAMELLI NETO, Silvio; RODRIGUES, Mônica Nogueira. Trabalho Decente: comportamento ético, política pública ou bem juridicamente tutelado? **Revista Brasileira de Políticas Públicas**, v. 11, p. 471-494, 2021, p. 478/483. Conforme acentuam Silvio Beltramelli Neto e Mônica Rodrigues, na obra aqui referenciada, a concepção de desenvolvimento sustentável influenciou importantes

A abordagem ética de Amartya Sen, acolhida na seara da governança global, notadamente no âmbito da ONU, propõe o *desenvolvimento humano* como um processo voltado à expansão das liberdades individuais enquanto finalidade e meio de sua própria realização, como única forma de viabilizar um desenvolvimento econômico sustentável, compatível com as aspirações humanas socioambientais.[902]

A concepção estabelece como meta de desenvolvimento a ampliação das liberdades individuais por meio da remoção das principais fontes de privação da liberdade: *pobreza e tirania, carência de oportunidades econômicas e destituição social sistemática, negligência dos serviços públicos e intolerância ou interferência excessiva de Estados repressivos.*[903]

O *direito ao desenvolvimento* é sobretudo uma demanda por uma globalização ética e solidária, concernente a uma repartição equitativa do bem-estar social e econômico mundial, em contraponto à abissal desigualdade social criada pela globalização neoliberal.[904]

O então Diretor-Geral da OIT, Juan Somavía, define o *trabalho decente* como aquele realizado em condições de liberdade, equidade, seguridade e dignidade humana ou, ainda, aquele trabalho produtivo no qual são respeitados os direitos com seguridade e proteção, com possibilidade de participação nas decisões que afetam os trabalhadores.[905]

Com base nesse substrato teórico, a noção de *trabalho decente* articula um conjunto programático de ações de cooperação técnico-jurídicas a serem desenvolvidas pela OIT junto aos Estados-membros, voltadas à construção de *programas (agendas) de trabalho decente* específicos para cada país, concatenados em torno de quatro objetivos estratégicos: (1) a proteção dos *direitos humanos das relações de trabalho,* (2) a geração de empregos de qualidade, (3) a ampliação da proteção e da segurança social e (4) o fomento do diálogo social. [906]

Na análise de Silvio Beltramelli Neto e Mônica Rodrigues com base em documentos oficiais produzidos pela OIT e pelo Programa das Nações Unidas para o Desenvolvimento (PNUD), o primeiro dos quatro objetivos estratégicos do *trabalho decente,* da *proteção dos direitos humanos das relações de trabalho,* é constituído de três prioridades: 1.1) a promoção da Declaração da OIT sobre Princípios e Direitos Fundamentais no Trabalho, de 1998; 1.2) a intensificação da luta contra o *trabalho infantil* e 1.3) a renovação das atividades relativas às normas da OIT.[907]

---

iniciativas da ONU, como se afere da sucessão de declarações atinentes ao tema: Declaração sobre o Direito ao Desenvolvimento (1986), Declaração do Rio sobre Meio Ambiente e Desenvolvimento (1992), Declaração e Programa de Ação da Cúpula Mundial sobre Desenvolvimento (1995).

(902) *Idem.*

(903) Com essa teorização, San contribuiu para o aperfeiçoamento e difusão do Índice de Desenvolvimento Humano (IDH), um conjunto de dados e medições da pobreza e da fome, voltados a também subsidiar ações coletivas e escolhas governamentais. *Idem,* p. 478.

(904) PIOVESAN, Flávia. Direito ao trabalho e a proteção dos direitos sociais nos planos internacional e constitucional. *In*: PIOVESAN, Flávia; CARVALHO, Luciana Paula Vaz de (coord.). **Direitos humanos e direito do trabalho.** São Paulo: Atlas, p. 3-31, 2010, p. 12.

(905) ORGANIZACIÓN Internacional del Trabajo. Conferencia Internacional del Trabajo. 87ª reúnion. **Memoria Del Director General:** Trabajo Decente. *Ob. Cit.*

(906) *Idem,* p. 473/483. Consultar ainda: ORGANIZACIÓN Internacional del Trabajo. Conferencia Internacional del Trabajo. 87ª reúnion. **Memoria Del Director General:** Trabajo Decente. Oficina Internacional del Trabajo, Ginebra, jun. 1999. p. 14. Disponível em: https://bit.ly/3LqovBs. Acesso em: 29 mar. 2022.

(907) BELTRAMELLI NETO, Silvio; RODRIGUES, Mônica Nogueira. Trabalho Decente: comportamento ético, política pública ou bem juridicamente tutelado? *Ob. Cit.*, p. 473/474.

O segundo objetivo, da *geração de empregos de qualidade*, remete à promoção de empregos dignos, remunerados, sem distinção de sexos, com a proteção necessária e com igualdade de condições de ingresso.[908]

O terceiro objetivo estratégico, relativo à *ampliação da proteção social*, diz respeito à salvaguarda pelo Estado daqueles que, permanente ou transitoriamente, não têm condição de manter seu autossustento por inaptidão para o trabalho ou em razão do desemprego, sobretudo em virtude das crises econômicas.[909]

Por fim, o quarto objetivo estratégico, de *fomento do diálogo social*, visa à difusão da conformação tripartite da OIT como sistema de deliberações consensuadas da tensão capital-trabalho, orientadas para soluções perenes.[910]

Como se observa, os objetivos estratégicos buscam reunir os elementos essenciais de combate ao trabalho forçado, infantil, informal, sem segurança social, precarizado nos aspectos remuneratório, de jornada, saúde e segurança, discriminatório e sem liberdade de atuação coletiva. Conforme visto no curso da obra, são condições muito presentes nos elos terceirizados das cadeias globais de mercadorias, que aviltam a dignidade humana do trabalhador.

No plano programático, o Brasil lançou sua *Agenda Nacional do Trabalho Decente* (ANTD), em 2006, conferindo-lhe impulso em 2007 com a constituição de um grupo técnico tripartite de consulta e monitoramento, no âmbito do Ministério do Trabalho e Emprego (MTE). Em 2009, foi concebido o *Plano Nacional de Emprego e Trabalho Decente* (PNETD), como instrumento de implementação da ANTD, a partir de uma proposta construída por um grupo interministerial mais amplo que o anterior, também coordenado pelo MTE e com a assistência técnica da OIT. [911]

Mas os retrocessos sociais impostos pela atuação neoliberal do governo federal brasileiro, a partir de 2016, colocaram freio no processo de implementação da Agenda do Trabalho Decente no País, cenário agravado pela pandemia da Covid-19, a partir de 2020. Relatório de 2021 acerca da implementação da Agenda 2030 no Brasil aponta que 54,4% de suas metas estiveram em retrocesso, 16% estagnadas, 12,4% ameaçadas e 7,7% com progresso insuficiente.[912]

Beltramelli Neto e Julia Voltani analisam o longo processo de desenvolvimento conceitual que se operou no âmbito da OIT, nos anos seguintes à 87ª Conferência Internacional, em meio a acirradas disputas sobre o conteúdo da noção de *trabalho decente*. Esse trajeto, segundo os autores, é marcado pela "proposital ausência de dedicação à construção de uma definição precisa", com o arrefecimento da disputa em torno do seu caráter universal, em face da prevalência de uma "concepção cujo conteúdo está sujeito a vicissitudes nacionais e deve ser compreendido sobretudo pelos objetivos estratégicos enunciados como instrumentos de sua consecução".[913]

---

(908) *Idem.*
(909) *Idem.*
(910) *Idem.*
(911) ORGANIZAÇÃO Internacional do Trabalho (OIT). **Promoção do trabalho decente no Brasil**. Disponível em: https://bit.ly/3ITmKv0. Acesso em: 29 mar. 2022.
(912) GRUPO de Trabalho da Sociedade Civil para a Agenda 2030. **V relatório luz da sociedade civil**. Agenda 2030 de desenvolvimento sustentável. Brasil, 2021. Disponível em: https://bit.ly/3rghhs4. Acesso em: 11 abr. 2022.
(913) BELTRAMELLI NETO, Silvio; VOLTANI, Julia de Carvalho. Investigação histórica do conteúdo da concepção de Trabalho Decente no âmbito da OIT e uma análise de sua justiciabilidade. *Ob. Cit.*, p. 170/173.

Em 2015, o *trabalho decente* passou a figurar ao lado do desenvolvimento econômico como o oitavo Objetivo de Desenvolvimento Sustentável da Agenda 2030 da ONU. A meta consiste em promover o crescimento econômico inclusivo e sustentável, o emprego pleno e produtivo e o trabalho digno para todos.(914)

As ações que integram esse oitavo Objetivo auxiliam a compreender a interpretação conferida pela ONU sobre o conteúdo do *trabalho decente*. Para além do combate ao trabalho forçado, ao trabalho infantil e à discriminação no emprego (item 8.7), ações que já integram o primeiro objetivo estratégico do *trabalho decente* (vinculado à Declaração da OIT de 1998), para a ONU a noção também compreende a criação de *emprego pleno e produtivo*, inclusive para jovens e pessoas com deficiência, e *remuneração igual para trabalho de igual valor* (8.5); a promoção de educação e *formação* de jovens para o emprego (8.6); a *proteção dos direitos trabalhistas* e a promoção de *ambientes de trabalho seguros e protegidos* (8.7).(915)

A proteção de direitos trabalhistas referida no item 8.7 do oitavo Objetivo da Agenda 2030, por sua vez, remete prioritariamente ao conjunto de direitos humanos sociotrabalhistas cuja proteção é passível de ser exigida de todos os Estados, por constituir obrigações derivadas de normas internacionais dotadas de força cogente (*jus cogens*), tal como ocorre com as normas sociotrabalhistas da DUDH e da Declaração da OIT sobre Princípios e Direitos Fundamentais no Trabalho, de 1998, além das convenções internacionais da OIT ratificadas pelo Estado e normas internas de proteção ao trabalho.

Isso agrega à noção de *trabalho decente* um substancioso estatuto de direitos humanos sociotrabalhistas, que deve resultar não apenas da soma das diferentes normas, mas de uma interpretação *pro persona* das diversas normas, em especial daquelas eventualmente sobrepostas ou conflitantes. O princípio de interpretação *pro persona*, derivado da jurisprudência internacional de direitos humanos, diz que "toda interpretação deve ser ampliativa, em favor do indivíduo a cuja proteção destina-se a norma interpretada, não se aplicando interpretação restritiva a benefício do Estado".(916)

Ao lado dessa interpretação ampliativa das normas de direitos humanos socio-trabalhistas, sobre elas ainda incide o *princípio da progressividade* ou da *vedação do retrocesso social*, previsto no PIDESC (Parte II, artigo 2º, §1).(917)

Leciona Gabriela Neves Delgado que o princípio da progressividade deve ser analisado por meio das perspectivas estática e dinâmica. Na perspectiva estática, os Estados devem observar um núcleo duro de direitos cuja efetivação independe mesmo de ratificação de diplomas internacionais, a exemplo das normas da Declaração da OIT de 1998, porque dotadas de força cogente. Na perspectiva dinâmica, o princípio da progressividade exige que as normas internacionais aperfeiçoem a legislação nacional, não podendo ser adotadas para diminuir o padrão de proteção existente.(918)

---

(914) ORGANIZAÇÃO das Nações Unidas (ONU). **A Agenda 2030 para o Desenvolvimento Sustentável.** Set. 2015. Disponível em: https://bit.ly/3wJ8T83. Acesso em: 29 mar. 2022.

(915) *Idem.*

(916) BELTRAMELLI NETO, Silvio. **Curso de direitos humanos.** *Ob. Cit.*, p. 251/252.

(917) Pacto Internacional dos Direitos Econômicos, Sociais e Culturais. Parte II. Artigo 2º. "*§ 1. Cada Estado Membro no presente Pacto compromete-se a adotar medidas, tanto por esforço próprio como pela assistência e cooperação internacionais, principalmente nos planos econômico e técnico, até o máximo de seus recursos disponíveis, que visem a assegurar, progressivamente, por todos os meios apropriados, o pleno exercício dos direitos reconhecidos no presente Pacto, incluindo, em particular, a adoção de medidas legislativas*".

(918) DELGADO, Gabriela Neves. Direitos humanos dos trabalhadores: perspectiva de análise a partir dos princípios internacionais do Direito do Trabalho e do Direito Previdenciário. *Ob. Cit.*, p. 64.

Ademais, na noção de *emprego de qualidade*, que constitui o segundo objetivo estratégico da noção de *trabalho decente*, insere-se a indispensável regulação articulada dos elementos salário-jornada, aspecto que, nas aguçadas percepções de Délio Maranhão[919] e Maurício Godinho Delgado,[920] constitui a quintessência do processo de produção capitalista. Não por outra razão, figuram entre os direitos humanos sociais previstos na DUDH a *remuneração justa e satisfatória* (artigo 23.3) e a *limitação razoável das horas de trabalho* (artigo 24).

No mesmo sentido, asseveram Fernando Pedroso e Silvio Beltramelli Neto que, sob a perspectiva do *trabalho decente*, o limite de tempo dedicado ao processo produtivo implica, ao mesmo tempo, cumprimento das normas jurídicas consagradoras de direitos humanos e implemento de qualidade do posto laboral (primeiro e segundo objetivos estratégicos do *trabalho decente*, respectivamente), sendo a limitação da jornada também elemento inerente à preservação de uma contraprestação digna e de um ambiente de trabalho seguro e saudável.[921]

A investigação do conteúdo da noção de *trabalho decente* em face do Estado também revela sua forte dimensão normativa em relação aos agentes econômicos. Em estudo sobre o tema, Silvio Beltramelli e Mônica Rodrigues constatam que, embora a noção de *trabalho decente* seja aprioristicamente programática e processual, dada a vocação principal de impulsionar políticas públicas nacionais, por outro lado, a partir dos seus objetivos estratégicos, o *trabalho decente* também "permite entrever um comportamento ético a ser observado no campo privado, sobretudo pelos atores do mercado que compram a força de trabalho", do que se infere seu caráter normativo.[922]

Nesse sentido, afirmam os autores, a noção também revela um padrão globalmente aceito de condições de trabalho condizentes com o desenvolvimento humano e que, ao mesmo tempo, "faça as vezes de paradigma para o exame da consonância de práticas privadas e públicas com o processo de desenvolvimento sustentável aplicado ao campo laboral".[923]

Na justificação teórica do *status* normativo do *trabalho decente*, Silvio Beltramelli Neto e Julia Voltani buscam identificar seus elementos de coercibilidade (capacidade de impor conduta condizente com seu enunciado), heteronomia (imperatividade derivada de autoridade externa) e bilateralidade atributiva (aptidão do titular do direito para exigir sua proteção estatal).[924]

Os autores demonstram a presença desses traços com base na identificação de um conteúdo comportamental delimitado pela norma do *trabalho decente*; da legitimidade de sua fonte, presente na atribuição normativa-constitutiva da OIT; da ampliação hodierna das fontes materiais do Direito Internacional Público, não mais

---

(919) MARANHÃO, Délio. **Direito do Trabalho.** 14. ed. Rio de Janeiro: Fundação Getúlio Vargas, 1987, p. 83.

(920) DELGADO, Maurício Godinho. **Curso de Direito do Trabalho.** *Ob. Cit.*, p. 1024/1025.

(921) BELTRAMELLI NETO, Silvio; PEDROSO, Fernando Carmona. *Tempus Atque Dignitas*: jornada laboral no século XXI sob os paradigmas teóricos do trabalho digno e cooperativo internacional do trabalho decente. *In*: DELGADO, Gabriela Neves (coord.). Coleção Trabalho, Constituição e Cidadania. **Direito Fundamental ao Trabalho Digno no Século XXI.** Desafios e ressignificações para as relações de trabalho da era digital. Vol. III. São Paulo: LTr, p. 182-198, 2020.

(922) BELTRAMELLI NETO, Silvio; RODRIGUES, Mônica Nogueira. Trabalho Decente: comportamento ético, política pública ou bem juridicamente tutelado? *Ob. Cit.*, p. 490.

(923) *Idem*, p. 489.

(924) BELTRAMELLI NETO, Silvio; VOLTANI, Julia de Carvalho. Investigação histórica do conteúdo da concepção de Trabalho Decente no âmbito da OIT e uma análise de sua justiciabilidade. *Ob. Cit.*, p. 176/177.

exclusivamente dependente do consentimento dos Estados, mas também assentado na *opinio juris*, uma "consciência jurídica universal sobre a obrigatoriedade jurídica de determinados comportamentos (...)" para assegurar *valores* fundantes dos direitos humanos; e, por fim, na afirmação da justiciabilidade própria dos direitos sociais, que integram o conteúdo do *trabalho decente*.(925)

Nessa perspectiva, embora não exista um tratado ou declaração internacional sobre o *trabalho decente* especificamente oponível aos Estados, após figurar por duas décadas como vetor central da atuação da OIT com respaldo dos Estados-membros, o *trabalho decente* passou a ostentar caráter de norma jurídica fundada na *opinio juris* da comunidade internacional, para além da OIT, inclusive porque a noção é contemplada e interpretada pela ONU, na Agenda 2030.(926)

No processo de transposição para as realidades nacionais, o caráter normativo abstrato do *trabalho decente* amolda-se em extensão e profundidade, sofrendo influxo da disciplina jurídica internacional incorporada pelo Estado-nação relativa às categorias dos objetivos estratégicos.

Quanto mais frágil ou inexistente é a regulação pública dessas categorias, no âmbito do Estado, como é próprio em países periféricos, maior é a necessidade de afirmação do caráter normativo do *trabalho decente* como *standard* internacional de direitos humanos sociotrabalhistas, com vistas à sua exigência em face do Estado, em socorro às populações carentes. Por consequência, nesse cenário de fragilidade regulatória, o conteúdo normativo da noção retrai-se ao denominador comum internacional passível de ser juridicamente exigido do Estado.

Esse denominador comum não deve ser inferior ao que estatuem as normas sociais de *jus cogens*, como a DUDH, a Declaração da OIT de 1998 e as normas internacionais de fontes materiais e formais não-pactícias, como aquelas derivadas dos costumes, dos princípios gerais de direito e da jurisprudência internacional (fontes previstas no art. 38 do Estatuto da Corte Internacional de Justiça, que integra o sistema global de direitos humanos), além da *opinio juris* como manifestação de uma *consciência jurídica da humanidade*.(927)

Inseridas nessa última categoria, as normas de *soft law* produzidas por organizações internacionais, enquanto consensos emanados daquela consciência jurídica da humanidade e enquanto fontes materiais do Direito Internacional,(928) exercem relevante função de vetores de interpretação e integração do estatuto internacional cogente de direitos humanos sociotrabalhistas.

---

(925) A ideia da *opinio juris* como *consciência jurídica universal* é extraída da doutrina de Antônio Augusto Cançado Trindade, como expressão da consciência humana que enriquece o universo dos *valores* e fomenta o espírito de solidariedade internacional em torno da formação dos direitos humanos, valores esses que, segundo o jurista, guiaram, inclusive, o reconhecimento do imperativo de satisfazer as necessidades sociais básicas. *Idem*. Consultar também: TRINDADE, Antônio Augusto Cançado. **Desafios e conquistas do Direito Internacional dos Direitos Humanos no início do século XXI**. Organization of American States – OAS, More Rights for More People, p. 407-490, ago. 2006. Disponível em: https://bit.ly/3wSWRr4. Acesso em: 25 maio 2022.

(926) BELTRAMELLI NETO, Silvio; VOLTANI, Julia de Carvalho. Investigação histórica do conteúdo da concepção de Trabalho Decente no âmbito da OIT e uma análise de sua justiciabilidade. *Ob. Cit.*, p. 176/177.

(927) A respeito das fontes dos direitos humanos, consultar: BELTRAMELLI NETO, Silvio. **Curso de direitos humanos**. *Ob. Cit.*, p. 121/137.

(928) *Idem*, p. 137/139.

A DUDH, que integra o direito *costumeiro* internacional com caráter de *jus cogens*, por si só ostenta, em seus artigos 22 a 25, um importante rol de direitos humanos sociotrabalhistas suficientes para ancorar os objetivos estratégicos da noção de *trabalho decente*, tais como: o direito ao trabalho; a segurança social; a organização e livre atuação de sindicatos; a uma remuneração justa e satisfatória que assegure ao trabalhador e à sua família um padrão de vida com saúde, bem-estar, alimentação, vestuário, habitação, cuidados médicos e serviços sociais indispensáveis; a condições justas e favoráveis de trabalho, com limitação razoável das horas de trabalho, repousos e férias remuneradas periódicas; a assistências especiais à maternidade e à infância; à equivalência salarial por trabalho de igual valor e a proteção contra o desemprego.[929]

Por outro lado, quanto mais ampla e forte é a regulação jurídica das categorias do *trabalho decente* no âmbito do Estado, menor a necessidade de afirmação do seu caráter normativo internacional, que passa a ter uma função mais interpretativa e balizadora dos direitos humanos sociais vinculados às suas categorias.

Nesse outro cenário, em que a noção dispõe de substrato normativo estatal para promoção do seu conteúdo, como veículo programático de políticas públicas, os objetivos estratégicos ganham reforço das normas de direitos humanos incorporadas à ordem jurídica interna, para além daquele estatuto internacional cogente mínimo acima referido.

No Brasil, que dispõe de um amplo sistema de proteção aos direitos humanos oficializado na Constituição de 1988, e que desde então passou a ratificar os mais importantes instrumentos internacionais de direitos humanos, atuando fortemente junto à OIT,[930] as categorias normativas integrantes da noção de *trabalho decente* ancoram-se numa densa normatização de direitos humanos.[931]

---

(929) Declaração Universal dos Direitos Humanos. *"Artigo 22. Todo ser humano, como membro da sociedade, tem direito à segurança social, à realização pelo esforço nacional, pela cooperação internacional e de acordo com a organização e recursos de cada Estado, dos direitos econômicos, sociais e culturais indispensáveis à sua dignidade e ao livre desenvolvimento da sua personalidade. Artigo 23. 1. Todo ser humano tem direito ao trabalho, à livre escolha de emprego, a condições justas e favoráveis de trabalho e à proteção contra o desemprego; 2. Todo ser humano, sem qualquer distinção, tem direito a igual remuneração por igual trabalho; 3. Todo ser humano que trabalha tem direito a uma remuneração justa e satisfatória que lhe assegure, assim como à sua família, uma existência compatível com a dignidade humana e a que se acrescentarão, se necessário, outros meios de proteção social; 4. Todo ser humano tem direito a organizar sindicatos e a neles ingressar para proteção de seus interesses. Artigo 24. Todo ser humano tem direito a repouso e lazer, inclusive a limitação razoável das horas de trabalho e a férias remuneradas periódicas. Artigo 25. 1. Todo ser humano tem direito a um padrão de vida capaz de assegurar a si e à sua família saúde, bem-estar, inclusive alimentação, vestuário, habitação, cuidados médicos e os serviços sociais indispensáveis e direito à segurança em caso de desemprego, doença invalidez, viuvez, velhice ou outros casos de perda dos meios de subsistência em circunstâncias fora de seu controle; 2. A maternidade e a infância têm direito a cuidados e assistência especiais. Todas as crianças, nascidas dentro ou fora do matrimônio, gozarão da mesma proteção social"*. Consultar: ORGANIZAÇÃO das Nações Unidas (ONU). **Declaração Universal dos Direitos Humanos**. *Ob. Cit.*

(930) O Brasil ratificou um total de 82 Convenções da OIT em vigor. Das Convenções fundamentais da OIT, o Brasil ratificou todas, exceto a Convenção 87 sobre liberdade sindical. Desde sua criação, a OIT aprovou 189 Convenções Internacionais do Trabalho. ORGANIZAÇÃO Internacional do Trabalho. **Normas internacionais do trabalho no Brasil**. Disponível em: https://bit.ly/3KB9lcK. Acesso em: 12 abr. 2022.

(931) A partir da Constituição de 1988, importantes tratados internacionais de direitos humanos foram ratificados pelo Brasil, valendo destacar os seguintes, por sua relevância sobre temas socio-laborais: a) da Convenção sobre os Direitos da Criança, em 24 de setembro de 1990; b) do Pacto Internacional dos Direitos Civis e Políticos, em 24 de janeiro de 1992; c) do Pacto Internacional dos Direitos Econômicos, Sociais e Culturais, em 24 de janeiro de 1992; d) da Convenção Americana de Direitos Humanos, em 25 de setembro de 1992; e) do Protocolo à Convenção Americana referente aos Direitos Econômicos, Sociais e Culturais (Protocolo de San Salvador), em 21 de agosto de 1996; f) da Convenção Interamericana para Eliminação de todas as formas de Discriminação contra Pessoas Portadoras de Deficiência, em 15 de agosto

Aqui, além da essencial função programática impulsionadora de políticas públicas dirigidas às populações mais carentes, a noção de *trabalho decente* exerce o importante papel argumentativo, destacado por Boaventura de Sousa Santos, como um *standard* internacional mínimo de direitos abaixo do qual se encontra negada a dignidade humana à vista da *opinio juris* internacional, evidenciando a questão moral *humanitária* como pano de fundo da discussão jurídica.

Nesse sentido, conforme apontam Silvio Beltramelli e Bianca Menacho em importante pesquisa sobre o tema, a noção de *trabalho decente* é passível de apropriação *decolonial*: sua natureza maleável e adaptável às vicissitudes sociais, econômicas e políticas nacionais oferece espaço para disputas e encaminhamentos locais de matriz subalterna, como instrumento de luta contra-hegemônica "pelas vias institucionais já asseguradas, sem prejuízo de outras que se abram".[(932)]

Assim é que, em sua adaptação substancialmente democrática e descolonizada ao contexto socioeconômico brasileiro, a noção de *trabalho decente*, primeiro, evidencia a omissão do Estado na proteção ao estatuto mínimo internacional e cogente de direitos humanos, diante das mais intensas violações de direitos sociotrabalhistas – trabalho forçado, trabalho infantil, remuneração inferior ao mínimo legal, jornadas extenuantes, ambientes insalubres e/ou perigosos, perseguição à atividade sindical etc. São condições muito presentes nos níveis inferiores de subcontratação terceirizada das grandes cadeias produtivas, em que os trabalhadores são remetidos a uma órbita de informalidade e/ou de precariedade laboral reprodutora de pobreza estrutural.

Depois, a noção denuncia a urgência de responsabilização dos atores envolvidos nas violações ao padrão mínimo internacional de *trabalho decente*, em especial das empresas controladoras de cadeias produtivas que induzem e se beneficiam da superexploração precarizada do trabalho.

Para além disso, em sua contextualização às vicissitudes nacionais, a noção de *trabalho decente* também oferece espaço para adaptações pós-coloniais quando atua como estrutura fundacional de direitos humanos sociotrabalhistas, a partir da qual são construídos novos e elevados *standards* locais de proteção social ao trabalhador, potencializando seu papel emancipatório a serviço do desenvolvimento humano.

O sistema jurídico brasileiro, assim como os dos países que ratificaram os mais importantes tratados internacionais de direitos humanos econômicos e sociais, não obstante a reforma trabalhista neoliberal levada a cabo em 2017, ainda ostenta um elevado *standard* normativo de proteção social dos trabalhadores, que agrega conquistas civilizatórias para além do mínimo cogente internacional de caráter humanitário.

É próprio da economia brasileira, com espaços laborais de centro e periferia convivendo lado a lado, divididos pela *linha abissal* (ver Capítulo 2 - 2.5), a destinação desse *standard* mais elevado de direitos aos trabalhadores dos espaços centrais (empresas-líderes e grandes fornecedoras), enquanto nos espaços periféricos (nos elos

de 2001; g) da Convenção sobre os Direitos das Pessoas com Deficiência e seu Protocolo Facultativo, em 1º de agosto de 2008; h) do Protocolo Facultativo ao Pacto Internacional dos Direitos Civis e Políticos, em 25 de setembro de 2009. Consultar: PIOVESAN, Flávia. **Direitos humanos e o direito constitucional internacional.** *Ob. Cit.*, p. 234.

(932) BELTRAMELLI NETO, Silvio; MENACHO, Bianca Braga. A concepção de trabalho decente é suscetível à apropriação decolonial? Reflexões a partir das críticas ao conceito moderno de desenvolvimento. *Ob. cit.*, p. 20.

terceirizados e subcontratados), vigora um modelo básico de subsistência e onde, não raro, são negadas até as condições mínimas de *trabalho decente*.

O grande desafio pós-colonial da noção de *trabalho decente* no Brasil é, pois, constituir o patamar internacional humanitário a partir do qual a conquista do mais elevado *standard* de proteção sociotrabalhistas, ancorada na Constituição democrática de 1988, possa ser transposta da abstração normativa para a realidade também na vida das populações trabalhadoras vulneráveis das periferias produtivas, pondo fim à distinção abissal que divide esses mundos laborais, de modo que se tornem um único espaço democrático de civilidade e desenvolvimento humano.

O *standard* normativo brasileiro de proteção social trabalhista, objeto de estudo no próximo tópico, será aqui retratado no paradigma teórico do *direito fundamental ao trabalho digno* proposto por Gabriela Neves Delgado, concebido no plano da juridicidade nacional, no marco da Constituição democrática de 1988, sob influxo do sistema internacional de direitos humanos.

Embora o *direito fundamental ao trabalho digno* retrate no plano nacional um padrão normativo-tutelar naturalmente muito mais amplo do que o padrão internacional do *trabalho decente*, sob uma justificação teórica também peculiar, ambos os paradigmas desfrutam de idêntica origem axiológica na proteção da *dignidade da pessoa humana*, fundamento germinal dos direitos humanos. [933]

A ideia do *trabalho digno* que ancora o padrão normativo sociotrabalhistas brasileiro é a mesma que reside na qualificação axiológica do *trabalho decente* enquanto dimensão sociotrabalhistas internacional mínima de direitos humanos,[934] apenas articulada sob um padrão teórico peculiar à experiência constitucional brasileira.

Cinara Rosenfield e Jandir Pauli sugerem a existência de uma aparente dicotomia doutrinária entre *trabalho decente* e *trabalho digno*, em que o *trabalho decente* assume uma concepção mais operacional como veículo de cidadania, no plano concreto, e o *trabalho digno* é tido como uma concepção mais abstrata, uma dimensão moral universal inerente aos direitos humanos. Os autores buscam superar essa aparente dicotomia situando historicamente a dignidade humana na concretude das relações de trabalho, onde se integram as dimensões jurídica e moral dos direitos humanos.[935]

De fato, não há contraposição substantiva entre as figuras, senão diferenças teórico-funcionais. A ideia do *trabalho digno* que reside na dimensão sociotrabalhistas dos direitos humanos é a mesma que qualifica axiologicamente o *trabalho decente* como manifestação normativa dos direitos humanos.

É comum, inclusive, o uso indistinto das expressões *trabalho decente* e *trabalho digno* no plano institucional, como se verifica na tradução para o português, em alguns documentos e no site da OIT Portugal, da expressão *decent work* como *trabalho digno*.[936]

---

(933) A respeito, consultar: BELTRAMELLI NETO, Silvio. **Conteúdo material e culturalmente inclusivo do princípio da dignidade da pessoa humana**. Revista Jurídica Trabalho e Desenvolvimento Humano, v. 4, p. 1-42, 2021.

(934) A esse respeito: ALVES, Marcos César Amador. Trabalho decente sob a perspectiva dos direitos humanos. *In*: PIOVESAN, Flávia; CARVALHO, Luciana Paula Vaz de (coord.). **Direitos humanos e direito do trabalho**. São Paulo: Atlas, p. 328-348, 2010, p. 332.

(935) ROSENFIELD, Cinara L.; PAULI, Jandir. Para além da dicotomia entre trabalho decente e trabalho digno: reconhecimento e direitos humanos. **Caderno CRH**, Salvador, v. 25, n. 65, p. 319-329, maio/ago. 2012.

(936) ORGANIZAÇÃO Internacional do Trabalho (OIT). **Trabalho digno**. Disponível em: https://bit.ly/3OiYk2b. Acesso em: 12 abr. 2022.

Isso ocorre no relatório da 105ª Conferência Internacional do Trabalho, originalmente intitulada *Decent Work in Global Supply Chains* e traduzida para o português como *Trabalho Digno nas Cadeias de Abastecimento Mundiais.*(937)

A correspondência justifica-se do ponto de vista semântico. Em português, *decente* é expressão que significa aquilo que está "conforme as regras morais e éticas da sociedade; correto, decoroso, digno".(938) Por sua vez, *digno* remete aquilo que é "honesto; que expressa decência: trabalho digno".(939)

Assim, tanto na perspectiva teórico-axiológica quanto no plano semântico, *trabalho decente* é expressão que corresponde a *trabalho digno*, e essa identidade marca a interseção da figura do *trabalho decente* com o paradigma brasileiro do *direito fundamental ao trabalho digno.*

6.3. O direito fundamental ao trabalho digno como padrão mínimo de proteção social ao trabalho, no Brasil

Na construção teórica do paradigma do *direito fundamental ao trabalho digno,* Gabriela Neves Delgado parte do pressuposto de que o trabalho, como direito universal fundamental, constitui suporte material de valor da dignidade da pessoa humana, e, na qualidade de *trabalho digno,* recebe da ordem jurídica democrática uma tutela voltada a promover as capacidades pessoais e o bem-estar social trabalhador.(940)

A proposição sintetiza a orientação filosófico-constitucional que articula a valorização social do trabalho, a justiça social e a dignidade da pessoa humana como eixos axiológicos nucleares do Estado Democrático de Direito, na Constituição de 1988.

Partindo da *teoria filosófica dos valores,* leciona Gabriela Delgado que o valor, enquanto essência do interesse humano residente na esfera ética ideal, somente adquire qualidade material quando penetra na esfera do real, sendo realizado no mundo da vida. Ao ser regulamentado pelo ordenamento jurídico por ato da vontade humana, adquire materialidade deontológica, adentrando o plano do dever-ser. Nesse plano, o valor encontra suporte em coisas, bens, seres e pessoas que se tornam depositários de sua qualidade material.(941)

Assim é que a *dignidade da pessoa humana* passou a constituir valor fundante do sistema internacional de direitos humanos, inspirando e orientando as modernas Constituições democráticas, que a tutelam em sua qualidade material.

---

(937) A tradução como *trabalho digno* foi utilizada apenas para o português. A expressão original – *decent work* – foi mantida pela OIT na tradução do relatório da Conferência para outros idiomas, como o espanhol (*El trabajo decente en las cadenas mundiales de suministro* – Disponível em: https://bit.ly/3uHo2WB. Acesso em: 12 fev. 2022.) e o francês (*Le travail décent dans les chaînes d'approvisionnement mondiales*" - Disponível em: https://bit.ly/3BfqCEy. Acesso em: 12 fev. 2022). Consultar: ORGANIZAÇÃO Internacional do Trabalho (OIT) - Conferência Internacional do Trabalho. 105ª Sessão. Relatório IV. **Trabalho digno nas cadeias de abastecimento mundiais**. *Ob. Cit.*

(938) MICHAELIS Dicionário Brasileiro da Língua Portuguesa. Vocábulo: decente. Disponível em: https://bit.ly/3vgufr4. Acesso em: 12 abr. 2021.

(939) DICIO Dicionário Online de Português. Vocábulo: digno. Disponível em: https://bit.ly/3riVlgg. Acesso em: 12 abr. 2022.

(940) A proposta teórica encontra-se sintetizada na obra germinal *Direito Fundamental ao Trabalho Digno* (2006) e orienta o trabalho intelectual da autora em sua extensa obra doutrinária. Consultar: DELGADO, Gabriela Neves. **Direito fundamental ao trabalho digno.** *Ob. cit.*

(941) Acerca da *filosofia dos valores,* ver: HESSEN, Johannes. **Filosofia dos valores**. Prefácio e trad.: L. Cabral de Moncada. 5. ed. Coimbra: Armênio Amado, 1980. *Apud*: DELGADO, Gabriela. O trabalho como suporte de valor. Revista da Faculdade de Direito da UFMG, Belo Horizonte, n. 49, jul./dez. 2006, p. 64.

No sentido filosófico geralmente aceito, segundo Ingo Wolfgang Sarlet, invocado por Gabriela Delgado, "a dignidade revela a própria condição humana, apresentando-se no gênero humano sem fronteiras".[942] Diz respeito ao valor mesmo da existência humana, inerente a cada pessoa antes de qualquer normatividade. Por isso, a dignidade não pode ser retirada do homem, mas pode ser violada na dinâmica concreta de sua materialização. Foi o que se reconheceu após a Segunda Guerra, cujas atrocidades desafiaram a tutela da dignidade humana, pelo sistema internacional de direitos humanos, como única e necessária condição legítima para titularidade de direitos básicos, independentemente de qualquer outra condição.[943]

O pensamento de Immanuel Kant apresenta a formulação ocidental mais amplamente aceita do homem como ser racional e, portanto, como fim em si mesmo, e não como meio desprovido de razão. Essa formulação fundada na autonomia ética do ser humano inspira a concepção ocidental secularizada da *dignidade* como qualidade peculiar insubstituível do ser humano, por isso alçada a eixo axiológico central dos direitos humanos.[944]

Ingo Sarlet toma a dignidade da pessoa humana, no plano jurídico, como uma "qualidade intrínseca e distintiva reconhecida em cada ser humano que o faz merecedor do mesmo respeito e consideração por parte do Estado e da comunidade". Disso decorre o complexo de *direitos fundamentais* que resguardam a pessoa contra todo e qualquer ato degradante e desumano, conferindo-lhe "condições existenciais mínimas para uma vida saudável, além de propiciar e promover sua participação ativa e corresponsável nos destinos da própria existência e da vida em comunhão com os demais seres humanos".[945]

Dessa forma, a dignidade humana tornou-se o núcleo de afirmação dos direitos humanos civis, políticos, econômicos, sociais e culturais, universalizando-se como um polo de atração para conquista progressiva de novos direitos fundamentais no paradigma constitucional democrático.[946]

Nesse sentido, o trabalho, enquanto *atividade humana* materializada numa obrigação de fazer, segundo Gabriela Delgado, constitui *suporte* (do valor) da *dignidade da pessoa humana*, sendo por isso juridicamente tutelado como uma qualidade material da dignidade da pessoa humana. E, ao adentrar o mundo deontológico, o caráter bipolar do valor-trabalho (o que é valoroso sempre carrega a antítese do que não é valoroso) também adquire expressão jurídica, como algo afrontoso ou violador do ideal tutelado.[947]

---

(942) SARLET, Ingo Wolfgang. **Dignidade da pessoa humana e direitos fundamentais na Constituição Federal de 1988**. 3ª ed. Porto Alegre: Livraria do Advogado, 2004, pp. 143. *Apud*: DELGADO, Gabriela. **Direito fundamental ao trabalho digno**. *Ob. cit.*, p. 203.

(943) FACHIN, Melina Girardi. Ponto cego do direito internacional dos direitos humanos: uma superação do paradigma estatocêntrico e a responsabilidade internacional de empresas violadoras de direitos humanos. *Ob. Cit.*, p. 3.

(944) HOLANDA, Marcus Mauricius. **Análise constitucional do acesso ao trabalho digno, como instrumento do desenvolvimento econômico e social.** 3ª ed. Rio de Janeiro: Lumen Iuris, 2021, p. 7/15.

(945) SARLET, Ingo Wolfgang. **Dignidade da pessoa humana e direitos fundamentais na Constituição Federal de 1988**. 3ª ed. Porto Alegre: Livraria do Advogado, 2004, p. 143. *Apud*: DELGADO, Gabriela. **Direito fundamental ao trabalho digno**. *Ob. cit.*, p. 204.

(946) CASTRO, Roberto Carlos Siqueira. Dignidade da pessoa humana: o princípio dos princípios constitucionais. *In*: SARMENTO, Daniel; GALDINO, Flávio (org.). **Direitos fundamentais**: estudos em homenagem ao professor Ricardo Lobo Torres. Rio de Janeiro: Renovar, 2006, p. 136.

(947) DELGADO, Gabriela. O trabalho como suporte de valor. **Revista da Faculdade de Direito da UFMG**, Belo Horizonte, n. 49, p. 63-80, jul./dez. 2006, p. 70.

Assim é que, para constituir suporte de valor da dignidade da pessoa humana, o trabalho precisa ser instrumento de sua promoção pessoal e social, de modo que, por meio dele, o trabalhador se reconheça em sua condição humana. Lado contrário, o trabalho precário, penoso, mal remunerado, forçado, infantil etc., em condições adversas à promoção da dignidade humana, passa a ser suporte de um valor negativo, a antítese do valor humano juridicamente tutelado, porque coisifica o trabalhador, seja como instrumento do interesse egoístico do capital produtivo, seja como condição decorrente de sua exclusão social.[(948)]

Daí porque, segundo Gabriela Delgado, o *direito fundamental ao trabalho* reconhecido e proclamado pelo sistema internacional de direitos humanos (DUDH, artigo 23.1;[(949)] PIDESC, artigo 6º.1[(950)]) diz respeito ao trabalho capaz de promover a *dignidade humana* do trabalhador enquanto suporte material da referência axiológica central do sistema jurídico.[(951)]

No lastro do sistema internacional de direitos humanos, a Constituição da República de 1988 consagra a *dignidade da pessoa humana* como fundamento do Estado Democrático de Direito (CR/1988, art. 1º, IV), reconhecendo categoricamente o ser humano como finalidade precípua de toda regulação estatal. Para corresponder a essa orientação ético-filosófica, sob o influxo do sistema internacional de direitos humanos, o paradigma constitucional de 1988 também vocaciona o *direito fundamental ao trabalho* (art. 5º, XII, e art. 6º) a valorizar e a tutelar a pessoa do trabalhador, e não apenas o trabalho como fator de produção e elemento inerente à ordem econômica.[(952)]

Por conseguinte, os direitos sociais dos trabalhadores urbanos e rurais, que nas Constituições anteriores figuravam no capítulo da ordem econômica, foram alçados pela Constituição de 1988 ao Capítulo II do seu Título II, que trata dos Direitos e Garantias Fundamentais (arts. 7º a 11), passando a integrar o substrato jurídico do Estado Democrático de Direito.

Desse nexo lógico entre o direito fundamental ao trabalho, a dignidade da pessoa humana e os direitos fundamentais sociais trabalhistas resulta o *direito fundamental ao trabalho digno*, um paradigma teórico-normativo afetado pelo conjunto de garantias jurídicas indisponíveis do trabalhador.[(953)]

Integram o *direito fundamental ao trabalho digno*, além dos direitos trabalhistas previstos em normas internacionais de direitos humanos dotadas de caráter cogente (DUDH, Declaração da OIT de 1988 etc.), também aqueles previstos em instrumentos formalmente ratificados pelo Brasil, tais como o PIDESC, a *Convenção Americana de Direitos Humanos* (*Pacto de San José da Costa Rica*), o *Protocolo Adicional à Convenção Americana sobre Direitos Humanos em Matéria de Direitos Econômicos, Sociais e Culturais* (denominado *Protocolo de San Salvador*) e os tratados internacionais sobre temas espe-

---

(948) *Idem.*

(949) Declaração Universal dos Direitos Humanos. "*Artigo 23.1. Todo ser humano tem direito ao trabalho, à livre escolha de emprego, a condições justas e favoráveis de trabalho e à proteção contra o desemprego*".

(950) Pacto Internacional dos Direitos Econômicos, Sociais e Culturais. "*Artigo 6º.1. Os Estados Partes do presente Pacto reconhecem o direito ao trabalho, que compreende o direito de toda pessoa de ter a possibilidade de ganhar a vida mediante um trabalho livremente escolhido ou aceito, e tomarão medidas apropriadas para salvaguardar esse direito*".

(951) DELGADO, Gabriela. O trabalho como suporte de valor. **Revista da Faculdade de Direito da UFMG**, Belo Horizonte, n. 49, p. 63-80, jul./dez. 2006, p. 72.

(952) DELGADO, Gabriela. **Direito fundamental ao trabalho digno**. *Ob. cit.*, p. 201.

(953) *Idem*, pp. 205/209.

cíficos (a exemplo da *Convenção Internacional sobre os Direitos das Pessoas com Deficiência* e seu Protocolo Facultativo, de 2007, que contém disposições de proteção ao trabalho das pessoas com deficiência), além das Convenções Internacionais da OIT ratificadas pelo País que disciplinam direitos humanos previstos nos instrumentos anteriores.[954]

A Constituição de 1988 aderiu à prevalência dos direitos humanos nas relações internacionais (CR/1988, art. 4º, II), elegeu a dignidade da pessoa humana como princípio fundamental da República (art. 1º, III), inseriu os direitos sociais no rol dos direitos e garantias fundamentais (arts. 6º e 7º) e promoveu abertura material à incorporação dos direitos humanos no rol dos direitos fundamentais (art. 5º, §§ 2º e 3º).

À luz do art. 5º, § 3º, da Constituição, inserido pela Emenda Constitucional n. 45/2004, os tratados e convenções internacionais sobre direitos humanos aprovados em cada Casa do Congresso Nacional em dois turnos, por três quintos dos votos dos respectivos membros, equivalem às emendas constitucionais. Foi o que ocorreu com a referida Convenção sobre os Direitos das Pessoas com Deficiência, integrada ao ordenamento jurídico interno com *status* de emenda constitucional.[955]

Em 2008, o STF firmou jurisprudência no sentido de que os tratados de direitos humanos ratificados com quórum simples gozam de *status* de *supralegalidade*, situando-se hierarquicamente acima da legislação ordinária e complementar e abaixo da Constituição.[956]

Dessa forma, os direitos sociotrabalhistas previstos nas normas internacionais incorporadas à ordem constitucional brasileira agregam-se aos direitos fundamentais sociais trabalhistas elencados nos artigos 7º a 11 da Constituição, como um *bloco de constitucionalidade* que constitui o patamar mínimo civilizatório indisponível de proteção ao trabalhador, no Brasil, frente ao Estado e aos particulares.[957]

Essa estrutura constitucional de direitos sociotrabalhistas desdobra-se, na base da pirâmide normativa, nas normas ordinárias que conformam direitos fundamentais de indisponibilidade absoluta, como ocorre com as normas da CLT e da legislação esparsa que disciplinam, por exemplo, a liberdade sindical, a identificação profissional, o salário-mínimo, a proteção salarial, a saúde e segurança no trabalho, a discriminação no emprego, a proteção do mercado de trabalho da mulher, a proteção legal de crianças

---

(954) A Convenção Internacional sobre os Direitos das Pessoas com Deficiência e seu Protocolo Facultativo foi ratificada pelo Brasil por meio do Decreto Legislativo n. 186/2008. O Protocolo de San Salvador, firmado em 1988 pelos Estados que integram o sistema interamericano de direitos humanos, foi ratificado pelo Brasil por meio do Decreto n. 3.321/1999. O documento tem por objeto o aperfeiçoamento dos direitos humanos econômicos, sociais e culturais previstos no PIDESC para preservação do caráter uno e indissolúvel dos direitos humanos, com base no reconhecimento da dignidade da pessoa humana. Consultar: COMISSÃO Interamericana de Direitos Humanos (CIDH). **Protocolo Adicional à Convenção Americana sobre Direitos Humanos em Matéria de Direitos Econômicos, Sociais e Culturais, "Protocolo de San Salvador"**. Disponível em: https://bit.ly/37IgHMP. Acesso em: 12 abr. 2022

(955) A esse respeito, consultar o seguinte precedente: BRASIL, Supremo Tribunal Federal, Pleno. **ADI 5.760/DF**, Rel. Min. Alexandre de Moraes. DJe 25 set. 2019.

(956) Não sendo aprovados como emendas constitucionais, essas normas desfrutam de *status* supralegal, conforme pacífica jurisprudência do STF, na linha dos precedentes firmados no RE 466.343/SP, no RE 349.703/RS e no HC 87.585/TO. *In:* BRASIL, Supremo Tribunal Federal, Pleno. **RE 466.343/SP**, Rel. Min. Cezar Peluso. DJe 05 jun. 2009; BRASIL, Supremo Tribunal Federal, Pleno. **RE 349.703/RS**, Rel. Min. Carlos Britto. DJe 05 jun. 2009; BRASIL, Supremo Tribunal Federal, Pleno. **HC 87.585/TO**, Rel. Min. Marco Aurélio. DJe 26 jun. 2009.

(957) DELGADO, Maurício Godinho; DELGADO, Gabriela Neves. **A Reforma Trabalhista no Brasil** – com os comentários à Lei n. 13.467/2017. São Paulo: LTr, 2017.

e adolescentes, a contratação de pessoas com deficiência e jovens aprendizes, dentre muitos outros direitos imantados por indisponibilidade absoluta.

A partir dessa ampla rede de proteção jurídico-fundamental ao trabalho, indisponível, porque centrada na dignidade do trabalhador, Gabriela Delgado propõe a evolução expansiva do Direito do Trabalho, com vistas à tutela do *direito fundamental ao trabalho digno* em todas as esferas de trabalho humano, sem prejuízo da preservação do modelo mais complexo para a relação de emprego.(958)

Trata-se de uma proposta expansionista do Direito do Trabalho e do seu manto protetivo regulatório, por meio: (i) de políticas públicas econômicas, sociais e culturais, para assegurar efetividade aos direitos dos trabalhadores; (ii) de uma interpretação expansiva do conceito de relação de emprego para alcançar contratações fronteiriças situadas fora do espectro trabalhista clássico; e (iii) de interpretações voltadas a expandir o Direito do Trabalho para relações de trabalho não empregatícias, ultrapassando o marco regulatório clássico da relação de emprego.(959)

A categoria do *direito fundamental ao trabalho digno* ainda se articula normativamente na Constituição de 1988 como um *superprincípio jusfundamental de proteção social do trabalho*, princípio este que reside na fórmula do Estado Democrático de Direito,(960) resultado da integração de quatro grandes princípios constitucionais identificados por Maurício Godinho Delgado, afirmativos do valor-trabalho na ordem constitucional brasileira:

(1) o *princípio da valorização do trabalho* (CR/1988, arts. 1º, IV, 6º, 7º, 170, IV e 193), que confere essencialidade à conduta laborativa como o mais importante veículo, senão o único, de afirmação democrática da grande maioria dos seres humanos que compõe a atual sociedade capitalista;

(2) o *princípio da justiça social*, que decorre dos objetivos fundamentais da República de "construir uma sociedade justa e solidária" e de "erradicar a pobreza e a marginalização e reduzir as desigualdades sociais e regionais" (CR/1988, art. 3º, I e III). Esses objetivos são intimamente atrelados à finalidade da Ordem Econômica e Financeira, que "tem por fim assegurar a todos existência digna, conforme os ditames da justiça social", observados, dentre outros princípios, a "função social da propriedade" e "a busca do pleno emprego" (CR/1988, art. 170, III, VIII);

(3) o *princípio da submissão da propriedade à sua função socioambiental*, decorrente do reconhecimento constitucional de que a propriedade privada dos meios de produção submete-se a uma função social e, na mesma medida, ambiental, conforme prevê os arts. 5º, XXIII ("a propriedade atenderá a sua função social") e 170, III (a *função social da propriedade* como princípio da Ordem Econômica) da Constituição; e

---

(958) DELGADO, Gabriela Neves. **Direito fundamental ao trabalho digno.** *Ob. cit.*, p. 217/219.

(959) DELGADO, Maurício Godinho; DELGADO, Gabriela Neves. O direito do trabalho na contemporaneidade: clássicas funções e novos desafios. **Revista Fórum Justiça do Trabalho**, Belo Horizonte, ano 33, n. 396, p. 11-30, dez. 2016.

(960) Na perspectiva de Maurício Godinho Delgado, o Estado Democrático de Direito é concebido pela Constituição de 1988 sobre um inquebrantável *tripé conceitual*, em relação ao qual o Direito do Trabalho exerce papel imprescindível: "a *pessoa humana*, com sua *dignidade*; a *sociedade política*, concebida como *democrática e inclusiva*; e a *sociedade civil*, também concebida como *democrática e inclusiva*". DELGADO, Maurício Godinho. **Curso de Direito do Trabalho.** *Ob. cit.*, p. 65.

(4) o *princípio da dignidade da pessoa humana*, que traduz aquela ideia acima exposta, da pessoa humana como valor central das sociedades, do Direito e do Estado Democrático, "um dos mais notáveis avanços da história juspolítica da humanidade".[961]

A construção filosófico-constitucional de proteção ao trabalho sintetizada no *direito fundamental ao trabalho digno* constitui barreira unificada de proteção contra a reificação do trabalho, no Brasil, em todos os espaços laborais. O grande desafio dessa categoria reside em sua efetivação nos espaços laborais periféricos, como nos elos terceirizados das cadeias produtivas, onde os direitos fundamentais sociotrabalhistas sofrem de profundo *déficit* de efetividade.

Como específico modo de organização do trabalho, a terceirização tende a reduzir a eficácia dos direitos trabalhistas. Mesmo a terceirização externa, com maior autonomia operacional e identidade espacial da empresa contratada, tende a produzir relações de emprego mais instáveis, em face do influxo do mercado inerente à contratualização do processo produtivo e do controle estratégico exercido pela empresa-líder sobre a rede de fornecedores.

Conforme visto no Capítulo 1 (1.4), ao induzir a extrema racionalização de custos trabalhistas, a terceirização enseja salários mais reduzidos do que os praticados pelas empresas-líderes,[962] pressionando a redução remuneratória do trabalho. A instabilidade concorrencial do contrato de terceirização enseja alta rotatividade e maior intermitência da mão de obra terceirizada,[963] frustrando o propósito de continuidade dos vínculos de emprego (CR/1988, art. 7º, I). A falta de continuidade frustra aquisição de direitos vinculados ao tempo de serviço, como férias remuneradas (art. 7º, XVII), décimo terceiro salário (VIII), FGTS (III), aviso prévio proporcional (XXI), aposentadoria (XXIV), seguro-desemprego (II).[964]

A exigência de enxugamento de custos operacionais também pressiona o aumento das jornadas de trabalho (art. 7º, XIII) e a redução de investimentos em medidas de saúde e segurança no trabalho (XXII), fomentando o aumento de acidentes e adoecimentos profissionais.[965]

Em situações extremas, a terceirização associa-se a condições de trabalho intensamente precarizadas, negando eficácia a direitos fundamentais inscritos no art. 7º da Constituição, tais como a proibição de trabalho infantil e de trabalho perigoso e insalubre a adolescentes (inciso XXXIII), a proibição de salário inferior ao mínimo legal

---

(961) DELGADO, Mauricio Godinho. **Princípios de direito individual e coletivo do trabalho**. 4ª ed. São Paulo: LTr, 2013, p. 24-27. A respeito do superprincípio jusfundamental de proteção social do trabalho, consultar: AMORIM, Helder Santos. Os princípios do direito do trabalho na Constituição de 1988. *In*: VIANA, Márcio Túlio; ROCHA, Claudio Jannotti da (org.). **Como aplicar a CLT à luz da constituição**: alternativas para os que militam no foro trabalhista. São Paulo: LTr, 2016, p. 107/121.

(962) BRASIL, Departamento Intersindical de Estatísticas e Estudos Socioeconômicos – DIEESE. **O processo de terceirização e seus efeitos sobre os trabalhadores no Brasil**. 2007. Disponível em: https://bit.ly/3a7QdlS . Acesso em: 16 jun. 2021; BRASIL, Departamento Intersindical de Estatísticas e Estudos Socioeconômicos – DIEESE. **Nota Técnica n. 172/2017** - Terceirização e precarização das condições de trabalho: condições de trabalho e remuneração em atividades tipicamente terceirizadas e contratantes. Disponível em: https://bit.ly/3BcRe8a. Acesso em: 18 jun. 2021.

(963) *Idem*.

(964) DELGADO, Gabriela Neves; AMORIM, Helder Santos. **Os limites constitucionais da terceirização**. *Ob. cit.*, p. 105.

(965) BRASIL, Departamento Intersindical de Estatísticas e Estudos Socioeconômicos – DIEESE. **Nota Técnica n. 172/2017** - Terceirização e precarização das condições de trabalho: condições de trabalho e remuneração em atividades tipicamente terceirizadas e contratantes. *Ob. cit.*

(IV), a proibição de discriminação salarial por motivo de sexo, idade, cor ou estado civil (XXX), a proteção contra retenção salarial (X), o repouso semanal remunerado (XV), a remuneração da hora extra superior à da hora normal (XVI) etc.

Em face da reduzida eficácia tutelar dos direitos fundamentais no regime de terceirização, Gabriela Delgado e Helder Amorim retratam o trabalho terceirizado como um *regime paralelo de emprego rarefeito.* Um regime de emprego que, apesar da roupagem formal, mediante registro e observância esquemática de direitos trabalhistas, padece de *déficit* de efetividade normativa, por uma intensidade e por uma qualidade protetiva muito inferior ao padrão constitucionalmente assegurado à relação de emprego em geral.[966]

Segundo os estudos sociológicos de Graça Druck abordados no Capítulo 3 (3.4), a lógica do sistema toyotista de produção reserva o trabalho precário aos elos empresariais terceirizados, inclusive, como forma de sustentação econômica e política do trabalho qualificado, estável e bem remunerados das grandes corporações controladoras.[967] Disso decorre o potencial emancipatório e transformador do *direito fundamental ao trabalho digno* nesses espaços laborais terceirizados, por meio de atuações contra-hegemônicas de efetivação e democratização desses direitos fundamentais em favor das populações trabalhadoras mais vulneráveis.[968]

O desafio maior consiste em assegurar a esses trabalhadores, para além daquela condição social mínima humanitária retratada na figura do *trabalho decente*, enquanto estrutura fundacional de direitos humanos sociotrabalhistas, também o *standard* mais elevado de civilidade laboral constitucionalmente concebido e destinado a todos os trabalhadores, que a ele se agrega.[969]

Para empreender esse desafio contra-hegemônico é necessário reconhecer, primeiro, que a efetivação do mais elevado *standard* constitucional de direitos trabalhistas nos espaços laborais periféricos da terceirização contraria a lógica capitalista neoliberal de divisão do trabalho e de distinção remuneratória entre o centro e a periferia do sistema produtivo, ou seja, entre empresas centrais e terceirizadas.

Passo seguinte, é necessário demonstrar que a distinção de padrões eficaciais de trabalho digno a trabalhadores do centro e da periferia afronta o primado dos direitos humanos, ao negar a *universalidade* do seu valor fundamente, a dignidade da pessoa humana.

---

(966) DELGADO, Gabriela Neves; AMORIM, Helder Santos. **Os limites constitucionais da terceirização.** *Ob. cit.*, p. 105.

(967) Conforme visto no Capítulo 3 - 3.4 (*Organização flexível do processo produtivo: a empresa-líder enxuta e a rede de produção externalizada*), com base em doutrina de Graça Druck, no modelo toyotista de produção, a rede de terceirização exerce a função de reservar o trabalho precário terceirizado às empresas contratadas, como uma das formas de sustentação, inclusive no plano político, do *trabalho limpo, participativo, qualificado* e *estável* das grandes corporações. DRUCK, Maria da Graça. **Terceirização:** (des)fordizando a fábrica – um estudo do complexo petroquímico. *Ob. cit.*, p. 99 e 123.

(968) Além dos elos terceirizados do sistema toyotista, o trabalho precário também passou a ser reservado, no início do século XXI, aos sistemas de prestação de serviços por meio de plataformas digitais em expansão, que integram a denominada *plataformização do trabalho*, fenômeno que aumenta a informalidade e impede que os trabalhadores tenham acesso às garantais fundamentais trabalhistas. Consultar: DELGADO, Gabriela Neves *et. al.* **Plataformas digitais de consumo**: perspectivas e desafios de proteção justrabalhista para o divulgador digital. Salvador: Juspodivm, 2022.

(969) A elevação do padrão mínimo de direitos no plano nacional é inerente ao caráter histórico e progressivo dos direitos humanos econômicos e sociais, como constantes processos e resultados provisórios de lutas travadas em cada tempo. Consultar: FLORES. *Ob. Cit.*, p. 36/54.

A universalidade dos direitos humanos reside no reconhecimento de sua titularidade por *todas* as pessoas, pela só condição de ser humano, independentemente de qualquer outra condição, porque todos são dotados da mesma dignidade (DUDH, artigo 2º).(970) No plano constitucional, essa universalidade também reside na cláusula do Estado Democrático de Direito, como um princípio de equidade centrado no valor-fonte da dignidade humana.(971)

Para efetivar o *direito fundamental ao trabalho digno* nos espaços terceirizados, é necessário, pois, na esteira da teoria realista e crítica dos direitos humanos de Joaquín Herrera Flores, reconhecer a complexidade desse direito e os *obstáculos* políticos, econômicos e culturais que se interpõem entre o ideal de sua generalização e as realidades concretas de sua efetivação.(972)

Os relatórios do PNUD, que evidenciam a crescente desigualdade de riquezas entre regiões ricas e pobres, com profundas violações de direitos humanos nas periferias, são o mais intrigante retrato dessa complexidade. Nesse cenário, qualquer abordagem teórica dos direitos humanos fundamentais que simplifique sua complexidade, reduzindo-os a uma generalização abstrata, afirma Joaquín Flores, "implica sempre uma deformação de perigosas consequências para os que sofrem a cada dia as injustiças de uma ordem global baseada na desigualdade e na invisibilização das causas profundas de seu empobrecimento".(973)

Por isso é necessário o esforço cotidiano para generalizar os direitos humanos e fundamentais a todos os seus destinatários e, para isso, os agentes precisam ter consciência dos obstáculos reais que a agenda econômica neoliberal impõe a esse esforço.(974)

Esses obstáculos demonstram que os direitos humanos fundamentais, como geralmente ocorre com todo fenômeno jurídico e político, estão permeados por interesses ideológicos e não podem ser entendidos à margem de seu fundo cultural e contextual. Por isso, em linha de raciocínio com Joaquín Flores, os direitos devem ser implementados, primeiro, a partir de um saber crítico que revele as escolhas e os conflitos de interesses que se encontram por trás dos obstáculos à sua implementação e, segundo, inserindo-os nos contextos sociais, culturais e econômicos em que nascem, se reproduzem e se transformam.(975)

Para garantir sua universalidade e essencialidade, enquanto dimensão positivada dos direitos humanos sociais, pois, o *direito fundamental ao trabalho digno* deve ser pensado como um patamar mínimo intransponível constitucionalmente destinado a todos os espaços produtivos, inclusive aos elos terceirizados das cadeias produtivas, assim como às relações de trabalho uberizadas e precarizadas da *gig economy*, onde sua realização é socialmente mais urgente.

---

(970) MAZZUOLI, Valerio de Oliveira. **Curso de direitos humanos.** Rio de Janeiro: Forense; São Paulo: Método, 2018, p. 34.
(971) DELGADO, Gabriela. **Direito fundamental ao trabalho digno.** *Ob. cit.*, p. 49/53.
(972) FLORES, Joaquín Herrera. **A (re)invenção dos direitos humanos.** *Ob. Cit.*, p. 36/54.
(973) *Idem*, p. 41/43.
(974) *"Entre tais obstáculos, destacam-se os seguintes: a concentração do poder econômico, político e cultural nas mãos de organizações públicas e privadas que têm sua sede em países desenvolvidos, representando unicamente um quinto da população mundial que se beneficia do chamado "desenvolvimento"; a destruição sistemática das conquistas sociais, econômicas, políticas e culturais alcançadas a custo de sangue e que agora estão em risco por culpa das tendências políticas e econômicas dirigidas à desregulamentação trabalhista e social; a situação de abandono em que vivem bilhões de pessoas por todo o mundo que não entram nas agendas públicas dos países enriquecidos, etc"*. *Idem*, p. 44.
(975) *Idem*, p. 48/50.

Depois, no plano da governação pública do trabalho digno nas cadeias globais de mercadorias (Capítulo 5 - 5.4), além das políticas públicas de fiscalização, criação de empregos, inclusão social etc., é imprescindível uma agenda de responsabilização das cadeias produtivas empresariais descentralizadas, personificadas em suas empresas-líderes, por violações a direitos fundamentais dos trabalhadores terceirizados, decorrentes de condições precárias de trabalho induzidas pela lógica hierarquizada e estratificada da cadeia produtiva (Capítulo 4 - 4.4.2).

A responsabilização dos agentes econômicos centrais, que exploram e controlam os processos produtivos descentralizados e flexíveis, deve partir do reconhecimento das causas econômicas germinais das violações jurídicas elos terceirizados de suas cadeias produtivas. Tais causas remontam ao específico modelo de divisão e hierarquização do trabalho nas cadeias globais de mercadorias, e de distribuição desigual dos seus excedentes, estudado no Capítulo 2.(976)

O modelo instrumentaliza-se na organização do processo produtivo por meio da externalização e de seus mecanismos de estratificação do trabalho e dos lucros no âmbito das cadeias produtivas empresariais descentralizadas, conforme análise levada a cabo no Capítulo 3. A precarização do trabalho nos elos terceirizados das cadeias produtivas resulta, por fim, de condições impostas pelas empresas-líderes das cadeias produtivas à sua rede de fornecedores, no exercício do *controle produtivo estratégico* que integra os poderes de governação das cadeias produtivas, conforme análise do Capítulo 4.

Trata-se, pois, de uma agenda que parte do reconhecimento crítico dos interesses econômicos que obstaculizam a efetivação do *direito fundamental ao trabalho digno* nas periferias dos processos produtivos descentralizados. Com esse reconhecimento, a proposta busca inserir o direito fundamental no contexto histórico e concreto da terceirização externa, propondo sua efetivação judicial como *direito coletivo*, em face do seu caráter transindividual, de natureza indivisível, titularizado por grupos de trabalhadores terceirizados ligados às empresas fornecedoras e, por tabela, às cadeias produtivas, por relações jurídicas-base.(977)

Por meio da coletivização da tutela judicial propõe-se superar os obstáculos econômicos e jurídicos impostos à tutela individual do direito, fortalecendo a luta por um acesso mais igualitário aos direitos fundamentais trabalhistas. Busca-se, ademais, por meio de uma abordagem coletiva contextual, no âmbito da tutela coletiva, superar fórmulas e interpretações abstratas e generalizantes dos direitos fundamentais dos trabalhadores que negam os diferentes padrões de eficácia nos espaços centrais e periféricos dos processos produtivos.

A responsabilização das cadeias produtivas é, por fim, uma agenda que busca potencializar os mecanismos de governação privada do trabalho, induzindo a cultura da RSE não apenas para proteger a imagem comercial da marca perante o consumidor,

---

(976) Conforme destacado no Capítulo 2 (2.3), segundo Immanuel Wallerstein, no plano da economia-mundo a estratégia liberal de conceder direitos a centenas de milhões de trabalhadores dos países centrais, e ainda tornar o sistema lucrativo, ficou muito cara quando se expandiu para incluir a promessa de expansão desses direitos aos trabalhadores do *resto do mundo*, na periferia. WALLERSTEIN, Immanuel. **Response: declining states, declining rights?** *Ob. Cit.*, p. 25.

(977) Conforme o conceito de *direito coletivo* descrito no art. 81, II, da Lei n. 8.078/1990 – Código de Defesa do Consumidor: *"II - interesses ou direitos coletivos, assim entendidos, para efeitos deste código, os transindividuais, de natureza indivisível de que seja titular grupo, categoria ou classe de pessoas ligadas entre si ou com a parte contrária por uma relação jurídica base".*

mas também para fortalecer as políticas públicas de proteção aos direitos fundamentais dos trabalhadores.

Exploram-se, assim, soluções que promovam o valor-trabalho no esquadro jurídico do Estado Democrático de Direito, potencializando a capacidade emancipatória do Direito para além de concepções hegemônicas formalistas de responsabilidade trabalhista.

Essas concepções formalistas centram exclusivamente na figura do empregador ou, no máximo, da empresa *tomadora*, contratante direta do empregador, a responsabilidade pela satisfação de direitos fundamentais dos trabalhadores terceirizados, quando a realidade da organização produtiva em cadeia não raro revela a condição de *subordinação produtiva estratégica* do empregador e até da própria empresa *tomadora-contratante* ao comando de grandes agentes econômicos do capital central monopolista (Capítulo 4 - 4.3.4), controladores das práticas que frustram a realização dos direitos trabalhistas.

Parte-se da premissa de que, ao induzir condições restritivas de trabalho nos elos terceirizados das cadeias produtivas, provocando violação do *direito fundamental ao trabalho digno*, os agentes econômicos que controlam estrategicamente essas cadeias, em consórcio com as grandes empresas fornecedoras, reduzem o trabalho terceirizado à condição de mercadoria, em negação à dignidade humana do trabalhador. Essa violação atinge o princípio cardeal do Direito Internacional do Trabalho inscrito na Declaração de Filadélfia (1944) – "o trabalho não é uma mercadoria" –, afrontando a ordem constitucional e os direitos humanos sociais a ela incorporados.

A agenda de responsabilização ora proposta é, pois, veículo de ampliação democrática do *direito fundamental ao trabalho digno* aos trabalhadores terceirizados, com o objetivo de vencer a *linha abissal* discriminatória identificada por Boaventura de Sousa Santos em suas Epistemologias do Sul, para transformar efetivamente os direitos humanos num discurso emancipatório para os excluídos das periferias produtivas.[978]

6.4. As responsabilidades em cadeia pelo direito fundamental ao trabalho digno: uma estrutura tridimensional

Conforme visto no Capítulo 4 (4.4.4), as cadeias produtivas empresariais descentralizadas organizam-se e estruturam-se como uma *rede contratual* de fornecimento terceirizado.

Em face da tendência de especialização e estratificação valorativa da atividade econômica, o arranjo contratual mais comum das cadeias produtivas empresariais descentralizadas é aquele em que empresas fornecedoras também subcontratam a outras empresas (suas fornecedoras subcontratadas) serviços e fornecimento de insumos, matérias-primas, subprodutos, peças, componentes ou produtos acabados para o comércio, criando uma rede hierarquizada, ainda que difusa, de contratação e subcontratações sucessivas.

A figura a seguir ilustra uma ideia bastante simplificada de uma rede de contrato e subcontratos de terceirização, numa cadeia produtiva empresarial descentralizada, em que a empresa-líder contrata fornecedoras de primeiro nível, as quais, por sua vez, subcontratam fornecedoras de segundo nível, que também subcontratam fornecedoras

(978) Consultar: SANTOS, Boaventura de Sousa. Postcolonialism, Decoloniality, and Epistemologies of the South. **Oxford Research Encyclopedias**, Literature, p. 1-30, 2021, p. 15/16.

de terceiro nível, aí por diante.(979) A figura ilustra as empresas integrantes da cadeia produtiva empresarial descentralizada (em azul) organizadas hierarquicamente, vinculadas entre si por relações contratuais de terceirização (linhas vermelhas). Observe-se que a representação da cadeia produtiva hierarquizada encontra-se inserida numa complexa teia de outras relações interempresariais, difusas e de diversas naturezas, mantidas pelas empresas da cadeia produtiva com outras empresas a ela estranhas (figuras sombreadas ao fundo), ilustrando a hipercomplexidade das relações interempresariais, na economia contemporânea.

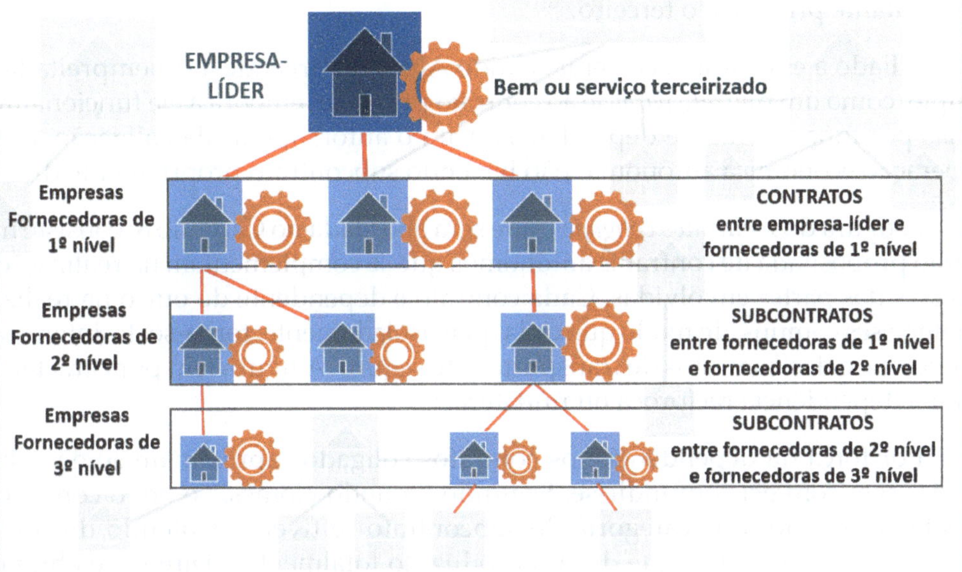

Figura 28 – Rede de Contrato e Subcontratos de Terceirização

Fonte: elaborada pelo Autor

A rede contratual da cadeia produtiva empresarial descentralizada, acima ilustrada, inicia-se com o contrato principal de terceirização externa, de fornecimento de bens ou serviços, do qual derivam os subcontratos, ainda que os respectivos instrumentos assim não se identifiquem. A subcontratação opera-se por meio de *subcontrato*, do qual ainda podem derivar outros subcontratos, se assim as partes o desejarem.

Tecnicamente, segundo a clássica lição de Orlando Gomes, subcontrato consiste em *contrato derivado* de outro contrato dito principal ou contrato básico, por meio do qual uma parte transfere a terceiro alheio à relação principal, sem desta se desvincular, uma utilidade correspondente à sua posição contratual, a exemplo da subempreitada, da sublocação, do submandato etc. Trata-se de novo contrato, do qual resulta relação jurídica nova em relação à principal, embora dela *dependente*. O novo contrato, embora não seja autônomo, tem *existência distinta*.(980)

(979) O Relatório da 105ª Conferência Internacional do Trabalho, da OIT refere-se a *"empresas do primeiro, segundo e terceiro níveis"* para nomear as posições contratuais das empresas nas cadeias globais de mercadoria. *In*: ORGANIZAÇÃO Internacional do Trabalho (OIT) - Conferência Internacional do Trabalho. 105ª Sessão. Relatório IV. **Trabalho digno nas cadeias de abastecimento mundiais**. *Ob. Cit.*

(980) GOMES, Orlando. Contratos. Atualizadores Antônio Junqueira de Azevedo e Francisco Paulo de Crescenzo Marino. Coord. bom Edivaldo Brito. 26ª ed. Rio de Janeiro: forense 2007, p. 168/174. Consultar

O subcontrato interempresarial de fornecimento de bens e serviços tem sido analisado pela doutrina civilista como típico *contrato derivado* do contrato principal de fornecimento, sob três diferentes explicações teóricas: 1) a *teoria da derivação* o entende como um caso de *sucessão constitutiva*, em que o conteúdo do contrato principal é total ou parcialmente transferido à empresa subcontratada, como na sublocação; 2) a *teoria da superposição* tende a diluir a relação subcontratual nas figuras típicas da intermediação (representação, autorização, mandato tácito), como uma espécie de reprodução do contrato originário, dele dependente; e 3) a *teoria da estipulação em favor de terceiro* entende que o subcontratante (intermediário) figura como um estipulante em favor do contratante principal, o terceiro.(981)

Filiado a essa última corrente, Guido Alpa compreende a subempreitada, por exemplo, como um *contrato paralelo* ao contrato principal, embora a ele funcionalmente *coligado* por uma relação de dependência. Para o autor, apesar da coligação, trata-se de operação econômica autônoma, não havendo subcontrato propriamente dito.(982)

A figura dos *contratos coligados*, que será abordada no Capítulo 8, consiste numa conexão propositada de contratos autônomos que se complementam na realização dos interesses das partes envolvidas. Cada contrato é dependente do outro na realização dos interesses comuns, de modo que cada qual, isoladamente, torna-se desinteressante. É o típico caso dos contratos de transporte e de seguro. A figura tem por característica central a dependência recíproca ou unilateral.(983)

Por força da dependência, os contratos coligados aproximam-se da subcontratação, sem com ela confundir-se. Segundo Orlando Gomes, "o novo contrato (...) somente se enquadra na categoria do subcontrato se tiver o conteúdo do contrato básico, o que não significa que deva reproduzi-lo totalmente". Direitos e obrigações do contrato principal podem ser modificados em extensão, desde que conservem a *qualidade congênita*. Essencial é que o objeto do subcontrato seja o mesmo do contrato básico, ainda que reduzido na extensão ou na duração.(984)

As diferentes linhas teórico-explicativas da derivação contratual, acima expostas, apenas retratam diferentes realidades de contratos derivados, todas presentes no plano da contratação de fornecimento interempresarial (terceirização externa).

Nesse campo, encontram-se contratos derivados por *sucessão constitutiva* na típica hipótese de subcontratação do objeto do contrato principal (por ex., quando a empresa fornecedora de vestuário transfere total ou parcialmente a produção do vestuário a uma empresa subcontratada); por *superposição* ou *representação* nos casos de intermediação interempresarial (por ex., quando a empresa fornecedora autoriza a subcontratada a representá-la perante as empresas-clientes, atendendo às suas demandas); e por *coligação contratual*, nos casos em que contratos autônomos de terceirização são firmados em relação direta de causalidade (por ex., quando a empresa fornecedora contrata a outras empresas o fornecimento de matérias-primas, insumos e demais bens necessários à produção).

---

também: OLIVEIRA, André Furtado de. Considerações iniciais acerca da construção unitária da teoria geral do subcontrato. **Revista dos Tribunais**, vol. 967/2016, DTR\2016\4676, p. 89-113, maio 2016.

(981) ALPA, Guido. La sub-forniura. *In*: ALPA, Guido. Trattato di diritto privato. Rescigno, V. 11, p. 89 ss. *Apud*: GOMES, Orlando. Contratos. *Ob. Cit.*, p. 168/174.

(982) *Idem*.

(983) GOMES, Orlando. Contratos. *Ob. Cit.*, p. 121/122.

(984) *Idem*, p. 170.

O contrato de terceirização derivado é celebrado para viabilizar a execução do contrato de terceirização principal. Aqui, embora não haja tecnicamente uma subcontratação do conteúdo do contrato principal, há entre os contratos derivante e derivado uma relação de causalidade que caracteriza o aludido vínculo de dependência (por ex., quando a empresa fornecedora de matéria-prima agrícola contrata o fornecimento de sementes, que são insumos da produção).

Portanto, o *subcontrato de fornecimento* ou *fornecimento subcontratado* é noção que compreende toda espécie de contrato de fornecimento de bens e/ou serviços cuja causa deriva da necessidade de viabilizar a execução de outro contrato de fornecimento, seja por *subcontratação* propriamente dita do seu objeto, seja por *representação* ou por *coligação contratual*.

Por exemplo, numa cadeia produtiva de produtos alimentícios à base de mandioca (polvilho, farinha etc.), a empresa-líder dona da marca contrata a fabricação dos produtos a uma indústria, sua fornecedora de primeiro nível (contrato principal). Essa fornecedora de primeiro nível produz o polvilho e subcontrata a produção da farinha a empresas farinheiras menores (subcontrato por sucessão constitutiva). Para produzir o polvilho, a fornecedora de primeiro nível contrata o fornecimento da mandioca, a matéria-prima, a uma empresa agrícola, que passa a figurar como uma fornecedora de segundo nível (subcontrato por coligação). Para cultivar a mandioca, a empresa agrícola contrata uma outra empresa especializada para fornecer-lhe as manivas (pedaços do caule da planta da mandioca), insumo necessário ao cultivo (subcontrato por coligação). Essa última empresa passa a figurar como fornecedora de terceiro nível na organização da cadeia produtiva.

Independentemente da natureza da derivação contratual, quando nos elos subcontratados da cadeia produtiva empresarial descentralizada (por exemplo, na atividade de retirada das manivas de mandioca) é flagrado trabalho em condições degradantes, em ambiente agressivo e sem proteção, com jornadas elevadas e remuneração irrisória, às vezes associado a trabalho infantil e a condições análogas a de escravo, tais violações a direitos fundamentais dos trabalhadores tendem a ser vistas, numa perspectiva formal-liberal, como um problema de inadimplemento de obrigações trabalhistas por parte da empresa fornecedora empregadora dos trabalhadores (no exemplo, a empresa subcontratada fornecedora das manivas).

Mas a condição de fragilidade econômica, aliada à falta de poder de decisão da empresa fornecedora-empregadora sobre o arranjo produtivo, logo revela que a exploração do trabalho precário encontra-se inserida no *design* da rede contratual que confere estrutura a uma cadeia produtiva empresarial descentralizada, resultando da forma de organização desse específico processo produtivo terceirizado. Em tais situações, via de regra, a terceirização é utilizada para levar às últimas consequências a estratificação valorativa das atividades, exaurindo custos e drenando excedentes à empresa-líder e às fornecedoras de primeiro nível, à custa da violação sistemática de direitos dos trabalhadores terceirizados.

Essa é a situação típica de exploração de trabalho precário em elos terceirizados de grandes cadeias produtivas encontrada pela Inspeção do Trabalho em vários setores econômicos, no Brasil, e que constituiu objeto da preocupação a OIT em sua 105ª Conferência Internacional do Trabalho. O exemplo acima no setor agrícola ilustra a realidade brasileira do trabalho precário nos elos primários agrícolas e extrativistas de grandes cadeias produtivas, inclusive para exportação de *commodities*.

Dessas situações exsurge a questão relativa à responsabilidade dos agentes da cadeia produtiva empresarial descentralizada, beneficiária do trabalho, pela efetivação do direito fundamental ao trabalho digno.

A organização escalonada da produção, em que a capacidade de influência e o controle produtivo estratégico da empresa-líder atravessam os sucessivos ciclos produtivos em forma de exigências e pressões sobre a estrutura empresarial encadeada, induzindo condições precárias de trabalho nos elos terceirizados inferiores, deve demandar do sistema jurídico uma resposta (ou reação) proporcional e adequada.

Essa resposta dá-se por meio de uma estrutura de responsabilidades também escalonadas em estratos ou camadas superpostas de proteção aos direitos fundamentais dos trabalhadores. *Na mesma proporção em que esses direitos são submetidos a camadas superpostas de pressões e exigências empresariais que vulnerabilizam sua efetividade, recebem do ordenamento jurídico idênticas camadas de proteção necessárias a preservá-los do total aniquilamento.*

No sistema jurídico brasileiro, essas responsabilidades estruturam-se em, pelo menos, três dimensões, diferentes, mas intimamente interconectadas.

A *primeira camada de proteção jurídica* a esses direitos deriva da *relação de emprego* entre o trabalhador e a empresa fornecedora-empregadora, e diz respeito à responsabilidade trabalhista do empregador, fundada em obrigação contratual. O empregador é o agente dessa proteção, como devedor principal dos créditos trabalhistas e das condições de trabalho condizentes com a dignidade do trabalhador. A norma jurídica imputa essa mesma responsabilidade solidariamente a outras empresas que componham com o empregador grupo econômico trabalhista (CLT, art. 2º, §§ 2º e 3º; Lei n. 5.889/1973, art. 3º, § 2º).

A *segunda camada de proteção jurídica* deriva da *relação de terceirização* inerente ao *contrato de fornecimento terceirizado* entre a fornecedora-empregadora e sua contratante, e consiste na responsabilidade subsidiária (ou solidária, conforme será visto no Capítulo 7 - 7.1) da tomadora-contratante em *garantir o cumprimento* dos direitos dos trabalhadores terceirizados. Essa responsabilidade tem fundamento econômico no risco inerente à terceirização e fundamento jurídico na irradiação direta do direito fundamental ao trabalho digno sobre a relação de terceirização. Ela implica para a empresa contratante da terceirização o dever de fiscalizar a capacidade econômica e a execução do contrato pela empresa contratada-empregadora, de modo a exigir o cumprimento da responsabilidade trabalhista original. Implica, por fim, o dever de reparar os danos decorrentes do inadimplemento da empresa contratada.

Por se tratar de uma garantia de satisfação de direitos trabalhistas devidos por empresa contratada, nas subcontratações essa responsabilidade também se aplica em cadeia, de modo que cada empresa subcontratante figura como espécie de fiadora trabalhista da empresa por ela imediatamente subcontratada.

Conforme será desenvolvido no próximo capítulo, essa responsabilidade subsidiária da empresa contratante na terceirização externa decorre de aplicação analógica da legislação que disciplina o contrato de prestação de serviços e encontra referência jurisprudencial no precedente firmado pelo STF na ADPF 324/DF.

A *terceira camada de proteção jurídica* aos direitos fundamentais dos trabalhadores, que interessa de forma central à presente obra, deriva do poder econômico, de influência e de controle produtivo estratégico que a empresa-líder exerce sobre toda a cadeia produtiva empresarial descentralizada. Manifesta-se como uma *responsabilidade civil-trabalhista objetiva direta* da empresa-líder pela observância dos direitos humanos sociotrabalhistas em toda cadeia produtiva, seja essa empresa a contratante direta ou indireta da empresa fornecedora-empregadora.[985]

Tal responsabilidade decorre da eficácia direta do direito fundamental ao trabalho digno sob influxo interpretativo dos *Princípios Orientadores da ONU sobre Empresas e Direitos Humanos*, norma que constitui fonte material de Direito Internacional e que integra a ordem jurídica interna, instituindo o dever de vigilância, de prevenção de riscos e de reparação de danos a direitos humanos sociotrabalhistas perpetrados no curso da cadeia produtiva.

A responsabilidade da empresa-líder obriga-lhe a adotar ação articulada junto à rede de fornecedores da cadeia produtiva para que cada empresa exija das respectivas empresas fornecedoras subcontratadas o cumprimento das responsabilidades trabalhistas, fiscalizando sua conduta contratual. Como a responsabilidade de mais amplo espectro, no plano das responsabilidades em cadeia, ela implica para a empresa-líder o dever de atuar *diretamente* sobre todas as empresas da rede de fornecedores, e de atuar *indiretamente*, como uma engrenagem de acionamento de responsabilidades superpostas, de fora para dentro, exigindo que cada entidade integrante da estrutura escalonada de produção adote e exija de suas subcontratadas que também adotem conduta harmoniosa e responsável para com os direitos humanos sociotrabalhistas.

A figura a seguir auxilia a compreensão dessa estrutura tridimensional de responsabilidades.

No círculo exterior azul, maior e mais abrangente, situa-se a empresa-líder da cadeia produtiva, enquanto nos círculos interiores situam-se as empresas fornecedoras organizadas em camadas sobrepostas de subcontratação (de 1º, 2º e 3º níveis), até chegar ao círculo menor, no centro, onde se situa a empresa fornecedora-empregadora subcontratada que, no exemplo acima, pratica condições precárias de trabalho. Exercendo controle estratégico sobre o conjunto, a empresa-líder influencia, pressionando, as condições de trabalho em todos os estratos. Nesse movimento, os estratos intermediários também transferem pressões a seus subcontratados, como uma correia de transmissão (engrenagem) que chega à empresa empregadora com força potencializada, em face sua condição de inferioridade econômica.

A seta preta ilustra o controle produtivo estratégico derivado da capacidade de influência da empresa-líder, que atravessa os diversos estratos do arranjo produtivo, de fora para dentro, até chegar à última empresa subcontratada (a empregadora), no centro.

(985) Contratação indireta é a que conecta a empresa-líder a fornecedoras de segundo nível em diante, por meio de subcontratos firmados no curso da cadeia produtiva.

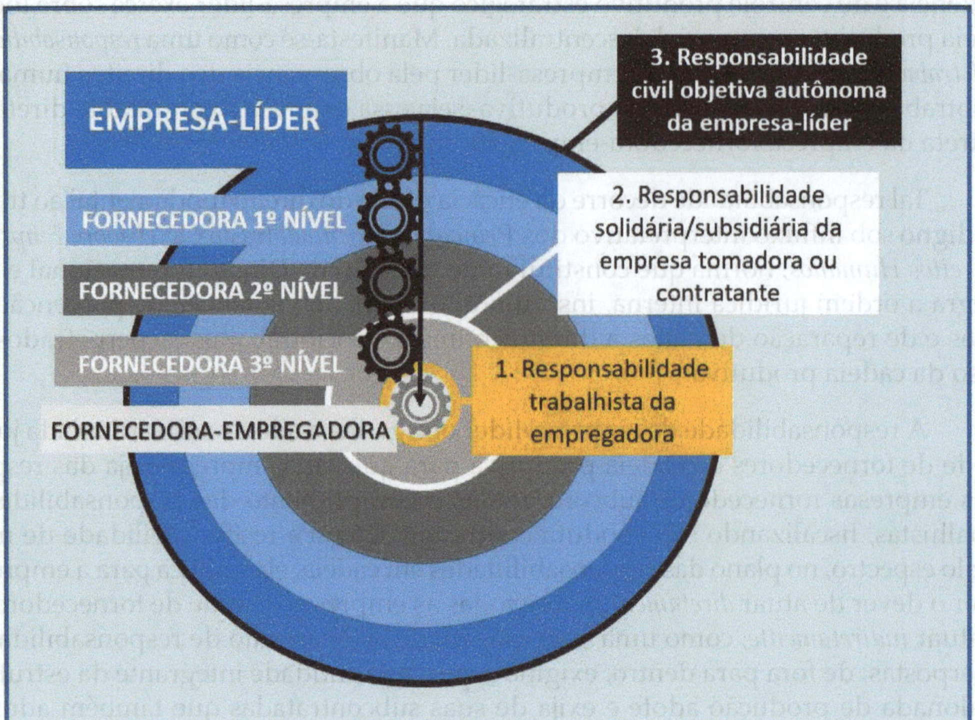

Figura 29 – Engrenagem de Responsabilidades na Cadeia Produtiva Descentralizada

Fonte: Elaborada pelo autor

Continuando a descrição da figura, nos quadrados à direita encontram-se superpostas as três camadas de responsabilidades acima descritas, começando de dentro para fora, do específico para o geral.

Observe-se que o círculo central interno, que representada a empresa fornecedora-empregadora, é contornado por uma faixa amarela, que ilustra sua responsabilidade *trabalhista* pela satisfação dos direitos dos seus empregados (primeira camada de proteção). O círculo imediatamente exterior, que representa a empresa fornecedora subcontratante da empregadora, é contornado por uma faixa branca, que ilustra sua responsabilidade *subsidiária* pelos direitos dos trabalhadores terceirizados (segunda camada de proteção). Por fim, o círculo exterior a todos, que representa a empresa-líder, é contornado por uma faixa preta, que ilustra sua responsabilidade *civil-trabalhista objetiva direta* de zelar pelos direitos humanos sociotrabalhistas em toda a cadeia produtiva (terceira camada de proteção).

Ainda na figura, as engrenagens superpostas ao lado da seta preta, ao tempo em que representam o poder de controle e influência da empresa-líder, que atravessa os estratos da cadeia produtiva em direção ao centro, também ilustram, como *resposta* a esse poder, as *responsabilidades em cadeia* desses agentes econômicos pelo cumprimento dos direitos humanos sociotrabalhistas em toda a estrutura produtiva terceirizada, em direção oposta, do centro para a extremidade.

As três espécies de responsabilidades superpostas, acima descritas, não se confundem, pois se assentam em fundamentos que, embora correlacionados, são diferentes e autônomos.

À luz dessas noções, ora propõe-se demonstrar (a) que a empresa-líder, e, nesse sentido, a própria cadeia produtiva é responsável por zelar pelo cumprimento dos direitos humanos fundamentais dos trabalhadores na cadeia produtiva; (b) que essa *responsabilidade civil-trabalhista objetiva direta* da empresa-líder (da cadeia produtiva empresarial descentralizada) compreende tanto a prevenção de violações quanto a reparação de direitos trabalhistas inadimplidos e danos derivados; e (c) que, embora interconectada, essa responsabilidade da empresa-líder não se confunde com a responsabilidade dita subsidiária da empresa contratante da terceirização pela garantia de direitos dos trabalhadores terceirizados.

Num primeiro plano argumentativo, a ser desenvolvido nos próximos tópicos, será demonstrado que a *responsabilidade civil-trabalhista objetiva direta* da empresa-líder da cadeia produtiva decorre diretamente da Constituição de 1988, em razão da *eficácia horizontal direta* do direito fundamental ao trabalho digno sobre as relações privadas de produção terceirizada. Será demonstrado, ademais, que no plano constitucional esse direito fundamental recebe um padrão hermenêutico de proteção condizente com os *Princípios Orientadores da ONU sobre Empresas e Direitos Humanos*, que dão contorno à responsabilidade da empresa-líder pelos direitos humanos sociotrabalhistas na cadeia produtiva.

Num plano argumentativo complementar, a ser desenvolvido no Capítulo 7, essa responsabilidade também resulta de interpretação sistemática das normas ordinária que disciplinam a responsabilidade civil, à luz da Constituição.

6.5. As responsabilidades em cadeia e a eficácia direta do direito fundamental ao trabalho digno

A eficácia horizontal direta dos direitos fundamentais sobre as relações privadas, de modo a produzir resultados específicos na esfera privada, não previstos literalmente na norma constitucional, tal como aqui se pretende, é tarefa interpretativa que demanda importante ônus argumentativo. Ela compreende, primeiro, a afirmação da própria *eficácia direta* enquanto padrão normativo vigente no sistema constitucional. Depois, demanda a construção interpretativa da solução pretendida à luz das normas constitucionais aplicáveis ao caso concreto, por meio de exame de ponderação com outros princípios e direitos fundamentais eventualmente em colisão.

A doutrina liberal clássica limita o alcance dos direitos fundamentais à regência das relações públicas entre os indivíduos e o Estado, como verdadeiros limites ao exercício do poder estatal, sem projeção sobre as relações privadas.

Nesse sentido ainda prevalece a doutrina da *state action* nos EUA, segundo a qual a eficácia horizontal dos direitos fundamentais nas relações privadas, ao submeter os indivíduos às limitações inerentes aos direitos fundamentais, implica intenso dirigismo estatal que elimina a autonomia da vontade, causando desordens à liberdade individual, na medida em que impede que os indivíduos possam deliberar sobre o modo como pretendem constituir suas relações.[986]

(986) SARMENTO, Daniel. A vinculação dos particulares aos direitos fundamentais no direito comparado e no Brasil. *In*: BARROSO, Luis Roberto (Org.). **A nova interpretação constitucional**: ponderação, direitos fundamentais e relações privadas. Rio de Janeiro: Renovar, 2003, p. 193/199.

Como bem asseveram Daniel Sarmento e Fábio Rodrigues Gomes, tal concepção tornou-se anacrônica, na atualidade, especialmente em sociedades materialmente desiguais, como a brasileira. Com o desenvolvimento e intensificação das relações econômicas e sociais, a opressão e a violência contra a pessoa já não provêm apenas do Estado, mas também de uma multiplicidade de atores privados presentes em variadas esferas, em especial do mercado, da empresa e do poder econômico, tornando um imperativo incontornável a necessidade de incidência dos direitos fundamentais na esfera das relações entre particulares.(987)

Em obra publicada em 1956, na Alemanha, Günter Dürig defendeu a teoria da *eficácia horizontal mediata ou indireta* dos direitos fundamentais sobre as relações privadas, que se tornaria a concepção dominante no direito germânico, adotada por sua Corte Constitucional e pela maioria dos juristas daquele país. Trata-se da uma construção intermediária entre a que simplesmente nega a vinculação dos particulares aos direitos fundamentais (teoria da *state action* americana) e aquela que sustenta a incidência direta destes direitos na esfera privada, como aqui será defendido.(988)

Segundo Robert Alexy, em 1958 uma decisão do Tribunal Constitucional alemão (caso *Lüth*) adotou a eficácia horizontal mediata ou indireta dos direitos fundamentais sobre as relações privadas, com base em três ideias: (1) as normas de direito fundamental contêm não apenas direitos subjetivos de defesa do indivíduo perante o Estado, mas também representam uma ordem objetiva de valores que, enquanto decisão jurídico-constitucional, vale para todos os âmbitos do Direito e proporciona diretrizes e impulsos para a legislação, a administração e a justiça, em todos os campos do ordenamento jurídico acerca das relações entre os particulares; (2) se os direitos fundamentais vinculam os três Poderes como princípios ou valores, nessa qualidade os direitos fundamentais podem ser relevantes em qualquer assunto jurídico, expandindo-se por todas as área do Direito; e (3) como os valores ou princípios tendem a entrar em colisão, torna-se indispensável aos poderes públicos levar a cabo um exame de ponderação, sob controle do Poder Judiciário.(989)

Para a teoria da eficácia mediata ou indireta, os direitos fundamentais não se irradiam diretamente sobre as relações privadas porque isso exterminaria a autonomia da vontade, transformando o Direito Privado em mera concretização da Constituição, posição que, até esse ponto, coincide com a teoria da *state action*. Mas as normas de Direito Privado devem sofrer influxo indireto dos valores objetivos inferidos dos direitos fundamentais, por meio da atuação legislativa responsável por promover a *constitucionalização material da ordem jurídica*, cabendo precipuamente ao legislador ponderar entre os valores constitucionais em conflito com respeito à autonomia privada, para conferir maior segurança jurídica às relações privadas.(990)

Entendem os partidários dessa corrente que a Constituição não investe os particulares em direitos subjetivos privados, mas que ela contém normas objetivas, cujo efeito de irradiação leva à impregnação da legislação privada por valores constitucionais. Ao Estado-juiz também caberia aplicar essas normas constitucionais objetivas, excepcionalmente, ao caso concreto, quando inexistente lei a respeito da

---

(987) SARMENTO, Daniel; GOMES, Fábio Rodrigues. A eficácia dos direitos fundamentais nas relações entre particulares: o caso das relações de trabalho. **Revista do TST**, vol. 77, n. 4, p. 60-101, out./dez. 2011, p. 61.
(988) *Idem*, p. 66.
(989) ALEXY, Robert. **Teoría de los derechos fundamentales**. *Ob. Cit.*, p. 44/45 e 507.
(990) SARMENTO, Daniel. A vinculação dos particulares aos direitos fundamentais no direito comparado e no Brasil. *Ob. Cit.*, p. 214.

matéria. Mas essa aplicação dependeria da mediação de normas ordinárias com conceitos abertos e indeterminados, por meio das quais o juiz faria a transposição dos valores constitucionais objetivos à ordem jurídica privada.(991)

Apontam Sarmento e Gomes que a defesa da eficácia horizontal *indireta* dos direitos fundamentais é francamente minoritária na doutrina brasileira. A ampla maioria dos autores que se dedicam ao tema sustenta a teoria da *eficácia horizontal direta e imediata dos direitos fundamentais* sobre as relações privadas, "até em vista de características singulares da nossa ordem constitucional, muito mais voltada para o combate à injustiça nas relações privadas do que a Lei Fundamental alemã".(992)

Para os partidários da eficácia horizontal direta, a opção constitucional brasileira pelo Estado Social já implica o reconhecimento de sua incidência, em face da instituição de direitos fundamentais sociais autoaplicáveis e oponíveis a agentes privados da atividade econômica, tais como os direitos fundamentais dos trabalhadores, oponíveis aos empregadores.(993) Isso converte a Constituição numa ordem fundamental que impõe a irradiação direta de direitos fundamentais sobre as relações privadas, independentemente da mediação do legislador.(994)

Essa vertente teórica, defendida por Joaquim Canotilho, é a que predomina em Portugal, cuja Constituição expressamente prevê a vinculação direta dos particulares aos "preceitos consagradores de direitos, liberdades e garantias" fundamentais (CRP, art. 18º/1). Para o constitucionalista lusitano, não havendo expressa disposição constitucional sobre a aplicação direta da norma de direito fundamental à relação privada, e não havendo norma jurídica ordinária concretizadora do bem jurídico jusfundamental, deve o Estado-juiz "concretizar os bens jurídicos constitucionalmente protegidos através de *normas de decisões* judiciais".(995)

No Direito brasileiro, a eficácia horizontal direta dos direitos fundamentais decorre da moldura axiológica delineada pela Constituição de 1988 e do sistema de direitos fundamentais por ela adotado. Trata-se de uma Constituição social, com um generoso elenco de direitos sociais e econômicos (CR/1988, arts. 6º a 11) oponíveis a particulares, que indica como primeiro objetivo fundamental da República "construir uma sociedade livre, justa e solidária" (art. 3º, I) e que, conforme ressaltam Sarmento e Gomes, "não se ilude com a miragem liberal de que é o Estado o único adversário dos direitos fundamentais".(996)

---

(991) HESSE, Konrad. **Derecho Constitucional y Derecho Privado**. Trad. Ignacio Gutierrez. Madrid: Cuadernos Civitas, 1995, p. 60/61. *Apud: Idem.*

(992) *Idem*, p. 71.

(993) Para Jorge Luís Souto Maior, a Constituição de 1988 estabelece um ordenamento jurídico fundado no Direito Social: "*O Direito Social não é uma simples complementação da ordem anteriormente existente, é a sua reconstrução. O Direito Social não se trata assim de uma dimensão específica do direito, é, isto sim, a única dimensão vigente. Neste contexto, há uma prioridade no ordenamento jurídico, que é a satisfação dos valores fundamentais do Direito Social: impor a solidariedade (necessário retorno de natureza social à ordem econômica, pelo pressuposto da responsabilidade social como obrigação jurídica); fazer valer a justiça social e preservar a dignidade humana*". Consultar: SOUTO MAIOR, Jorge Luís. O que é o direito social? *In*: CORREIA, Marcus Orione Gonçalves (Org.). **Curso de direito do trabalho**. V. 1 – Teoria geral do direito do trabalho. Col. Pedro Vidal Neto. São Paulo: LTr, 2007, p. 29.

(994) SARMENTO, Daniel. A vinculação dos particulares aos direitos fundamentais no direito comparado e no Brasil. *Ob. Cit.*, p. 220/236.

(995) CANOTILHO, J. J. Gomes. **Direito constitucional e teoria da Constituição**. 7. ed. Coimbra: Almedina, 2003, p. 448 e 1292.

(996) SARMENTO, Daniel. Os direitos fundamentais nos paradigmas liberal, social e pós-social (pós-modernidade constitucional?). *In*: SAMPAIO, José Adércio Leite (Org.). **Crise e desafios da Constituição**. Belo Horizonte: Del Rey, 2004, p. 402.

A Constituição brasileira de 1988 erigiu os direitos sociais trabalhistas à categoria dos direitos fundamentais no paradigma do Estado Democrático de Direito, marcado pela promoção da justiça social e pelo objetivo de redução da pobreza e da marginalidade (CR/1988, art. 3º, III). Para isso, submete a propriedade privada (inclusive a empresa) a uma função socioambiental (arts. 5º, XXIII, e 170, III) e institui como objetivo da ordem econômica a busca do pleno emprego (art. 170, IV) para promover o trabalho como suporte de valor da dignidade da pessoa humana (art. 1º, III e IV).

Nessa perspectiva, que de todo aqui se adota, a constitucionalização do Direito Privado no Brasil sequer é uma opção interpretativa, pois foi o próprio legislador constituinte que optou por disciplinar em linhas gerais inúmeros institutos do Direito Privado.(997)

Em estudo jurisprudencial sobre a eficácia horizontal de direitos fundamentais não trabalhistas (como os direitos à privacidade, à intimidade e ao devido processo legal) sobre as relações privadas de trabalho, no Brasil, Daniel Sarmento e Fábio Gomes demonstram como a metódica da eficácia direta consolidou-se no âmbito judicial brasileiro.(998) Os autores identificam essa tradição no STF, desde 1977, apontando exemplos de julgados que afirmaram a emanação direta do direito de privacidade sobre relação de trabalho (RE 85.439/RJ –1977 e RE 160.222 – 1995),(999) do direito ao devido processo legal em relação cooperativa (RE 158.215-4/RS – 1996)(1000) e do direito à isonomia de tratamento entre nacional e estrangeiro também em relação de trabalho (RE 161.243-6/DF – 1997).(1001)

Essa consolidação deu-se especialmente a partir da Constituição de 1988, embora as decisões judiciais não se apoiem em nenhuma fundamentação teórica que dê lastro à filiação a qualquer corrente específica de pensamento sobre a matéria,(1002)

---

(997) *Idem*, p. 254. Em minucioso estudo sobre o tema, Eugênio Facchini Neto destaca os seguintes exemplos de constitucionalização do Direito Privado, na Constituição de 1988, dentre os quais se encontram os direitos dos trabalhadores: "a proclamação, pelo constituinte, *da liberdade de constituir associações e cooperativas* (art. 5º, inc. XVII a XX), *da legitimidade representativa das entidades associativas* (art. 5º, inc. XXI), *da liberdade de associação profissional ou sindical* (art. 8º), *da impenhorabilidade da pequena propriedade rural* (art. 5º, inc. XXVI), *dos direitos autorais* (art. 5º, inc. XXVII e XXVIII), *da propriedade industrial* (art. 5º, inc. XXIX), *do direito à herança* (art. 5º, inc. XXX), da necessidade de *defesa do consumidor* (art. 5º, inc. XXXII, art. 170, V, art. 48 do ADCT), *da limitação da responsabilidade civil ex delicto dos sucessores* (art. 5º, inc. XLV), *da indenizabilidade por erro judiciário* (art. 5º, inc. LXXV), *dos direitos dos trabalhadores* (art. 7º e seus incisos), *da dignidade da pessoa humana e do valor da justiça social como princípios informadores de toda a ordem econômica,* o que abrange também toda a atividade negocial privada (art. 170, *caput*), *da necessidade de proteção das microempresas e empresas de pequeno porte* (art. 170, inc. IX e art. 179), *da função social da propriedade urbana* (art. 182, §2º), *da usucapião urbana* (art. 183), *da usucapião rural* (art. 191)", entre outro exemplos. Consultar: FACCHINI NETO, Eugênio. A constitucionalização do direito privado. **Iurisprudentia – Revista da Faculdade de Direito da AJES**, v. 2, n. 3, 2013, p. 29/30. Disponível em: https://bit.ly/3MupWQx. Acesso em: 19 mai. 2022.

(998) SARMENTO, Daniel. A vinculação dos particulares aos direitos fundamentais no direito comparado e no Brasil. *Ob. Cit.*, p. 271/274.

(999) BRASIL, Supremo Tribunal Federal, 2ª Turma. **RE 85.439/RJ**, Rel. Min. Xavier de Albuquerque. DJe 02 dez. 1977; BRASIL, Supremo Tribunal Federal, **RE 160.222/RJ**, Rel. Min. Sepúlveda Pertence. DJe 26 abr. 1995.

(1000) BRASIL, Supremo Tribunal Federal, 2ª Turma. **RE 158.215-4/RS**, Rel. Min. Marco Aurélio. DJe 07 jun. 1996.

(1001) BRASIL, Supremo Tribunal Federal, 2ª Turma. **RE 161.243-6/DF**, Rel. Min. Carlos Velloso. DJe 19 dez. 1997.

(1002) SARMENTO, Daniel. A vinculação dos particulares aos direitos fundamentais no direito comparado e no Brasil. *Ob. Cit.*, p. 260.

baseando-se mais numa intuição de justiça dos juízes do que numa argumentação dogmática sólida.[(1003)]

A opção constitucional pela eficácia direta das normas de direito fundamental sobre as relações privadas muito decorre do caráter reconhecidamente injusto e assimétrico da distribuição de riquezas na sociedade brasileira, que, segundo Sarmento e Gomes, ostenta "índices de desigualdade social vergonhosos, equiparados aos dos países mais miseráveis do mundo", a justificar o "reforço da tutela dos direitos humanos no campo privado, em que reinam a opressão e a violência".[(1004)]

Comprometida com o enfrentamento dos problemas estruturais associados à desigualdade social, reconhece a Constituição democrática de 1988 que muitos dos perigos aos direitos fundamentais provêm dos poderes econômicos. Por isso, *fundamentalizou* direitos sociais como veículos para reduzir a pobreza e a marginalidade (CR/1988, art. 3º, III) e estabeleceu como objetivo da ordem econômica a busca do pleno emprego (art. 170, IV) para promover trabalho digno, dotado de valor social (art. 1º, III e IV).

Dessa ordem de valores resulta o *direito fundamental ao trabalho digno*, único meio de acesso e oportunidade às condições materiais dignas de vida para a grande maioria da massa trabalhadora desprovida de patrimônio. Trata-se de direito que vincula tanto o Estado (legislador e juiz), destinatário do dever de proteção contra sua violação, quanto os particulares, sejam os empregadores devedores das obrigações trabalhistas, sejam *terceiros não-empregadores* cujas atividades *impactam* a satisfação desses direitos, tais como as corporações que organizam suas cadeias produtivas com uso da terceirização externa.

A vinculação direta de *direitos trabalhistas* constitucionalizados aos particulares é decorrência lógica de todo sistema normativo constitucional que os adota, tais como as Constituições do México (1917), Itália (1947), Alemanha (1949), França (1958), Portugal (1976), Espanha (1978) e Brasil (1988). Como bem adverte Canotilho, o problema teórico relativo à irradiação de direitos fundamentais sobre relações privadas já está resolvido "quando é a própria Constituição a reconhecer expressamente aos direitos fundamentais efeitos em relação a terceiros".[(1005)]

Sob idêntico fundamento, a vinculação direta dos direitos fundamentais trabalhistas, no Brasil, a *terceiros não-empregadores* cuja atuação influencie, induza ou provoque sua violação pelos empregadores, tal como ocorre no âmbito das cadeias produtivas empresariais descentralizadas, constitui mero desdobramento da vinculação direta aos *empregadores*. É uma espécie de efeito reflexo, fruto da exigência constitucional de máxima efetividade do direito fundamental e do dever de proteção estatal de que é destinatário.

À medida que as normas de direitos fundamentais tornaram-se atos de legislação, vinculantes, inclusive em relação a particulares, sua interpretação passou a exigir uma atribuição de sentido capaz de lhe conferir máxima realização prática possível, para concretizar no mundo dos fatos os valores por elas tutelados. Tornou-se, por isso, *instrumental* à interpretação das normas de direitos fundamentais, na atualidade, o

(1003) *Idem*, p. 271/274.
(1004) *Idem*, p. 84.
(1005) CANOTILHO, J. J. Gomes. **Direito constitucional e teoria da Constituição.** *Ob. Cit.*, p. 1288.

princípio *da máxima efetividade*, que orienta o intérprete a preservar na maior medida possível a *força normativa da Constituição*.[1006]

Enquanto direito fundamental vocacionado a submeter o poder econômico a um padrão humanístico de conduta nas relações de produção, o direito fundamental ao trabalho digno, para obter máxima efetividade, precisa ser interpretado no contexto das relações econômicas de produção que ensejam e condicionam seu exercício.

Sob a leitura economicista dos *custos de transação*, de matriz liberal, que orienta a atuação dos agentes econômicos nas relações comerciais de terceirização, nas cadeias produtivas empresariais descentralizadas, o trabalho constitui fator de produção e os direitos trabalhistas representam *custos de produção*, um mal necessário a ser eliminado ou reduzido ao mínimo possível.

A contratualização do processo produtivo, em substituição à produção internalizada na empresa, encontra sua lógica econômica exatamente em utilizar *incentivos* de acesso ao mercado (acesso às cadeias produtivas) para transferir à empresa fornecedora-contratada e às suas subcontratadas o papel de empregadora-devedora dos direitos trabalhistas (assim como das prestações comerciais, fiscais, previdenciárias etc.), induzindo-as a racionalizar exaustivamente o custo de produção.

A fornecedora-empregadora é estimulada a racionalizar ao máximo *direitos fundamentais dos trabalhadores* para conquistar e manter sua presença no mercado. No constante movimento de busca pelo ponto ótimo dessa racionalização (o ponto ótimo da relação custo-benefício), a fornecedora é induzida a invadir o limite mínimo de efetividade dos direitos, naturalizando sua violação sistemática. Esses fatores de estímulo externo à violação difundem-se entre os fatores de imprevisão (riscos) inerentes (internos) à atividade econômica, para ostentar uma pretensa neutralidade causal que facilmente se desmascara à luz de uma cuidadosa análise das relações de poder presentes na cadeia produtiva.

Nesse *movimento econômico ambíguo*, a empresa empregadora terceirizada termina figurando como *agente* compressor de direitos a serviço da cadeia produtiva, muitas vezes destituída de aparato econômico para garantir a efetividade dos direitos violados.

Sem considerar esse pano de fundo, torna-se inviável a plena concretização dos direitos fundamentais trabalhistas nos elos terceirizados das cadeias produtivas.

Na lição de Konrad Hesse, a ótima concretização da norma constitucional não se obtém pela mera subsunção lógica, mas depende da articulação do Direito com os diversos fatos concretos da vida: "a interpretação adequada é aquela que consegue concretizar, de forma excelente, o sentido da proposição normativa dentro das condições reais dominantes numa determinada situação".[1007]

Aplicando aqui a lição de Joaquín Flores, acima invocada, para que seja possível superar os obstáculos à concretização dos direitos fundamentais dos trabalhadores terceirizados, de modo a efetivá-los *dentro das condições reais dominantes* em que são gestadas as respectivas relações de trabalho,[1008] é essencial que, sob a lente liberal da Análise Econômica do Direito, tais direitos sejam compreendidos como *custos de*

(1006) *Idem*, p. 1224/1226.
(1007) HESSE, Konrad. **A força normativa da Constituição**. Trad. Gilmar Ferreira Mendes. Porto Alegre: Safe, 1991, p. 19/23.
(1008) FLORES, Joaquín Herrera. **A (re)invenção dos direitos humanos.** *Ob. Cit.*, p. 48/50.

produção também para os agentes econômicos centrais das cadeias produtivas empresariais descentralizadas, e não apenas para as empresas fornecedoras-empregadoras. Essa análise será aprofundada no Capítulo 7 (7.3.1).[(1009)]

Atuando as empresas fornecedoras terceirizadas como *agentes* compressores de direitos da cadeia produtiva, muitas vezes sem estrutura econômica para garantir a efetividade dos direitos violados, a tutela constitucional dos direitos trabalhistas em face do empregador (tutela consubstanciada nas normas trabalhistas da CLT e legislação esparsa) torna-se, por si só, inoperante para concretizá-los.

Esse obstáculo à efetividade dos direitos há que ser superado com a imputação de responsabilidades em cadeia a todos os agentes econômicos da estrutura escalonada produtiva e, em especial, ao agente central, a empresa-líder, cujas decisões impactam as condições de trabalho, tornando-se por isso responsável por adotar *conduta diligente* e por articular sua capacidade de influência para prevenir violações aos direitos humanos fundamentais dos trabalhadores em sua cadeia produtiva.

A inobservância do *dever de diligência* encontra resposta no dever de reparação aos direitos violados. A violação dos direitos, nesse caso, decorre não apenas da exploração da assimetria econômica e/ou contratual entre a empresa-líder e sua rede de fornecedores para pressionar a redução de *custos*, mas também da ausência de uma conduta diligente da empresa-líder, necessária e suficiente para prevenir ou mitigar riscos aos direitos dos trabalhadores. A violação decorre, em suma, do exercício desmedido do poder econômico sem cautela sobre os direitos humanos de terceiros.

Essa responsabilidade da empresa-líder encontra assento constitucional, portanto, na irradiação direta do direito fundamental ao trabalho digno sobre a organização terceirizada da cadeia produtiva. A exigência constitucional de efetividade dos direitos fundamentais dos trabalhadores, enquanto direitos que integram a estrutura fundacional do Estado Democrático de Direito, enseja para esses direitos o *dever estatal de proteção*.

Desse dever de proteção estatal deriva a necessidade de imputar ao agente econômico central da cadeia produtiva, seja por atividade legislativa ou interpretação judicial, a responsabilidade de exercer seu comando produtivo estratégico com cautela preventiva, articulando sua capacidade de influência para ativar a *responsabilidade trabalhista* da empresa empregadora e a *responsabilidade subsidiária* das empresas fornecedoras-contratantes da terceirização pelos direitos dos trabalhadores terceirizados.

Tal solução constitui o padrão constitucional de responsabilidade empresarial pelos direitos humanos sociotrabalhistas, no Brasil, sob influxo dos *Princípios Orientadores da ONU sobre Empresas e Direitos Humanos*, que conferem moldagem internacional à responsabilidade da empresa-líder da cadeia produtiva. Trata-se de um padrão de responsabilidade que adere ao direito fundamental ao trabalho digno e com ele irradia-se diretamente sobre as relações privadas da cadeia produtiva.

(1009) A Análise Econômica do Direito é movimento teórico liberal contemporâneo que propõe a análise do Direito sob a perspectiva econômica, tendo como característica comum a aplicação da teoria microeconômica neoclássica do bem-estar para analisar e reformular instituições jurídicas particulares e o próprio sistema jurídico em seu conjunto. Um dos seus traços centrais é a rejeição do raciocínio jurídico abstrato, desconectado da realidade econômica subjacente. PACHECO, Pedro Mercado. **El Análisis económico del derecho**: una reconstrucción teórica. Madrid: Cento de Estudios Constitucionales, 1994, p.181. Consultar também: ALVAREZ, Alejandro Bugallo. Análise econômica do direito: contribuições e desmistificações. **Revista Direito, Estado e Sociedade**, V. 9, n. 29, jul./dez. 2006, p. 49-68, p. 50. Disponível: https://bit.ly/3MIElIM. Acesso em: 24 maio 2022.

6.6. Padrão constitucional de responsabilidade da cadeia produtiva: influxo dos Princípios Orientadores da ONU sobre Empresas e Direitos Humanos

A Constituição de 1988 é a primeira Constituição brasileira a instituir a *prevalência dos direitos humanos* como princípio fundamental das relações internacionais do Estado brasileiro (CR/1988, art. 4º, II). Esse princípio não implica apenas o engajamento do País no processo de elaboração de normas do Direito Internacional dos Direitos Humanos, mas também a busca da plena integração de tais regras à ordem jurídica interna, por meio da *abertura material da ordem jurídica* ao sistema internacional de proteção dos direitos humanos (CR/1988, art. 5º, §§ 2º e 3º).(1010)

Daí que, ao positivar os direitos humanos sociotrabalhistas, inserindo-os no rol dos direitos fundamentais (CR/1988, arts. 7º a 11), a Constituição de 1988 atrai para esses direitos não um dever qualquer de proteção estatal, mas um dever condizente com o padrão de proteção aos direitos humanos em face das corporações, consensuado pela comunidade internacional.

Conforme estudado no Capítulo 5 (5.3.3), o mais importante consenso internacional até então construído acerca da proteção dos direitos humanos em face de violações perpetradas por agentes econômicos encontra-se nos *Princípios Orientadores da ONU sobre Empresas e Direitos Humanos*, aprovado pelo Conselho de Direitos Humanos, em 2011.

Não respondendo as corporações perante Cortes ou organismos de controle internacionais por violações a direitos humanos, a responsabilidade empresarial prevista nos Princípios Orientadores ainda se restringe a uma espécie de *responsabilidade social*.(1011)

Nesse sentido a análise de John Ruggie, representante especial do Diretor-Geral da ONU na elaboração dos Princípios Orientadores, para quem essa responsabilidade social não se converte em responsabilidade *jurídica* no âmbito estatal, senão mediante incorporação das normas de direitos humanos pela legislação nacional, na respectiva jurisdição. Isso porque, no plano internacional, os Princípios Orientadores constituem norma de *soft law*, sem caráter vinculante.(1012)

Independentemente da correção doutrinária dessa afirmação, mas, por cautela, partindo de sua premissa, certo é, inclusive na perspectiva de Ruggie, que em países que incorporaram as normas internacionais de direitos humanos à sua legislação interna, e especialmente no Brasil, em que esses direitos humanos assumiram o *status* de direitos fundamentais, a responsabilidade da empresa de respeitar os direitos humanos, para além de assentar-se numa expectativa social, decorre de obrigação jurídica de respeito à legalidade.(1013)

(1010) PIOVESAN, Flávia. **Direitos Humanos e o Direito Constitucional Internacional.** *Ob. Cit.*, p. 61.

(1011) RUGGIE, John Gerard. **Quando negócios não são apenas negócios.** *Ob. Cit.*, pos. 2229.

(1012) *Idem*, pos. 1985/2009. No plano doutrinário dos direitos humanos, essa posição de John Ruggie é considerada bastante conservadora, porque fundada no paradigma estatocêntrico da exclusividade das fontes formais do Direito Internacional. David Bilchit, por exemplo, contesta a afirmação sob a fundamentação moral dos direitos humanos, que cria obrigações vinculantes para as empresas a partir do quadro normativo internacional. Consultar: BILCHITZ, David. A chasm between "is" and "ought"? A critique of the normative foundations of the SRSG's framework and the guiding principles. *In*: BILCHITZ, David, DEVA. Surya. **Human rights obligations of business.** Cambridge: Cambridge University Press, 2013.

(1013) Segundo Gabriela Delgado, o *direito fundamental ao trabalho digno* **é reconhecido pelo sistema internacional de direitos humanos como um** *direito ao trabalho* capaz de promover a dignidade humana

A opção constitucional pela fundamentalização dos direitos humanos socio-trabalhistas, no Brasil, ao passo em que desencadeia a *eficácia horizontal direta* de tais direitos sobre as relações privadas, tal como visto no tópico anterior, converte em *jurídica* a responsabilidade da empresa de respeitar os direitos humanos, na jurisdição nacional. Com assento constitucional, a norma de responsabilidade passa a ostentar os atributos de coercibilidade (capacidade de impor conduta condizente com seu enunciado), heteronomia (imperatividade derivada de autoridade externa) e bilateralidade atributiva (aptidão do titular do direito para exigir sua proteção estatal).

Firmado o caráter jurídico da responsabilidade empresarial pelos direitos humanos, entram em cena os Princípios Orientadores como a principal fonte material do Direito Internacional dos Direitos Humanos acerca do *modo de operacionalização* dessa responsabilidade.

Inobstante o caráter de *soft law*, os Princípios Orientadores constituem consenso construído por meio de um longo processo político no âmbito do Conselho de Direitos Humanos da ONU, órgão semilegislativo das Nações Unidas.[1014]

Dotados de força política e de aderência às expectativas da comunidade internacional, conforme visto no Capítulo 5 (5.3.4), os Princípios Orientadores influenciaram normas de responsabilidade social de diversas entidades internacionais, tanto as de caráter predominantemente econômico, tais como as Diretrizes da OCDE para Empresas Multinacionais (revisão de 2011), o Guia de Devida Diligência para Uma Conduta Empresarial Responsável, também da OCDE (2018), e o Quadro de Sustentabilidade da Sociedade Financeira Internacional, vinculada ao Banco Mundial (revisão de 2012), quanto de caráter pluridimensional, como a Declaração Tripartida de Princípios sobre Empresas Multinacionais e Política Social, da OIT (revisão de 2017).

E o mais relevante, esses Princípios já inspiraram legislações nacionais que dispõem sobre a obrigatoriedade do dever empresarial de devida diligência (*due diligence*) para prevenir e reparar violações a direitos humanos sociotrabalhistas em países como a França, Holanda e Alemanha. Também inspiraram legislações no Reino Unido, na Austrália e no Estado da Califórnia (EUA), que impõem o dever de transparência sobre riscos e violações de direitos humanos nas cadeias produtivas. E continuam inspirando movimentos sociais e políticos em diversos outros países, bem como no âmbito comunitário da União Europeia, voltados a aprovar legislações que tornem obrigatório o dever empresarial de devida diligência (Capítulo 5 - 5.3.4).

No Brasil, foi recentemente apresentado na Câmara dos Deputados o Projeto de Lei n. 572/2022, que "cria a lei marco nacional sobre Direitos Humanos e Empresas e estabelece diretrizes para a promoção de políticas públicas no tema", um ambicioso projeto de proteção dos direitos humanos, em especial das populações socialmente mais vulneráveis, em face da atividade econômica.[1015] Por fim, vigora no País o Decreto Federal n. 9.571/2018, que estabelece *Diretrizes Nacionais sobre Empresas e Direitos Humanos*, regulamenta a aplicação dos Princípios Orientadores da ONU sobre Empresas

---

do trabalhador enquanto suporte material da referência axiológica central do sistema jurídico. DELGADO, Gabriela. O trabalho como suporte de valor. *Ob. Cit.*, p. 72.

(1014) RUGGIE, John Gerard. **Quando negócios não são apenas negócios**. *Ob. Cit.*, pos. 60.

(1015) BRASIL, Câmara dos Deputados. **PL n. 572/2022**. Disponível em: https://bit.ly/3np20Tv. Acesso em: 28 jun. 2022.

e Direitos Humanos na jurisdição nacional, reproduzindo seus parâmetros *proteger, respeitar e reparar*.[1016]

Conforme análise a ser aprofundada no capítulo 8 (8.5), trata-se de decreto autônomo que veicula interpretação administrativa do direito fundamental ao trabalho digno por derivação ou *eficácia horizontal direta* desse direito sobre as relações privadas. Independentemente da força vinculante do ato normativo, que será objeto de estudo mais adiante, aqui importa ressaltar sua fonte de inspiração no padrão constitucional de proteção aos direitos humanos em face das corporações, fruto da aderência constitucional aos Princípios Orientadores da ONU.

O alto reconhecimento internacional dos Princípios Orientadores pela comunidade internacional expressou-se na manifestação do Alto Comissário das Nações Unidas para os Direitos Humanos, Zeid Ra'ad Al Hussein (2014-2018), que os descreveu como "o padrão global oficial, fornecendo um plano para as etapas que todos os Estados e empresas devem adotar para defender os direitos humanos".[1017]

Com essa força política e social, os Princípios Orientadores alcançaram *status* de *posicionamento* da comunidade internacional acerca da matéria, figurando, portanto, como verdadeira manifestação de uma *opinio juris* em torno da responsabilidade empresarial pelos direitos humanos.

O saudoso jurista Antônio Augusto Cançado Trindade, que atuou como membro da Corte Internacional de Justiça (2009-2022) e da Corte Interamericana de Direitos Humanos (1994-2008), sustentou a expansão da força normativa da *opinio juris* como fonte material do Direito Internacional dos Direitos Humanos, em contraposição à vertente ortodoxa positivista que cultua o caráter estatocêntrico do Direito Internacional, fundado exclusivamente em fontes formais (tratados, costumes e princípios gerais de direito).[1018]

Em paradigmático voto lançado no *Case Pulp Mills on the River Uruguay (Argentina* v. *Uruguay)* (2010) pela Corte Internacional de Justiça, afirmou o magistrado que a *opinio juris* deve ser tomada não apenas como elemento constitutivo dos costumes, mas, de forma mais ampla, como indicação do *status conscientiae* dos membros da comunidade internacional como um todo, a orientar a intepretação e aplicação das normas internacionais de direitos humanos, sejam elas convencionais, costumeiras ou estabelecidas por resoluções de órgãos internacionais.[1019]

(1016) BRASIL, Presidência da República. **Decreto n. 9.571, de 21 de novembro de 2018**. Disponível em: https://bit.ly/3PRaHmH. Acesso em: 31 maio 2022.

(1017) BRASIL, Ministério da Mulher, da Família e dos Direitos Humanos. **Princípios Orientadores sobre Empresas e Direitos Humanos. Implementando os Parâmetros "Proteger, Respeitar e Reparar" das Nações Unidas**. Disponível em: https://bit.ly/3x1cxJf . Acesso em: 30 maio 2022.

(1018) Consultar: TRINDADE, Antônio Augusto Cançado. **Desafios e conquistas do Direito Internacional dos Direitos Humanos no início do século XXI**. *Ob. Cit.* Consultar também: TRINDADE, Antonio Augusto Cançado. **A humanização do direito intenacional**. *Ob. Cit.* Consultar ainda: RAMOS, André de Carvalho. **Curso de direitos humanos**. *Ob. Cit.*, p. 67.

(1019) Livre tradução do seguinte trecho do voto: *"In my conception, they orient the interpretation and application of the norms and rules of this legal order, be them customary or conventional, or set forth by resolutions of international organs. General principles of law may further be resorted to in the identification of opinion juris itself, taking this latter not strictly as a constitutive element of custom, but, more amply, as an indication of the status conscientiae of the members of the international community as a whole"*. Consultar: CORTE Internacional de Justiça. **Case Pulp Mills on the River Uruguay (Argentina *v.* Uruguay)**. Julgamento 20 abr. 2010. Voto separado do Juiz Cançado Trindade, parágrafo 216. Disponível em: https://bit.ly/3sUAXTu. Acesso em: 25 maio 2022.

Para o jurista, a visão normativa limitada às fontes formais do Direito Internacional tem se mostrado insuficiente para o enfrentamento dos desafios do século XXI, em que a proeminência do mercado globalizado acarretou "o trágico aumento – estatisticamente comprovado – dos marginalizados e excluídos em todas as partes do mundo".[1020]

Nesse cenário, o mercado tem-se mostrado inteiramente incapaz de satisfazer os interesses comuns da humanidade, pois suas relações, de ordem contratual, não se voltam à satisfação de interesses comunitários. "Os interesses comuns da humanidade seguramente não se reduzem a meros objetos de transações econômicas ou comerciais", assegura Cançado Trindade, pois o ser humano, enquanto fim em si mesmo, "não se reduz a um mero *recurso de consumo* ou *agente de produção*".[1021]

Daí que as novas violações aos direitos humanos perpetradas sob o domínio do mercado têm despertado reações e mobilizações que, no entender do jurista, devem-se "ao despertar e à evolução da *consciência jurídica universal* para a necessidade de assegura a *proteção eficaz* do ser humano em todas e quaisquer circunstâncias" (sem grifos no original).[1022]

Nessa inquietação coletiva o autor identifica um movimento que vem reconstruindo o Direito Internacional, nesse início do século XXI, sob impacto do Direito Internacional dos Direitos Humanos, "fundamentado em um novo paradigma, já não mais estatocêntrico, mas situando o ser humano em posição central e tendo presentes os problemas que afetam a humanidade como um todo", como expressão da *razão de humanidade* impondo limites à *razão de Estado*, sujeita ao influxo do poder econômico.[1023]

A *consciência jurídica universal* vem, assim, encontrando expressão doutrinária na emergência do conceito da *communis opinio juris*, a opinião jurídica da comunidade internacional, em contraponto ao velho dogma positivista do consentimento (*voluntas*) individual, na formação do direito internacional.[1024]

O reconhecimento de certos *valores fundamentais* baseados em um sentido de justiça objetiva, afirma Cançado Trindade, tem contribuído para a formação da *opinio juris* nas últimas décadas do século XX, a qual não se limita ao plano doutrinário, sendo reconhecida igualmente em tratados internacionais:

> A Convenção contra o Genocídio de 1948, *e.g.*, se refere, em seu preâmbulo, ao *espírito* das Nações Unidas. Transcorrido meio século, o preâmbulo do Estatuto de Roma de 1998 do Tribunal Penal Internacional se refere à *consciência da humanidade* (segundo considerandum). E o preâmbulo da Convenção Interamericana de 1994 sobre o Desaparecimento Forçado de Pessoas, para citar outro exemplo, menciona a *consciência do hemisfério* (terceiro *considerandum* do preâmbulo).[1025]

(1020) TRINDADE, Antônio Augusto Cançado. **Desafios e conquistas do Direito Internacional dos Direitos Humanos no início do século XXI.** *Ob. Cit.*, p. 469.
(1021) *Idem.*
(1022) *Idem*, p. 470.
(1023) *Idem*, p. 471 e 477.
(1024) *Idem*, p. 473. Na visão de Bruno Simma e Philip Alston, *"o Direito costumeiro internacional é geralmente concebido como decorrente da existência de uma prática geral (ou extensiva), uniforme e consistente, em maior ou menor grau acompanhada por um senso de obrigação legal, a opinio juris"*. SIMMA, Bruno; ALSTON, Philip. The sources of human rights law: custom, jus cogens, and general principles. **The Australian Year Book of International Law**, v. 12, p. 82. Disponível em: https://bit.ly/3GhudEB. Acesso em: 25 maio 2022.
(1025) TRINDADE, Antônio Augusto Cançado. **Desafios e conquistas do Direito Internacional dos Direitos Humanos no início do século XXI.** *Ob. Cit.*, p. 471/476.

Não há como negar, nesse cenário, a central função integrativa e auxiliadora dos Princípios Orientadores da ONU sobre Empresas e Direitos Humanos, como manifestação da *communis opinio iuris*, na interpretação das normas internas sobre responsabilidade empresarial em face dos direitos humanos, com vistas a operacionalizar os deveres empresariais conforme as demandas sociais da comunidade internacional.[1026]

É impossível interpretar normas de direitos fundamentais ociotrabalhistas, nesse contexto, sem a referência aos Princípios Orientadores, pois eles constituem a principal fonte da compreensão internacional sobre a responsabilidade das corporações por violações ou riscos de violações a direitos humanos positivados (direitos fundamentais dos trabalhadores) nas cadeias produtivas, na atualidade.

O documento *Empresas e Direitos Humanos: Parâmetros da ONU para Proteger, Respeitar e Reparar* apresenta 31 princípios organizados em torno da concretização: (a) do dever do Estado em proteger os direitos humanos em face das empresas (Princípios 1 a 10 – parâmetro *proteger*); (b) da responsabilidade das empresas de respeitar os direitos humanos (Princípios 11 a 24 – parâmetro *respeitar*); e (c) do acesso a recursos e reparações, pelas vítimas (Princípios 25 a 31 – parâmetro *reparar*).[1027]

Considerando que, no Brasil, os direitos humanos sociotrabalhistas encontram-se positivados na construção-síntese do direito fundamental ao trabalho digno, as referências aos direitos humanos, contidas nos Princípios, serão adiante tomadas como *direitos humanos fundamentais*.

Primeiro, quanto ao conteúdo da responsabilidade empresarial, esclarece o Princípio 11 que as empresas devem "se abster de infringir os direitos humanos de *terceiros* e enfrentar os *impactos negativos* sobre os direitos humanos nos quais tenham algum envolvimento" (sem grifos no original). Portanto, além de não infringir, é responsabilidade da empresa identificar os *impactos negativos* (riscos) que sua atuação possa produzir sobre os direitos humanos fundamentais de terceiros, o que implica a necessidade de *prévio reconhecimento dos riscos*.[1028]

Sobre a extensão da responsabilidade, esclarece o Princípio 13 que ela não se refere apenas aos impactos negativos das atividades diretamente executadas pela empresa, mas também aos impactos "relacionados com operações, produtos ou serviços prestados por suas relações comerciais" (alínea B):

> Princípio 13. A responsabilidade de respeitar os direitos humanos exige que as empresas:
>
> A. Evitem que suas próprias atividades gerem impactos negativos sobre direitos humanos ou para estes contribuam, bem como enfrentem essas consequências quando vierem a ocorrer;
>
> B. Busquem prevenir ou mitigar os *impactos negativos sobre os direitos humanos diretamente relacionados com operações, produtos ou serviços prestados por suas rela-*

(1026) RODRIGUES, Mônica Nogueira. **Responsabilidade internacional de empresas e responsabilidade social corporativa no investimento internacional por violação do trabalho decente.** *Ob. Cit.*, p. 74.
(1027) CONECTAS Direitos Humanos. **Empresas e Direitos Humanos**: Parâmetros da ONU para proteger, respeitar e reparar. Relatório final de John Ruggie – Representante Especial do Secretário-Geral. 2011. *Ob. Cit.*
(1028) Princípio 11. *"As empresas devem respeitar os direitos humanos. Isso significa que devem se abster de infringir os direitos humanos de terceiros e enfrentar os impactos negativos sobre os direitos humanos nos quais tenham algum envolvimento". Idem.*

ções comerciais, inclusive quando não tenham contribuído para gerá-los (sem grifos no original).[1029]

Segundo o comentário explicativo à alínea *B* do Princípio, os impactos relacionados com "operações, produtos ou serviços prestados" pelas "relações comerciais" da empresa compreendem aqueles produzidos por "entidades de sua cadeia de valor":

> Desde a perspectiva destes Princípios Orientadores, as "atividades" de uma empresa incluem tanto suas ações como suas omissões; e suas "relações comerciais" abarcam os relacionamentos com sócios comerciais, *entidades de sua cadeia de valor* e qualquer outra entidade não-estatal ou estatal diretamente relacionada com suas operações comerciais, produtos ou serviços (sem grifo no original).[1030]

Observe-se, nesse ponto, a amplitude da responsabilidade que os Princípios Orientadores imputam à grande corporação controladora de cadeias produtivas. Elas devem identificar (para prevenir ou mitigar) os impactos negativos causados por suas próprias atividades e pelas atividades executadas por *entidades de sua cadeia de valor*, o que contempla as atividades das empresas fornecedoras que integram a cadeia produtiva empresarial descentralizada, sobre os direitos fundamentais de terceiros.

Nisso reside a preocupação central dos Princípios Orientadores, que justificou a demanda da comunidade internacional por sua elaboração: atribuir responsabilidade às corporações que controlam cadeias produtivas, especialmente as empresas transnacionais (ETNs), por impactos produzidos aos direitos humanos no curso de suas cadeias transnacionais de mercadorias. Daí a importância desse referencial interpretativo para os objetivos da presente obra.

Mas, conforme dispõe o Princípio 14, "a responsabilidade das empresas de respeitar os direitos humanos aplica-se a todas as empresas independentemente de seu tamanho, setor, contexto operacional, proprietário e estrutura". Somente a magnitude e a complexidade dos meios disponibilizados para prevenir e reparar as violações a direitos é que podem variar em função desses fatores e da gravidade dos impactos negativos sobre os direitos humanos fundamentais.[1031]

Portanto, à luz dos Princípios Orientadores, todas as empresas integrantes da cadeia produtiva, inclusive as empresas fornecedoras, são responsáveis por adotar medidas preventivas e reparatórias de impactos a direitos humanos, previstas nos Princípios Orientadores, independentemente do seu tamanho (Princípio 14). Isso se aplica especialmente a fornecedoras que também subcontratam a produção de bens e serviços a outras empresas fornecedoras, administrando, assim, ainda que em menor dimensão, suas próprias cadeias produtivas.

Quanto à figura dos *terceiros* titulares dos direitos fundamentais protegidos, referida no Princípio 11, o documento não faz qualquer menção voltada a identificá-los, qualificá-los ou delimitá-los conceitualmente. A proteção prevista na norma destina-se a *quaisquer pessoas* cujos direitos fundamentais sejam impactados pela atuação empresarial. Isso decorre do atributo da *universalidade* dos direitos humanos, que reside no reconhecimento de sua titularidade por todas as pessoas, pela só condição de ser humano, independentemente de qualquer outra condição (DUDH, artigo 2º).[1032]

(1029) *Idem.*
(1030) *Idem.*
(1031) *Idem.*
(1032) MAZZUOLI, Valerio de Oliveira. **Curso de direitos humanos**. *Ob. Cit.*, p. 34.

Em relatório preliminar de estudo sobre a capacidade de influência da empresa para impactar direitos humanos, como será visto adiante, John Ruggie identifica os *trabalhadores* e a comunidade como os principais alvos potenciais desses impactos.[1033]

Nessa perspectiva exsurge a responsabilidade da empresa-líder da cadeia produtiva por prevenir e reparar violações a direitos fundamentais de todas as pessoas impactadas negativamente por sua atuação e de suas empresas fornecedoras, noção que compreende, portanto, os direitos fundamentais dos trabalhadores terceirizados na cadeia produtiva, e de todos os trabalhadores, em quaisquer níveis de contratação e subcontratação na linha de derivação contratual, pelo simples fato de serem impactados pela atuação concertada da cadeia produtiva.

Extrai-se da leitura da alínea *B* do Princípio 13, acima transcrito, que a empresa é responsável por prevenir impactos negativos sobre direitos humanos decorrentes de atividades executadas pelas empresas fornecedoras, "inclusive quando não tenham [as empresas contratantes] contribuído para gerá-los", o que remete à noção de responsabilidade *objetiva*, que independe da presença de culpa.

Portanto, a empresa-líder é socialmente responsável por violações a direitos fundamentais dos trabalhadores terceirizados em sua cadeia produtiva, independentemente de culpa na produção do impacto, tal como atualmente ocorre com a responsabilidade subsidiária da empresa tomadora, na terceirização de serviços, à luz do § 5º do art. 5º-A da Lei n. 6.019/1974, inserido pela Lei n. 13.429/2017. Esse dispositivo prevê a responsabilidade subsidiária da empresa tomadora de serviços em face do mero inadimplemento de obrigações trabalhistas, pela empresa prestadora, sem exigir demonstração de culpa da empresa contratante. Trata-se da denominada *responsabilidade subsidiária automática*, pelo fato do inadimplemento.

Quanto às medidas concretas a serem adotadas para tratar os impactos negativos sobre os direitos humanos fundamentais, marco central do documento, explicita o Princípio 15 que a empresa deve adotar, pelo menos, (a) um compromisso político expresso por meio de suas normas internas, (b) processos de auditorias (*due diligence*) para identificar, prevenir, mitigar e prestar contas de sua atuação quanto aos direitos humanos, e (c) processos internos de apuração e de reparação extrajudicial dos danos que provoque ou contribua para provocar:

> Princípio 15. Para cumprir com sua responsabilidade de respeitar os direitos humanos, as empresas devem contar com *políticas e procedimentos apropriados* em função de seu tamanho e circunstâncias, a saber:
>
> A. *Um compromisso político* de assumir sua responsabilidade de respeitar os direitos humanos;
>
> B. *Um processo de auditoria* (*due diligence*) em matéria de direitos humanos *para identificar, prevenir, mitigar e prestar contas* de como abordam seu impacto sobre os direitos humanos;

(1033) UNITED Nations. **Clarifying the concepts of "sphere of influence" and "complicity"**: report of the special representative of the secretary-general on the issue of human rights and transnational corporations and other business enterprises, John Ruggie. 2008. Disponível em: https://digitallibrary.un.org/record/633721. Acesso em: 16 mar. 2022

C. Processos que permitam *reparar todas as consequências negativas sobre os direitos humanos que provoquem ou tenham contribuído para provocar* (sem grifos no original).[1034]

O compromisso político referido na primeira alínea remete à instituição de normas internas por meio das quais deve estabelecer as "expectativas de direitos humanos com relação ao seu pessoal, parceiros comerciais e outras partes diretamente relacionadas às suas atividades, operações, produtos ou serviços", ou seja, em relação aos seus empregados e empresas terceirizadas (Princípio 16, C).[1035] Essas normas de reponsabilidade social tomaram forma em códigos de conduta, usuais no âmbito das ETNs que lideram cadeias produtivas, nos quais os Princípios Orientadores da ONU inspiraram-se para firmar suas diretrizes.

A devida diligência, consistente em processo de auditorias, por sua vez, é objeto de disciplina específica no Princípio 17, segundo o qual, a *due diligence* deve consistir num processo permanente de auditorias voltadas a: (a) avaliar os impactos negativos reais (violações concretas) e potenciais (riscos de violações) causados pela empresa ou que tenham tido a contribuição da empresa para causar, em decorrência de suas atividades empresariais ou das atividades de suas "relações comerciais" (empresas fornecedoras), no curso da cadeia produtiva; (b) identificar as medidas a serem adotadas, em face das conclusões; (c) acompanhar os resultados dessas medidas; e (d) promover a comunicação social de como as consequências negativas estão sendo enfrentadas.[1036]

Considerando esse quadro normativo da *devida diligência*, para identificar e tratar os riscos (impactos negativos *potenciais*) causados pelas empresas fornecedoras da cadeia produtiva sobre direitos fundamentais dos trabalhadores terceirizados, a empresa-líder deve realizar auditorias periódicas nessas empresas. Essa avaliação de riscos deve compreender, naturalmente, a verificação da estrutura e capacidade econômico-financeira da empresa para satisfazer as obrigações trabalhistas e a fiscalização permanente do adimplemento desses direitos, no curso da relação comercial de terceirização.

À luz do Princípio 19, as conclusões das auditorias devem ser integradas às práticas e processos internos da empresa-líder, por meio de medidas adequadas de prevenção. Para tornar efetiva essa integração, "é preciso que: (...) *II.* A adoção de de-

---

(1034) CONECTAS Direitos Humanos. **Empresas e Direitos Humanos**: Parâmetros da ONU para proteger, respeitar e reparar. Relatório final de John Ruggie – Representante Especial do Secretário-Geral. *Ob. Cit.*
(1035) *"16. Para cumprir com a sua responsabilidade de respeitar os direitos humanos, as empresas devem expressar seu compromisso com essa responsabilidade por meio de declaração política que: (...) (c) Estabeleça as expectativas de direitos humanos da empresa com relação ao seu pessoal, parceiros comerciais e outras partes diretamente relacionadas às suas atividades, operações, produtos ou serviços". Ob. Cit.*
(1036) Princípio 17. *"A fim de identificar, prevenir, mitigar e reparar os impactos negativos de suas atividades sobre os direitos humanos, as empresas devem realizar auditorias (due diligence) em matéria de direitos humanos. Esse processo deve incluir uma avaliação do impacto real e potencial das atividades sobre os direitos humanos, a integração das conclusões e sua atuação a esse respeito; o acompanhamento das respostas e a comunicação de como as consequências negativas são enfrentadas. A auditoria (due diligence) em matéria de direitos humanos: A. Deve abranger os impactos negativos sobre os direitos humanos que tenham sido causados ou que tiveram a contribuição da empresa para sua ocorrência por meio de suas próprias atividades, ou que tenham relação direta com suas operações, produtos ou serviços prestados por suas relações comerciais; B. Variará de complexidade em função do tamanho da empresa, do risco de graves consequências negativas sobre os direitos humanos e da natureza e o contexto de suas operações C. Deve ser um processo contínuo, tendo em vista que os riscos para os direitos humanos podem mudar no decorrer do tempo, em função da evolução das operações e do contexto operacional das empresas". Idem.*

cisões internas, as atribuições orçamentárias e os processos de supervisão possibilitem oferecer respostas eficazes a esses impactos".[1037]

Isso implica a necessidade de que, diante da constatação de violação de direitos dos trabalhadores terceirizados em sua cadeia produtiva, a empresa-líder avalie a necessidade de revisão orçamentária de contratos de fornecimento, quando os preços pactuados mostrarem-se insuficientes para cobrir os custos de produção da fornecedora, e que integre o acompanhamento dos direitos dos trabalhadores terceirizados à sua gestão de riscos.

A alínea *B* do Princípio 19 oferece critério importantíssimo para identificar a extensão da responsabilidade da empresa por *prevenir ou mitigar* violações a direitos humanos fundamentais. As medidas preventivas devem variar conforme (a) a empresa tenha *provocado* ou *contribuído para provocar* a violação ou tenha se *envolvido* na violação provocada por empresa de sua cadeia produtiva, por meio da relação contratual, e conforme (b) sua *capacidade de influência* para prevenir os impactos negativos potenciais:

B. As medidas a serem adotadas devem variar em função de:

I. Que a empresa provoque ou contribua para provocar as consequências negativas ou de que seu *envolvimento* se reduza a uma relação direta desses impactos com as operações, produtos ou serviços prestados por uma relação comercial;

II. Sua *capacidade de influência* para prevenir os impactos negativos (sem grifo no original).[1038]

Aqui importa novamente ressaltar que a responsabilidade empresarial é objetiva, em face unicamente do impacto real ou *potencial* (*risco*) da atuação empresarial sobre direitos humanos fundamentais de terceiros. O que varia é a extensão das medidas preventivas a serem adotadas, conforme sua *capacidade de influência* sobre essas medidas.

John Ruggie relata que, no processo de elaboração dos Princípios Orientadores foi demandado pelo Conselho de Direitos Humanos a apresentar estudo específico sobre a noção de *capacidade de influência*, adotada no Princípio 19. Segundo esse estudo, a noção de *esfera de influência corporativa*, concebida pelo Pacto Global (2000) e amplamente utilizada no discurso de responsabilidade social, era muito ampla e ambígua para definir a extensão da responsabilidade das empresas por direitos humanos.[1039]

No documento propositivo do Pacto Global, segundo o estudo, a noção é ilustrada por um conjunto de círculos concêntricos que mapeia todos os afetados (*stakeholders*) pela cadeia produtiva de uma empresa: os empregados da empresa no círculo mais

---

(1037) Princípio 19. "*Para prevenir e mitigar os impactos negativos sobre os direitos humanos, as empresas devem integrar as conclusões de suas avaliações de impacto no marco das funções e processos internos pertinentes e tomar a medidas apropriadas. A. Para que essa integração seja eficaz é preciso que: (...) II. A adoção de decisões internas, as atribuições orçamentárias e os processos de supervisão possibilitem oferecer respostas eficazes a esses impactos*" (...) Consultar: CONECTAS Direitos Humanos. **Empresas e Direitos Humanos**: Parâmetros da ONU para proteger, respeitar e reparar. Relatório final de John Ruggie – Representante Especial do Secretário-Geral. *Ob. Cit.*

(1038) *Idem.*

(1039) UNITED Nations. **Clarifying the concepts of "sphere of influence" and "complicity"**: report of the special representative of the secretary-general on the issue of human rights and transnational corporations and other business enterprises, John Ruggie. *Ob. Cit.*

interno, depois os fornecedores, o mercado, a comunidade e o governo, nos círculos externos posteriores. A figura abaixo retrata essa ilustração.

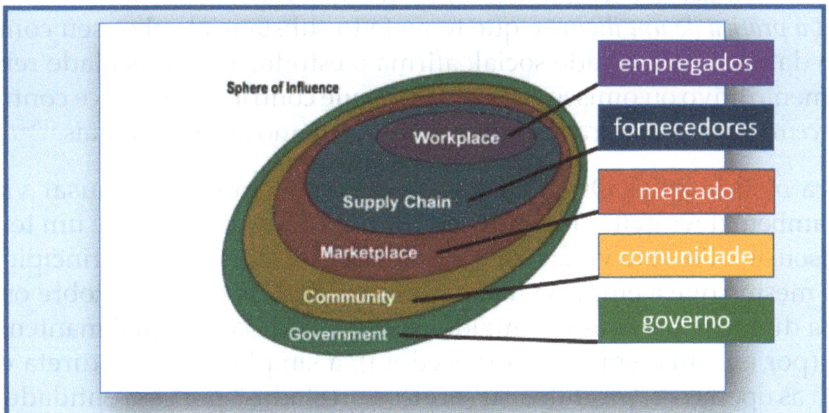

Figura 30 – Esfera de Influência Segundo o Pacto Global

Fonte: UNITED Nations. Report *Clarifying the concepts of "sphere of influence" and "complicity"*.[1040]

No entanto, conforme aponta o referido estudo preliminar, o modelo de círculos concêntricos acima exposto não distingue *stakeholders* cujos direitos humanos sejam impactados negativamente pelas práticas da empresa, como os *trabalhadores* e a comunidade, de outros cujos direitos não são impactados pela influência corporativa, a exemplo do mercado e do governo.[1041]

Além disso, a ideia de influência associada a *controle* ou *causalidade*, também sugerida pelo Pacto Global, foi considerada muito restritiva e até excessiva para definir a extensão da responsabilidade da empresa de respeitar direitos humanos.[1042]

Em face dessas constatações, no relatório final de 2011 (que apresenta os Princípios Orientadores), aprovado pelo Conselho de Direito Humanos da ONU, adotou-se a noção de *capacidade de influência* da empresa, na perspectiva do *impacto* real ou potencial que suas atividades ou relacionamentos comerciais (no que se incluem as atividades terceirizadas) possam causar aos direitos humanos fundamentais, independentemente do grau de prestígio que a empresa exerça sobre os *stakeholders*.[1043]

A questão toca elemento central da responsabilidade da empresa-líder da cadeia produtiva.

Conforme comentário lançado ao Princípio 17, "podem surgir questões de *cumplicidade* quando uma empresa contribui ou parece contribuir para as consequências negativas sobre os direitos humanos *causadas por outros atores*" (sem grifo no original).[1044]

(1040) *Idem.*
(1041) *Idem.*
(1042) *Idem.*
(1043) *Idem.*
(1044) CONECTAS Direitos Humanos. **Empresas e Direitos Humanos**: Parâmetros da ONU para proteger, respeitar e reparar. Relatório final de John Ruggie – Representante Especial do Secretário-Geral. *Ob. Cit.*

Segundo o estudo preparatório à elaboração dos Princípios Orientadores, acima referido, a noção de *cumplicidade* à luz da jurisprudência pesquisada em tribunais internacionais penais remete a um comportamento voltado a *auxiliar, encorajar ou dar apoio moral à prática de um ilícito*, e que tem efeito substancial sobre seu cometimento. No campo da responsabilidade social, afirma o estudo, a cumplicidade remete a um comportamento ativo ou omissivo da empresa que contribui ou parece contribuir para que *um terceiro pratique violação* contra direitos humanos fundamentais.[1045]

Para os Princípios Orientadores, portanto, além de não causar violações, a empresa também deve evitar incorrer em cumplicidade, ou seja, que um terceiro pratique com seu auxílio o ato violador. E, nos termos da alínea *B.I* do Princípio 19, acima transcrito, mesmo que a empresa não tenha *capacidade de influência* sobre os impactos negativos a direitos humanos produzidos por entidade com a qual mantenha relação comercial (por ex., uma empresa fornecedora), a simples "relação direta desses impactos com as operações, produtos ou serviços prestados" por essa entidade configura *envolvimento* da empresa contratante com o risco ou com a violação. Identificado esse risco de envolvimento, conforme comentário lançado ao Princípio 19, "deve a empresa considerar a possibilidade de cessar a relação comercial".[1046]

Conforme infere-se das análises levadas a cabo no Capítulo 4, especialmente nos tópicos 4.2 (*influência da empresa-líder sobre as condições de trabalho na rede de fornecedores*) e 4.3 (*estrutura hierarquizada da cadeia produtiva empresarial descentralizada*), na moldura típica das relações de poder travadas na cadeia produtiva empresarial descentralizada, mais do que uma capacidade *virtual* de influência, no exercício do *comando produtivo estratégico* a empresa-líder exerce *influência concreta* sobre os direitos dos trabalhadores terceirizados, como elemento inerente à lógica negocial.

Ao definir parâmetros produtivos (especialmente de custos) excessivamente restritivos de direitos trabalhistas e ao estimular a rede de fornecedores a obedecê-los, por meio de um sistema de incentivos, a empresa-líder induz a violação de direitos humanos fundamentais sociotrabalhistas. No exercício da governação da cadeia produtiva, para promover a integração vertical dos seus ciclos produtivos e dela extrair as vantagens econômicas próprias da organização empresarial verticalizada, a empresa-líder impacta negativamente os direitos dos trabalhadores terceirizados, conforme seus interesses estratégicos.

Por outro lado, desse poder de governação deriva, aí sim, a *capacidade de influência* da empresa-líder para prevenir riscos de violações a esses direitos, por meio de medidas como: a contratação a preço compatível com os custos de produção, com cláusula de respeito ao padrão mínimo legal de direitos trabalhistas e de respeito aos direitos humanos fundamentais nas relações de trabalho; a fiscalização do cumprimento desses direitos, com o acompanhamento da conduta trabalhista das empresas fornecedoras, para evitar comportamentos oportunistas; a abertura de canal de denúncia de violações trabalhistas, aos trabalhadores e à comunidade (conforme disposição do Princípio 29, adiante analisado), entre outras providências.

(1045) UNITED Nations. **Clarifying the concepts of "sphere of influence" and "complicity"**: report of the special representative of the secretary-general on the issue of human rights and transnational corporations and other business enterprises, John Ruggie. *Ob. Cit.*
(1046) CONECTAS Direitos Humanos. **Empresas e Direitos Humanos**: Parâmetros da ONU para proteger, respeitar e reparar. Relatório final de John Ruggie – Representante Especial do Secretário-Geral. *Ob. Cit.*

Portanto, ao exercer o controle produtivo estratégico naturalmente restritivo de custos trabalhistas, mais do que auxiliar ou prestar assistência à rede de fornecedores na violação de direitos humanos fundamentais trabalhistas, numa concorrência indireta para a prática do ilícito, a empresa-líder efetivamente produz o *risco* de violação. Esse risco eleva sua responsabilidade preventiva por meio da devida diligência. Quando perpetrada a violação, portanto, esta já não decorre de mera *cumplicidade* da empresa-líder, mas de sua atuação negocial estratégica racionalmente vinculada ao propósito de obter vantagem econômica.

Integra a responsabilidade da empresa, por fim, a reparação das violações perpetradas aos direitos humanos fundamentais em sua cadeia produtiva.

Nos termos do Princípio 15, alínea C, acima transcrito, para cumprir sua responsabilidade reparatória as empresas devem adotar "processos que permitam reparar todas as consequências negativas sobre os direitos humanos que provoquem ou tenham contribuído para provocar". No mesmo sentido, segundo o Princípio 22, "se as empresas constatam que provocaram ou contribuíram para provocar impactos adversos [sobre os direitos humanos fundamentais] devem reparar ou contribuir para sua reparação por meios legítimos".[(1047)]

Mas da análise contextual dos Princípios Orientadores, até aqui exposta, a responsabilidade da empresa por impactos a direitos humanos fundamentais configura-se "inclusive quando não tenha contribuído para gerá-los" (Princípio 13.*B*), e mesmo em caso de mero *envolvimento* comercial com a entidade violadora (Princípios 11 e 19.*B.I*). Portanto, repita-se, a responsabilidade empresarial é *objetiva*, fundada no risco da atividade econômica.

A empresa deve reparar violações a direitos humanos fundamentais em sua cadeia produtiva, seja porque, tendo capacidade de influência sobre a prevenção, deixou de adotar medidas preventivas ou as adotou de forma inefetiva ou insuficiente, seja porque, mesmo não tendo capacidade de influência, insistiu na relação comercial com a empresa produtora das violações, propiciando seu envolvimento com os danos.

Para que seja possível atender rapidamente e reparar diretamente os danos causados, diz o Princípio 29 que "as empresas devem estabelecer ou participar de mecanismos de denúncia eficazes de nível operacional à disposição das pessoas e comunidades que sofram os impactos negativos". Isso implica, nas cadeias produtivas, a necessidade de manter canal aberto de denúncias aos trabalhadores terceirizados e à comunidade.

Assim se constitui o padrão normativo de responsabilidade empresarial por direitos humanos fundamentais de terceiros, em sua cadeia produtiva, identificado pela ONU como uma legítima expectativa da comunidade internacional e, por isso, objeto de uma *communis opinio juris*.

No Brasil, essa influência é potencializada pela fundamentalização dos direitos humanos sociotrabalhistas, sintetizados no direito fundamental ao trabalho digno. O dever de proteção estatal a esse direito encontra-se impregnado da ordem objetiva de valores emanada dos direitos fundamentais e dos Princípios Orientadores, de modo a assegurar ao trabalhador terceirizado o *standard* mais elevado de civilidade laboral constitucionalmente concebido e destinado a todos os trabalhadores brasileiros.

(1047) *Idem.*

Esse *standard* pressupõe instrumentos de efetividade jurídica idênticos aos oferecidos nos espaços laborais centrais das empresas-líderes e grandes fornecedoras.

Da *eficácia direta* do direito fundamental ao trabalho digno às relações de terceirização nas cadeias produtivas empresariais descentralizadas, sob o influxos dos Princípios Orientadores, resulta, pois, para a empresa-líder a responsabilidade objetiva de: (a) adotar processo permanente de auditoria (*due diligence*) em matéria trabalhista para identificar, prevenir e mitigar os impactos de suas atividades e de suas empresas fornecedoras aos direitos fundamentais dos trabalhadores terceirizados, em quaisquer níveis de contratação e subcontratação; e (b) reparar as violações a direitos fundamentais dos trabalhadores terceirizados, em quaisquer níveis de contratação e subcontratação.

No próximo capítulo, esse arcabouço teórico da responsabilidade da empresa-líder da cadeia produtiva empresarial descentralizada, fundado em normas internacionais e constitucionais, será articulado com a ordem jurídica infraconstitucional brasileira e, em especial, com o sistema normativo de responsabilidade civil.

CAPÍTULO 7

A RESPONSABILIDADE CIVIL PREVENTIVA E REPARATÓRIA DA EMPRESA-LÍDER PELO DIREITO FUNDAMENTAL AO TRABALHO DIGNO

Afirmada a existência de uma estrutura tridimensional de responsabilidade pelo direito fundamental ao trabalho digno nas cadeias produtivas empresariais descentralizadas – a responsabilidade trabalhista do empregador, a responsabilidade dita subsidiária da empresa contratante da terceirização e a *responsabilidade civil-trabalhista objetiva direta* da empresa-líder da cadeia produtiva – o presente capítulo propõe-se a analisar os fundamentos jurídicos e econômicos dessa terceira dimensão das responsabilidades em cadeia, objeto central desta obra.

Conforme exposto no Capítulo 6, os parâmetros da responsabilidade da empresa-líder encontram-se internacionalmente fixados pelos Princípios Orientadores da ONU sobre Empresas e Direitos Humanos, que têm influenciado legislações nacionais em diversos países. No Brasil, os Princípios Orientadores influenciam o elevado padrão de proteção constitucional aos direitos humanos, padrão este inferido da Constituição por irradiação direta dos direitos fundamentais sobre as relações privadas.

À luz dos Princípios Orientadores, a responsabilidade da empresa-líder implica o dever de assumir compromisso público de respeito aos direitos humanos fundamentais, por meio de normas internas (Princípio 15); de identificar os *impactos negativos* sobre direitos humanos fundamentais gerados por suas atividades, executadas direta e indiretamente, estas por meio de sua rede de fornecedores (Princípios 13 e 18); adotar medidas de devida diligência (*due diligence*) sobre toda a cadeia produtiva para identificar, prevenir, mitigar e prestar contas de sua atuação em face dos direitos humanos fundamentais (Princípios 15, 17 e 19); e instituir mecanismos de denúncia e processos de apuração e reparação extrajudicial de danos perpetrados a esses direitos na cadeia produtiva empresarial descentralizada (Princípios 15 e 22).

Trata-se, pois, de responsabilidade primordialmente preventiva, cuja causa reside nos riscos ou *impactos negativos potenciais* de danos a direitos humanos fundamentais de terceiros, produzidos pela atividade econômica. Nas palavras de John Ruggie, "os impactos negativos potenciais [os riscos] da atividade econômica [sobre direitos humanos] devem ser evitados ou minimizados", enquanto "os impactos reais, aqueles que já aconteceram, devem ser objeto de remediação".[(1048)]

A responsabilidade empresarial por respeito aos direitos humanos prevista nos Princípios Orientadores da ONU, embora se destine a todas as empresas, independentemente do tamanho e da estrutura (Princípio 14), tem por foco central as companhias dotadas de *capacidade de influência* para impactar o comportamento de outras empresas em suas relações com os direitos humanos, característica, embora não exclusiva, muito marcante das empresas-líderes das redes contratuais de fornecimento.

A partir desses elementos, no presente capítulo será proposta a construção interpretativa de uma fundamentação teórico-dogmática da responsabilidade da

(1048) RUGGIE, John Gerard. **Quando negócios não são apenas negócios.** *Ob. Cit.*, pos. 2320.

empresa-líder da cadeia produtiva empresarial descentralizada por direitos dos trabalhadores terceirizados, *no plano jurídico nacional*, com assento na disciplina jurídico-constitucional integrativa das responsabilidades civil e trabalhista vigentes no País, funcionalmente interconectadas na concretização dos direitos fundamentais.

Nessa perspectiva, o dever empresarial de respeito aos direitos humanos fundamentais, no Brasil, encontra assento na *responsabilidade civil-trabalhista objetiva direta* do agente econômico central controlador da cadeia produtiva empresarial, que comanda estrategicamente o processo produtivo, integrando-o verticalmente para dele extrair os maiores excedentes.

Trata-se de responsabilidade *civil*, porque visa a regular a prevenção e alocação das perdas que derivam das atividades humanas econômicas, "com a proteção do *status quo* dos indivíduos atingidos por ilícitos por elas desencadeados";[(1049)] *objetiva*, porque tem fundamento nos *riscos* produzidos pela atividade econômica sobre os direitos dos trabalhadores terceirizados, independentemente de configuração de culpa do agente econômico responsável; *direta* ou *autônoma*, porque, tendo causa própria e específica nos riscos desencadeados pela contratualização terceirizada da cadeia produtiva, fruto de *ato próprio* da empresa-líder, projeta para esta deveres específicos de prevenção e reparação de danos, os quais independem de apuração de responsabilidades trabalhista e civil das empresas fornecedoras.

Trata-se, por fim, de responsabilidade *civil-trabalhista*, no sentido de sua vocação jurídico-funcional para conferir a maior efetividade possível à satisfação dos direitos fundamentais dos trabalhadores, quando a responsabilidade trabalhista não for capaz de garantir essa efetividade em sua fonte obrigacional primeira, que é a relação de emprego.

Na construção do raciocínio, serão inicialmente analisadas situações em que a rede contratual de fornecimento terceirizado, pela estrutura interna de poder característica do grupo econômico empresarial trabalhista, afasta-se do modelo relacional da cadeia produtiva empresarial descentralizada, dando azo a responsabilidade trabalhista solidária entre seus integrantes.

Em seguida, será analisada a responsabilidade subsidiária da empresa contratante da terceirização, em face dos importantes pontos de contato que mantém com a *responsabilidade civil-trabalhista objetiva direta* da empresa-líder da cadeia produtiva empresarial descentralizada.

Serão, enfim, abordados os fundamentos econômicos, sociológicos e jurídicos da responsabilidade da empresa-líder.

Os fundamentos econômicos e sociológicos serão abordados sob o aporte teórico-dogmático da Sociologia das Organizações e da Análise Econômica do Direito, a fim de identificar, nas relações de poder travadas no plano das *redes contratuais*, a origem comum das decisões coletivas criadoras de riscos a direitos de terceiros e, em especial, aos direitos fundamentais dos trabalhadores terceirizados.

Por fim, os fundamentos jurídicos da *responsabilidade objetiva direta e solidária* da empresa-líder serão estudados com assento teórico-dogmático no instituto da

(1049) ROSENVALD, Nelson. **As funções da responsabilidade civil**. A reparação e a pena civil. São Paulo: Atlas, 2013, p. 63/64; FARIAS, Cristiano Chaves de; ROSENVALD, Nelson; BRAGA NETTO, Felipe Peixoto. **Curso de direito civil**. V. 3. Responsabilidade civil. Salvador: Ed. Juspodivum, 2016, p. 63.

responsabilidade civil, à luz da ordem jurídica constitucionalizada, com enfoque em suas características e dimensões preventiva e reparatória e em sua função concretizadora do direito fundamental ao trabalho digno.

7.1. Quando a rede contratual de fornecimento terceirizado constitui grupo empresarial trabalhista: empregador único e responsabilidade solidária

A questão primeira a ser aqui enfrentada diz respeito a saber em que circunstâncias a rede contratual de fornecimento terceirizado, pelas características de sua estrutura de poder, afasta-se do modelo relacional da cadeia produtiva empresarial descentralizada, caracterizada pela hierarquia produtiva estratégica, e passa a configurar um *grupo econômico empresarial trabalhista*, caracterizado pela unidade de interesses econômicos das empresas contratantes.

A distinção é de interesse crucial, constituindo questão prejudicial à análise de responsabilidade da cadeia produtiva empresarial descentralizada.

Enquanto o modelo relacional da cadeia produtiva empresarial descentralizada enseja para seus integrantes responsabilidade *civil* por observância de direitos dos trabalhadores terceirizados – seja a responsabilidade subsidiária/solidária da empresa contratante da terceirização, seja a *responsabilidade civil-trabalhista objetiva direta* da empresa-líder –, a configuração de grupo econômico empresarial trabalhista atrai responsabilidade tipicamente *trabalhista* e *solidária* entre seus integrantes, como empregador único, na forma do art. 2º, §§ 2º e 3º da CLT, e do art. 3º, § 2º, da Lei n. 5.889/1973 (Lei do Trabalho Rural).

O art. 2º da CLT, ao tempo em que define no *caput* a figura do empregador, dispõe em seus §§ 2º e 3º sobre a configuração de *grupo econômico empresarial*, atribuindo aos seus integrantes responsabilidade solidária pela satisfação das obrigações trabalhistas "decorrentes da relação de emprego":

> § 2º Sempre que uma ou mais empresas, tendo, embora, cada uma delas, personalidade jurídica própria, estiverem sob a direção, controle ou administração de outra, ou ainda quando, mesmo guardando cada uma sua autonomia, integrem grupo econômico, serão responsáveis solidariamente pelas obrigações decorrentes da relação de emprego.
>
> § 3º Não caracteriza grupo econômico a mera identidade de sócios, sendo necessárias, para a configuração do grupo, a demonstração do interesse integrado, a efetiva comunhão de interesses e a atuação conjunta das empresas dele integrantes.

No mesmo sentido, o art. 3º da Lei n. 5.889/1973, que define o empregador rural, dispõe em seu § 2º sobre a figura do *grupo econômico ou financeiro rural*, atribuindo-lhe identicamente responsabilidade solidária por "obrigações decorrentes da relação de emprego" firmadas por quaisquer de seus integrantes:

> § 2º Sempre que uma ou mais empresas, embora tendo cada uma delas personalidade jurídica própria, estiverem sob direção, controle ou administração de outra, ou ainda quando, mesmo guardando cada uma sua autonomia, integrem grupo econômico ou financeiro rural, serão responsáveis solidariamente nas obrigações decorrentes da relação de emprego.

A doutrina e a jurisprudência trabalhistas sempre identificaram nessas normas jurídicas duas espécies de grupos econômicos: (a) o grupo econômico *por subordinação*, que decorre do controle hierárquico orgânico (de propriedade) ou econômico (de dominação econômica) de uma empresa sobre outra, a empresa controlada, destituída de autonomia; e (b) o grupo econômico *por coordenação*, caracterizada por uma relação horizontalizada de integração econômica entre empresas que se dispõem a desenvolver uma atuação econômica conjunta, sob uma direção comum compartilhada, guardando cada uma a sua autonomia.(1050)

Até a entrada em vigor da Lei n. 13.467/2017, que alterou a redação do § 2º e inseriu o § 3º no art. 2º da CLT, acima transcritos, havia grande cizânia doutrinária sobre a incidência do grupo econômico por coordenação no setor urbano, à vista do que previa a norma celetista anterior.(1051) Forte corrente doutrinária somente vislumbrava o grupo econômico por coordenação na norma dirigida ao setor rural, acima transcrita (Lei n. 5.889/1973, art. 3º, § 2º), a qual sempre previu a configuração do grupo econômico "mesmo guardando cada [empresa] sua autonomia".(1052)

A jurisprudência trabalhista também se dividia acerca do tema. No âmbito do TST, desde 2006 vem prevalecendo o entendimento restritivo de que no setor urbano, à luz da redação anterior do § 2º do art. 2º da CLT, era necessária a presença de relação hierárquica entre as empresas, com efetivo controle de uma empresa sobre a outra (subordinação), para caracterizar o grupo econômico empresarial.(1053)

A nova redação dos dispositivos celetistas inserida pela Lei n. 13.467/2017, no entanto, passou a veicular previsão idêntica à norma do setor rural, admitindo a configuração de grupo econômico "mesmo guardando cada [empresa] sua autonomia" (CLT, art. 2º, § 2º). Com isso, tem-se por superada a polêmica doutrinária e jurisprudencial acerca do tema, admitindo-se o grupo econômico por coordenação também no setor urbano, pelo menos quanto ao período posterior à nova legislação.

Em suma, na atualidade encontra-se unificada a disciplina do grupo econômico trabalhista nos setores urbano e rural, prevendo as respectivas normas a responsabilidade solidária das empresas integrantes do grupo econômico por obrigações decorrentes do contrato de trabalho: (a) tanto nas situações em que uma empresa esteja "sob direção, controle ou administração de outra" (grupo econômico por subordinação – CLT, art. 2º, § 2º), (b) quanto nas hipóteses em que, "mesmo guardando cada uma sua autonomia" (CLT, art. 2º, § 2º; Lei n. 5.889/1973, art. 3º, § 2º) haja o "interesse integrado, a efetiva comunhão de interesses e a atuação conjunta das empresas" (CLT, art. 2º, § 3º), o que configura uma relação de unidade com poder de decisão compartilhado entre as empresas (grupo econômico por coordenação).

(1050) MEIRELES, Edilton. **Grupo econômico trabalhista.** *Ob. Cit.*, p. 150.

(1051) CLT. Art. 2º, § 2º (texto anterior). "*Sempre que uma ou mais empresas, tendo, embora, cada uma delas, personalidade jurídica própria, estiverem sob a direção, controle ou administração de outra, constituindo grupo industrial, comercial ou de qualquer outra atividade econômica, serão, para os efeitos da relação de emprego, solidariamente responsáveis a empresa principal e cada uma das subordinadas*".

(1052) Nessa corrente doutrinária, segundo Edilton Meireles, encontravam-se Octávio Bueno Magano, José Martins Catharino, José Augusto Rodrigues Pinto, Isis de Almeida, Carlos Henrique Bezerra Leite, entre outros. Consultar: MEIRELES, Edilton. **Grupo econômico trabalhista**. *Ob. Cit.*, p. 150.

(1053) Esse posicionamento vinha sendo dominante no âmbito do TST com base em precedente da Subseção Especializada em Dissídios Individuais 1 (SBDI-1) do TST, sintetizado na seguinte ementa: "*RECURSO DE EMBARGOS EM RECURSO DE REVISTA. CONFIGURAÇÃO DE GRUPO ECONÔMICO. ART. 2º, § 2º, DA CLT. EXISTÊNCIA DE SÓCIOS EM COMUM. A interpretação do art. 2º, § 2º, da CLT conduz à conclusão de que, para a configuração de grupo econômico, não basta a mera situação de coordenação entre as empresas. É necessária a presença de relação hierárquica entre elas, de efetivo controle de uma empresa sobre as outras. O simples fato de haver sócios em comum não implica por si só o reconhecimento do grupo econômico (...)*". BRASIL, Tribunal Superior do Trabalho, SBDI-1. **E-ED-RR-214940-39.2006.5.02.0472**, Relator Min. Horácio Raymundo de Senna Pires. DEJT 15 ago. 2014.

Nesse sentido a doutrina de Maurício Godinho Delgado e Gabriela Neves Delgado,(1054) Luciano Martinez(1055) e Edilton Meireles, autores que, embora já vislumbrassem na legislação anterior a configuração de ambos os tipos de grupos econômicos – por subordinação e por coordenação –, reconhecem na nova legislação uma corroboração literal daquela interpretação ampliativa.(1056)

A interpretação ampliativa também passou a ser adotada pela jurisprudência do TST, com oscilações entre turmas que a aplicam desde o momento normativo anterior e turmas que a aplicam a partir da entrada em vigor da nova legislação.(1057)

Feitas essas considerações, para os fins justrabalhistas que ora importam, o grupo econômico empresarial encontra sua mais precisa conceituação na doutrina de Maurício Godinho Delgado, como a figura resultante da vinculação justrabalhista que se forma entre dois ou mais entes favorecidos pelo mesmo contrato de trabalho, em decorrência de existir entre esses entes laços de direção ou coordenação em face de atividades industriais, comerciais, financeiras, agroindustriais ou de qualquer outra natureza econômica.(1058)

O conceito retrata como efeito do grupo econômico trabalhista uma solidariedade dual – ativa e passiva – dos seus integrantes em face do contrato de trabalho firmado por qualquer deles, passando o grupo a figurar como *empregador único*, conforme tese preponderante na doutrina e na jurisprudência trabalhistas.(1059)

A noção de empregador único condiz com a ideia apresentada por José Engrácia Antunes, para quem, o elemento característico central do grupo econômico empresarial, seja ele por subordinação ou coordenação, é a *direção unitária*, presente em elementos como: a filosofia, a estrutura, os objetivos e estratégias comuns ao grupo; a política geral de funcionamento do grupo em áreas como *marketing*, produtos, finanças e pessoal; e a supervisão sobre a execução de todos os aspectos acima mencionados, por meio de estruturas de controle interno, inclusive no que diz respeito ao gerenciamento de risco.(1060)

(1054) DELGADO, Maurício Godinho; DELGADO, Gabriela Neves. **A reforma trabalhista no Brasil**: com os comentários à Lei n. 13.467/2017. São Paulo: LTr, 2017, p. 100/101.

(1055) MARTINEZ, Luciano. **Curso de direito do trabalho.** 12ª ed. São Paulo: Saraiva, 2021, p. 308.

(1056) Entre os autores que já compartilhavam dessa corrente ampliativa antes da reforma legislativa, Edilton Meireles cita Mozart Victor Russomano, Amauri Mascaro Nascimento, Délio Maranhão e Arnaldo Süssekind. MEIRELES, Edilton. **Temas da reforma trabalhista**. São Paulo: LTr, 2018, p. 65/66.

(1057) Exemplos de julgados de turmas do TST posteriores à alteração legislativa, que acolhem o grupo econômico por coordenação no setor urbano desde momento anterior aos novos §§ 2º e 3º do art. 2º da CLT: BRASIL, Tribunal Superior do Trabalho, 3ª Turma. **TST-AIRR-413-72.2020.5.11.0004**, Rel. Min. Maurício Godinho Delgado. DEJT 25 abr. 2022; BRASIL, Tribunal Superior do Trabalho, 7ª Turma. **TST-Ag-AIRR - 25697-55.2016.5.24.0006**, Rel. Min. Cláudio Brandão. DEJT 20 maio 2022. Exemplos de julgados de turmas do TST posteriores à alteração legislativa, que somente acolhem o grupo econômico por coordenação no setor urbano a partir da entrada em vigor dos novos §§ 2º e 3º do art. 2º da CLT: BRASIL, Tribunal Superior do Trabalho, 4ª Turma. **TST-AIRR-10672-95.2019.5.15.0022**, Rel. Min. Ives Gandra da Silva Martins Filho. DEJT 10 dez. 2021; BRASIL, Tribunal Superior do Trabalho, 5ª Turma. **TST-AIRR-10554-18.2019.5.03.0099**, Rel. Min. Breno Medeiros. DEJT 19 abr. 2022; BRASIL, Tribunal Superior do Trabalho, 8ª Turma. **TST--RR-164400-10.2008.5.02.0086**, Rel. Min. Aloysio Corrêa da Veiga. DEJT 3 maio 2022.

(1058) DELGADO, Maurício Godinho. **Curso de Direito do Trabalho**. *Ob. cit.*, p. 500.

(1059) Em defesa da figura do *empregador único* Maurício Godinho Delgado invoca doutrina de Mozart Victor Russomano, José Martins Catharino e mesmo de Octavio Bueno Magano, que capitaneou a interpretação restritiva do grupo econômico por coordenação no setor urbano. No plano jurisprudencial, a figura do empregador único é acolhida pela Súmula 129 do TST, segundo a qual, *"a prestação de serviços a mais de uma empresa do mesmo grupo econômico, durante a mesma jornada de trabalho, não caracteriza a coexistência de mais de um contrato de trabalho, salvo ajuste em contrário"*. *Idem*, p. 456/457.

(1060) ANTUNES, José Engrácia. **Os grupos de sociedades**: estrutura e organização jurídica da empresa plurissocietária. Coimbra: Almedina, 2002, p. 38 e 55.

Sustenta Ana Frazão que a direção unitária pode estar presente tanto no grupo por subordinação, em que a empresa controladora impõe suas decisões gerenciais às demais empresas, como no grupo por coordenação, em que as direções empresariais individuais decidem submeter-se a uma direção única compartilhada, mediante gerencialmente coletivo. Daí porque, para a autora, mesmo nos grupos por coordenação há uma certa hierarquia, embora de natureza diversa daquela presente nos grupos por subordinação, pois as empresas autônomas submetem-se à direção unitária compartilhada.[1061]

A noção de direção unitária remete ao grupo econômico como espécie de *empresa policorporativa*, na visão de Gunther Teubner,[1062] o que equivale à ideia da *empresa-conjunto* formada, segundo Edilton Meireles, "pela soma das empresas-individuais que integram o agrupamento, voltada para a execução de atividades em prol do interesse do grupo, e não dos interesses isolados ou individuais de cada uma das empresas integrantes do agrupamento".[1063]

Pacificados os contornos da figura jurídica, a questão enfrentada na lida trabalhista diz respeito à configuração do grupo econômico à luz da descrição fática contida na norma e, aqui em particular, em face das relações reais de poder travadas entre empresas integrantes da rede contratual de fornecimento terceirizado.

A esse respeito, leciona Godinho Delgado que a figura do grupo econômico trabalhista tem abrangência objetiva estrita ao Direito do Trabalho, não possuindo repercussão em qualquer outro ramo jurídico, razão pela qual também não se submete à tipificação legal e nem precisa revestir-se das formalidades vigentes para configuração de grupo econômico em outros segmentos jurídicos, em especial no Direito Empresarial e Econômico.[1064]

A doutrina denomina de *grupo econômico de direito* aquele constituído por meio de instrumento jurídico formal previsto em lei. A única hipótese apontada pela doutrina é a do *grupo de sociedades por ações* previsto no art. 265 da Lei n. 6.404/1976, constituído por meio de um contrato empresarial denominado de *convenção de grupo*, em que a empresa controladora e as empresas controladas obrigam-se a "combinar recursos ou esforços para a realização dos respectivos objetos, ou a participar de atividades ou empreendimento comuns".[1065]

Mas essa espécie de grupo de sociedades, além de pouco usual no Brasil, é de incidência restrita na realidade negocial. As relações interempresariais no mercado estabelecem-se entre empresas constituídas sob as mais diversas formas jurídicas, e a constituição de grupos econômicos geralmente decorre de relações fáticas de poder, pouco formalizadas, inclusive para dificultar a imputação de responsabilidades recíprocas aos seus integrantes.

(1061) FRAZÃO, Ana. Grupos societários no Direito do Trabalho e a reforma trabalhista. **Revista do TST**, São Paulo, vol. 83, n. 4, p. 31-67, out./dez. 2017, p. 37.

(1062) TEUBNER, Gunther. **Networks as connected contracts**. *E-Book*. Oxford: Hart Publishing, 2011, p. 133.

(1063) MEIRELES, Edilton. **Grupo econômico trabalhista**. São Paulo: LTr, 2002, p. 187.

(1064) *Idem*, p. 452.

(1065) Lei n. 6.404/1976. "*Art. 265. A sociedade controladora e suas controladas podem constituir, nos termos deste Capítulo, grupo de sociedades, mediante convenção pela qual se obriguem a combinar recursos ou esforços para a realização dos respectivos objetos, ou a participar de atividades ou empreendimentos comuns*".

Daí porque, o mais comum na realidade empresarial brasileira é a configuração dos grupos econômicos *de fato*, caracterizados não pela formalização contratual, mas pela real relação de poder de controle de uma empresa sobre outra.[(1066)]

O grupo econômico trabalhista *de fato* geralmente decorre:

(a) do *direito de propriedade* de uma empresa sobre outra, inclusive por meio do exercício de direitos de sócio, na forma do art. 243, § 2º, da Lei n. 6.404/1976, que acarrete o exercício de "direção, controle ou administração" da empresa controladora sobre a controlada (CLT, art. 2º, § 2º – grupo por subordinação);[(1067)]

(b) do *domínio econômico* fático exercido por uma empresa sobre outra na execução de contratos comuns (não empresariais) de direito civil ou comercial, de modo que a empresa dominada tenha suprimida sua autonomia em face do intenso controle econômico e operacional exercido pela empresa dominante (CLT, art. 2º – grupo por subordinação);[(1068)]

(c) do *exercício da atuação empresarial conjunta* com interesse econômico integrado (CLT, art. 2º, § 3º), em que, embora guardando cada empresa sua autonomia (§ 2º), exerçam uma direção unitária compartilhada por meio de práticas comerciais entre as empresas envolvidas (grupo por coordenação);

(d) da *coincidência total ou parcial entre administradores e sócios* de diferentes empresas, que agem de forma coordenada, numa espécie de controle gerencial compartilhado,[(1069)] como geralmente ocorre em empresas familiares (denominados *grupos pessoais*, geralmente configurados por coordenação).

Essas hipóteses revelam estreita aproximação relacional entre o grupo econômico empresarial trabalhista e a as redes contratuais estudadas no Capítulo 4 (4.4.4), em especial a rede contratual de fornecimento terceirizado.

Há corrente doutrinária justrabalhita que considera sempre presente a configuração de grupo econômico entre empresas contratante e contratada da terceirização, mesmo quando não haja entre elas relação hierárquica (grupo por subordinação), mas tão-somente em face da integração econômica presente na execução do contrato (grupo por coordenação – item *c*, acima).[(1070)]

A hipótese é viável, mas, segundo a doutrina acima exposta, para configurar grupo econômico por coordenação, as direções empresariais individuais devem submeter-se a uma direção única compartilhada, mediante gerencialmente coletivo, uma moldura relacional cooperativa que pressupõe *divisão de lucros, riscos e responsabilidades* conforme a participação de cada empresa no objeto negocial.

(1066) FRAZÃO, Ana. Grupos societários no Direito do Trabalho e a reforma trabalhista. *Ob. Cit.*, p. 39.

(1067) Lei n. 6.4040/1976. Art. 243 (...) "*§ 2º. Considera-se controlada a sociedade na qual a controladora, diretamente ou através de outras controladas, é titular de direitos de sócio que lhe assegurem, de modo permanente, preponderância nas deliberações sociais e o poder de eleger a maioria dos administradores*". Consultar: FRAZÃO, Ana. Grupos societários no Direito do Trabalho e a reforma trabalhista. *Ob. Cit.*, p. 39.

(1068) MEIRELES, Edilton. **Grupo econômico trabalhista**. São Paulo: LTr, 2002, p. 102/103.

(1069) FRAZÃO, Ana. Grupos societários no Direito do Trabalho e a reforma trabalhista. *Ob. Cit.*, p. 39.

(1070) Nesse sentido: SEVERO, Valdete Souto *et al*. Fundamentos à responsabilidade solidária e objetiva da tomadora de serviços na "terceirização". **Juslaboris**, jan. 2011. Disponível em: https://hdl.handle.net/20.500.12178/163353 . Acesso em: 20 jul. 2021; SOUTO MAIOR, Jorge Luiz. A terceirização sob uma perspectiva humanista. **Revista do TST**, Brasília, v. 70, n. 1, p. 119-129, jan./jun. 2004.

O padrão relacional hierarquizado das redes contratuais e, em particular, das cadeias produtivas empresariais descentralizadas, muito se distancia dessa ideia de uma direção empresarial compartilhada, com divisão de lucros e responsabilidades. Ao contrário, por meio do controle produtivo estratégico, a empresa-líder busca obter *efeito econômico equivalente* ao da integração vertical da empresa-total.

De fato, na realidade prática, a cadeia produtiva empresarial descentralizada obtém efeito econômico equivalente ao da unidade empresarial, na medida em que a empresa-líder, por meio do controle produtivo estratégico, promove a *integração vertical contratualizada* dos ciclos produtivos, extraindo as maiores vantagens do trabalho da rede de fornecedores e buscando evadir-se de responsabilidades comerciais, trabalhistas e fiscais assumidas pelas empresas subcontratadas.

Essa equivalência prática entre a *integração vertical contratualizada* da cadeia produtiva descentralizada e a *integração vertical orgânica* da unidade empresarial torna tentadora a ideia de converter a rede contratual de fornecimento terceirizado numa unidade empresarial, para os fins trabalhistas, mediante reconhecimento de grupo econômico empresarial *por subordinação*. O problema, segundo a doutrina, reside na diferença de natureza dos *controles* exercidos em ambos os modelos de organização empresarial.

Para Angelo Gamba Prata de Carvalho, é tênue a linha que separa os grupos econômicos das redes contratuais, nas quais se incluem as redes de terceirização, mas há entre as figuras uma diferença fundamental: "as empresas integrantes das *networks* mantêm sua autonomia financeira, suas áleas, seus riscos", enquanto nos grupos econômicos por subordinação, as empresas controladas não dispõem dessa autonomia.[1071]

De fato, conforme a doutrina corrente, o grupo econômico por subordinação pressupõe a supressão da autonomia da empresa controlada pela empresa controladora, o que não constitui característica das redes contratuais. O que na rede contratual de fornecimento terceirizado conduz os integrantes a uma finalidade comum traçada segundo os interesses da empresa-líder não é uma direção econômica unitária por ela exercida, mas um conjunto de incentivos de mercado por ela oferecidos, em troca dos quais as empresas integrantes da rede contratual precisam atuar conforme a finalidade comum.

Para ter acesso aos incentivos oferecidos pela empresa-líder, em especial o acesso ao mercado com possibilidade de *atualização* (ascensão no estrato das atividades mais bem remuneradas), as empresas fornecedoras precisam produzir sob os parâmetros por ela estabelecidos e, em especial, com extrema racionalização de custos, inclusive trabalhistas. Não há nessa equação negocial uma direção unitária que suprima a autonomia econômica e operacional da empresa fornecedora, mas um sistema de incentivos e de *controle estratégico* que estimula a rede de fornecedores a atuar conforme o padrão produtivo estabelecido pela empresa-líder, conforme seus interesses.

Nesse esquadro relacional torna-se difícil o enquadramento automático e generalizado da rede contratual de fornecimento terceirizado à figura do grupo empresarial por subordinação.

O que pode ocorrer, e de fato ocorre em algumas situações, é a conversão do *controle produtivo estratégico* exercido pela empresa-líder, próprio das relações de externalização, numa espécie de *controle por dominação econômica*, que suprime a autonomia

---

(1071) CARVALHO, Angelo Gamba Prata de. Sociologia do poder nas redes contratuais. *Ob. Cit.*, p. 35.

econômica das empresas fornecedoras. Nessa hipótese sim, a rede contratual afasta-se do modelo relacional da cadeia produtiva empresarial descentralizada, convertendo-se em *grupo econômico empresarial de fato por dominação econômica*, com a consequente responsabilidade trabalhista solidária dos seus integrantes (Capítulo 4 - 4.4.2).

A *dominação econômica* de uma empresa sobre outra tanto pode decorrer de instrumentos jurídicos (controle societário, norma estatutária, contrato de empresa etc.), quanto pode decorrer do exercício fático de *influência dominante* de uma empresa sobre outra (grupo econômico *de fato*).[1072]

Segundo Edilton Meireles, por *influência dominante* (*dominant influence, influenza dominante*) a doutrina designa "a faculdade de uma pessoa poder fazer prevalecer, direta ou indiretamente, sua vontade sobre a gestão da atividade econômica desenvolvida por outrem, de forma estável".[1073]

A figura surge da constatação fática sobre o modo como a concentração econômica ensejou formas de agrupamentos empresariais ao largo dos meios disciplinados pela lei, subordinando uma empresa a outra por meio de uma relação real ou potencialmente dominante. Não é necessário que a empresa dominante exerça efetivamente sua influência, bastando a simples potencialidade de influência estável, duradoura e permanente sobre os negócios da empresa dominada.[1074]

Trata-se, pois, a *dominação econômica* de um poder de submissão empresarial, que suprime o exercício da autonomia econômica da empresa controlada. Juridicamente, esta pode formar livremente sua vontade, mas, no plano fático, por força da intensa dependência econômica, a vontade cede aos interesses da empresa dominante.[1075]

A caracterização de grupo empresarial por dominação econômica pode ocorrer nas mais diversas situações. A maioria dos exemplos gira em torno da execução de contratos das mais variadas espécies, com cláusulas ou condições de exclusividade, em que a grande empresa contratante passa a exercer controle econômico aniquilador da autonomia da empresa contratada, como pode ocorrer nos *contratos híbridos* de franquia, licenciamento, agência, representação, concessão mercantil, etc. (Capítulo 4 - 4.4.5).

Edilton Meireles destaca a dominação econômica decorrente da execução de contrato de fornecimento de matéria-prima ou mercadorias *com exclusividade*. Podem tornar-se economicamente dependentes tanto a empresa que depende de matéria-prima produzida com exclusividade por uma única fornecedora, quanto a empresa fornecedora que se vê obrigada a fornecer toda sua produção a uma única empresa contratante, em face, entre outros fatores, de limitação ou monopólio do mercado.[1076]

A segunda hipótese é a mais comum, especialmente nas grandes cadeias produtivas de mercadorias, em que empresas fornecedoras economicamente frágeis são instituídas especificamente para prestar serviços ou fornecer bens à empresa-líder, sob sua direta ingerência econômica, com estrutura e maquinário voltados inteiramente às demandas da contratante, ainda que mantenha autonomia gerencial sobre o processo produtivo a gestão sobre o trabalho. É o típico exemplo da *cadeia de valor do tipo cativa*,

---

(1072) MEIRELES, Edilton. **Grupo econômico trabalhista.** *Ob. Cit.*, p. 112/136.
(1073) ANTUNES, José A. Engrácia. **Os grupos de sociedades**. Coimbra: Almedina, 1993, p. 359/360. *Apud*: MEIRELES, Edilton. **Grupo econômico trabalhista.** *Ob. Cit.*, p. 115/116.
(1074) *Idem.*
(1075) *Idem*, p. 132.
(1076) MEIRELES, Edilton. **Grupo econômico trabalhista.** *Ob. Cit.*, p. 345.

apresentada no Capítulo 4 (4.3), em que pequenos fornecedores tornam-se economicamente dependentes de grandes clientes, para os quais produzem de forma exclusiva e customizada, submetendo-se à sua inteira dominação econômica.[1077]

Conforme será visto no Capítulo 8, o contrato de fornecimento firmado entre empresas do grupo por dominação econômica muito se aproxima da figura da *intermediação ilícita de mão de obra*, que constitui fraude ao regime de emprego. Embora separadas por uma linha tênue, as figuras não se confundem, pois no grupo por dominação econômica, a empresa *cativa* pode continuar sendo uma unidade autônoma do ponto de vista operacional, mantendo autonomia gerencial sobre o processo produtivo e a gestão autônoma da mão de obra.

A dominação econômica difere do controle produtivo estratégico presente na cadeia produtiva empresarial descentralizada e, antes de ser uma distinção de mera intensidade, é uma diferença qualitativa: (1) na *dominação econômica*, caracterizadora do grupo econômico empresarial de fato, a dependência econômica da empresa controlada à empresa dominante impede a formação de sua vontade autônoma, ensejando "uma relação de vassalagem, de sujeição, que decorre do domínio econômico";[1078] (2) já na *hierarquia produtiva estratégica*, característica-base da cadeia produtiva empresarial descentralizada, a assimetria de poder econômico e contratual entre a empresa contratante e sua fornecedora não chega a produzir dependência econômica paralisante da formação de vontade da empresa contratada, limitando-se à *influência estratégica* por meio de parâmetros produtivos que condicionam o modo de articulação dos fatores de produção, pela empresa fornecedora.

O *controle* ou *comando produtivo estratégico* consiste, assim, numa posição de poder da empresa-líder contratante da terceirização que, não sendo suficiente para configurar a *influência dominante* característica do grupo econômico empresarial de fato, nos termos dos §§ 2º e 3º do art. 2º da CLT, é suficiente para ensejar a *influência contratual* da empresa contratante sobre o comportamento da empresa contratada em relação aos direitos dos trabalhadores terceirizados. Por exemplo, ao impor entregas rápidas dos produtos em regime *just in time*, a empresa-líder influencia o regime de jornada de trabalho dos trabalhadores terceirizados. Essa capacidade de influência é o que constitui o fundamento central da responsabilidade da empresa-líder por observância de direitos fundamentais dos trabalhadores terceirizados (Capítulo 6 - 6.6).

Configurado o estado de dominação econômica caracterizadora do grupo econômico empresarial, numa rede contratual de fornecimento terceirizado, o controle superior da empresa contratante sobre a atividade econômica da empresa fornecedora prevalece sobre (e incorpora) o mero controle produtivo estratégico característico da cadeia produtiva empresarial descentralizada.

Nesse caso, a configuração do grupo econômico predomina sobre a configuração da cadeia produtiva empresarial *descentralizada*, pois o grupo, para efeitos trabalhistas, consiste numa unidade empresarial, e como tal, constitui uma cadeia produtiva

---

(1077) Nas cadeias de valor do tipo *cativa*, pequenos fornecedores fazem investimentos consideráveis em maquinários específicos para produzir produtos personalizados para o cliente grande e poderoso, mediante troca de informações complexas (instruções detalhadas), tornando-se, por isso, cativos, e submetendo-se, portanto, a um alto grau de monitoramento e controle por parte da empresa-líder, com alto nível de assimetria de poder entre as empresas. GEREFFI, Gary *et. al.* **The governance of global value chains.** *Ob. cit.*, p. 83/87.

(1078) *Idem.*

empresarial *centralizada* (que executa diretamente suas atividades produtivas), cujos integrantes respondem recíproca e solidariamente pelas obrigações trabalhistas por qualquer deles contraídas.

Em suma, a rede contratual de fornecimento terceirizado pode configurar grupo econômico trabalhista: (a) por *coordenação*, se entre contratante e contratadas se instituir atuação econômica conjunta por meio de direção única compartilhada, mediante gerencialmente coletivo, numa moldura relacional de parceria que distribua lucros, riscos e responsabilidades conforme a participação de cada empresa no objeto negocial (cenário incomum); e (b) por *subordinação* se, para além do controle produtivo estratégico, a empresa contratante exercer sobre as contratadas controle econômico e operacional com *dominação econômica*, seja por meio de instrumentos jurídicos formais (controle societário, norma estatutária, contrato de empresa etc.), seja por meio do exercício fático de *influência dominante* (cenário típico da cadeia de valor do tipo *cativa*).

7.2. A responsabilidade subsidiária da empresa contratante de fornecimento terceirizado

Antes de adentrar a análise dos fundamentos da responsabilidade da empresa-líder da cadeia produtiva empresarial descentralizada por direitos dos trabalhadores terceirizados, faz-se necessário verificar a natureza das responsabilidades imputadas por dispositivos da Lei n. 6.019/1974 (inseridos pelas Leis n. 13.429/2017 e 13.467/2017) à empresa tomadora de serviços, no *contrato de prestação de serviços a terceiros*, e como essas responsabilidades se estendem à empresa contratante de *fornecimento terceirizado de bens*, no plano da terceirização externa.

Conforme exposto no Capítulo 1 (1.1.2), a prestação de serviços pode ser executada em regime de terceirização interna ou externa, enquanto o fornecimento terceirizado de bens é negócio típico do regime de terceirização externa.

A responsabilidade subsidiária da empresa tomadora de serviços pelos direitos inadimplidos dos trabalhadores terceirizados foi objeto de previsão inicial na Súmula 331, item IV, do TST.

Recentemente, com o advento da reforma trabalhista que autorizou a terceirização em todas as atividades empresariais, a Lei n. 6.019/1974 com dispositivos inseridos pelas Leis n. 13.429/2017 e n. 13.467/2017, passou a atribuir responsabilidades à empresa tomadora de serviços, em duas ordens de previsões: (1) a *responsabilidade subsidiária* pelo pagamento de verbas trabalhistas típicas, referentes ao período em que ocorrer a prestação de serviços (art. 5º-A, § 5º), e (2) a *responsabilidade solidária* por medidas de saúde e segurança dos trabalhadores terceirizados, da qual decorre responsabilidade também solidária por danos materiais e morais decorrentes de violações a esses direitos (Lei n. 6.019/1974, art. 4º-C, *c* e *d*, e II, e art. 5º-A, § 3º).[1079]

(1079) Lei n. 6.019/1974. "*Art. 4º-C. São asseguradas aos empregados da empresa prestadora de serviços a que se refere o art. 4º-A desta Lei, quando e enquanto os serviços, que podem ser de qualquer uma das atividades da contratante, forem executados nas dependências da tomadora, as mesmas condições: I - relativas a: (...) c) atendimento médico ou ambulatorial existente nas dependências da contratante ou local por ela designado; d) treinamento adequado, fornecido pela contratada, quando a atividade o exigir; II - sanitárias, de medidas de proteção à saúde e de segurança no trabalho e de instalações adequadas à prestação do serviço. Art. 5º-A. (...) § 3º É responsabilidade da contratante garantir as condições de segurança, higiene e salubridade dos trabalhadores, quando o trabalho for realizado em suas dependências ou local previamente convencionado em contrato. (...) § 5º A empresa contratante é subsidiariamente responsável pelas obrigações trabalhistas referentes ao período em que ocorrer a prestação de serviços, e*

Acerca da natureza dessa responsabilidade da empresa tomadora, Maurício Godinho Delgado entende tratar-se de uma *responsabilidade por ato de terceiro* assimilada pelo Direito do Trabalho sob o influxo do *risco da atividade econômica*, com assento no art. 932, III, do CCB, segundo o qual, "são também responsáveis pela reparação civil: (...) o empregador ou comitente, por seus empregados, serviçais e prepostos, no exercício do trabalho que lhes competir, ou em razão dele".[(1080)]

Na execução do contrato de prestação de serviços, segundo essa doutrina, a empresa tomadora figura como espécie de *comitente* e a empresa prestadora de serviços figura como sua *preposta*,[(1081)] posição também adotada por José Affonso Dallegrave Neto,[(1082)] Flávio Tartuce,[(1083)] Pablo Stolze Gagliano e Rodolfo Pamplona Filho,[(1084)] Cláudio Brandão,[(1085)] Maria Cecília Alves Pinto,[(1086)] Tânia Regina Silva Reckzielgel *et. al*[(1087)] e Jorge Luiz Souto Maior.[(1088)]

A responsabilidade por fato de terceiro, na lição de Caio Mario da Silva Pereira, assenta-se num princípio de justiça que manda imputar o dever de reparação a outra pessoa diversa do agente causador do dano, que sobre ele exerça uma autoridade de fato ou de direito, com a finalidade de viabilizar a reparação da vítima.[(1089)] É o caso da responsabilidade dos pais, tutores e curados pelos filhos menores, pupilos e curatelados (CCB, art. 932, I).

Trata-se de responsabilidade civil extracontratual (*aquiliana*) *indireta* ou *complexa*, segundo Caio Mario, em que o dano é praticado por um *intermediário*, dirigido por outrem. A presença do intermediário gera para a vítima dificuldade de prova do nexo causal, o que é corrigido com a imputação de responsabilidade ao sujeito que exerce a autoridade.[(1090)]

---

o recolhimento das contribuições previdenciárias observará o disposto no art. 31 da Lei n. 8.212, de 24 de julho de 1991".

(1080) DELGADO, Maurício Godinho. **Curso de Direito do Trabalho**. *Ob. cit.*, p. 552.

(1081) Em sentido estrito, *comitente* é o sujeito que, por meio de *contrato de comissão*, contrata um *comissário* para efetuar venda ou compra de bens de sua propriedade, mediante pagamento de remuneração. O comissário age em nome próprio, mas à conta do comitente (CCB, arts. 693/709). No art. 932, III, do CCB, no entanto, *comitente* é termo utilizado em sentido *lato* para designar o sujeito ativo de relações de trabalho em que o sujeito passivo atua como seu preposto ou representante. O contrato de comissão tem íntima relação com o contrato de mandato, cujas regras lhe podem ser aplicadas subsidiariamente (CCB, art. 709).

(1082) DALLEGRAVE NETO, José Affonso. **Responsabilidade civil no direito do trabalho.** 5ª ed. São Paulo: LTr, 2014, p. 262 e 273.

(1083) TARTUCE, Flávio. **Manual de responsabilidade civil**. Volume único. Rio de Janeiro: Forense. São Paulo: Método, 2018, p. 679.

(1084) GAGLIANO, Pablo Stolze; PAMPLONA FILHO, Rodolfo. **Novo curso de direito civil**: responsabilidade civil. 4ª ed. São Paulo: Saraiva, 2006, p. 249.

(1085) BRANDÃO, Cláudio. **Acidente do trabalho e responsabilidade civil do empregador**. São Paulo: LTr, 2006, p. 353.

(1086) PINTO, Maria Cecília Alves. Terceirização de serviços: responsabilidade do tomador. **Revista do Tribunal Regional do Trabalho da 3ª Região**, Belo Horizonte, V. 39, n. 69, p. 123-146, jan./jun.2004.

(1087) RECKZIELGEL, Tânia Regina Silva *et. al.* Terceirização e acidente de trabalho: responsabilidade civil do tomador de serviços. *In*: GOULART, Rodrigo Fortunato; VILLATORE, Marco Antônio. **Responsabilidade civil nas relações de trabalho**: reflexões atuais. Homenagem ao Professor José Affonso Dallegrave Neto. São Paulo: LTr, p. 425-434, 2015, p. 432.

(1088) SOUTO MAIOR, Jorge Luiz. A terceirização sob uma perspectiva humanista. **Revista do TST**, Brasília, v. 70, n. 1, p. 119-129, jan./jun. 2004.

(1089) PEREIRA, Caio Mário da Silva. **Responsabilidade civil**. Atualização Gustavo Tepedino. *E-book*. 12ª ed. Rio de Janeiro: Forense, 2018, p. 120.

(1090) *Idem*.

O Código Civil de 1916, em seu art. 1.521, III, imputava idêntica responsabilidade *indireta* ao empregador e comitente, por seus empregados e prepostos. À época, a doutrina considerava essa responsabilidade decorrente de culpa ou presunção de culpa do empregador ou comitente, por má escolha ou má fiscalização do empregado ou preposto – culpa *in eligendo* ou *in vigilando* –, noção que por muito tempo aplicou-se à responsabilidade subsidiária da empresa tomadora de serviços.(1091)

Conforme Gustavo Teixeira Ramos, o Código Civil de 2002, em seu art. 933, no entanto, afastou qualquer dúvida sobre a natureza *objetiva* dessa responsabilidade, ao prever que "as pessoas indicadas nos incisos I a V do artigo antecedente, ainda que não haja culpa de sua parte, responderão pelos atos praticados pelos terceiros ali referidos".(1092) Da mesma forma, o § 5º do art. 5º-A da Lei n. 6.019/1974 com redação dada pela Lei n. 13.429/2017, ao imputar responsabilidade subsidiária à empresa tomadora de serviços, não exige demonstração de culpa.

Além de objetiva, sustenta Gustavo Ramos, essa responsabilidade é também solidária, a teor do art. 942, parágrafo único, do CCB, segundo o qual, "são solidariamente responsáveis com os autores os co-autores e as pessoas designadas no art. 932". O autor defende o caráter solidário da responsabilidade do tomador de serviços, inclusive por "indenizações de natureza civil aquiliana decorrente de eventuais danos morais e materiais que advenham do risco da atividade empresarial da empresa tomadora de serviços ou de sua omissão pelo dever de zelar pelo meio ambiente laboral hígido". (1093)

O caráter solidário da responsabilidade do tomador de serviços ainda é sustentado por Gustavo Ramos com base na função preventiva da responsabilidade civil; na função social do contrato como reflexo do solidarismo constitucional; nas teorias do *risco criado* (CCB, art. 927, parágrafo único) e do benefício ou interesse comum entre as empresas contratante e contratada; e com base no influxo da responsabilidade solidária presente no Direito Ambiental, do Consumidor, Tributário e Previdenciário. (1094)

Além disso, com amparo no Direito Comparado, que constitui fonte subsidiária do Direito do Trabalho (CLT, art. 8º), demonstra o autor que as legislações de outros países atribuem responsabilidade predominantemente solidária à empresa contratante de terceirização.(1095)

O sistema jurídico brasileiro não dispõe de enunciado normativo específico que contemple idêntica responsabilidade à empresa contratante de *fornecimento terceirizado de bens*, na terceirização externa. Mas essa responsabilidade naturalmente decorre do dever estatal de proteção ao direito fundamental ao trabalho digno, encontrando resposta na eficácia horizontal direta desse direito fundamental sobre a relação de terceirização externa.

A eficácia horizontal direta do direito fundamental à relação de terceirização, objeto de análise no Capítulo 6 (6.5), encontra forte precedente jurisprudencial no julgado do STF na ADPF 324/DF. Ao tempo em que firmou a constitucionalidade da

(1091) *Idem.*
(1092) Nesse sentido, a jurisprudência do STJ, conforme demonstra o seguinte precedente: "*A jurisprudência desta Corte é firme no sentido de reconhecer que o empregador responde objetivamente pelos atos ilícitos praticados pelos seus prepostos*". BRASIL, Superior Tribunal de Justiça, 4ª Turma. **REsp 528.569/RN**, Rel. Min. Jorge Scartezzini. DJ 17 out. 2005.
(1093) *Idem,* p. 189.
(1094) *Idem,* p. 237/282.
(1095) *Idem,* p. 328/355.

terceirização de serviços em todas as atividades empresariais, esse julgado imputou à empresa tomadora de serviços responsabilidades voltadas a garantir o cumprimento de direitos dos trabalhadores terceirizados, relativamente a período anterior à edição das Leis n. 13.429/2017 e n. 13.467/2017, que passaram a prever as responsabilidades da empresa tomadora de serviços.[1096]

O julgado autorizou a terceirização total de serviços com base na garantia fundamental de liberdade contratual (CR/1988, arts. 1º, III; 5º, II, e 170). No entanto, para garantir alguma cautela no uso irrestrito da terceirização de serviços, evitando abusos violadores de direitos fundamentais dos trabalhadores, nessa decisão o STF ponderou a liberdade contratual do empresário com os direitos fundamentais trabalhistas previstos no art. 7º da Constituição, deles inferindo *diretamente* uma série de condutas a serem observadas pela empresa contratante, a saber: (a) certificar-se da idoneidade e da capacidade econômica da empresa terceirizada para executar o contrato; (b) especificar a atividade objeto do contrato de prestação de serviço; (c) assegurar condições de segurança e salubridade sempre que o trabalho for realizado nas suas dependências; (d) assumir a responsabilidade subsidiária caso a empresa terceirizada deixe de observar essas obrigações, desde que participe da relação processual e conste do título judicial.[1097]

Nesses termos restou aprovada a tese jurídica, conforme revelam os seguintes trechos da ementa e do corpo do acórdão adiante transcritos, respectivamente:

> (...)
>
> 3. A terceirização não enseja, por si só, precarização do trabalho, violação da dignidade do trabalhador ou desrespeito a direitos previdenciários. É o exercício abusivo da sua contratação que pode produzir tais violações.
>
> 4. Para evitar tal exercício abusivo, *os princípios que amparam a constitucionalidade da terceirização devem ser compatibilizados com as normas constitucionais de tutela do trabalhador, cabendo à contratante*: i) verificar a idoneidade e a capacidade econômica da terceirizada; e ii) responder subsidiariamente pelo descumprimento das normas trabalhistas, bem como por obrigações previdenciárias (art. 31 da Lei 8.212/1993).
>
> 5. A responsabilização subsidiária da tomadora dos serviços pressupõe a sua participação no processo judicial, bem como a sua inclusão no título executivo judicial.
>
> (...)

(1096) BRASIL, Supremo Tribunal Federal, Pleno. **ADPF 324/DF**, Rel. Min. Roberto Barroso. DJe 05/09/2019. Argumentos contrários à constitucionalidade da terceirização total de serviços, assentados em seus efeitos danosos à efetividade do direito fundamental ao trabalho digno, podem ser encontrados em: DELGADO, Gabriela Neves; AMORIM, Helder Santos. **Os limites constitucionais da terceirização.** *Ob. Cit.* Ver também: AMORIM, Helder Santos. O direito fundamental ao trabalho digno como baliza hermenêutica dos direitos do trabalhador terceirizado, *In*: DELGADO, Gabriela Neves (Coord.). Coleção Trabalho, Constituição e Cidadania. **Direito Fundamental ao Trabalho Digno no Século XXI** – desafios e reinterpretações para as relações de trabalho rurais, urbanas e de serviços. Vol. II. São Paulo: LTR, p. 248-268, 2020.

(1097) BRASIL, Supremo Tribunal Federal, Pleno. **ADPF 324/DF**, Rel. Min. Roberto Barroso. DJe 05 set. 2019.

> 7. Firmo a seguinte tese: "É lícita a terceirização de toda e qualquer atividade, meio ou fim, não se configurando relação de emprego entre a contratante e o empregado da contratada. 2. Na terceirização, compete à contratante: i) verificar a idoneidade e a capacidade econômica da terceirizada; e ii) responder subsidiariamente pelo descumprimento das normas trabalhistas, bem como por obrigações previdenciárias, na forma do art. 31 da Lei 8.212/1993".
>
> (...)
>
> 86. Nessa linha, cabe à contratante: (i) certificar-se da idoneidade e da capacidade econômica da empresa terceirizada para honrar o contrato; (ii) especificar a atividade objeto do contrato de prestação de serviço; (iii) assegurar condições de segurança e salubridade sempre que o trabalho for realizado nas suas dependências; (iv) assumir a responsabilidade subsidiária caso a empresa terceirizada deixe de honrar quaisquer dessas obrigações (desde que tenha participado na relação processual em que ocorrer a condenação e que conste do título judicial), tal como já ocorre hoje, em razão do que prevê a Súmula 331 do TST (sem grifos no original).[1098]

Para assim decidir, o STF *inferiu* tais medidas de responsabilidade da empresa contratante (tomadora) *diretamente* do art. 7º da Constituição, conforme admite o acórdão:

> (...) Tais exigências podem ser inferidas do artigo 7º da Constituição que constitucionalizou um conjunto amplíssimo de normas trabalhistas e assegurou o direito de acesso dos trabalhadores à previdência social, bem como a medidas de saúde, segurança do trabalho e prevenção de acidentes (item 87).[1099]

Embora as normas do art. 7º da Constituição não prevejam textualmente tais medidas de responsabilidade dirigidas à empresa contratante da terceirização, o Estado-juiz (o STF) construiu essa *norma de decisão* com base em interpretação conferida ao direito fundamental, por força do *dever estatal de proteção* a esse direito fundamental e da demanda constitucional de máxima efetividade em sua interpretação.

Sem assumir posição teórica, nesse ponto o STF adotou a teoria da *eficácia direta* dos direitos fundamentais sobre as relações privadas, na medida em que: (a) extraiu (construiu) diretamente do direito fundamental soluções concretas que obrigam o particular; e (b) o fez independentemente de mediação legislativa, diante da ausência de norma ordinária expressa a respeito da matéria, para o período.

No momento em que foi proferida essa decisão na ADPF 324/DF (30 de agosto de 2018), as referidas medidas de responsabilidade da empresa tomadora de serviços já constavam da nova disciplina legal da terceirização de serviços. A Lei n. 13.429/2017 inseriu na Lei n. 6.019/1974 a responsabilidade subsidiária da empresa tomadora (art. 5º-A, § 5º) e o direito dos trabalhadores terceirizados às mesmas condições de segurança, higiene e salubridade concedida aos trabalhadores da empresa contratante (art. 5º-A, § 3º). Logo depois, a Lei n. 13.467/2017 também inseriu na mesma legislação a exigência de verificação da capacidade econômica da empresa contratada (art. 4º-A, *caput*).

Mas, *no julgado da ADPF 324/DF, o STF tratou da terceirização de serviços em período anterior à entrada em vigor da referida legislação.* O objeto da ação era a constitucionalidade

(1098) *Idem.*
(1099) *Idem.*

da Súmula 331 do TST, que limitava a terceirização de serviços à atividade-meio da empresa em período anterior à entrada em vigor da legislação sobre o tema. Afastando a previsão da Súmula, a decisão reconheceu a constitucionalidade da terceirização total de serviços no período anterior à disciplina legal da matéria, inclusive para resolver antigas questões pendentes na Justiça do Trabalho.

Por conseguinte, as medidas de responsabilidade da empresa tomadora de serviços por direitos dos trabalhadores terceirizados, impostas pelo julgado, o foram relativamente a período em que não havia previsão (mediação) legal expressa a respeito.

O STF não aplicou a nova legislação com efeito retroativo. Pelo contrário, o julgado expressamente consigna que a solução foi extraída da própria Constituição, e que a nova legislação "editada após (...) a inclusão do processo em pauta de julgamento" apenas a ratifica, ao contemplar "*medidas muito semelhantes* àquelas previstas acima com o propósito de proteger os direitos dos trabalhadores terceirizados":

> 91. Não bastasse o exposto, é de se notar que a Lei n. 6.019/1974, com a redação que lhe conferiu a Lei n. 13.467/2017 (Lei da Reforma Trabalhista), editada após a elaboração deste voto e a inclusão do processo em pauta para julgamento, contempla medidas muito semelhantes àquelas previstas acima com o propósito de proteger os direitos dos trabalhadores terceirizados, *ratificando a solução que se extrai, aqui, da própria Constituição* (sem grifo no original).[1100]

Nesse sentido, a *norma de decisão* foi construída pelo STF sem qualquer mediação legislativa. No máximo, sob inspiração na nova legislação e da antiga jurisprudência trabalhista acerca da matéria. Ao impor responsabilidade subsidiária à empresa tomadora, o julgado ressalta que tal medida "já ocorre hoje, em razão do que prevê a Súmula 331 do TST" (item 86 do acórdão), sem lançar mão, no entanto, dos fundamentos dessa jurisprudência.[1101]

O julgado constitui importante precedente jurisprudencial de responsabilização da empresa contratante de terceirização, um terceiro não-empregador, pelo cumprimento de direitos dos trabalhadores terceirizados, mediante aplicação *direta* do direito fundamental ao trabalho digno, a fim de preservar sua concretização no mundo dos fatos.

Mais do que isso, o acórdão reconhece a fundamentalidade dos direitos sociais dos trabalhadores e a responsabilidade subsidiária *objetiva* da empresa contratante da terceirização, com base no risco inerente à terceirização, independente da avaliação de culpa. A esse respeito, manteve a orientação adotada pela norma do § 5º do art. 5º-A da Lei n. 6.019/1974, que prevê a responsabilidade subsidiária automática (objetiva) da empresa contratante em face do mero inadimplemento de direitos trabalhistas pela empresa contratada, independentemente de avaliação de culpa *in eligendo* ou *in vigilando*.[1102]

(1100) *Idem.*

(1101) *Idem.*

(1102) No âmbito público, diferentemente, o STF, interpretando o art. 71 da Lei n. 8.666/1993, somente admite a responsabilização subsidiária do ente público por direitos de trabalhadores terceirizados quando evidenciada sua conduta culposa na fiscalização contratual, do que decorre a aplicação de responsabilidade subjetiva. Nesse sentido a decisão firmada na ADC 16/DF, ratificada pela tese de repercussão geral firmada no RE 760.931/DF. Consultar: BRASIL, Supremo Tribunal Federal, Pleno. **ADC 16/DF**, Rel. Min. Cezar Peluso. DJe 08 set. 2011; BRASIL, Supremo Tribunal Federal, Pleno. **RE 760.931/DF**, Rel. Min. Rosa Weber, Redator Min. Luiz Fux. DJe 11 set. 2017.

Em sua fundamentação, o julgado reconhece que a celebração de "contratos de terceirização, a baixo custo", pela empresa contratante, para "apropriar-se de parte das vantagens econômicas", constitui causa de violações das normas de direitos fundamentais dos trabalhadores terceirizados. Por conseguinte, diz o julgado, "quem terceiriza aufere as vantagens e, portanto, também deve assumir *os ricos da terceirização*" (item 87 do acórdão – sem grifo no original).(1103)

Compreendida nesse sentido, portanto, a *ratio decidendi* do julgado atribui à empresa contratante os riscos da terceirização associados à busca de *ganhos de eficiência* tanto por meio da especialização, quando por meio do baixo custo contratual. E reconhece que tais riscos "não podem ser suportados apenas pelos empregados e pelo Poder Público, em sua vertente de previdência e assistência social" (item 87). Daí porque, diz o acórdão, a empresa contratante "deve tomar todas as medidas necessárias a assegurar o respeito à integralidade dos direitos e dos deveres trabalhistas, previdenciários e de saúde e segurança no trabalho, que decorrem da relação de emprego entre a empresa terceirizada e seu empregado" (item 85).(1104)

O precedente jurisprudencial adota, nesse sentido, a linha de fundamento econômico da responsabilidade da empresa contratante da terceirização, baseada no risco que a organização contratualizada da produção enseja à higidez dos direitos dos trabalhadores terceirizados, tema a ser aprofundado no próximo tópico.

Diante desses fundamentos, não há razão capaz de justificar o isolamento do precedente ao âmbito da terceirização de *serviços*. Conforme ressaltado no Capítulo 1 (1.5), o julgado da ADPF 324/DF não faz distinção entre terceirização interna e externa, de serviços ou de bens, tratando o fenômeno em sua integralidade. Até com certa indistinção metodológica, o julgado indica vários exemplos de terceirização externa para justificar a viabilidade e constitucionalidade da organização descentralizada da *cadeia produtiva* da empresa contratante.(1105)

Nesse sentido, ainda que por força da indistinção metodológica, o julgado adota uma perspectiva de unidade comportamental da terceirização, em todas as suas dimensões, como mecanismo de descentralização empresarial, com impactos uniformes sobre as condições de trabalho. Daí porque a identidade dos riscos produzidos aos direitos fundamentais dos trabalhadores, altamente contornáveis, na perspectiva do julgado, conduziria à necessidade de tratamento uniforme no campo das responsabilidades.

Da mesma forma, a Lei n. 6.019/1974 não discrimina, para efeito de responsabilidades da empresa tomadora, os *serviços* executados em regime de terceirização interna ou externa.(1106)

(1103) *Idem.*
(1104) *Idem.*
(1105) Para justificar a terceirização de *serviços* em todas as atividades da empresa tomadora, o julgado invoca exemplos próprios do fornecimento terceirizado de bens, como da indústria automobilística que terceiriza a produção de pneus; da indústria da construção civil que terceiriza a fabricação de concreto ou pré-moldados; da empresa *Apple*, que externaliza a fabricação de componentes eletrônicos a grandes indústrias, como a *Foxconn*; das marcas de computadores pessoais que terceirizam praticamente toda sua produção para fabricantes de eletrônicos; da *Nike* (marca comercializadora de tênis), que terceiriza a produção para a indústria, realizando o *design* dos produtos, *marketing* e distribuição, entre outros exemplos de externalização, que em nada retratam o modelo de terceirização de *serviços* objeto da controvérsia. *Idem.*
(1106) Salvo, nos termos do art. 4º-C, quanto à extensão aos trabalhadores terceirizados de condições de alimentação, transporte, atendimento médico ou ambulatorial, treinamentos e medidas sanitárias asseguradas aos empregados da empresa tomadora, quando as atividades forem desenvolvidas em suas dependências (terceirização interna).

Ao tratar das responsabilidades da empresa tomadora de serviços para com os direitos dos trabalhadores terceirizados, a Lei n. 6.019/1974 não distingue a prestação de serviços executada no ambiente da empresa contratante ou em qualquer outro local, inclusive no estabelecimento da empresa contratada. Pelo contrário, o § 3º do art. 5º-A do diploma legal diz que "é responsabilidade da contratante garantir as condições de segurança, higiene e salubridade dos trabalhadores, quando o trabalho for realizado em suas dependências ou local previamente convencionado em contrato".

A esse respeito, conforme interpretação sustentada por Gustavo Ramos com base em fortes precedentes doutrinários e jurisprudenciais, o dispositivo legal atribui à empresa tomadora de serviços responsabilidade solidária pelo cumprimento das normas de saúde e segurança no trabalho estabelecidas pela CLT e pelas Normas Regulamentadoras do Ministério do Trabalho.[1107]

Dessas razões resulta, como corolário lógico da eficácia direta do direito fundamental ao trabalho digno sobre as relações privadas, a responsabilidade solidária da empresa contratante do *fornecimento terceirizado de bens* por adotar medidas preventivas de saúde e segurança do trabalho, além da responsabilidade, senão solidária, ao menos subsidiária, pelo pagamento das verbas laborais inadimplidas.[1108]

A responsabilidade subsidiária constitui, na verdade, espécie de responsabilidade solidária com benefício de ordem.[1109] Em análise à solução construída pela Súmula n. 331 do TST, José Martins Catharino já anotava trata-se de uma responsabilidade "sob condição processual" em forma de "benefício executório".[1110] Sua aplicação em cadeia pressupõe, portanto, o esgotamento da possibilidade de satisfação da obrigação pelo empregador e pela empresa contratante da terceirização, a cada nível de contratação, até chegar à empresa-líder da cadeia produtiva.

Com forte assento no precedente da ADPF 324/DF, a eficácia direta dos direitos fundamentais dos trabalhadores sobre as relações de fornecimento terceirizado de bens deve ensejar a aplicação analógica das normas de responsabilidade da empresa tomadora de serviços (Lei n. 6.019/1974, art. 4º-C, *c* e *d*, e II, e art. 5º-A, § 3º e § 5º) à empresa contratante de fornecimento terceirizado.

Trata-se, pois, de *responsabilidade civil aquiliana objetiva*: (a) *subsidiária*, pelo pagamento de verbas trabalhistas típicas, referentes ao período em que ocorrer a prestação de serviços; e (b) *solidária*, por medidas de saúde e segurança dos trabalhadores terceirizados e por danos materiais e morais decorrentes de violações a esses direitos.[1111]

No entanto, ainda que reconhecida essa responsabilidade das empresas contratantes de *fornecimento terceirizado de bens* por direitos dos trabalhadores terceirizados, mediante aplicação analógica dos dispositivos da Lei n. 6.019/1974, e ainda que essa responsabilidade seja aplicada em cadeia de modo a alcançar todas as empresas da

---

(1107) RAMOS, Gustavo Teixeira. **Responsabilidade solidária do tomador de serviços na terceirização** – fundamentos jurídicos sob perspectiva constitucional-democrática. *Ob. Cit., p.* 188.
(1108) BRASIL, Supremo Tribunal Federal, Pleno. **ADPF 324/DF**, Rel. Min. Roberto Barroso. DJe 05 set. 2019.
(1109) Nesse sentido também: FELICIANO, Guilherme Guimarães. Direito do trabalho, terceirização e contratos de fornecimento industrial: notas sobre a responsabilidade jurídica de clientes e fornecedores. *Ob. Cit.*, p. 56.
(1110) CATHARINO, José Martins. **Neoliberalismo e sequela**. São Paulo: LTr, 1997, p. 95.
(1111) RAMOS, Gustavo Teixeira. **Responsabilidade solidária do tomador de serviços na terceirização** – fundamentos jurídicos sob perspectiva constitucional-democrática. *Ob. Cit., p.* 189.

rede contratual, será ela insuficiente para prevenir e reparar as formas mais graves de trabalho precário, com intensa violação à dignidade do trabalhador, praticadas nos elos terceirizados economicamente mais frágeis da cadeia produtiva, contratualmente distantes da empresa-líder.

Nesses elos subcontratados, em que empresas e agentes fornecedores não dispõem de capacidade econômica para oferecer condições dignas de trabalho, a responsabilidade subsidiária da empresa contratante, por si só, constitui *proteção insuficiente* aos direitos fundamentais dos trabalhadores.

Primeiro, em face da própria incapacidade econômica do agente empregador. Mas, principalmente, em face da dinâmica operativa dessa responsabilidade, que incide de forma parcelizada, como instrumento de garantia, sobre cada vinculação contratual: primeiro incide sobre o contrato de terceirização entre o empregador e sua empresa contratante (a primeira responsável subsidiária); não sendo suficiente, continua incidindo subsidiariamente sobre os contratos anteriores na linha de derivação contratual, em movimento centrífugo, até alcançar uma empresa contratante com capacidade econômica para satisfazer as obrigações inadimplidas e/ou para prevenir novas violações.

Essa dinâmica de encadeamento entre diversas responsabilidades subsidiárias, seccionadas por empresa contratante e por estrato contratual, descontextualiza a violação jurídica como fato inerente ao conjunto de decisões estratégias da empresa-líder, na governação da cadeia produtiva. Isolada desse contexto, a violação jurídica distancia-se do agente econômico central da cadeia produtiva, beneficiário do maior valor agregado da atividade produtiva, que detém o poder de comando produtivo estratégico e os correspondentes poderes de decisão e influência sobre a prevenção das violações jurídicas na organização produtiva.

Para alcançar a empresa-líder, as diversas responsabilidades subsidiárias precisam interconectar-se num longo percurso processual estratificado, de baixo para cima, com paragem em cada estrato da cadeia produtiva empresarial descentralizada, em respeito ao *benefício processual de ordem* de que são titulares as empresas contratantes em face das respectivas empresas contratadas. Nesse movimento em espiral, as sucessivas responsabilidades incidem de forma seccionada por empresa, como elos de uma corrente de garantias que, ao final, somente apanha a empresa-líder na última posição subsidiária, como uma responsável coadjuvante, praticamente estranha ao ato ilícito e ao fato danoso.

Na dimensão reparatória, a responsabilidade subsidiária somente alcança a empresa-líder na improvável hipótese de nenhuma empresa fornecedora na linha de derivação contratual ostentar capacidade econômica suficiente para pagar as indenizações. Na dimensão preventiva, que é hoje a dimensão central da responsabilidade civil, a empresa-líder somente é apanhada na obrigação de fiscalizar as empresas fornecedoras por ela *imediatamente* contratadas, obrigação que não se distingue daquela dirigida às próprias fornecedoras em relação às suas subcontratadas.

À luz dessa solução, a empresa-líder é atingida de forma meramente reflexa, *indiferente à sua posição central na cadeia produtiva*, o que implica sério prejuízo à satisfação preventiva do direito violado e ao fim central da governação pública do trabalho digno nas cadeias produtivas, que é o de fomentar o mais alto patamar de proteção social do trabalho nos espaços produtivos periféricos terceirizados.

A ilustração a seguir, desenvolvida a partir da Figura 19, no Capítulo 4 (4.1), retrata a escala hierárquica das atividades terceirizadas (triângulo em azul) acrescida da escala inversa de distribuição de valor agregado entre as empresas da cadeia produtiva (triângulo em laranja). A essa ilustração ora acrescenta-se um exemplo em que graves danos aos direitos dos trabalhadores terceirizados são perpetrados por uma empresa fornecedora de terceiro nível de contratação. Os círculos ao centro de cada estrato representam a capacidade econômica da respectiva fornecedora, demonstrando a progressiva redução de capacidade econômica das empresas à medida que se aprofundam os níveis de subcontratação.

Observe-se que, para obter a responsabilização – preventiva e reparatória – da cadeia produtiva por violações de direitos trabalhistas em todos os seus elos terceirizados, inclusive em face da empresa-líder, com uso da *responsabilidade subsidiária*, é necessário demandar (judicial ou extrajudicialmente) a empresa-líder em conjunto com todas as empresas que integram sua cadeia contratual de fornecedores. A responsabilidade é aplicada de forma escalonada, iniciando pela obrigação trabalhista da empresa fornecedora-empregadora (seta azul) e avançando de baixo para cima, em escalas subsidiárias de contratação terceirizada (setas alaranjadas), até atingir a empresa-líder. O movimento de responsabilização ocorre na ordem inversa da derivação contratual, em busca do maior suporte econômico (pirâmide alaranjada) localizado no topo hierárquico da cadeia (pirâmide azul).

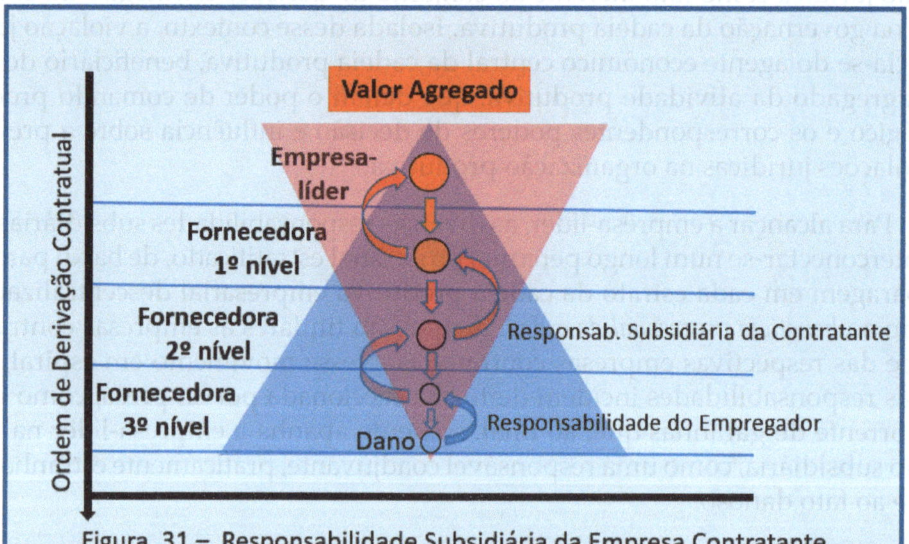

Figura 31 – Responsabilidade Subsidiária da Empresa Contratante

Fonte: Elaborada pelo autor

Na hipótese de responsabilização judicial, o comando judicial de fiscalização para prevenção de novos ilícitos precisa ser dirigido a todas as empresas contratualmente articuladas, inclusive à empresa-líder, que aqui comparece apenas como mais uma empresa contratante. O comando judicial apanha cada empresa isoladamente, como agente irradiador de direitos e obrigações. Para produzir os efeitos pretendidos sobre toda cadeia produtiva, o comando judicial depende da permanência das empresas no encadeamento contratual. A substituição de uma única empresa fornecedora na linha de derivação contratual da cadeia produtiva interrompe o encadeamento, ensejando a perda de eficácia do comando judicial sobre o conjunto do processo produtivo.

Essa análise demonstra que a responsabilidade subsidiária da empresa contratante, por si só, constitui proteção insuficiente aos direitos fundamentais dos trabalhadores nos elos mais distantes da cadeia produtiva empresarial descentralizada, o que desafia sua articulação com a *responsabilidade civil-trabalhista direta objetiva e solidária* da empresa-líder da cadeia produtiva empresarial descentralizada.

7.3. A responsabilidade civil-trabalhista da empresa-líder por direitos dos trabalhadores terceirizados: fundamentos econômicos e sociológicos

A responsabilidade subsidiária da empresa contratante por direitos dos trabalhadores terceirizados, acima analisada, não é suficiente para impor à empresa-líder o seu dever de diligência e reparação a direitos humanos sociotrabalhistas, internacionalmente reconhecidos (Princípios Orientadores da ONU sobre Empresas e Direitos Humanos), em todos os elos contratuais da cadeia produtiva empresarial descentralizada, especialmente nos elos mais distantes, em razão de sua natureza pluri-individual e segmentada.

Para além disso, conforme exposto no Capítulo 6 (6.1), nos casos de graves violações a direitos humanos sociotrabalhistas, mais do que uma questão jurídica, há uma *questão moral* sobre a negação da dignidade humana que diz respeito à expectativa da comunidade internacional sobre o comportamento dos agentes econômicos centrais das cadeias produtivas em relação aos direitos humanos.[1112]

São situações em que a governação pública do trabalho precisa aliar as ações judiciais locais com a pressão internacional dos movimentos sociais de defesa dos direitos humanos,[1113] para que não se perpetue a naturalização das violações, tal como se encontram na atualidade, banalizadas, convertidas em modestos custos de reparações trabalhistas nas planilhas corporativas.

Para que a governação pública do trabalho digno seja eficiente como instrumento transformador da realidade, em combate às exclusões abissais que segregam, na periferia do espaço produtivo, populações socialmente vulneráveis, tratadas como fontes descartáveis de mão de obra, é necessário que o respeito aos direitos humanos socio-trabalhistas possam ser exigidos diretamente da cadeia produtiva empresarial descentralizada, na figura de sua empresa-líder, que molda e corporifica o modelo de gestão do trabalho e dele extrai as vantagens econômicas próprias da integração verticalizada do processo produtivo.

A responsabilidade da empresa-líder, enquanto personificação da cadeia produtiva empresarial, é autônoma em relação às responsabilidades trabalhista e civil-subsidiária de suas empresas fornecedoras e, por isso, deve ser exigida de forma direta, em face de sua posição especial de comando e influência sobre a rede contratual da cadeia produtiva empresarial descentralizada.

Conforme resulta dos Princípios Orientadores da ONU sobre Empresas e Direitos Humanos, o conteúdo dessa responsabilidade implica o dever de prevenção (*due*

(1112) SANTOS, Boaventura de Sousa. Poderá o direito ser emancipatório? *Ob. Cit.*, p. 56.
(1113) *Idem.*

diligence) e de reparação de violações a direitos humanos fundamentais dos trabalhadores terceirizados em quaisquer níveis de contratação e subcontratação (Capítulo 6 - 6.6).

No âmbito da devida diligência, essa responsabilidade implica o poder-dever de exigir e fiscalizar que cada entidade integrante da cadeia produtiva adote e também exija de suas subcontratadas conduta harmoniosa e responsável para com os direitos humanos sociotrabalhistas, liderando uma ação articulada, voltada à implementação do direito fundamental ao trabalho digno em favor de todos os trabalhados terceirizados da cadeia produtiva, em especial daqueles cuja mão de obra é explorada em regiões periféricas e em condições mais vulneráveis.

Dando seguimento à linha de raciocínio desenvolvida a partir da figura acima (da responsabilidade subsidiária), e a título de comparação, a ilustração a seguir também retrata um exemplo em que graves danos aos direitos dos trabalhadores terceirizados são perpetrados por empresa fornecedora de terceiro nível de contratação. Mas, aqui, diferentemente, para se obter a responsabilização – preventiva e reparatória – da cadeia produtiva por violações de direitos trabalhistas em todos os seus elos terceirizados, basta demandar a *responsabilidade civil-trabalhista objetiva direta* da empresa-líder.

Observe-se que, por seu caráter autônomo, a responsabilidade da empresa-líder (seta alaranjada) incide diretamente sobre o dano ocorrido no mais distante estrato da cadeia produtiva, na mesma ordem de derivação contratual, sem necessidade de escalonamento em estratos intermediários. Ela manifesta-se por meio de medidas preventivas e reparatórias a cargo do agente econômico central da cadeia produtiva, localizado no topo hierárquico da cadeia (pirâmide azul), detentor do maior poder econômico e de influência sobre a rede de fornecedores (pirâmide alaranjada).

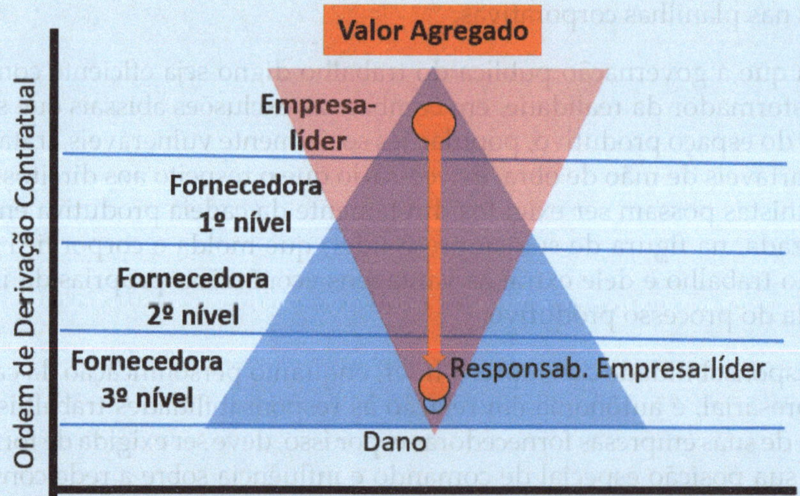

Figura 32 – Responsabilidade Civil-Trabalhista da Empresa-Líder

Fonte: Elaborada pelo autor

Na hipótese de responsabilização judicial, o comando judicial de fiscalização para prevenção de novos ilícitos (tutela inibitória) é dirigido diretamente à empresa-líder, independentemente da composição contratual de sua cadeia produtiva. A substituição de empresas da rede de fornecedores não altera a eficácia do comando judicial.

A *proteção suficiente* ao direito fundamental ao trabalho digno na cadeia produtiva empresarial descentralizada pressupõe, assim, a articulação funcional entre a responsabilidade trabalhista do empregador, a responsabilidade subsidiária da empresa contratante e a *responsabilidade civil-trabalhista objetiva direta* da empresa-líder por direitos humanos fundamentais.

A responsabilidade trabalhista atua como fonte primeira de proteção aos direitos fundamentais. No cenário das redes de fornecimento terceirizado em que a empresa empregadora assume posição de insuficiência econômica, sendo inefetiva a fonte original de direitos trabalhistas, a responsabilidade subsidiária da empresa contratante exerce função predominantemente reparatória sobre violações mais brandas de direitos trabalhistas, inclusive sobre direitos disponíveis. Já a responsabilidade civil-trabalhista da empresa-líder exerce as mais amplas funções reparatória e preventiva de violações aos direitos trabalhistas fundamentais indisponíveis, especialmente aqueles relacionados à personalidade e à dignidade do trabalhador, nos elos contratuais mais distantes do centro econômico empresarial.

Funcionalmente articuladas numa relação de complementariedade recíproca, no âmbito das cadeias produtivas empresariais descentralizadas, é essa cadeia de responsabilidades que promove o potencial emancipatório e transformador do direito fundamental ao trabalho digno nos espaços laborais terceirizados, garantindo atuações contra-hegemônicas de efetivação e democratização desses direitos em favor das populações trabalhadoras mais vulneráveis. Somente operando em conjunto, essas responsabilidades são capazes de assegurar o *standard* mais elevado de civilidade laboral constitucionalmente concebido e destinado a todos os trabalhadores, em todos os estratos e espaços laborais.

Conforme acima exposto, os fundamentos da responsabilidade subsidiária da empresa contratante por direitos do trabalhador terceirizados encontram-se fortemente identificados nos riscos inerentes à terceirização, na esteira da jurisprudência do STF e da análise doutrinária da legislação. Cabe agora verificar como se articulam os fundamentos econômicos e sociológicos da *responsabilidade civil-trabalhista objetiva direta* da empresa-líder da cadeia produtiva empresarial descentralizada. A abordagem, essencial à articulação do instrumental jurídico, será feita sob o enfoque teórico-dogmático da Sociologia das Organizações e da Análise Econômica do Direito.

7.3.1. Os riscos de externalidades negativas da rede contratual à luz da Análise Econômica do Direito

Conforme visto no Capítulo 4, o estudo da responsabilidade da cadeia produtiva empresarial descentralizada, preventiva e reparatória de violações de direitos dos trabalhadores terceirizados, desafia o reconhecimento dessa específica forma de organização multicorporativa como um tipo de *rede contratual* cuja arquitetura de poder, construída nos bastidores do contrato de fornecimento terceirizado, confere moldura jurídica à responsabilidade do seu agente econômico central, a empresa-líder.

O problema é que, segundo Gunther Teubner, a contratualização das redes empresariais implica uma dramática transferência de riscos para terceiros. A coletivização do comportamento econômico aumenta os riscos e, não sendo tomadas precauções para sua internalização no âmbito da rede, esses riscos são transferidos aos terceiros cujos direitos são afetados.[1114]

Por um lado, as redes contratuais beneficiam-se do fato de que podem se apresentar como sistemas altamente organizados de fornecimento ou distribuição e, por outro lado, constituem-se apenas sob a forma de contratos bilaterais individuais, numa *autodissolução* da organização coletiva que visa a *dissolução* da responsabilidade da organização em responsabilidades individuais dos membros da rede [nesse sentido se apresentam as responsabilidades subsidiárias sobrepostas, acima analisadas]. Por conseguinte, os terceiros são confrontados com perigos de danos produzidos pelo coletivo para os quais não há uma correspondente responsabilidade coletiva expressamente reconhecida.[1115]

Daí que, na abordagem sociológica sobre as relações de poder nas redes contratuais, apresentada no Capítulo 4 (4.4.4), a questão da responsabilidade é posta por Gunther Teubner sob a indagação de quem é o agente responsável pela coordenação da rede contratual.[1116] Essa indagação mais se justifica em se tratando de uma rede contratual hierárquica, como é o caso da cadeia produtiva empresarial descentralizada.

Identificados na rede contratual o comando produtivo estratégico exercido pela empresa-líder e a posição de subordinação produtiva estratégica das empresas fornecedoras, essa estrutura de poder deve desencadear, no plano jurídico, a desejada correspondência entre *poder e responsabilidade*, como um ideal de justiça inerente ao Estado Democrático de Direito, inclusive, conforme sustenta Angelo Gamba Prata de Carvalho, como uma das preocupações centrais do Direito Empresarial.[1117]

Na apuração de responsabilidades, por isso, os contratos de fornecimento devem ser interpretados à luz da realidade de sua execução, de modo a revelar as dimensões implícitas de poder neles presentes, um exercício interpretativo que desafia aferir a *causa* do contrato. Segundo Orlando Gomes, a causa do contrato consiste em sua função econômico-social, a razão determinante de sua proteção jurídica. A função do contrato reside na realização de sua finalidade econômica determinada pelos interesses das partes e tutelada pelo ordenamento jurídico, como promover a circulação de riquezas, colaborar, prevenir riscos, conceder crédito, constituir direitos etc.[1118]

A função econômica de um contrato deve ser aferida da declaração de vontade das partes, mas à luz do resultado concreto de sua execução no plano prático, como se interpreta um *fato econômico*. Tamanha é a importância dos contratos como *fato econômico*, afirma Orlando Gomes, "que sua disciplina jurídica constitui a estereotipação do regime a que se subordina a economia de qualquer comunidade".[1119]

Portanto, diante do caso concreto de violação de direitos fundamentais dos trabalhadores terceirizados numa rede contratual de fornecimento terceirizado, deve-se verificar se a empresa fornecedora-empregadora se encontra inserida numa cadeia

---

(1114) TEUBNER, Gunther. **Networks as connected contracts**. *E-Book*. Oxford: Hart Publishing, 2011, p. 108/109.
(1115) *Idem*, p. 107/108.
(1116) *Idem*, p. 110.
(1117) CARVALHO, Angelo Gamba Prata de. Sociologia do poder nas redes contratuais. *Ob. Cit.*, p. 18.
(1118) GOMES, Orlando. Contratos. *Ob. Cit.*, p. 22/24.
(1119) *Idem*, p. 23.

produtiva empresarial descentralizada, submetida a comando produtivo estratégico da empresa-líder.

Configurada essa estrutura relacional, a responsabilidade civil-trabalhista objetiva da empresa-líder, diferentemente daquela responsabilidade civil indireta e subsidiária do contratante da terceirização (CCB, art. 932, III), consiste em *responsabilidade direta por ato próprio*, e por isso é uma responsabilidade civil autônoma, pois deriva única e exclusivamente dos riscos sociais assumidos pela empresa-líder na qualidade de agente econômico central controlador da cadeia produtiva.

Ao buscar na contratualização produtiva verticalizada efeitos econômicos idênticos ao da organização empresarial (verticalidade orgânica), a empresa-líder adota decisões e escolhas racionais que *impactam* em variadas medidas as relações jurídicas produzidas pela rede contratual, entre as quais, especialmente, as relações de trabalho terceirizado firmadas entre as empresas fornecedoras e seus empregados.

Conforme visto no Capítulo 4, quanto mais intensamente subcontratados são os ciclos produtivos nas cadeias produtivas empresariais descentralizadas, mais eles assumem posições inferiores na escala hierárquica de valor do sistema produtivo, ensejando menores níveis de lucro. As atividades terceirizadas com menores níveis de lucro buscam racionalização de custos, em especial, no barateamento da mão de obra, o que, segundo dados empíricos, enseja risco de precarização das condições de trabalho.

Sob essa racionalidade organizacional, a empresa-líder exerce sobre a rede de fornecedores um *controle estratégico* altamente lucrativo, mas que, sendo capaz de condicionar o modo de execução do trabalho terceirizado, resulta na criação de *riscos ou impactos negativos potenciais* aos direitos fundamentais dos trabalhadores terceirizados, o que enseja correspondente responsabilidade. Em suma, o poder implica tomada de decisões econômicas, que criam riscos, que ensejam responsabilidades.

Tais responsabilidades devem ser construídas interpretativamente. Para iniciar essa construção interpretativa será adiante proposto um esboço da racionalidade econômica da responsabilidade civil da empresa-líder, fundada nos *riscos* ou *impactos negativos potenciais* (na linguagem dos Princípios Orientadores da ONU sobre Empresas e Direitos Humanos) que a terceirização da produção enseja sobre os direitos dos trabalhadores terceirizados.

Trata-se, portanto, de um olhar teórico liberal sobre a função ressarcitória da responsabilidade civil à luz da Análise Econômica do Direito, que utiliza dos aparatos conceituais da economia para decifrar instituições do Direito, ao qual serão agregados no curso do capítulo os elementos normativos solidaristas do Estado Democrático de Direito.[1120]

Na perspectiva da Ciência Econômica, a contratualização do processo produtivo por meio da terceirização externa consiste numa *escolha racional* feita pela empresa-líder

---

(1120) Segundo Nelson Rosenvald, a Análise Econômica do Direito caracteriza-se por uma metódica utilização de noções, teorias e critérios de valoração econômica para tratar temas tradicionalmente percebidos como jurídicos, sob um viés consequencialista e pragmático. Por isso, na visão do autor, com aporte doutrinário em Ronald Dworkin, a Análise Econômica do Direito não oferece fundamentos viáveis para decisões judiciais no paradigma do *Civil Law*, em que as decisões devem basear-se unicamente em normas jurídicas. Em nossa tradição jurídica, essa abordagem tem por contribuição apenas ampliar a compreensão da racionalidade econômica da norma jurídica, sendo nessa perspectiva aqui apreciada. Consultar: ROSENVALD, Nelson. **As funções da responsabilidade civil**. A reparação e a pena civil. *Ob. Cit.*, p. 147/151.

e por ela autorizada às fornecedoras da cadeia produtiva, na busca pelas mais vantajosas (lucrativas) condições econômicas de produção. E essa escolha vem naturalmente associada aos riscos a ela inerentes.

A escolha racional, segundo Ejan Mackaay e Sthéphane Rousseau, diz respeito à permanente busca humana por obter a melhora de sua condição (*homo economicus*), realizando-se por meio de um procedimento quase que instintivo: diante da necessidade de uma decisão, o sujeito cataloga os resultados desejados (valores); identifica as ações que podem ser tomadas na sua busca (opções); determina em que medida cada ação contribui para o resultado desejado e a que custo (valorização); e adota aquela que mais contribuir para o resultado (escolha).(1121)

Sob essa lógica, a teoria economicista dos *custos de transação* explica as escolhas racionais econômicas no campo da produção com base no critério do menor custo produtivo. A contratação terceirizada de bem ou serviço no mercado, em vez da execução direta do processo produtivo no interior da empresa contratante resulta, pois, de uma escolha racional determinada pelo menor custo de produção.

A especialização produtiva desenvolveu-se exatamente para que empresas pudessem dedicar-se à sua vocação produtiva, sem precisar dispor de capital, expertise e energia para produção de matéria-prima, insumo, subproduto, componente, tecnologia e serviços necessários ao desenvolvimento do seu processo produtivo, elementos muitas vezes originados em outros setores da atividade econômica.

Mas independentemente do interesse – no sentido antropológico – que anima o empreendedor na busca por esses elementos produtivos por meio da terceirização externa, do ponto de vista econômico são os *custos de transação* que determinam sua escolha.(1122)

Com o avanço tecnológico, informacional e dos transportes, nas últimas décadas, os custos de transação gerados pela terceirização (custos de negociação, de manutenção de relações contratuais de longo prazo e de serviços conectores entre os ciclos produtivos) tornaram-se comparativamente menores do que os *custos de administração* dos recursos produtivos no interior da grande empresa, em especial os custos dos direitos trabalhistas em regiões econômicas centrais.(1123)

Ao lançar mão da terceirização, contratualizando o processo produtivo, e, principalmente, ao fomentar ou admitir a formação de uma rede de subcontratações terceirizadas de fornecimento no interior de sua cadeia produtiva (rede contratual), em busca de máxima racionalização dos custos de produção, a empresa-líder também escolhe racionalmente os riscos associados à sua escolha.

Para a Ciência Econômica, além da escolha racional diante da escassez, a atuação produtiva é também condicionada pela *incerteza* ou ignorância relativa a circunstâncias que possam afetar o plano do negócio, aspecto inafastável da atuação humana.

(1121) MACKAAY, Ejan; ROUSSEAU, Sthéphane. **Análise econômica do direito.** *Ob. Cit.*, p. 520.

(1122) Consultar: FERREIRA, Jussara Suzi Assis Borges Nasser; FERREIRA FILHO, Adelino Borges. Responsabilidade civil dos grupos econômicos, solidariedade e prevenção: análise econômica e jurídica. Revista dos Tribunais On-line, v. 998/2018, p. 29-51, nov. 2018, p. 7.

(1123) Conforme visto no Capítulo 4 (4.4.1), *serviços conectores* são atividades desenvolvidas pelas empresas-líderes das cadeias produtivas, de coordenação e controle telemáticos da produção terceirizada por meio de programas tecnológicos aliados à internet, que permitem o acompanhamento dos ciclos produtivos à distância, em tempo real, e serviços de administração logística do comércio e da produção, que viabilizam o deslocamento de bens tangíveis pelo globo, com intensa previsibilidade.

A atividade empreendedora no mercado é, por natureza, uma inovação, e toda inovação carrega a incerteza que lhe é característica, exigindo a absorção do correspondente risco de insucesso, mas principalmente, do risco da atividade causar danos a direitos de terceiros ou da coletividade, aos quais o Direito imponha uma reparação.(1124)

Esse raciocínio pressupõe que a atuação econômica ocorra no esquadro da legalidade, sem propósito deliberado de causar danos a terceiros. O risco natural do negócio não se confunde com o *comportamento oportunista*, eivado de astúcia e trapaça, voltado a obter vantagem à custa do prejuízo de terceiro. Por isso, alguns autores da economia distinguem o comportamento oportunista, desleal, do *comportamento estratégico*, que explora a assimetria de poder de negociação sem conotação de trapaça ou desonestidade.(1125)

Portanto, para a Análise Econômica do Direito, é no plano do comportamento estratégico inerente ao mercado que se produzem os riscos (ameaças) de insucesso do negócio e de violações a direitos de terceiros, estes passíveis de reparação. Partindo da premissa de que os riscos podem converter-se em danos, e que os danos a direitos de terceiros ensejam obrigação de indenizar, a economia retrata tais riscos como custos de produção, seja pela necessidade de prevenir, seja pela necessidade de reparar.

Assim, os riscos inerentes às atividades econômicas, decorrentes das incertezas sobre seus resultados e consequências, constituem custos de produção associados ao dever de prevenção ou de reparação de danos a terceiros negativamente afetados pelo processo produtivo. Os custos dos riscos podem ser absorvidos (internalizados), transferidos a terceiros (externalizados) ou segurados.(1126)

Antes de ser um fato econômico, o risco é um dado sociológico. Na percuciente análise de Ulrich Beck sobre a lógica da distribuição da riqueza e dos ricos na sociedade pós-industrial, o risco é a consciência de uma perda projetada para o futuro, com uma causa identificada no presente, "cuja relevância e significado crescem em proporção direta à sua incalculabilidade e ao seu teor de ameaça, e que concebemos (temos que conceber) para definir e organizar nossa atuação presente".(1127)

Segundo Beck, os riscos produzidos pelas atividades econômicas são tidos pela economia como *bens de rejeição*, cuja inexistência é pressuposta até prova científica em contrário, à luz do princípio liberal *in dubio pro progresso*: provado o risco, a economia passa a encará-lo como *efeito colateral latente* da atividade econômica, legitimado pelo argumento de que sua produção, *nem prevista, nem desejada*, é indispensável à busca do desenvolvimento material e tecnológico das populações, *com a melhor das intenções*. Esse raciocínio esquemático do *efeito colateral latente*, diz Ulrich Beck, legitima a realidade da ameaça como "uma espécie de licença, um *destino natural* civilizatório, que simultaneamente reconhece, distribui seletivamente e justifica efeitos a serem evitados".(1128)

(1124) MACKAAY, Ejan; ROUSSEAU, Sthéphane. **Análise econômica do direito**. *Ob. Cit.*, p. 39.

(1125) BERTRAND, Élodie. **Les "théorèmes de Coase"**: énoncés et critiques microéconomiques. Thèse de doctorat. Sorbonne: Université Paris I Panthéon, 2003, p. 320/321. *Apud*: MACKAAY, Ejan; ROUSSEAU, Sthéphane. **Análise econômica do direito**. *Ob. Cit.*, p. 223.

(1126) MACKAAY, Ejan; ROUSSEAU, Sthéphane. **Análise econômica do direito**. *Ob. Cit.*, p. 131.

(1127) BECK, Ulrich. Sociedade de risco: rumo a uma outra modernidade. Trad. Sebastião Nascimento. São Paulo: Ed. 34 Ltda, 2010, p. 39/40.

(1128) É inteiramente pertinente a crítica social de Ulrich Beck a respeito da conceção economicista do risco como *efeito colateral latente* da atividade econômica. Para o autor, essa concepção determinista nasce como algo que "*não foi previsto tampouco podia ser evitado, tendo-se produzido com a melhor das intenções, revelando-se uma criança problemática, indesejada, sobre cuja aceitação será agora necessário decidir*". Consultar: BECK, Ulrich. Sociedade de risco: rumo a uma outra modernidade. Trad. Sebastião Nascimento. São Paulo: Ed. 34 Ltda, 2010, p. 41.

Economicamente legitimados, os riscos passam a integrar os custos de produção e neles devem ser computados. Sob a perspectiva da Análise Econômica do Direito, portanto, asseveram Jussara Ferreira e Adelino Ferreira Filho, a responsabilização civil de determinada empresa por danos causados a terceiros deve ser tomada como fator de produção e gerida como *custo de transação* devidamente contabilizado.[1129]

Os danos a direitos de terceiro são denominados pela análise econômica de *externalidades negativas*, em contraponto às *externalidades positivas*, que consistem em benefícios produzidos pela atividade econômica a terceiros não previstos em seu rol de beneficiários. No dicionário econômico, as externalidades negativas transferem indevidamente uma parcela do custo da atividade produtiva ao terceiro prejudicado, como ocorre quando a atividade polui o meio-ambiente e a coletividade suporta o custo da poluição.[1130]

Nesse caso, o custo privado da produção (custo para o empresário) é subestimado, pois não reflete o custo social, imposto a terceiros. Ao assim proceder, quem produz não suporta mais do que uma parcela do custo de produção, o que enseja a artificialidade do preço do bem ou serviço produzido. Para evitar essa *falha* ou *ineficiência do mercado*,[1131] os riscos de externalidades negativas associados à atividade produtiva, por serem indenizáveis, devem ser considerados e computados como custos de produção.[1132]

A simples escolha de um fornecedor entre dois disponíveis no mercado, com diferentes estruturas e preços, implica diferentes níveis de riscos ao sucesso do negócio e à produção de danos a terceiros.

O exemplo ilustrado na figura adiante remete à escolha entre o fornecedor A, que dispõe de estrutura empresarial sólida (2) e cobra o preço 2,0 pelo produto, e o fornecedor B, que dispõe de estrutura empresarial frágil (1) e cobra o preço 1,0 pelo produto. Não havendo entre os fornecedores diferença na qualidade do produto, a contratação do fornecedor B, com menor preço, aparenta reduzir o custo para a empresa contratante, mas oferece maiores riscos de problemas de abastecimento e de danos ambientais e trabalhistas, seja em face da fragilidade empresarial, seja porque o menor preço pressiona condições sociais mais precárias. Já a contratação do fornecedor A, com maior preço, aparenta elevar o custo imediato para a empresa contratante, mas oferece menores riscos de danos a terceiros.

(1129) FERREIRA, Jussara Suzi Assis Borges Nasser; FERREIRA FILHO, Adelino Borges. Responsabilidade civil dos grupos econômicos, solidariedade e prevenção: análise econômica e jurídica. Revista dos Tribunais On-line, v. 998/2018, p. 29-51, nov. 2018.

(1130) MACKAAY, Ejan; ROUSSEAU, Sthéphane. **Análise econômica do direito.** *Ob. Cit.*, p. 123. Quando é feita a reparação do prejuízo ao terceiro, dá-se o que a economia denomina de *internalização da externalidade*. Consultar: COELHO, Fábio Ulhoa. Curso de direito civil. V. 2. Obrigações. Responsabilidade civil. 8ª ed. *E-Book*. São Paulo: Thompson Reuters Brasil, 2020, p. 148.

(1131) Para o pensamento econômico neoclássico, a falha de mercado corresponde a uma *ausência* do mercado enquanto mecanismo de alocação natural de recursos, o que enseja mais efeitos negativos para todos do que a satisfação dos interesses das partes da relação econômica. *Idem*, p. 124, 289 e 290.

(1132) *Idem*. ROSENVALD, Nelson. **As funções da responsabilidade civil**. A reparação e a pena civil. *Ob. Cit.*, p. 154.

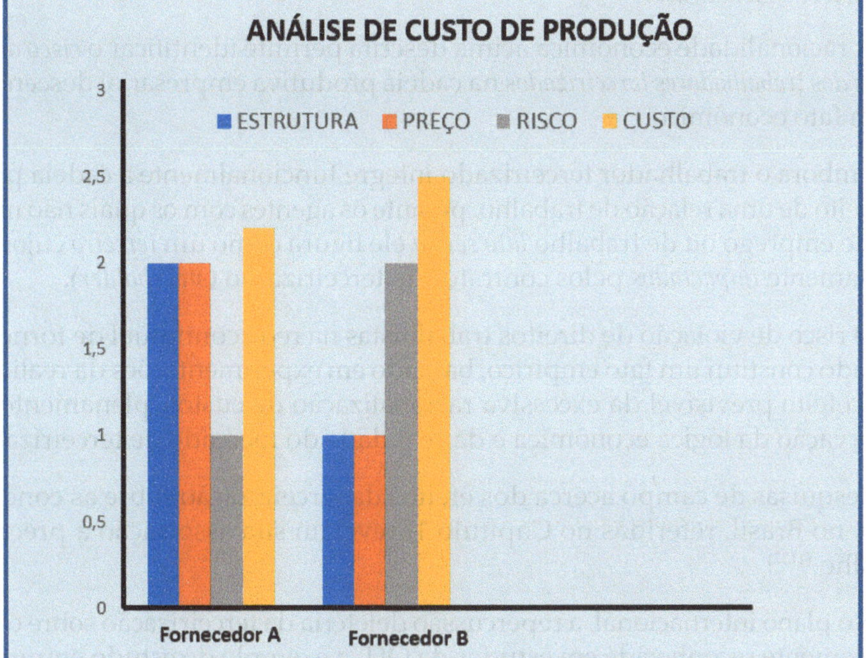

Figura 33 – Integração do Risco ao Custo de Produção

Fonte: Elaborada pelo autor

Partindo da premissa de que o sistema jurídico aplica efetivamente as regras de responsabilidade, a lógica econômica manda computar como custo de produção os riscos de externalidades negativas. Observada essa premissa, o resultado da escolha da empresa fornecedora, na simulação acima, é diferente daquele baseado unicamente no preço: na ilustração, a contratação do fornecedor A, com melhor estrutura empresarial e maior preço, por oferecer menores riscos de violação a direitos ambientais e trabalhistas, representa o menor custo de transação.

Mesmo sob a lógica econômica, as regras jurídicas de responsabilidade têm por função determinar quem deve assumir (internalizar) o custo das externalidades.[(1133)] Ao definir de quem é a responsabilidade pelo dano, a regra de responsabilidade, para o economista, internaliza a externalidade, fazendo com que os agentes assumam o custo integral de suas ações no mercado.[(1134)]

Essas normas, em tese, atuam para induzir o agente produtivo a reduzir os riscos de danos, seja por meio do comportamento prudente, da limitação da atividade geradora do risco ou da pesquisa científica voltada a criar produtos e métodos menos perigosos. Dessa forma, as regras de responsabilidade civil exercem o papel de pressionar os agentes que podem influenciar a produção e a amplitude do risco, mediante incentivo monetário à prevenção.[(1135)]

(1133) MACKAAY, Ejan; ROUSSEAU, Sthéphane. **Análise econômica do direito**. *Ob. Cit.*, p. 205.
(1134) *Idem*, p. 379.
(1135) *Idem*, p. 369.

7.3.2. Violações de direitos trabalhistas na cadeia produtiva empresarial descentralizada: risco real, previsível e mensurável

A racionalidade econômica acima descrita permite identificar o *risco de violação de direitos dos trabalhadores terceirizados* na cadeia produtiva empresarial descentralizada como um fato econômico.

Embora o trabalhador terceirizado integre funcionalmente a cadeia produtiva como sujeito de uma relação de trabalho, perante os agentes com os quais não mantenha relação de emprego ou de trabalho *lato sensu* ele figura como um *terceiro* cujos direitos são diretamente *impactados* pelos contratos de terceirização (*stakeholder*).

O risco de violação de direitos trabalhistas na rede contratual de fornecimento terceirizado constitui um fato empírico, baseado em experimentações da realidade. Ele constitui efeito previsível da excessiva racionalização de custos, plenamente aferível por observação da lógica econômica e da realidade do mercado de terceirização.[1136]

Pesquisas de campo acerca dos efeitos da terceirização sobre as condições de trabalho, no Brasil, referidas no Capítulo 1, revelam sua associação à precariedade do trabalho.[1137]

No plano internacional, a repercussão deletéria da terceirização sobre o trabalho é expressamente reconhecida em estudos da OIT, a exemplo do estudo empírico sobre a terceirização na América Latina (2009), que vincula o fenômeno ao desenvolvimento da economia informal precarizada, na qual a empesa contratante busca beneficiar-se com custos mais baixos.[1138]

No relatório da 105ª Conferência Internacional do Trabalho, que tratou do trabalho decente nas cadeias de abastecimento mundiais, reconhece a OIT que a relação de poder profundamente assimétrica entre a empresa-líder da cadeia produtiva e fornecedores contratados e subcontratados induz processos de trabalho altamente flexíveis, que recorrem à informalidade, à produção por peça, ao trabalho em domicílio e a formas atípicas de emprego para reduzir custos. [1139]

(1136) Cristiano de Farias, Nelson Rosenvald e Felipe Peixoto Braga Netto distinguem o risco e a ameaça: "*a ameaça é definida como algo que pode causar dano, e o risco é o resultado da probabilidade multiplicada pela ameaça*". Nesse sentido, o risco é definido por um critério da probabilidade: "*a ideia de risco reafirma o pressuposto da regularidade essencial do mundo, pois pode ser calculado com certo grau de sucesso e minimizado por meio de ação ou inação*". Consultar: FARIAS, Cristiano Chaves de; ROSENVALD, Nelson; BRAGA NETTO, Felipe Peixoto. Curso de direito civil. *Ob. Cit.*, p. 72/73.

(1137) Alguns exemplos de pesquisas sobre o tema: BIAVASCHI, Magda Biavaschi; BALTAR, Paulo Eduardo de A. **Relatório Científico Final da pesquisa A Terceirização e a Justiça do Trabalho.** Campinas/SP: Programa Cesit/IE, Fapesp, 2009. Disponível em: https://bit.ly/2Yma2DG. Acesso em: 16 jun. 2021; BRASIL, Departamento Intersindical de Estatísticas e Estudos Socioeconômicos – DIEESE. **O processo de terceirização e seus efeitos sobre os trabalhadores no Brasil.** 2007. Disponível em: https://bit.ly/3a7QdlS . Acesso em: 16 jun. 2021; BRASIL, Departamento Intersindical de Estatísticas e Estudos Socioeconômicos – DIEESE. **Nota Técnica n. 172/2017** - Terceirização e precarização das condições de trabalho: condições de trabalho e remuneração em atividades tipicamente terceirizadas e contratantes. Disponível em: https://bit.ly/3BcRe8a. Acesso em: 18 jun. 2021; FILGUEIRAS, Vitor Araújo. Terceirização e trabalho análogo ao escravo: coincidência? **Repórter Brasil**, 24 jun. 2014. Disponível em: https://bit.ly/3akOjyr. Acesso em: 8 out. 2021.

(1138) ERMIDA URIARTE, Oscar; COLOTUZZO, Natalia. **Descentralización, tercerización, subcontratación, relaciones laborales, América Latina, países de la UE**. *Ob. Cit.*, p. 16.

(1139) ORGANIZAÇÃO Internacional do Trabalho (OIT) - Conferência Internacional do Trabalho. 105ª Sessão. Relatório IV. **Trabalho digno nas cadeias de abastecimento mundiais.** *Ob. cit.*, p. 11.

O potencial produtor de riscos a direitos dos trabalhadores terceirizados é institucionalmente reconhecido pela legislação e jurisprudência nacionais e internacionais. Diversos países adotam medidas de cautela à prática da terceirização.(1140)

No Brasil, a terceirização de serviços foi por mais de trinta anos vedada pela jurisprudência do TST na atividade-fim das empresas (Súmula 331), sem distinção entre serviços internos e externos, exatamente para conter riscos de violações trabalhistas. Posteriormente, as Leis n. 13.429/2017 e n. 13.467/2017, por meio de dispositivos inseridos na Lei n. 6.019/1974, embora tenham autorizado a terceirização de serviços em todas as atividades empresariais, adotaram diversas medidas voltadas a conter riscos de violações de direitos dos trabalhadores terceirizados, tais como a exigência de requisitos formais e patrimoniais para funcionamento da empresa prestadora de serviços (art. 4º-B); a exigência de capacidade econômica da empresa prestadora para execução do contrato de prestação de serviço (art. 4º-A, *caput*); a previsão de responsabilidade subsidiária da empresa contratante por direitos trabalhistas referentes ao período em que ocorrer a prestação de serviços (art. 5º-A, § 5º) etc. Para esses fins, a legislação não faz distinção entre serviços prestados em regime de terceirização interna ou externa.

A jurisprudência do STF também reconhece a terceirização de serviços como mecanismo de redução de custos trabalhistas, produtor de risco aos direitos dos trabalhadores terceirizados. Conforme visto acima, no julgado da ADPF 324/DF o Pleno do STF reputou constitucional a prática da terceirização de serviços em todas as atividades empresariais, mas considerando a possibilidade de exercício abusivo da contratação terceirizada em violação de direitos trabalhistas, imputou à empresa contratante verificar a capacidade econômica da empresa terceirizada e responder subsidiariamente pelo descumprimento das normas trabalhistas e previdenciárias. O julgado não distingue terceirização interna e externa.(1141)

Posteriormente, no julgado do RE 635.546/MG, *leading case* do Tema 383 de repercussão Geral, ao vedar a equiparação salarial entre empregado da empresa tomadora de serviços e empregado da empresa contratada-terceirizada, o STF admitiu textualmente que "a exigência de equiparação, por via transversa, inviabiliza *a terceirização para fins de redução de custos*, esvaziando o Instituto" (sem destaque no original). Aqui, o rebaixamento salarial do empregado terceirizado é naturalizado como objetivo desejável do instituto da terceirização, constituindo mais um fator de risco à higidez do instituto.(1142)

Observe-se que o risco de violação de direitos dos trabalhadores terceirizados movimenta uma importante energia legislativa e jurisprudencial voltada a evitar a sua consumação. Mas, para além desse reconhecimento jurídico, o risco retrata-se como um fato que o Direito captura da realidade econômica.

Da observação empírica da dinâmica da terceirização no mercado infere-se que o preço do produto ou serviço terceirizado é um elemento intersecional que condiciona mutuamente os custos de produção da empresa contratante (que paga o preço) e da empresa contratada (que recebe o pagamento). O preço deve ser suficiente para cobrir todos os custos de produção, fixos e variáveis (obrigações administrativas, comerciais, fiscais, trabalhistas, previdenciárias, sociais etc.) e ainda contemplar a margem de

(1140) DELGADO, Gabriela Neves; AMORIM, Helder Santos. **Os limites constitucionais da terceirização.** *Ob. Cit.*, p. 19/28.
(1141) BRASIL, Supremo Tribunal Federal, Pleno. **ADPF 324/DF**, Rel. Min. Roberto Barroso. DJe 05 set. 2019.
(1142) BRASIL, Supremo Tribunal Federal, Pleno. **RE 635.546/MG**, Rel. Min. Marco Aurélio. DJe 18 maio 2021.

lucro da empresa fornecedora. A terceirização opera numa estreita zona de formação de preço que pressiona a empresa fornecedora-terceirizada a enxugar exaustivamente seus custos de produção, sob pena de não lograr acesso ao mercado e à margem de lucro planejada.

Se o preço contratado é insuficiente para cobrir os custos produtivos, inclusive trabalhistas, da empresa fornecedora, a própria contratação é economicamente viciada pelo comportamento oportunista da empresa contratante, que busca aumentar artificialmente seus ganhos em detrimento de direitos de terceiros para obter vantagem perante a concorrência, o que configura *dumping* social. Nesse caso, não há que se falar em risco, pois a empresa contratante age com propósito de causar danos a terceiros, sendo a empresa fornecedora mero instrumento de sua atuação desonesta.

Mas ainda que a formação do preço ocorra com observância dos custos reais de produção, a estrita racionalização produtiva imposta pela terceirização tende a deixar pouca margem de manobra para que a empresa terceirizada enfrente imprevisões (incertezas) naturais da atividade econômica, fator de pressão sobre o cumprimento das obrigações legais, especialmente trabalhistas.

E mesmo que a empresa fornecedora adote comportamento oportunista, deixando de satisfazer direitos trabalhistas para aumentar seus ganhos, essa possibilidade constitui risco inerente à contratualização do processo produtivo, decorrente das escolhas feitas pela empresa contratante.

Somente não se submete a esse risco a empresa-líder que desenvolve diretamente todos os ciclos de sua cadeia produtiva no interior da empresa, decisão cuja vantagem reside, conforme assevera Patrick Joffre, em "reduzir incertezas graças a uma rede estruturada de comunicação e de seu sistema hierárquico de tomada de decisão".(1143) A empresa que executa diretamente a atividade pode tomar decisões sobre seu próprio comportamento em relação a direitos de terceiros, que não consegue tomar quando a atividade é contratada a uma empresa fornecedora, dependendo para isso da participação volitiva de um terceiro.

Diante desses elementos, pode-se seguramente concluir que, para a empresa-líder que organiza seu processo produtivo descentralizado com uso da terceirização, o risco de inadimplemento de direitos dos trabalhadores terceirizados é real, previsível e mensurável, constituindo, na perspectiva economicista, *efeito colateral latente* da contratualização do processo produtivo.(1144)

É um *risco real*, porque aferível da observação da realidade e das normas de Direito, e institucionalmente reconhecido por instituições públicas e privadas; é *previsível* porque é provável e variável, à luz da teoria dos custos de transação; é *mensurável*, porque com base numa simples planilha de custos ou de formação de preço do bem ou serviço contratado é possível estimar o custo da mão de obra necessária ou empregada em sua produção, considerando as normas jurídicas trabalhistas em vigor.

(1143) JOFFRE, Patrick. L'économie des coûts de transaction. *In*: KOENIG, Gérard (ed.). **De nouvelles théories pour gérer l'entreprise**. Paris: Économica, 1987, p. 90

(1144) O risco de inadimplemento de direitos dos trabalhadores terceirizados é real, previsível e mensurável, especialmente, quando a terceirização é praticada no âmbito da Administração Pública. AMORIM, Helder Santos. AMORIM, Helder Santos. **Terceirização no serviço público** – uma análise à luz da nova hermenêutica constitucional. *Ob. cit.*

O risco de violação de direitos trabalhistas no processo produtivo terceirizado deve integrar os custos de transação da empresa-líder da cadeia produtiva empresarial descentralizada também porque é inviável a transferência, para as empresas fornecedoras, de responsabilidades derivadas de riscos inerentes à organização contratualizada da cadeia produtiva.

A transferência contratual de riscos da atividade empresarial a terceiros é uma realidade no mercado. Na perspectiva econômica, diversas instituições jurídicas foram concebidas para reduzir, socializar e transferir riscos, a fim de viabilizar negócios que de outra forma não o seriam, tendo em vista os altos riscos envolvidos. É o que ocorre, entre outras, com as sociedades de responsabilidade limitada, as sociedades anônimas e os contratos de seguro. Essas instituições jurídicas existem para estimular trocas econômicas por meio da distribuição de riscos, disciplinando o modo como essa distribuição de riscos deve ocorrer.[(1145)]

No entanto, o natural compartilhamento de riscos decorrente do seccionamento da execução produtiva, objeto do contrato de terceirização (riscos associados ao sucesso do negócio), não implica transferência de uma parte a outra de riscos inerentes à sua posição no arranjo produtivo, porque é a *posição de poder* que define a responsabilidade jurídica do agente no contrato.

Mesmo sob previsão contratual expressa, é inviável a transferência do risco de inadimplemento de direitos trabalhistas à empresa fornecedora-empregadora destituída de capacidade econômica. Tal condição implicaria transformá-la em seguradora do próprio inadimplemento, simulação contrária à racionalidade econômica. A cláusula contratual não passaria de uma ficção jurídica destituída de suporte econômico, pois tornaria insolúvel o custo de uma externalidade negativa do processo de produção, ensejando *falha* ou *imperfeição* de mercado.

Sob a racionalidade econômica, portanto, o custo do risco inerente à contratualização da cadeia produtiva deve ser suportado pela empresa-líder, que detém melhor posição de comando para minimizá-lo e maior capacidade econômica para suportá-lo.[(1146)]

No âmbito da cadeia produtiva empresarial descentralizada, é a empresa-líder que toma as decisões estratégicas centrais acerca da descentralização contratual do processo produtivo. É ela que ocupa a posição central de governação sobre o conjunto de ciclos produtivos internos e externalizados, exercendo o comando produtivo estratégico sobre os ciclos externalizados, com grande *influência concreta* sobre as condições de trabalho na rede de fornecedores (Capítulo 4 - 4.2). É ela, portanto, que detém a melhor posição para reduzir os riscos de violações de direitos dos trabalhadores terceirizados, por meio de medidas de devida diligência (Capítulo 6 - 6.6).

É também a empresa-líder que detém maior capacidade econômica para suportar os custos dos riscos produzidos a direitos de terceiros. Ela executa as atividades de maior valor agregado da cadeia produtiva (Capítulo 4 - 4.1).

Por fim, é a empresa-líder da cadeia produtiva que define o preço do bem de consumo, do que decorre sua maior capacidade para incorporar ao preço os custos de prevenção e reparação a direitos de terceiros (custos de transação), de modo a

---

(1145) MACKAAY, Ejan; ROUSSEAU, Sthéphane. **Análise econômica do direito.** *Ob. Cit.*, p. 40.
(1146) *Idem*, p. 216.

socializá-los entre os *consumidores*. Deixando de fazê-lo, a empresa-líder subestima o custo de produção, obtendo vantagem indevida sobre a concorrência (*dumping* social).

Por essas razões, a responsabilidade da empresa-líder da cadeia produtiva possui autonomia de causa e efeito. Tem causa direta e autônoma na particular posição de comando econômico e estratégico por ela assumida na cadeia produtiva, com os riscos que lhe são inerentes e com os correspondentes poderes de decisão e influência sobre a prevenção dos ilícitos. Tem efeito autônomo, dada a possibilidade de serem exigidas diretamente da empresa-líder as medidas preventivas e reparatórias de violações, sem necessidade de apuração prévia da responsabilidade trabalhista do empregador ou de responsabilidades subsidiárias em face de empresas fornecedoras contratualmente interpostas.

Disso decorre aquela possibilidade acima exposta, de aplicação direta e autônoma da responsabilidade civil da empresa-líder por trabalho precário em elos terceirizados contratualmente distantes, preocupação central desta obra.

Mas essa racionalidade econômica do risco como custo de produção a ser suportado pela empresa-líder pressupõe que o sistema jurídico torne efetivas as regras de responsabilidade. Isso demonstra a relevância de um sistema forte de governação pública do direito fundamental ao trabalho digno nas cadeias produtivas (Capítulo 6 - 6.1), com mecanismos de responsabilização judicial que operem não apenas o ressarcimento linear das perdas sofridas por terceiros (o que pode tornar economicamente vantajosa a assunção do risco), mas que também imponham sanções civis suficientes para desestimular economicamente as violações.

Sem esses mecanismos de responsabilização, as corporações continuarão simulando a transferência do risco de inadimplemento de direitos trabalhistas às empresas fornecedoras-contratadas, para isentar-se do respectivo custo, ao tempo em que também transferem esse risco à sociedade e aos trabalhadores terceirizados, material e moralmente lesados pelas condições precárias de trabalho.

7.4. A responsabilidade civil-trabalhista da empesa-líder à luz da ordem jurídica constitucionalizada

Descartada a formação de grupo econômico entre a empresa-líder e a rede de fornecedores, e constatada a configuração da cadeia produtiva empresarial descentralizada, a responsabilidade da empresa-líder por respeito aos direitos dos trabalhadores terceirizados encontra fundamento econômico e sociológico nos riscos reais, previsíveis e mensuráveis de externalidades negativas que sua mega-atividade econômica enseja àqueles direitos (tópico 7.3).

A seguir será demonstrado como esse fundamento socioeconômico orienta racionalmente o reconhecimento, pelo ordenamento jurídico constitucionalizado, da *responsabilidade civil-trabalhista objetiva direta e solidária* da empresa-líder.

A responsabilidade civil de empresas não-empregadoras pela garantia de efetividade de direitos fundamentais trabalhistas tem por conteúdo obrigacional a prevenção e a reparação do inadimplemento de obrigações próprias e conexas ao contrato de trabalho, conforme fundamentos que serão aqui apresentados.

Maurício Godinho Delgado classifica os efeitos resultantes do contrato de trabalho como *efeito próprios*, os decorrentes das cláusulas obrigacionais trabalhistas, tais como as obrigações de prestar trabalho e de pagar remuneração, e *efeitos conexos* os que, embora resultem do contrato de trabalho, submetendo-se à sua estrutura e dinâmica operacional, não possuem natureza de obrigações tipicamente trabalhistas, tais como os deveres patronais de respeito à honra, à imagem e à privacidade do trabalhador, cuja violação é capaz de ensejar direito a indenização por dano moral e material.(1147)

A responsabilidade diferencia-se da obrigação mediante a decomposição da relação obrigacional: num primeiro momento, há o *debitum* – chamado pelos alemães de *schuld* – em face do qual o credor tem o direito de exigir do devedor uma prestação; num momento posterior há a *obligatio* – chamada pela escola alemã de *haftung* –, que é a sujeição do patrimônio do devedor em caso de inadimplência. O *debitum* é a obrigação primária, enquanto a *obligatio* é a responsabilidade, que consiste numa obrigação derivada.(1148) Como será visto adiante, essa obrigação derivada, para além do conteúdo originário estritamente reparatório, também ostenta na atualidade função predominantemente preventiva.

A responsabilidade civil do agente não-empregador (como a empresa-líder da cadeia produtiva e do tomador de serviços) pela satisfação de obrigações trabalhistas situa-se no plano da *obligatio*, como obrigação derivada que surge do inadimplemento e, na perspectiva hodierna da responsabilidade, também do risco de inadimplemento da prestação.

Trata-se, portanto, de típica *responsabilidade civil-trabalhista*, pois, não obstante a natureza de responsabilidade *civil*, com fundamento jurídico heterônomo, não-contratual, ela deriva da irradiação de direitos fundamentais trabalhistas sobre as relações privadas de produção, sob influxo dos princípios constitucionais de proteção ao *valor-trabalho* (CR/1988, arts. 1º, III e IV; 3º, I e III; 4º, II; 6º, 7º; 170, III), o que lhe confere um caráter funcional civil-trabalhista.

Por força desses influxos, na seara do Direito do Trabalho a responsabilidade civil foi redimensionada para uma nova realidade jurídico-constitucional solidarista, coletiva, preventiva, de proteção a valores existenciais, antagônica à moldagem liberal individualista, patrimonialista e reparatória que conferia tônica à sua concepção moderna originária.(1149)

7.4.1. *Responsabilidade civil objetiva fundada na teoria do risco criado*

Flávio Tartuce conceitua a responsabilidade civil com a clássica doutrina de Álvaro Villaça Azevedo, para quem "a responsabilidade civil nada mais é do que o dever de indenizar o dano" quando "o devedor deixa de cumprir um preceito estabelecido num contrato, ou deixa de observar o sistema normativo, que regulamenta a vida".(1150)

O sistema de responsabilidade civil consagrado pelas grandes codificações edificou-se sobre os clássicos pilares da *culpa*, do *dano* e do *nexo causal*. Além de de-

---

(1147) *Idem*, pp. 680.
(1148) DALLEGRAVE NETO, José Affonso. **Responsabilidade civil no direito do trabalho.** *Ob. Cit.*, p. 35.
(1149) SHREIBER, Anderson. Responsabilidade civil e direito do trabalho. *In*: TEPEDINO, Gustavo; MELLO FILHO, Luiz Phillipe Vieira de; FRAZÃO, Ana; DELGADO, Gabriela Neves (org.). Diálogos entre o Direito do Trabalho e o Direito Civil. 1ª ed. São Paulo: **Revista dos Tribunais**, 2013, p. 410/411.
(1150) AZEVEDO, Álvaro Villaça. **Teoria geral das obrigações**. Responsabilidade civil, 10. ed. São Paulo: Atlas, 2004, pp. 276. *Apud*: TARTUCE, Flávio. **Manual de responsabilidade civil**. Volume único. Rio de Janeiro: Forense. São Paulo: Método, 2018, p. 46.

monstrar seu prejuízo, a vítima do dano precisava demonstrar a culpa do ofensor e o nexo de causalidade entre a conduta culposa e o dano, verdadeiros *filtros seletivos* das demandas de ressarcimento merecedoras de acolhimento judicial, segundo Anderson Schreiber.[(1151)]

Sob a ideologia liberal individualista, a *culpa* tornou-se a categoria nuclear da responsabilidade civil *subjetiva*, justificada na ideia de má utilização da liberdade e do livre-arbítrio, sob forte conotação moral e subjetiva. Como *falha moral*, a culpa demanda análise psicológica limitante da produção probatória, tornando-se elemento de dificílima comprovação, o que em boa medida atendeu ao interesse liberal de não limitar a autonomia privada, salvo em situações flagrantemente inaceitáveis.[(1152)]

A partir do final do século XIX, com o desenvolvimento tecnológico do capitalismo industrial e dos meios de transportes, massificaram-se os acidentes ferroviários e os acidentes de trabalho no interior das fábricas, tornando praticamente impossível a comprovação da culpa, o que desafiou a intolerância social.[(1153)] A tentativa de superar as injustiças decorrentes desse sistema reparatório restritivo, fundado numa prova considerada *diabólica*, deu margem a inúmeros expedientes voltados a facilitar o acesso concreto da vítima à reparação, o que culminou na responsabilidade *objetiva* fundada no *risco* como causa do dever de indenizar.[(1154)]

A passagem da responsabilidade *subjetiva* para a *objetiva* foi fruto de um longo processo de adaptação doutrinária e jurisprudencial, especialmente na Europa. Inicialmente, para viabilizar a prova da culpa, os tribunais passaram a extraí-la das próprias circunstâncias ligadas ao fato danoso e aos agentes envolvidos. Evoluiu-se, depois, para admissão da *culpa presumida*, em que se opera a inversão do ônus da prova, presumindo-se culpado o causador do dano até prova em contrário, sob seu encargo, o que produz efeito próximo ao da responsabilidade objetiva.[(1155)]

Passou-se ainda pela fase de ampliação dos casos de responsabilidade contratual, até que finalmente chegou-se à admissão da responsabilidade *sem culpa* em determinados casos: provado o dano e o nexo causal, ônus da vítima, exsurge o dever de reparar independentemente de culpa. O causador do dano só se exime do dever de indenizar se provar alguma das causas de exclusão do nexo causal, não cabendo aqui qualquer discussão em torno da culpa.[(1156)]

A responsabilidade *objetiva* veio a ser adotada em quase todos os ordenamentos jurídicos por meio de leis especiais aplicáveis a setores específicos, relacionados aos anseios sociais mais graves no campo da responsabilidade civil, com base na *teoria do risco*.

Segundo a *teoria do risco*, aquele que exerce atividade perigosa deve assumir os riscos e reparar o dano dela decorrente. Nessa circunstância, sumariza Sergio Cavalieri

(1151) SCHREIBER, Anderson. **Novos paradigmas da responsabilidade civil**: da erosão dos filtros da reparação à diluição dos danos. 3ª ed. São Paulo: Atlas, 2011, p. 11.
(1152) *Idem*, p. 12.
(1153) *Idem*, p. 17.
(1154) *Idem*, p. 17/19.
(1155) CAVALIERI FILHO, Sergio. Programa de responsabilidade civil. 7ª ed. São Paulo: Atlas, 2007,p. 127.
(1156) *Idem*.

Filho, "todo prejuízo deve ser atribuído ao seu autor e reparado por quem o causou, independentemente de ter ou não agido com culpa".[1157]

Na clássica doutrina de José Cretella Júnior, diferentemente da culpa, que é pessoal e subjetiva, pressupondo um complexo de operações do espírito humano, "o risco ultrapassa o círculo das possibilidades humanas para filiar-se ao engenho, à máquina, à coisa, pelo caráter impessoal e objetivo que o caracteriza".[1158] Nessa perspectiva, a responsabilidade objetiva deixa de focar a pessoa do ofensor para centrar-se na função social de reparação.

No Brasil, a responsabilidade objetiva ingressou por meio de diplomas especiais como a Lei das Estradas de Ferro (Decreto n. 2.681/1912), a Lei da Responsabilidade Civil por Danos Nucleares (Lei n. 6.453/1977) e o Código Brasileiro de Aeronáutica (Lei n. 7.565/1986). No campo dos acidentes de trabalho, o Decreto Legislativo n. 3.724/1919 também disciplinou o dever de reparação, pelo empregador, sem necessidade de demonstração de culpa, sob forte tarifação do valor das indenizações, no que foi imitado por diplomas posteriores. No entanto, desde o Decreto-Lei n. 293/1967 a legislação somente disciplina o seguro acidentário previdenciário obrigatório, submetendo-se o acidente de trabalho à disciplina geral do Código Civil.[1159]

A Constituição de 1988 abriu caminhos à responsabilidade objetiva não apenas em previsões específicas (art. 21, XXIII, *d;* art. 37, § 6º),[1160] mas sobretudo por instituir um novo padrão axiológico sensível à adoção de uma responsabilidade fortemente comprometida com a reparação dos danos, independentemente de culpa, em perspectiva marcada pela *solidariedade social*.[1161]

Sob a nova axiologia constitucional, o Código de Defesa do Consumidor (CDC - Lei n. 8.078/1990) instituiu a responsabilidade *objetiva* do fornecedor de produtos

---

(1157) CAVALIERI FILHO, Sergio. **Programa de responsabilidade civil**. *Ob. Cit.*, p. 128.

(1158) CRETELLA JÚNIOR, José. **Comentários à constituição brasileira de 1988**. Rio de Janeiro: Forense, 1991, v. 2, p. 1.019.

(1159) O Decreto Legislativo n. 3.724/1919 inicialmente introduziu o dever de reparação, pelo empregador, de danos decorrente de acidente de trabalho, sem exigência de demonstração de culpa, tarifando os valores de indenizações, no que foi imitada pelas normas que lhe sucederam. O Decreto-Lei n. 7.036/1944 instituiu o seguro acidentário previdenciário obrigatório, permitindo a concorrência da indenização previdenciária com a indenização tarifada a cargo do empregador, mas a partir do Decreto-Lei n. 293/1967, que revogou a legislação anterior, passou-se a disciplinar apenas o seguro acidentário obrigatório, não mais havendo legislação específica sobre indenização por acidente de trabalho a cargo do empregador. A Lei n. 5.316/1967 vinculou o seguro acidentário à Previdência Social e, atualmente, o seguro de acidente do trabalho encontra-se regulado pelas Leis n. 8.212 e 8.213/1991. Acerca do tema, consultar: PEREIRA, Caio Mário da Silva. **Responsabilidade civil**. Atualização Gustavo Tepedino. 12ª ed. Rio de Janeiro: Forense, 2018, p. 331.

(1160) Constituição, art. 37 (...) "*§ 6º As pessoas jurídicas de direito público e as de direito privado prestadoras de serviços públicos responderão pelos danos que seus agentes, nessa qualidade, causarem a terceiros, assegurado o direito de regresso contra o responsável nos casos de dolo ou culpa*"; Constituição, art. 21 (...) XXIII (...) "*d) a responsabilidade civil por danos nucleares independe da existência de culpa*".

(1161) SCHREIBER, Anderson. **Novos paradigmas da responsabilidade civil**: da erosão dos filtros da reparação à diluição dos danos. *Ob. Cit.*, p. 20. Sobre a tendência de objetivação da responsabilidade, consultar ainda: DELGADO, Maurício Godinho. **Curso de direito do trabalho.** *Ob. Cit.*, p. 745/747. No plano jurisprudencial, a teoria do risco vem sendo amplamente utilizada pelo Superior Tribunal de Justiça, conforme os seguintes exemplos: BRASIL, Superior Tribunal de Justiça, 4ª Turma. REsp 1.308.438, Rel. Min. Luis Felipe Salomão, julgado em 27 ago. 2013; BRASIL, Superior Tribunal de Justiça, 3ª Turma. AgRg no AREsp 72.790, Rel. Min. Sidnei Beneti, julgado em 22 mai. 2012; BRASIL, Superior Tribunal de Justiça, 2ª Turma. REsp 1.140.387, Rel. Min. Herman Benjamin, julgado em 13 abr. 2010; BRASIL, Superior Tribunal de Justiça, 2ª Turma. REsp 669.258, Rel. Min. Humberto Martins, julgado em 27 fev. 2007.

ou serviços (arts. 12 e 14),[1162] criando um sistema de responsabilização livre do fator subjetivo da culpa num vasto campo de relações sociais.[1163]

O novo Código Civil de 2002 também consolidou a orientação constitucional solidarista no campo da responsabilidade civil, convertendo em *objetiva* a responsabilidade aplicável a uma série de hipóteses antes dominadas pela culpa presumida, como a responsabilidade por ato de terceiro (CCB, art. 932) e por fato de animais (art. 936). Mas o maior avanço do atual Código Civil em matéria de responsabilidade civil foi a instituição de uma *cláusula geral de responsabilidade objetiva por atividades de risco*, constante no parágrafo único do seu art. 927:

> Art. 927. Aquele que, por ato ilícito (arts. 186 e 187), causar dano a outrem, fica obrigado a repará-lo.
>
> Parágrafo único. Haverá obrigação de reparar o dano, independentemente de culpa, nos casos especificados em lei, ou quando a atividade normalmente desenvolvida pelo autor do dano implicar, por sua natureza, risco para os direitos de outrem.

Com essa cláusula geral, segundo Anderson Schreiber, o sistema jurídico brasileiro optou abertamente pela responsabilidade objetiva por atividades de risco, e não por um sistema intermediário de presunção de culpa como fizeram os legisladores português e italiano, afastando definitivamente a ideia da prevalência da culpa no ordenamento jurídico brasileiro.[1164]

O art. 927 do Código Civil, acima transcrito, adotou a teoria do *risco criado*, de extensa aplicação prática, que tem como seu maior adepto no Brasil o doutrinador Caio Mario da Silva Pereira. Sob a perspectiva do *risco criado*, diz o autor, "aquele que, em razão de sua atividade ou profissão, cria um perigo, está sujeito à reparação do dano que causar, salvo prova de haver adotado todas as medidas idôneas a evitá-lo". [1165]

No entender de Caio Mario, o conceito de risco que melhor se adapta às condições de vida social é o que deriva do fato de que, se alguém põe em funcionamento qualquer atividade, responde pelos eventos danosos que essa atividade gera para os indivíduos, independentemente do dano decorrer de imprudência, negligência ou erro de conduta.[1166]

Outras subespécies ou modalidades da teoria do risco também surgiram, como a teoria do *risco proveito*, segundo a qual, responsável é aquele que tira proveito da atividade danosa (*ubi emolumentum, ibi onus*).[1167] A teoria do *risco profissional*, por sua vez, desenvolvida especificamente para os acidentes de trabalho, sustenta que o dever de indenizar tem lugar sempre que o fato danoso decorre da atividade ou profissão do lesado. E para a teoria do *risco excepcional* a reparação é devida quando a atividade

---

(1162) Código de Defesa do Consumidor, art. 12. *"O fabricante, o produtor, o construtor, nacional ou estrangeiro, e o importador respondem, independentemente da existência de culpa, pela reparação dos danos causados aos consumidores por defeitos decorrentes de projeto, fabricação, construção, montagem, fórmulas, manipulação, apresentação ou acondicionamento de seus produtos, bem como por informações insuficientes ou inadequadas sobre sua utilização e riscos".* (...) *"Art. 14. O fornecedor de serviços responde, independentemente da existência de culpa, pela reparação dos danos causados aos consumidores por defeitos relativos à prestação dos serviços, bem como por informações insuficientes ou inadequadas sobre sua fruição e riscos".*

(1163) SCHREIBER, Anderson. **Novos paradigmas da responsabilidade civil**: da erosão dos filtros da reparação à diluição dos danos. *Ob. Cit.*, p. 21.

(1164) *Idem*, p. 22/23.

(1165) PEREIRA, Caio Mário da Silva. **Responsabilidade civil.** *Ob. Cit.*, p. 330.

(1166) *Idem*, pp. 326.

(1167) CAVALIERI FILHO, Sergio. **Programa de responsabilidade civil.** *Ob. Cit.*, p. 128.

causadora do dano é excepcionalmente perigosa, como a operação de rede elétrica de alta tenção, exploração de energia nuclear, materiais radioativos etc.[(1168)] A incidência limitada dessas teorias, no entanto, deixa ao largo da responsabilidade objetiva diversas situações em que o dano decorre de atividade produtora de risco.

Finalmente, a teoria do *risco integral* constitui derivação acentuada do *risco criado*, pois justifica o dever de indenizar apenas em face do dano, sem necessidade de demonstração do nexo de causalidade, incidindo mesmo nos casos de culpa exclusiva da vítima, ato de terceiro, caso fortuito e força maior. Nosso direito adota essa teoria em casos excepcionais, como da responsabilidade do poluidor por dano ambiental (Lei n. 6.938/1981, art. 14, § 1º)[(1169)] e da responsabilidade do Estado por danos causados ao particular (CR/1988, art. 37, § 6º).[(1170)]

No campo das relações de trabalho, em face da previsão contida no art. 7º, XXVIII, da Constituição,[(1171)] o STF reconhece a constitucionalidade de aplicação ao empregador da responsabilidade objetiva do art. 927 do Código Civil, por dano decorrente de acidente de trabalho, "nos casos especificados em lei, ou quando a atividade normalmente desenvolvida, por sua natureza, apresentar exposição habitual a risco especial, com potencialidade lesiva e implicar ao trabalhador ônus maior do que aos demais membros da coletividade".[(1172)]

Ademais, conforme visto no tópico 7.2, a responsabilidade subsidiária *objetiva* da empresa tomadora de serviços por direitos trabalhistas inadimplidos pela empresa prestadora também foi reconhecida pelo STF no julgado da ADPF 324/DF, na linha da previsão contida no § 5º do art. 5ª-A da Lei n. 6.019/1974, inserido pela Lei n. 13.467/2017. No rastro da jurisprudência e legislação em apreço, essa responsabilidade espraia-se para além do dever de reparação de verbas inadimplidas, contemplando deveres de prevenção, tais como a verificação da capacidade econômica da empresa prestadora, a fiscalização do cumprimento de direitos trabalhistas e a adoção de medidas de saúde e segurança do trabalho.

Por fim, *a responsabilidade civil-trabalhista objetiva da empresa-líder da cadeia produtiva empresarial descentralizada por direitos dos trabalhadores terceirizados também se assenta na teoria do risco criado, com fundamento no art. 927, parágrafo único, do CCB,* considerando que, nos termos acima expostos (7.3): (a) a empresa-líder desenvolve a exploração econômica dos ciclos produtivos externalizados de sua cadeia produtiva empresarial descentralizada; (b) na posição de liderança que exerce a governação da cadeia produtiva, ela adota as decisões estratégicas centrais relativas à externalização, à possibilidade de subcontratação e aos parâmetros produtivos a serem observados

---

(1168) *Idem*, p. 129.
(1169) Lei n. 6.938/1981. Art. 14 (...) "*§ 1º - Sem obstar a aplicação das penalidades previstas neste artigo, é o poluidor obrigado, independentemente da existência de culpa, a indenizar ou reparar os danos causados ao meio ambiente e a terceiros, afetados por sua atividade. O Ministério Público da União e dos Estados terá legitimidade para propor ação de responsabilidade civil e criminal, por danos causados ao meio ambiente*". Segundo Caio Mario da Silva Pereira, no tratamento do dano ambiental o STJ aplica a teoria do risco integral, afirmando ser descabida a invocação, pela empresa responsável pelo dano ambiental, de excludentes de responsabilidade civil para afastar sua obrigação de indenizar. Consultar: PEREIRA, Caio Mário da Silva. **Responsabilidade civil.** *Ob. Cit.*, p. 331.
(1170) *Idem*, p. 330.
(1171) Constituição, art. 7º (...) "*XXVIII - seguro contra acidentes de trabalho, a cargo do empregador, sem excluir a indenização a que este está obrigado, quando incorrer em dolo ou culpa*".
(1172) Conforme tese de repercussão geral aprovada no RE 828.040/DF, *leading case* do Tema n. 932 do catálogo de repercussão geral do STF. BRASIL, Supremo Tribunal Federal. **RE 828.040/DF**, Rel. Min. Alexandre de Moraes. DJe 25 jun. 2020.

pela rede de fornecedores, estabelecendo critérios de racionalização de custos, inclusive trabalhistas, que impactam as condições de trabalho nos elos terceirizados; (c) para induzir a adoção dos seus parâmetros produtivos, a empresa-líder concede incentivos de mercado e exerce *controle produtivo estratégico* sobre a execução dos contratos de externalização; (d) na qualidade de agente econômico central da cadeia produtiva empresarial, a empresa-líder assume os riscos inerentes à exploração contratualizada (terceirizada) da atividade econômica, dentre os quais, os riscos de externalidades negativas sobre direitos de terceiros, que, por sua vez, compreendem o risco de violação (impacto negativo) a *direitos humanos fundamentais* dos trabalhadores terceirizados.

Trata-se, portanto, de *risco criado* pela exploração terceirizada de ciclos produtivos da cadeia produtiva empresarial, uma atividade que, nos termos do art. 927, parágrafo único, do CCB, "por sua natureza, [implica] risco para os direitos de outrem", um risco real, previsível, mensurável e intransferível (7.3).

7.4.2. Responsabilidade civil direta e solidária

Diferentemente da responsabilidade *indireta* (subsidiária) da empresa contratante da terceirização, que constitui espécie de responsabilidade-garantia por ato de terceiro (7.2), a responsabilidade civil-trabalhista objetiva da empresa-líder por direitos dos trabalhadores terceirizados, internacionalmente disciplinada pelos Princípios Orientadores da ONU sobre Empresas e Direitos Humanos, é uma responsabilidade *direta, por ato próprio*, derivada dos *riscos* produzidos e assumidos pela própria empresa-líder na qualidade de agente econômico central da cadeia produtiva empresarial descentralizada, exercente de *atividade empresária*.

Nos termos do art. 966, *caput*, do CCB, *empresário* é "quem exerce profissionalmente atividade econômica organizada para a produção ou a circulação de bens ou de serviços", podendo ser um empresário individual (pessoa física) ou uma sociedade empresária (pessoa jurídica).

Segundo Fabio Ulhoa Coelho, a partir do CCB de 2002 o empresário passou a responder objetivamente *em nome próprio* por todos os danos relacionados à sua atividade, na forma do parágrafo único de seu art. 927. A responsabilidade do empresário, quando age nessa condição, é sempre objetiva, seja decorrente de relação de consumo (CDC, arts. 12 e 14), seja decorrente do risco da atividade econômica normalmente por ele explorada (CCB, art. 927).(1173)

Sustenta o autor que a "atividade normalmente desenvolvida" a que se refere o parágrafo único do art. 927 do CCB não diz respeito a *qualquer* atividade habitual criadora de riscos, mas à atividade criadora de riscos que viabiliza a socialização de custos, de modo a promover a função central da responsabilidade civil enquanto mecanismo de alocação de recursos na sociedade.(1174)

(1173) Para o autor, a única hipótese restante de responsabilização subjetiva do empresário seria a relativa a acidentes de trabalho. Mas, ainda assim, conforme visto acima, o STF recentemente reconheceu a possibilidade de aplicação da responsabilidade objetiva do art. 927 do Código Civil ao empregador também por dano decorrente de acidente de trabalho, quando a atividade *"apresentar exposição habitual a risco especial, com potencialidade lesiva e implicar ao trabalhador ônus maior do que aos demais membros da coletividade"*. Consultar: COELHO, Fábio Ulhoa. **Curso de direito civil**: obrigações, responsabilidade Civil. *Ob. Cit.*, p. 204; BRASIL, Supremo Tribunal Federal. **RE 828.040/DF**, Rel. Min. Alexandre de Moraes. DJe 25 jun. 2020.
(1174) COELHO, Fábio Ulhoa. **Curso de direito civil**: obrigações, responsabilidade Civil. *Ob. Cit.*, p. 203.

Por isso, é ao empresário que se dirige aprioristicamente a norma do art. 927, imputando-lhe responsabilidade objetiva *direta* e *material*: *direta*, diz Fábio Coelho, porque ele é o agente que desenvolve a atividade causadora dos riscos; *material*, porque ele "se encontra numa posição econômica que lhe permite socializar, entre os seus consumidores, os custos da atividade empresarial". O preço dos produtos e serviços pago pelos consumidores deve sempre ser suficiente para o empresário recuperar investimento e custos, além de obter lucro. É ínsito ao sistema capitalista de produção, portanto, o mecanismo descrito pela noção de socialização de custos (7.3.1).[(1175)]

Nessa perspectiva, a responsabilidade *indireta* e *formal* do empregador ou comitente por ato de empregado ou preposto (responsabilidade por ato de terceiro), prevista no art. 932, III, do CCB, restringe-se à hipótese em que o empregador ou comitente *não exerce atividade empresária*, a exemplo do empregador doméstico, dos profissionais liberais e das sociedades cooperativas.[(1176)]

Trata-se, nesse caso, de responsabilidade *formal* porque aponta como responsável agente diverso do causador do dano, com a finalidade não de alocar recursos conforme o critério do risco criado, mas de privilegiar o interesse da vítima a ser indenizada. Tanto assim que, à luz do art. 934 do CCB, "aquele que ressarcir o dano causado por outrem pode reaver o que houver pago daquele por quem pagou".

Já quando o empregador ou comitente exerce atividade empresária, sustenta Fábio Coelho, sujeita-se à responsabilidade objetiva *material* e *direta* prevista no art. 927, parágrafo único, do CCB, ainda que o ato danoso seja praticado *por meio* de empregado ou preposto. Sendo a sociedade empresária obrigada a indenizar um dano decorrente de ato praticado *por meio* de representante legal, empregado ou administrador no desempenho das funções profissionais, a exemplo de quando é condenada por um dano ambiental, ela está sendo responsabilizada por *ato próprio*.[(1177)]

É o que ocorre com a empresa-líder que produz riscos de violação de direitos humanos fundamentais no âmbito de sua cadeia produtiva empresarial descentralizada, sem adotar as medidas preventivas eficazes para evitá-lo. Sua responsabilidade é objetiva e *direta*, pois a violação de direitos humanos fundamentais dos trabalhadores terceirizados resulta de fatores de risco produzidos pela atividade empresária da empresa-líder e, em particular, pelo modelo negocial terceirizado da cadeia produtiva, aliados à ausência de uma eficaz *diligência* preventiva da violação.

Conforme exposto no Capítulo 6 (6.6), ao definir parâmetros produtivos (especialmente de custos) restritivos de direitos trabalhistas e ao estimular a rede de fornecedores a obedecê-los por meio de um sistema de incentivos, a empresa-líder induz condições restritivas de trabalho que fomentam a violação de direitos humanos fundamentais sociotrabalhistas. No exercício da governação da cadeia produtiva, para promover a integração vertical dos seus ciclos produtivos e dela extrair vantagens econômicas próprias da organização empresarial verticalizada, a empresa-líder impacta negativamente os direitos dos trabalhadores terceirizados.

(1175) *Idem*, p. 204.

(1176) *Idem*, p. 200/203.

(1177) *Idem*, p. 215. Nesse sentido expressamente dispõe o art. 3º da Lei n. 9.605/1998, quando ao dano ambiental: "*Art. 3º As pessoas jurídicas serão responsabilizadas administrativa, civil e penalmente conforme o disposto nesta Lei, nos casos em que a infração seja cometida por decisão de seu representante legal ou contratual, ou de seu órgão colegiado, no interesse ou benefício da sua entidade. Parágrafo único. A responsabilidade das pessoas jurídicas não exclui a das pessoas físicas, autoras, co-autoras ou partícipes do mesmo fato*".

Portanto, mais do que incorrer em mera cumplicidade com a empresa fornecedora-empregadora na violação de obrigações trabalhistas, a empresa-líder efetivamente produz o *risco* de violação como elemento inerente à sua atuação negocial estratégica racionalmente vinculada ao propósito de obter vantagem econômica. E, ao deixar de adotar medidas eficazes de *devida diligência* para prevenir a violação, a ela sujeita-se *diretamente*.

Estudou-se no Capítulo 6 (6.6) que, à luz dos Princípios Orientadores da ONU sobre Empresas e Direitos Humanos, fonte material de Direito Internacional acerca do tema, as medidas de prevenção de violações de direitos humanos a cargo da empresa devem variar em função de que ela tenha (a) provocado a violação, (b) contribuído para que um terceiro provoque a violação (*cumplicidade*) ou apenas (c) se envolvido na violação provocada por terceiro (Princípio 19, B). Nas duas primeiras hipóteses, tendo a empresa capacidade de influência para prevenir a violação, deve movimentá-la com máxima eficácia preventiva. Na hipótese de mero envolvimento, não tendo a empresa capacidade para prevenir a violação, deve deixar de envolver-se até mediante cessação da relação comercial com a entidade violadora, se necessário.[(1178)]

No relatório preliminar de estudo sobre a capacidade de influência da empresa para impactar direitos humanos, elaborado por John Ruggie na construção dos Princípios Orientadores da ONU, a *cumplicidade corporativa* é retratada como uma contribuição *indireta* (omissiva ou comissiva) e consciente da empresa para com a prática da violação a direitos humanos perpetrada por *outro agente público ou privado*, independentemente de obter com isso vantagem econômica.[(1179)]

Uma leitura desatenta da violação a direitos humanos sociotrabalhistas no âmbito da cadeia produtiva empresarial descentralizada pode sugerir que a participação da empresa-líder limite-se a mera contribuição ou *cumplicidade* com a empresa fornecedora-empregadora inadimplente. Mas a análise das relações de poder travadas nessa espécie de rede contratual verticalizada, levada a cabo no Capítulo 4, desautoriza essa leitura.

Mais do que uma capacidade *virtual* de influência, a empresa-líder, no *comando produtivo estratégico* sobre a rede de fornecedores, exerce *influência restritiva concreta* sobre os direitos dos trabalhadores terceirizados, como ação estratégica inerente à lógica negocial, o que potencializa seu dever de diligência para prevenir a violação (Capítulo 6 - 6.6).

O inadimplemento de obrigações trabalhistas que afronta o núcleo indisponível do direito fundamental ao trabalho digno (Capítulo 6 - 6.3) constitui, simultaneamente, *ilícito trabalhista* e *violação de direitos humanos fundamentais sociotrabalhistas*. Isso porque, o Direito do Trabalho é uma vertente dos direitos humanos que promove os valores da dignidade, da cidadania e da justiça social nas relações de trabalho, integrando assim a dimensão ética dos direitos humanos.[(1180)]

(1178) CONECTAS Direitos Humanos. **Empresas e Direitos Humanos:** Parâmetros da ONU para proteger, respeitar e reparar. Relatório final de John Ruggie – Representante Especial do Secretário-Geral. *Ob. Cit.*
(1179) UNITED Nations. **Clarifying the concepts of "sphere of influence" and "complicity":** report of the special representative of the secretary-general on the issue of human rights and transnational corporations and other business enterprises, John Ruggie. 2008. *Ob. Cit.*
(1180) DELGADO, Gabriela Neves; RIBEIRO, Ana Carolina Paranhos de Campos. Os direitos sociotrabalhistas como dimensão dos direitos humanos. *Ob. Cit.*, p. 199.

Portanto, o mesmo fato violador de direito trabalhista fundamental pode produzir consequências jurídicas diversas em diferentes planos do ordenamento jurídico: como ilícito trabalhista, desafia a aferição de responsabilidade trabalhista do empregador no plano do Direito do Trabalho; como violação de direitos humanos, além de agravar a responsabilidade trabalhista do empregador, também desafia a aferição de responsabilidade civil dos agentes econômicos *não-empregadores* que concorrem para o ato ilícito no plano dos direitos humanos fundamentalizados (Direito Internacional dos Direitos Humanos, Direito Internacional do Trabalho, Direito Constitucional, Direito Civil).

No âmbito da cadeia produtiva empresarial descentralizada, embora a violação da obrigação trabalhista seja provocada pela empresa fornecedora-empregadora, a violação de direitos humanos sociotrabalhistas decorrente do mesmo fato é perpetrada em regime de *coautoria* por todos os agentes que contribuíram para o resultado danoso. Mais precisamente, a violação é fruto da ação integrada da empresa-líder (comando) e da empresa fornecedora-empregadora (execução), com *participação* das empresas fornecedoras contratualmente interpostas na linha de derivação contratual, na hipótese de subcontratação ou contratação indireta (Capítulo 4 - 6.4).

A violação de direitos humanos fundamentais, no caso, é praticada por mais de um agente sob *causalidade comum equivalente*, pois são as diversas condutas interconectadas – da empresa-líder e da empresa fornecedora-empregadora, pelo menos – que constituem a ação integrada que dá origem ao resultado.[(1181)]

Ainda que o inadimplemento trabalhista decorra de comportamento oportunista da empresa empregadora para aumentar sua margem de lucro, na organização produtiva terceirizada o risco do inadimplemento – risco real, previsível e mensurável – é inerente ao modelo de negócio governado pela empresa-líder (7.3.2), razão pela qual, a omissão de medidas preventivas eficazes a cargo da empresa-líder integra o núcleo do ato violador dos direitos humanos sociotrabalhistas.

A conduta comissiva (controle estratégico restritivo do fator-trabalho) e omissiva (ausência de prevenção) da empresa-líder não constitui mera concausa secundária à conduta inadimplente da fornecedora-empregadora, como espécie de causa acessória que apenas concorre para agravar o dano.

A conduta da empresa-líder consiste sim em *causa comum* do evento danoso aos direitos humanos sociotrabalhistas, pois a *responsabilidade civil-trabalhista objetiva direta* da empresa-líder, mais do que garantir meios de ressarcimento ao trabalhador, objeto próprio da responsabilidade subsidiária da empresa contratante de terceirização (7.2), constitui salvaguarda de respeito a direitos humanos sociotrabalhistas perante a comunidade nacional e internacional, com *dimensão prioritariamente preventiva*. No plano dessa responsabilidade não basta garantir meios de reparação diante do inadimplemento, é necessário garantir meios eficazes de prevenção para evitar o ilícito (Capítulo 6 – 6.6).

Da causalidade comum do fato danoso resulta a responsabilidade solidária da empresa-líder e da fornecedora-empregadora, por força do art. 942 do CCB. Dispõe o enunciado que os bens do responsável pela violação do direito de outrem ficam sujeitos à reparação do dano causado e, "se a ofensa tiver mais de um autor, todos responderão solidariamente pela reparação". Complementa o parágrafo único do

---

(1181) Acerca da causalidade comum, consultar: CAVALIERI FILHO, Sergio. **Programa de responsabilidade civil.** *Ob. Cit.*, p. 60.

enunciado, dispondo que "são solidariamente responsáveis com os autores os coautores e as pessoas designadas no art. 932".

Explica Flavio Tartuce que, nesse caso, "a responsabilidade perante a vítima ou credor, na chamada relação externa, é solidária, podendo ele demandar um, alguns ou todos os deveres, como bem entender".[1182] É o que se extrai do *caput* do art. 275 do CCB, segundo o qual, "o credor tem direito a exigir e receber de um ou de alguns dos devedores, parcial ou totalmente, a dívida comum (...)".

Sendo satisfeito o direito da vítima (os trabalhadores, a coletividade etc.), os devedores, em sua relação interna e na via regressiva, podem demandar uns aos outros pelos custos da responsabilidade, de acordo com sua *contribuição causal* para o evento danoso. Nesse sentido o Enunciado n. 453 da V Jornada de Direito Civil do Conselho da Justiça Federal (2012), segundo o qual, "na via regressiva, a indenização atribuída a cada agente será fixada proporcionalmente à sua contribuição para o evento danoso".[1183]

A reforma trabalhista impôs restrição à responsabilidade solidária por *danos extrapatrimoniais* trabalhistas causados em regime de coautoria. Nos termos art. 223-E da CLT, inserida pela Lei n. 13.467/2017, os agentes que tenham colaborado para a ofensa ao bem jurídico tutelado são responsáveis "na proporção da ação ou da omissão". A regra afasta a norma de responsabilidade solidária do art. 942 do CCB por danos morais trabalhistas, obrigando a vítima, o Ministério Público ou outro autor coletivo da demanda a cobrar indenização de todos os autores do dano, na medida da participação de cada um deles no evento danoso.

A norma é flagrantemente inconstitucional, na medida em que reduz a tutela estatal a direitos fundamentais ligados à esfera moral das pessoas – direito a honra, imagem, intimidade, liberdade, autoestima, sexualidade, saúde, lazer etc. –, direitos que constituem suportes de valor da dignidade da pessoa humana, centro axiológico do sistema jurídico-constitucional. Esses direitos fundamentais são destinatários da mais ampla e efetiva tutela constitucional, seja por expressa determinação (CR/1988, art. 5º, V e X, § 1º e 60, § 4º, e IV), seja por influxo das normas internacionais de direitos humanos protetivas dos valores em que se ancoram, as quais integram o ordenamento jurídico pátrio (CR/1988, art. 5º, § 2º).

Assim, escapa ao campo de ação discricionária do legislador restringir a tutela responsabilizatória dessas garantias constitucionais.[1184] A restrição afronta o dever estatal de proteção aos direitos fundamentais personalíssimos, e o faz numa esfera específica de relações privadas – as relações de trabalho – sem que haja justificativa racional constitucionalmente legítima que autorize o *discrímen*.

À luz do princípio hermenêutico da máxima efetividade das normas de direitos fundamentais, portanto, continua garantida a aplicação da regra de responsabilidade solidária prevista no art. 942 do CCB na apuração da responsabilidade por danos extrapatrimoniais na esfera trabalhista, por se tratar da norma que confere a mais ampla tutela aos direitos fundamentais personalíssimos.[1185]

(1182) TARTUCE, Flávio. **Manual de responsabilidade civil**. *Ob. Cit.*, p. 237.

(1183) AGUIAR JÚNIOR, Ruy Rosado de. **V Jornada de direito civil**. Brasília: CJF, 2012, p. 74.

(1184) Constituição. Art. 5º (...) *"V - é assegurado o direito de resposta, proporcional ao agravo, além da indenização por dano material, moral ou à imagem"*; (...) *"X - são invioláveis a intimidade, a vida privada, a honra e a imagem das pessoas, assegurado o direito a indenização pelo dano material ou moral decorrente de sua violação"*.

(1185) A respeito do princípio hermenêutico da máxima efetividade dos direitos fundamentais, consultar: CANOTILHO, J. J. Gomes. **Direito constitucional e teoria da Constituição**. *Ob. Cit.*, p. 1224/1226.

É nesse sentido a posição aprovada pela magistratura trabalhista na 2ª Jornada de Direito Material e Processual do Trabalho da Associação Nacional dos Magistrados da Justiça do Trabalho – ANAMATRA, objeto do Enunciado n. 18.[(1186)] Também nesse sentido as posições doutrinárias de Maurício Godinho Delgado e Gabriela Neves Delgado,[(1187)] Cássio Casagrande[(1188)] e Flávio Tartuce,[(1189)] entre outros.

Deve-se concluir, assim, que a empresa-líder responde civilmente de forma *objetiva, direta* e *solidária* com a empresa fornecedora-empregadora por violações a direitos humanos fundamentais dos trabalhadores terceirizados, seja essa fornecedora contratada direta ou indiretamente (por subcontratação).

No caso da responsabilidade subsidiária da empresa contratante de terceirização, prevista no § 5º do art. 5º-A da Lei n. 6.019/1974 com redação dada pela Lei n. 13.429/2017, ainda que a empresa contratante exerça atividade empresária, sua responsabilidade continua enquadrada à hipótese do art. 932, III, do CCB (responsabilidade *formal* e *indireta* por ato de terceiro), por se tratar de espécie de garantia patrimonial à satisfação da obrigação *trabalhista* inadimplida pelo empregador, não havendo que se falar em concausalidade do dano. Disso decorre o direito de regresso que o responsável subsidiário pagador (empresa contratante) pode exercer contra o devedor trabalhista (fornecedora-empregadora), à luz do art. 934 do CCB.

A responsabilidade solidária *civil* da empresa-líder, fundada no art. 942 do CCB, naturalmente não se confunde com a responsabilidade solidária *trabalhista* do grupo econômico empresarial, prevista no art. 2º, §§ 2º e 3º da CLT (7.1). Ela não converte a empresa-líder em empregador, não podendo por isso submeter-lhe a obrigações trabalhistas *ad futurum*. Sua responsabilidade prospectiva consiste em adotar as medidas de diligência necessárias para que fornecedoras-empregadoras observem suas obrigações trabalhistas. No plano reparatório, no entanto, a responsabilidade civil solidária da empresa-líder produz efeito prático equivalente, pois obriga a empresa a efetuar o pagamento de verbas trabalhistas inadimplidas pelo empregador, bem como os danos civis decorrentes da relação de trabalho.

Em face de sua responsabilidade civil-trabalhista, portanto, a empresa-líder pode ser obrigada a pagar: (a) aos trabalhadores, a título de direitos individuais, as verbas trabalhistas típicas inadimplidas (salários, indenizações trabalhistas, verbas rescisórias etc.), tal como se dá no campo da responsabilidade subsidiária da empresa

---

(1186) Enunciado n. 18. "*Dano extrapatrimonial: exclusividade de critérios. Aplicação exclusiva dos novos dispositivos do Título II-A da CLT à reparação de danos extrapatrimoniais decorrentes das relações de trabalho: inconstitucionalidade. A esfera moral das pessoas humanas é conteúdo do valor da dignidade humana (art. 1.º, III, da CF) e, como tal, não pode sofrer restrição à reparação ampla e integral quando violada, sendo dever do Estado a respectiva tutela na ocorrência de ilicitudes causadoras de danos extrapatrimoniais nas relações laborais. Devem ser aplicadas todas as normas existentes no ordenamento jurídico que possam imprimir, no caso concreto, a máxima efetividade constitucional ao princípio da dignidade da pessoa humana (art. 5.º, V e X, da CF). A interpretação literal do art. 223-A da CLT resultaria em tratamento discriminatório injusto às pessoas inseridas na relação laboral, com inconstitucionalidade por ofensa aos arts. 1.º, III; 3.º, IV; 5.º, caput e incisos V e X e art. 7.º, caput, todos da Constituição Federal*". Consultar: Associação Nacional dos Magistrados da Justiça do Trabalho – ANAMATRA. **2ª Jornada de Direito Material e Processual do Trabalho**: Reforma trabalhista, 2017. Disponível em: Acesso em: https://bit.ly/3IAAQmp. 13 jul. 2022.

(1187) DELGADO, Gabriela Neves; DELGADO. Mauricio Godinho. **A reforma trabalhista no Brasil**: com os comentários à Lei n. 13.467/2017. *Ob. Cit.*, p. 147.

(1188) CASAGRANDE, Cássio. A reforma trabalhista e a inconstitucionalidade da tarifação do dano moral com base no salário do empregado. **Revista Jurídica da Escola Superior da Advocacia da OAB-PR**, ano 2, n. 3, dez.2017. Disponível em: https://bit.ly/3ANKj8b. Acesso em: 13 jul. 2022.

(1189) TARTUCE, Flávio. **Manual de responsabilidade civil.** *Ob. Cit.*, p. 733.

contratante da terceirização, além das indenizações civis por danos materiais e morais decorrentes da relação de trabalho; e (b) à coletividade, as indenizações civis por danos materiais e morais a direitos coletivos e difusos decorrentes das relações de trabalho, a exemplo de indenização por dano moral coletivo.

Esse dever de reparação não se submete a benefício de ordem executiva, pois a responsabilidade civil da empresa-líder é direta e solidária com a empresa empregadora, não se confundindo nem se submetendo, ademais, à prévia apuração de responsabilidade subsidiária da empresa contratante da terceirização (7.2).

Por fim, quanto à medida da reparação, nos termos do art. 944 do CCB "a indenização mede-se pela extensão do dano". Trata-se de noção esteada no *princípio da reparação integral dos danos*, pelo qual a vítima do evento danoso faz *jus* à reparação de todos os prejuízo que foram por ela suportados, o que, à luz do art. 402 do CCB, envolve não apenas aquilo que se perdeu (danos emergentes), mas também aquilo que razoavelmente deixou-se de lucrar (lucros cessantes).

O princípio da *reparação integral* encontra fundamento constitucional no art. 5º, incisos V, X, XXII e XXIII, sob o influxo do princípio fundamental de proteção da dignidade da pessoa humana, previsto no art. 1º, III, da Constituição da República.[1190]

7.4.3. A dimensão preventiva da responsabilidade civil e a tutela processual contra o ilícito

A responsabilidade civil-trabalhista objetiva direta e solidária da empresa--líder lhe acarreta deveres específicos de prevenção e reparação de violações a direitos humanos fundamentais dos trabalhadores terceirizados em sua cadeia produtiva empresarial descentralizada.

O dever de reparação, como acima destacado, tem causa na conduta comissiva da empresa-líder, ao exercitar o comando produtivo estratégico restritivo de condições de trabalho, e em sua conduta omissiva, ao deixar de adotar as medidas preventivas *eficazes* para evitar o ilícito em sua cadeia produtiva.

O conteúdo preventivo específico da responsabilidade da empresa-líder, à luz dos Princípios Orientadores da ONU sobre Empresas e Direitos Humanos, compreende o seguinte conjunto de providências: (1) adotar um compromisso público de conduta empresarial responsável por meio de normas internas de respeito ao direito fundamental ao trabalho digno, dirigidas aos trabalhadores vinculados a todas as empresas da cadeia produtiva; (2) instituir processo permanente de *devida diligência*, por meio de auditorias periódicas na rede de fornecedores, em todos os níveis de contratação e subcontratação para: (2.a) avaliar os impactos negativos reais (violações concretas) e potenciais (riscos de violações) de direitos nas empresas que compõe a rede de fornecedores; (2.b) identificar as medidas a serem adotadas para prevenir e fazer cessar violações; (2.c) acompanhar os resultados dessas medidas; e (2.d) promover a comunicação social de como as consequências negativas estão sendo enfrentadas (Princípios 13-B, 15-B, 17, 18, 19 e 20).

A avaliação de riscos (2.a) deve compreender, naturalmente, a verificação da estrutura e capacidade econômico-financeira da empresa fornecedora para satisfazer as obrigações trabalhistas e a fiscalização permanente do adimplemento desses direitos, no curso da relação comercial de terceirização.

(1190) TARTUCE, Flávio. **Manual de responsabilidade civil**. *Ob. Cit.*, p. 273.

As medidas preventivas de *devida diligência* no âmbito da cadeia produtiva empresarial descentralizada são de responsabilidade direta da empresa-líder. Mas, à luz do Princípio 14 dos Princípios Orientadores da ONU sobre Empresas e Direitos Humanos,[(1191)] a empresa-líder também deve exigir das empresas fornecedoras que adotem idênticas medidas em face dos seus respectivos fornecedores subcontratados, de modo a articular as *responsabilidades em cadeia* pela satisfação das obrigações trabalhistas, ativando e fortalecendo aquela estrutura de responsabilidades escalonadas de que trata o Capítulo 6 (6.4).

As medidas de *devida diligência* ainda encontram subsídios normativos no Guia de Devida Diligência para Uma Conduta Empresarial Responsável, da OCDE, e na Declaração Tripartida de Princípios sobre Empresas Multinacionais e Política Social, da OIT (Capítulo 5 - 5.3.4; Capítulo 6 - 6.6).

A proeminência dessa dimensão preventiva da responsabilidade civil da empresa-líder face aos direitos humanos dos trabalhadores condiz com a destacada função preventiva que a responsabilidade civil exerce na contemporaneidade.[(1192)]

Segundo Nelson Rosenvald, Cristiano Chaves de Farias e Felipe Peixoto Braga Netto, a responsabilidade civil assume funções *reparatória* ou *compensatória* (clássica função de alocação de recursos econômicos para o patrimônio do lesado), *punitiva* ou *sancionatória* (de desestímulo a comportamentos reprováveis) e *precaucional* (de inibição de atividades potencialmente danosas à saúde e segurança pública).[(1193)]

A função *preventiva* é uma função subjacente a todas as anteriores, atuando como um princípio da responsabilidade civil, uma projeção sociológica dotada de plasticidade e abertura semântica, resultante da conjunção funcional dos diferentes papeis acima indicados.[(1194)]

Nelson Rosenvald tece importante crítica ao monopólio que o ideário liberal conferiu à função ressarcitória da responsabilidade civil, no curso do tempo, em detrimento da função preventiva. Com a *objetivação* da responsabilidade para atender à necessidade de reparação das vítimas em cenário de massificação de danos, e com ampliação da técnica de socialização dos riscos por meio da securitização, inclusive obrigatória (por ex., os seguros de acidente de trabalho e de trânsito), afirma Rosenvald, a responsabilidade civil centrada no ressarcimento afastou-se do tradicional papel de censura ao comportamento do agente causador do dano, antes presente na noção da *culpa*, assumindo uma conotação de neutralidade moral que lhe acarretou séria *corrosão ética*.[(1195)]

Convertida numa técnica fria de alocação de recursos econômicos do agente lesante para o lesado, sem a imputação de um ônus adicional pela reprovabilidade da conduta, diz Rosenvald, a responsabilidade civil ressarcitória, alocadora de custos dos

---

(1191) Princípio 14. "*A responsabilidade das empresas de respeitar os direitos humanos aplica-se a todas as empresas independentemente de seu tamanho, setor, contexto operacional, proprietário e estrutura*".

(1192) LIMA, Carlos Eduardo de Azevedo. Cadeias produtivas e a defesa dos direitos humanos dos trabalhadores. In: *In*: **Revista do Ministério Público do Trabalho**, Brasília, Ano XXVI, n. 51, p. 40-67, mar. 2016.

(1193) FARIAS, Cristiano Chaves de; ROSENVALD, Nelson; BRAGA NETTO, Felipe Peixoto. Curso de direito civil. *Ob. Cit.*, p. 62/81.

(1194) *Idem*, p. 62.

(1195) ROSENVALD, Nelson. **As funções da responsabilidade civil**. A reparação e a pena civil. *Ob. Cit.*, p. 63/69.

riscos sob racionalidade econômica pragmática (tal como visto no tópico 7.3), afastou-se da função de dissuadir comportamentos nocivos e de prevenir ilícitos.(1196)

No âmbito das atividades econômicas, não raro o valor da indenização (reparação) torna-se inferior ao custo da prevenção e ambos tornam-se inferiores ao lucro obtido com a atividade danosa. Nesse cenário, o agente econômico causador do risco não encontra razão econômica suficiente para adotar medidas preventivas, assumindo a potencialidade da indenização como simples equação de custo-benefício, e a tutela ressarcitória termina legitimando qualquer comportamento voltado para o lucro, indiferente à proteção dos valores da pessoa humana e de sua inviolável dignidade.(1197)

Para coibir esses estados de coisas, Nelson Rosenvald propõe a adoção da *sanção punitiva* (*punitive damages*), figura originária da jurisprudência anglo-saxã que consiste na imputação de um *quantum* adicional ao valor da reparação, como único instrumento eficaz para dissuadir a prática do ilícito.(1198)

A *sanção punitiva* consiste numa pena civil pecuniária de direito material acrescida à indenização, voltada a sancionar o agente econômico pela conduta maliciosa ao assumir a vantagem econômica da lesão ao direito de terceiro. A sanção assenta-se em culpa ou dolo do agente, ainda que a reparação decorra de responsabilidade objetiva.(1199)

Conforme admite Nelson Rosenvald, a aplicação da *punitive damages* no sistema jurídico brasileiro encontra dificuldade em face da ausência de previsão legal. Primeiro, o *princípio da reparação integral* previsto no art. 944 do CCB limita o valor da indenização à extensão do dano.(1200) Mesmo os lucros cessantes, previstos no art. 402 do CCB, não constituem sanção civil, mas reparação daquilo que razoavelmente deixou-se de lucrar. Ademais, nos termos do art. 12 do CCB, a ameaça ou lesão a direito de personalidade autoriza perdas e danos, "sem prejuízo de outras sanções previstas em lei", o que remete à necessidade de mediação legislativa e, portanto, à observância do princípio da legalidade.(1201)

Ainda assim, a doutrina e jurisprudência brasileiras têm vislumbrado na indenização civil por danos extrapatrimoniais, especialmente na indenização por danos

---

(1196) *Idem*, p. 74/78.
(1197) *Idem*.
(1198) *Idem*, p. 86.
(1199) *Idem*, p. 95, 143/144. Há discussões importantes na jurisdição norte-americana sobre a constitucionalidade das *punitive damages* em face da *Due Process Clause*, mas a Suprema Corte Norte Americana, apreciando a questão, afastou a alegação de inconstitucionalidade quando não o valor da punição não for considerado exorbitante. Consultar: GATTAZ, Luciana de Godoy Penteado. Punitive damages no direito brasileiro. Revista dos Tribunais – RT, v. 964, fev. 2016. Disponível em: https://bit.ly/3PDT3lB. Acesso em: 18 jul. 2022.
(1200) Código Civil Brasileiro. "*Art. 944. A indenização mede-se pela extensão do dano*".
(1201) ROSENVALD, Nelson. **As funções da responsabilidade civil**. A reparação e a pena civil. *Ob. Cit.*, p. 167/170. Exemplo de *punitive damage* especificamente prevista em lei é o da responsabilidade civil decorrente de cobrança indevida ao consumidor, que implica a obrigação de restituir o indébito em dobro, conforme art. 42, parágrafo único, do CDC. O plus, segundo Fábio Ulhoa Coelho, tem natureza de sanção civil pela ilicitude praticada. Consultar: COELHO, Fábio Ulhoa. **Curso de direito civil**: obrigações, responsabilidade Civil. *Ob. Cit.*, p. 197.

morais coletivos, uma função sancionatória e dissuasória similar ao da *punitive damages* americana, tal como se verifica em julgados do STF,[(1202)] do STJ[(1203)] e do TST.[(1204)]

Essa postura jurisprudencial é objeto de acentuada crítica por setores da doutrina civilista, que recusam à reparação do dano moral o caráter de sanção civil.[(1205)]

Mas no campo das relações de trabalho e, especialmente, no plano das ações individuais e coletivas decorrentes de graves violações de direitos fundamentais trabalhistas (trabalho infantil, trabalho escravo, trabalho exaustivo e em condições ambientais precárias, com retenção remuneratória, discriminações etc.), tornou-se comum o reconhecimento de uma função punitiva, dissuasória e pedagógica à indenização do dano moral.

Nesse sentido a clássica doutrina de Xisto Tiago de Medeiros Neto, que vislumbra na reparação pecuniária do dano moral coletivo o "equivalente a uma espécie de *reparação* ou *indenização punitiva*", de "natureza preponderantemente *sancionatória*, em relação ao ofensor, com pretensão dissuasória, também diante de terceiros", a realçar seu caráter preventivo.[(1206)]

Em se tratando de dano moral coletivo, afirma Xisto Tiago, a reparação adequada dá-se nos moldes de uma *indenização punitiva* por meio da imposição judicial de uma parcela pecuniária que expresse "*sanção* eficaz para o agente causador do dano, e, por efeito, força para dissuadir outras condutas danosas semelhantes".[(1207)]

A função dissuasória da *sanção punitiva*, seja ela fixada a título de *punitive damages* ou como efeito da indenização do dano extrapatrimonial, embora possa compelir o agente econômico a adotar postura preventiva, se eficazmente aplicada como advertência exemplar para casos futuros, ainda assim não satisfaz o conteúdo preventivo específico da responsabilidade da empresa-líder por direitos humanos, conforme previsto dos Princípios Orientadores da ONU sobre Empresas e Direitos Humanos, acima expostos.

A recusa da empresa-líder em adotar medidas de devida diligência na cadeia produtiva empresarial descentralizada, por si só, enseja perigo de violação ou ameaça

---

(1202) A exemplo do seguinte julgado: BRASIL, Supremo Tribunal Federal. **AI 455.845/RJ**, Rel. Min. Celso de Mello. DJe 21 out. 2004.

(1203) A exemplo do seguinte julgado: "(...) *O arbitramento da reparação por dano moral deve alicerçar-se também no caráter punitivo e pedagógico da compensação, sem perder de vista a vedação do enriquecimento sem causa da vítima*". BRASIL, Superior Tribunal de Justiça, Quarta Turma. **REsp 839.923/MG**, Rel. Min. Raul Araújo. DJe 21 maio 2012.

(1204) A exemplo do seguinte julgado: "*O propósito da indenização por dano moral coletivo não é apenas de compensar o eventual dano sofrido pela coletividade, mas também de punir o infrator (punitive damages) de forma a desencorajá-lo a agir de modo similar no futuro, servindo, inclusive, como exemplo a outros potenciais causadores do mesmo tipo de dano*". BRASIL, Tribunal Superior do Trabalho, 2ª Turma. **ARR 309-18.2011.5.03.0037**, Rel. Min. Delaíde Miranda Arantes. DJe 9 out. 2015.

(1205) Nelson Rosenvald discorda da imputação de caráter sancionatório à indenização por danos morais, por entender que essa indenização cumpre função exclusivamente reparatória, na medida do dano produzido à esfera psicofísica da vítima. *Idem*, p. 183. No mesmo sentido: COELHO, Fábio Ulhoa. **Curso de direito civil**: obrigações, responsabilidade Civil. *Ob. Cit.*, p. 240. As críticas à utilização do dano moral como *punitive damages* na doutrina brasileira também se encontram sumarizadas em: SOUZA, Rodrigo Trindade de. *Punitive damages* e o direito do trabalho brasileiro: adequação das condenações punitivas para a necessária repressão da delinquência patronal. **Cadernos da Escola Judicial do TRT da 4ª Região**, Porto Alegre, n. 9/2005, p. 35-67, . maio 2011.

(1206) MEDEIROS NETO, Xisto Tiago de. O dano moral coletivo e o valor da sua reparação. **Revista do TST**, Brasília, V. 78, n. 4, p. 288-304, out./dez. 2012, p. 298.

(1207) *Idem*, p. 297/303.

de lesão a direitos humanos fundamentais, fato suficiente para justificar uma *tutela judicial* voltada a prevenir o ilícito. Por maiores razões, se a cadeia produtiva empresarial descentralizada já apresenta quadro de violação de direitos humanos socio-trabalhistas em qualquer instância contratual da rede de fornecedores, além da responsabilização trabalhista do empregador, a violação jurídica também justifica uma tutela judicial em face da empresa-líder para fazer cessar o ilícito e prevenir novos ilícitos de idêntica natureza.

Em ambos as situações, portanto, de ameaça ou lesão concreta a direitos humanos fundamentais na cadeia produtiva empresarial descentralizada, é cabível tutela judicial voltada à apuração da *responsabilidade civil-trabalhista objetiva direta* da empresa-líder pela adoção das medidas de devida diligência (obrigações de fazer e não fazer) sob pena de multas (*astreintes*), de modo a fazer cessar o estado de ilicitude, sem prejuízo da responsabilidade solidária com a empresa fornecedora-empregadora pelos danos perpetrados aos trabalhadores (CCB, art. 942).

Segundo Luiz Guilherme Marinoni, a tutela preventiva disciplinada pelo art. 497 do Código de Processo Civil (CPC), a que denomina de *tutela contra o ilícito*, constitui mecanismo processual que visa a garantir a efetividade de normas, em especial das normas de direitos fundamentais em face das quais o Estado assume *dever de proteção* às situações materiais por elas prescritas, passando a impor condutas positivas e negativas.[1208]

Para a efetiva proteção desses direitos, ou seja, para a realização das normas de conduta que objetivam lhes dar proteção, diz Marinoni, "é indispensável a tutela contra o ato contrário ao direito, ou seja, a tutela da norma, vista como tutela jurisdicional destinada a inibir a violação da norma ou a remover os efeitos concretos derivados de sua violação". Trata-se, pois, de tutela preventiva que, rompendo com a lógica monetizadora da tutela ressarcitória do dano, visa a fazer valer o conteúdo comportamental da norma jurídica independentemente da ocorrência de dano.[1209]

A *tutela contra o ilícito* do art. 497 do CPC constitui gênero do qual derivam duas espécies: (a) a *tutela inibitória*, voltada a "inibir a prática, a reiteração ou a continuação de um ilícito"; e (b) a *tutela de remoção do ilícito*, voltada a remover os efeitos concretos da conduta ilícita em curso.[1210] Reza o dispositivo:

> Art. 497. Na ação que tenha por objeto a prestação de fazer ou de não fazer, o juiz, se procedente o pedido, concederá a *tutela específica* ou determinará providências que assegurem a obtenção de tutela pelo resultado prático equivalente.
>
> Parágrafo único. Para a concessão da *tutela específica* destinada a *inibir a prática, a reiteração ou a continuação de um ilícito*, ou a *sua remoção*, é irrelevante a demonstração da ocorrência de dano ou da existência de culpa ou dolo (sem grifos no original).

A norma parte da premissa de que o dano é uma consequência meramente eventual do ilícito, não sendo, portanto, seu elemento constitutivo. A ilicitude ou ameaça de ilicitude, anterior ao dano, é o que, por si só, desafia a tutela jurisdicional preventiva. A pretensão preventiva não se limita, portanto, a uma tutela contra a probabilidade

---

(1208) MARINONI, Luiz Guilherme. Tutela diferencia. 1. Tutela contra o ilícito (art. 497, parágrafo único, do CPC/2015). **Revista de Processo**, v. 245, jul. 2015. Disponível em: https://bit.ly/3ObEtAw. Acesso em: 18 jul. 2022.
(1209) *Idem*, p. 5.
(1210) *Idem*.

do dano, constituindo tutela contra o perigo ou o risco da prática, da repetição ou da continuação do ilícito.[1211]

É o que ocorre quando a empresa-líder omite-se em adotar as medidas de devida diligência para prevenção de violações a direitos humanos fundamentais dos trabalhadores, em sua cadeia produtiva. Independentemente da ocorrência do dano, a mera omissão preventiva aliada ao *risco real, previsível e mensurável* de violação a esses direitos, fato inerente à organização terceirizada da produção (7.3.2), por si só justifica a o recurso à *tutela inibitória* de caráter preventivo.

Por maiores razões, quando perpetrada a violação jurídica a direitos humanos fundamentais na cadeia produtiva empresarial descentralizada, a necessidade de imediata cessação do ilícito desafia a *tutela inibitória* para inibir sua continuação e, se necessário, a *tutela de remoção do ilícito* para fazer cessar os efeitos concretos produzidos pela violação, a exemplo da paralisação de máquinas e equipamentos sem mecanismos legais de segurança (Norma Regulamentadora – NR n. 12 do Ministério do Trabalho e Emprego), que apresentam riscos de acidentes de trabalho.

A *tutela contra o ilícito* consiste em ação de conhecimento de natureza preventiva, voltada a impedir a prática, a repetição ou a continuação do ilícito (*tutela inibitória*) ou a remover a situação concreta produzida pelo ilícito (*tutela de remoção do ilícito*), com fundamento no art. 5º, XXXV, da Constituição, segundo o qual "a lei não excluirá da apreciação do Poder Judiciário *lesão ou ameaça* a direito" (sem grifos no original).

Conforme adverte Tereza Aparecida Gemignani, no âmbito das relações de trabalho, em que há uma exigência crescente para que os trabalhadores adaptem-se às formas e à intensidade dos ritmos das novas formas de trabalhar, mesmo que comprovadamente provoquem adoecimento físico e mental, o ressarcimento monetizante dos riscos tornou-se insuficiente à tutela dos direitos fundamentais extrapatrimoniais, desafiando a implementação de uma nova tutela satisfativa que possa prevenir a ocorrência do próprio ilícito, antes mesmo da ocorrência do dano.[1212]

Diretamente relacionada aos direitos extrapatrimoniais, nas relações de trabalho a *remuneração* e seus consectários assumem caráter *alimentar* e de provimento das necessidades materiais básicas do trabalhador e de sua família (CR/1988, art. 7º, IV), constituindo conteúdo mínimo essencial do *direito humano* ao bem-estar físico e mental (DUDH, artigo 25.1; PIDESC, artigo 11) e do *direito fundamental* à vida saudável e segura, suporte central de valor da dignidade da pessoa humana (CR/1988, arts. 1º, III, 6º e 227).

Disso deriva a centralidade da tutela preventiva de violação aos direitos humanos fundamentais sociotrabalhistas, para a ordem jurídico-constitucional, o que encontra eco no novo sistema processual inaugurado pelo CPC de 2015.

Na nova legislação processual, afirma Tereza Gemignani, "o processo passa a ter sua estrutura formatada com base nos direitos fundamentais constitucionais" (CPC, art. 1º), a fim de lhes conferir concretude por meio da tutela jurisdicional adequada e tempestiva, mediante um processo justo, conforme expresso no art. 5º, LIV, XXXV e

---

(1211) *Idem*, p. 6/7.

(1212) GEMIGNANI, Tereza Aparecida Asta. Tutela inibitória: a eficácia da jurisdição pela superação da perspectiva monetizante. **Revista CEJ**, Brasília, Ano XXI, n. 73, p. 85-94, set./dez. 2017, p. 88.

LXVIII da Constituição de 1988, "perspectiva seminal quando se trata de preservar as condições de vida, integridade, saúde física e mental de quem trabalha".(1213)

Mais do que isso, a tutela processual preventiva de violação do direito fundamental ao trabalho digno, colocada a serviço da dimensão preventiva da responsabilidade civil da empresa-líder por direitos fundamentais dos trabalhadores terceirizados, constitui veículo constitucional central de afirmação da dignidade humana nas relações de trabalho, materializando o direito num campo de relações sociais profundamente marcado por promessas normativas emancipatórias relegadas à conveniência econômica contextual.

Nessa perspectiva, a tutela processual contra o ilícito, para além de proteger posições fundamentais individuais do modelo liberal clássico, põe-se a serviço do *direito de solidariedade*, que sintetiza os direitos fundamentais sociais sob o vetor interpretativo da justiça distributiva e da igualdade substancial anunciadas como objetivos fundamentais da República (CR/1988, art. 3º, I e III), alicerces do Estado Democrático de Direito.

Em suma, a *responsabilidade civil-trabalhista objetiva direta* da empresa-líder por observância dos direitos humanos fundamentais dos trabalhadores terceirizados na cadeia produtiva empresarial descentralizada, fundada no *risco* real, previsível e mensurável de violação desses direitos, fato inerente à organização contratualizada do processo produtivo (CCB, art. 927), manifesta-se: (1) prioritariamente, em sua *dimensão preventiva* do ilícito, no dever de implementação das medidas de devida diligência (CR/1988, art. 1º, III e IV; art. 3º, III; art. 5º, XXXV, §§ 2º e 3º; CPC, art. 497), complementada pela (2) *dimensão reparatória* do dano, em que a empresa-líder responde solidariamente com o empregador por direitos trabalhistas típicos e indenizações civis por danos materiais e morais, individuais e coletivos, decorrentes da relação de trabalho (CR/1988, art. 5º, V e X; CCB, arts. 942 e 944).

(1213) *Idem*, p. 87.

CAPÍTULO 8

TUTELA COLETIVA DO DIREITO FUNDAMENTAL AO TRABALHO DIGNO NA CADEIA PRODUTIVA EMPRESARIAL DESCENTRALIZADA

O Brasil dispõe de instrumentos jurídicos suficientes para impor às empresas-líderes a observância dos direitos humanos fundamentais sociotrabalhistas em suas cadeias produtivas empresariais descentralizadas. À luz dos estudos até aqui entabulados, a responsabilidade da empresa-líder diretamente derivada do direito fundamental ao trabalho digno, sob o padrão de proteção condizente com os Princípios Orientadores da ONU sobre Empresas e Direitos Humanos (Capítulo 6), encontra no plano infraconstitucional o necessário aporte teórico-dogmático nas normas disciplinadoras da responsabilidade civil objetiva e solidária (Capítulo 7).

Integra a responsabilidade civil-trabalhista da empresa-líder a adoção das medidas preventivas de devida diligência e a reparação de danos porventura perpetrados aos direitos dos trabalhadores terceirizados, quando ineficazes as medidas de prevenção. A dimensão preventiva dessa responsabilidade, além do assento normativo de direito material, encontra abrigo nas normas processuais que disciplinam a *tutela judicial contra o ilícito* (Capítulo 7 - 7.4.3).

A obra encerra-se no presente capítulo com o estudo da tutela coletiva judicial e extrajudicial do direito fundamental ao trabalho digno na cadeia produtiva empresarial descentralizada, dando enfoque aos *fundamentos centrais e complementares* utilizados pelo Ministério Público do Trabalho (MPT) nas ações civis públicas de responsabilização de empresas contratantes de terceirização externa, aqui identificadas na figura da empresa-líder (Capítulo 4 - 4.4).

A análise desses fundamentos será aqui desenvolvida com aporte em casos concretos de atuação do MPT no enfrentamento de graves problemas trabalhistas vinculados à terceirização externa em cadeias produtivas empresariais descentralizadas.

Serão primeiro analisados os fundamentos jurídicos mais usualmente adotados para pleitear a *responsabilidade trabalhista* das empresas-líderes, relacionados à intermediação ilícita de mão de obra, à configuração de grupo econômico trabalhista e à subordinação estrutural.

Em seguida, serão enfrentados os principais fundamentos jurídicos da *responsabilidade civil* das empresas-líderes, adotados pelo MPT, relacionados ao combate ao trabalho escravo, à regularização do meio ambiente do trabalho e ao combate ao trabalho infantil, temas vinculados à sua atuação estratégica prioritária. Esses fundamentos temático-contextuais serão articulados com a *fundamentação central comum* exposta nos Capítulos 6 e 7, oferecendo suporte teórico para novas construções interpretativas.

Por fim, serão identificados e apresentados alguns *fundamentos complementares* da responsabilidade civil-trabalhista das empresas-líderes, adotados pelo MPT em sua atuação judicial, consistentes em construções interpretativas de reforço argumentativo assentadas na *aplicação expansiva dos direitos fundamentais*.

Os casos concretos mencionados no capítulo dizem respeito a fatos amplamente noticiados pela mídia e a processos judiciais públicos, cujos dados encontram-se disponíveis nos respectivos autos judiciais, não apanhados por segredo de justiça.

8.1. Tutela pública coletiva do trabalho digno nas cadeias produtivas, no Brasil: a atuação do MPT e da Inspeção do Trabalho

A nova arquitetura organizacional flexível do trabalho terceirizado nas cadeias produtivas empresariais descentralizadas tornou imprescindível à governação pública do trabalho digno (Capítulo 5 - 5.4) a imputação da *responsabilidade civil-trabalhista objetiva direta* à empresa-líder pelo respeito aos direitos humanos fundamentais dos trabalhadores terceirizados (Capítulo 7).

Constatadas condições precárias de trabalho com violação ou risco de violação a direitos fundamentais trabalhistas em quaisquer níveis de contratação e subcontratação da cadeia produtiva empresarial, a governação pública do trabalho digno desafia o acionamento da tutela pública coletiva, judicial ou extrajudicial, preventiva e/ou reparatória, contra o ilícito trabalhista em face de todos os infratores, e em especial da empresa-líder, conforme as peculiaridades do caso concreto.

A importância dessa tutela pública toma ainda maior relevo quando o trabalhador terceirizado, além da vulnerabilidade social decorrente das condições precárias a que está submetido, também se encontra em estado de *vulnerabilidade relacional* decorrente da informalidade ou fragilidade do arranjo contratual que lhe conecta aos agentes econômicos da cadeia produtiva empresarial.

A tutela pública coletiva do trabalho digno é exercida, no Brasil, de modo central, pela Inspeção do Trabalho, por meio da atribuição fiscalizatória e corretiva de irregularidades trabalhistas no plano administrativo; pelo MPT, por meio da atribuição de defesa judicial e extrajudicial da ordem jurídica, do regime democrático e dos interesses sociais e individuais indisponíveis no âmbito das relações de trabalho (CR/1988, art. 127); e pela Justiça do Trabalho (arts. 111 e 114), no exercício da jurisdição especializada em solucionar conflitos justrabalhistas por meio da aplicação da ordem jurídica, em especial dos direitos fundamentais dos trabalhadores.(1214)

Constatado o ilícito trabalhista, geralmente por meio da ação fiscal da Inspeção do Trabalho, o MPT dispõe do inquérito civil para investigar os fatos e sobre eles produzir provas; do Termo de Ajustamento de Conduta (TAC) para propor ao infrator o ajustamento extrajudicial espontâneo de sua conduta; e da Ação Civil Pública para demandar perante a Justiça do Trabalho as medidas preventivas, corretivas e reparatórias necessárias, quando não alcançado o ajustamento espontâneo extrajudicial (Lei n. 7.3471985; Lei n. 8.078/1990, arts. 81 a 104).

(1214) No sentido amplo, a tutela pública do trabalho ainda é exercida, no Brasil, por uma diversidade de outros órgãos públicos com atribuições voltadas à promoção administrativa de direitos dos trabalhadores, a exemplo: do Ministério do Trabalho e Emprego, competente para definir políticas de geração de emprego e renda, política salarial, segurança e qualificação no trabalho, além da Inspeção do Trabalho; da Rede Nacional de Atenção Integral à Saúde do Trabalhador (RENAST), do Ministério da Saúde, que desenvolve ações de saúde voltadas ao trabalhador de forma articulada com as Secretarias de Saúde dos Estados, do Distrito Federal e dos Municípios (Ministério da Saúde, Portaria n. 2.728/2009); dos Centros de Referência em Saúde do Trabalhador (CEREST), implementados pelo RENAST e vinculados, nos Estados, ao Serviço Único de Saúde (SUS); do conjunto das organizações das entidades corporativas, denominadas de *Sistema S*, financiadas com recursos públicos e voltadas para o treinamento profissional, assistência social, consultoria, pesquisa e assistência técnica em matéria de trabalho e emprego, entre outros.

Em atuação articulada, a Inspeção do Trabalho e o MPT constantemente deparam-se com a realidade retratada no relatório da 105ª Conferência Internacional do Trabalho da OIT, de 2016, de condições precárias de trabalho em elos terceirizados de grandes cadeias produtivas nacionais e transnacionais, que exploram trabalho precário no Brasil.(1215)

Nos elos terceirizados são flagradas intensas violações de direitos humanos sociotrabalhistas, como o trabalho escravo, exaustivo, em ambiente degradante, com retenção remuneratória, aliciamento, discriminações, exploração de trabalho infantil e de trabalhadores imigrantes indocumentados, cerceamento da liberdade sindical, entre outras violações de extrema gravidade.

Para articular o enfrentamento de problemas dessa natureza, o MPT instituiu o *Projeto Reação em Cadeia: Atuação do Ministério Público do Trabalho em Cadeias Produtivas*. O projeto, ainda em fase inicial, tem por objetivo identificar e estudar cadeias produtivas que apresentam as maiores incidências de violações trabalhistas, e a propor modelos de atuações resolutivas, preventivas e reparatórias, em face das empresas-líderes.(1216) Num diagnóstico preliminar, o projeto identificou, por exemplo, grande incidência de trabalho escravo em lavouras que fornecem matérias-primas para poderosas indústrias do café,(1217) suco de laranja,(1218) chocolate(1219) e cera de carnaúba.(1220)

(1215) ORGANIZAÇÃO Internacional do Trabalho (OIT) - Conferência Internacional do Trabalho. 105ª Sessão. Relatório IV. **Trabalho digno nas cadeias de abastecimento mundiais**. *Ob. Cit.*

(1216) O Projeto *Reação em Cadeia: Atuação do Ministério Público do Trabalho em Cadeias Produtivas* é desenvolvido desde o ano de 2020 no âmbito da Coordenadoria Nacional de Erradicação do Trabalho Escravo e Enfrentamento ao Tráfico de Pessoas (Conaete) do MPT. Consultar: BRASIL, Procuradoria Regional do Trabalho da 22ª Região – PI. **Procedimento de Gestão Administrativa (PGEA) n. 20.02.2200.0000406/2019-06**.

(1217) Os ilícitos trabalhistas na cadeia produtiva do café concentram-se na atividade rural de produção do grão. Entre os anos de 2015 e 2018, apenas em Minas Gerais a Inspeção do Trabalho flagrou 820 trabalhadores em condições análogas a de escravo em plantações de café. A maior parte dos trabalhadores é de migrantes de Estados do Nordeste, residentes em Municípios com baixo IDH. Desse total, 18 trabalhadores foram encontrados na fazenda Córrego das Almas, Município de Piumhi, em Minas Gerais, propriedade com dois selos de certificação conferidos por corporações americanas. Consultar: BRASIL, Ministério Público do Trabalho. Projeto reação em cadeia. Cadeia produtiva do café: relatório preliminar. **PGEA 20.02.2200.0000406/2019-06**, *Idem.*

(1218) No ano de 2013, a Inspeção do Trabalho flagrou 26 trabalhadores em condições análogas a de escravo em lavoura de laranja de propriedade da empresa Citrosuco, em São Paulo. No ano de 2017, a Inspeção do Trabalho flagrou 23 trabalhadores em condições análogas a de escravo em lavoura de café da empresa Cutrale, em Minas Gerais. Ambas as empresas tiveram seus nomes incluídos na Lista Suja do Trabalho Escravo do Ministério do Trabalho. Consultar: BRASIL, Ministério Público do Trabalho. Projeto reação em cadeia. Cadeia produtiva da laranja: relatório preliminar. **PGEA 20.02.2200.0000406/2019-06**, *Idem.*

(1219) Os principais ilícitos trabalhistas na cadeia produtiva do chocolate se encontram na plantação do cacau, sua matéria-prima. O principal problema é o trabalho infantil. Estima-se que 7,9 mil crianças e adolescentes de 10 a 17 anos trabalhem na colheita do cacau (2016). É prática no setor o trabalho informal, sem pagamento de direitos trabalhistas elementares. O trabalho escravo é dissimulado por relações de parceria entre proprietários rurais e meeiros. Consultar: BRASIL, Ministério Público do Trabalho. Projeto reação em cadeia. Cadeia produtiva do cacau: relatório preliminar. **PGEA 20.02.2200.0000406/2019-06**, *Idem.*

(1220) O Brasil é o único país do mundo a produzir cera de carnaúba, exportada para os Estados Unidos, União Europeia, Japão e, mais recentemente, para a China. A cadeia produtiva se inicia com a atividade rural de colheita e tratamento da palha de carnaúba para extração do pó, que constitui subproduto industrial da cera de carnaúba. A atividade rural é desenvolvida direta e indiretamente por cerca de 200 mil pessoas no período da safra, a imensa maioria nos estados do Piauí e do Ceará. Nessa atividade ocorrem os mais graves ilícitos trabalhistas. **Os trabalhadores são contratados por produtores com pouca ou nenhuma condição financeira de cumprir as normas trabalhistas, submetendo-se a condições precárias de trabalho, sem remuneração mínima e com péssimas condições ambientais.** Trabalhadores foram resgatados de condições degradantes de trabalho, desde o ano de 2014 no Piauí, Ceará, Maranhão e Rio Grande do Norte. Consultar: BRASIL, Ministério Público do Trabalho. Projeto reação em cadeia. Cadeia produtiva da carnaúba. **PGEA 20.02.2200.0000406/2019-06**, *Idem.*

Conforme dados extraídos das atuações do MPT no combate ao trabalho escravo e ao trabalho infantil, além dos setores da agricultura acima indicados, os ilícitos são também comumente encontrados na pecuária, indústrias do vestuário, da construção civil, açúcar e álcool e exportação de *commodities*. Esse diagnóstico condiz com relatórios da ONU e da OIT, citados no curso da obra, que apontam a concentração das mais graves violações trabalhistas, em especial do trabalho escravo e infantil, nos elos iniciais (agropecuários e extrativos) de cadeias produtivas transnacionais, na América Latina.[1221]

Nesses casos, os trabalhadores comumente encontram-se vinculados a pequenas empresas ou agentes informais subcontratados, sem capacidade econômica para oferecer condições de trabalho digno, contratualmente distantes das empresas-líderes das cadeias produtivas beneficiárias da produção e do trabalho.

Constatada a violação trabalhista em operações fiscais, a Inspeção do Trabalho identifica, autua e multa o fornecedor-empregador infrator, enquanto o MPT busca responsabilizar o empregador e as empresas contratantes da terceirização, por meio da celebração de TACs e do ajuizamento de ações civis públicas, quando as empresas não aceitam submeter-se ao ajustamento espontâneo. Essa atuação muitas vezes alcança a empresa-líder da cadeia produtiva, e em alguns casos ela própria é identificada como a real empregadora dos trabalhadores encontrados em situação irregular, conforme será visto no próximo tópico, hipótese em que o MPT pleiteia sua *responsabilização trabalhista*.

Não sendo a empresa-líder identificada como empregadora, o MPT tende a pleitear sua *responsabilização civil-trabalhista*, dela exigindo a observância da legislação trabalhista e a fiscalização preventiva de novas violações trabalhistas na cadeia produtiva, além do pagamento de indenizações por danos materiais e morais, individuais e/ou coletivos, se for o caso.

Como será visto no curso deste capítulo, tal atuação judicial do MPT em face das empresas-líderes ainda é bastante vinculada à sua condição de *empresa contratante da terceirização*, responsável subsidiária por direitos trabalhistas típicos inadimplidos e responsável solidária por direitos relacionados à saúde e segurança do trabalho (Capítulo 7 - 7.2). Os fundamentos autônomos relacionados à qualidade de *empresa-líder da cadeia produtiva*, tais como expostos nos capítulos anteriores, embora presentes nas ações judiciais do MPT, encontram-se ainda em menor medida, carecendo de sistematização teórico-dogmática.

Para conferir sistematicidade ao valoroso instrumental argumentativo extraído dessa atuação institucional, antes de abordar os fundamentos de responsabilidade civil, serão identificados e analisados, no próximo tópico, os fundamentos geralmente adotados em ações do MPT voltadas à *responsabilização trabalhista* da empresa-líder, quando presentes os elementos caracterizadores de vínculo de emprego ou configuradores de grupo empresarial trabalhista.

(1221) Consultar: CESARA, Marques. América Latina lidera trabalho infantil em cadeias produtivas. *Ob. Cit*; ORGANIZAÇÃO Internacional do Trabalho *et. al*. **Ending child labour, forced labour and human trafficking in global supply chains**. *Ob. Cit*; CAMARGOS, Daniel. Via Veneto, fabricante da Coca-Cola e outros 48 nomes entram na 'lista suja' do trabalho escravo. *Ob. Cit*.

8.2. Responsabilização trabalhista da empresa-líder: intermediação ilícita de mão de obra, grupo econômico trabalhista e subordinação estrutural

Constatados ilícitos trabalhistas nos elos terceirizados dos processos produtivos, há certa constância da atuação do MPT em priorizar a responsabilização trabalhista das empresas contratantes da terceirização, quando presentes os elementos fático-jurídicos caracterizadores de vínculo de emprego, de modo a oferecer aos trabalhadores a mais ampla e segura tutela jurídico-trabalhista, em linha de sintonia com a atribuição institucional de defesa dos direitos fundamentais trabalhistas sociais e individuais indisponíveis (CR/1988, art. 127).

A responsabilidade trabalhista da empresa-líder, nesses casos, é geralmente pleiteada com fundamento na prática de (a) *intermediação ilícita de mão de obra;* na formação de (b) grupo econômico trabalhista; e na presença de (c) *subordinação estrutural.*

Até a entrada em vigor das Leis n. 13.429/2017 e n. 13.467/2017, que inseriram dispositivos na Lei n. 6.019/1974 autorizando a terceirização em toda as atividades empresariais, inclusive em suas atividades principais, o MPT mantinha atuação coordenada de combate à terceirização de serviços em atividades finalísticas, com base na Súmula 331 do TST, a fim de proteger o vínculo de emprego diretamente com a empresa contratante, como objeto central da tutela jurídica, independentemente da constatação de outros ilícitos trabalhistas.[1222]

Nessa atuação, o MPT invocava a responsabilidade trabalhista da empresa contratante com base na ilicitude da terceirização em atividades finalísticas. Tais ações muitas vezes alcançavam a empresa-líder da cadeia produtiva, embora despropositadamente, já que a finalidade central da atuação consistia em responsabilizá-la como empregadora.[1223]

Foi o que ocorreu, por exemplo, no caso *M. Officer*, Ação Civil Pública ajuizada em julho de 2014, pelo MPT em São Paulo, contra a marca-indústria de roupas cujo fornecedor terceirizado foi flagrado submetendo trabalhadores bolivianos indocumentados a trabalho escravo, em atividade de costura de vestuário (atividade de *facção*). Na ação, o MPT pleiteou a responsabilidade trabalhista da empresa-líder como empregadora dos trabalhadores terceirizados, ao fundamento da ilicitude da terceirização na atividade finalística da empresa-líder (a costura do vestuário), além

(1222) BRASIL, Ministério Público do Trabalho. **Atuação do Ministério Público do Trabalho contra fraudes nas relações de emprego**: terceirização de atividade-fim na iniciativa privada. 50 exemplos de ações para proteção do emprego na atividade-fim da empresa. Procuradoria Geral do Trabalho, Brasília, 2014.

(1223) Foi o que ocorreu, por exemplo, com a ação civil pública movida em 2006 pelo MPT em face da Celulose Nipo Brasileira S/A – Cenibra, ação que deu origem ao ARE 713.211/MG, convertido no RE 958.252/MG. Nessa ação, sob o paradigma jurisprudencial vigente à época (Súmula 331 do TST), o MPT pleiteou o reconhecimento da ilicitude da terceirização do cultivo e produção da madeira, matéria-prima da indústria de celulose, com consequente formação de vínculos de emprego com a empresa tomadora. Para o MPT, tratava-se de atividade finalística da indústria porque até então era por ela diretamente desenvolvida e integrava seu contrato social. A atividade foi terceirizada sob intenso controle produtivo da empresa contratante e os trabalhadores terceirizados foram submetidos a condições degradantes de trabalho, caracterizadoras de trabalho escravo. A ação foi julgada procedente, com decisões confirmadas em sede recursal, até o TST, sob o fundamento da ilicitude da terceirização na atividade-fim. Exatamente nesse caso, em sede de Recurso Extraordinário, o STF reconheceu a constitucionalidade da terceirização da atividade finalística da empresa, com repercussão geral. A ação, no caso, não tratou da responsabilidade civil-trabalhista da Cenibra na condição de empresa-líder, por prática de trabalho escravo em sua da cadeia produtiva empresarial descentralizada. Consultar: BRASIL. Supremo Tribunal Federal, Pleno. **RE 958.252/DF**, Rel. Min. Luiz Fux. DJe 12 ago. 2019. A respeito da tramitação do caso Cenibra, consultar: DELGADO, Gabriela Neves; AMORIM, Helder Santos. **Os limites constitucionais da terceirização.** *Ob. cit.*, p. 67.

de outros fundamentos autônomos adicionais, tal como a prática da *intermediação ilícita de mão de obra*.[1224]

A doutrina de Rodrigo Carelli oferece importantes elementos de distinção entre (1) a contratação de serviços (que se denomina de terceirização), em que a empresa contratada detém os meios de produção, atua com autonomia econômica e operacional, dispõe de especialização (*know-how* próprio) e exerce a integral gestão da mão da obra necessária à execução do objeto contratual, e (2) a *intermediação ilícita de mão de obra*, em que o contrato de prestação de serviços constitui mero simulacro voltado a ocultar a verdadeira gestão do trabalho pela empresa tomadora, fraude contra o regime de emprego vedada pelo art. 9º da CLT.[1225]

Na *intermediação de mão de obra*, a empresa fornecedora figura como mera intermediária da contratante na gestão do trabalho, atuando sob sua dominação econômica *e operacional*, como uma *longa manus* travestida de empresa autônoma para ludibriar responsabilidades. O contrato de terceirização, nesse caso, é utilizado para viabilizar mera colocação de mão de obra de uma empresa a outra, o que no Brasil somente é admitido nas excepcionais hipóteses do regime de *trabalho temporário* disciplinado pela Lei n. 6.019/1974.[1226]

A identificação da intermediação de mão de obra, segundo Carelli, faz-se à luz de um feixe de indícios condensados em três principais elementos: (a) a gestão do trabalho pela empresa tomadora, que determina o modo, tempo e forma como o trabalho da empresa contratada deve ser realizado, ensejando subordinação jurídica dos trabalhadores à empresa contratante; (b) a ausência de especialidade da empresa contratada na atividade objeto da contratação, considerada essa especialidade como "um saber-fazer específico, distinto daquele que detém a contratante", do que decorre a submissão da contratada à gestão operacional da contratante; e (c) a prevalência do elemento humano no contrato, que se satisfaz com a mera disponibilização de mão de obra para execução de atividades geridas pela empresa contratante.[1227]

No caso *M. Officer*, acima referido, o Tribunal Regional do Trabalho (TRT) da 2ª Região, em sede de recurso ordinário, entre outros fundamentos, acolheu a tese da intermediação ilícita de mão de obra, reconhecendo a relação de emprego entre a empresa-líder e os trabalhadores terceirizados submetidos a trabalho escravo.[1228]

(1224) TRT confirma condenação da M. Officer por trabalho escravo. TRT-SP não aceitou argumentos da empresa e o processo transitou em julgado no tribunal; empresa fica sujeita a lei estadual e pode ser suspensa por 10 anos. **Veja**, 23 mar. 2018, Atualiz. 10 abr. 2018. Disponível em: https://bit.ly/3QgTPVv. Acesso em: 4 ago. 2022; BRASIL, Tribunal Superior do Trabalho. **AIRR 0001779-55.2014.5.02.0054**, Rel. Min. Douglas Alencar. Aguardando julgamento.

(1225) Consolidação das Leis do Trabalho. *"Art. 9º - Serão nulos de pleno direito os atos praticados com o objetivo de desvirtuar, impedir ou fraudar a aplicação dos preceitos contidos na presente Consolidação"*; CARELLI, Rodrigo de Lacerda. **Terceirização como intermediação de mão de obra**. *Ob. Cit.*, p. 93/95.

(1226) Nesse sentido: CARELLI, Rodrigo de Lacerda. **Terceirização como intermediação de mão de obra**. *Ob. Cit.*, p. 127. O trabalho temporário constitui regime excepcional de colocação de mão de obra de uma empresa a outra para atender a "necessidade de substituição transitória de pessoal permanente ou à demanda complementar de serviços" (Lei n. 6.019/1974, art. 2º), ficando do trabalhador terceirizado diretamente subordinado à empresa tomadora.

(1227) *Idem*, p. 93/108.

(1228) BRASIL, Tribunal Regional do Trabalho da 2ª Região. BRASIL, **RO 0001779-55.2014.5.02.0054**, Rel. Des. Ricardo Artur Costa e Trigueiros. DJe 24 ago. 2018. Disponível em: https://bit.ly/3TIiNjp. Acesso em: 4 ago. 2022; BRASIL, Tribunal Superior do Trabalho. **AIRR 0001779-55.2014.5.02.0054**, Rel. Min. Douglas Alencar. Aguardando julgamento. Disponível em: https://bit.ly/3yXrgpo. Acesso em: 22 jul. 2022; M. OFFICER condenada a pagar R$ 6 milhões por exploração de mão de obra análoga à de escravo.

O TRT entendeu que, em face da acentuada ingerência da empresa contratante principal sobre os processos produtivos das fornecedoras (a fornecedora imediata e suas subcontratadas que realizavam as atividades de costura), os contratos de fornecimento constituíam veículos de fraude ao regime de emprego. Com isso, o comando judicial imputou à empresa-líder responsabilidade trabalhista pelo pagamento de verbas laborais inadimplidas e de indenizações por dano moral coletivo e por *dumping* social, condenando-a ainda a diversas obrigações de fazer preventivas de novos ilícitos trabalhistas em sua *cadeia produtiva*.(1229)

Importante observar que a nova legislação disciplinadora do contrato de prestação de serviços interempresariais (Leis n. 13.429/2017 e n. 13.467/2017), bem como as decisões do STF acerca do tema (ADPF 324/DF e RE 958.252/MG), embora autorizem a terceirização em todas as atividades empresariais, não revogaram ou afastaram a aplicação dos preceitos legais que configuram como ilícita a intermediação de mão de obra praticada ao largo do regime de trabalho temporário. Nesses casos, independentemente da natureza da atividade, finalística ou de apoio administrativo, o reconhecimento de vínculo de emprego decorre da subordinação do trabalhador ao tomador dos serviços (Lei n. 6.019/1974, arts. 2º; CLT, arts. 2º, 3º e 9º).

Outro exemplo de Ação Civil Pública em que o MPT pleiteou a responsabilidade trabalhista da empresa-líder com base na tese de intermediação ilícita de mão de obra encontra-se no caso *Indústria de Alimentos*, ação ajuizada pelo MPT no Paraná, em julho de 2015. A empresa-líder, indústria de alimentos à base de mandioca, contratava fornecedores da matéria-prima, oferecendo-lhes empréstimos para financiar as lavouras, inclusive em imóveis rurais de propriedade dos seus sócios (sob contratos de parceria rural), mediante compromisso de preferência no fornecimento do produto. Os fornecedores foram flagrados submetendo trabalhadores rurais a condições precárias de trabalho, sem registro e sem garantia de direitos básicos, em péssimas condições de saúde e segurança. Para o MPT, os contratos de fornecimento figuravam como simulacros para fraudar as relações de emprego.(1230)

Na sentença, o juízo identificou a intermediação ilícita de mão de obra, reconhecendo que a empresa interferiu diretamente na produção da matéria-prima, "com proveito irregular de mão de obra contratada mediante flagrante atividade de *marchandage*". Em razão disso, a empresa-líder foi condenada a "*abster-se da contratação de trabalhadores por meio de interpostas pessoas*".(1231)

Escola Judicial do Tribunal Regional do Trabalho da 4ª Região, 29 nov. 2016. Disponível em: https://bit.ly/3RjxY0R. Acesso em: 4 ago. 2022.

(1229) Foram deferidas as obrigações de fazer constantes no item 6 da petição inicial: "*6. Determinar à Ré que mantenha a sua cadeia produtiva em consonância com a legislação brasileira, por meio do cumprimento das obrigações abaixo*": "*zelar pela saúde e segurança do trabalhador, garantindo-lhe um meio ambiente de trabalho em conformidade com as Normas Regulamentadoras do Ministério do Trabalho e Emprego*" (...); "*zelar pela segurança e conforto do trabalhador e seus familiares, garantindo-lhes condições dignas de habitação ou alojamentos*" (...); "*respeitar as normas trabalhistas concernentes à duração do trabalho*" (...); "*garantir o acesso aos direitos trabalhistas típicos*" (...) (anotação de CTPS, salário mimo pontual, décimo terceiro e FGTS); não praticar trabalho escravo e não admitir trabalho de crianças e adolescentes. BRASIL, Tribunal Regional do Trabalho da 2ª Região. BRASIL, **RO 0001779-55.2014.5.02.0054**, Rel. Des. Ricardo Artur Costa e Trigueiros. DJe 24 ago. 2018. Disponível em: https://bit.ly/3TIiNjp. Acesso em: 4 ago. 2022.

(1230) Ação ajuizada perante a Vara do Trabalho de Paranavaí – PR, foi julgada procedente na primeira instância, decisão confirmada pelo TRT da 9ª Região. Aguardando julgamento de agravo de instrumento em recurso de revista interposto pela empresa ré ao TST. BRASIL, Tribunal Superior do Trabalho. **AIRR 0001351-40.2015.5.09.0023**, Rel. Min. Ives Gandra da Silva Martins Filho. Aguardando julgamento. Disponível em: https://bit.ly/3vaAflW. Acesso em: 22 jul. 2022.

(1231) *Idem.*

Nesse caso, além do fundamento assentado em intermediação ilícita de mão de obra, o julgado reconheceu a responsabilidade trabalhista da empresa-líder também por configuração de *grupo econômico trabalhista* com os fornecedores produtores rurais, na forma do art. 2º, § 2º, da CLT, em face da "evidente coordenação interempresarial direcionada a consecução de objetivo partilhado" (Capítulo 7 - 7.1).[1232]

O exemplo ilustra associação muito comum entre as figuras da intermediação ilícita de mão de obra e do grupo econômico empresarial trabalhista, em face de aproximações fático-conceituais entre as figuras. Nesses casos, é necessária redobrada atenção distintiva por parte do intérprete, já que as figuras produzem repercussões trabalhistas parecidas no plano prático, mas substancialmente diferentes no plano jurídico: a intermediação ilícita de mão de obra enseja negativa de validade ao contrato de intermediação de mão de obra, por prática de fraude, com consequente reconhecimento do vínculo de emprego com a empresa tomadora e beneficiária do trabalho intermediado (CLT, art. 9º); já o reconhecimento de grupo econômico entre empresas contratante e contratada, numa autêntica relação de terceirização externa, por outro lado, apenas enseja responsabilidade solidária da empresa contratante por obrigações decorrentes dos vínculos de emprego firmados pela contratada, mantida a higidez do contrato de terceirização (CLT, art. 2º, §§ 2º e 3º). Nesse caso, a responsabilidade solidária atribuída pela norma jurídica não decorre de fraude, mas da *unidade* da atuação empresarial.

Nada impede que entre empresas de um mesmo grupo empresarial seja firmado legítimo contrato de fornecimento terceirizado ou de prestação de serviços. Inclusive, nada impede que a empresa fornecedora seja constituída para executar atividade de fornecimento a outras empresas do grupo econômico. Se a fornecedora detiver os meios de produção, especialização e autonomia operacional sobre o processo produtivo e exercer integral gestão da mão da obra na execução do objeto contratual, ainda que se submeta à direção da empresa contratante (grupo por subordinação) ou a uma direção unitária com ela compartilhada (grupo por coordenação), a terceirização estará racionalmente justificada na necessidade técnica de especialização produtiva, afastando a intermediação ilícita de mão de obra. Nessa hipótese, reconhecido o grupo econômico, disso resulta a responsabilidade trabalhista solidária das empresas contratante e contratada, por força do que dispõe o art. 2º, §§ 2º e 3º, da CLT (Capítulo 7 - 7.1).[1233]

No caso *Indústria de Alimentos*, acima citado, como o Poder Judiciário identificou a presença de grupo econômico trabalhista e, ao mesmo tempo, a intermediação ilícita de mão de obra, disso resultou a predominância da solução que reconhece os vínculos de emprego diretamente com a empresa-líder (CLT, art. 9º), por aplicação da *norma mais favorável* ao trabalhador.

(1232) *Idem*. Observe-se que o juízo já adotava a tese do grupo econômico por coordenação como elemento integrante da norma do art. 2º, § 2º, da CLT, antes mesmo da alteração promovida pela Lei n. 13.467/2017. A esse respeito consultar o Capítulo 7 (7.1).

(1233) Nos contratos de terceirização firmados entre empresas de um mesmo grupo econômico aplicam-se os mesmos critérios distintivos da intermediação ilícita de mão de obra, acima apontados, salvo o critério da autonomia econômica da empresa contratada nos grupos empresariais por subordinação. No grupo por dominação econômica, a empresa fornecedora submete-se à direção da empresa dominante. Mas isso não obsta que ela atue como unidade autônoma do ponto de vista técnico-operacional, mantendo autonomia gerencial sobre o processo produtivo, especialidade produtiva (*know-how* próprio) e gestão autônoma da mão de obra. Nesse caso, reconhecida a higidez técnico-jurídica da terceirização, e não sendo hipótese de intermediação ilícita de mão de obra, resta imputar à empresa controladora-contratante responsabilidade solidária pelas obrigações trabalhistas da empresa contratada, em face da unidade de atuação do agrupamento empresarial (CLT, art. 2º, §§ 2º e 3º).

O gráfico adiante ilustra os cenários acima expostos (intermediação ilícita de mão de obra e grupo econômico trabalhista), para ressaltar suas diferentes repercussões jurídicas sobre a responsabilidade da empresa contratante da terceirização.

No retângulo à esquerda, ilustra-se o quadro relacional da cadeia produtiva empresarial descentralizada, em que a empresa-líder exerce *controle produtivo estratégico* sobre a fornecedora, do que resulta sua *responsabilidade civil-trabalhista* por violações de direito humanos dos trabalhadores terceirizados (Capítulo 7). No retângulo do meio, tem-se o grupo econômico por dominação econômica, em que a empresa contratante controladora da empresa fornecedora exerce sobre ela *controle econômico*, mantendo-a, no entanto, com autonomia operacional, especialização produtiva e gestão do trabalho, do que resulta sua *responsabilidade trabalhista solidária*. No retângulo à direita, ilustra-se o quadro relacional da intermediação ilícita de mão obra, em que a empresa contratante exerce *controles econômico e operacional* sobre a contratada, reduzindo-a a mero instrumento de contratação formal de mão de obra, do que resulta a invalidade do contrato de terceirização e a formação de vínculo de emprego diretamente com a contratante.

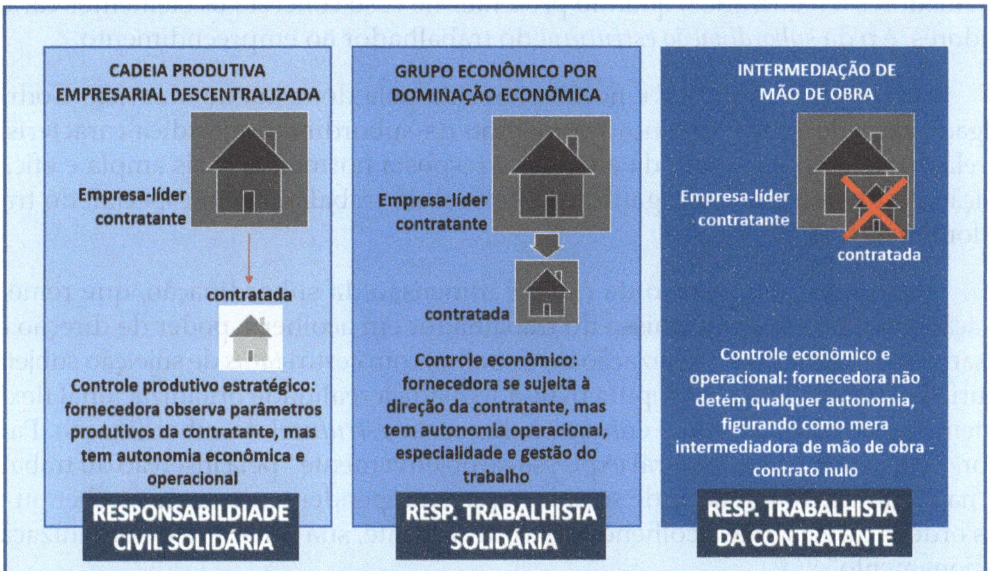

Figura 34 – Contrato de Fornecimento Terceirizado em Três Cenários de Responsabilidade

Fonte: Elaborada pelo autor

A responsabilidade trabalhista solidária da empresa-líder por formação de grupo econômico com a fornecedora-contratada também foi reconhecida em Ação Civil Pública ajuizada pelo MPT no caso *Siderúrgicas do Pará*.

Em 2012, a Inspeção do Trabalho no estado do Pará flagrou 150 trabalhadores na atividade de produção de carvão, submetidos a trabalho escravo por fornecedores subcontratados da cadeia produtiva das empresas siderúrgicas *Sidepar*, *Cosipar* e *Ibérica*, as quais adquiriam o insumo para combustão e aquecimento dos fornos. O MPT pleiteou a responsabilidade trabalhista solidária das siderúrgicas, por configuração de grupo econômico, com o pagamento de verbas decorrentes da rescisão indireta dos contratos de trabalho, além do pagamento de indenização por danos morais individuais.[1234]

A sentença, mantida pelo TRT da 8ª Região em sede de recurso ordinário, acolheu o pleito do MPT, reconhecendo a formação do *grupo econômico por coordenação*, com base no § 2º do art. 3º da Lei n. 5.889/1973 (Lei do Trabalho Rural). Argumentou-se que, embora as siderúrgicas contratantes atuassem com autonomia, umas em relação às outras, elas "se beneficiavam diretamente do carvão vegetal fornecido pelos trabalhadores encontrados em condições análogas à de escravo", produto por elas adquiridos sob um "mesmo esquema ilícito" de produção.[1235]

Em face do reconhecimento de grupo econômico, as siderúrgicas – empresas-líderes – responderam direta e solidariamente pelos encargos trabalhistas e indenizações civis devidos aos trabalhadores.[1236]

Fundamento também constantemente invocado pelo MPT com vistas a obter reconhecimento de responsabilidade trabalhista da empresa-líder por direitos dos trabalhadores terceirizados, quando presentes no caso concreto os elementos caracterizadores, é o da *subordinação estrutural* do trabalhador ao empreendimento.

Subordinação estrutural é noção oferecida pela doutrina de Maurício Godinho Delgado para designar uma nova dimensão da subordinação jurídica característica da relação de emprego, voltada a oferecer resposta normativa mais ampla e eficaz à posição do trabalhador na organização flexível do trabalho e, em especial, do trabalhador terceirizado.[1237]

Propondo a superação da *clássica* dimensão da subordinação, que remete à situação jurídica de compromisso do trabalhador em acolher o poder de direção empresarial sobre o modo de realização do trabalho, com certo *status* de sujeição subjetiva, Maurício Godinho Delgado reputa mais adequada à realidade organizacional flexível contemporânea do trabalho o enfoque à dimensão *estrutural* da subordinação. Para o autor, a subordinação estrutural expressa-se objetivamente "pela inserção do trabalhador na dinâmica do tomador de seus serviços, independentemente de receber ou não suas ordens diretas, mas acolhendo, estruturalmente, sua dinâmica de organização e funcionamento".[1238]

A subordinação estrutural adota por critério-chave não a ampla integração do trabalhador aos fins empresariais, como é próprio da figura da *subordinação objetiva*, inserida no Brasil pela doutrina de Paulo Emílio Ribeira de Vilhena, mas a inserção

---

(1234) ZOCCHIO, Guilherme. Libertação recorde leva sidepar a ser suspensa do pacto nacional. Repórter Brasil, 22 jan. 2013. Disponível em: https://bit.ly/3CY93Me. Acesso em: 4 ago. 2022; BRASIL, Tribunal Superior do Trabalho. **AIRR 000807-17.2012.5.08.0110**, Rel. Min. Cláudio Brandão. Aguardando julgamento. Disponível em: Acesso em: https://bit.ly/3OvzhaL. 23 jul. 2022.

(1235) Trechos extraídos do acórdão do TRT da 9ª Região, fls. 24/25. No acórdão, o órgão julgador associa a configuração do grupo econômico a fraude trabalhista: "*Considerando os fatos provados nos autos, a existência de grupo econômico dá-se mediante o disposto no art. 9º da CLT* (...)". Conforme razões acima expostas, este autor não compartilha de idêntica associação entre grupo econômico e fraude trabalhista, pois os institutos produzem efeitos jurídicos diversos. *Idem.*

(1236) *Idem.*

(1237) DELGADO, Mauricio Godinho. Direitos fundamentais na relação de trabalho. **Revista LTr**, São Paulo, n. 6, jun. 2006, p. 657.

(1238) DELGADO, Maurício Godinho. **Curso de Direito do Trabalho**. *Ob. cit.*, p. 352/353.

estrutural do obreiro na dinâmica normativa de organização e funcionamento do tomador de seus serviços.(1239)

Na interpretação doutrinária de Francisco das Chagas Lima Filho, a subordinação estrutural decorre não apenas da integração do trabalhador a uma organização produtiva alheia, dirigida pelo empresário à obtenção de fins igualmente alheios, mas da "integração com *submissão às regras que exprimem o poder de organização do empresário, derivado de sua posição nas relações de produção*, mesmo quando a prestação laboral seja realizada fora do alcance visual do empregador (...)".(1240)

Na percepção interpretativa de Lorena Vasconcelos Porto, por sua vez, a subordinação estrutural manifesta-se "pela integração do trabalhador à dinâmica organizacional e operativa do tomador de serviços, incorporando e se submetendo à sua cultura corporativa dominante".(1241)

Nota característica da subordinação estrutural é, portanto, a integração do trabalhador ao poder normativo-organizacional do tomador do trabalho, além da recusa à visão subjetiva da subordinação, como situação que submete a *pessoa* do trabalhador a certo estado de sujeição.

A subordinação jurídica não é um *status* atribuível imediatamente à pessoa do trabalhador, pois é sua atividade que se sujeita ao poder diretivo do empregador, credor do trabalho. Nesse sentido, a clássica doutrina de Arion Sayão Romita, para quem, o contrato de trabalho tem na atividade desenvolvida pelo trabalhador, e não em sua pessoa, o principal elemento de afetação, razão pela qual, ao admiti-lo no emprego, o empregador tem em vista sua particular habilitação profissional (para a atividade). A relação de subordinação jurídica com a pessoa do trabalhador é mediata, meramente consequencial, já que a energia de trabalho contratada dele não se aparta.(1242)

Na mesma linha da impessoalidade da subordinação, a doutrina de Jorge Luiz Souto Maior, para quem a subordinação não se caracteriza por uma relação de poder entre pessoas, mas sobre a atividade exercida.(1243)

Daí porque, para Maurício Godinho Delgado, a subordinação pessoal não explica, do ponto de vista sociojurídico, o conceito e a dinâmica essencial da relação de subordinação, por exemplo, nas hipóteses de trabalhadores intelectuais e altos empregados. A sujeição a ordens pessoais também já não explica a subordinação

---

(1239) Segundo Maurício Godinho Delgado, essa noção de subordinação objetiva não se consolidou em face de sua desproporcional amplitude para os objetivos visados, tornando-se incapaz de distinguir, nas situações concretas, trabalhadores verdadeiramente autônomos de trabalhadores subordinados, sobretudo quando a prestação laborativa é realizada fora da planta empresarial. DELGADO, Mauricio Godinho. Direitos fundamentais na relação de trabalho. *Idem.*

(1240) LIMA FILHO, Francisco das Chagas. A Subordinação Estrutural como elemento definidor da Relação de Emprego. **Repertório de Jurisprudência IOB**, São Paulo, maio 2008, n. 09, vol. 2., p. 299.

(1241) PORTO, Lorena Vasconcelos. **A subordinação no contrato de trabalho:** uma releitura necessária. São Paulo: LTr, 2009, p. 250.

(1242) "*A energia do trabalho não tem existência per se – é óbvio. Daí o relevo que assumem as qualidades pessoais do trabalhador no contrato de emprego. Na verdade, a relação de trabalho envolve obrigação patrimonial de prestação pessoal. A relação imediata é com o trabalho, mas há relação mediata com a pessoa do trabalhador*". Consultar: ROMITA, Arion Sayão. **A Subordinação no contrato de trabalho.** 1 ed. Rio de Janeiro: Forense, 1979, p. 80/81.

(1243) SOUTO MAIOR, Jorge Luiz. **Relação de emprego e direito do trabalho.** São Paulo: LTr, 2007, p. 62.

jurídica de empregados que executam trabalho à distância por meios telemáticos e informatizados de comando.[1244]

Contemplando a dimensão estrutural da subordinação, afirma o autor, o parágrafo único do art. 6º da CLT com redação inserida pela Lei n. 12.551/2011 equiparou, "para fins de subordinação jurídica", os meios telemáticos e informatizados aos meios pessoais e diretos de comando, controle e supervisão do trabalho alheio.[1245] Essa alteração legislativa, segundo o jurista, demonstra "a elevada capacidade de adaptação do Direito do Trabalho aos desafios da cambiante sociedade e economia capitalistas".[1246]

Vertente da subordinação estrutural também hábil a auxiliar a responsabilização trabalhista da empresa-líder é proposta por Marcus Menezes Barberino Mendes e José Eduardo de Resende Chaves Júnior, e diz respeito à noção de *subordinação estrutural-reticular*. Essa noção tem por alvo a situação de trabalhadores inseridos no empreendimento da tomadora como profissionais pretensamente autônomos, geralmente prestadores de atividades internas e também externas, mas que trabalham em estado de dependência à estrutura organizacional empresarial.[1247]

Refletindo sobre a insegurança jurídica e social causada pelas fórmulas organizacionais flexíveis de produção em rede, que buscam contornar a regulação do mercado de trabalho (e, em especial, a configuração da relação de emprego) pela via dos contratos, os autores propõem a *ressolidarização* das relações de trabalho, nesses espaços, com uso da noção de subordinação estrutural-reticular. Trata-se de uma dimensão impessoal e objetiva da subordinação, voltada a estender o vínculo de emprego aos trabalhadores denominados *autônomos-dependentes*.[1248]

Por *autônomo-dependente*, segundo Barberino Mendes e Chaves Júnior, toma-se a figura do trabalhador supostamente autônomo que, "habitualmente inserido na atividade produtiva alheia, a despeito de ter controle relativo sobre o próprio trabalho, não detém nenhum controle sobre a atividade econômica".[1249] Nesse contexto, a subordinação subsiste, ainda que difusamente, de forma latente e diferida, pois a prestação do trabalho ingressa na empresa e ela adere como *atividade* à disposição do tomador ou tomadores, e não como uma unidade útil de resultado, revelando-se o trabalho, por isso, objetivamente subordinado.[1250]

(1244) DELGADO, Maurício Godinho. **Curso de Direito do Trabalho.** *Ob. cit.*, p. 354.

(1245) Consolidação das Leis do Trabalho. *"Art. 6º Não se distingue entre o trabalho realizado no estabelecimento do empregador, o executado no domicílio do empregado e o realizado a distância, desde que estejam caracterizados os pressupostos da relação de emprego. Parágrafo único. Os meios telemáticos e informatizados de comando, controle e supervisão se equiparam, para fins de subordinação jurídica, aos meios pessoais e diretos de comando, controle e supervisão do trabalho alheio"*.

(1246) DELGADO, Maurício Godinho. **Curso de Direito do Trabalho.** *Ob. cit.*, p. 354.

(1247) MENDES, Marcus Menezes Barberino; CHAVES JÚNIOR, José Eduardo de Resende Chaves. Subordinação estrutural-reticular: uma perspectiva sobre a segurança jurídica. **Revista do Tribunal Regional do Trabalho da 3ª Região**, Belo Horizonte, v. 46, n. 76, p. 197-218, jul./dez. 2007, p. 212/214.

(1248) *Idem.*

(1249) A figura do *autónomo-dependiente,* na Espanha, corresponde às figuras do *parasubordinato,* na Itália; do *economically dependent worker* ou *quasi-subordinate worker* na Inglaterra; e do *arbeitnehmeränliche person* na Alemanha. Tais figuras referem-se a trabalhadores não-diretamente subordinados, embora integrados à atividade econômica da empresa contratante. A regulação dessas figuras pelas legislações desses países pressupõe a ausência de identidade entre a forma de prestação de trabalho e o conceito interno de empregado, e tem por finalidade a elas estender, em maior ou menor grau, a proteção social característica do *Welfare State.* Todavia, afirmam os autores, *"à míngua de regulação própria, a análise dos próprios signos contidos na Consolidação das Leis do Trabalho do Brasil nos permite sustentar que as significações dos conceitos de empregado e empregador ainda não foram exauridas pelo sistema jurídico nacional, notadamente pela jurisprudência". Idem,* p. 206/207.

(1250) *Idem.*

A subordinação estrutural-reticular constitui noção relevante para o enfrentamento de situações de vulnerabilidade social a que são submetidos profissionais pessoalmente contratados ou subcontratados para trabalho formalmente autônomo, inclusive por meio de pessoas jurídicas e geralmente sob a forma de Microempreendedores Individuais (MEI),[1251] mas que prestam atividades integradas à organização normativa da empresa tomadora, à sua disposição, de forma estruturalmente subordinada. Esse mecanismo, conhecido como *pejotização*, tornou-se usual para driblar o vínculo de emprego.[1252]

No enfrentamento dessa realidade, Barberino Mendes e Chaves Júnior defendem a necessidade de resgate da essência da relação jurídica de emprego que, na clássica lição de Evaristo de Moraes Filho, é "a transformação em regra jurídica impositiva, por força de contrato, da livre disposição da força de trabalho por outrem". Essa livre disposição corresponde à possibilidade de variar o uso do trabalho, aumentando a jornada, reduzindo-a, redirecionando a atividade, intensificando-a etc., pouco importando se o empregador possui capacidade técnica de operar essas variações, ou mesmo que venha a operá-las, bastando a potência para fazê-lo. Em síntese, afirmam os autores, "o que se contrata na relação de emprego é a pura potencialidade de direção do trabalho alheio".[1253]

Presente essa potencialidade diretiva, e ainda estando presentes a pessoalidade, onerosidade e não-eventualidade, a contratação comercial do profissional aparentemente autônomo deve dar espaço à configuração de vínculo de emprego com base em *subordinação estrutural-reticular*, à luz dos arts. 2º e 3º da CLT.

A configuração de *subordinação estrutural* foi sustentada pelo MPT e acolhida pela Justiça do Trabalho no caso dos trabalhadores submetidos a trabalho escravo na cadeia produtiva da *M. Officer*. O TRT da 2ª Região considerou caracterizada a subordinação estrutural dos trabalhadores terceirizados à empresa-líder tomadora, em face da inserção da atividade de facção subcontratada (costura de peças de vestuário previamente cortadas) ao seu comando operacional. Além disso, o Tribunal também aplicou ao caso a noção de *subordinação estrutural-reticular*, acima exposta, em face da dispersão de poderes diretivos entre os diferentes contratantes envolvidos, a empresa-líder contratante (*M. Officer*) e sua fornecedora imediata, subcontratante.[1254]

(1251) Figura regulada pela Lei Complementar n. 123/2006 com alterações inseridas pela Lei Complementar n. 128/2008.

(1252) A Lei n. 11.441/2007, que regulamenta o contrato comercial de transporte de cargas, autoriza a contratação comercial do Transportador Autônomo de Cargas, assim considerada a pessoa física proprietária ou arrendatária de veículo de carga *"que tenha no transporte rodoviário de cargas a sua atividade profissional"* (art. 2º, I), afastando a configuração de vínculo de emprego entre este transportador autônomo e o embarcador e entre o transportador autônomo e seu auxiliar (art. 4º, § 5º; art. 5º). Segundo decisão firmada pelo STF na ADC 48/DF, esta norma é constitucional, conforme consta do seguinte excerto da emenda: (...) *"3. Uma vez preenchidos os requisitos dispostos na Lei n. 11.442/2007, estará configurada a relação comercial de natureza civil e afastada a configuração de vínculo trabalhista"*. BRASIL, Supremo Tribunal Federal. **ADC 48/DF**, Rel. Min. Roberto Barroso. DJe 15 abr. 2020. Partindo da premissa de que a norma disciplina relação jurídica comercial, a configuração de subordinação jurídica entre o prestador e o tomador dos serviços, no caso concreto, descaracteriza o regime comercial, atraindo o reconhecimento de vínculo de emprego. Nesse sentido o seguinte precedente: BRASIL, Tribunal Regional do Trabalho da 3ª Região. **ROPS 0010691-45.2021.5.03.0029, Rel. Des. Antonio Gomes de Vasconcelos. DJe 22 jul. 2022.**

(1253) MENDES, Marcus Menezes Barberino; CHAVES JÚNIOR, José Eduardo de Resende Chaves. Subordinação estrutural-reticular: uma perspectiva sobre a segurança jurídica. *Ob. Cit.*, p. 199.

(1254) Trecho do acórdão: *"Dissecando a cadeia produtiva posta em análise, pode-se observar o seccionamento de atividades que, ao fim, objetiva o fim maior da empresa ré. Pode-se aplicar por similitude, o conceito de subordinação estrutural reticular, que, segundo Marcus Menezes Barberino Mendes, revela-se como '(...) o fenômeno das coalizões*

Também no caso das *Siderúrgicas do Pará*, acima apontado, além do reconhecimento de grupo econômico entre empresas contratantes e contratadas, a Justiça do Trabalho reconheceu a presença de subordinação estrutural dos trabalhadores terceirizados, vítimas do trabalho escravo, em face da inserção de suas atividades à dinâmica organizacional das empresas-líderes contratantes do fornecimento de carvão.[1255]

A presença de responsabilidade trabalhista da empresa-líder por direitos de trabalhadores terceirizados na cadeia produtiva constitui, portanto, questão preliminar à análise de sua responsabilidade civil. Afastada a hipótese de responsabilidade trabalhista, passa-se à verificação das condições que configuram a responsabilidade civil-trabalhista objetiva, direta e solidária da empresa-líder por direitos dos trabalhadores terceirizados.

8.3. A responsabilização civil-trabalhista da empresa-líder, na atuação do MPT: análise dos principais fundamentos contextuais relacionados a temas estratégicos

Superada a questão relacionada a eventual responsabilidade *trabalhista* da empresa-líder em face dos trabalhadores terceirizados, no presente tópico serão analisados fundamentos adotados pelo MPT com vistas à *responsabilização civil-trabalhista* preventiva e reparatória de empresas-líderes por direitos humanos fundamentais dos trabalhadores terceirizados na cadeia produtiva empresarial descentralizada, em temas vinculados a atuações institucionais estratégicas mais diretamente afetados pela problemática: o combate ao trabalho escravo, a proteção ao meio ambiente do trabalho e o combate ao trabalho infantil. São problemas geralmente encontrados nos mais baixos níveis de subcontratação terceirizada, no âmbito de grandes cadeias produtivas empresariais.[1256]

No presente tópico serão identificados os principais fundamentos de responsabilidade civil-trabalhista de empresas-líderes, adotados pelo MPT em sua atuação estratégica. Esses fundamentos mantêm conexão direta com a *fundamentação central comum* exposta nos capítulos anteriores – *comum porque incidente sobre toda a gama de direitos humanos fundamentais nas relações de trabalho.*

---

de empresas e de empregadores, quer assuma formas jurídicas explicitas e reguladas pelo direito empresarial, quer sejam coalizões factuais, reconhecendo a possibilidade de que tais empresas ou empregadores assumam cada um parte das funções diretivas que o artigo 2° da CLT estabelece como necessárias e suficientes ao reconhecimento do (s) sujeitos (s) de deveres jurídicos do tomador"'. Consultar: BRASIL, Tribunal Superior do Trabalho. **AIRR 0001779-55.2014.5.02.0054**, Rel. Min. Douglas Alencar. Aguardando julgamento. Disponível em: https://bit.ly/3yXrgpo. Acesso em: 22 jul. 2022.

(1255) Consultar sentença proferida pela Vara do Trabalho de Tucuruí – PA, fls. 24. BRASIL, Tribunal Superior do Trabalho. **AIRR 0000807-17.2012.5.08.0110**, Rel. Min. Cláudio Brandão. Aguardando julgamento. Disponível em: Acesso em: https://bit.ly/3OvzhaL. 23 jul. 2022.

(1256) Atuação também destacada do MPT na prevenção de violações trabalhistas no âmbito das cadeias produtivas é desenvolvida pelo *Grupo de Trabalho Instrumentos Econômicos e de Governança*. O projeto consiste em acompanhar e exigir, inclusive judicialmente, quando necessário, que as principais instituições bancárias do País, ao elaborarem suas políticas de responsabilidade socioambiental (SRE) exigidas pela Resolução n. 4.327/2014 do Conselho Monetário Nacional, contemplem e adotem medidas para prevenir o fornecimento de crédito a empreendimentos contaminados por graves violações trabalhistas, como trabalho escravo, trabalho infantil e exposição de trabalhadores a riscos de acidentes. BRASIL, Ministério Público do Trabalho. **PGEA 000001.2018.15.903/3**, Grupo de Trabalho Instrumentos Econômicos e Governança. Acerca do tema, o Grupo de Trabalho lançou a obra: GOMES, Rafael de Araújo *et. al.* (coord.). **A responsabilidade social das instituições financeiras e a garantia dos direitos humanos**. Belo Horizonte: Fórum, 2018.

Partindo dessa fundamentação central comum, os fundamentos especificamente relacionados a temas estratégicos, adotados pelo MPT, serão apresentados numa ordem racional de derivação argumentativa, de modo a integrá-los sistematicamente à proposta teórica objeto da presente tese. Para viabilizar essa articulação, os fundamentos de responsabilidade civil são classificados na seguinte ordem de derivação.

(1º) *Fundamentação central comum*: a fundamentação central comum da responsabilidade civil-trabalhista da empresa-líder pelos direitos humanos fundamentais na cadeia produtiva empresarial descentralizada é aquela exposta nos Capítulos 6 e 7, assentada no arcabouço normativo internacional de direitos humanos, no direito fundamental ao trabalho digno e na legislação trabalhista e civil infraconstitucional conformadora da responsabilidade empresarial, direcionados a toda e qualquer forma de violação ou ameaça de violação àqueles direitos.

A amplitude da responsabilidade das empresas pelos direitos humanos socio-trabalhistas encontra expressão nos Princípios Orientadores da ONU sobre Empresas e Direitos Humanos (Capítulo 6 - 6.6), e mais precisamente em seu Princípio 12, que assim dispõe:

> A responsabilidade das empresas de respeitar os direitos humanos refere-se *aos direitos humanos internacionalmente reconhecidos* – entendidos, *no mínimo*, como aqueles expressos na Carta Internacional de Direitos Humanos e os princípios de direitos fundamentais estabelecidos na Declaração da Organização Internacional do Trabalho sobre os Princípios e Direitos Fundamentais no Trabalho (sem grifos no original).[1257]

O enunciado apresenta plasticidade para contemplar tanto empresas situadas em países que ainda não aderiram aos principais tratados internacionais de direitos humanos, mas que, ainda assim, pelo fato de integrarem a comunidade internacional, submetem-se ao *standard* normativo internacional mínimo *cogente* de direitos humanos (Capítulo 6 - 6.2)[1258], quanto empresas situadas em países que ratificaram os referidos instrumentos, integrando-os aos seus ordenamentos internos, a exemplo das empresas que atuam no Brasil, sujeitas ao paradigma do direito fundamental ao trabalho digno (tópico 6.3).

Conforme assentado nos capítulos anteriores, essa responsabilidade empresarial decorre da irradiação do direito fundamental ao trabalho digno – e da dimensão dos direitos humanos nele compreendida – sobre as relações privadas de produção, sob influxo interpretativo dos Princípios Orientadores da ONU sobre Empresas e Direitos

---

(1257) CONECTAS Direitos Humanos. **Empresas e Direitos Humanos**: Parâmetros da ONU para proteger, respeitar e reparar. Relatório final de John Ruggie – Representante Especial do Secretário-Geral. 2011. *Ob. Cit.*

(1258) As normas de *jus cogens* (normas imperativas em sentido estrito) gozam de superioridade normativa por uma qualidade que lhes é essencial: elas veiculam valores essenciais da comunidade internacional tomada como um todo. Essa superioridade encontra-se plasmada nos arts. 53 e 64 da Convenção de Viena sobre Direito dos Tratados (CVDT), de 1969: "*Artigo 53. Tratado em Conflito com uma Norma Imperativa de Direito Internacional Geral (jus cogens). É nulo um tratado que, no momento de sua conclusão, conflite com uma norma imperativa de Direito Internacional geral. Para os fins da presente Convenção, uma norma imperativa de Direito Internacional geral é uma norma aceita e reconhecida pela comunidade internacional dos Estados como um todo, como norma da qual nenhuma derrogação é permitida e que só pode ser modificada por norma ulterior de Direito Internacional geral da mesma natureza (...). Artigo 64. Superveniência de uma Nova Norma Imperativa de Direito Internacional Geral (jus cogens). Se sobrevier uma nova norma imperativa de Direito Internacional geral, qualquer tratado existente que estiver em conflito com essa norma torna-se nulo e extingue-se*". Consultar: BELTRAMELLI NETO, Silvio. **Curso de direitos humanos.** *Ob. Cit.*, p. 140/146.

Humanos. Encontra conformação legislativa infraconstitucional (irradiação indireta) na figura da responsabilidade objetiva e solidária do empresário, fundada no *risco criado*, disciplinada pelos arts. 186, 927, parágrafo único, 942 e 944 do CCB.

(2º) *Fundamentação central contextual*: a fundamentação central contextual da responsabilidade civil-trabalhista da empresa-líder consiste nos fundamentos centrais, acima expostos, especificamente aplicados ao ilícito verificado no caso concreto, a exemplo das normas internacionais, constitucionais e infraconstitucionais especificamente dirigidas ao combate ao trabalho escravo e ao trabalho infantil, à preservação do meio ambiente do trabalho, à proibição de discriminações ilícitas, à promoção da liberdade sindical etc., conforme os elementos *contextuais* presentes.

No enfrentamento do trabalho escravo, objeto do próximo tópico, por exemplo, integram a fundamentação central contextual todos os argumentos de responsabilidade baseados em normas internacionais, constitucionais e infraconstitucionais relacionadas à prevenção e coibição do trabalho escravo.

(3º) *Fundamentação complementar*: a fundamentação complementar de responsabilidade da empresa-líder pelos direitos humanos fundamentais na cadeia produtiva empresarial descentralizada diz respeito a construções interpretativas de reforço argumentativo, assentadas numa visão ampliativa da eficácia dos direitos fundamentais, voltadas a ratificar e conferir higidez aos fundamentos centrais.

Em subtópicos específicos serão a seguir identificados os principais fundamentos centrais *contextuais* adotados pelo MPT em casos paradigmáticos relacionados ao enfrentamento do trabalho escravo, a violações ao meio ambiente de trabalho e ao trabalho infantil.

Tais fundamentos serão abordados a título exemplificativo, diante da grande variedade de outros temas de direitos humanos que são cotidianamente objetos de atuações do MPT, tais como a violação da liberdade sindical, as discriminações ilícitas, as fraudes ao vínculo de emprego, entre tantos outros. Dada a impossibilidade de análise dos fundamentos contextuais relacionados a todas essas possíveis violações de direitos humanos na seara trabalhista, as abordagens a seguir ilustram a articulação de alguns desses fundamentos com a proposta teórica objeto da obra, abrindo caminho para novas construções teórico-argumentativas em torno da matéria.

8.3.1. Responsabilização civil-trabalhista da empresa-líder por trabalho escravo na cadeia produtiva empresarial descentralizada

Desde que instituído, em 1995, o Grupo Especial de Fiscalização Móvel (GEFM), da Inspeção do Trabalho, em atuação integrada com o MPT, por meio de sua Coordenadoria Nacional de Erradicação do Trabalho Escravo (CONAETE), já flagrou mais de 55 mil trabalhadores submetidos a trabalho escravo, no País. Esse quadro revelou-se em operações urbanas e rurais, especialmente em fazendas de gado, soja, algodão, café, laranja, batata e cana-de-açúcar, mas também em carvoarias, canteiros de obras, oficinas de costura, entre outras unidades integradas a grandes cadeias produtivas.[1259]

(1259) SAKAMOTO, Leonardo. O trabalho escravo contemporâneo. *In:* SAKAMOTO, Leonardo (org.). **Escravidão contemporânea.** São Paulo: Contexto, 2020, p. 7-16. Os dados de inspeções fiscais que flagraram trabalhadores submetidos à condição análoga a de escravo no Brasil, desde o ano de 1995, encontram-se disponíveis para consulta no Observatório Digital da Erradicação do Trabalho Escravo e do Tráfico de Pessoas, mantido pela iniciativa *SmartLab,* um fórum multidisciplinar de fornecimento sistematizado de dados públicos em matéria de trabalho e emprego, com objetivo de fomentar pesquisas científicas e políticas

O trabalho escravo encontra-se geralmente associado à terceirização externa, executado de forma dispersa e geograficamente distante dos agentes econômicos centrais das cadeias produtivas beneficiárias. Pesquisa empírica referida no Capítulo 1 (tópico 1.5) revela que nas dez maiores operações de resgate de trabalhadores submetidos a trabalho escravo, realizadas no País entre 2010 e 2013, 90% dos trabalhadores eram terceirizados.[(1260)] No mesmo sentido, aponta o relatório produzido pela ONU em parceria com a OCDE e outros organismos internacionais, do ano de 2019, sobre o tráfico de pessoas nas cadeias globais de mercadorias, segundo o qual, o trabalho escravo no Brasil tende a ocorrer nas etapas terceirizadas das cadeias globais de mercadorias (Capítulo 1 - 1.1).[(1261)]

Desde o início da atuação articulada com o GMFM, o MPT firmou inúmeros TACs e ajuizou centenas de ações civis públicas em face de empresas-líderes de cadeias produtivas dos mais diversos setores, com vistas à responsabilização por prática de trabalho escravo em elos terceirizados de suas cadeias produtivas.

TACs foram firmados com previsão de medidas preventivas e reparatórias do ilícito, por exemplo, com empresas-líderes dos ramos da agricultura,[(1262)] indústrias do vestuário,[(1263)] alimentos,[(1264)] construção civil,[(1265)] açúcar e álcool[(1266)] e exportação da cera de carnaúba.[(1267)]

Na década de 2000, o MPT intensificou atuação preventiva de trabalho escravo associado ao tráfico de pessoas no setor têxtil, firmando TACs com grandes empresas-líderes do setor, como C&A,[(1268)] Riachuello[(1269)] e Marisa.[(1270)] As empresas comprometeram-se, sob pena de multa, a implementar auditorias internas para identificar presença de trabalho escravo, especialmente de trabalhadores imigrantes indocumentados, em suas cadeias produtivas, inclusive com obrigação de rescindir contratos com os respectivos fornecedores quando forem ineficazes as ações preventivas.[(1271)]

---

públicas, mantido pelo Ministério Público do Trabalho (MPT) em conjunto com a Organização Internacional do Trabalho (OIT). Consultar: SMARTLAB. **Observatório da Erradicação do Trabalho Escravo e do Tráfico de Pessoas**. Disponível em: https://smartlabbr.org/trabalhoescravo. Acesso em: 14 fev. 2022.

(1260) Pesquisa apresentada pela Associação Nacional dos Procuradores e das Procuradoras do Trabalho – ANPT. FILGUEIRAS, Vitor Araújo. Terceirização e trabalho análogo ao escravo: coincidência? **Repórter Brasil**, 24 jun. 2014. Disponível em: https://bit.ly/3akOjyr. Acesso em: 8 out. 2021.

(1261) ORGANIZAÇÃO Internacional do Trabalho *et. al*. **Ending child labour, forced labour and human trafficking in global supply chains**. *Ob. Cit.*

(1262) Exemplo: BRASIL, Ministério Público do Trabalho. Procuradoria Regional do Trabalho da 9ª Região. TAC n. 086/2014. **Procedimento Preparatório n. 0064.2014.09.005/4.**

(1263) Exemplo: BRASIL, Ministério Público do Trabalho. Procuradoria Regional do Trabalho da 2ª Região. TAC n. 21/2017. **Inquérito Civil n. 00393.2011.02.002/2.**

(1264) Exemplo: BRASIL, Ministério Público do Trabalho. Procuradoria Regional do Trabalho da 9ª Região. TAC n. 34/2016. **PA-PROMO n. 000005.2012.09.005/7.**

(1265) Exemplo: BRASIL, Ministério Público do Trabalho. Procuradoria Regional do Trabalho da 11ª Região. TAC n. 34/2016. **Inquérito Civil n. 000144.2015,11.001/2-103.**

(1266) Exemplo: BRASIL, Ministério Público do Trabalho. Procuradoria Regional do Trabalho da 3ª Região. TAC n. 67/2019. **Inquérito Civil n. 000734.2018.03.001-8.**

(1267) Exemplo: BRASIL, Ministério Público do Trabalho. Procuradoria Regional do Trabalho da 7ª Região. TAC n. xx/2018. **PA-PROMO n. 000307.2014.07.000/8.**

(1268) BRASIL, Ministério Público do Trabalho. Procuradoria Regional do Trabalho da 2ª Região. **PI n. 2371.2006.02.000/0-134.**

(1269) BRASIL, Ministério Público do Trabalho. Procuradoria Regional do Trabalho da 2ª Região. **IC n. 809.2006.02.000/4-111.**

(1270) BRASIL, Ministério Público do Trabalho. Procuradoria Regional do Trabalho da 2ª Região. **PI n. 788.2006.02.000/8.**

(1271) FABRE, Luiz. Novos institutos relacionados ao tráfico de pessoas no setor têxtil: o princípio do non-refoulement e a teoria da cegueira deliberada. *In*: **Revista do Ministério Público do Trabalho,**

No *caso Zara*, em 2011, a Inspeção do Trabalho flagrou a presença de trabalhadores imigrantes indocumentados submetidos a trabalho escravo (servidão por dívidas, degradância e jornadas exaustivas) em oficinas de costura de fornecedores da marca. A Zara terminou celebrando TAC com o MPT, por meio do qual obrigou-se, sob pena de multa, entre várias outras obrigações, a prevenir a prática de trabalho escravo, trabalho infantil e a violação de direitos trabalhistas em geral, em sua cadeia produtiva:

> 1.1.2) *assegurar e garantir condições de trabalho dignas aos trabalhadores que prestam serviços nessa cadeia produtiva*, eliminando e/ou neutralizando qualquer ocorrência de trabalho em condição análoga a escravo, trabalho forçado, servidão por dívida, trabalho em condições degradantes ou jornada exaustiva e trabalho infantil;
>
> 1.1.5) aprimorar as medidas de monitoramento das oficinas de confecção, que fornecem produtos para a ZARA e os terceiros por estes contratados;
>
> (...)
>
> 11- (...) Compete à ZARA *exigir dos seus FORNECEDORES e TERCEIROS por estes contratados* (...), *que produzam mercadorias de suas marcas, a observância da legislação brasileira em vigor*, mediante o cumprimento das seguintes obrigações:
>
> (...)
>
> II.2) *zelar pela saúde e segurança ocupacional do trabalhador das oficinas de confecções* (...).(1272)

No referido TAC, a Zara assumiu a responsabilidade de implementar a *devida diligência* fiscalizatória sobre os fornecedores quanto ao cumprimento de direitos trabalhistas, mediante mapeamento da cadeia produtiva e diagnóstico de irregularidades, situações de incapacidade econômica e inadimplemento de obrigações trabalhistas, mediante aplicação de medidas corretivas e punitivas, além da comunicação às autoridades competentes sobre as ocorrências mais graves, insanáveis e com repercussões penais, nos seguintes termos:

> III - DAS OBRIGAÇÕES DE CONTROLE E FISCALIZAÇÃO DA CADEIA PRODUTIVA
>
> II.1) A ZARA obriga-se a *exercer controle preventivo na contratação de seus fornecedores*, de modo a informar-se, na seleção e antes concluir os negócios jurídicos, da capacidade produtiva de cada confecção e oficina, do lastro econômico destas empresas ou empresários, do local e ambiente de trabalho em que será prestado o serviço, do número de empregados contratados e trabalhadores disponíveis para a execução da atividade, a fim de *averiguar, com antecipação, a conformidade e adequação do objeto contratado às capacidades práticas do fornecedor* (sem grifos no original).

Brasília, Ano XXII, n. 44, pp. 44-61, set. 2012; SINDICATO Nacional dos Auditores Fiscais do Trabalho. **Trabalho escravo na indústria da moda em São Paulo**. Brasília: SINAIT, 2021. Disponível em: https://bit.ly/3ecSilR. Acesso em: 5 set. 2022; FERNANDES, Rafaela Neiva. Por trás dos panos: o trabalho escravo no setor têxtil brasileiro e a responsabilização jurídica das grifes. **Boletim Científico ESMPU**, Brasília, a.18, n. 53, p. 233-258, jan./jun. 2019.

(1272) BRASIL, Ministério Público do Trabalho. Procuradoria Regional do Trabalho da 2ª Região. **Inquérito Civil n. 000393.2011.02.002/2**. TAC firmado com a Zara Brasil Ltda; MPT-SP-TAC-ZARA-21-2017.pdf. **Estadão**. Política. Blog Fausto Macedo. Disponível em: https://bit.ly/3RDXiye. Acesso em: 4 ago. 2022.

> III.2) A ZARA obriga-se a realizar, em 03 (três) meses contados da assinatura deste acordo, um mapeamento completo de sua cadeia produtiva de confecção e produção no Brasil (contratações já efetivadas e em movimento), abrangendo todas as ramificações ou tentáculos (grife, confecção e oficina), diagnosticando as inconformidades de capacidade econômica e produtiva, os quadros de insolvência generalizada ou continuado inadimplemento contratual, trabalhista, previdenciária, as situações extremas de trabalho escravo, forçado, degradante, em jornadas exaustivas, servidão por dívida, trabalho de menor, discriminação, estrangeiros não documentados, e aplicar as medidas previstas neste acordo para corrigir as ocorrências corrigíveis ou punir e dar conhecimento às autoridades competentes daquelas ocorrências mais graves, insanáveis e com repercussões penais. O mapeamento deverá ser encaminhado ao MPT.[1273]

Por fim, no TAC a Zara assumiu responsabilidade solidária com os fornecedores pela prevenção e reparação de ilícitos trabalhistas em sua cadeia produtiva, inclusive os relacionados à prevenção de doenças e acidentes do trabalho:

> IV – (...) Na qualidade de *responsável solidária* para fins meramente trabalhistas e restritos aos empregados de seus FORNECEDORES e TERCEIROS por estes contratados que, eventual e comprovadamente, tenham sido flagrados em *condições análogas às de trabalho escravo, em quaisquer de suas espécies*, isto é, trabalho forçado, servidão por dívida, trabalho em condições degradantes e jornada exaustiva; aliciamento de trabalhadores; tráfico de pessoas; exploração de estrangeiro não documentado; e trabalho proibido de criança ou adolescente, identificado em qualquer etapa de cadeia produtiva de confecção ou fornecimento, a ZARA, sem o reconhecimento de culpa, compromete-se as seguintes obrigações de conduta: (...).[1274]

Em TACs dessa natureza, as empresas-líderes cujas cadeias produtivas são flagradas com graves violações de direitos humanos sociotrabalhistas geralmente assumem a obrigação de pagar indenização reparatória por danos morais coletivos. No caso *Zara*, embora sem denominar de indenização, a empresa comprometeu-se a converter verba no valor de R$ 5milhões a projeto social.[1275] Mas o aspecto central na promoção dos direitos fundamentais trabalhistas reside no *compromisso de realizar a devida diligência para prevenir novas violações*.

Embora sem referência normativa ou teórica aos Princípios Orientadores da ONU sobre Empresas e Direitos Humanos, essas atuações do MPT operam em moldes muito próximos dos seus parâmetros de responsabilidade, em especial quanto aos processos de auditoria (*due diligence* - Princípios 15, 17 e 19) voltados a identificar, prevenir, mitigar e prestar contas da atuação empresarial quanto aos direitos humanos fundamentais dos trabalhadores (Capítulo 6 - 6.6).[1276]

(1273) *Idem.*
(1274) *Idem.*
(1275) *Idem.*
(1276) Exemplos: BRASIL, Ministério Público do Trabalho. Procuradoria Regional do Trabalho da 7ª Região. TAC n. xx/2018. **PA-PROMO n. 000307.2014.07.000/8.** TAC firmado com Foncepi Comercial Exportadora Ltda., em 17 ago. 2018; BRASIL, Ministério Público do Trabalho, Procuradoria Regional do Trabalho da 3ª Região. TAC n. 11/2015. **IC n. 00093.2014.03.004/3.** TAC firmado com Indústria de Rações Patense Ltda; BRASIL, Ministério Público do Trabalho. Procuradoria Regional do Trabalho da 2ª Região. TAC n. 83/2016. **IC n. 000602.2016.02.002/9.** TAC firmado com Hidrogênio Indústria e Comércio de Roupas Ltda; BRASIL, Ministério Público do Trabalho, Procuradoria Regional do Trabalho da 3ª Região. TAC n. 67/2019. **IC 000734.2018.03.001-8.** TAC firmado com Usina Cerradão Ltda e Agrícola Cerradão Ltda.

Frustrada a tentativa de celebração de TAC, o MPT geralmente promove Ação Civil Pública para demandar judicialmente a responsabilização da empresa-líder. Ações civis públicas foram ajuizadas, por exemplo, em face de indústrias do vestuário, por prática de trabalho escravo em oficinas de costura terceirizadas;[1277] de indústrias siderúrgicas, por trabalho escravo no fornecimento de carvão;[1278] de indústrias de alimentos, por trabalho escravo no fornecimento de madeira, insumo para combustão de fornos;[1279] de indústrias da construção civil, por trabalho escravo em empresas empreiteiras;[1280] de indústrias e exportadores de cera de carnaúba, por trabalho escravo na colheita e beneficiamento de palha da carnaúba;[1281] de indústrias da fibra de sisal, por trabalho escravo na plantação de sisal,[1282] entre inúmeros outros casos.

Nos exemplos acima expostos, da *Siderúrgicas do Pará* (trabalho escravo na produção de carvão) e *M. Officer* (trabalho escravo em oficina de costura de vestuário), os fundamentos invocados pelo MPT e acolhidos pelo Poder Judiciário conduziram à *responsabilização trabalhista* das empresas-líderes, por configuração de grupo econômico e/ou intermediação ilícita de mão de obra.

No entanto, em muitos outros casos, fornecedores que praticam trabalho escravo atuam com acentuada autonomia econômica e operacional em relação à empresa-líder contratante, embora sujeitos ao seu *controle produtivo estratégico*, como é típico da cadeia produtiva empresarial descentralizada. Isso ocorre muito comumente no fornecimento terceirizado de matéria-prima.

Nesses casos, não havendo elementos que conduzam à responsabilidade trabalhista da empresa-líder, o MPT pleiteia sua responsabilização civil preventiva e/ou reparatória por violações de direitos humanos fundamentais sociotrabalhistas em sua cadeia produtiva, sob variados fundamentos que serão a seguir expostos.

No caso da *Exportadora de cera de carnaúba*, em agosto de 2021, flagrada a prática de trabalho escravo em atividade rural de produção e beneficiamento da palha de carnaúba, o MPT no Maranhão ajuizou Ação Civil Pública antecedida de ação cautelar preparatória, em face do produtor rural fornecedor da palha beneficiada e da empresa adquirente da produção, exportadora de cera de Carnaúba. A cera é um subproduto extraído da palha da palmeira de carnaúba, destinado a indústrias, como a alimentícia, cosmética, automotiva, farmacológica e moveleira, no exterior.[1283]

Para prevenir a prática de trabalho escravo, comum nas atividades rurais de extração e beneficiamento da palha da carnaúba, o MPT atua junto aos produtores rurais, aos fabricantes da cera, mas também, em face de empresas exportadoras, que

---

(1277) Exemplos: BRASIL, Tribunal Regional do Trabalho da 2ª Região. **Processo n. 0000108.81.2012.5.02.0081** (caso *Casas Pernambucanas*); *Idem*, **Processo n. 0001779.55.2014.5.02.0054** (Caso *M. Officer*).

(1278) Exemplo: BRASIL, Tribunal Regional do Trabalho da 8ª Região. **Processo n. 0000807-17.2012.5.08.0110** (caso *Siderúrgica do Pará*).

(1279) Exemplo: BRASIL, Tribunal Regional do Trabalho da 4ª Região. **Processo n. 0020599-33.2015.5.04.0701.**

(1280) Exemplo: BRASIL, Tribunal Regional do Trabalho da 2ª Região. **Processo n. 1000114-14.2013.5.02.0315.**

(1281) Exemplo: BRASIL, Tribunal Regional do Trabalho da 16ª Região. **Processo n. 0017634-87.2021.5.16.0006; ACP 0016444-55.2022.5.16.0006.**

(1282) Exemplo: BRASIL, Tribunal Regional do Trabalho da 5ª Região. **Processo n. 0000789.27.2021.5.05.0251** (caso *Sisalândia*).

(1283) BRASIL, Tribunal Regional do Trabalho da 16ª Região. Vara do Trabalho de Chapadinha. **TutCautAnt 0017634-87.2021.5.16.0006; ACP 0016444-55.2022.5.16.0006.** Disponível em: https://bit.ly/3qgJj5O. Acesso em: 4 ago. 2022.

se situam no topo hierárquico da cadeia produtiva no território nacional, figurando como empresas-líderes da mercadoria, no País.(1284)

No caso da *Exportadora de cera de carnaúba*, o MPT relata, na petição inicial, que os trabalhadores foram aliciados no interior do Ceará e levados para execução das atividades rurais no interior do Maranhão, onde foram submetidos a trabalho escravo pelo produtor-fornecedor da cera de carnaúba.(1285)

Na ação, o MPT invoca como *fundamento central contextual* a responsabilidade preventiva e reparatória da empresa-líder exportadora, adquirente da produção, com base no arcabouço normativo constitucional de proteção ao trabalho: os princípios da dignidade da pessoa humana e do valor social do trabalho (CR/1988, arts. 1º, III e IV), o solidarismo constitucional (art. 3º, I e III), o direito fundamental à saúde, higiene e segurança do trabalho (art. 7º, XXII) e o direito ao meio ambiente do trabalho equilibrado e saudável (arts. 200, VIII).(1286) Invoca ainda o *princípio do poluidor-pagador* fundado no art. 14, § 1º, da Lei n. 6.938/1981 (Lei da Política Nacional do Meio Ambiente), segundo o qual, o causador de danos ao meio ambiente por eles responde objetivamente, independentemente de culpa.

Além disso, o MPT invoca a responsabilidade civil da empresa-líder com base em *fundamentos complementares*, de reforço argumentativo: (i) a responsabilidade objetiva e solidária do fabricante, produtor, construtor, comerciante e importador por danos causados aos consumidores e terceiros vitimados – arts. 12 e 14 do CDC; e (ii) a *teoria da cegueira deliberada* ou *cegueira conveniente* (*willful blindness*), originária do direito penal anglo-saxônico, segundo a qual, é responsável o agente que se coloca voluntariamente em estado de ignorância sobre aspectos relevantes de sua conduta, quando deveria atuar com diligência para não violar direitos de terceiros.(1287)

No momento em que se finaliza a escrita do presente tópico, a ação principal ainda se encontra na fase instrutória, enquanto a ação cautelar preparatória conta com decisão liminar voltada a garantir recursos para pagamento de indenizações pleiteadas na ação civil pública.(1288)

Outro exemplo de atuação voltada à responsabilização civil-trabalhista da empresa-líder de cadeia produtiva por prática de trabalho escravo em atividade

---

(1284) A complexidade do ajuizamento de ação de responsabilização em face da empresa-líder estrangeira sem atividade ou representação no Brasil recomenda criterioso exame de custo-benefício, especialmente quando a empresa exportadora da matéria-prima, que atua no Brasil, agente hierarquicamente mais elevado da cadeia produtiva empresarial em território brasileiro, tenha capacidade econômica para garantir o cumprimento dos direitos dos trabalhadores. Nesse caso, por critério de efetividade, pode resultar mais adequada a eleição da empresa exportadora como empresa-líder da cadeia produtiva no Brasil, para efeito de responsabilização, sem prejuízo da cientificação das violações de direitos humanos a entidades privadas de defesa de direitos humanos e à OCDE (caso a empresa tenha sede ou atue em país integrante da Organização), para que medidas de governação privada sejam adotadas em face da empresa-líder estrangeira, adquirente da produção afetada com a prática do ilícito trabalhista. Acerca da cadeia produtiva da carnaúba: BRASIL, Ministério Público do Trabalho. Projeto reação em cadeia. Cadeia produtiva da carnaúba. **PGEA 20.02.2200.0000406/2019-06**, *Idem*.

(1285) BRASIL, Tribunal Regional do Trabalho da 16ª Região. Vara do Trabalho de Chapadinha. **TutCautAnt 0017634-87.2021.5.16.0006**; **ACP 0016444-55.2022.5.16.0006**.

(1286) *Idem*.

(1287) *Idem*.

(1288) Na ação cautelar antecedente, TutCautAnt 0017634-87.2021.5.16.0006, constatada a probabilidade do direito, foram deferidas medidas de urgência voltadas a bloquear valores de propriedade dos réus para pagamento de eventuais condenações na ação principal. BRASIL, Tribunal Regional do Trabalho da 16ª Região. **TutCautAnt 0017634-87.2021.5.16.0006**. Vara do Trabalho de Chapadinha, PJe, decisão de id f30fd50, juntada em 30 ago. 2021. Disponível em: https://bit.ly/3zukkAd. Acesso em: 2 ago. 2022.

primária, encontra-se no caso *Sisalândia*. Em julho de 2021, flagrada a prática de trabalho escravo no cultivo e beneficiamento rural de folhas de sisal, matéria-prima para fabricação de fibras altamente resistentes, o MPT na Bahia ajuizou Ação Civil Pública contra o fornecedor rural e contra a empresa adquirente da produção, a Sisalândia, indústria e exportadora de fibras, fios e cordas de sisal, que vende para o mercado interno e exporta para países em todos os demais continentes.[1289]

Na petição inicial, relata o MPT que foram resgatados trabalhadores submetidos a trabalho escravo por um fornecedor, com o qual foram firmados os vínculos de emprego. O MPT pleiteia a responsabilização civil-trabalhista preventiva e reparatória da empresa-líder, adquirente da produção, pela prática do ilícito na cadeia produtiva, sob fundamentos centrais idênticos aos do caso da *Exportadora de cera de carnaúba*, acrescidos, no entanto, do fundamento complementar alusivo ao Decreto Federal n. 9.571/2018, que institui as *Diretrizes Nacionais sobre Empresas e Direitos Humanos*, no Brasil, sob inspiração dos Princípios Orientadores da ONU sobre Empresas e Direitos Humanos.[1290]

A ação do caso *Sisalândia* foi julgada procedente no primeiro grau de jurisdição, condenando-se a empresa-líder a adotar diversas medidas de diligência para prevenir novos ilícitos na cadeia produtiva e a pagar indenização por danos morais coletivos no importe de R$ 1milhão.[1291]

Fundamento complementar também comumente utilizado pelo MPT para pleitear a responsabilização civil-trabalhista de empresas-líderes por ilícitos trabalhistas nas cadeias produtivas diz respeito à *teoria dos contratos conexos ou contratos coligados*, a seguir analisada. O fundamento foi utilizado, por exemplo, no caso *M. Officer*.[1292]

Tais fundamentos complementares serão objeto de análise após o estudo dos fundamentos centrais contextuais, a começar pela *fundamentação contextual vinculada ao combate ao trabalho escravo nas cadeias produtivas*, a seguir exposta.

O trabalho escravo contemporâneo, ao lado do trabalho infantil, constitui a prática violadora de direitos humanos sujeita à mais acentuada reprovabilidade social internacional no plano das relações de trabalho, pela violência que representa à dignidade do trabalhador.

Quase quarenta anos após a abolição formal da escravatura no Brasil, ocorrida em 1888 – e que perdurou por quase quatrocentos anos –, a ONU aprovou a Convenção sobre Escravatura (1926), que visou a suprimir a escravidão e o tráfego de escravos.[1293] Quatro anos depois, a OIT aprovou a Convenção 29 (1930), por meio da

---

(1289) O sisal é planta herbácea cultivada predominantemente no estado da Bahia, dotada de folhas fibrosas de alta resistência. A cadeia produtiva começa com a plantação, colheita, desfibramento e beneficiamento da planta, e termina, no território nacional, com a confecção industrial da fibra, inclusive para a indústria automobilística, sendo o Brasil um grande exportador da mercadoria. BRASIL, Tribunal Regional do Trabalho da 5ª Região. Vara do Trabalho de Conceição do Coité. **Processo n. 0000789.27.2021.5.05.0251.** Disponível em: https://bit.ly/3JA2Abp. Acesso em: 3 ago. 2022.

(1290) MPT pede condenação de empresa por uso de trabalho análogo à escravidão na cadeia do sisal, na Bahia. **G1 Ba**, 9 ago. 2021. Disponível em: http://glo.bo/3APTUJT. Acesso em: 4 ago. 2022. *Idem.*

(1291) No momento em que se redige o presente tópico da pesquisa, a sentença encontra-se sujeita a embargos declaratórios, ainda no primeiro grau de jurisdição. *Idem.*

(1292) BRASIL, Tribunal Superior do Trabalho. **AIRR 0001779-55.2014.5.02.0054**, Rel. Min. Douglas Alencar. Aguardando julgamento. Disponível em: https://bit.ly/3yXrgpo. Acesso em: 22 jul. 2022.

(1293) ORGANIZAÇÃO das Nações Unidas (ONU). **Convenção sobre Escravatura de 1926 emendada pelo Protocolo de 1953 e pela Convenção Suplementar sobre a Abolição da Escravatura de 1956**. Ratificada, no Brasil, pelo Decreto n. 58.563/1966. Disponível em: https://bit.ly/3zWFMy3. Acesso em: 15 ago. 2022.

qual os membros ratificantes comprometeram-se a "suprimir o emprego do trabalho forçado ou obrigatório sob todas as suas formas no mais curto prazo possível" (art. 1.1), mantendo aceitáveis algumas exceções previstas no art. 2.2.[(1294)]

A DUDH (1948), que integra o mínimo cogente internacional, proíbe a prática da escravidão (art. 4º - "ninguém será mantido em escravatura ou em servidão; a escravatura e o trato dos escravo, sob todas as formas, são proibidos"), bem como a sujeição de qualquer pessoa a tortura, penas ou tratamentos cruéis, desumanos ou degradantes (art. 5º).

A Convenção 105 da OIT (1957), complementar à de n. 29, prevê a abolição do trabalho forçado como obrigação imposta a todos os países membros da Organização.[(1295)]

As principais normas internacionais de direitos humanos vedam a prática do trabalho forçado: em 1966, o Pacto Internacional sobre Direitos Civis e Políticos (PIDCP, 1966, art. 8º) estabeleceu a proibição do trabalho escravo;[(1296)] no mesmo ano, o Pacto Internacional sobre Direitos Econômicos, Sociais e Culturais também enunciou a garantia da liberdade ao trabalho, incompatível com o trabalho forçado (PIDESC, 1966, arts. 6º e 7º);[(1297)] por meio da Convenção Americana sobre Direitos Humanos (Pacto de São José da Costa Rica - 1969), os signatários firmaram compromisso de repressão à servidão e à escravidão em todas as suas formas.[(1298)]

No mesmo sentido, diversas normas internacionais temáticas passaram a vedar o trabalho forçado sob os mais variados prismas: a Convenção Sobre a Eliminação de Todas as Formas de Discriminação Contra a Mulher (1979, arts. 6º e 11º);[(1299)] o Protocolo Relativo à Prevenção, Repressão e Punição do Tráfico de Pessoas, em Especial Mulheres e Criança (2003, art. 3º);[(1300)] o Estatuto de Roma do Tribunal Penal Internacional (1998, art. 7.2.c);[(1301)] a Convenção sobre os Direitos da Criança (1989, art. 32);[(1302)] a Convenção

---

(1294) ORGANIZAÇÃO Internacional do Trabalho. **Convenção 29, de 1930**. Artigo 2."2. *Entretanto, a expressão 'trabalho forçado ou obrigatório' não compreenderá, para os fins da presente convenção: a) qualquer trabalho ou serviço exigido em virtude das leis sobre o serviço militar obrigatório (...); b) qualquer trabalho ou serviço que faça parte das obrigações cívicas normais dos cidadãos de um país plenamente autônomo; c) qualquer trabalho ou serviço exigido de um indivíduo como consequência de condenação pronunciada por decisão judiciária, desde que o trabalho não seja posto à disposição de entidade privada (...) d) qualquer trabalho ou serviço exigido nos casos de força maior, isto é, em caso de guerra, de sinistro ou ameaças de sinistro, tais como (...) ; e) pequenos trabalhos de uma comunidade (...) considerados obrigações cívicas normais dos membros da coletividade, contanto, que a própria população ou seus representantes diretos tenham o direito de se pronunciar sobre a necessidade desse trabalho*". Disponível em: https://bit.ly/2Me6koS. Acesso em: 27 jul. 2022.

(1295) ORGANIZAÇÃO Internacional do Trabalho. **Convenção 105, de 1930**. Disponível em: https://bit.ly/3b7O4La. Acesso em: 27 jul. 2022.

(1296) ORGAZAÇÃO das Nações Unidas (ONU). **Pacto Internacional dos Direitos Civis e Políticos**. Disponível em: https://bit.ly/3i2cKEX. Acesso em: 13 mar. 2022.

(1297) ORGAZAÇÃO das Nações Unidas (ONU). **Pacto Internacional dos Direitos Econômicos, Sociais e Culturais.** Artigo 6º. "*1. Os Estados Partes do presente Pacto reconhecem o direito ao trabalho, que compreende o direito de toda pessoa de ter a possibilidade de ganhar a vida mediante um trabalho livremente escolhido ou aceito, e tomarão medidas apropriadas para salvaguardar esse direito*". Disponível em: https://bit.ly/3BmKRlU. Acesso em: 27 jul. 2022.

(1298) Convenção promulgada no Brasil por meio do Decreto n. 678/1992. Disponível em: https://bit.ly/3OGAqwl. Acesso em: 27 jul. 2022.

(1299) Tratado ratificado pelo Brasil por meio do Decreto n. 4.377/2002. Disponível em: https://bit.ly/2sLxarP. Acesso em: 27 jul. 2022.

(1300) Protocolo promulgado no Brasil pelo Decreto n. 5.017/2004. Disponível em: https://bit.ly/3ODQwXB. Acesso em: 27 jul. 2022.

(1301) Tratado promulgado no Brasil por meio do Decreto n. 4.388/2002. Disponível em: https://bit.ly/3PWTzev. Acesso em: 27 jul. 2022.

(1302) Tratado promulgado no Brasil pelo Decreto n. 99.710/1990. Disponível em: https://bit.ly/2QMbCWV. Acesso em: 27 jul. 2022.

sobre a Proteção dos Direitos de Todos os Trabalhadores Migrantes e dos Membros das Suas Famílias (1990, art. 11)[(1303)] e a Convenção sobre os Direitos das Pessoas com Deficiência (CDPD, 2007, art. 27.2).[(1304)]

Em 1998, a Declaração da OIT sobre os Princípios e Direitos Fundamentais no Trabalho destacou a "eliminação de todas as formas de trabalho forçado ou obrigatório" (Convenção 29) como um dos seus eixos normativos.

Na 103ª Conferência Internacional do Trabalho (2014), a OIT aprovou o Protocolo à Convenção sobre Trabalho Forçado, por meio do qual os Estados-membros ratificantes comprometem-se a adotar uma política nacional e um plano de ação para reprimir efetivamente e de forma sustentável o trabalho forçado (art. 1.2), por meio de medidas de prevenção e eliminação, de proteção às vítimas e de punição aos responsáveis (art. 1.1).[(1305)]

Também na 103ª Conferência Internacional do Trabalho, a OIT aprovou a Recomendação sobre Trabalho Forçado - Medidas Complementares (2014), que disciplina de forma ainda mais detalhada as medidas necessárias a uma eficiente política de combate ao trabalho forçado, recomendando aos Estados-membros, em especial, a adoção de medidas voltadas a "identificar, prevenir e mitigar os riscos do trabalho forçado ou obrigatório", e informar sobre "como eles lidam com esses riscos, em suas operações, produtos ou serviços prestados, com os quais possam estar diretamente relacionados" (art. 4.j). [(1306)]

Tanto a Recomendação, na passagem acima transcrita, quanto o Protocolo, ao tratar de medidas de *devida diligência* para prevenir o trabalho forçado (art. 2.*e*), recebem inteira influência dos Princípios Orientadores da ONU sobre Empresas e Direitos Humanos (2011). As normas são influenciadas, em particular, pelo Princípio 13.B, à luz do qual, a responsabilidade de respeitar os direitos humanos exige que as empresas previnam os impactos negativos relacionados com "operações, produtos ou serviços prestados", o que remete à necessidade de prevenção de riscos de trabalho forçado em empresas da cadeia produtiva (Capítulo 6 - 6.6).[(1307)]

Na legislação nacional, o trabalho análogo ao de escravo é penalmente tipificado pelo art. 149 do Código Penal Brasileiro (CPB) com redação inserida pela Lei n. 10.803/2003. O tipo penal apresenta-se em quatro condutas isoladas ou simultâneas: a) sujeição da vítima a trabalhos forçados; b) sujeição da vítima a jornada exaustiva; c) sujeição da vítima a condições degradantes de trabalho; e d) restrição, por qualquer meio, da locomoção da vítima em razão de dívida contraída com o empregador ou preposto.[(1308)] Essa tipificação penal determinou o conteúdo da

---

(1303) Convenção ainda não ratificada pelo Brasil. Mensagem MSC n. 695/2010, apresentada ao Congresso Nacional em 15 dez. 2010. Disponível em: https://bit.ly/3PFabb3. Acesso em: 27 jul. 2022.

(1304) Convenção ratificada pelo Brasil por meio do Decreto Legislativo n. 186/2008. Disponível em: https://bit.ly/3OIhSf4. Acesso em: 27 jul. 2022.

(1305) ORGANIZACIÓN Internacional del Trabajo. **Protocolo de 2014 relativo al convenio sobre el trabajo forzoso**, 1930. Disponível em: https://bit.ly/2FpSVqt. Acesso em: 27 jul. 2022.

(1306) ORGANIZACIÓN Internacional del Trabajo. **Recomendación sobre el trabajo forzoso (medidas complementarias)**, 2014. Disponível em: https://bit.ly/2Dk9z8l. Acesso em: 27 jul. 2022.

(1307) CONECTAS Direitos Humanos. **Empresas e Direitos Humanos**: Parâmetros da ONU para proteger, respeitar e reparar. Relatório final de John Ruggie – Representante Especial do Secretário-Geral. 2011. *Ob. Cit.*

(1308) Código Penal. *"Art. 149. Reduzir alguém a condição análoga à de escravo, quer submetendo-o a trabalhos forçados ou a jornada exaustiva, quer sujeitando-o a condições degradantes de trabalho,*

infração trabalhista e administrativa do trabalho escravo, no Brasil, com forte contribuição da jurisprudência trabalhista.[(1309)]

As disposições normativas internacionais e constitucionais de combate ao trabalho escravo integram um *bloco de constitucionalidade* que obriga diretamente as empresas-líderes que atuam no País a adotar e a exigir de suas empresas fornecedoras que adotem a *devida diligência* preventiva, acionando as *responsabilidades em cadeia* de todos os agentes econômicos integrados no grande empreendimento da cadeia produtiva empresarial descentralizada (Capítulo 6 - 6.4).[(1310)]

Como se pode observar, portanto, a *responsabilidade preventiva e reparatória da empresa-líder de respeitar e fazer respeitar as normas relativas ao combate ao trabalho escravo na cadeia produtiva empresarial descentralizada* (fundamentação central contextual) mantém direta conexão, por desdobramento ou derivação, com a responsabilidade de respeitar os direitos humanos sociotrabalhistas, por eficácia do direito fundamental ao trabalho digno sobre as relações privadas de produção (CR/1988, arts. 1º, III e IV; 3º, III e IV; 6º; 7º a 11; 170, IV; 193; 200, VIII; 225), sob influxo interpretativo dos Princípios Orientadores da ONU sobre Empresas e Direitos Humanos (fundamentação central comum - Capítulos 6 e 7).

Cabe ao intérprete desenvolver argumentativamente a articulação entre os fundamentos comuns, contextuais e complementares, de modo a conferir unidade à fundamentação da responsabilidade, no caso concreto.

Por fim, a sujeição do trabalhador a condição degradante de trabalho, uma das condutas configuradoras do trabalho escravo, implica violação ao *direito humano fundamental ao meio ambiente ecologicamente equilibrado,* nele compreendido o do trabalho, com a redução dos riscos inerentes ao trabalho por meio de normas de saúde, higiene e segurança (CR/1988, arts. 7º, XXII; 200, VIII e 225). Tais fundamentos, portanto, também integram a fundamentação contextual de combate ao trabalho escravo.

No entanto, considerando que a violação de normas de proteção à saúde e segurança do trabalhador também constitui dano ambiental trabalhista autônomo, o dever de respeito ao meio ambiente de trabalho será objeto de análise no próximo tópico, inteiramente aplicável ao tema do trabalho escravo.

8.3.2. Responsabilização civil-trabalhista da empresa-líder por danos ao meio ambiente do trabalho

Nas ações ajuizadas pelo MPT com vistas à responsabilização da empresa-líder por violação ao meio ambiente de trabalho na cadeia produtiva, esse tipo de ilícito

---

quer restringindo, por qualquer meio, sua locomoção em razão de dívida contraída com o empregador ou preposto: Pena - reclusão, de dois a oito anos, e multa, além da pena correspondente à violência".

(1309) Exemplo paradigmático de contribuição jurisprudencial à tipificação do ilícito é apontado por José Cláudio Monteiro de Brito Filho no julgado do TST no Processo TST-RR-178000-13.2003.5.08.0117, Relator Ministro Luiz Philippe Vieira de Mello Filho. Nesse caso, segundo o doutrinador, a caracterização do trabalho escravo por condição degradante de trabalho encontra fundamento na proteção da dignidade da pessoa humana, como bem jurídico maior tutelado pela ordem constitucional. Consultar: BRITO FILHO, José Cláudio Monteiro de. Dignidade da pessoa humana como fundamento para o combate ao trabalho em condições análogas à de escravo: a contribuição da 1ª Turma do Tribunal Superior do Trabalho no Processo TST-RR-178000-13.2003.5.08.0117. **Revista do TST**, Brasília, v. 78, n. 3, jul./set. 2012, p. 105.

(1310) A respeito da *teoria do bloco de constitucionalidade* na jurisprudência do Supremo Tribunal Federal, consultar o seguinte precedente: BRASIL, Supremo Tribunal Federal, Pleno. **ADI-MC 595/ES**, Rel. Min. Celso de Mello. DJe 30 out. 1991.

aparece geralmente associado à prática do trabalho escravo, como aspecto relacionado à condição *degradante de trabalho*. É o que ocorre nos casos acima exemplificados.

No setor rural, os casos *Siderúrgicas do Pará* (produção de carvão), *Indústria de Alimentos* (plantio de mandioca), *Exportadora de cera de carnaúba* (beneficiamento de folhas de carnaúba) e *Sisalândia* (colheita e tratamento de folhas de sisal) retratam trabalhadores submetidos a condições precárias de saúde e segurança no campo, em violação à Norma Regulamentadora (NR) 31 do Ministério do Trabalho e Emprego (MTE), que prevê medidas de saúde e segurança em atividades agropecuárias, de silvicultura e aquacultura.

No caso *Siderúrgicas do Pará*, os trabalhadores produziam carvão sem uso de equipamentos básicos de proteção, alojados em barracas de lona desprovidas de camas, água potável e sanitários.(1311) No caso da *Exportadora de cera de carnaúba*, os trabalhadores rurais eram submetidos a jornadas de 12 horas, carregando peso excessivo, sem água potável e sem alimentação adequada, e eram alojados em ambientes precários, sujos, desprovidos de sanitários.(1312) No caso *Sisalândia*, igualmente, os trabalhadores eram alojados em barracos de lona desprovidos de condições mínimas de habitabilidade, sem sanitários e sem água potável, dormindo em pedaços de espumas sobre o chão ou em cima de varas de madeira.(1313)

No caso *M. Officer* (costura de vestuário), trabalhadores bolivianos indocumentados trabalhavam e residiam no mesmo ambiente fabril desprovido de medidas básicas de saúde e segurança, sem espaços para refeições, sem sanitários suficientes para os trabalhadores e seus familiares, inclusive crianças, e com acentuado risco de incêndio e de acidentes com maquinário sem proteção.(1314)

A responsabilização da empresa contratante da terceirização por medidas de proteção à saúde e segurança do trabalhador terceirizado, sem vinculação ao trabalho escravo, também constitui objeto autônomo de atuação do MPT no âmbito de sua Coordenadoria Nacional de Defesa do Meio Ambiente do Trabalho (CODEMAT). Foi o que ocorreu no caso *Via Varejo*, em que o MPT no Mato Grosso do Sul postulou a responsabilização da grande empresa comercial de varejo por exercer a devida diligência fiscalizatória em matéria de saúde e segurança dos trabalhadores terceirizados que executam montagem dos móveis por ela comercializados.(1315)

Constatado alto índice de afastamentos por doenças ocupacionais no serviço terceirizado de montagem de móveis, contratado pela empresa comercial, o MPT ajuizou Ação Civil Pública pleiteando, entre outros pedidos, que a empresa acompanhasse as operações de montagem, "visando fiscalizar e garantir a efetiva observância às normas de segurança do trabalho" (...). O juízo de primeira instância deferiu o pleito,

---

(1311) BRASIL, Tribunal Superior do Trabalho. **AIRR 0000807-17.2012.5.08.0110**, Rel. Min. Cláudio Brandão. Aguardando julgamento. Disponível em: Acesso em: https://bit.ly/3OvzhaL. 23 jul. 2022.

(1312) BRASIL, Tribunal Regional do Trabalho da 16ª Região. Vara do Trabalho de Chapadinha. **TutCautAnt 0017634-87.2021.5.16.0006; ACP 0016444-55.2022.5.16.0006.**

(1313) BRASIL, Tribunal Regional do Trabalho da 5ª Região. Vara do Trabalho de Conceição do Coité. **Processo n. 0000789.27.2021.5.05.0251**. Disponível em: https://bit.ly/3JA2Abp. Acesso em: 3 ago. 2022.

(1314) BRASIL, Tribunal Superior do Trabalho. **AIRR 0001779-55.2014.5.02.0054**, Rel. Min. Douglas Alencar. Aguardando julgamento.

(1315) A ação civil pública foi julgada parcialmente procedente na primeira instância, com deferimento exclusivamente do referido pleito. Em sede de recurso ordinário, o TRT anulou a sentença por cerceio de defesa, para determinar a oitiva de testemunha da empresa ré. No momento em que se redige o presente tópico, a ação pende de retorno ao primeiro grau. BRASIL, Tribunal Regional do Trabalho da 24ª Região. **ROT 0024411-46.2019.5.24.0003. Disponível em: https://bit.ly/3PmXTDf. Acesso em: 15 ago. 2022.**

nesse ponto, "considerando que as medidas de segurança e saúde implicam inclusive, o dever de diligência e vigilância, inerente aos contratos de terceirização (...)".[1316]

Nessas demandas que tratam do meio ambiente de trabalho, o MPT invoca normas internacionais e constitucionais de proteção à saúde e segurança do trabalhador e, no plano infraconstitucional, a responsabilidade objetiva e solidária da empresa contratante da terceirização por danos ao meio ambiente do trabalho, geralmente com fundamento no art. 14, § 1º, da Lei n. 6.938/1981, segundo o qual, o causador de danos ao meio ambiente por eles responde objetivamente, independentemente de culpa (*princípio do poluidor-pagador*).[1317]

Tais argumentos integram a *fundamentação central contextual* da responsabilidade civil-trabalhista da empresa-líder pelos direitos humanos fundamentais ao meio ambiente do trabalho equilibrado e a medidas de proteção à saúde e segurança no trabalho.

Em matéria de saúde e segurança do trabalho, os direitos humanos fundamentais encontram-se consagrados pela DUDH (1948, arts. 5º, 25.1),[1318] pelo PIDESC (1966, art. 7º, b),[1319] por diversas Convenções da OIT,[1320] por normas constitucionais de direitos fundamentais (CR/1988, arts. 1º, III; 6º; 7º, IV, XXII, XXVIII; 200 e 225) e por toda a legislação infraconstitucional que disciplina a matéria.

Em maio de 2022, a 110ª Conferência Internacional do Trabalho acrescentou aos eixos centrais da Declaração da OIT sobre os Princípios e Direitos Fundamentais no Trabalho (1998) o *direito a um ambiente de trabalho seguro e saudável*, integrando-o com isso ao patamar mínimo cogente de direitos humanos passível de ser exigido dos Estados-membros independentemente de ratificação das correspondentes convenções internacionais.[1321]

Por meio da Convenção 155 da OIT, a mais importante em matéria de saúde e segurança do trabalhador, os Estados signatários, inclusive o Brasil, obrigaram-se a

---

(1316) *Idem.*

(1317) Lei n. 6.938/1981. "*Art. 14. § 1º - Sem obstar a aplicação das penalidades previstas neste artigo, é o poluidor obrigado, independentemente da existência de culpa, a indenizar ou reparar os danos causados ao meio ambiente e a terceiros, afetados por sua atividade (...).*"

(1318) ORGANIZAÇÃO das Nações Unidas (ONU). **Declaração Universal dos Direitos Humanos**. "*Artigo 5. Ninguém será submetido à tortura, nem a tratamento ou castigo cruel, desumano ou degradante. (...) Artigo 25.1. Todo ser humano tem direito a um padrão de vida capaz de assegurar a si e à sua família saúde, bem-estar, inclusive alimentação, vestuário, habitação, cuidados médicos e os serviços sociais indispensáveis e direito à segurança em caso de desemprego, doença invalidez, viuvez, velhice ou outros casos de perda dos meios de subsistência em circunstâncias fora de seu controle*".

(1319) ORGANIZAÇÃO das Nações Unidas (ONU). **Pacto Internacional dos Direitos Econômicos, Sociais e Culturais**, artigo 7º. "*Os Estados Partes do presente Pacto reconhecem o direito de toda pessoa de gozar de condições de trabalho justas e favoráveis, que assegurem especialmente: (...) b) À segurança e a higiene no trabalho*".

(1320) ORGANIZAÇÃO Internacional do Trabalho. **Convenção 115** (1960), da Proteção contra as Radiações, ratificada pelo Decreto n. 62.151/1968; **Convenção 127** (1967) sobre o Preso Máximo de Cargas, ratificada pelo Decreto n. 67.339/1970; **Convenção 134** (1970) sobre Prevenção de Acidentes do Trabalho dos Marítimos, ratificada pelo Decreto n. 3.251/1999; **Convenção 148** (1977) sobre Contaminações do Ar, Ruído e Vibrações, ratificada pelo Decreto n. 93.413/1986; **Convenção 152** (1979) sobre Segurança e Higiene nos Trabalhos Portuários, ratificada pelo Decreto n. 99.534/1990; **Convenção 161** (1985) sobre Serviços de Saúde do Trabalho, ratificada pelo Decreto n. 127/1991; **Convenção 170** (1990) sobre Segurança no Trabalho com Produtos Químicos, ratificada pelo Decreto n. 2.657/1998. Os decretos de ratificação das citadas convenções foram revogados e substituídos pelo Decreto n. 10.088/2019.

(1321) ORGANIZAÇÃO Internacional do Trabalho. **Conferência internacional do trabalho acrescenta segurança e saúde aos princípios e direitos fundamentais no trabalho**, 10 jun. 2022. Disponível em: https://bit.ly/3A3Df5s. Acesso em: 17 ago. 2022.

formular e colocar em prática uma política nacional coerente em matéria de segurança e saúde dos trabalhadores "com o objetivo de prevenir acidentes e doenças que decorram ou tenham relação com o trabalho, reduzindo ao mínimo possível as causas dos riscos" (art. 4.2).[1322] Essa normativa ressalta o *caráter preventivo* da responsabilidade estatal e empresarial pela saúde e segurança do trabalhador.

As normas internacionais trabalhistas e, em particular, as que versam sobre proteção à saúde e segurança do trabalhador, inserem-se no esquadro das *convenções internacionais de direitos humanos*,[1323] por isso assumindo no Brasil, à luz da jurisprudência do STF, *status* hierárquico supralegal ou mesmo constitucional quando ratificadas com o quórum especial do art. 5º, § 3º, da Constituição.[1324]

No plano constitucional, esses direitos humanos encontram positivação no direito fundamental ao "meio ambiente ecologicamente equilibrado" (CR/1988, art. 225, *caput*), "nele compreendido o do trabalho" (art. 200, VIII), com a "redução dos riscos inerentes ao trabalho por meio de normas de saúde, higiene e segurança" (art. 7º, XXII), sob o influxo interpretativo do princípio da dignidade da pessoa humana (art. 1º, III).

A Constituição brasileira reconhece o meio ambiente ecologicamente equilibrado como direito de todos, "bem de uso comum do povo e essencial à sadia qualidade de vida" (CR/1988, art. 225, *caput*), constituindo típico direito de *terceira geração*, de titularidade coletiva, fundado no princípio da solidariedade universal, que assiste, de modo subjetivamente indeterminado, a todo o gênero humano.[1325] É direito que encontra abrigo na *função social da propriedade* (CR/1988, arts. 5º, XXIII, e 170, III), como medida constitucional de conciliação entre a preservação do meio ambiente e o desenvolvimento sustentável.[1326]

Essa normatividade internacional e constitucional de proteção ao meio ambiente, inclusive o do trabalho, orienta e confere fundamento a toda disciplina jurídica infraconstitucional de proteção à saúde e segurança do trabalhador, prioritariamente dirigida pelo *princípio da prevenção* (CR/1988, art. 7º, XXII), que encontra na tutela inibitória forte instrumento processual (CR/1988, art. 5º, XXXV; CPC, art. 497).[1327]

Ao lado da prevenção, a proteção do meio ambiente ecologicamente equilibrado é também orientada pelo *princípio da participação ou da colaboração*. O art. 225, *caput*, da Constituição impõe "ao Poder Público e à coletividade o dever de defendê-lo e preservá-lo para as presentes e futuras gerações". O dever de colaboração também

---

(1322) ORGANIZAÇÃO Internacional do Trabalho. **Convenção 155** (1981), ratificada pelo Decreto n. 1.254/1994, revogado e substituído pelo Decreto n. 10.088/2019.

(1323) Nesse sentido: DELGADO, Maurício Godinho. **Curso de direito do trabalho.** *Ob. cit.*, p. 182.

(1324) Na linha dos precedentes firmados pelo STF nos seguintes precedentes: BRASIL, Supremo Tribunal Federal. **RE n. 466.343/SP**, Rel. Min. Cezar Peluso, DJe 4 jun. 2009; BRASIL, Supremo Tribunal Federal. **RE 349.703/RS**, Rel. Min. Gilmar Mendes, DJe 4 jun. 2009; BRASIL, Supremo Tribunal Federal. **HC 87.585/TO**, Rel. Min. Marco Aurélio, DJe 25 jun. 2009.

(1325) CAVALIERI FILHO, Sergio. **Programa de responsabilidade civil**. *Ob. Cit.*, p. 163/164.

(1326) OLIVEIRA, Sebastião Geraldo. Estrutura normativa da segurança e saúde do trabalhador no Brasil. **Revista do Tribunal Regional do Trabalho da 3ª Região**, Belo Horizonte, v. 45, p. 107-130, jan./jun. 2007; TARTUCE, Flávio. **Manual de responsabilidade civil**. Volume único. Rio de Janeiro: Forense. São Paulo: Método, 2018, pp. 82; LEAL, Pastora do Socorro Teixeira Leal; ZWICKER, Igor de Oliveira. A responsabilidade objetiva do empregador à luz da proteção constitucional conferida ao meio ambiente do trabalho. **Revista Veredas do Direito**, Belo Horizonte, v. 16, n. 35, p. 149-189, maio/ago. 2019.

(1327) O Direito Ambiental tem no princípio da prevenção um dos seus esteios fundamentais, segundo Flávio Tartuce, dando prioridade às medidas que evitem o atentado ao meio ambiente, de modo a reduzir ou eliminar as causas de ações suscetíveis de alterar a sua qualidade. *Idem*, p. 822.

decorre do caráter indivisível do meio ambiente, inclusive do trabalho, ensejando a responsabilidade solidária de todos os que o submetem a riscos pela prevenção e reparação dos danos, com espeque no art. 942, parágrafo único, do CCB.

Daí porque, a legislação de saúde e segurança no trabalho em diversas passagens atribui não apenas ao empregador, mas a todas as empresas envolvidas na execução da atividade produtiva, a responsabilidade pela prevenção de danos à saúde e segurança do trabalhador. A Convenção 155 da OIT, em seu art. 17, por exemplo, prevê o dever de colaboração preventiva entre empresas que desenvolvam simultaneamente atividades num mesmo local de trabalho.(1328)

Independentemente do compartilhamento do ambiente de trabalho, a Lei n. 6.019/1974, ao imputar à empresa tomadora de serviços responsabilidade para com a saúde e segurança dos trabalhadores terceirizados, não distingue a terceirização executada no ambiente da empresa contratante (terceirização interna) ou em qualquer outro local, inclusive no estabelecimento da empresa contratada (terceirização externa). O § 3º do art. 5º-A do diploma legal imputa à contratante a responsabilidade de garantir as condições de segurança, higiene e salubridade dos trabalhadores, "quando o trabalho for realizado em suas dependências ou local previamente convencionado em contrato".

Conforme doutrina de Gustavo Ramos, com base em fortes precedentes doutrinários e jurisprudenciais, os dispositivos legais que disciplinam a matéria atribuem à empresa tomadora de serviços *responsabilidade solidária pelo cumprimento das normas de saúde e segurança no trabalho,*(1329) normas estas que, conforme visto no Capítulo 7 (7.2), são analogicamente aplicáveis ao fornecimento terceirizado de bens.

Independentemente da relação contratual direta de terceirização, no entanto, conforme exposto nos Capítulos 6 (6.5, 6.6) e 7, a responsabilidade preventiva e reparatória da empresa-líder pelas condições de saúde e segurança dos trabalhadores terceirizados na cadeia produtiva empresarial descentralizada decorre da eficácia direta do direito fundamental ao meio ambiente do trabalho equilibrado e saudável (CR/1988, arts. 1º, III; 6º; 7º, IV, XXII, XXVIII; 200 e 225) sobre as relações privadas de produção, sob a moldura interpretativa dos Princípios Orientadores da ONU sobre Empresas e Direitos Humanos.

À luz dos Princípios Orientadores, o *dever empresarial* de respeito aos referidos direitos humanos fundamentais deve ser observado por meio das medidas de *devida diligência* previstas nos Princípios 13-B, 15-B, 17, 18, 19 e 20 (Capítulo 6 - 6.6). No plano da legislação nacional, a devida diligência em matéria de saúde e segurança do trabalho encontra plena correspondência em programas de saúde e segurança previstos em normas regulamentadoras, a exemplo do Programa de Prevenção de Riscos Ambientais (PPRA) disciplinado pela NR-9 do MTE. No âmbito do PPRA, devem ser identificados e avaliados os riscos à saúde e segurança do trabalhador, presentes no ambiente de trabalho, e devem ser implementadas as medidas de prevenção, com monitoramento dos respectivos resultados.(1330)

(1328) ORGANIZAÇÃO Internacional do Trabalho (OIT). **Convenção 155.** "*Art. 17 - Sempre que duas ou mais empresas desenvolverem simultaneamente atividades num mesmo local de trabalho, as mesmas terão o dever de colaborar na aplicação das medidas previstas na presente Convenção*".

(1329) RAMOS, Gustavo Teixeira. **Responsabilidade solidária do tomador de serviços na terceirização** – fundamentos jurídicos sob perspectiva constitucional-democrática. *Ob. Cit., p.* 188.

(1330) BRASIL. Ministério do Trabalho e Emprego. NR-9. "*9.1.1 Esta Norma Regulamentadora - NR estabelece os requisitos para a avaliação das exposições ocupacionais a agentes físicos, químicos e biológicos quando*

No plano reparatório, o art. 225, § 3º, da Constituição dispõe sobre a responsabilidade penal, administrativa e civil dos causadores de danos ao meio ambiente.[1331] A Constituição recepcionou, nesse aspecto, o citado art. 14, § 2º, da Lei n. 6.938/1981 (Lei de Política Nacional do Meio Ambiente), que obriga o infrator-poluidor, "independentemente da existência de culpa, a indenizar ou reparar os danos causados ao meio ambiente e a terceiros, afetados por sua atividade", instituindo a *responsabilidade objetiva* do poluidor-pagador pelo dano ao meio ambiente, que compreende o do trabalho (CR/1988, art. 200, VIII).

Essa norma específica de responsabilidade civil objetiva ambiental, com plena correspondência no art. 927, parágrafo único, do CCB, constitui, portanto, irradiação (indireta, por mediação legislativa) do direito fundamental ao trabalho digno sobre as relações privadas de produção.[1332]

Tratando-se, portanto, de uma dimensão dos direitos humanos,[1333] é de concluir-se que a observância das normas constitucionais e infraconstitucionais de proteção à saúde e segurança do trabalhador (fundamentação central contextual) deriva da *responsabilidade preventiva e reparatória da empresa-líder de respeitar e fazer respeitar os direitos humanos sociotrabalhistas na cadeia produtiva empresarial descentralizada*, cabendo ao intérprete a articulação dos fundamentos centrais comuns e contextuais, em torno do tema, com visas a produzir uma fundamentação uniforme e coesa.

8.3.3. Responsabilização civil-trabalhista da empresa-líder por trabalho infantil na cadeia produtiva empresarial descentralizada

No Brasil, o 7º, XXXIII, da Constituição, proíbe "trabalho noturno, perigoso ou insalubre a menores de dezoito e de qualquer trabalho a menores de dezesseis anos, salvo na condição de aprendiz, a partir de quatorze anos". Segundo o Conselho Nacional do Ministério Público (CNMP), qualquer situação de trabalho de crianças e adolescentes em condição irregular, seja por conta alheia, no domicílio ou por conta própria, deve constituir objeto da atuação prioritária Ministério Público, por força dos arts. 127, *caput*, 129, II e III, e 227, *caput* e § 3º, da Constituição da República.[1334]

No âmbito do MPT, o combate ao trabalho infantil e ao trabalho irregular de adolescentes constitui atuação prioritária articulada pela Coordenadoria Nacional de Combate à Exploração do Trabalho da Criança e do Adolescente (Coordinfância). A Coordenadoria aborda a realidade do trabalho infantil nas cadeias de suprimentos

---

identificados no Programa de Gerenciamento de Riscos - PGR, previsto na NR-1, e subsidiá-lo quanto às medidas de prevenção para os riscos ocupacionais".

(1331) Constituição. Art. 225, "*§ 3º. As condutas e atividades consideradas lesivas ao meio ambiente sujeitarão os infratores, pessoas físicas ou jurídicas, a sanções penais e administrativas, independentemente da obrigação de reparar os danos causados*".

(1332) A responsabilidade objetiva do art. 927 do CCB pode ser aplicada ao empregador por dano decorrente de acidente de trabalho, "*nos casos especificados em lei, ou quando a atividade normalmente desenvolvida, por sua natureza, apresentar exposição habitual a risco especial, com potencialidade lesiva e implicar ao trabalhador ônus maior do que aos demais membros da coletividade*". Nesse sentido decidiu o STF na tese de repercussão geral aprovada no RE 828.040/DF, *leading case* do Tema n. 932 do catálogo de repercussão geral do STF. BRASIL, Supremo Tribunal Federal. **RE 828.040/DF**, Rel. Min. Alexandre de Moraes. DJe 25 jun. 2020.

(1333) SILVA, José Antônio Ribeiro de Oliveira. A saúde do trabalhador como um direito humano. **Revista do Tribunal Regional do Trabalho da 15ª Região**, Campinas – SP, n. 31, 2007.

(1334) MEDEIROS NETO, Xisto Tiago. MARQUES, Rafael Dias. **Manual de Atuação do Ministério Público na Prevenção e Erradicação do Trabalho Infantil:** Conselho Nacional do Ministério Público. Brasília: CNMP, 2013, p. 9.

ou cadeias produtivas, reconhecendo a responsabilidade de suas empresas-líderes de adotar ações preventivas e corretivas do ilícito junto aos seus fornecedores.

O Manual de Atuação da Coordinfância intitulado *Cadeias Econômicas e Exploração do Trabalho Infantil* (2014) aborda a necessidade de identificação da cadeia produtiva e da empresa que exerça domínio sobre esse processo produtivo, o que, na perspectiva teórica aqui adotada, corresponde à empresa-líder, que exerce controle produtivo estratégico sobre a rede de fornecedores (Capítulo 4). Em seguida, o manual propõe atuação junto às empresas-líderes omissas no combate ao trabalho infantil em suas cadeias produtivas.[(1335)]

Nessa atuação, com especial destaque para as atividades primárias, o manual da Coordinfância propõe seja exigido da empresa-líder o *mapeamento* da cadeia produtiva (identificação dos fornecedores, locais de produção rural da matéria-prima, aspectos das relações de trabalho – informalidade, terceirização, economia familiar etc.) para identificação de *zonas críticas* (atividades com maior probabilidade de utilização de trabalho de crianças e adolescentes) e posterior elaboração e implementação de um *plano de ação*, com medidas voltadas a prevenir a presença de trabalho infantil no processo produtivo dos fornecedores.[(1336)]

Segundo o manual, a responsabilização do beneficiário da cadeia produtiva (a empresa-líder) pela prevenção e combate ao trabalho infantil decorre do disposto nos arts. 7º, XXXIII, e 227 da Constituição da República; das Convenções 138 e 182 da OIT;[(1337)] dos arts. 927 e 942 do Código Civil, bem como do Decreto n. 6.481/2008, que regulamenta a Convenção 182 da OIT, tipificando as atividades prejudiciais à saúde e segurança e à moralidade de crianças e adolescentes até os 18 anos, consideradas por isso as piores formas de trabalho infantil.[(1338)]

Essa abordagem, de todo afinada com a proposta teórica da presente tese, tem produzido no plano prático interessantes atuações do MPT voltadas a responsabilizar empresas-líderes de cadeias produtivas pela prevenção e repressão ao trabalho infantil.

Conforme ilustram os casos *M. Officer e Zara*, acima expostos, paradigmáticos do setor de costura de vestuários, a comum presença de crianças nas oficinas de costura geralmente enseja a responsabilização das empresas a adotar política de proibição do trabalho infantil em suas cadeias produtivas. As empresas-líderes, nesses casos, geralmente ostentam políticas de Responsabilidade Social Empresarial (RSE) de combate ao trabalho escravo e ao infantil, inclusive com inserção de cláusulas proibitivas nos contratos de fornecimento. Mas a realidade revela a ineficácia dessas ações formais, quando a empresa não exerce efetivamente as medidas de devida diligência.

Foi o que se constatou, por exemplo, no Caso *Pernambucanas*. Flagrado trabalho escravo com presença de crianças e com trabalho irregular de adolescentes no

---

(1335) DIAS, Rafael Marques; ALMEIDA, Thalma Rosa (coord.). **Manual de atuação da coordinfância**: cadeias econômicas e exploração do trabalho infantil. Ministério Público do Trabalho. Brasília: Gráfica Movimento, 2014. Disponível em: https://bit.ly/3ei2Tfr. Acesso em: 4 ago. 2022.
(1336) *Idem*.
(1337) ORGANIZAÇÃO Internacional do Trabalho (OIT). **Convenção 138 sobre A Idade Mínima de Admissão ao Emprego**. Aprovada pelo Decreto n. 10.088/2019; **Convenção 182 sobre Proibição das Piores Formas de Trabalho Infantil e Ação Imediata para sua Eliminação** (1999). Ratificada, no Brasil, pelo Decreto n. 3.597/2000, revogado e substituído pelo Decreto n. 10.088/2019.
(1338) DIAS, Rafael Marques; ALMEIDA, Thalma Rosa (coord.). **Manual de atuação da coordinfância**: cadeias econômicas e exploração do trabalho infantil. *Ob. Cit.*

ambiente da oficina fornecedora subcontratada, em 2012 o MPT em São Paulo propôs Ação Civil Pública voltada a responsabilizar a empresa-líder. A empresa alegou que mantinha contratos de fornecimento com mais de 200 fornecedores e que inseria em todos esses contratos cláusulas vedando o trabalho infantil. Na sentença, confirmada pelo TRT da 2ª Região, em sede de recurso ordinário, reconheceu-se a responsabilidade da varejista *Pernambucanas* pelo ilícito, condenando-a a adotar política efetiva de prevenção de trabalho escravo, trabalho infantil e outras violações trabalhistas junto aos fornecedores, além de condená-la a pagar indenização por dano moral coletivo no importe de R$ 2,5milhões.[1339]

No julgado, o Juízo ressaltou a ineficácia das medidas formais de responsabilidade social (cláusulas contratuais com fornecedores) desacompanhadas de efetiva fiscalização pela empresa-líder, a única com capacidade econômica e contratual de influência para prevenir o ilícito. Em outros termos, afirmou que a capacidade de influência da empresa-líder deriva do controle produtivo estratégico exercido sobre a rede de fornecedores. É o que se infere da seguinte passagem da sentença:

> Também não bastaria exigir ou inserir no contrato que firmou com essas empresas, cláusulas impondo a obrigação de não subcontratar oficinas de trabalho em condições irregulares.
>
> Essas cláusulas não possuem condições de impedir que seja concretizada a subcontratação e nem que ela seja ilícita ou fundada em pactos ilícitos de admissão de mão de obra. Não possuem força jurídica suficiente para impedir que essa subcontratação resulte na admissão de trabalhadores em condições de trabalho abaixo do mínimo admitido pela Lei nacional e em situações indignas.
>
> Levando-se em conta a estrutura produtiva da ré, era esta quem tinha condições de fiscalizar e fazer cumprir, por aqueles que ela contratava, a adoção de ambientes de trabalho minimamente saudáveis na produção dos bens de sua propriedade. A ré era e é quem se encontra no vértice condutor dessa cadeia de produção, era e é quem tem condições de exigir regras mínimas para o ambiente produtivo.
>
> (...)
>
> Não se pode desprezar a responsabilidade de quem está no vértice da cadeia de produção. Responsabilidade de quem cria, define, quantifica, desenha, modela, apreça e paga. Porque, nesse caso, os intermediários apenas vão seguindo os padrões estabelecidos por aquele que dita as necessidades da produção.
>
> A ré era quem escolhia quem ia produzir. Não pode se eximir de responsabilidade pelos atos praticados pelas pessoas que escolheu (Código Civil, arts. 186, 927 e 942). Não pode se atribuir tanta isenção de responsabilidade ou atribuir-se o grau de responsabilidade que julga mais conveniente.[1340]

(1339) Ação em face de Arthur Lundgren Tecidos S/A, proprietária das Lojas *Pernambucanas*. Consultar: TRT mantém condenação da Pernambucanas por trabalho escravo. Empresa foi condenada ao pagamento de indenização de R$ 2,5 milhões; Pernambucanas informa que caso está sujeito à análise em tribunal superior. **Veja**, 18 ago. 2017. Disponível em: https://bit.ly/3ANPjbk. Acesso em: 4 ago. 2017; BRASIL, Tribunal Superior do Trabalho. **AIRR 0000108-81.2012.5.02.0081**, Rel. Min. Douglas Alencar Rodrigues. Aguardando julgamento. Disponível em: https://bit.ly/3pveeeC. Acesso em: 18 ago. 2022; Tribunal Regional do Trabalho da 2ª Região. **RO 0000108-81.2012.5.02.0081**, Rel. Des. Sonia Maria de Barros. DJe 18 ago. 2017. Disponível em: https://bit.ly/3RCKxnS. Acesso em: 4 ago. 2022.

(1340) *Idem.*

No setor primário, onde se concentram os maiores índices de trabalho infantil,[1341] é ilustrativa a atuação do MPT no caso da *cadeia produtiva do cigarro*. Constatada a presença insistente de trabalho infantil no cultivo agrícola do tabaco, cujas folhas são fornecidas para indústrias de cigarros, o MPT no Rio Grande do Sul firmou TAC com grandes indústrias e fornecedoras intermediárias da matéria-prima que integram a cadeia produtiva do cigarro.[1342]

Em TAC coletivo firmado em 2008, várias dessas empresas comprometeram-se, sob pena de multas, a inserir nos contratos de fornecimento de folhas de tabaco firmados com produtores rurais, a proibição de trabalho infantil e observância das normas de proteção ao trabalho de adolescentes e de proteção à saúde e segurança, especialmente aquelas relacionadas a manipulação de agrotóxicos.[1343]

Para dar efetividade a essas cláusulas contratuais, as empresas-líderes comprometeram-se a adotar procedimentos próprios de *devida diligência*, tais como: fazer o cadastro e monitoramento da presença de crianças e adolescentes nas propriedades rurais envolvidas nos contratos de fornecimento; exigir atestado de matrícula escolar das crianças e adolescentes; orientar os fornecedores sobre as medidas a serem adotadas; constatado o descumprimento das obrigações pelos fornecedores, adverti-los por escrito; não corrigidas as irregularidades, comunicar aos órgãos públicos competentes e não firmar novo contrato para a safra seguinte com o fornecedor inadimplente. Além disso, as empresas comprometeram-se a realizar ações sociais voltadas à conscientização dos fornecedores rurais sobre direitos das crianças e adolescentes.[1344]

Atuação do MPT também exemplificativa do combate ao trabalho infantil no setor de atividade primária encontra-se no caso *Usina Ipê*. Constatado trabalho infantil no cultivo de cana de açúcar a serviço de empresa fornecedora da matéria-prima à Usina Ipê, em 2021 o MPT de Campinas – SP ajuizou Ação Civil Pública contra a usina, empresa-líder, requerendo sua responsabilização por prevenir e coibir a prática do ilícito junto à cadeia produtiva.[1345]

A usina foi condenada na primeira instância a cadastrar os fornecedores e trabalhadores envolvidos na atividade produtiva; a abster-se de contratar fornecedores que utilizam trabalho infantil; e a fiscalizar periodicamente os fornecedores para que não utilizem, direta ou indiretamente (por meio de subcontratos), trabalho infantil em quaisquer ciclos de produção de cana de açúcar.[1346]

Na sentença, o Juízo reconheceu a responsabilidade da empresa ré de exercer vigilância no combate ao trabalho infantil em sua cadeia produtiva para prevenir a violação de direitos humanos fundamentais dos trabalhadores. Em sintonia com a *fundamentação central comum* da responsabilidade da empresa-líder, sustentada

---

(1341) ORGANIZAÇÃO Internacional do Trabalho (OIT). **Trabalho infantil**: estimativa global 2020. *Ob. Cit.*

(1342) DIAS, Rafael Marques; ALMEIDA, Thalma Rosa (coord.). **Manual de atuação da coordinfância**: cadeias econômicas e exploração do trabalho infantil. Ministério Público do Trabalho. *Ob. Cit.*, p. 37. Disponível em: https://bit.ly/3ei2Tfr. Acesso em: 4 ago. 2022; BRASIL, Ministério Público do Trabalho. Procuradoria Regional do Trabalho da 4ª Região. **IC 000354.2008.04.000/7.**

(1343) *Idem.*

(1344) *Idem.*

(1345) No momento em que se redige o presente tópico da pesquisa, o processo encontra-se na segunda instância aguardando julgamento de recurso ordinário da empresa ré. BRASIL, Tribunal Regional do Trabalho da 15ª Região. Juizado Especial da Infância e Adolescência de Presidente Prudente. **ACPCiv 0010348-50.2021.5.15.0050**. Disponível em: https://bit.ly/3dErz1e. Acesso em: 17 ago. 2022.

(1346) *Idem.*

na presente tese, o Juízo trabalhista partiu da premissa de que o trabalho infantil consiste em grave violação de direitos humanos e negação do direito fundamental ao não trabalho antes da idade mínima, adotando uma *fundamentação central contextual* apropriada à matéria, na linha a seguir exposta.[(1347)]

O direito da criança ao não trabalho, como elemento inerente à proteção integral do seu pleno desenvolvimento, constitui direito fundamental reconhecido pelo Direito Internacional dos Direitos Humanos.

Em seu art. 25.2, a DUDH (1948) garante às crianças o direito a cuidados e a proteção especial.[(1348)] O PIDESC (1966), em seu art. 10, prevê a proteção especial de crianças e adolescentes contra a exploração econômica, devendo os Estados adotarem "limites de idade sob os quais fique proibido e punido por lei o emprego assalariado da mão-de-obra infantil".[(1349)]

Ao aderir à Convenção da ONU sobre os Direitos da Criança (1999), o Brasil comprometeu-se a adotar medidas para garantir o direito de proteção da criança "contra a exploração econômica e contra o desempenho de qualquer trabalho que possa ser perigoso ou interferir em sua educação, ou que seja nocivo para sua saúde ou para seu desenvolvimento físico, mental, espiritual, moral ou social", obrigando-se a adotar e exigir a observância de uma idade mínima para o trabalho (art. 32).[(1350)]

Também ao ratificar as Convenções ns. 138 (1973) e 182 da OIT (1999), o Brasil obrigou-se a adotar idade mínima para o emprego e a adotar medidas imediatas e eficazes para garantir a proibição e a eliminação das piores formas de trabalho infantil. Além disso, a abolição efetiva do trabalho infantil constitui um dos eixos centrais da Declaração da OIT sobre os Princípios e Direitos Fundamentais no Trabalho (1998) e um dos quatro objetivos estratégicos da noção de *trabalho decente*, também da OIT (1999), integrando o patamar mínimo cogente internacional de direitos humanos (Capítulo 6 - 6.2).

No plano constitucional, o art. 6º da Constituição afirma genericamente o direito fundamental social de proteção à infância; o art. 7º, XXXIII, veda qualquer trabalho a menores de dezesseis anos, salvo na condição de aprendiz, a partir de quatorze anos; e o art. 227, *caput*, instituindo o *princípio da proteção integral* da criança e do adolescente, atribui à família, à sociedade e ao Estado o dever de assegurar à criança e ao adolescente, com absoluta prioridade, os direitos indispensáveis ao pleno desenvolvimento humano, além da responsabilidade de "colocá-los a salvo de toda forma de negligência, discriminação, exploração, violência, crueldade e opressão".[(1351)]

(1347) *Idem.*

(1348) ORGANIZAÇÃO das Nações Unidas (ONU). **Declaração Universal dos Direitos Humanos.** Artigo 25. (...) "2. *A maternidade e a infância têm direito a cuidados e assistência especiais. Todas as crianças, nascidas dentro ou fora do matrimônio, gozarão da mesma proteção social*".

(1349) ORGANIZAÇÃO das Nações Unidas (ONU). **Pacto Internacional dos Direitos Econômicos, Sociais e Culturais.** Art. 10. (...) "3. *Devem-se adotar medidas especiais de proteção e de assistência em prol de todas as crianças e adolescentes, sem distinção alguma por motivo de filiação ou qualquer outra condição. Devem-se proteger as crianças e adolescentes contra a exploração econômica e social. O emprego de crianças e adolescentes em trabalhos que lhes sejam nocivos à moral e à saúde ou que lhes façam correr perigo de vida, ou ainda que lhes venham a prejudicar o desenvolvimento normal, será punido por lei. Os Estados devem também estabelecer limites de idade sob os quais fique proibido e punido por lei o emprego assalariado da mão-de-obra infantil*".

(1350) ORGANIZAÇÃO das Nações Unidas (ONU). **Convenção sobre os Direitos da Criança** (1998). Ratificada, no Brasil, pelo Decreto n. 88.710/1990.

(1351) Constituição. "*Art. 227. É dever da família, da sociedade e do Estado assegurar à criança, ao adolescente e ao jovem, com absoluta prioridade, o direito à vida, à saúde, à alimentação, à educação, ao lazer, à profissionalização,*

A proibição constitucional do trabalho infantil constitui, portanto, norma protetiva e tutelar, voltada a preservar a fruição dos demais direitos fundamentais previstos no art. 227 da Constituição, em especial a educação, a saúde, o lazer e a convivência familiar da criança e do adolescente, de modo a impedir a ocorrência de prejuízos e abusos. Daí porque a proibição não se restringe ao trabalho subordinado, mas a toda forma de trabalho[(1352)], inclusive autônomo, eventual, voluntário e plataformizado, por exemplo.

A Lei n. 8.069/1990 (Estatuto da Criança e do Adolescente – ECA), por sua vez, em compasso com as disposições constitucionais, fixou limite para a idade mínima em qualquer trabalho (art. 60), correspondente, hoje, a 16 anos, salvo a partir dos 14, na condição de aprendiz.[(1353)] No mesmo sentido, a CLT, em seu art. 403.[(1354)]

Constituindo, portanto, a proibição do trabalho infantil um direito humano fundamental (fundamentação central contextual), sua observância no âmbito da cadeia produtiva empresarial descentralizada integra a *responsabilidade preventiva e reparatória da empresa-líder pelos direitos humanos socio-trabalhistas, por irradiação do direito fundamental ao trabalho digno sobre as relações privadas de produção*, sob a moldura interpretativa dos Princípios Orientadores da ONU sobre Empresas e Direitos Humanos (fundamentação central comum - Capítulos 6 e 7).

A racionalidade argumentativa dos *fundamentos contextuais* até aqui expostos (trabalho escravo, meio ambiente do trabalho e trabalho infantil) aplica-se a todo o universo de direitos humanos sociotrabalhistas compreendidos no direito fundamental ao trabalho digno, em sua articulação derivada da *fundamentação central comum* exposta nos capítulos anteriores.

Toda violação ou ameaça de violação a direitos humanos fundamentais socio-trabalhistas em elos terceirizados da cadeia produtiva empresarial descentralizada pode e deve ser prevenida, coibida e reparada por meio da responsabilização da empresa-líder, *como medida de governação pública do trabalho digno.*

Esgotadas as análises dos fundamentos centrais contextuais inicialmente propostas, serão a seguir analisados alguns *fundamentos complementares* comumente utilizados pelo MPT em sua atuação judicial, voltados a corroborar a responsabilidade civil-trabalhista direta, objetiva e solidária da empresa-líder pelos direitos humanos fundamentais dos trabalhadores terceirizados.

Nos casos concretos acima expostos, foram identificados como fundamentos complementares: (a) a aplicação analógica do *Direito do Consumidor* quanto à responsabilidade objetiva e solidária da cadeia produtiva por vícios e danos produzidos pelo produto, sob influxo da *teoria dos contratos coligados*; (b) a aplicação do *Decreto Federal*

à cultura, à dignidade, ao respeito, à liberdade e à convivência familiar e comunitária, além de colocá-los a salvo de toda forma de negligência, discriminação, exploração, violência, crueldade e opressão".

(1352) MEDEIROS NETO, Xisto Tiago. MARQUES, Rafael Dias. **Manual de Atuação do Ministério Público na Prevenção e Erradicação do Trabalho Infantil**: Conselho Nacional do Ministério Público. Ob. Cit., p. 23.

(1353) **Lei n. 8.069/1990.** "*Art. 60. É proibido qualquer trabalho a menores de quatorze anos de idade, salvo na condição de aprendiz*".

(1354) Consolidação das Leis do Trabalho. "*Art. 403. É proibido qualquer trabalho a menores de 16 anos de idade, salvo na condição de aprendiz, a partir dos 14 anos. Parágrafo único. O trabalho do menor não poderá ser realizado em locais prejudiciais à sua formação, ao seu desenvolvimento físico, psíquico, moral e social e em horários e locais que não permitam a frequência à escola*".

n. *9.571/2018*, que institui as Diretrizes Nacionais sobre Empresas e Direitos Humanos; e (c) a aplicação da *teoria da cegueira deliberada*.

Considerando sua aplicação genérica à afirmação da responsabilidade civil-trabalhista da empresa-líder, sem vinculação temática ou contextual específica, tais fundamentos serão a seguir analisados em tópicos próprios.

8.4. Aplicação analógica do Direito do Consumidor: responsabilidade civil objetiva e solidária da cadeia produtiva e a teoria dos contratos conexos ou coligados

Fundamentação complementar muito recorrente na atuação do MPT diz respeito à aplicação subsidiária à empresa-líder da regra de *responsabilidade civil objetiva e solidária* da rede de fornecimento por danos ao consumidor, prevista no CDC (Lei n. 8.078/1990).

Os arts. 12 e 14 do CDC preveem a *responsabilidade objetiva* do fabricante, produtor, construtor, importador e prestador de serviços pela reparação de danos causados aos consumidores por defeitos do produto ou serviço.[1355] Segundo o art. 13 do CDC, por sua vez, o comerciante é igualmente responsável quando não puder ser identificado o fornecedor do produto e quando não for adequadamente conservado o produto perecível.[1356] Na visão de Sérgio Cavalieri Filho, essa responsabilização objetiva da cadeia de fornecedores funda-se em seu *dever de segurança* quanto aos produtos e serviços lançados no mercado de consumo.[1357]

O art. 17 do Código Consumerista, conferindo extrema amplitude à responsabilidade objetiva prevista nos dispositivos anteriores, equipara ao consumidor, para seus efeitos, todas as vítimas do evento danoso (ou seja, terceiros usuários vitimados pelo produto).[1358] Com isso, segundo Cavalieri Filho, a norma submete a responsabilidade do fornecedor a um tratamento unitário, fundado na violação do *dever de segurança*, superando a tradicional dicotomia entre responsabilidade contratual e extracontratual.[1359]

Os arts. 7º, parágrafo único, e 25, § 1º, do CDC preveem a *responsabilidade solidária* de todos os causadores do dano ao consumidor e ao terceiro usuário equiparado.[1360]

(1355) Código de Defesa do Consumidor. *"Art. 12. O fabricante, o produtor, o construtor, nacional ou estrangeiro, e o importador respondem, independentemente da existência de culpa, pela reparação dos danos causados aos consumidores por defeitos decorrentes de projeto, fabricação, construção, montagem, fórmulas, manipulação, apresentação ou acondicionamento de seus produtos, bem como por informações insuficientes ou inadequadas sobre sua utilização e riscos". (...) "Art. 14. O fornecedor de serviços responde, independentemente da existência de culpa, pela reparação dos danos causados aos consumidores por defeitos relativos à prestação dos serviços, bem como por informações insuficientes ou inadequadas sobre sua fruição e riscos".*

(1356) Código de Defesa do Consumidor. *"Art. 13. O comerciante é igualmente responsável, nos termos do artigo anterior, quando: I - o fabricante, o construtor, o produtor ou o importador não puderem ser identificados; II - o produto for fornecido sem identificação clara do seu fabricante, produtor, construtor ou importador; III - não conservar adequadamente os produtos perecíveis".*

(1357) CAVALIERI FILHO, Sergio. Programa de responsabilidade civil. *Ob. Cit.*, p. 18.

(1358) Código de Defesa do Consumidor. *"Art. 17. Para os efeitos desta Seção, equiparam-se aos consumidores todas as vítimas do evento".*

(1359) Segundo Cavalieri, a diferença entre as duas espécies de responsabilidade reside em que o ilícito extracontratual é a transgressão de um dever jurídico imposto pela lei, enquanto o ilícito contratual é violação de dever jurídico criado pelas partes no contrato. Consultar: CAVALIERI FILHO, Sergio. Programa de responsabilidade civil. *Ob. Cit.*, p. 17.

(1360) Código de Defesa do Consumidor. *"Art. 7º (...) Parágrafo único. Tendo mais de um autor a ofensa, todos responderão solidariamente pela reparação dos danos previstos nas normas de consumo (...). Art. 25 (...) § 1° Havendo mais de um responsável pela causação do dano, todos responderão solidariamente pela reparação prevista nesta e nas seções anteriores".*

Por fim, segundo o art. 34 do CDC, o fornecedor é solidariamente responsável por atos de seus prepostos ou representantes autônomos.(1361)

Para oferecer tutela judicial efetiva a essa responsabilidade na implementação dos direitos materiais e morais dos consumidores, o CDC criou uma superestrutura jurídica multidisciplinar, de direito material e processual, público e privado, aplicável a todas as relações de consumo, instituindo inovadores mecanismos de responsabilização, especialmente no plano da tutela coletiva.(1362) Sua estrutura normativa processual, em articulação integrada com normas do CPC e da Lei n. 7.347/1985 (Lei de Ação Civil Pública), passou a integrar o microssistema de tutela processual civil coletiva, que tem sido fundamental para a governação pública do trabalho digno, no Brasil.

A transposição interpretativa da responsabilidade consumerista para as relações de trabalho tem sido sustentada pelo MPT, entre outras razões, com base na teoria dos *deveres anexos* decorrentes *dos contratos conexos ou coligados*.

Foi o que ocorreu, por exemplo, no caso *M. Officer*, em que o MPT invocou a responsabilidade solidária da empresa-líder da cadeia produtiva, entre outros fundamentos, por aplicação das normas consumeristas de responsabilidade. Argumentou-se que, assim como ocorre nas relações de consumo, também para os efeitos das relações de trabalho os contratos de terceirização firmados entre os integrantes da cadeia produtiva configuram uma *coligação contratual*, no sentido conferido pela doutrina civilista.(1363)

Segundo essa doutrina, o influxo do princípio da boa-fé objetiva e da função social dos contratos sobre os *contratos conexos ou coligados* enseja para os contratantes *deveres contratuais anexos* dotados de forte carga ético-jurídica, cuja violação lhes acarreta responsabilidade solidária perante terceiros.(1364)

A transformação do contexto econômico e jurídico em que se desenvolvem as relações contratuais em massa, na globalização contemporânea, e em especial as relações de consumo, tem expandido os impactos dos contratos firmados em rede sobre um número cada vez maior de pessoas. No âmbito do Direito do Consumidor, a doutrina logo constatou que o plexo de contratos internos firmados entre empresas que integram redes contratuais de fornecimento (cadeias produtivas empresariais) impactam os consumidores de produtos oferecidos por quaisquer das unidades empresariais autônomas.

Essa hipercomplexidade das relações contratuais da atualidade ensejou a necessidade de estudo dos *contratos coligados* como polo irradiador de impactos sobre direitos de terceiros, para além dos efeitos próprios das unidades contratuais, tema com séria repercussão no plano da responsabilidade.(1365)

(1361) Código de Defesa do Consumidor. *"Art. 34. O fornecedor do produto ou serviço é solidariamente responsável pelos atos de seus prepostos ou representantes autônomos"*.

(1362) CAVALIERI FILHO, Sergio. Programa de responsabilidade civil. *Ob. Cit.*, p. 18.

(1363) BRASIL, Tribunal Superior do Trabalho. **AIRR 0001779-55.2014.5.02.0054**, Rel. Min. Douglas Alencar. Aguardando julgamento.

(1364) ROCHA, Afonso de Paula Pinheiro. **Responsabilidade civil trabalhista contemporânea**: delineamentos atuais e diretivas para o manejo da responsabilidade civil contemporânea no âmbito trabalhista (Tese de Doutorado). Curso de Pós-Graduação em Direito da Faculdade de Direito da Universidade de Fortaleza – UNIFOR, agosto de 2016. Disponível em: https://bit.ly/3vFu4Xn. Acesso em: 3 ago. 2022.

(1365) ENEI, José Virgílio Lopes. Contratos Coligados. **Revista de Direito Mercantil**, São Paulo, Malheiros, n. 132, ano XLII, p. 111-128, out./dez. 2003, p. 93.

A coligação contratual caracteriza-se, no sentido amplo, como um forte vínculo entre relações jurídicas contratuais autônomas que conformam uma operação econômica unificada.[1366] Na doutrina italiana, Francesco Galgano define os *contratos coligados* como uma pluralidade coordenada de contratos na qual cada contrato conserva uma causa autônoma, enquanto juntos buscam realizar uma operação econômica unitária complexa.[1367]

Leonardo Xavier identifica nos *contratos coligados* uma "operação econômica supracontratual, movida por um propósito igualmente supracontratual, que justifica o reconhecimento de um especial *nexo*, com a atribuição de específicas consequências jurídicas".[1368]

Sob forte influência do Direito Comparado[1369] e à luz dos princípios da boa-fé objetiva e da função social dos contratos, centrais ao Direito Contratual contemporâneo, a teoria dos contratos conexos ou coligados passou a identificar deveres contratuais anexos ou colaterais, paralelos às típicas obrigações contratuais, voltados a ordenar os diversos contratos para a finalidade comum do sistema.[1370] A doutrina aponta como deveres anexos: a) a conduta dos integrantes da rede contratual voltada para a manutenção do sistema; b) a observância da reciprocidade das diversas obrigações dentro do sistema; e c) o dever de proteção das diversas relações internas mediante um compromisso de confiança, lealdade e transparência, fundado na boa-fé objetiva.[1371]

O princípio da boa-fé objetiva encontra expressa previsão no art. 422 do CCB, segundo o qual, "os contratantes são obrigados a guardar, assim na conclusão do contrato, como em sua execução, os princípios de probidade e boa-fé". Também o CDC, em seu art. 4º, III, eleva "a boa-fé e o equilíbrio nas relações entre consumidores e fornecedores" a um postulado da política nacional de relações de consumo. E seu art. 51, IV, reputa nulas disposições contratuais que instituam obrigações abusivas, incompatíveis com a boa-fé e a equidade.[1372]

A boa-fé objetiva consiste num *standard* ético objetivo de comportamento leal, honesto, transparente e cuidadoso, que impõe aos contratantes o agir com prudência e razoabilidade, pautado na legítima expectativa de cumprimento das obrigações com observância da ordem jurídica, de modo a não causar danos às partes e a terceiros.

Ao dever de lealdade encontram-se intimamente relacionados os princípios da *função social do contrato* (CCB, art. 421)[1373] *e da empresa* (Lei n. 6.404/76, art. 116,

---

(1366) BERGSTEIN, Laís. **Conexidade contratual, redes de contratos e contratos coligados.** Revista de Direito do Consumidor, v. 109, p. 159-183, jan./fev. 2017, p. 2.

(1367) GALGANO, Francesco. **Trattato di diritto civile.** 2. ed. v. II. Padova: Wolters Kluwer, p. 217-218, 2010.

(1368) LEONARDO, Rodrigo Xavier. Os contratos coligados. *In*: BRANDELLI, Leonardo. **Estudos em homenagem à professora Véra Maria Jacob de Fradera**. Porto Alegre: Lejus, 2013, p. 9.

(1369) *Idem*, p. 74/85.

(1370) *Idem*, p. 26.

(1371) TORRES, Andreza Cristina Baggio. **Teoria Contratual Pós-Moderna:** as redes contratuais na sociedade de consumo. Curitiba: Juruá, 2007, p. 88.

(1372) Código de Defesa do Consumidor. "*Art. 4º A Política Nacional das Relações de Consumo tem por objetivo o atendimento das necessidades dos consumidores, o respeito à sua dignidade, saúde e segurança, a proteção de seus interesses econômicos, a melhoria da sua qualidade de vida, bem como a transparência e harmonia das relações de consumo, atendidos os seguintes princípios: (...) III - harmonização dos interesses dos participantes das relações de consumo e compatibilização da proteção do consumidor com a necessidade de desenvolvimento econômico e tecnológico, de modo a viabilizar os princípios nos quais se funda a ordem econômica (art. 170, da Constituição Federal), sempre com base na boa-fé e equilíbrio nas relações entre consumidores e fornecedores*".

(1373) Código Civil Brasileiro. "*Art. 421. A liberdade contratual será exercida nos limites da função social do contrato*".

parágrafo único, e art. 154)[1374] que, no movimento de constitucionalização da ordem jurídica, articulam-se com o postulado constitucional da *função social da propriedade* (CR/1988, arts. 5º, XXIII, e 170, III). A função social do contrato submete a autonomia da vontade e a correspondente liberdade contratual à realização de interesses constitucionalmente legítimos, em sintonia com o *princípio solidarista e de justiça social* que vocaciona o ordenamento jurídico à promoção dos direitos fundamentais (CR/1988, arts. 1º, IV; 3º, I e III; 170 e 193).

O reconhecimento dos *contratos coligados*, afirma Leonardo Xavier, parte da premissa de que o conjunto contratual exerce uma *função social* diversa daquela que é própria dos contratos singulares,[1375] do que derivam para os integrantes da coligação contratual os deveres jurídicos anexos de cuidado, respeito, lealdade, honestidade, confiança, segurança, transparência e equidade, entre si e para com terceiros.[1376]

A violação desses deveres contratuais anexos por qualquer dos integrantes da rede contratual, além de ensejar, no plano interno, responsabilidade por eventuais danos produzidos aos demais contratantes coligados, também implica, no plano externo, a quebra da função social da coligação contratual, ensejando responsabilidade solidária dos integrantes do sistema por danos produzidos a terceiros.

Nesse sentido, segundo Andreza Cristina Baggio Torres, no contexto dos contratos coligados torna-se inviável a interpretação isolada de obrigações contratuais, pois os deveres anexos são devidos não apenas entre os integrantes da rede contratual, mas também pela rede contratual aos terceiros impactados pela atuação do conjunto. Foi esse, segundo a autora, "o caminho trilhado pelo Código de Defesa do Consumidor, ao prever a responsabilidade solidária de todos os fornecedores unidos na operação econômica, mesmo aqueles que nenhum contato direto com o consumidor tenha firmado".[1377]

Nessa linha de interpretação, o direito consumerista parte da premissa de que o consumidor é afetado não apenas pelo vínculo contratual por ele celebrado com o vendedor, no ato de aquisição do produto, mas é afetado pela rede contratual de produção, ou seja, pelo conjunto dos contratos coligados firmados entre os integrantes da cadeia produtiva, que lhe é devedora do *dever de segurança*.

À luz dessa premissa, a legislação consumerista excepciona o princípio contratual individualista da *relatividade dos efeitos do contrato* (segundo o qual, os compromissos contratuais somente vinculam as partes, não podendo alterar a posição jurídica de terceiros), imputando responsabilidade solidária a todos os integrantes da

(1374) Lei n. 6.404/1976. "*Art. 116 (...) Parágrafo único. O acionista controlador deve usar o poder com o fim de fazer a companhia realizar o seu objeto e cumprir sua função social, e tem deveres e responsabilidades para com os demais acionistas da empresa, os que nela trabalham e para com a comunidade em que atua, cujos direitos e interesses deve lealmente respeitar e atender; (...) Art. 154. O administrador deve exercer as atribuições que a lei e o estatuto lhe conferem para lograr os fins e no interesse da companhia, satisfeitas as exigências do bem público e da função social da empresa*".

(1375) LEONARDO, Rodrigo Xavier. Os contratos coligados. *Ob. Cit.*, p. 24.

(1376) TARTUCE, Flávio. Direito civil, v. 3. Teoria geral dos contratos e contratos em espécie. *E-book*. 9ª ed. Rio de Janeiro: Forense, 2014, p. 86.

(1377) TORRES, Andreza Cristina Baggio. **Teoria Contratual Pós-Moderna**: as redes contratuais na sociedade de consumo. *Ob. Cit.*, p. 74. No mesmo sentido: ROCHA, Afonso de Paula Pinheiro. **Responsabilidade civil trabalhista contemporânea**: delineamentos atuais e diretivas para o manejo da responsabilidade civil contemporânea no âmbito trabalhista. *Ob. Cit.*, p. 38.

cadeia produtiva por defeitos ou danos decorrentes do produto, independentemente de culpa (responsabilidade objetiva).[1378]

A tese é amplamente aplicável às violações perpetradas aos direitos fundamentais dos trabalhadores terceirizados no âmbito das cadeias produtivas empresariais. Nessa esteira, a doutrina de Cássio Casagrande, para quem, os contratos de terceirização configuram *contratos coligados*, desafiando a aplicação da responsabilidade solidária das empresas envolvidas, prevista no art. 18 do CDC.[1379]

Conforme análise levada a cabo no Capítulo 4 (4.4.4), a cadeia produtiva empresarial descentralizada constitui espécie de *rede contratual* por meio da qual a empresa-líder organiza e controla o processo produtivo terceirizado. Viu-se, por sua vez, no Capítulo 6 (6.4), que essa rede contratual, ainda que difusa, constitui uma estrutura hierarquizada de contratos e subcontratos de fornecimento, em linha de derivação contratual.[1380]

Como bem observa Cláudia Lima Marques, a conexidade contratual "nasce da especialização das tarefas produtivas, da formação de redes de fornecedores no mercado e, eventualmente, da vontade das partes".[1381] Na rede contratual da cadeia produtiva empresarial descentralizada, cada contrato e subcontrato dele derivado depende um do outro para a realização da finalidade econômica comum. Essa interdependência entre contratos individuais e autônomos, que pode ser recíproca ou unilateral, é o que caracteriza a coligação ou conexidade contratual.[1382]

Conforme assentado nos capítulos anteriores, nessa espécie de rede contratual hierarquizada e assimétrica, o exercício do controle econômico e estratégico sobre os fornecedores, pela empresa-líder, e sua correspondente capacidade de influência sobre a promoção e prevenção de ilícitos trabalhistas na cadeia produtiva empresarial enseja-lhe riscos de externalidades negativas e o correspondente dever de diligência preventiva de violações aos direitos dos trabalhadores (Capítulo 7 - 7.3.1).

Na perspectiva da teoria dos contratos conexos, portanto, a violação a direitos humanos fundamentais dos trabalhadores terceirizados por empresas fornecedoras da

---

(1378) TORRES, Andreza Cristina Baggio. **Teoria Contratual Pós-Moderna**: as redes contratuais na sociedade de consumo. *Ob. Cit.*, p. 74

(1379) Código de Defesa do Consumidor. *"Art. 18. Os fornecedores de produtos de consumo duráveis ou não duráveis respondem solidariamente pelos vícios de qualidade ou quantidade que os tornem impróprios ou inadequados ao consumo a que se destinam ou lhes diminuam o valor, assim como por aqueles decorrentes da disparidade, com a indicações constantes do recipiente, da embalagem, rotulagem ou mensagem publicitária, respeitadas as variações decorrentes de sua natureza, podendo o consumidor exigir a substituição das partes viciadas"*. Consultar: CASAGRANDE, Cássio. Terceirização e responsabilidade solidária: a aplicação da teoria dos contratos coligados no direito do trabalho. *In*: GOULART, Rodrigo Fortunato; VILLATORE, Marco Antônio. **Responsabilidade civil nas relações de trabalho**: reflexões atuais. Homenagem ao Professor José Affonso Dallegrave Neto. São Paulo: LTr, p. 47-56, 2015, p. 54/55.

(1380) Conforme exposto no Capítulo 6 (6.4), os subcontratos de fornecimento podem ser derivados do contrato principal *por sucessão constitutiva* (o conteúdo do contrato principal é total ou parcialmente transferido à empresa subcontratada, a exemplo da subcontratação de costura de vestuário, na facção); *por superposição* (como nos contratos de intermediação: representação comercial, agência, distribuição); e *por coligação* (quando o contrato derivado visa a viabilizar a execução do contrato principal, como ocorre com o fornecimento de matérias-primas à indústria).

(1381) MARQUES, Cláudia Lima. **Contratos no Código de Defesa do Consumidor**, São Paulo: Editora Revista dos Tribunais, 2002, p. 93.

(1382) Sobre a interdependência contratual como característica central dos contratos coligados, consultar: GOMES, Orlando. **Contratos**. *Ob. Cit.*, p. 121/122.

rede contratual constitui violação à *função social dos contratos coligados* de fornecimento terceirizado e ao dever de *boa-fé objetiva dos contratantes coligados* em relação a terceiros.

Ao omitir-se a empresa-líder em fiscalizar as condições de trabalho praticadas por sua rede de fornecedores, permitindo a violação de direitos humanos fundamentais dos trabalhadores, é a própria rede contratual por ela controlada que afronta *deveres anexos* de cuidado (vigilância), respeito, honestidade, confiança e segurança em relação aos trabalhadores e consumidores prejudicados. Os trabalhadores têm frustrada a legítima expectativa de trabalho com respeito aos seus direitos humanos, e os consumidores têm interditada a legítima expectativa de consumir bens produzidos com respeito à dignidade de quem trabalha em sua produção.

O quadro de violação de deveres anexos, pela coligação contratual, no plano das relações de trabalho, em nada difere daquele que, nas relações de consumo, levou o legislador ordinário a imputar responsabilidade objetiva e solidária aos integrantes da cadeia produtiva por danos causados ao consumidor (CDC, arts. 7º, parágrafo único; 12 a 18 e 25, § 1º). Como bem destacou o Juízo da primeira instância em sentença proferida na Ação Civil Pública ajuizada pelo MPT no caso *Pernambucanas* (trabalho escravo e presença de crianças na atividade de costura de vestuário):

> Se o consumidor, que está na ponta contrária da linha na qual se encontra o trabalhador que produz o bem consumido, recebe proteção explícita do ordenamento jurídico, por qual razão negar a mesma proteção àquele que produz o mesmo bem consumido. Aceitar pacificamente essa diferenciação é admitir a constante criação de subclasses de pessoas perante o mesmo ordenamento.[1383]

De fato, não há justificativa constitucionalmente viável para tratamento jurídico diverso quanto à responsabilidade da cadeia produtiva por violações de direitos de consumidores e trabalhadores, pois em ambos os casos as violações desafiam, em igual medida, o dever estatal de proteção a direitos fundamentais.

Assim como ocorreu com a massificação das relações de trabalho subordinado entre os séculos XIX e XX, atraindo para o Estado o dever de proteção ao trabalhador hipossuficiente contra a superexploração econômica, a massificação contemporânea das relações de consumo atraiu para o Estado a necessidade de intervir nas relações negociais para garantir respeito aos direitos dos cidadãos que, na qualidade de consumidores, tornaram-se sujeitos hipossuficientes em negócios jurídicos complexos, comandados por grandes cadeias produtivas dotadas de acentuado poder econômico.

Tal como fez em relação aos direitos dos trabalhadores, a Constituição de 1988, em seu art. 5º, XXXII, alçou a *defesa do consumidor* à categoria de direito fundamental,[1384] e em seu art. 170, V, elevou-a a princípio da ordem econômica. A qualidade material

---

(1383) BRASIL, Tribunal Superior do Trabalho. **AIRR 0000108-81.2012.5.02.0081**, Rel. Min. Douglas Alencar Rodrigues. Ação em face de Arthur Lundgren Tecidos S/A, proprietária das Casas Pernambucanas. Aguardando julgamento.

(1384) Consideram a defesa do consumidor como categoria de direito fundamental: (1) MARINONI, Luiz Guilherme. A conformação do processo e o controle jurisdicional a partir do dever estatal de proteção do consumidor. *In*: SAMPAIO, Aurisvaldo; CHAVES, Cristiano (coords.). **Estudos de Direito do Consumidor**: tutela coletiva (homenagem aos 20 anos da lei da ação civil pública). Rio de Janeiro: Lumen Juris, 2005; (2) BENJAMIN, Antônio Herman V. O Código Brasileiro de Proteção do Consumidor. *In*: MARQUES, Cláudia Lima; MIRAGEM, Bruno (orgs.). **Doutrinas Essenciais de Direito do Consumidor**. Vol. I. São Paulo: Ed. RT, p. 97-132, 2010; (3) DAHINTEN, Augusto Franke; DAHINTEN, Bernardo Franke. Direito do consumidor como direito fundamental e o ensino superior. **Revista de Direito do Consumidor – RDC**, v. 106, jul./ago. 2015, p. 6.

de direito fundamental, diz Bruno Miragem, decorre da imperatividade do consumo, na atual sociedade, como uma necessidade humana básica, de caráter universal.(1385)

Nessa perspectiva a defesa do consumidor foi disciplinada pelo CDC, como um *direito fundamental* ao qual a Constituição destina proteção estatal especial, voltada a restabelecer no plano jurídico o equilíbrio faltante na relação economicamente desigual entre o consumidor e o agente detentor de poder econômico. (1386)

Portanto, do ponto de vista constitucional, premissas idênticas orientam a proteção estatal idêntica aos direitos fundamentais dos trabalhadores e consumidores, com idênticos mecanismos de responsabilidade.

Já no plano do Direito Internacional dos Direitos Humanos, a universalidade dos direitos humanos sociotrabalhists, sob compromisso de implementação pelo Estado brasileiro, não deixa dúvida sobre a proeminência da proteção estatal ao direito fundamental ao trabalho digno como premissa de realização dos valores humanos fundantes do Estado Democrático de Direito.

A influência recíproca das premissas tutelares do Direito do Trabalho e do Direito do Consumidor opera-se intensamente na seara doutrinária do *diálogo das fontes*, teoria que remete à necessidade de aplicação coerente das leis de direito privado coexistentes no sistema, iluminadas pelos valores constitucionais e pelos direitos humanos fundamentais.(1387)

Maurício Godinho Delgado ressalta a influência marcante que os elementos tutelares do Direito do Trabalho passaram a exercer sobre o Direito do Consumidor, a partir de fundamentos comuns inscritos na Constituição de 1988. Na verdade, afirma o autor, o CDC incorpora como *inovações* institutos e figuras típicas e clássicas do Direito Material e Processual do Trabalho, a exemplo da *responsabilidade objetiva* decorrente do risco da atividade econômica (que, no art. 2º, *caput*, da CLT, constitui elemento

(1385) Nesse sentido, segundo Bruno Miragem, *"a proteção do consumidor mostra-se imperiosa, também, ante o simples fato de que o ato de consumir consiste em uma prática comum a toda a sociedade mundial e que corresponde, em alguma medida, à própria sobrevivência de todo e qualquer ser humano, sobretudo na realidade contemporânea"* (...). *Consumir pode ser, assim, considerado como sendo a exata medida que separa o viver dignamente do estado de miserabilidade"*. MIRAGEM, Bruno. O Direito do Consumidor como Direito Fundamental. *In*: MARQUES, Cláudia Lima; MIRAGEM, Bruno (orgs.). **Doutrinas Essenciais de Direito do Consumidor**. Vol. II. São Paulo: Ed. RT, p. 25-49, 2010, p. 8/9.

(1386) Em virtude da origem constitucional do mandamento de defesa do consumidor, o art. 1º do CDC autodefine suas normas como sendo de ordem pública e de interesse social: *"Art. 1° O presente código estabelece normas de proteção e defesa do consumidor, de ordem pública e interesse social, nos termos dos arts. 5°, inciso XXXII, 170, inciso V, da Constituição Federal e art. 48 de suas Disposições Transitórias"*.

(1387) *"O uso da expressão* (...) *'diálogo das fontes' é uma tentativa de expressar a necessidade de uma aplicação coerente das leis de direito privado, coexistentes no sistema. É a denominada 'coerência derivada ou restaurada' (cohérence dérivée ou restaurée), que, em um momento posterior à descodificação, à tópica e à microrrecodificação, procura uma eficiência não hierárquica, mas funcional do sistema plural e complexo de nosso direito contemporâneo, a evitar a 'antinomia', a 'incompatibilidade' ou a 'não coerência'. 'Diálogo' porque há influências recíprocas, 'diálogo' porque há aplicação conjunta das duas normas ao mesmo tempo e ao mesmo caso, seja complementarmente, seja subsidiariamente, seja permitindo a opção pela fonte prevalente ou mesmo permitindo uma opção por uma das leis em conflito abstrato - solução flexível e aberta, de interpenetração, ou mesmo a solução mais favorável ao mais fraco da relação (tratamento diferente dos diferentes)"*. MARQUES, Claudia Lima *In*: BENJAMIN, Antonio Herman V.; MIRAGEM, Bruno; MARQUES, Claudia Lima. **Comentários ao Código de Defesa do Consumidor**. 7ª ed. São Paulo, RT, p. 24; MARQUES, Claudia Lima. Diálogo entre o código de defesa do consumidor e o novo código civil: do diálogo das fontes no combate às cláusulas abusivas. **Revista de Direito do Consumidor**, v. 45, jan./mar. 2003, p. 71.

característico da figura do empregador),[1388] "noção clássica ao Direito do Trabalho, [que] até então era timidamente aceita no Direito Civil".[1389]

Nessa perspectiva, portanto, muito antes de receber o influxo dos *deveres anexos* de boa-fé objetiva e de respeito à função social do contrato, inerentes aos contratos coligados, a empresa-líder da cadeia produtiva empresarial é responsável objetiva e solidariamente pelos direitos humanos fundamentais dos trabalhadores terceirizados, em primeiro plano, por irradiação direta do direito fundamental ao trabalho digno sobre as relações privadas de produção, à luz do padrão protetivo informado pelos Princípios Orientadores da ONU sobre Empresas e Direitos Humanos (Capítulo 6 - 6.5 e 6.6).

Os deveres anexos decorrentes dos contratos coligados constituem, assim, anteparos subsidiários de responsabilidade da empresa-líder, que atuam como amálgama argumentativo na construção da norma de decisão judicial acerca da matéria.[1390] O fundamento complementar relativo ao Direito do Consumidor, aqui exposto, centra-se, antes, na *responsabilidade objetiva e solidária da cadeia produtiva como mecanismo comum inerente ao dever estatal de proteção adequada aos direitos fundamentais dos consumidores e trabalhadores.*

8.5. Aplicação e interpretação do Decreto Federal n. 9.571/2018, que institui as Diretrizes Nacionais sobre Empresas e Direitos Humanos

No caso *Usina Ipê*, referido acima, em que o MPT pleiteou a responsabilização da empresa-líder por trabalho infantil no cultivo da cana-de-açúcar desenvolvido por empresa fornecedora, a usina foi condenada a implementar medidas de vigilância na cadeia produtiva com vistas a prevenir ilícito. A decisão judicial tomou por base, entre outros fundamentos, o Decreto Federal n. 9.571/2018 e, em especial, o disposto em seu art. 7º, V, que prevê como dever das empresas, no contexto de uma política nacional de direitos humanos, exigir de seus fornecedores medidas de erradicação do trabalho infantil.[1391]

No ano de 2018, o então Presidente Michel Temer editou o Decreto n. 9.571/2018, que estabelece *Diretrizes Nacionais sobre Empresas e Direitos Humanos* dirigidas a médias e grandes empresas, "incluídas as empresas multinacionais com atividade no País" (art. 1º).[1392]

O ato normativo reproduz os Princípios Orientadores da ONU sobre Empresas e Direitos Humanos em seus principais aspectos, com alguns desdobramentos e

---

(1388) Consolidação das Leis do Trabalho. *"Art. 2º - Considera-se empregador a empresa, individual ou coletiva, que, assumindo os riscos da atividade econômica, admite, assalaria e dirige a prestação pessoal de serviço"*.

(1389) Entre outros pontos de influência que o Direito do Trabalho exerceu sobre a codificação do Direito do Consumidor, o autor destaca a noção de *direito coletivo*, como aquele titularizado por uma coletividade de pessoas (CDC, art. 2º), o *princípio da norma mais favorável* (art. 47), a *substituição processual* (arts. 81, 82 e 91) de grande expressão no Direito do Trabalho (CR/1988, art. 8º, III), a *inversão do ônus da prova* (CDC, art. 6º, VIII) e a recusa de *cláusulas abusivas* (art. 51), conduta própria do Direito do Trabalho. Consultar: DELGADO, Maurício Godinho. **Curso de direito do trabalho.** 17ª ed. São Paulo: LTr, p. 14.

(1390) *Norma de decisão* no sentido empregado por J. J. Gomes Canotilho, analisado no Capítulo 6 (6.5). CANOTILHO, J. J. Gomes. **Direito constitucional e teoria da Constituição**. *Ob. Cit.*, p. 448 e 1292.

(1391) Decreto n. 9.571/2018. *"Art. 7º. Compete às empresas garantir condições decentes de trabalho, (...), com iniciativas para: (...) V - respeitar os direitos de crianças e adolescentes, de forma a incluir, em seus planos de trabalho (...)"*. BRASIL, Tribunal Regional do Trabalho da 15ª Região. Juizado Especial da Infância e Adolescência de Presidente Prudente. **ACPCiv 0010348-50.2021.5.15.0050.**

(1392) BRASIL, Presidência da República. **Decreto n. 9.571/2018.** Disponível em: https://bit.ly/3PRaHmH. Acesso em: 31 maio 2022.

adaptações, tomando-os como diretrizes nacionais de uma política de direitos humanos na atividade empresarial, no País.

O Decreto organiza essas diretrizes nacionais em *eixos orientadores* idênticos aos parâmetros *proteger, respeitar e reparar* dos Princípios Orientadores da ONU: o Capítulo II trata da obrigação do Estado de proteger os direitos humanos em atividades empresariais; o Capítulo III dispõe sobre a responsabilidade das empresas de respeitar os direitos humanos; e o Capítulo IV versa sobre o acesso a mecanismos de reparação e remediação (ver Capítulo 6 - 6.6).

No art. 3º, que disciplina o dever estatal de proteção aos direitos humanos em face de atividades empresariais, o Decreto prevê como diretrizes da política estatal o "estímulo à adoção, por grandes empresas, de procedimentos adequados de dever de vigilância (*due diligence*) em direitos humanos" (inciso VII) e o "estímulo à adoção de códigos de condutas em direitos humanos pelas empresas com as quais estabeleça negócios ou atue em parceria (...)" (XVI).

No mesmo art. 3º do Decreto n. 9.571/2018, tais medidas figuram ao lado de ações estatais de proteção a típicos direitos fundamentais dos trabalhadores, como o "combate à discriminação nas relações de trabalho" (inciso XII), a "promoção e apoio às medidas de inclusão e de não discriminação" (XIII), o "estímulo à negociação coletiva" (XIV), o "aperfeiçoamento dos programas e das políticas públicas de combate ao trabalho infantil e ao trabalho análogo à escravidão" (XV). Trata-se de direitos fundamentais previstos no art. 5º, *caput*, e no art. 7º, incisos XXVI, XXX, XXXI e XXXIII da Constituição.

Disciplinando a responsabilidade das empresas, especificamente, o art. 4º do Decreto imputa-lhes o *dever de respeito* "aos direitos humanos protegidos nos tratados internacionais" ratificados pelo Estado brasileiro (inciso I) e "aos direitos e as garantias fundamentais previstas na Constituição" (inciso II), responsabilidades estas com inteiro fundamento constitucional (CR/1988, art. 5º, §§ 2º e 3º).

O Decreto ainda aponta como responsabilidade das empresas o *dever de respeito* a específicos direitos fundamentais trabalhistas, tais como: (a) garantir condições decentes de trabalho, por meio de ambiente produtivo, com remuneração adequada, em condições de liberdade, equidade e segurança (Decreto n. 9.571/2018, art. 7º, *caput*); (b) respeitar os direitos das pessoas com deficiência (art. 8º, V) e manter ambientes e locais de trabalho acessíveis às pessoas com deficiência (art. 7º, I); (c) respeitar a liberdade de associação sindical e de livre negociação coletiva (7º, II); manter compromisso com as políticas de erradicação do trabalho escravo e garantir ambiente de trabalho saudável e seguro (7º, III), (e) respeitar os direitos das crianças e dos adolescentes (7º, V); (f) combater a discriminação nas relações de trabalho (art. 8º, *caput*); (g) respeitar a igualdade de salários para trabalho de igual valor (art. 8º, I); e adotar iniciativas de sustentabilidade ambiental (art. 12).[1393] Tais medidas constituem direitos fundamentais socio-trabalhistas previstos no art. 5º, *caput;* no art. 7º, V, XXII, XXVI, XXX, XXXI e XXXIII, e nos arts. 8º, 225 e 227 da Constituição.

Para conferir desdobramento operacional ao cumprimento dessas responsabilidades, no mesmo caminho dos Princípios Orientadores da ONU, o Decreto aponta em seu art. 5º medidas preventivas de violações a direitos humanos, a cargo da empresa, no âmbito de sua cadeia produtiva, tais como "monitorar o respeito aos direitos

(1393) *Idem.*

humanos *na cadeia produtiva* vinculada à empresa" (inciso I, sem grifo no original) e "redigir código de conduta publicamente acessível, aprovado pela alta administração da empresa" (inciso V).[1394]

Na mesma esteira, o art. 7º do Decreto incumbe às empresas manter condições de *trabalho decente na cadeia produtiva* mediante ações preventivas, como "não manter relações comerciais ou relações de investimentos, seja de subcontratação, seja de aquisição de bens e serviços, com *empresas ou pessoas que violem os direitos humanos*" (inciso IV); (...) exigir de seus fornecedores (...) *ações preventivas e reparatórias para evitar riscos,* impactos e violações a direitos de crianças e adolescentes" (inciso V); "avaliar e monitorar os *contratos firmados com seus fornecedores* (...) que contenham cláusulas de direitos humanos que impeçam o trabalho infantil ou o trabalho análogo à escravidão" (inciso VI); e assegurar a *aplicação vertical* de medidas de prevenção a violações de direitos humanos (inciso VIII) (sem grifos no original).[1395]

O art. 9º do Decreto disciplina especificamente o dever empresarial de devida diligência (*due diligence*) em direitos humanos, no âmbito da cadeia produtiva, de modo a "identificar os riscos de impacto e violação a direitos humanos no contexto de suas operações, com a adoção de ações de prevenção e de controle adequadas e efetivas". Para isso, deve a empresa, entre outros aspectos: realizar auditorias periódicas para "identificar, prevenir, mitigar e prestar contas do risco, do impacto e da violação decorrentes de suas atividades, de *suas operações e de suas relações comerciais* (inciso I); aperfeiçoar os mecanismos de controle e *reparar as consequências negativas sobre os direitos humanos que provoquem ou tenham contribuído para provocar* (inciso II); e adotar procedimentos para avaliar o respeito aos direitos humanos *na cadeia produtiva* (inciso III) (sem grifos no original).[1396]

Para não deixar dúvida da amplitude e finalidade de suas disposições, dispõe o § 2º do art. 7º do Decreto que "as medidas de prevenção e precaução a violações aos direitos humanos serão adotadas *em toda a cadeia de produção* dos grupos empresariais" (sem grifo no original).

Vistas em seu conjunto, portanto, as normas do Decreto propõem medidas de proteção expansiva aos direitos humanos positivados, especialmente dos direitos humanos sociotrabalhistas, no âmbito das cadeias produtivas empresariais, do que decorre um caráter geral ampliativo da eficácia de direitos fundamentais.

No entanto, essa percepção ampliativa de direitos encontra aparente obstáculo no enunciado do § 2º do seu art. 1º, segundo o qual, "as Diretrizes serão implementadas voluntariamente pelas empresas". Assim dispondo, o enunciado sugere que apenas as obrigações imputadas ao Estado sejam a ele vinculantes, enquanto as medidas de responsabilidade atribuídas às empresas seriam meramente *exortativas*, despidas de caráter vinculante. Sob essa leitura, o Decreto ostentaria para as empresas caráter de *soft law* idêntico às normas multilaterais de respeito aos direitos humanos estudadas no Capítulo 5 (5.4).[1397]

Ocorre que o Decreto n. 9.571/2018, na condição de *decreto autônomo*, constitui ato de interpretação administrativa das normas de direito fundamental a que se refere,

(1394) *Idem.*
(1395) *Idem.*
(1396) *Idem.*
(1397) *Idem.*

com a finalidade de conferir-lhes proteção governamental. Ele não cria direitos e obrigações trabalhistas, nem transfere obrigações da empresa fornecedora-empregadora à empresa contratante ou empresa-líder da cadeia produtiva.

Os direitos humanos fundamentais sociotrabalhistas a que se refere o Decreto decorrem da Constituição e das normas de Direito Internacional cogentes e internalizadas pelo Brasil (CR/1988, art. 5º, §§ 2º e 3º). E, conforme assentado nos Capítulos 6 e 7, o dever de respeito a esses direitos, pelas empresas-líderes das cadeias produtivas, assim como as correspondentes medidas preventivas e reparatórias, derivam diretamente do direito fundamental ao trabalho digno sobre as relações privadas de produção, sob influxo interpretativo dos Princípios Orientadores da ONU sobre Empresas e Direitos Humanos.

O Decreto nada cria a esse respeito, senão apenas reconhece interpretativamente o que já decorre de normas constitucionais, especialmente quando se refere aos deveres de diligência, prudência e fiscalização sobre a cadeia produtiva, com vistas a prevenir e reparar violações a direitos humanos fundamentais. Tais deveres derivam do padrão de proteção constitucional aos direitos humanos, no Brasil, estudado no Capítulo 6 (6.6).

Trata-se de *decreto autônomo* porque regula matéria (relativa ao dever de diligência das empresas pelos direitos humanos fundamentais sociotrabalhistas em suas cadeias produtivas) sem prévia mediação legislativa ordinária específica. Nos termos do art. 84, IV, da Constituição, o *decreto* constitui norma regulamentar estritamente destinada a promover a *fiel execução* de lei. O inciso VI do mesmo dispositivo somente autoriza o Presidente da República a editar *decreto autônomo* sobre a organização da administração pública federal e para extinção de funções e cargos públicos.(1398)

Sob uma leitura estritamente positivista dessas normas constitucionais de competência legislativa, o Decreto n. 9.571/2018 poderia ter sua validade constitucional negada, por violação dos princípios da legalidade e da separação de Poderes, seja em face da ausência de prévia lei em sentido formal a ser objeto de regulamentação, seja porque a matéria nele versada não integra o rol daquelas constitucionalmente reservadas ao decreto autônomo.

No entanto, a interpretação constitucional evoluiu nas últimas décadas, no âmbito do STF, para admitir a validade de decretos autônomos que se destinam a conferir *efetividade expansiva* a direitos fundamentais, considerando que, nos termos do art. 5º, § 1º, da Constituição,(1399) os direitos fundamentais dispõem de eficácia plena e aplicação imediata, sendo exercitáveis independentemente de integração legislativa. Não dependendo o direito fundamental de integração legislativa, o STF tem entendido que o decreto autônomo que disciplina sua implementação constitui ato de *interpretação administrativa* da norma de direito fundamental, voltado a conferir-lhe proteção estatal.(1400)

(1398) Constituição. Art. 84 (...). *"IV – (...) expedir decretos e regulamentos para sua fiel execução; (...) VI - dispor, mediante decreto, sobre: a) organização e funcionamento da administração federal, quando não implicar aumento de despesa nem criação ou extinção de órgãos públicos; b) extinção de funções ou cargos públicos, quando vagos".*

(1399) Constituição. Art. 5º (...) *"§ 1º. As normas definidoras dos direitos e garantias fundamentais têm aplicação imediata".*

(1400) Nesse sentido decidiu o STF no julgado da ADI 3.239/DF, que reconheceu a constitucionalidade do Decreto n. 4.887/2003, o qual regulamenta diretamente o art. 68 do Ato das Disposições Constitucionais Transitórias (ADCT), sobre identificação, reconhecimento, delimitação, demarcação e titulação das terras

Daí porque, sob o *princípio hermenêutico da máxima efetividade dos direitos fundamentais*, o Decreto n. 9.571/2018 habilita-se a produzir efeitos. Mas, para isso, o § 2º do seu art. 1º, no ponto em que reputa voluntária sua observância pelas empresas, deve ser submetido a uma interpretação conforme à Constituição.

À luz do princípio hermenêutico da *proibição da proteção insuficiente*, que orienta a interpretação dos direitos fundamentais, nem mesmo a lei em sentido formal tem autoridade para reduzir desproporcionalmente o nível de proteção ao direito fundamental, na medida em que essa restrição afronta a margem de ação discricionária do legislador ordinário no processo de constitucionalização material da ordem jurídica.(1401) Nesse sentido, se nem mesmo à lei a Constituição autoriza reduzir ou debilitar deveres diretamente impostos por normas de direito fundamental,(1402) não será um decreto autônomo, certamente, instrumento normativo autorizado a fazê-lo.

Assim, para preservar a convivência harmoniosa do § 2º do art. 1º do Decreto n. 9.571/2018 com a ordem constitucional, há de se lhe emprestar interpretação no sentido de que *os deveres empresariais previstos nas Diretrizes Nacionais sobre Empresas e Direitos Humanos não derivam do Decreto, mas das normas de direitos fundamentais por ele interpretadas*. Somente com esse sentido a norma deixa de produzir restrição inconstitucional aos direitos fundamentais por ela afetados.

Sem essa interpretação, o dispositivo padece de incontornável inconstitucionalidade material, por restringir desproporcionalmente a efetividade de direitos fundamentais, conferindo-lhe *proteção estatal insuficiente* ou *deficiente*, prática normativa vedada pela Constituição.(1403) Sem a interpretação ora proposta, recai sobre a norma restritiva de direitos fundamentais, além da inconstitucionalidade material direta, também o sobrepeso da ilegitimidade democrática, em face da *ausência de prévia discussão social a seu respeito*.(1404)

Embora discipline matéria extremamente sensível à participação popular, o Decreto n. 9.571/2018 foi editado sem prévia consulta pública ou discussão com os grupos sociais afetados, e mesmo sem prévia deliberação no âmbito do Conselho Nacional de Direitos Humano (CNDH).(1405) Com isso, o Decreto afastou-se de um

---

ocupadas por remanescentes das comunidades quilombolas. BRASIL, Supremo Tribunal Federal. **ADI 3.239/DF**, Pleno. Rel. Min. Cezar Peluso; Red. Min. Rosa Weber. DJe 1 fev. 2019.

(1401) Robert Alexy trata da *dogmática das margens de ação* do legislador (uma expressão consolidada na jurisprudência do Tribunal Constitucional Federal alemão) para identificar critérios teóricos a serem observados na fixação dos limites de ação do legislador ordinário, no processo de constitucionalização da ordem jurídica. Consultar: ALEXY, Robert. Tres escritos sobre los derechos fundamentales y la teoría de los principios. Derecho constitucionale e derecho ordinario: jurisdiccione constitucionale e jurisdiccione ordinaria. Trad. Carlos Bernal Pulido. **Serie de teoría jurídica y filosofia del derecho**, Bogotá, Universidad Externado de Colômbia, n. 28, 2003, p. 50.

(1402) Conforme assentado pelo STF no julgado da ADI 3.239/DF, "diante de norma constitucional assim qualificada, recomenda a doutrina se evite método interpretativo que reduza ou debilite, sem justo motivo, a máxima eficácia possível dos direitos fundamentais". BRASIL, Supremo Tribunal Federal. **ADI 3.239/DF**, Pleno. Rel. Min. Cezar Peluso; Red. Min. Rosa Weber. DJe 1 fev. 2019.

(1403) A respeito do tema, consultar: GAVIÃO, Juliana Venturella Nahas. A proibição da proteção deficiente. **Revista do Ministério Público do RS**, Porto Alegre – RS, n. 61, p. 93-111, maio/out. 2008.

(1404) NETTO JUNIOR, Edmundo Antonio Dias et al. A desconstrução do caráter vinculante das normas sobre empresas e direitos humanos: da natureza voluntária dos princípios ruggie à voluntariedade das diretrizes nacionais. **Revista Internacional de Direitos Humanos e Empresas**, v. III, n. 2, p. 10-21, fev./jul. 2019.

(1405) Criado pela Lei n. 12.986/2014, o Conselho Nacional de Direitos Humanos tem competência para *"opinar sobre atos normativos, administrativos e legislativos de interesse da política nacional de direitos humanos e elaborar propostas legislativas e atos normativos relacionados com matéria de sua competência"* (art. 4º, IX). Embora

dos pilares da legitimidade normativa dos Princípios Orientadores da ONU sobre Empresas e Direitos Humanos, nos quais se inspira, e que, segundo John Ruggie, foi fruto de consenso construído por meio de longo diálogo com as partes interessadas no âmbito do Conselho de Direitos Humanos da ONU.[1406]

Sem ser precedido de discussão pública, o Decreto n. 9.571/2018 ainda contrariou orientação expedida ao governo brasileiro pelo *Grupo de Trabalho da ONU sobre Direitos Humanos, Empresas Transnacionais e Outras Empresas*, responsável por monitorar a implementação dos Princípios Orientadores pelos Estados-membros. Por ocasião de visita feita ao País, em 2015, o Grupo de Trabalho constatou a "necessidade de melhorar a coordenação e o diálogo sobre questões empresariais e de direitos humanos", razão pela qual recomendou ao governo brasileiro o desenvolvimento de um *plano de ação nacional* sobre empresas e direitos humanos *com envolvimento das partes interessadas* e a criação de mecanismos de *diálogo social* em torno do tema.[1407]

A edição do Decreto sem prévia consulta atropelou, inclusive, iniciativa anterior do próprio governo federal, que havia instituído o Comitê Empresas e Direitos Humanos (CEDH), com participação de representantes de vários setores governamentais, para implementar os Princípios Orientadores da ONU.[1408]

Destituído de prévia discussão social com trabalhadores e empregadores, partes diretamente interessadas, o Decreto ainda afronta o compromisso internacional assumido pelo Estado brasileiro ao filiar-se à OIT, cuja Constituição, em seu Anexo (Declaração de Filadélfia) prevê o *diálogo tripartite* como fundamento das decisões políticas em matéria de trabalho (Capítulo I, *d*).[1409]

É democraticamente indispensável, portanto, que uma política nacional sobre empresas e direitos humanos seja objeto de ampla discussão social. E é possível que a forma açodada como foi editado o Decreto n. 9.571/2018 justifique-se no propósito de conferir caráter voluntarista (facultativo) aos deveres empresariais – em contraponto à força normativa dos Princípios Orientadores da ONU sobre Empresas e Direitos Humanos –, para atender a agenda neoliberal que alçou ao poder o governo Temer (PMDB), em 2016 (Capítulo 2 - 2.4).

Por outro lado, afastado o pretendido caráter voluntarista dos deveres empresariais derivados da Constituição, a ausência de prévia consulta social pode ser razoavelmente suportada, em juízo de ponderação, até que nova legislação sobre a matéria seja editada com prévia discussão social, tendo em vista a interpretação expansiva da eficácia dos direitos fundamentais resultante da interpretação constitucional do ato normativo, acima proposta.

---

não se trate de competência constitutiva do processo legislativo, que condicione a validade formal do ato normativo, é uma competência essencial à sua legitimidade social e democrática.

(1406) RUGGIE, John Gerard. **Quando negócios não são apenas negócios**. *Ob. Cit.*, pos. 2400/2404.

(1407) Trecho do relatório: *"(d) Develop a national action plan on business and human rights on the basis of multi-stakeholder engagement;72 (e) Create platforms and strengthen mechanisms for dialogue between Government, businesses and civil society on business and human rights issues"*. Consultar: UNITED Nations, General Assembly. Report of the Working Group on the issue of human rights and transnational corporations and other business enterprises on its mission to Brazil. Disponível em: https://bit.ly/3z6MAdR. Acesso em: 31 maio 2022.

(1408) BRASIL, Ministério dos Direitos Humanos. **Portaria n. 289**, de 10 de agosto de 2018.

(1409) Organização Internacional do Trabalho (OIT). **Declaração de Filadélfia.** Capítulo I (...) *"d) a luta contra a carência, em qualquer nação, deve ser conduzida com infatigável energia, e por um esforço internacional contínuo e conjugado, no qual os representantes dos empregadores e dos empregados discutam, em igualdade, com os dos Governos, e tomem com eles decisões de caráter democrático, visando o bem comum"*.

Com essas ponderações, o Decreto n. 9.571/2018 torna-se apto a promover a integração interpretativa dos Princípios Orientadores da ONU ao sistema jurídico brasileiro, corroborando e fortalecendo a eficácia direta dos direitos fundamentais dos trabalhadores sobre as relações de terceirização, com padrão de proteção condizente com a Constituição.

Nesse sentido, a norma secundária integrativa, com caráter predominantemente interpretativo de direitos fundamentais, embora não constitua ela própria o fundamento central da responsabilidade da empresa-líder, atua como reforço argumentativo da centralidade dos Princípios Orientadores da ONU sobre Empresas e Direitos Humanos na implementação dos direitos humanos fundamentais trabalhistas, no âmbito das cadeias produtivas, no Brasil.

8.6. A teoria da cegueira deliberada e o dever de diligência da empresa-líder

No caso *M. Officer* (trabalho escravo em oficina de costura de vestuário), o MPT invocou, entre outros argumentos voltados à responsabilização da empresa-líder, a aplicação da *teoria da cegueira deliberada ou cegueira conveniente* (*willful blindness doctrine*).(1410) Proveniente do Direito Penal anglo-saxônico, a figura retrata a situação do sujeito que, com vistas a evitar a responsabilidade penal ou a obter algum benefício decorrente da prática de um ato ilícito, coloca-se, intencionalmente, a si mesmo, em estado de ignorância relativamente aos aspetos penalmente relevantes da sua conduta.

Transposta para a realidade do caso, argumentou o MPT, na referida Ação Civil Pública, que embora beneficiária da redução de custos produtivos decorrentes da exploração do trabalho em condição de extrema precariedade, nos elos terceirizados de sua cadeia produtiva empresarial, a *M. Officer* ignorou intencionalmente essa circunstância para a seu respeito não assumir responsabilidades. Em sede de recurso ordinário, o TRT da 2ª Região acolheu o argumento, recusando a alegação de desconhecimento dos fatos ilícitos, invocada pela empresa-líder.(1411)

No caso *Siderúrgicas do Pará* (trabalho escravo na produção de carvão fornecido para as indústrias siderúrgicas), o Juízo de primeira instância também invocou a teoria da cegueira deliberada para afirmar inviável que as empresas-líderes não tivessem conhecimento do ilícito na produção do carvão que lhes era fornecido, já que as empresas-líderes voluntariamente recorriam ao *esquema* ilícito para dele obter vantagens econômicas.(1412)

No Direito Penal, em cuja seara foi inicialmente desenvolvida, a teoria da cegueira deliberada disseminou-se na aplicação de tipos penais que exigem o conhecimento, por parte do agente, sobre a origem ilícita dos bens, direitos ou valores envolvidos no crime. Com a teoria, passou-se a substituir o conhecimento expresso por uma presunção de conhecimento baseada em indícios. Exemplo típico encontra-se nas discussões, no Direito americano, acerca da cegueira deliberada na configuração do crime de lavagem de dinheiro, em relação ao qual as Cortes norte-americanas exigem (i) a ciência do agente quanto à elevada probabilidade de que os valores envolvidos provenham de crime, (ii) o atuar de forma indiferente a esse conhecimento, e (iii) a

---

(1410) BRASIL, Tribunal Superior do Trabalho. **AIRR 0001779-55.2014.5.02.0054**, Rel. Min. Douglas Alencar. Aguardando julgamento.

(1411) *Idem.*

(1412) BRASIL, Tribunal Superior do Trabalho. **AIRR 0000807-17.2012.5.08.0110**, Rel. Min. Cláudio Brandão. Aguardando julgamento.

escolha deliberada do agente em permanecer ignorante a respeito de todos os fatos, quando possível a alternativa.(1413)

Na jurisprudência espanhola, dois elementos foram atribuídos à cegueira deliberada: o elemento cognitivo (conhecimento da origem ilícita do bem envolvido no crime) e o elemento volitivo (a aceitação, pelo agente, dessa origem ilícita). Esses elementos são inferidos de circunstâncias concretas capazes de conferir ao agente alto senso de probabilidade da ilicitude, circunstâncias estas que ele não se dispõe a averiguar, colocando-se em estado de *ignorância deliberada*.(1414)

Parte da doutrina passou a identificar essa conjunção dos elementos cognitivo e volitivo com aqueles necessários à configuração do dolo e, mais precisamente, do *dolo eventual*, quando o agente, embora não desejando o resultado, "assumiu o risco de produzi-lo" (Código Penal Brasileiro, art. 18, I, *in fine*).(1415) Foi o que ocorreu no âmbito do STF, em que a doutrina da cegueira deliberada foi adotada no julgamento de crime de lavagem de dinheiro, no *caso mensalão* (Ação Penal 470/MG), segundo Rui Aido, com consequências muito parecidas com a do dolo eventual.(1416)

Em substanciosa pesquisa acerca do tema, conclui Rui Aido que a cegueira deliberada, em seu sentido original extraído da jurisprudência anglo-saxã e americana (*Common Law*), não se confunde com a figura do dolo, ainda que eventual, pois não exige a motivação da conduta. Para configurar a cegueira deliberada, segundo o autor, basta (i) que haja uma *suspeita* (informação insuficiente), extraída das regras de experiência, de que da conduta possa resultar um ilícito; (ii) que a informação necessária para confirmar a suspeita esteja a todo tempo disponível, sem dificuldades; (iii) que haja o *dever* de obter a informação;(1417) e (iv) que o agente adote a *decisão de ignorá-la*.(1418)

Daí porque, para Rui Aido, não exigindo o elemento volitivo da motivação para configuração do ilícito, a cegueira deliberada mais se aproxima da *negligência*, ao omitir-se o agente de um dever de conhecimento. Havendo *dever* de conhecer aquilo que se ignora, na ignorância reside o elemento central da culpabilidade. (1419)

Assim é que, no plano da responsabilidade civil, a teoria da cegueira deliberada vem sendo utilizada para caracterizar a conduta negligente (culposa) do sujeito que, sendo responsável por exercer conduta cuidadosa, preventiva de ilícito, opta por ignorar sua ocorrência ou risco de ocorrência, para disso extrair algum proveito. Essa noção assume variadas feições, conforme o campo de aplicação a que seja destinada. Nas relações negociais, por exemplo, a *ignorância conveniente* do agente que causa danos à outra parte remete à quebra da boa-fé objetiva, de lealdade contratual, ensejando responsabilidade contratual.(1420)

(1413) AIDO, Rui. **Cegueira deliberada.** Dissertação de mestrado apresentada no Curso de Mestrado em Ciências Jurídico-Forenses da Faculdade de Direito da Universidade de Lisboa. Lisboa: Universidade de Lisboa, 2018, p. 31. Disponível em: https://bit.ly/3cg2k5b. Acesso em: 23 ago. 2022.
(1414) *Idem*, p. 21/22.
(1415) *Idem*, p. 21; JESUS, Damásio de. **Direito penal**. Parte Geral. 32ª ed. São Paulo: Saraiva, 2011, p. 330.
(1416) AIDO, Rui. **Cegueira deliberada**. *Ob. Cit.*, p. 30/31; BRASIL, Supremo Tribunal Federal. AP 470/MG, Rel. Min. Roberto Barroso. DJe 30 abr. 2014.
(1417) AIDO, Rui. **Cegueira deliberada**. *Ob. Cit.*, p. 76.
(1418) *Idem.*
(1419) *Idem.*
(1420) Nesse sentido, o seguinte julgado do TJDFT: BRASIL, Tribunal de Justiça do Distrito Federal e Territórios. Proc. 0700625-63.2020.8.07.0020, Rel. Des. Teófilo Caetano. DJe 21 jan. 2022.

Nas relações de trabalho, anota Luiz Fabre, embora possa ser associada à teoria da culpa, a teoria da cegueira deliberada vem em socorro subsidiário às teses que buscam imputar responsabilidade objetiva ao beneficiário da cadeia produtiva (a aqui denominada empresa-líder) que, ao permanecer inerte diante do dever de agir para evitar o ilícito trabalhista, coloca-se deliberadamente em situação de ignorância, "respondendo pela omissão culposa (negligência)".[(1421)]

Nesse sentido, conforme os exemplos acima apontados, tornou-se comum o uso da doutrina da cegueira deliberada nas ações civis públicas do MPT voltadas à responsabilização da empresa-líder por prática de trabalho escravo na cadeia produtiva, como argumento de reforço à responsabilidade objetiva.[(1422)] O fundamento contrapõe a costumeira alegação de desconhecimento do ilícito, pela empresa-líder; qualifica o alegado desconhecimento como omissão negligente, diante do seu dever de conhecimento sobre as condições de trabalho na cadeia produtiva; e extrai da negligência elemento de reforço à responsabilidade pela reparação dos danos. Trata-se, portanto, de argumentação fundada em análise psicológica do comportamento do agente, própria da imputação de responsabilidade baseada na culpa.

Conforme amplamente exposto no Capítulo 6 (6.6), à luz dos Princípios Orientadores da ONU sobre Empresas e Direitos Humanos, no entanto, a responsabilidade da empresa-líder de respeitar os direitos humanos na cadeia produtiva é objetiva, pois decorre do risco por ela produzido, independendo de sua contribuição direta para a produção do dano. Esse padrão de responsabilidade objetiva decorre da irradiação direta do direito fundamental ao trabalho digno sobre as relações privadas (6.5) e encontra assento na teoria do *risco criado*, adotada pelo art. 927, parágrafo único, do CCB (Capítulo 7 - 7.4.1).[(1423)]

A responsabilidade objetiva da empresa-líder ainda encontra firme referência analógica na responsabilidade subsidiária também objetiva da empresa tomadora de serviços em face do mero inadimplemento de direitos trabalhistas pela empresa contratada, independentemente de culpa *in eligendo* ou *in vigilando*, conforme resulta do art. 5ª-A, § 5º, da Lei n. 6.019/1974, com redação inserida pela Lei n. 13.429/2017 (Capítulo 7 - 7.2).

Dessa responsabilidade objetiva decorre para a empresa-líder, à luz dos Princípios Orientadores da ONU sobre Empresas e Direitos Humanos (Princípios Orientadores 15, 17, 19 e 22), nesse aspecto reproduzido pelo art. 9º do Decreto n. 9.571/2018, o dever de adotar a *devida diligência* por meio de processos de auditoria na cadeia produtiva (*due diligence*), a fim de identificar, prevenir, mitigar e prestar contas de sua atuação quanto aos direitos humanos, instituindo mecanismos de denúncia e processos de apuração e de reparação extrajudicial de danos (Capítulo 6 - 6.6).[(1424)]

(1421) FABRE, Luiz. Novos institutos relacionados ao tráfico de pessoas no setor têxtil: o princípio do non-refoulement e a teoria da cegueira deliberada. *Ob. Cit.*

(1422) FERNANDES, Rafaela Neiva. Por trás dos panos: o trabalho escravo no setor têxtil brasileiro e a responsabilização jurídica das grifes. *Ob. Cit.*

(1423) Na qualidade de agente econômico central da cadeia produtiva empresarial, a empresa-líder assume os riscos inerentes à exploração contratualizada (terceirizada) da atividade econômica, dentre os quais, os riscos de externalidades negativas sobre direitos de terceiros, inclusive sobre os direitos humanos fundamentais dos trabalhadores terceirizados. Ver Capítulo 7 (7.4.1).

(1424) CONECTAS Direitos Humanos. **Empresas e Direitos Humanos**: Parâmetros da ONU para proteger, respeitar e reparar. Relatório final de John Ruggie – Representante Especial do Secretário-Geral. *Ob. Cit.*

O dever empresarial de *diligência preventiva* envolve a obrigação de realizar o mapeamento da cadeia produtiva, a fiscalização da capacidade econômica das empresas, as auditorias para verificação de impactos reais e potenciais (riscos) das operações sobre os direitos dos trabalhadores, a proposição de medidas corretivas de ilícitos trabalhistas e até o encerramento de relações comerciais, caso não sejam efetivadas as correções determinadas. Nesse contexto, o mero comportamento omissivo da empresa em adotar as medidas de *devida diligência* já integra objetivamente o núcleo do ato violador dos direitos humanos socio-trabalhistas (Capítulo 7 - 7.4.2).

Aqui, diferentemente da responsabilidade fundada em culpa, cuja averiguação "pressupõe um complexo de operações do espírito humano", a responsabilidade objetiva decorrente do *risco*, de caráter impessoal, não enseja análise de elementos cognitivos ou volitivos do comportamento do agente.(1425) À luz da responsabilidade objetiva, a *omissão* da empresa-líder em identificar e tratar violações e riscos de violações a direitos trabalhistas em sua cadeia produtiva empresarial já constitui, *ipso facto*, comportamento ilícito ensejador de responsabilidade. A própria ignorância constitui violação de um dever constitucional de diligência inerente à sua condição de agente central controlador da cadeia produtiva (Capítulo 6 - 6.5 e 6.6).

Portanto, na fixação da responsabilidade da empresa-líder por direitos humanos fundamentais dos trabalhadores terceirizados em sua cadeia produtiva empresarial, nenhuma relevância exerce o caráter intencional (deliberado) da ignorância a respeito dos fatos.

Ainda assim, a figura da cegueira deliberada pode exercer papel relevante na mensuração do *quantum* indenizatório, no plano da responsabilidade reparatória. Ao invocar desconhecimento do ilícito em sua cadeia produtiva, a empresa admite a conduta omissiva. Mas, constatado o caráter *deliberado* dessa ignorância, mais intensa afigura-se a lesão ao dever de diligência, na medida em que a cegueira deliberada aproxima-se da conduta dolosa, tal como identificam alguns setores da doutrina e da jurisprudência, assumindo o agente o risco de produzir o resultado danoso.(1426)

Essa abordagem é encontrada, por exemplo, na decisão judicial proferida no *caso Pernambucanas* (trabalho escravo e presença de crianças na atividade de costura de vestuário), em que o Juízo de primeira instância reconhece que, ao colocar-se em posição de ignorância deliberada sobre os ilícitos trabalhistas em sua cadeia produtiva, a respeito dos quais teria o dever de agir, a empresa-líder agiu dolosamente, assumindo os riscos do resultado danoso:

> Logicamente, o enquadramento da conduta deve ser realizada a partir de critérios objetivos e por ser impossível penetrar no consciente das pessoas, a fim de obter certeza quanto à ciência de estarem participando de uma situação de ilicitude, desenvolveu-se a *doutrina que sustenta ser dolosa a conduta do agente quando este, de forma voluntária, se coloca em uma situação de alienação dos fatos que o cercam, procurando se abster de investigar condutas efetivamente suspeitas*.
>
> (...)

(1425) CRETELLA JÚNIOR, José. **Comentários à constituição brasileira de 1988.** *Ob. Cit.*, p. 1.019.
(1426) AIDO, Rui. **Cegueira deliberada.** *Ob. Cit.*, p. 30/31; BRASIL, Supremo Tribunal Federal. AP 470/MG, Rel. Min. Roberto Barroso. DJe 30 abr. 2014.

Conforme já explicitado anteriormente, a ré identificou a possibilidade de existir a subcontratação de oficinais ilegais pelos seus fornecedores (previu o resultado), mas mesmo assim *assumiu os riscos desse fato acontecer*, inclusive confessando perante o autor, que os meios utilizados por ela naquele momento não eram suficientes para evitar essa situação. [1427]

Com base, entre outros fundamentos, na cegueira deliberada, a empresa titular das Casas Pernambucanas foi condenada a pagar indenização por danos morais coletivos no importe de R$ 2,5milhão.[1428]

Assim analisados os principais fundamentos complementares adotados pelo MPT na atuação responsabilizatória das empesas-líderes por violações de direitos humanos fundamentais trabalhistas nos elos terceirizados, a abertura material da ordem jurídica brasileira aos direitos humanos, com a possibilidade de permanente ampliação do catálogo de direitos fundamentais (CR/1988, art. 5º, §§ 2º e 3º), mantém franqueado espaço para novas construções interpretativas voltadas a fortalecer os fundamentos centrais dessa responsabilidade, aperfeiçoando a governação pública do trabalho digno nas cadeias produtivas empresariais descentralizadas.

Este é um debate dinâmico, marcado pela natureza permanente das lutas travadas na construção dos direitos humanos, que se encontram em constante processo de desenvolvimento, e que por isso sempre convida a novas elaborações interpretativas da ordem jurídica, emancipatórias dos trabalhadores das periferias produtivas, geralmente excluídos do mais alto patamar das conquistas trabalhistas civilizatórias. Trata-se, portanto, de um debate em curso, no interminável empreendimento democrático comprometido em construir a sonhada humanidade *pós-abissal*. [1429]

(1427) BRASIL, Tribunal Superior do Trabalho. **AIRR 0000108-81.2012.5.02.0081**, Rel. Min. Douglas Alencar Rodrigues. Aguardando julgamento.

(1428) *Idem.*

(1429) SANTOS, Boaventura de Sousa. Some theses on decolonizing history. *Ob. Cit.*, p. 17.

CONCLUSÃO

A obra percorreu os caminhos propostos na Introdução com o propósito de formular uma teoria de responsabilidade das empresas-líderes pelos direitos humanos sociotrabalhistas dos trabalhadores terceirizados, em suas cadeias produtivas empresariais organizadas com uso da terceirização externa, a partir do reconhecimento da dinâmica e racionalidade das relações assimétricas de poder travadas com a rede de fornecedores.

Enunciou-se como objetivo imediato desta obra auxiliar a construção de mecanismos jurídico-interpretativos de governação pública do trabalho *decente* nas cadeias produtivas, para enfrentamento de processos de trabalho altamente precarizados (trabalho escravo, trabalho infantil, graves violações ao meio ambiente de trabalho e à liberdade sindical, discriminações etc.), comumente encontrados nos elos terceirizados de poderosas cadeias produtivas, onde a aplicação das normas estatais de proteção ao trabalho encontra obstáculo na falta de estrutura econômica dos fornecedores-empregadores.

No mais amplo espectro de análise sociológica do problema, os estudos levados a cabo na Parte 1 investigaram razões históricas, objetivos e movimentos econômicos e sociais que tornaram as *cadeias transnacionais de mercadorias*, capitaneadas pelas grandes corporações de capital monopolista, *locus* e agentes da divisão internacional do trabalho, liderando os processos de reestruturação produtiva flexível e fragmentada por todo o planeta, nas últimas décadas, sob orientação doutrinária da globalização econômica neoliberal.

Na perspectiva de leitura do capitalismo histórico assentada na *teoria do sistema-mundo*, capitaneada por Immanuel Wallerstein, buscou-se uma explicação crítica original e particular sobre o modo como o sistema capitalista mundial originou-se e estratificou-se por meio dos grandes movimentos econômicos travados no âmbito das *cadeias transnacionais de produção*, sob a racionalidade expropriatória de valor inerente à divisão internacional do trabalho, que culminou na organização empresarial flexível e fragmentária contemporânea.

Influenciadas pelo modelo de organização produtiva vigente em cada tempo, as cadeias produtivas assumiram papel central na desigual transmissão de valor entre os países e regiões do mundo, conforme os interesses do capital dominante em cada época.

A transnacionalização do capital e da produção, na globalização neoliberal, potencializou o poder das cadeias produtivas como correias de transmissão e agregação de valor entre as regiões do mundo. As ex-colônias mantiveram-se nos espaços econômicos periféricos, oferecendo mão de obra e recursos naturais fartos à exploração das grandes cadeias produtivas, especialmente nas atividades primárias, historicamente exploradas com trabalho escravo no período colonial, cuja herança cultural sedimentou práticas de trabalho profundamente predatórias no campo.

Aliado a isso, a transnacionalização da produção ensejou o deslocamento massivo de atividades executivas tipicamente industriais, que demandam maior uso de mão de obra e recursos naturais, dos países centrais para regiões periféricas e semiperiféricas, em busca do rebaixamento do custo de produção, em sacrifício das condições ambientais e trabalhistas nessas regiões. Esse movimento, desenvolvido com uso intensivo da terceirização externa, por meio de contratos internacionais de fornecimento, ocasionou o rebaixamento da remuneração das atividades industriais terceirizadas, reproduzindo e aprofundando a estratificação valorativa das atividades das cadeias produtivas e, por conseguinte, da economia mundial.

Nesse cenário, a *terceirização externa* ou *externalização* tornou-se técnica de organização do processo produtivo por meio da qual as atividades terceirizadas são submetidas a rebaixamento de valor, mediante pressão redutora do seu custo de produção, para que essa redução seja capturada como excedente pelas atividades hierarquicamente superiores e, em especial, pelas atividades primarizadas da cadeia produtiva. Trata-se, portanto, de mecanismo utilizado pelas cadeias produtivas para acirrar a estratificação e o rebaixamento valorativo de determinadas atividades que integram seus processos produtivos, com vistas a aumentar sobre elas a extração de mais-valia.

Segundo dados da OIT extraídos do relatório da 105ª Conferência Internacional do Trabalho, nos elos terceirizados das cadeias produtivas transnacionais o poder da empresa contratante para impor custos reduzidos, alta qualidade e entregas rápidas, pressiona as empresas terceirizadas a superexplorarem o trabalho de seus empregados e a extraírem vantagens dos seus próprios fornecedores subcontratados, fomentando processos de trabalho altamente precarizados.

A lógica de transferência de vantagens econômicas dos extratos inferiores para os superiores faz com que a cadeia produtiva empresarial comporte, como elemento inerente à sua tônica organizacional, diferentes disciplinas regulatórias do trabalho em seus diferentes extratos, divididos, na leitura epistemológica pós-colonial de Boaventura de Sousa Santos, pela *linha abissal* imposta pelo pensamento colonial: enquanto os empregados das empresas-líderes e fornecedores centrais são destinatários do mais amplo patamar civilizatório de direitos sociais, sob proteção dos estatutos e códigos de conduta social implementados por seus empregadores, a bem da imagem socioambiental da marca comercial, os trabalhadores terceirizados, nos estratos inferiores, da periferia produtiva, descolados dos signos de valor comercial, sujeitam-se ao estatuto mínimo *possível* em troca do posto de trabalho, mesmo que precário, informal, desprotegido.(1430)

Nesse problema reside a preocupação central da obra, que se propõe a formular uma teoria da responsabilidade da empresa-líder pelos direitos humanos fundamentais dos trabalhadores terceirizados na cadeias produtiva, que fomente a progressiva unificação tutelar do trabalho digno nos espaços produtivos centrais e periféricos, como medida de superação do abismo que desafia permanentemente o projeto solidarista do Estado Democrático de Direito.

Para perseguir esse objetivo, em sua primeira parte, a obra formulou a categoria analítica da *cadeia produtiva empresarial descentralizada*, para descrever a cadeia produtiva liderada por uma empresa-líder (cadeia produtiva empresarial), que terceiriza externamente todos ou alguns dos seus ciclos produtivos (descentralizada), controlando-os estrategicamente e integrando-os verticalmente para obter efeito econômico equivalente ao da organização empresarial verticalizada.

Constituem elementos característicos da *cadeia produtiva empresarial descentralizada*: (a) a externalização de ciclo produtivo, pela cadeia produtiva empresarial, por meio de contrato de fornecimento terceirizado ou equivalente; (b) o exercício de *comando*

(1430) SANTOS, Boaventura de Sousa. Postcolonialism, Decoloniality, and Epistemologies of the South. **Oxford Research Encyclopedias**, Literature, p. 1-30, 2021, p. 15/16.

ou *controle produtivo estratégico* pela empresa-líder sobre a rede de fornecedores; (c) a autonomia econômica, administrativa e operacional da empresa fornecedora; (d) a integração contratual *verticalizada* dos ciclos produtivos externalizados.

A governação hierarquizada das cadeias produtivas empresariais descentralizadas decorre de duas necessidades distintas de coordenação: (1) a necessidade de especificação do produto a ser fabricado pelos fornecedores, o que enseja a estruturação de uma governação para *coordenar a atividade produtiva;* e (2) a necessidade de eliminar ou reduzir riscos do produto decorrentes de falhas dos fornecedores, o que leva a governação a *intervir diretamente e monitorar a cadeia produtiva.*

No estudo da governação da cadeia produtiva empresarial descentralizada foram analisadas as relações de poder tipicamente assimétricas entre a empresa-líder e a rede de fornecedores terceirizados, assimetria esta que reflete o caráter estratificado da escala hierárquica valorativa das atividades produtivas na divisão internacional do trabalho, promovida pelo sistema-mundo capitalista.

Integram o quadro de governação das cadeias produtivas empresariais descentralizadas: (a) a atividade de coordenação e integração funcional verticalizada da cadeia produtiva, exercida pela empresa-líder, voltada a extrair o máximo de valor das atividades terceirizadas; (b) a relação de *hierarquia produtiva estratégica* entre a empresa-líder e sua rede de fornecedores, fundada, entre outros aspectos, na assimetria de poder contratual e econômico entre as empresas; (c) o exercício do *comando* ou *controle produtivo estratégico,* pela empresa-líder, sobre as atividades externalizadas; e (d) a posição de *subordinação produtiva estratégica* das empresas fornecedoras à empresa-líder.

Com essas características relacionais de poder, a cadeia produtiva empresarial descentralizada reproduz no plano funcional a estrutura verticalizada da empresa-total, que, reorganizada sob o modelo enxuto flexível, exerce um comando não mais diretivo, orgânico, de gestão empresarial, como antes exercia sobre departamentos internos, mas um *comando* ou *controle produtivo estratégico* sobre as atividades externalizadas, por meio das relações contratuais de externalização conduzidas conforme seus *interesses estratégicos.*

No plano dos estudos das organizações, a cadeia produtiva empresarial descentralizada encontra correspondência na espécie de *rede contratual* de fornecimento terceirizado, que funciona sob *incentivos de mercado* oferecidos pela empresa-líder, em especial o acesso à cadeia produtiva (ao mercado) e a possibilidade de atualização das atividades, em troca dos quais as empresas fornecedoras produzem com extrema racionalização de custos, inclusive trabalhistas.

Não há nessa relação negocial uma direção unitária que suprima a autonomia econômica e operacional da empresa fornecedora, mas um sistema de incentivos e de *controle estratégico* que estimula a rede de fornecedores a atuar conforme o padrão produtivo estabelecido pela empresa-líder, conforme seus interesses.

Nesse sentido, a cadeia produtiva empresarial descentralizada constitui espécie de *rede empresarial social assimétrica,* de caráter *informal,* em os contratos bilaterais de fornecimento terceirizado regulam o objeto contratado (o fornecimento) mas não disciplinam a relação interempresarial no longo prazo, com distribuição de riscos e responsabilidades conforme a participação econômica das partes. A dimensão relacional de poder entre as empresas é exercida informalmente nas entrelinhas do contrato, com a forte presença do agente econômico central (a empresa-líder) exercendo o controle estratégico fático sobre as atividades da empresa contratada.

Demonstrou-se que a empresa-líder da cadeia produtiva empresarial descentralizada administra com informalidade relacional a tensão entre o interesse coletivo da rede contratual e seus interesses individuais, buscando alcançar o melhor dos mundos: sem adotar a forma jurídica da sociedade empresarial (integração vertical orgânica) e sem compartilhar relacionamento interempresarial de cooperação, com proporcional distribuição de lucros, riscos e responsabilidades (contratos híbridos), busca explorar com máxima flexibilidade as vantagens da terceirização (mercado) para obter resultado econômico próprio da integração vertical orgânica (empresa), com captação da maior parte do valor agregado, mediante acentuado controle do trabalho nos elos terceirizados.

Com esses elementos extraídos da análise sociológica a obra oferece explicação lógico-racional para o modo como a empresa-líder contratante da terceirização externa, no exercício do *comando produtivo estratégico*, dita as condições da produção terceirizada, pressionando o rebaixamento dos custos de produção, e influenciando decisivamente, como consequência inexorável, os fatores de precarização do trabalho nas empresas fornecedoras-terceirizadas.

Sob essas premissas, a Parte 2 da obra, protagonizada pela Ciência Jurídica, dedicou-se a formular propostas interpretativas de responsabilização dos agentes econômicos centrais das cadeias produtivas empresariais por violações a direitos humanos dos trabalhadores terceirizados, mediante análise interpretativa de estruturas jurídico-normativas internacionais, constitucionais e infraconstitucionais acerca do tema.

A obra avaliou, primeiramente, o enfrentamento jurídico internacional dos graves problemas sociais decorrentes da desigual distribuição de riquezas inerente à dinâmica estratificada do sistema-mundo capitalista, potencializada pela globalização neoliberal. Foram identificados, como os principais desafios enfrentados por entidades e movimentos de defesa dos direitos humanos à governação transnacional do trabalho digno, no cenário de globalização neoliberal:

(i) *a concentração de poder econômico das corporações transnacionais*: as grandes corporações multinacionais transformaram-se em poderosos agentes econômicos e tecnológicos *transnacionais* controladores de extensas estruturas produtivas reticulares ao redor do planeta, capazes de afetar a economia de populações inteiras, passando a atuar com fluidez acima e além dos recortes nacionais, por meio das cadeias transnacionais de mercadorias;

(ii) *a elisão combinada de regimes jurídicos*: a pretexto de privilegiar com investimentos internacionais ambientes de negócios com legislações favoráveis à liberdade econômica, o grande capital passou a transitar no mercado global de legislações nacionais (*law shopping*), garimpando oportunidades em países com legislações sociais fracas ou inexistentes, com recursos naturais fartos e pouco protegidos, com comunidades economicamente vulneráveis à superexploração do seu trabalho;

(iii) a *corrida ao fundo do poço*: o deslocamento massivo de capitais para países com legislações desreguladas acirrou a competição entre esses Estados para oferecer ambientes *mais baratos* para os investimentos internacionais, por meio de facilidades tributárias, isenções à observância de normas ambientais, facilitação na exploração de recursos naturais, flexibilização de direitos trabalhistas reconhecidos internacionalmente etc.;

(iv) *a constituição econômica global e a corrosão da soberania estatal*: o aumento vertiginoso da influência político-econômica das empresas transnacionais na governança econômica global promoveu uma redução relativa da autonomia do Estado-nação para conduzir sua agenda política, econômica e social, alterando profundamente o estatuto da sociedade internacional globalizada. As relações internacionais passam a orientar-se predominantemente pela *constituição econômica global*, identificada como o conjunto de normas construídas no plano transnacional pelas *hiperentidades econômicas* que controlam a economia mundial, para garantir a abertura comercial internacional e a autonomia dos mercados;

(v) *a resistência dos países centrais à submissão direta de suas empresas transnacionais a organismos internacionais de direitos humanos*: embora padrões internacionais de conduta empresarial sociotrabalhistas condizentes com os direitos humanos estejam sendo construídos no âmbito do Direito Internacional dos Direitos Humanos e pelo Direito Internacional do Trabalho, a exemplo da *Declaração da OIT sobre os Princípios e Direitos Fundamentais no Trabalho* (1998) e dos *Princípios Orientadores da ONU sobre Empresas e Direitos Huma*nos (2011), há resistência, em especial dos países de economia central, em submeter seus agentes econômicos a um sistema internacional unificado de controle de conduta trabalhista e socioambiental, que venha a constituir limite ao ímpeto exploratório;

(vi) *a inexistência de mecanismos supraestatais de adjudicação capazes de impor diretamente às empresas a observância de direitos humanos*: os sistemas regulatórios econômicos transnacionais privados, constitucionalizados pela globalização neoliberal, obstaculizam a formação de um sistema *tutelar* social global no âmbito dos organismos multilaterais. Por conseguinte, nem os sistemas de governança internacional de direitos humanos – sejam elas juridicamente formais, como a ONU, as comissões regionais de direitos humanos e a OIT, ou informais, como as ONGs e movimentos globais de defesa de interesses socioambientais – dispõem de mecanismos supraestatais de tutela eficazes para *impor* diretamente às empresas transnacionais a observância de direitos humanos trabalhistas e socioambientais.

Diante dessa lacuna de governação supranacional do trabalho digno, conforme reconhece a OIT, a base de garantia de direitos sociotrabalhistas nas cadeias globais de mercadorias depende da *governação pública* a cargo dos Estados. Cabe ao Estado exigir das empresas que, no âmbito de sua jurisdição, respeitem as normas trabalhistas nacionais assentadas na legislação internacional, independentemente de participarem ou não de cadeias produtivas nacionais ou transnacionais.[(1431)]

Não obstante a corrosão da soberania estatal produzida pela globalização econômica neoliberal, uma reflexão crítica assentada no paradigma teórico de Boaventura de Sousa Santos sinaliza para a possibilidade de construção de soluções normativas fundadas numa democracia substantiva, no espaço público. Nesse marco teórico-reflexivo, movida pelo propósito de fomentar o mais alto patamar de proteção social do trabalho nos espaços produtivos periféricos (terceirizados), como medida de superação da *linha abissal* que divide os espaços centrais e periféricos, a obra propôs-se a construir uma

---

(1431) ORGANIZAÇÃO Internacional do Trabalho (OIT) - Conferência Internacional do Trabalho. 105ª Sessão. Relatório IV. **Trabalho digno nas cadeias de abastecimento mundiais**. *Ob. Cit.* p. 40.

teoria de responsabilidade das empresas-líderes por violações de direitos humanos nos elos terceirizados de suas cadeias produtivas, no âmbito da jurisdição brasileira.

Essa teoria deve ser capaz de subsidiar *lutas locais contra-hegemônicas*. Na perspectiva teórica de Boaventura de Sousa Santos, essas lutas locais podem transformar-se em lutas globais, se entre elas for criada inteligibilidade recíproca, que lhes permitam o compartilhamento, de modo a promover alianças translocais, potencializando suas capacidades transformadoras. Para produzir soluções que enfrentem as causas fundamentais da desproteção do trabalho terceirizado, na trilha do pensamento de Boaventura, é necessário que os direitos humanos sejam utilizados de forma contra-hegemônica para resistir à opressão e construir uma humanidade *pós-abissal*.(1432)

A teoria parte da noção de *trabalho decente* (1999), por meio da qual a OIT busca aplicar à seara laboral a concepção integrada de *desenvolvimento humano e sustentável*, que diz respeito a uma demanda por uma globalização ética e solidária, concernente a uma repartição equitativa do bem-estar social e econômico mundial, em contraponto à abissal desigualdade social criada pela globalização neoliberal. Tem por meta a ampliação das liberdades individuais por meio da remoção das principais fontes de privação da liberdade, tais como a pobreza, a carência de oportunidades econômicas e a destituição social sistemática.

A noção de *trabalho decente* articula um conjunto programático de ações de cooperação técnico-jurídicas a serem desenvolvidas pela OIT junto aos Estados-membros, voltadas à construção de programas (agendas) de *trabalho decente* específicos para cada país, concatenados em torno de quatro objetivos estratégicos: (i) a proteção dos *direitos humanos das relações de trabalho*, (ii) a geração de empregos de qualidade, (iii) a ampliação da proteção e da segurança social e (iv) o fomento do diálogo social.

No processo de transposição desses objetivos estratégicos para as realidades nacionais, a noção de *trabalho decente*, além da função programática impulsionadora de políticas públicas dirigidas às populações mais carentes, exerce o papel de um *standard* normativo internacional mínimo de direitos abaixo do qual se encontra negada a dignidade humana à vista da *opinio juris* internacional. Com isso, assume *status* de estrutura fundacional de direitos humanos sociotrabalhistas, a partir da qual são construídos novos e elevados *standards* locais de proteção social ao trabalhador, potencializando seu papel emancipatório a serviço do desenvolvimento humano.

No plano constitucional brasileiro, o mais elevado *standard* de proteção social trabalhista, adotado como baliza hermenêutica central da proposta teórica da tese, encontra-se no paradigma do *direito fundamental ao trabalho digno*, no marco da Constituição democrática de 1988, sob influxo do sistema internacional de direitos humanos.

Constructo teórico proposto por Gabriela Neves Delgado, o *direito fundamental ao trabalho digno* sintetiza a orientação filosófico-constitucional de valorização social do trabalho, alçado a direito fundamental pela Constituição de 1988, enquanto elemento intrinsecamente relacionado à promoção da dignidade da pessoa humana.(1433)

Ao consagrar a dignidade da pessoa humana como fundamento do Estado Democrático de Direito (CR/1988, art. 1º, IV), a Constituição da República de 1988 imputou ao Estado a função de promover a proteção do ser humano como fim em si

---

(1432) SANTOS, Boaventura de Sousa. Os processos da globalização. *Ob. Cit.*, p. 12.
(1433) DELGADO, Gabriela Neves. **Direito fundamental ao trabalho digno**. *Ob. Cit.*

mesmo e centro convergente de direitos. Nessa esteira, a dignidade da pessoa humana do trabalhador constitui o eixo nuclear do direito fundamental ao trabalho, vocacionado a valorizar e a tutelar a pessoa do trabalhador, e não apenas o trabalho como elemento inerente à ordem econômica. Daí porque o direito fundamental ao trabalho, insculpido pela Constituição de 1988, implica um direito ao *trabalho digno*, afetado pelo conjunto de garantias indisponíveis que lhe preservam o valor social e a dignidade da pessoa humana, condição essencial para construção da identidade social do trabalhador.

Nesse sentido, integram o direito fundamental ao trabalho digno todos os direitos indisponíveis trabalhistas previstos em instrumentos internacionais de direitos humanos ratificados pelo Brasil, inclusive aqueles especificamente relacionados à proteção do trabalho.

Os direitos previstos nessas normas internacionais unem-se aos direitos fundamentais sociais trabalhistas elencados nos artigos 7º a 11 da Constituição como um bloco de constitucionalidade (CR/1988, art. 5º, §§ 2º e 3º), que garante o patamar mínimo civilizatório indisponível de proteção ao trabalhador, no Brasil, frente ao Estado e aos particulares. Essa estrutura constitucional conforma-se, por fim, em direitos de indisponibilidade absoluta previstos nas normas infraconstitucionais, que lhe conferem, com isso, conteúdos mínimos indispensáveis à sua concretização.

Para garantir sua universalidade e essencialidade, enquanto dimensão positivada dos direitos humanos sociais, o *direito fundamental ao trabalho digno* deve ser pensado como um patamar mínimo intransponível constitucionalmente destinado a todos os espaços produtivos, inclusive aos elos terceirizados das cadeias produtivas, onde sua realização é socialmente mais urgente.

A fim de sistematizar o estudo da responsabilidade pelo direito fundamental ao trabalho digno nas cadeias produtivas empresariais descentralizadas, identificou-se uma *estrutura tridimensional de responsabilidades*, composta: (1) pela *responsabilidade trabalhista* da empresa empregadora-fornecedora, fundada em obrigação contratual (CLT, arts. 2º e 3º); (2) pela *responsabilidade subsidiária* da empresa contratante da fornecedora-empregadora, que deriva da relação de terceirização inerente ao contrato de fornecimento terceirizado entre a fornecedora-empregadora e sua contratante visa a garantir o cumprimento dos direitos dos trabalhadores terceirizados; e (3) pela *responsabilidade civil-trabalhista objetiva direta e solidária* da empresa-líder pela observância dos direitos humanos socio-trabalhistas em sua cadeia produtiva, seja essa empresa a contratante direta ou indireta da empresa fornecedora-empregadora.

Nesse terceiro e último plano de responsabilidades, que interessa particularmente à tese, foi estudada a *eficácia direta do direito fundamental ao trabalho digno* sobre as relações privadas de terceirização, como base para construção de soluções de responsabilidade da empresa-líder pelos direitos humanos socio-trabalhistas na cadeia produtiva, derivadas diretamente da Constituição.

Defendeu-se que o direito fundamental ao trabalho digno, único meio de acesso e oportunidade às condições materiais dignas de vida para a grande maioria da massa trabalhadora desprovida de patrimônio, vincula tanto o Estado (legislador e juiz), destinatário do dever de proteção contra sua violação, quanto os particulares, sejam os empregadores devedores das obrigações trabalhistas, sejam *terceiros não-empregadores* cujas atividades *impactam* negativamente esses direitos, tais como as corporações que organizam suas cadeias produtivas com uso da terceirização externa.

A responsabilidade da empresa-líder pelo direito fundamental ao trabalho digno constitui, assim, efeito da incidência desse direito sobre as relações privadas, como espécie de desdobramento de sua irradiação sobre a relação de emprego, fruto da exigência constitucional de máxima efetividade do direito fundamental e do dever de proteção estatal de que é destinatário.

A exigência constitucional de efetividade dos direitos fundamentais dos trabalhadores, que integram a estrutura fundacional do Estado Democrático de Direito, enseja para esses direitos um particular *dever estatal de proteção.*

Do dever de proteção estatal deriva a necessidade de imputar ao agente econômico central da cadeia produtiva, seja por atividade legislativa ou interpretação judicial, a responsabilidade de exercer seu comando produtivo estratégico com cautela preventiva, articulando sua capacidade de influência (o comando ou controle produtivo estratégico) para exigir e efetivar, por injunção contratual, a *responsabilidade trabalhista* da empresa empregadora e a *responsabilidade subsidiária* das empresas fornecedoras-contratantes da terceirização pelos direitos dos trabalhadores terceirizados.

Tal solução resulta do padrão constitucional de responsabilidade empresarial pelos direitos humanos sociotrabalhistas, no Brasil, sob influxo dos Princípios Orientadores da ONU sobre Empresas e Direitos Humanos, que alcançaram *status* de *posicionamento* da comunidade internacional acerca da matéria, figurando, portanto, como verdadeira manifestação de uma *opinio juris* em torno da responsabilidade empresarial pelos direitos humanos.

Os Princípios Orientadores passaram a constituir a principal moldura interpretativa da responsabilidade das corporações por violações ou riscos de violações a direitos humanos positivados (direitos fundamentais dos trabalhadores) nas cadeias produtivas, na atualidade. Seu conteúdo veicula 31 princípios organizados em torno da concretização: (a) do dever do Estado em proteger os direitos humanos em face das empresas (Princípios 1 a 10 – parâmetro *proteger*); (b) da responsabilidade das empresas de respeitar os direitos humanos (Princípios 11 a 24 – parâmetro *respeitar*); e (c) do acesso a recursos e reparações, pelas vítimas (Princípios 25 a 31 – parâmetro *reparar*).

À luz dos Princípios Orientadores, as responsabilidades da empresa-líder implicam, em suma, o dever de assumir compromisso público de respeito aos direitos humanos fundamentais, por meio de normas internas (Princípio 15); de identificar os *impactos negativos* potenciais (riscos) e reais (danos) sobre direitos humanos fundamentais, produzidos pelas atividades da cadeia produtiva, executadas direta e indiretamente, estas por meio de sua rede de fornecedores (Princípios 13 e 18); de adotar medidas de devida diligência (*due diligence*) sobre toda a cadeia produtiva para identificar, prevenir, mitigar e prestar contas de sua atuação em face dos direitos humanos fundamentais (Princípios 15, 17 e 19); e instituir mecanismos de denúncia e processos de apuração e reparação extrajudicial de danos perpetrados a esses direitos na cadeia produtiva empresarial descentralizada (Princípios 15 e 22).

Trata-se, pois, de responsabilidade primordialmente preventiva, cuja causa reside nos riscos ou *impactos negativos potenciais* de danos a direitos humanos fundamentais de terceiros, produzidos pela atividade econômica.

Mas, não adotadas de forma eficiente as medidas de devida diligência, e perpetradas violações a direitos humanos de terceiros na cadeia produtiva, entre os quais se encontram os trabalhadores terceirizados, a empresa-líder deve repará-las, seja porque, tendo capacidade de influência sobre a prevenção, deixou de adotar medidas preventivas ou as adotou de forma inefetiva ou insuficiente, seja porque, mesmo não tendo capacidade de influência, insistiu na relação comercial com a empresa produtora das violações, propiciando seu envolvimento com os danos (Princípios 11, 19 - *B.I* e 22).

Esse plexo de responsabilidades derivadas do direito fundamental ao trabalho digno em sua dimensão de direitos humanos, interpretados à luz dos Princípios Orientadores, encontra plena correspondência na disciplina jurídico-constitucional integrativa das responsabilidades civil e trabalhista vigentes no País, funcionalmente interconectadas na concretização dos direitos fundamentais.

Trata-se de responsabilidade *civil*, porque voltada à prevenção e alocação de perdas derivadas das atividades econômicas; *objetiva*, porque tem fundamento nos *riscos* produzidos pela atividade econômica sobre os direitos dos trabalhadores terceirizados, independentemente de configuração de culpa do agente econômico responsável; *direta* ou *autônoma*, porque, tendo causa própria e específica nos riscos desencadeados pela contratualização terceirizada da cadeia produtiva, fruto de *ato próprio* da empresa-líder, projeta para esta deveres específicos de prevenção e reparação de danos.

Trata-se, por fim, de responsabilidade *civil-trabalhista*, no sentido de sua vocação jurídico-funcional para conferir a maior efetividade possível à satisfação dos direitos fundamentais dos trabalhadores, quando a responsabilidade trabalhista não for capaz de garantir essa efetividade em sua fonte obrigacional primeira, que é a relação de emprego.

A obra demonstra que, não obstante sua relevância na estrutura tridimensional de responsabilidades trabalhistas no âmbito da cadeia produtiva, a *responsabilidade subsidiária* da empresa contratante da terceirização, prevista no art. 5º-A, § 5º, da Lei n. 6.019/1974 (inserido pela Lei n. 13.429/2017), por si só, constitui proteção insuficiente aos direitos fundamentais dos trabalhadores nos elos mais distantes da cadeia produtiva empresarial descentralizada. Nas redes contratuais mais estratificadas em sucessivos níveis de contratação e subcontratação terceirizada, a responsabilidade subsidiária somente apanha a empresa-líder de forma reflexa, *indiferente à sua posição central na cadeia produtiva*. Além de dificultar a satisfação preventiva do direito violado, isso implica sério prejuízo à governação pública do trabalho digno nas cadeias produtivas, em sua finalidade central de fomentar o mais alto patamar de proteção social do trabalho nos espaços produtivos periféricos terceirizados.

Defende-se, pois, que a responsabilidade da empresa-líder, enquanto personificação da cadeia produtiva empresarial, sendo autônoma em relação às responsabilidades trabalhista e civil-subsidiária de suas empresas fornecedoras, seja exigível de forma direta, em face de sua posição especial de *comando e influência* sobre a rede contratual da cadeia produtiva empresarial descentralizada.

À luz da Análise Econômica do Direito, propõe-se um esboço da racionalidade econômica da responsabilidade civil da empresa-líder, fundada nos *riscos* ou *impactos negativos potenciais* (na linguagem dos Princípios Orientadores da ONU sobre Empresas e Direitos Humanos) que a contratualização terceirizada da produção enseja sobre os direitos dos trabalhadores terceirizados.

Ao lançar mão da terceirização, contratualizando o processo produtivo, e, principalmente, ao fomentar ou admitir a formação de uma rede de subcontratações terceirizadas de fornecimento no interior de sua cadeia produtiva (rede contratual), em busca de máxima racionalização dos custos de produção, a empresa-líder adota decisões e escolhas racionais que *impactam* em variadas medidas as relações jurídicas produzidas pela rede contratual, entre as quais, especialmente, as relações de trabalho terceirizado firmadas entre as empresas fornecedoras e seus empregados. Por conseguinte, a empresa-líder também escolhe racionalmente os *riscos* associados à sua escolha.

Quanto mais intensamente subcontratados são os ciclos produtivos nas cadeias produtivas empresariais descentralizadas, mais assumem posições inferiores na escala hierárquica de valor do sistema produtivo, ensejando menores níveis de lucro. As atividades terceirizadas com menores níveis de lucro buscam racionalização de custos, em especial, no barateamento da mão de obra, o que, segundo dados empíricos, enseja risco de precarização das condições de trabalho.

Sob essa racionalidade organizacional, a empresa-líder exerce sobre a rede de fornecedores um *controle estratégico* altamente lucrativo que, sendo capaz de condicionar o modo de execução do trabalho terceirizado, resulta na criação de *riscos ou impactos negativos potenciais* aos direitos fundamentais dos trabalhadores terceirizados (*externalidades negativas*), desafiando sua correspondente responsabilidade. Em suma, o poder implica tomada de decisões econômicas, que criam riscos, que ensejam responsabilidades.

O risco de violação de direitos trabalhistas no processo produtivo terceirizado é real, previsível e mensurável, e sob a racionalidade econômica, deve integrar os *custos de transação* da empresa-líder da cadeia produtiva empresarial descentralizada, que ocupa a posição central de governação sobre o conjunto de ciclos produtivos internos e externalizados, exercendo o comando produtivo estratégico sobre os ciclos externalizados, com grande *influência concreta* sobre as condições de trabalho na rede de fornecedores. É a empresa-líder, portanto, que detém a melhor posição para reduzir os riscos de violações de direitos dos trabalhadores terceirizados, por meio de medidas de devida diligência, e que detém a maior capacidade econômica para suportar os custos dos riscos produzidos a direitos de terceiros.

Por fim, a obra oferece os seguintes elementos interpretativos para a afirmação da responsabilidade civil-trabalhista objetiva direta e solidária da empresa-líder por direitos humanos sociotrabalhistas dos trabalhadores terceirizados, à luz da ordem jurídica constitucionalizada:

(i) trata-se de responsabilidade civil objetiva fundada na *teoria do risco criado*, com assento no art. 927, parágrafo único, do CCB;

(ii) trata-se de responsabilidade objetiva *direta, por ato próprio*, que o art. 927, parágrafo único, do CCB imputa ao *empresário* – assim considerado aquele que "exerce profissionalmente atividade econômica organizada para a produção ou a circulação de bens ou de serviços" (CCB, art. 966, *caput*) –, seja o empresário individual (pessoa física) ou a sociedade empresária (pessoa jurídica), como geralmente se apresentam as grandes corporações que lideram cadeias produtivas empresariais. Mais do que garantir meios de ressarcimento ao trabalhador, a responsabilidade direta da empresa-líder constitui salvaguarda de respeito a direitos humanos sociotrabalhistas perante a comunidade nacional e internacional, com *dimensão prioritariamente preventiva;*

(iii) a reparação esteia-se no *princípio da reparação integral dos danos*, com base no art. 944 do CCB, segundo o qual a vítima do evento danoso faz *jus* à reparação de todos os prejuízos que foram por ela suportados. O princípio da *reparação integral* encontra fundamento constitucional no art. 5º, incisos V, X, XXII e XXIII, sob o influxo do princípio fundamental de proteção da dignidade da pessoa humana, previsto no art. 1º, III, da Constituição da República;

(iv) a responsabilidade civil-trabalhista da empresa-líder possui dimensão prioritariamente preventiva, expressa no *dever de devida diligência* previsto nos Princípios Orientadores da ONU sobre Empresas e Direitos Humanos (Princípios 13-B, 15-B, 17, 18, 19 e 20). Essa dimensão preventiva (CCB, art. 12) encontra amparo normativo instrumental na *tutela contra o ilícito* prevista art. 497 do CPC, mecanismo processual voltado a garantir a efetividade de normas, em especial das normas de direitos fundamentais em face das quais o Estado assume *dever de proteção.*

A partir dessa *fundamentação central comum* dirigida à afirmação da responsabilidade da empresa-líder por toda a gama de direitos humanos fundamentais nas relações de trabalho, a obra voltou-se a identificar *fundamentações contextuais* especificamente relacionadas ao combate ao trabalho escravo, a violações relacionadas ao meio ambiente do trabalho e ao combate ao trabalho infantil nas cadeias produtivas, utilizando para isso dados extraídos de casos reais da atuação judicial do Ministério Público do Trabalho, voltados à responsabilização de empresas-líderes por violações de direitos dos trabalhadores terceirizados em cadeias produtivas.

Tais fundamentos contextuais foram abordados a título exemplificativo, para ilustrar sua articulação com a proposta teórica central, objeto da tese, abrindo caminho para novos desdobramentos argumentativos em torno da matéria.

Nesse exercício de aferição interpretativa da fundamentação central à luz de casos concretos, ainda foram extraídas e analisadas *fundamentações complementares,* construções interpretativas de reforço argumentativo assentadas numa visão ampliativa da eficácia dos direitos fundamentais, voltadas a ratificar e conferir higidez aos fundamentos centrais, a saber: (i) a aplicação analógica da responsabilidade civil objetiva e solidária da cadeia produtiva, prevista no Direito do Consumidor; (ii) a aplicação e interpretação constitucional do Decreto Federal n. 9.571/2019, que institui as Diretrizes Nacionais sobre Empresas e Direitos Humanos; e (iii) a aplicação da teoria da cegueira deliberada à luz do dever de diligência da empresa-líder.

Sem esgotar as possibilidades de aperfeiçoamento ampliativo dos seus propósitos, a fundamentação central comum de responsabilidade aqui articulada oferece amplo espaço a novas elaborações interpretativas que, para além de enfrentar as mais graves e urgentes violações de direitos humanos apresentadas no curso da obra, também sejam aptas a reivindicar a promoção do direito fundamental ao trabalho digno dos trabalhadores terceirizados em todos os cenários e intensidades.

Somente assim, a aplicação ampliada e aperfeiçoada da responsabilidade da cadeia produtiva tende a fomentar uma nova e desejada postura de diligência das grandes corporações em suas cadeias produtivas, de modo a alimentar permanente ciclo positivo de respeito aos direitos humanos sociotrabalhistas nas esferas terceirizadas, movimento essencial em direção à sonhada sociedade *pós-abissal.*[1434]

(1434) Em referência à reflexão fundada no pensamento de Boaventura de Sousa Santos, elaborada no Capítulo 6 (6.1). Consultar: SANTOS, Boaventura de Sousa. Os processos da globalização. *Ob. Cit.*

REFERÊNCIAS

ACCO, Marco Antônio. Os Estados, o sistema-mundo capitalista e o sistema interestatal: uma leitura crítica das contribuições de Immanuel Wallerstein. **Revista de Economia Política**, vol. 38, n. 4 (153), 708-730, out./dez. 2018.

AGUIAR JÚNIOR, Ruy Rosado de. **V Jornada de direito civil**. Brasília: CJF, 2012.

AGUILERA, Ruth V. *et al*. Putting the 's' back in corporate social responsibility: a multilevel theory of social change in organizations. **Academy of Management Review**, v. 32, n. 3, p. 836-863, Jul. 2007.

AGUIRRE, Marcia Luiza Cruz *et. al*. Brasil e China e a dependência da semiperiferia: uma análise das relações econômicas (2009-2018). **Araguaína: Revista Tocantinense de Geografia**, v. 10, n. 20, jan./abr./ 2021.

AIDO, Rui. **Cegueira deliberada**. Dissertação de mestrado apresentada no Curso de Mestrado em Ciências Jurídico-Forenses da Faculdade de Direito da Universidade de Lisboa. Lisboa: Universidade de Lisboa, 2018, p. 31. Disponível em: https://bit.ly/3cg2k5b. Acesso em: 23 ago. 2022.

ALEXY, Robert. Tres escritos sobre los derechos fundamentales y la teoría de los principios. Derecho constitucionale e derecho ordinario: jurisdiccione constitucionale e jurisdiccione ordinaria. Trad. Carlos Bernal Pulido. **Serie de teoría jurídica y filosofia del derecho**, Bogotá, Universidad Externado de Colômbia, n. 28, 2003.

ALMEIDA, Felipe Jórdan; GUARNIERI, Patricia; SERRANO, André Luiz Marques; SOBREIRO, Vinícius Amorim. Análise de decisão sobre terceirização: um estudo na indústria da construção civil residencial. **Revista de Administração, Contabilidade e Economia da FUNDACE**. Ed. 10/2014. Ribeirão Preto: Fundace, 2014.

ALMEIDA, Maria Clara Araújo de; MOREIRA, Thiago Oliveira. O futuro tratado internacional sobre empresas e direitos humanos e seus potenciais impactos no sistema jurídico brasileiro. **Homa Publica – Revista Internacional de Direitos Humanos e Empresa**, vol. V, n. 2, jul./dez. 2021.

ALMEIDA, Vitor Luís. **O contrato de franquia**. RIDB, ano 3, n. 4, 2014, 2349-2447.

ALVAREZ, Alejandro Bugallo. Análise econômica do direito: contribuições e desmistificações. **Revista Direito, Estado e Sociedade**, V. 9, n. 29, jul./dez. 2006, p. 49-68. Disponível: https://bit.ly/3MIElIM. Acesso em: maio 2022.

ALVAREZ, Jose E. Are corporations "subjects" of international law? **Santa Clara Journal of International Law**, v. 9, n. 1, p. 1-36, 2011.

ALVAREZ, R.; BAUMANN, R.; WOHLERS, M. (org.) **Integração produtiva**: caminhos para o Mercosul. Brasília: ABDI, 2010 (Série Cadernos da Indústria ABDI, v. XVI), 2010.

ALVES, Giovanni. O minotauro brasileiro: reforma trabalhista e desenvolvimento histórico do capitalismo no Brasil. **Revista do Tribunal Regional do Trabalho da 15ª Região**. Campinas, SP, n. 51, jul./dez. 2017.

ALVES, Giovanni. Terceirização e capitalismo no Brasil: um par perfeito. **Revista do TST**. Brasília, vol. 80, n. 3, jul./set. 2014.

ALVES, Marcos César Amador. Trabalho decente sob a perspectiva dos direitos humanos. *In*: PIOVESAN, Flávia; CARVALHO, Luciana Paula Vaz de (coord.). **Direitos humanos e direito do trabalho**. São Paulo: Atlas, p. 328-348, 2010.

AMAZON investiga denúncias de trabalho infantil em fábrica da Foxconn na China. **O Globo**, 09 ago. 2019. Disponível em: https://glo.bo/3cW1aZS . Acesso em: 21 jun. 2021.

AMORIM, Helder Santos. A terceirização na reforma trabalhista. *In*: **Revista do TST**. São Paulo - SP, v. 83, n. 4, p. 156-183, out./dez. 2017.

AMORIM, Helder Santos. O direito fundamental ao trabalho digno como baliza hermenêutica dos direitos do trabalhador terceirizado, *In*: DELGADO, Gabriela Neves (Coord.). Coleção Trabalho, Constituição e Cidadania. **Direito Fundamental ao Trabalho Digno no Século XXI** – desafios e reinterpretações para as relações de trabalho rurais, urbanas e de serviços. Vol. II. São Paulo: LTR, p. 248-268, 2020.

AMORIM, Helder Santos. O direito fundamental ao trabalho digno como baliza hermenêutica dos direitos do trabalhador terceirizado, *In*: DELGADO, Gabriela Neves (Coord.). Coleção Trabalho, Constituição e Cidadania. **Direito Fundamental ao Trabalho Digno no Século XXI** – desafios e reinterpretações para as relações de trabalho rurais, urbanas e de serviços. Vol. II. São Paulo: LTR, p. 248-268, 2020.

AMORIM, Helder Santos. Os princípios do direito do trabalho na Constituição de 1988. *In*: VIANA, Márcio Túlio; ROCHA, Claudio Jannotti da (org.). **Como aplicar a CLT à luz da constituição**: alternativas para os que militam no foro trabalhista. São Paulo: LTr, 2016.

AMORIM, Helder Santos. **Terceirização no serviço público** – uma análise à luz da nova hermenêutica constitucional. São Paulo: LTr, 2009.

ANNER, Mark S. **Abandoned? The Impact of Covid-19 on Workers and Businesses at the Bottom of Global Garment Supply Chains.** ResearchGate, mar./2020. Disponível em: https://bit.ly/3LThHMI. Acesso em: 30 maio 2022.

ANTUNES, José Engrácia. **Os grupos de sociedades**: estrutura e organização jurídica da empresa plurissocietária. Coimbra: Almedina, 2002.

ANTUNES, Ricardo. **Adeus ao trabalho?** Ensaio sobre as metamorfoses e a centralidade do mundo do trabalho. 11ª Ed. São Paulo: Cortez; Capinas-SP: Editora da Universidade Estadual de Campinas, 2006.

ANTUNES, Ricardo. **O privilégio da servidão**: o novo proletariado de serviços na era digital. 1ª ed. Ebook. São Paulo: Boitempo, 2018.

ANTUNES, Ricardo. **Os sentidos do trabalho**: ensaio sobre a afirmação e a negação do trabalho. São Paulo: Ed. Boitempo, 2005.

APOLINÁRIO, Valdênia. **A racionalização taylorista da produção e o trabalho**. Departamento de Economia da Universidade Federal do Rio Grande do Norte. Periódicos. Disponível em: https://bit.ly/3hUSaXz. Acesso em: 21 jul. 2021.

AREND, Marcelo. O Brasil e o longo século XX: condicionantes sistêmicos para estratégias nacionais de desenvolvimento. *In*: VIEIRA, Rosângela (org.). **O Brasil, a China**

e os EUA na atual conjuntura da economia-mundo capitalista. São Paulo: Cultura Acadêmica, 135-172, 2013.

ARIEIRA, Jailson de Oliveira; FUSCO, José Paulo Alves. **Cadeia produtiva do agronegócio**: uma caracterização dos agentes atuantes na região noroeste do paraná sob o enfoque das redes simultâneas. Biblioteca da Associação Brasileira de Engenharia de Produção, 2010. Disponível em: https://bit.ly/3hgJieM. Acesso em: 4 jul. 2021.

ARIENTI, Wagner; FILOMENO, Felipe. **Economia política do moderno sistema mundial**: as contribuições de Wallerstein, Braudel e Arrighi. *In*: Ensaios FEE. Florianópolis - SC: UFSC, 2007.

ARRIGHI, Giovanni. **Adam Smith em Pequim**: origens e fundamentos do século XXI. 1. ed. São Paulo: Boitempo, 2008.

ARRIGHI, Giovanni. **O longo século XX**: Dinheiro, poder e as origens do nosso tempo. Ebook. Trad. Vera Ribeiro. Rio de Janeiro: Ed. Contraponto, 2013.

ARRIGHI, Giovanni; DRANGEL, Jessica. **The stratification of the world-economy: an exploration of the semiperipheral zone**. Review, X, p. 9-74, 1986.

ARRIGHI, Giovanni; SILVER, Beverly J. Introduction. *In*: ARRIGHI, Giovanni; SILVER, Beverly J. (org.). **Chaos and governance in the modern world system**. Minneapolis: University of Minnesota Press, 1999.

ARRIGHI, Giovanni; SILVER, Beverly J.; BREWER, Benjamin D. **Industrial Convergence, globalization, and the persistence of the north-south divide**. *In*: Studies in Comparative International Development, Vol. 38, n. 1, p. 3-31, 2003. Disponível em: https://bit.ly/3EruZNN. Acesso em: 16 set. 2021.

ARRUDA, José Robson de Andrade. **Immanuel Wallerstein e o moderno sistema mundial**. Revistas USP, n. 115, Ensaios Bibliográficos, 07 dez. 1983. Disponível em: https://bit.ly/3i4BgWK. Acesso em: 27 jul. 2021.

ASSOCIAÇÃO Nacional dos Magistrados da Justiça do Trabalho – ANAMATRA. **2ª Jornada de Direito Material e Processual do Trabalho**: Reforma trabalhista, 2017. Disponível em: Acesso em: https://bit.ly/3IAAQmp. 13 jul. 2022.

ASSOCIAÇÃO Nacional dos Procuradores e das Procuradoras do Trabalho – ANPT. **Nota Técnica Conjunta a respeito do Projeto de Lei da Câmara (PLC) n. 38/2017**. Disponível em: https://bit.ly/3ixqmbQ. Acesso em: 4 jul. 2021.

AVILÉS, Ojeda. **Derecho Transnacional del Trabajo.** Valencia: Tirant lo Banch, 2013.

BAIR, Jennifer. **Global capitalism and commodity chains**: looking back, going forward. *In*: Competition & Change, Vol. 9, n. 2, Jun. 2005.

BALDWIN, R. **Global supply chains**: why they emerged, why they matter, and where they are going. CEPR Discussion Papers n. 9103, 2012. Disponível em: https://bit.ly/3jxW1Lr. Acesso em: 1 jul. 2021.

BANCO Mundial anuncia interrupção imediata do relatório Doing Business. BRASIL. **Secretaria Geral da Presidência da República**, 18 nov. 2021. Disponível em: https://bit.ly/3IUW9yo. Acesso em: 7 mar. 2022.

BARRETO, José-Manuel. Contextualising Boaventura de Sousa Santos's post-colonial legal theory. **International Journal of Law in Context**, Cambridge University Press, 13:4, p. 558-561, 2017.

BARROS, Amon. Empresas e direitos humanos: premissas, tensões e possibilidades. **Revista Organização e Sociedade – O&S**. Universidade Federal da Bahia, v. 25, n. 84, p. 87-99, jan./mar. 2018. Disponível em: https://bit.ly/3tVYtzb. Acesso em: 12 mar. 2022.

BATALHA, Mário Otávio; SILVA, Andrea Lago da. **Gerenciamento de sistemas agroindustriais**: definições, especificidades e correntes metodológicas. *In*: BATALHA, Mário Otávio (coord.). Gestão Agroindustrial. 3ª ed. São Paulo: Atlas, 2014.

BATISTA JÚNIOR, Onofre Alves. **O outro leviatã e a corrida ao fundo do poço**. São Paulo: Ed. Almedina, 2015.

BATISTA, Alfred. Processos de trabalho: da manufatura à maquinaria moderna. **Revista Serv. Soc. São Paulo,** n. 118, abr./jun 2014.

BATISTA, P. N. O Consenso de Washington: a visão neoliberal dos problemas latino-americanos. *In*: Lima Sobrinho, B. *et al*. **Em defesa do interesse nacional: desinformação e alienação do patrimônio público**. São Paulo: Paz e Terra, 1994.

BAUMAN, R; NG, F. Regional Productive Complementarity and Competitiveness. **International Trade Journal**, v. 26, n. 4., 2012.

BECK, Ulrich. **Sociedade de risco**: rumo a uma outra modernidade. Trad. Sebastião Nascimento. São Paulo: Ed. 34 Ltda, 2010.

BELLUZZO, Luiz Gonzaga; GALÍPOLO, Gabriel. **A escassez na abundância capitalista**. São Paulo: Ed. Contracorrente, 2019.

BELTRAMELLI NETO, Silvio. **Conteúdo material e culturalmente inclusivo do Princípio da Dignidade da Pessoa Humana**. Revista Jurídica Trabalho e Desenvolvimento Humano, v. 4, p. 1-42, 2021.

BELTRAMELLI NETO, Silvio. **Curso de direitos humanos**. 6ª ed. São Paulo: Atlas, 2021.

BELTRAMELLI NETO, Silvio; MENACHO, Bianca Braga. A concepção de trabalho decente é suscetível à apropriação decolonial? Reflexões a partir das críticas ao conceito moderno de desenvolvimento. **Revista Espaço Jurídico**, 2021. Disponível em: https://bit.ly/3DIzi6G. Acesso em: 23 nov. 2021.

BELTRAMELLI NETO, Silvio; PEDROSO, Fernando Carmona. *Tempus Atque Dignitas*: jornada laboral no século XXI sob os paradigmas teóricos do trabalho digno e cooperativo internacional do trabalho decente. *In*: DELGADO, Gabriela Neves (coord.). Coleção Trabalho, Constituição e Cidadania. **Direito Fundamental ao Trabalho Digno no Século XXI.** Desafios e ressignificações para as relações de trabalho da era digital. Vol. III. São Paulo: LTr, p. 182-198, 2020.

BELTRAMELLI NETO, Silvio; VOLTANI, Julia de Carvalho. Investigação histórica do conteúdo da concepção de Trabalho Decente no âmbito da OIT e uma análise de sua justiciabilidade. **Revista de Direito Internacional**, v. 16, n. 1, p. 166-186, 2019.

BELTRAMELLI NETO, Silvio; MELO, Maria Gabriela V. H. Trabalho decente e a cooperação internacional para o desenvolvimento humano: análise a partir dos relatórios de desenvolvimento humano globais. **Revista Jurídica**- Unicuritiba, v. 1, p. 270, 2020.

BELTRAMELLI NETO, Silvio; RODRIGUES, Mônica Nogueira. Trabalho Decente: comportamento ético, política pública ou bem juridicamente tutelado?. **Revista Brasileira de Políticas Públicas**, v. 11, p. 471-494, 2021.

BELTRAMELLI NETO, Silvio; RODRIGUES, Mônica Nogueira. Trabalho Decente: comportamento ético, política pública ou bem juridicamente tutelado? **Revista Brasileira de Políticas Públicas**, v. 11, p. 471-494, 2021.

BELTRAMELLI NETO, Silvio; VOLTANI, Julia de C. Investigação histórica do conteúdo da concepção de Trabalho Decente no âmbito da OIT e uma análise de sua justiciabilidade. **Revista de Direito Internacional**, v. 16, p. 166-185, 2019.

BENJAMIN, Antônio Herman V. O Código Brasileiro de Proteção do Consumidor. *In*: MARQUES, Cláudia Lima; MIRAGEM, Bruno (orgs.). **Doutrinas Essenciais de Direito do Consumidor**. Vol. I. São Paulo: Ed. RT, p. 97-132, 2010.

BERGSTEIN, Laís. **Conexidade contratual, redes de contratos e contratos coligados**. Revista de Direito do Consumidor, v. 109, p. 159-183, jan./fev. 2017.

BERNARDINO-COSTA, Joaze; GROSFOGUEL, Ramón. Decolonialidade e perpectiva negra. Rio de Janeiro, **Revista Sociedade e Estado**, v. 3, n. 1, p. 15-24, jan./abr. 2016.

BERRÓN, Gonzalo. Poder econômico, democracia e direitos humanos: um novo debate internacional sobre direitos humanos e empresas. **Revista Internacional de Direitos Humanos – SUR**, v. 11, n. 20, p.127-134, jun./dez. 2014.

BIAVASCHI, Magda Barros *et al*. O impacto de algumas reformas trabalhistas na regulação e nas instituições públicas do trabalho em diálogo comparado. *In*: KREIN, José Dari *et al* (org.). **Dimensões críticas da reforma trabalhista no Brasil**. Campinas – SP: Curt Nimuendajú, p. 209-242, 2018.

BIAVASCHI, Magda Barros; DROPPA, Alisson. A história da súmula 331 do Tribunal Superior do Trabalho: a alteração na forma de compreender a terceirização. **Revista Mediações**, Londrina, v. 16, n. 1, p. 124-141, jan./jun. 2011.

BIAVASCHI, Magda Biavaschi; BALTAR, Paulo Eduardo de A. **Relatório Científico Final da pesquisa A Terceirização e a Justiça do Trabalho**. Campinas/SP: Programa Cesit/IE, Fapesp, 2009. Disponível em: https://bit.ly/2Yma2DG. Acesso em: 16 jun. 2021.

BILCHITZ, David. A chasm between "is" and "ought"? A critique of the normative foundations of the SRSG's framework and the guiding principles. *In*: BILCHITZ, David, DEVA. Surya. **Human rights obligations of business**. Cambridge: Cambridge University Press, 2013.

BLOC, Fred I. **Postindustrial possibilities**: a critique of economic discourse. Berkeley: University of California Press, 1990.

BLOOMER, Phil. Os direitos humanos são uma ferramenta eficaz para a mudança social? Uma perspectiva sobre direitos humanos e empresas. **Revista Internacional de Direitos Humanos – SUR**, v. 11, n. 20, jun./dez. 2014.

BÔAS FILHO, Orlando Villas. A governança em suas múltiplas formas de expressão: o delineamento conceitual de um fenômeno complexo. Rio de Janeiro: **Revista Estudos Institucionais**, Rio de Janeiro, UFRJ, v. 2, n. 2, 671-706, 2016.

BOFF, Paulo Roberto. **A cadeia produtiva farmacêutica no estado de Santa Catarina e a sua articulação com o sistema de saúde.** Santa Catarina, UFSC, Repositório da Universidade Federal de Santa Catarina, 2007. Disponível em: https://bit.ly/3jNFQKl. Acesso em: 3 jul. 2021.

BRANCO, Gerson Luiz Carlos. **O sistema contratual do Cartão de Crédito**. São Paulo: Saraiva, 1998.

BRANDÃO, Cláudio. **Acidente do trabalho e responsabilidade civil do empregador.** São Paulo: LTr, 2006.

BRASIL está em 10º entre 75 países com a maior diferença salarial. G1 On-Line, 28 maio 2013. Disponível em: https://glo.bo/2YY2YgG. Acessado em: 19 out. 2021.

BRASIL perde mais 1 posição no ranking das maiores economias. **Monitor Mercantil**, 06 abr. 2021. Disponível em: https://bit.ly/3kpWsro. Acesso em: 21 set. 2021.

BRASIL, Departamento Intersindical de Estatísticas e Estudos Socioeconômicos – DIEESE. **O processo de terceirização e seus efeitos sobre os trabalhadores no Brasil.** 2007. Disponível em: https://bit.ly/3a7QdlS . Acesso em: 16 jun. 2021.

BRASIL, Departamento Intersindical de Estatísticas e Estudos Socioeconômicos – DIEESE. **Nota Técnica n. 112** - Negociação coletiva e terceirização. Velhos e novos desafios para o movimento sindical brasileiro. Jul. 2012. Disponível em: https://bit.ly/3mlK1wl . Acesso em: 16 jun. 2021.

BRASIL, Departamento Intersindical de Estatísticas e Estudos Socioeconômicos – DIEESE. **Terceirização e Desenvolvimento**: uma conta que não fecha II – Atualização do Dossiê sobre o impacto da terceirização sobre os trabalhadores e propostas para garantir a igualdade de direitos. 2014. Disponível em: https://bit.ly/3mmX8NY. Acesso em: 16 jun. 2021.

BRASIL, Departamento Intersindical de Estatísticas e Estudos Socioeconômicos – DIEESE. **Nota Técnica n. 172/2017** - Terceirização e precarização das condições de trabalho: condições de trabalho e remuneração em atividades tipicamente terceirizadas e contratantes. Disponível em: https://bit.ly/3BcRe8a. Acesso em: 18 jun. 2021.

BRASIL, Departamento Intersindical de Estatísticas e Estudos Socioeconômicos – DIEESE. **O processo de terceirização e seus efeitos sobre os trabalhadores no Brasil,** 2007. Disponível em: https://bit.ly/3a7QdlS. Acesso em: 16 jun. 2021.

BRASIL, Departamento Intersindical de Estatísticas e Estudos Socioeconômicos – DIEESE. **Nota Técnica n. 172/2017** - Terceirização e precarização das condições de trabalho: condições de trabalho e remuneração em atividades tipicamente terceirizadas e contratantes. Disponível em: https://bit.ly/3BcRe8a. Acesso em: 18 jun. 2021.

BRASIL, Instituto de Pesquisa Econômica Aplicada – IPEA. **Retrato das desigualdades de gênero e raça.** *E-book.* 4ª ed. Brasília: IPEA, 2011. Disponível em: https://bit.ly/3pd5ivn. Acesso em: 19 out. 2021.

BRASIL, Ministério da Agricultura, Pecuária e Abastecimento. **Cadeia produtiva da soja** / Ministério da Agricultura, Pecuária e Abastecimento; Secretaria de Política Agrícola; Instituto Interamericano de Cooperação para a Agricultura. Coord. Luiz Antonio Pinazza. Brasília: IICA - MAPA/SPA, 2007.

BRASIL, Ministério da Mulher, da Família e dos Direitos Humanos. **Princípios Orientadores sobre Empresas e Direitos Humanos. Implementando os Parâmetros "Proteger, Respeitar e Reparar" das Nações Unidas**. Disponível em: https://bit.ly/3x1cxJf . Acesso em: 30 maio 2022.

BRASIL, Ministério do Desenvolvimento, Indústria e Comércio Exterior. **Conceituação**. Brasília, DF, 2010, p. 1. Disponível em: <https://bit.ly/2UGtJUD. Acesso em: 20 jun. 2021.

BRASIL, Ministério do Trabalho e Emprego. **Manual de combate ao trabalho em condições análogas às de escravo**. Brasília: MTE, 2011.

BRASIL, Ministério do Trabalho e Emprego. **Manual de Combate ao Trabalho em Condições Análogas às de Escravo**. Brasília: MTE, 2011.

BRASIL, Ministério dos Direitos Humanos. **Portaria n. 289, de 10 de agosto de 2018.**

BRASIL, Ministério Público do Trabalho. Procuradoria Regional do Trabalho da 4ª Região. **IC 000354.2008.04.000/7.**

BRASIL, Ministério Público do Trabalho. Procuradoria Regional do Trabalho da 22ª Região. **Procedimento de Gestão Administrativa (PGEA) n. 20.02.2200.0000406/2019-06.**

BRASIL, Ministério Público do Trabalho. Projeto reação em cadeia. **PGEA 20.02.2200.0000406/2019-06.**

BRASIL, Ministério Público do Trabalho. **Terceirização de atividade-fim na iniciativa privada** – 50 exemplos de ações para proteção do emprego na atividade-fim da empresa. Cartilha. Biblioteca da Procuradoria-Geral do Trabalho, Brasília, 2014.

BRASIL, Presidência da República. **Decreto n. 9.571/2018**. Disponível em: https://bit.ly/3PRaHmH. Acesso em: 31 maio 2022.

BRASIL, Superior Tribunal de Justiça, 2ª Turma. **REsp 1.140.387**, Rel. Min. Herman Benjamin, julgado em 13 abr. 2010.

BRASIL, Superior Tribunal de Justiça, 2ª Turma. **REsp 669.258**, Rel. Min. Humberto Martins, julgado em 27 fev. 2007.

BRASIL, Superior Tribunal de Justiça, 3ª Turma. **AgRg no AREsp 72.790**, Rel. Min. Sidnei Beneti, julgado em 22 maio 2012.

BRASIL, Superior Tribunal de Justiça, 4ª Turma. **REsp 1.308.438**, Rel. Min. Luis Felipe Salomão, julgado em 27 ago. 2013.

BRASIL, Superior Tribunal de Justiça, 4ª Turma. **REsp 528.569/RN**, Rel. Min. Jorge Scartezzini. DJ 17 out. 2005.

BRASIL, Superior Tribunal de Justiça, Quarta Turma. **REsp 839.923/MG**, Rel. Min. Raul Araújo. DJe 21 maio 2012.

BRASIL, Supremo Tribunal Federal, 2ª Turma. **RE 158.215-4/RS**, Rel. Min. Marco Aurélio. DJe 07 jun. 1996.

BRASIL, Supremo Tribunal Federal, 2ª Turma. **RE 161.243-6/DF**, Rel. Min. Carlos Velloso. DJe 19 dez. 1997.

BRASIL, Supremo Tribunal Federal, 2ª Turma. **RE 85.439/RJ**, Rel. Min. Xavier de Albuquerque. DJe 02 dez. 1977.

BRASIL, Supremo Tribunal Federal, Pleno. **ADC 16/DF**, Rel. Min. Cezar Peluso. DJe 08 set. 2011; BRASIL, Supremo Tribunal Federal, Pleno. **RE 760.931/DF**, Rel. Min. Rosa Weber, Redator Min. Luiz Fux. DJe 11 set. 2017.

BRASIL, Supremo Tribunal Federal, Pleno. **ADI 5.685/DF**, Rel. Min. Gilmar Mendes, DJe 20 ago. 2020.

BRASIL, Supremo Tribunal Federal, Pleno. **ADI 5.760/DF**, Rel. Min. Alexandre de Moraes. JDe 25 set. 2019.

BRASIL, Supremo Tribunal Federal, Pleno. **ADI 5.766/DF**, Rel. Min. Roberto Barroso. Ata de julgamento, 20 out. 2021. Disponível em: https://bit.ly/3CRlHun. Acesso em: 17 mar. 2022.

BRASIL, Supremo Tribunal Federal, Pleno. **ADI-MC 595/ES**, Rel. Min. Celso de Mello. DJe 30 out. 1991.

BRASIL, Supremo Tribunal Federal, Pleno. **ADPF 324/DF**, Rel. Min. Roberto Barroso. DJe 05 set. 2019.

BRASIL, Supremo Tribunal Federal, Pleno. **HC 87.585/TO**, Rel. Min. Marco Aurélio. DJe 26 jun. 2009.

BRASIL, Supremo Tribunal Federal, Pleno. **RE 349.703/RS**, Rel. Min. Carlos Britto. DJe 05 jun. 2009.

BRASIL, Supremo Tribunal Federal, Pleno. **RE 466.343/SP**, Rel. Min. Cezar Peluso. DJe 05 jun. 2009.

BRASIL, Supremo Tribunal Federal, Pleno. **RE 635.546/MG**, Rel. Min. Marco Aurélio. DJe 18 maio 2021.

BRASIL, Supremo Tribunal Federal, Pleno. **RE 958.252/DF**, Rel. Min. Luiz Fux. DJe 12 ago. 2019.

BRASIL, Supremo Tribunal Federal, **RE 160.222/RJ**, Rel. Min. Sepúlveda Pertence. DJe 26 abr. 1995.

BRASIL, Supremo Tribunal Federal. **ADI 3.239/DF**, Pleno. Rel. Min. Cezar Peluso; Red. Min. Rosa Weber. DJe 1 fev. 2019.

BRASIL, Supremo Tribunal Federal. **AI 455.845/RJ**, Rel. Min. Celso de Mello. DJe 21 out. 2004.

BRASIL, Supremo Tribunal Federal. **AP 470/MG**, Rel. Min. Roberto Barroso. DJe 30 abr. 2014.

BRASIL, Supremo Tribunal Federal. **HC 87.585/TO**, Rel. Min. Marco Aurélio, DJe 25 jun. 2009.

BRASIL, Supremo Tribunal Federal. **Pesquisa de Jurisprudência**. Disponível em: http://portal.stf.jus.br/ . Acesso em: 14 ago. 2020.

BRASIL, Supremo Tribunal Federal. **RE 349.703/RS**, Rel. Min. Gilmar Mendes, DJe 4 jun. 2009.

BRASIL, Supremo Tribunal Federal. **RE 828.040/DF**, Rel. Min. Alexandre de Moraes. DJe 25 jun. 2020.

BRASIL, Supremo Tribunal Federal. **RE n. 466.343/SP**, Rel. Min. Cezar Peluso, DJe 4 jun. 2009.

BRASIL, Tribunal de Justiça do Distrito Federal e Territórios. **Proc. 0700625-63.2020.8.07.0020**, Rel. Des. Teófilo Caetano. DJe 21 jan. 2022.

BRASIL, Tribunal Regional do Trabalho da 15ª Região. Juizado Especial da Infância e Adolescência de Presidente Prudente. **ACPCiv 0010348-50.2021.5.15.0050**. Disponível em: https://bit.ly/3dErz1e. Acesso em: 17 ago. 2022.

BRASIL, Tribunal Regional do Trabalho da 15ª Região. Juizado Especial da Infância e Adolescência de Presidente Prudente. **ACPCiv 0010348-50.2021.5.15.0050**.

BRASIL, Tribunal Regional do Trabalho da 16ª Região. Vara do Trabalho de Chapadinha. **TutCautAnt 0017634-87.2021.5.16.0006; ACP 0016444-55.2022.5.16.0006**.

BRASIL, Tribunal Regional do Trabalho da 24ª Região. **ROT** 0024411-46.2019.5.24.0003. Disponível em: https://bit.ly/3PmXTDf. Acesso em: 15 ago. 2022.

BRASIL, Tribunal Regional do Trabalho da 2ª Região, 4ª Turma, **Proc. 00017795520145020054,** Rel. Des. Ricardo Artur Costa e Trigueiros. DJe 13 nov. 2017.

BRASIL, Tribunal Regional do Trabalho da 5ª Região. Vara do Trabalho de Conceição do Coité. **Processo n. 0000789.27.2021.5.05.0251**. Disponível em: https://bit.ly/3JA2Abp. Acesso em: 3 ago. 2022.

BRASIL, Tribunal Superior do Trabalho, 2ª Turma. **ARR 309-18.2011.5.03.0037**, Rel. Min. Delaíde Miranda Arantes. DJe 9 out. 2015.

BRASIL, Tribunal Superior do Trabalho, 3ª Turma. **TST-AIRR-413-72.2020.5.11.0004,** Rel. Min. Maurício Godinho Delgado. DEJT 25 abr. 2022.

BRASIL, Tribunal Superior do Trabalho, 4ª Turma. **TST-AIRR-10672-95.2019.5.15.0022,** Rel. Min. Ives Gandra da Silva Martins Filho. DEJT 10 dez. 2021.

BRASIL, Tribunal Superior do Trabalho, 5ª Turma. **TST-AIRR-10554-18.2019.5.03.0099,** Rel. Min. Breno Medeiros. DEJT 19 abr. 2022.

BRASIL, Tribunal Superior do Trabalho, 7ª Turma. **TST-Ag-AIRR - 25697-55.2016.5.24.0006**, Rel. Min. Cláudio Brandão. DEJT 20 maio 2022.

BRASIL, Tribunal Superior do Trabalho, 8ª Turma. **TST-RR-164400-10.2008.5.02.0086,** Rel. Min. Aloysio Corrêa da Veiga. DEJT 3 maio 2022.

BRASIL, Tribunal Superior do Trabalho, SBDI-1. **E-ED-RR-214940-39.2006.5.02.0472,** Relator Min. Horácio Raymundo de Senna Pires. DEJT 15 ago. 2014.

BRASIL, Tribunal Superior do Trabalho. **AIRR 0000108-81.2012.5.02.0081**, Rel. Min. Douglas Alencar Rodrigues. Aguardando julgamento. Disponível em: https://bit.ly/3pveeeC. Acesso em: 18 ago. 2022.

BRASIL, Tribunal Superior do Trabalho. **AIRR 0000807-17.2012.5.08.0110**, Rel. Min. Cláudio Brandão. Aguardando julgamento. Disponível em: Acesso em: https://bit.ly/3OvzhaL. 23 jul. 2022.

BRASIL, Tribunal Superior do Trabalho. **AIRR 0001779-55.2014.5.02.0054**, Rel. Min. Douglas Alencar. Aguardando julgamento.

BRASIL, Universidade Federal de Santa Maria. **Revista Arco**, 6ª ed. Santa Maria – RS: UFSM, 2016. Disponível em: https://www.ufsm.br/midias/arco/6a-edicao/. Acesso em: 3 jul. 2021.

BRAVERMAN, Harry. **Trabalho e capital monopolista**: a degradação do trabalho no século XX. 3ª ed. Rio de Janeiro: LTC, 1974.

BRITO FILHO, José Cláudio Monteiro de. Dignidade da pessoa humana como fundamento para o combate ao trabalho em condições análogas à de escravo: a contribuição da 1ª Turma do Tribunal Superior do Trabalho no Processo TST-RR-178000-13.2003.5.08.0117. **Revista do TST**, Brasília, v. 78, n. 3, jul./set. 2012.

BRUSSI, Antônio José Escobar. Das eras douradas aos "tempos bicudos" do capitalismo mundial: práticas empresariais e ilicitudes como estrutura. *In*: VIEIRA, Pedro Antônio; LIMA VIEIRA, Rosângela de; FILOMENO, Felipe Amin (org). **O Brasil e o capitalismo histórico**: passado e presente na análise do sistema-mundo, Capítulo 2. São Paulo: Cultura Acadêmica Editora, p. 169-206, 2012.

BUNGE América do Sul, Sede Brasil, Sustentabilidade. **Relatório de compromissos 2019**, pp. 10. Disponível em: Acesso em: https://bit.ly/3nxkfXN. 19 nov. 2021.

BUNGE comprou soja dos maiores desmatadores do Cerrado em 2020, diz relatório. **R7 Economia**, 30 mar. 2021. Disponível em: https://bit.ly/3FltlgB. Acesso em: 14 nov. 2021

BUNGE e Santander lançam linha para expansão de soja sem desmatamento no cerrado. **Folha de São Paulo *On Line***, 29 ago. 2018. Disponível em: https://bit.ly/3wMRObt. Acesso em: 14 nov. 2018.

BUNGE. **Relatório de sustentabilidade**, edição 2012 Brasil. Disponível em: https://bit.ly/2WocJmS. Acesso em: 25 ago. 2021.

BURROW, Sharan; BLOOMER, Phil. Something for Europeans to celebrate: a new social contract begins to emerge? **Open Democracy**, 4 maio 2020. Disponível em: Acesso em: https://bit.ly/38YfSRc. 30 maio 2022.

CÂMARA aprova projeto da reforma trabalhista. Câmara dos Deputados, 27 abr. 2017. Disponível em: https://bit.ly/3is74Vh. Acesso em: 4 out. 2021.

CAMARGOS, Daniel. Via Veneto, fabricante da Coca-Cola e outros 48 nomes entram na 'lista suja' do trabalho escravo. **Repórter Brasil**, 05 out. 2018. Disponível em: https://bit.ly/3Fkx0f4. Acesso em: 2 jun. 2021.

CANOTILHO, J. J. Gomes. **Direito constitucional e teoria da Constituição**. 7. ed. Coimbra: Almedina, 2003.

CARELLI, Rodrigo de Lacerda. **Terceirização como intermediação de mão de obra**. *E-book*. Rio de Janeiro, edição do autor, 2014. Disponível em: https://bit.ly/3d338aT. Acesso em: 22 jun. 2021.

CARELLI, Rodrigo de Lacerda. Terceirização e direitos trabalhistas no Brasil. *In*: DRUCK, Graça; FRANCO, Tânia (org). **A perda da razão social do trabalho**: terceirização e precarização. São Paulo: Boitempo, 2007.

CARVALHO JÚNIOR, Luiz Carlos de. **A noção de *filière***: um instrumento para a análise das estratégias das empresas. Santa Catarina: Universidade Federal de Santa Catarina - UFSC. Disponível em: https://bit.ly/2UONBVD. Acesso em: 30 jun. 2021.

CARVALHO NETO, Antonio *et. al*. Relações de trabalho na China: reflexões sobre um mundo que nos é ainda desconhecido. **XXXVI Encontro da ENPAD [...]**. Rio de Janeiro: EnANPAD 2012. Disponível em: https://bit.ly/2WlT4EJ. Acesso em: 28 set. 2021.

CARVALHO, Angelo Gamba Prata de. **Os contratos híbridos como formas de organização jurídica do poder econômico**: aspectos dogmáticos e a postura do CADE no caso Monsanto. (Monografia). Brasília: Universidade de Brasília, 2017, pp. 34. Disponível em: https://bit.ly/3NA37us. Acesso em: 1 jul. 2022.

CARVALHO, Angelo Gamba Prata de. Sociologia do poder nas redes contratuais. *In*: FRAZÃO, Ana; CARVALHO, Angelo Gamba Prata de (coord.). **Empresa, mercado e tecnologia**. Belo Horizonte: Fórum, p. 17-50, 2019.

CASAGRANDE, Cássio. A reforma trabalhista e a inconstitucionalidade da tarifação do dano moral com base no salário do empregado. **Revista Jurídica da Escola Superior da Advocacia da OAB-PR**, ano 2, n. 3, dez. 2017. Disponível em: https://bit.ly/3ANKj8b. Acesso em: 13 jul. 2022.

CASAGRANDE, Cássio. Terceirização e responsabilidade solidária: a aplicação da teoria dos contratos coligados no direito do trabalho. *In*: GOULART, Rodrigo Fortunato; VILLATORE, Marco Antônio. **Responsabilidade civil nas relações de trabalho**: reflexões atuais. Homenagem ao professor José Affonso Dallegrave Neto. São Paulo: LTr, p. 47-56, 2015.

CASAGRANDE, Cássio. Terceirização e responsabilidade solidária: a aplicação da teoria dos contratos coligados no direito do trabalho. *In*: GOULART, Rodrigo Fortunato; VILLATORE, Marco Antônio. **Responsabilidade civil nas relações de trabalho**: reflexões atuais. Homenagem ao Professor José Affonso Dallegrave Neto. São Paulo: LTr, p. 47-56, 2015.

CASTELLS, Manuel. **A sociedade em rede.** 18ª ed. São Paulo: Paz & Terra, 2017.

CASTRO, Ana Célia. Políticas de inovação e capacidades estatais comparadas: Brasil, China e Argentina. IPEA, **Texto para Discussão [...]**, Rio de Janeiro, n. 2106, jul. 2015.

CASTRO, Antônio Maria Gomes de. Análise da competitividade de cadeias produtivas. **Workshop cadeias produtivas e extensão rural na Amazônia [...]**. Manaus, 2000. Disponível em: https://bit.ly/3jvQjJW. Acesso em: 30 jun. 2021.

CASTRO, Roberto Carlos Siqueira. Dignidade da pessoa humana: o princípio dos princípios constitucionais. *In*: SARMENTO, Daniel; GALDINO, Flávio (org.). **Direitos fundamentais**: estudos em homenagem ao professor Ricardo Lobo Torres. Rio de Janeiro: Renovar, 2006.

CATHARINO, José Martins. **Neoliberalismo e sequela**. São Paulo: LTr, 1997.

CAVALCANTI, Tiago Muniz. **Sub-humanos:** o capitalismo e a metamorfose da escravidão. São Paulo: Boitempo, 2021.

CAVALIERI FILHO, Sergio. **Programa de responsabilidade civil.** 7ª ed. São Paulo: Atlas, 2007.

CESARA, Marques. América Latina lidera trabalho infantil em cadeias produtivas. **Brasil de Fato**, 18 nov. 2019. Disponível em: https://bit.ly/3dmljbN. Acesso em: 22 jun. 2021.

CHAKRABARTY, Dipesh. **Provincializing europe**: postcolonial thought and historical difference. Princeton: Princeton University Press, 2007.

COBÉRIO, Caio Graco Valle. **Os sistemas-mundo e a globalização.** Race: Unoesc, v. 7, n. 1, jan./jun. 2008, 53-70, pp. 59. Disponível em: https://bit.ly/2YyH5EA. Acesso em: 8 out. 2021.

COELHO, Fábio Ulhoa. **Curso de direito civil.** V. 2. Obrigações. Responsabilidade civil. 8ª ed. *E-Book*. São Paulo: Thompson Reuters Brasil, 2020.

COLLI, Juliana Marília. **A trama da terceirização:** um estudo do trabalho no ramo da tecelagem. Campinas – SP: Ed. Da Unicamp, 2000.

COLLINS, Hugh. Legal regulation of dependent entrepreneurs: comment. **Journal of institutional and theoretical economics**, v. 152, n. 1, p. 263-270, mar. 1996.

COMISSÃO Interamericana de Direitos Humanos (CIDH). **Protocolo Adicional à Convenção Americana sobre Direitos Humanos em Matéria de Direitos Econômicos, Sociais e Culturais, "Protocolo de San Salvador"**. Disponível em: https://bit.ly/37IgHMP. Acesso em: 12 abr. 2022.

CONECTAS Direitos Humanos. **Empresas e Direitos Humanos**: Parâmetros da ONU para proteger, respeitar e reparar. Relatório final de John Ruggie – Representante Especial do Secretário-Geral. 2011. Disponível em: https://bit.ly/3weQzn5. Acesso em: 22 mar. 2022.

CONFEDERAÇÃO Sindical Internacional (CSI). **Em prol da obrigatoriedade de diligência devida nas cadeias de abastecimento globais**, 2020. Disponível em: https://bit.ly/3MWzwvA. Acesso em: 30 maio 2022.

CORTE Interamericana de Direitos Humanos. **Caso dos Empregados da Fábrica de Fogos de Santo Antônio de Jesus e seus familiares Vs. Brasil.** Sentença, 15 jul. 2020. Disponível em: https://bit.ly/3IywI4N. Acesso em: 24 mar. 2022.

CORTE Interamericana de Direitos Humanos. **Caso Trabalhadores da Fazenda Brasil Verde Vs. Brasil.** Sentença, 20 out. 2016. Disponível em: https://bit.ly/3MGD599. Acesso em: 24 mar. 2022.

CORTE Internacional de Justiça. **Case Pulp Mills on the River Uruguay (Argentina *v.* Uruguay).** Julgamento 20 abr. 2010. Voto separado do Juiz Cançado Trindade, parágrafo 216. Disponível em: https://bit.ly/3sUAXTu. Acesso em: 25 maio 2022.

COSTA, Ana Cristina Rodrigues da; ROCHA, Érico Rial Pinto da. **Panorama da cadeia produtiva têxtil e de confecções e a questão da inovação.** Brasília: BNDES, Biblioteca Digital, 2009. Disponível em: https://bit.ly/36bTJd1. Acesso em: 4 jul. 2021.

COUTINHO, Grijalbo Fernandes. **Justiça política do capital**: a desconstrução do direito do trabalho por meio de decisões judiciais. São Paulo: Ed. Tirant Lo Blanch Brasil, 2021.

COUTINHO, Grijalbo Fernandes. **Terceirização**: máquina de moer gente trabalhadora. Ebook. São Paulo: LTr, 2015.

COUTINHO, Raianne Liberal. **Subordinação algorítmica**: há autonomia na uberização do trabalho? São Paulo: Ed. Dialética, 2021.

CRETELLA JÚNIOR, José. **Comentários à constituição brasileira de 1988**. Rio de Janeiro: Forense, 1991, v. 2.

CRISE na logística por causa de contêineres será longa e deve afetar empresas no Brasil. **Agência Infra**, 1 out. 2021. Disponível em: https://bit.ly/3DNSkZC. Acesso em 22 nov. 2021.

DAHINTEN, Augusto Franke; DAHINTEN, Bernardo Franke. Direito do consumidor como direito fundamental e o ensino superior. **Revista de Direito do Consumidor – RDC**, v. 106, jul./ago. 2015.

DALLEGRAVE NETO, José Affonso. **Responsabilidade civil no direito do trabalho**. 5ª ed. São Paulo: LTr, 2014.

DEANE, Tatiane. **Cooperação interempresarial**: um estudo de caso com quatro arranjos de micro e pequenas empresas. Dissertação de mestrado apresentada ao programa de pós-graduação em Engenharia de Produção da Universidade Federal do Rio de Janeiro – UFRJ. Rio de Janeiro: URFJ, 2010. Disponível em: https://bit.ly/38oPbkD. Acesso em: 30 ago. 2021.

DECLARAÇÃO do Rio sobre Ambiente e Desenvolvimento. Disponível em: https://bit.ly/3qmH01V. Acesso em: 12 mar. 2022.

DELGADO, Gabriela Neves. **Direito fundamental ao trabalho digno**. 2ª ed. São Paulo: LTr, 2015.

DELGADO, Gabriela Neves. Direitos humanos dos trabalhadores: perspectiva de análise a partir dos princípios internacionais do direito do trabalho e do direito previdenciário. **Revista dos Tribunais** (São Paulo. Impresso), v. 924, p. 417-436, 2012.

DELGADO, Gabriela Neves. Direitos humanos dos trabalhadores: perspectiva de análise a partir dos princípios internacionais do Direito do Trabalho e do Direito Previdenciário. **Revista do TST**, Brasília, v. 77, n. 3, jul./set. 2011.

DELGADO, Gabriela Neves. **Terceirização**: paradoxo do direito do trabalho contemporâneo. São Paulo: LTr, 2003.

DELGADO, Gabriela Neves; AMORIM, Helder Santos. A Inconstitucionalidade da Terceirização na Atividade-Fim das Empresas. **Revista do TST**, v. 80, p. 75-89, 2014.

DELGADO, Gabriela Neves; AMORIM, Helder Santos. **Os limites constitucionais da terceirização**. 2ª ed. São Paulo: LTr, 2015.

DELGADO, Gabriela Neves; BRITO, M. F. A Transparência Como Medida de Combate às Práticas de Trabalho Escravo em Cadeias Produtivas. **Revista do TST**, v. 84, p. 221-224, 2018.

DELGADO, Gabriela Neves; DUTRA, Renata Queiroz . Terceirização sem limites: crônica de uma tragédia social anunciada. **Revista Magister de Direito do Trabalho**, v. 87, p. 94-98, 2018.

DELGADO, Gabriela Neves; PEREIRA, Ricardo José Macêdo de Britto (org.). **Trabalho, Constituição e Cidadania**: a dimensão coletiva dos direitos sociais trabalhistas. São Paulo: LTr, 2014, p.78/96.

DELGADO, Gabriela Neves; RIBEIRO, Ana Carolina Paranhos de Campos. Os direitos sociotrabalhistas como dimensão dos direitos humanos. **Revista do TST**, Brasília, vol. 79, n. 2, p. 199-219, abr./jun. 2013.

DELGADO, Gabriela Neves *et. al*. **Plataformas digitais de consumo**: perspectivas e desafios de proteção justrabalhista para o divulgador digital. Salvador: Juspodivm, 2022.

DELGADO, Gabriela Neves. O trabalho como suporte de valor. **Revista da Faculdade de Direito da UFMG**, Belo Horizonte, n. 49, p. 63-80, jul./dez. 2006.

DELGADO, Maurício Godinho. **Capitalismo, trabalho e emprego**: entre o paradigma da destruição e os caminhos de reconstrução. São Paulo: LTr, 2006, p. 44.

DELGADO, Maurício Godinho. **Curso de direito do trabalho.** 18ª ed. São Paulo: LTr, 2010.

DELGADO, Mauricio Godinho. **Princípios de direito individual e coletivo do trabalho**. 4ª ed. São Paulo: LTr, p. 24-27, 2013.

DELGADO, Maurício Godinho; DELGADO, Gabriela Neves . A Declaração de 1998 da OIT sobre os Princípios e Direitos Fundamentais no Trabalho: parâmetros de um marco civilizatório e regulatório para os direitos humanos dos trabalhadores. **Revista da Associação Brasileira de Advogados Trabalhistas** - ABRAT, v. VI, p. 151-172, 2019.

DELGADO, Maurício Godinho; DELGADO, Gabriela Neves. A OIT e sua missão de justiça social. **Revista Pensamento Jurídico**, São Paulo, v. 13, n. 2, p. 424-448, jul./dez. 2019.

DELGADO, Maurício Godinho; DELGADO, Gabriela Neves. A proteção e a inclusão da pessoa humana trabalhador e do trabalho no Brasil República: fluxos e refluxos. Curitiba: **Revista Jurídica Unicuritiba**, v. 4, n. 57, 2019. Disponível em: https://bit.ly/3hQpiPW. Acesso em: 20 set. 2021.

DELGADO, Maurício Godinho; DELGADO, Gabriela Neves. **A Reforma Trabalhista no Brasil** – com os comentários à Lei n. 13.467/2017. São Paulo: LTr, 2017.

DELGADO, Maurício Godinho; DELGADO, Gabriela Neves. **A Reforma Trabalhista no Brasil** – com os comentários à Lei n. 13.467/2017. São Paulo: LTr, 2017.

DELGADO, Maurício Godinho; DELGADO, Gabriela Neves. **A reforma trabalhista no Brasil**: com os comentários à Lei n. 13.467/2017. São Paulo: LTr, 2017.

DELGADO, Mauricio Godinho; DELGADO, Gabriela Neves. As declarações de direitos da OIT e sua repercussão na fundamentação e na prática da missão de justiça social do poder judiciário trabalhista. *In*: IGREJA, Rebecca Lemos; NEGRI, Camil (org.). **Desigualdades globais e justiça social**: violência, discriminação e processos de exclusão na atualidade. Vol. 2. Brasília: Faculdade Latino-Americana de Ciências Sociais, p. 291-332, 2021.

DELGADO, Mauricio Godinho; DELGADO, Gabriela Neves. Constituição da República e estado democrático de direito: imperativos constitucionais convergentes sobre o direito civil e o direito do trabalho. **Justiça do Trabalho**, Porto Alegre, v. 29, n. 344, p. 7-29, ago. 2012.

DELGADO, Maurício Godinho; DELGADO, Gabriela Neves. O direito do trabalho na contemporaneidade: clássicas funções e novos desafios. **Revista Fórum Justiça do Trabalho**, Belo Horizonte, ano 33, n. 396, p. 11-30, dez. 2016.

DELGADO, Maurício Godinho; DELGADO, Gabriela Neves. A OIT e Sua Missão de Justiça Social. **Pensamento Jurídico**, v. 13, p. 424-448, 2019.

DESEMPENHO do PIB do Brasil no 2º trimestre fica em 38º em ranking de 48 países. **G1 *On-Line***, 1 set. 2021. Disponível em: https://glo.bo/3ztoaaX. Acesso em: 21 set. 2021.

DEZENAS morrem quando mais um incêndio em uma fábrica ataca Bangladesh. **PLU7**, 9 jul. 2019. Disponível em: https://bit.ly/3zEBASd. Acesso em: 2 set. 2021.

DIAS, Ana Valéria Carneiro *et al.* **Análise contemporânea da cadeia produtivo do setor automobilístico: aspectos relativos à capacitação tecnológica**. Biblioteca da Associação Brasileira de Engenharia de Produção, 1999. Disponível em: https://bit.ly/3yrttaT. Acesso em: 4 jul. 2021.

DIAS, Rafael Marques; ALMEIDA, Thalma Rosa (coord.). **Manual de atuação da coordinfância**: cadeias econômicas e exploração do trabalho infantil. Ministério Público do Trabalho. Brasília: Gráfica Movimento, 2014.

DIAS, Reinaldo. **Tópicos atuais em administração**: quarteirização. São Paulo: Alínea, 1998.

DICKEN, P. **Global shift**: transforming the world economy. London: Paul Chapman Publishing Ltd, 1999; COE, N.; DICKEN, P.; HESS, M. Global production networks: realizing the potential. **Journal of Economic Geography**, p. 271-295, 2008.

DROPPA, Alisson; BIAVASCHI, Magda Barros. A terceirização e a justiça do trabalho: a história da terceirização no setor de papel e celulose no rio grande do sul. **ANPUH – XXV Simpósio Nacional de História [...]**. Fortaleza, 2009. Disponível em: https://bit.ly/36ZrWwQ. Acesso em: 24 jul. 2021.

DRUCK, Maria da Graça. **Terceirização**: (des)fordizando a fábrica – um estudo do complexo petroquímico. 1ª ed. Salvador – Ba: EDUFBA – Editora da Universidade Federal da Bahia; São Paulo: Boitempo Editorial, 1999.

DUBY, George. **Economia rural e vida no campo no Ocidente medieval**. Lisboa: Edições 70, 1987.

DURKHEIM, Émile. **Da divisão social do trabalho**. Trad. Eduardo Brandão. 2ª Ed. São Paulo: Martins Fontes, 1999.

DUTRA, Renata Queiroz; COELHO, Ilana Barros. "Eles pensam que a gente é invisível": gênero, trabalho terceirizado e educação jurídica popular. **Revista Direito e Práxis**, [S.l.], v. 11, n. 4, p. 2359-2395, dez. 2020. Disponível em: https://bit.ly/3lWXGec. Acesso em: 19 out. 2021.

DUTRA, Renata Queiroz; FILGUEIRAS, Vitor Araújo. A polêmica sobre o conceito de terceirização e sua regulação. **Revista Trabalho e Desenvolvimento Humano**. Campinas – SP, Procuradoria Regional do Trabalho da 15ª Região, v.4, 2021.

DUTRA, Renata Queiroz; MATOS, Bianca Silva. A terceirização, o STF e o estado de exceção. **Revista Teoria Jurídica Contemporânea**, v. 4, p. 225-249, 2019.

EM relatório da ONU, Brasil é citado como exemplo na redução de fiscalização de trabalho escravo. **Conectas Direitos Humanos**, 16 set. 2020. Disponível em: https://bit.ly/2SiAECG. Acesso em: 22 jun. 2021.

ENEI, José Virgílio Lopes. Contratos Coligados. **Revista de Direito Mercantil**, São Paulo, Malheiros, n. 132, ano XLII, p. 111-128, out./dez. 2003.

ERMIDA URIARTE, Oscar; COLOTUZZO, Natalia. **Descentralización, tercerización, subcontratación., relaciones laborales, América Latina, países de la UE**. Lima: OIT, Proyecto FSAL, 2009. Disponível em: https://bit.ly/3Be9dLq. Acesso em: 16 jun. 2021.

EVANS, Peter. **Beyond center and periphery**: a comment on the contribution of the world system approach to the study of development. Sociological Inquiry, n. 49 (4), 1979.

FACCHINI NETO, Eugênio. A constitucionalização do direito privado. **Iurisprudentia – Revista da Faculdade de Direito da AJES**, v. 2, n. 3, 2013. Disponível em: https://bit.ly/3MupWQx. Acesso em: 19 maio 2022.

FACHIN, Melina Girardi *et. al*. Ponto cego do direito internacional dos direitos humanos: uma superação do paradigma estatocêntrico e a responsabilidade internacional de empresas violadoras de direitos humanos. **Homa Publica – Revista Internacional de Direitos Humanos e Empresa**, vol. 1, n. 1, jun./nov. 2016.

FAIR Labor Association. ***2006 Annual Public Report***. Disponível em: https://bit.ly/3umg5Fy. Acesso em: 8 abr. 2022.

FALK, R. A.; HANRIEDER, W. H. (org.). **International law and organization**. Filadélfia: Lippincott, 1968, 45-67.

FARIAS, Cristiano Chaves de; ROSENVALD, Nelson; BRAGA NETTO, Felipe Peixoto. **Curso de direito civil**. V. 3. Responsabilidade civil. Salvador: Ed. JusPodivum, 2016.

FEENEY, Patricia. A luta por responsabilidade das empresas no âmbito das Nações Unidas e o futuro da agenda do advocacy. **Revista Internacional de Direitos Humanos – SUR**, v. 6, n. 11, p. 175-191, dez. 2009.

FELICIANO, Guilherme Guimarães. Direito do trabalho, terceirização e contratos de fornecimento industrial: notas sobre a responsabilidade jurídica de clientes e fornecedores. Campinas: **Revista do Tribunal Regional do Trabalho da 15ª Região**, n. 30, 2007.

FERNANDES, Rafaela Neiva. Por trás dos panos: o trabalho escravo no setor têxtil brasileiro e a responsabilização jurídica das grifes. **Boletim Científico ESMPU**, Brasília, a.18, n. 53, p. 233-258, jan./jun. 2019.

FERNÁNDEZ, Juan Jiménez. **La Responsabilidad Social de las empresas, cómo entenderla, cómo afrontarla**: una perspectiva sindical. Albacete Altaban, 2007, p. 38; ARAGÓN, J.; ROCHA, F. **La Responsabilidad Empresarial en España: una aproximación desde la perspectiva laboral**. Madrid: Ministerio de Trabajo y Asuntos Sociales, 2004.

FERREIRA, Jussara Suzi Assis Borges Nasser; FERREIRA FILHO, Adelino Borges. Responsabilidade civil dos grupos econômicos, solidariedade e prevenção: análise econômica e jurídica. **Revista dos Tribunais Online**, v. 998/2018, p. 29-51, nov. 2018.

FILGUEIRAS, Vitor Araujo *et. al.* Os impactos juridicos, economicos e sociais das reformas trabalhistas. **Cadernos CRH**, Salvador, v. 32, n. 86, p. 231-252. Disponível em: https://bit.ly/3qmo7vN. Acesso em: 19 mar. 2022.

FILGUEIRAS, Vitor Araújo. Terceirização e trabalho análogo ao escravo: coincidência? **Repórter Brasil**, 24 jun. 2014. Disponível em: https://bit.ly/3akOjyr. Acesso em: 8 out. 2021.

FILGUEIRAS, Vitor Araújo; CAVALCANTE, Sávio Machado. Terceirização: um problema conceitual e político. **Le Monde Diplomatique Brasil**. Ed. 90, 6 jan. 2015. Disponível em: https://bit.ly/3spYieD. Acesso em: 7 fev. 2022.

FLEURY, Afonso; FLEURY, Maria Tereza Leme. **A reconfiguração das cadeias globais de valor (global value chains) pós-pandemia**. Estudos Avançados, n. 34 (100). São Paulo, Scientific Electronic Library Online – SciELO, 2020. Disponível em: https://bit.ly/3mlZRXU. Acesso em: 5 out. 2021.

FLORES, Joaquín Herrera. **A (re)invenção dos direitos humanos**. Trad.: Carlos Roberto Diogo Garcia *et al.* Florianópolis: Boiteux, 2009.

FORNASIER, Mateus de Oliveira; FERREIRA, Luciano Vaz. Complexidade, globalização e regulação jurídica: a conduta das empresas transnacionais e suas possibilidades de normatização. Londrina, **Scientia Iuris**, vol. 19, n. 2, p. 73-100, dez. 2005.

FORNASIER, Mateus de Oliveira; FERREIRA, Luciano Vaz. Complexidade, globalização e regulação jurídica: a conduta das empresas transnacionais e suas possibilidades de normatização. Londrina, **Scientia Iuris**, vol. 19, n. 2, p. 73-100, dez. 2005.

FOXCONN investiga condições de trabalho em fábrica na China que produz Echo e Kindle para a Amazon. G1 *On Line*, 11 jun. 2018. Disponível em: https://glo.bo/3Gf4ADQ. Acesso em: 25 out. 2021.

FRANCO JÚNIOR, Hilário. **A Idade Média, nascimento do ocidente**. São Paulo: Brasiliense, 2006.

FRAZÃO, Ana. Grupos societários no Direito do Trabalho e a reforma trabalhista. **Revista do TST**, São Paulo, vol. 83, n. 4, p. 31-67, out./dez. 2017.

FRAZÃO, Ana. Responsabilidade social empresarial. *In*: FRAZÃO, Ana (org.). **Constituição, empresa e mercado**. Brasília: Faculdade de Direito – UnB, p. 200-223, 2017.

FUKUYAMA, Francis. **O fim da História e o último homem**. Rio de Janeiro: Rocco, 1992.

GAGLIANO, Pablo Stolze; PAMPLONA FILHO, Rodolfo. **Novo curso de direito civil**: responsabilidade civil. 4ª ed. São Paulo: Saraiva, 2006.

GALGANO, Francesco. **Trattato di diritto civile**. 2. ed. v. II. Padova: Wolters Kluwer, p. 217-218, 2010.

GARCIA, Gustavo Filipe Barbosa. **Reforma trabalhista**. 4. ed. Salvador: Juspodivm, 2018, p. 19.

GASTOS com Covid-19 aumentam desequilíbrios na conta corrente mundial, diz FMI. **CNN Brasil**, 02 ago. 2021. Disponível em: https://bit.ly/3EDnSSD. Acesso em: 21 set. 2021.

GAVIÃO, Juliana Venturella Nahas. A proibição da proteção deficiente. **Revista do Ministério Público do RS**, Porto Alegre – RS, n. 61, p. 93-111, maio/out. 2008.

GEMIGNANI, Tereza Aparecida Asta. Tutela inibitória: a eficácia da jurisdição pela superação da perspectiva monetizante. **Revista CEJ**, Brasília, Ano XXI, n. 73, p. 85-94, set./dez. 2017.

GEREFFI, Gary *et. al*. Introduction: global commodity chains. *In*: GEREFFI, Gary; KORZENIEWICZ, Miguel (Ed.). **Commodity chains and global capitalism**. Westport, CT: Praeger Publishers, 67-91, 1994.

GEREFFI, Gary *et. al.* Introduction: Globalisation, value chains and development. *In*: GEREFFI, Gary *et. al.* (Ed.). **Value of value chains**. IDS Bulletin. Institute of Development Studies, V. 32, n. 3, jul. 2001. Disponível em: https://bit.ly/3wa5RWD. Acesso em: 1 jul. 2021.

GEREFFI, Gary *et. al*. **The governance of global value chains**. Review of International Political Economy, v. 12:1, 78–104, 2005. Disponível em: https://bit.ly/3la1xEJ. Acesso em: 2 out. 2021.

GIOSA, Lívio. **Terceirização**: uma abordagem estratégica. 5ª ed. São Paulo: Pioneira, 1997.

GIOVANAZ, Daniel. Saída da Ford deve fechar 60 mil vagas na Bahia, onde 19,8% já estão desempregados. **Brasil de Fato**, 12 jan. 2021. Disponível em: https://bit.ly/3gBAI9t. Acesso em: 26 jul. 2021.

GITAHY, Leda. **Inovação tecnológica, subcontratação e mercado de trabalho**. São Paulo: São Paulo em Perspectiva, v. 8, n. 1, 144-153, jan./mar 1994. Disponível em: https://bit.ly/3jt3JWL. Acesso em: 30 ago. 2021.

GLOBAL Justice Now. **69 of the richest 100 entities on the planet are corporations, not governments, figures show**. 17 out. 2018. Disponível em: https://bit.ly/3hTZaDr. Acesso em: 24 set. 2020.

GOMES, Fábio de Barros Correia *et. al.* Projetos de Lei Ordinária Apresentados na Câmara dos Deputados entre 1999 e 2006: Tramitação Geral e dos Relacionados à Saúde. **E-Legis**, n. 02, 1º semestre, 2009. Disponível em: https://bit.ly/3N09IPE. Acesso em: 19 mar. 2022.

GOMES, Fábio de Barros Correia; CARVALHO, Eduardo Lopes de; REIS, Rodolfo. **Projetos de Lei Ordinária Apresentados na Câmara dos Deputados entre 1999 e 2006**: Tramitação Geral e dos Relacionados à Saúde. E-Legis n. 02, 1º sem. 2009, pp. 24. Disponível em: https://bit.ly/3mn7eOH. Acesso em: 25 jul. 2020.

GOMES, Orlando. Contratos. Atualizadores Antônio Junqueira de Azevedo e Francisco Paulo de Crescenzo Marino. Coord. bom Edivaldo Brito. 26ª ed. Rio de Janeiro: forense 2007.

GRANDORI, Anna. **An organizational assessment of interfirm coordination modes**. Organization Studies, v. 18, n. 6, 897-925, 1997.

GRANDORI, Anna; SODA, G. **Inter-firm networks**: antecedents, mechanisms and forms. Organization Studies, v. 16, n. 2, 183-214, 1995.

GRUPO de Trabalho da Sociedade Civil para a Agenda 2030. **V relatório luz da sociedade civil.** Agenda 2030 de desenvolvimento sustentável. Brasil, 2021. Disponível em: https://bit.ly/3rghhs4. Acesso em: 11 abr. 2022.

HABERMAS, Jürgen. **El derecho internacional en la transición hacia un escenario póscolonial.** Barcelona: Centro Cultural Contemporánea de Barcelona, 2008; HABERMAS, jürgen. La constitucionalización del derecho internacional público y el problema de legitimación de uma comunidade internacional constituída. *In*: SÁNCHEZ, Carbonell; BARNEY, Óscar Miguel Cruz (coord.). **Historia y Constitución**. Homenaje a José Luis Soberanes Fernández, Tomo II. Barcelona: Instituto de Investigaciones juridicas, p. 217-234, 2019.

HABERMAS, jürgen. La constitucionalización del derecho internacional público y el problema de legitimación de uma comunidade internacional constituída. *In*: SÁNCHEZ, Carbonell; BARNEY, Óscar Miguel Cruz (coord.). **Historia y Constitución.** Homenaje a José Luis Soberanes Fernández, Tomo II. Barcelona: Instituto de Investigaciones juridicas, p. 217-234, 2019.

HART, Herbert L. A. **O conceito de direito**. 4ª ed. Lisboa: Fundação Calouste Gulbenkian, 2005.

HAYEK, Friedrich A. **L'ordre politique d'um peuple libre**. PUF, 1983.

HAYEK, Friedrich August von. **O caminho da servidão**. Trad. Anna Maria Capovilla, José Ítalo Stelle e Liane de Morais Ribeiro. 5ª ed. Rio de Janeiro: Instituto Liberal, 1990.

HELLEINER, Eric. **States and the reemergence of global finance**: from bretton woods to the 1990s. lthaca: Cornell University Press, 1994.

HERNANDEZ, Julianna do Nascimento. **Empresas e direitos humanos**: uma análise das violações de direitos elementares trabalhistas na indústria da moda. Dissertação de metrado apresentada ao Programa de Pós-Graduação em Direito da Faculdade de Direito da Universidade Federal de Minas Gerais – UFMG. Belo Horizonte, 2018. Disponível em: https://bit.ly/2VfkICQ. Acesso em: 2 set. 2021.

HERNANDEZ, Julianna do Nascimento. **Empresas e direitos humanos**: uma análise das violações de direitos elementares trabalhistas na indústria da moda. Dissertação de metrado apresentada ao Programa de Pós-Graduação em Direito da Faculdade de Direito da Universidade Federal de Minas Gerais – UFMG. Belo Horizonte, 2018, pp. 74. Disponível em: https://bit.ly/2VfkICQ. Acesso em: 2 set. 2021.

HESSE, Konrad. **A força normativa da Constituição**. Trad. Gilmar Ferreira Mendes. Porto Alegre: Safe, 1991.

HESSEN, Johannes. **Filosofia dos valores**. Prefácio e trad.: L. Cabral de Moncada. 5. ed. Coimbra: Armênio Amado, 1980. *Apud*: DELGADO, Gabriela. O trabalho como suporte de valor. Revista da Faculdade de Direito da UFMG, Belo Horizonte, n. 49, jul./dez. 2006.

HEYNS, Christof *et. al*. Comparação esquemática dos sistemas regionais de direitos humanos: uma atualização. Trad. Luís Reyes Gil. **Revista Internacional de Direitos Humanos – SUR**, n. 4, jun., p. 160-169, 2006.

HIERREZUELO, Ricardo Diego; NÚÑEZ, Pedro Fernando. **Responsabilidad solidaria en el contrato de trabajo.** 4ª ed. Buenos Aires: Hammurabi, 2016.

HOBSBAWN, Eric. **Entrevista sobre el siglo XXI.** Barcelona: Crítica, 2000.

HOLANDA, Marcus Mauricius. **Análise constitucional do acesso ao trabalho digno, como instrumento do desenvolvimento econômico e social.** 3ª ed. Rio de Janeiro: Lumen Iuris, 2021.

HOPKINS, Terence K.; WALLERSTEIN, Immanuel. **Commodity chains in the world economy prior to 1800.** Review, 157-170, 1986.

HOPKINS, Terence; WALLERSTEIN, Immanuel. **World Systems Analysis**: Theory & Methodology. Beverly Hills: Sage Publications, 1982.

HOPKINS, Terrence; WALLERSTEIN, Immanuel. **Patterns of development of the modern world-system.** Review, 1(2), 11-145, 1977.

HUBERMAN, Leo. **A história da riqueza do homem.** 16ª ed. Trad. Waltensir Dutra. Rio de Janeiro: Zahar, 1981.

HUMPHREY, John; SCHMITZ, Hubert. **Governance in global value chains.** Institute of Development Studies – IDS Bulletin, n. 32.3, 2001. Disponível em: https://bit.ly/3uzqxbm. Acesso em: 2 out. 2021.

IDS Bulletin. **Institute of Development Studies**, v. 32, n. 3, jul 2001. Disponível em: https://bit.ly/3wa5RWD. Acesso em: 1 jul. 2021.

Internacional do Trabalho (OIT). **Convenção 138 sobre A Idade Mínima de Admissão ao Emprego**. Aprovada pelo Decreto n. 10.088/2019.

Internacional do Trabalho (OIT). **Convenção 182 sobre Proibição das Piores Formas de Trabalho Infantil e Ação Imediata para sua Eliminação** (1999). Ratificada, no Brasil, pelo Decreto n. 3.597/2000, revogado e substituído pelo Decreto n. 10.088/2019.

INTERNATIONAL Finance Corporation (IFC). **IFC's Sustainability Framework: From Policy Update to Implementation.** Disponível em: Acesso em: https://bit.ly/3GvSkzg. 30 maio 2022.

JARDIM, Lauro. Ministério do Trabalho associa terceirização a trabalho escravo. **O Globo**, 14 fev. 2017. Disponível em: https://glo.bo/3gJGMxl. Acesso em: 21 jun. 2021.

JESSUP, P. **Transnational Law.** New Haven: Yale University Press, 1956, p. 01-08. Disponível em: https://www.jstor.org/stable/1598310. Acesso em: 1 abr. 2022.

JESUS, Damásio de. **Direito penal.** Parte Geral. 32ª ed. São Paulo: Saraiva, 2011.

JOFFRE, Patrick. L'économie des coûts de transaction. *In*: KOENIG, Gérard (ed.). **De nouvelles théories pour gérer l'entreprise**. Paris: Économica, 1987.

JULIOS-CAMPUZANO, Afonso de. **Constitucionalismo em tempos de globalização.** *E-Book*. Trad. Jose Luiz Bolzan de Morais e Valéria Ribas do Nascimento. Porto Alegre: Livraria do Advogado, 2009, pos. 1970.

Kelsen, Hans. **Princípios do Direito Internacional.** Ijuí: Unijuí, 2010.

KLASSMANN, Bruna. Nova edição da 'lista suja' do trabalho escravo tem 92 nomes de empregadores. **Proteção**, 13 abr. 2021. Disponível em: https://bit.ly/3uVc9KD. Acesso em: 2 jun. 2021.

KREIN, José Dari; ABÍLIO, Ludmila; BORSARI, Pietro. A despadronização do tempo de trabalho: múltiplos arranjos e sofisticação dos mecanismos de controle de jornada. *In*: KREIN, José Dari *et. al*. **O trabalho pós-reforma trabalhista (2017)**. Vol. 1. *E-book*. São Paulo: Cesit – Centro de Estudos Sindicais e de Economia do Trabalho, p. 252-282, 2021.

KREIN, José Dari; BUARQUE, Carolina de Prá Camporez. Apresentação. *In*: KREIN, José Dari *et. al*. **O trabalho pós-reforma trabalhista (2017)**. Vol. 1. *E-book*. São Paulo: Cesit – Centro de Estudos Sindicais e de Economia do Trabalho, p. 18-55, 2021.

LEAL, Pastora do Socorro Teixeira Leal; ZWICKER, Igor de Oliveira. A responsabilidade objetiva do empregador à luz da proteção constitucional conferida ao meio ambiente do trabalho. **Revista Veredas do Direito**, Belo Horizonte, v. 16, n. 35, p. 149-189, maio/ago. 2019.

LEMOS, Mario Luiz Freitas *et. al*. **Agregação de valor na cadeia da soja**. Brasil, BNDES Setorial, n. 46, set. 2017, p. 167-217.

LEONARDO, Rodrigo Xavier. Os contratos coligados. *In*: BRANDELLI, Leonardo. **Estudos em homenagem à professora Véra Maria Jacob de Fradera**. Porto Alegre: Lejus, 2013.

LEONARDO, Rodrigo Xavier. **Responsabilidade civil contratual e extracontratual: primeiras anotações em face do novo código civil brasileiro**. Tuiuti - Ciência e Cultura. Curitiba, n. 30, maio 2002.

LIMA, Carlos Eduardo de Azevedo. Cadeias produtivas e a defesa dos direitos humanos dos trabalhadores. In: *In*: **Revista do Ministério Público do Trabalho**, Brasília, Ano XXVI, n. 51, p. 40-67, mar. 2016.

LIMA, Pedro Garrido C. **Posicionamento no sistema mundial e semiperiferia: evidências empíricas por meio de análise exploratória de dados no período 1950-2003**. Dissertação de Mestrado, Faculdade de economia, Programa de Pós-Graduação em Economia. Niterói, Universidade Federal Fluminense, 2007. Disponível em: https://bit.ly/3AuwM2t. Acesso em: 21 set. 2021.

LOBO, Jorge. **Contrato de *Franchising***. Rio de Janeiro: Forense, 1996.

LOCKE, Richard *et. al*. Más allá de códigos de conducta como el que rige para los proveedores de Nike. **Revista Internacional del Trabajo**, v. 126, n. 1-2, OIT, 2007.

LOPES, Inez. Sindicatos globais e a proteção dos direitos trabalhistas. *In*: DELGADO, Gabriela Neves; PEREIRA, Ricardo José Macêdo de Britto (Org.). **Trabalho, Constituição e Cidadania**: a dimensão coletiva dos direitos sociais trabalhistas. São Paulo: LTr, 2014.

MACEDO, Fausto. O grave cenário dos acidentes de trabalho no Brasil. **O Estado de São Paulo**, 8 ago. 2018. Disponível em: https://bit.ly/3gLaVwk. Acesso em 21 jun. 2021.

MACKAAY, Ejan; ROUSSEAU, Sthéphane. **Análise econômica do direito**. Tradução Rachel Sztajn. 2ª ed. *E-Book*. São Paulo: Atlas, 2015.

MADRIGALI, Mariana. Mercado de trabalho na China: transformações e avanços, **China Link Trading**, 6 nov. 2019. Disponível em: https://bit.ly/39FWncH. Acesso em: 27 set. 2021.

MAGALHÃES, Alline *et al*. Lobistas de bancos, indústrias e transportes estão por trás das emendas da Reforma Trabalhista. **The Intercept-Brasil**, 26 abr. 2017. Disponível em: https://bit.ly/3D83UxR. Acesso em: 4 out. 2021.

MAGALHÃES, Vera. Retaliações à inspeção do trabalho tentam desmantelar fiscalização. **Correio Braziliense**, Blog do Servidor, 17 jan. 2017. Disponível em: https://bit.ly/3KcC8UP. Acesso em: 5 abr. 2022.

MAIOR, Jorge Luiz Souto. **O direito do trabalho como instrumento de justiça social**. São Paulo: LTr, 2000.

MANDARINO, José Marcos Gontijo. **Tecnologia para produção do óleo de soja: descrição das etapas, equipamentos, produtos e subprodutos**. Ed. *E-book*. 2ª ed. Londrina: Embrapa Soja, 2015.

MARANHÃO, Délio. **Direito do Trabalho**. 14. ed. Rio de Janeiro: Fundação Getúlio Vargas, 1987.

MARGLIN, Sthepen A. Origem e funções do parcelamento das tarefas – para que servem os patrões? *In*: GORZ, André (org.). **Crítica da divisão do trabalho**. São Paulo: Martins Fontes, 2001.

MARIA, Estanislau. Terceirização e instalações são criticadas por ambientalistas. **Folha *On Line***, 12 abr. 2001. Disponível em: https://bit.ly/3zM16W7. Acesso em: 21 jun. 2021.

MARINONI, Luiz Guilherme. Tutela diferencia. 1. Tutela contra o ilícito (art. 497, parágrafo único, do CPC/2015). **Revista de Processo**, v. 245, jul. 2015. Disponível em: https://bit.ly/3ObEtAw. Acesso em: 18 jul. 2022.

MARIUTTI, Eduardo Barros. A perspectiva do sistema-mundo: fundamentos e tendências. *In*: VIEIRA, Pedro Antônio; LIMA VIEIRA, Rosângela de; FILOMENO, Felipe Amin (org). **O Brasil e o capitalismo histórico**: passado e presente na análise do sistema-mundo, Capítulo 2. São Paulo: Cultura Acadêmica Editora, 2012, p. 54

MARKOFF, John. **Wares of democracy**: social movements and political change. Thousand Oaks, California: Pine Forge Press, 1996.

MARLON, Tomazette. **Curso de direito empresarial**: teoria geral e direito societário, vol. 1., 8ª ed. São Paulo: Atlas, 2017.

MARQUES, Claudia Lima *In*: BENJAMIN, Antonio Herman V.; MIRAGEM, Bruno; MARQUES, Claudia Lima. **Comentários ao Código de Defesa do Consumidor**. 7ª ed. São Paulo, RT, p. 24; MARQUES, Claudia Lima. Diálogo entre o código de defesa do consumidor e o novo código civil: do diálogo das fontes no combate às cláusulas abusivas. **Revista de Direito do Consumidor**, v. 45, jan./mar. 2003.

MARQUES, Cláudia Lima. **Contratos no Código de Defesa do Consumidor**, São Paulo: Editora Revista dos Tribunais, 2002.

MARQUES, Cláudia Lima; MIRAGEM, Bruno (orgs.). **Doutrinas Essenciais de Direito do Consumidor**. Vol. II. São Paulo: Ed. RT, p. 25-49, 2010.

MARTIN, W. G. **Semiperipheral States in the World-Economy**. Westport: Greenwood Press, 1990.

MARTINEZ, Luciano. **Curso de direito do trabalho**. 12ª ed. São Paulo: Saraiva, 2021.

MARTÍNEZ-VELA, Carlos. **World Systems Theory**. ESD n. 83, 2001. Disponível em: https://bit.ly/3rCk51Z. Acesso em: 26 jul. 2021.

MARTINS, José Ricardo. **Immanuel Wallerstein e o sistema-mundo**: uma teoria ainda atual? Iberoamérica Social, 2015. Disponível em: https://bit.ly/368GSIy. Acesso em: 1 jul. 2021.

MARTINS, José Roberto. ***Branding***: um manual para você criar, gerenciar e avaliar marcas. 3ª ed. São Paulo: GlobalBrands, 2006.

MARX, Karl. **Capítulo VI Inédito de O Capital**: resultados do processo de produção imediata. Trad. Klaus Von Puchen. 2ª ed. São Paulo: Centauro, 2004.

MARX, Karl. **O capital**: crítica da economia política. L. 1, v. 1. Rio de Janeiro: Civilização Brasileira, 1975.

MASIERO, Gilmar. Organização e trabalho no Japão. **Revista de Administração de Empresas** - Fundação Getúlio Vargas, vol. 34, n. 1, 1994.

MAZZUOLI, Valerio de Oliveira. **Curso de direitos humanos**. Rio de Janeiro: Forense; São Paulo: Método, 2018.

MCGEE, Patrick. Apple torna-se primeira empresa a atingir US$ 3 trilhões em valor de mercado. **Folha de São Paulo**, 3 jan. 2022. Disponível em: https://bit.ly/37ANPpP. Acesso em: 18 mar. 2022.

MEDEIROS NETO, Xisto Tiago de. O dano moral coletivo e o valor da sua reparação. **Revista do TST**, Brasília, V. 78, n. 4, p. 288-304, out./dez. 2012.

MEDEIROS NETO, Xisto Tiago. MARQUES, Rafael Dias. **Manual de Atuação do Ministério Público na Prevenção e Erradicação do Trabalho Infantil**: Conselho Nacional do Ministério Público. Brasília: CNMP, 2013.

MEDIDA provisória que altera reforma trabalhista perde a validade nesta segunda. **Agência do Senado**, 20 abr. 2018. Disponível em: https://bit.ly/3mhy22M. Acesso em: 25 jul. 2020.

MEIRELES, Edilton. **Grupo econômico trabalhista**. São Paulo: LTr, 2002.

MEIRELES, Edilton. **Temas da reforma trabalhista**. São Paulo: LTr, 2018.

MERCANTE, Carolina Pereira. A responsabilidade social empresarial, os novos capitalistas e as relações de trabalho. *In*: **Revista do Ministério Público do Trabalho**, Brasília, Ano XX, n. 39, p. 429-442, mar. 2020.

MIGNOLO, Walter. The Geopolitics of Knowledge and the Colonial Difference. **The South Atlantic Quarterly** 101: 57–96, 2002.

MILES, Raymond. E.; SNOW, Charles C. **Organizations**: new concepts for new forms. California: Management Review, v. 28, n. 3, 62-73, 1986.

MILMO, Cahal; WASLEY, Andrew. The hard labour behind soft drinks. The Independent, 24 fev. 2012. Disponível em: https://bit.ly/3md0Zhy. Acesso em: 25 out. 2021.

MONGELARD, E. Corporate civil liability for violations of international humanitarian law. **International Review of the Red Cross**, v. 88, n. 863, set. 2006.

MOORI, Roberto Giro *et al.* **O papel do crédito bancário no desempenho da cadeia produtiva**: um estudo de caso na cadeia produtiva da avicultura de corte brasileira. Sistemas&Amp, Gestão, 8(3), 252–265, 2013. Disponível em: https://bit.ly/3dIaEbc. Acesso em: 4 jul. 2021.

MOORI, Roberto Giro; ZILVER, Moisés Ari. **Um estudo da cadeia de valores com a utilização da análise fatorial**. RAC, v. 7, n. 3, p. 127-147, jul./set. 2003.

MUCHLINSKI, Peter T. **Multinational Enterprises and the Law**. 2 ed. Oxford: Oxford University Press, 2007.

MURPHY, Sean D. Taking Multinational Corporate Codes of Conduct to the Next Level. **Columbia Transnational Law**, New York, v. 43, p. 1-55, 2005.

NASSIF, Elaine. **Transição ecológica, revolução digital e flexicurity pandêmica**: uma análise tridimensional das relações de trabalho o século XXI. Belo Horizonte: Instituto Declatra – RTM, 2021.

NETTO JUNIOR, Edmundo Antonio Dias et al. A desconstrução do caráter vinculante das normas sobre empresas e direitos humanos: da natureza voluntária dos princípios ruggie à voluntariedade das diretrizes nacionais. **Revista Internacional de Direitos Humanos e Empresas**, v. III, n. 2, p. 10-21, fev./jul. 2019.

NITAHARA, Akemi. Negros são maioria entre desocupados e trabalhadores informais no país. **Agência Brasil**, 13 nov. 2019. Disponível em: https://bit.ly/3voyWi8. Acesso em 19 out. 2021.

NO México, sindicatos denunciam impactos da regulamentação da terceirização. **Repórter Brasil**, 17 set. 2013. Disponível em: https://bit.ly/3xEvsrK. Acesso em: 21 jun. 2021.

NOLAN, Justine. Refining the Rules of the Game: The Corporate Responsibility to Respect Human Rights. **Utrecht Journal of International and European Law**, vol. 30, n. 78, p. 7-23, fev. 2014.

OLIVEIRA NETO, Alberto Emiliano. **Negociação coletiva transnacional**: acordos marco globais, sindicatos e globalização. Belo Horizonte: RTM, Instituto Edésio Passos, 2020.

OLIVEIRA, André Furtado de. Considerações iniciais acerca da construção unitária da teoria geral do subcontrato. **Revista dos Tribunais**, vol. 967/2016, DTR\2016\4676, 89-113, 2016.

OLIVEIRA, André Furtado de. Considerações iniciais acerca da construção unitária da teoria geral do subcontrato. **Revista dos Tribunais**, vol. 967/2016, DTR\2016\4676, p. 89-113, maio 2016.

OLIVEIRA, Carlos Roberto de. Interpretação das normas de direito do trabalho. *In*: MANNRICH, Nelson (coord.). **Reforma trabalhista**: reflexões e críticas. 2.ª ed. São Paulo: LTr, 2018.

OLIVEIRA, Elizabeth de Souza; LUCINI, Marizete. O pensamento decolonial: conceitos para pensar uma prática de pesquisa de resistência. **Boletim Historiar**, v. 8, n. 1, jan./mar. 2021, p. 97-115, pp. 3. Disponível em: https://bit.ly/3CNoEKH. Acesso em 8 nov. 2021.

OLIVEIRA, Guilherme Carmargo de. Apontamentos sobre repercussões previdenciárias da reforma trabalhista. *In*: SILVA FILHO, Carlos Fernando da *et al* (org.) **Reforma Trabalhista**: uma reflexão dos Auditores-Fiscais do Trabalho sobre os efeitos da Lei n. 13.467/2017 para os trabalhadores. São Paulo: LTr, 237-240, 2019.

OLIVEIRA, Ivan Tiago Machado; REIS, Cristina Fróes de Borja; BLOCH, Carolina Dubeux. A inserção do Brasil no comércio internacional de serviços e suas relações com cadeias globais de valor. *In*: OLIVEIRA, Ivan Tiago Machado; CARNEIRO, Flávio Lyrio; SILVA FILHO, Edison Benedito da (org). **Cadeias globais de valor, políticas públicas e desenvolvimento**. Brasília: Ipea, p. 571-618, 2017.

OLIVEIRA, Marco A. **Terceirização**: processos em xeque nas empresas. São Paulo: Nobel, 1994.

OLIVEIRA, Murilo C. S. O retorno da dependência econômica no direito do trabalho. Brasília: **Revista do TST**, vol. 79, n. 3, jul./set. 2013.

OLIVEIRA, Sebastião Geraldo. Estrutura normativa da segurança e saúde do trabalhador no Brasil. **Revista do Tribunal Regional do Trabalho da 3ª Região**, Belo Horizonte, v. 45, p. 107-130, jan./jun. 2007.

OLIVEIRA, Susan Elizabeth Martins Cesar. **Cadeias globais de valor e os novos padrões de comércio internacional: estratégias de inserção de Brasil e Canadá**. Brasília: FUNAG, 2015. Disponível em: https://bit.ly/3htVvMA. Acesso em: 15 set. 2021.

OLSSON, Giovanni; LAZARETTI, Isadora Kauana. Corporações transnacionais e elisão combinada de sistemas jurídicos: a dinâmica da precarização laboral glocalizante. Brasília - DF: **Revista Sobre Acesso à Jutiça e Dieitos nas Américas – Abya Yala**, v. 5, n. 2, p. 74-109, jul./dez. 2021.

ORGANIZAÇÃO das Nações Unidas (ONU) - Escritório de Drogas e Crimes (UNODC) - Escritório de Ligação e Parceria no Brasil. **Convenção das Nações Unidas contra a Corrupção**. Disponível em: https://bit.ly/3CGNgGr. Acesso em: 12 mar. 2022.

ORGANIZAÇÃO das Nações Unidas (ONU). **A Agenda 2030 para o Desenvolvimento Sustentável**. Set. 2015. Disponível em: https://bit.ly/3wJ8T83. Acesso em: 29 mar. 2022.

ORGANIZAÇÃO das Nações Unidas (ONU). **Convenção sobre os Direitos da Criança** (1998). Ratificada, no Brasil, pelo Decreto n. 88.710/1990.

ORGANIZAÇÃO das Nações Unidas (ONU). **Declaração e programa de ação de Viena**: conferência mundial sobre direitos humanos. Viena, jun. 1993. Disponível em: https://bit.ly/3KEDTtH. Acesso em: 12 mar. 2022.

ORGANIZAÇÃO das Nações Unidas (ONU). **Declaração Universal dos Direitos Humanos**. Disponível em: https://bit.ly/3rI I0ijd. Acesso em: 12 abr. 2022.

ORGANIZAÇÃO das Nações Unidas (ONU). **Draft UN Code of Conduct on Transnational Corporation**. Disponível em: https://digitallibrary.un.org/record/44947. Acesso em: 10 mar. 2022.

ORGANIZAÇÃO das Nações Unidas (ONU). **Pacto global** – rede Brasil. Disponível em: https://bit.ly/3CCBbSy. Acesso em: 12 mar. 2022.

ORGANIZAÇÃO Internacional do Trabalho (OIT) - Conferência Internacional do Trabalho. 105ª Sessão. Relatório IV. **Trabalho digno nas cadeias de abastecimento mundiais**. Genebra, OIT, 2016. Tradução em português Disponível em: https://bit.ly/3l705me. Acesso em: 22 jun. 2021.

ORGANIZAÇÃO Internacional do Trabalho (OIT). **Declaração da OIT sobre os princípios e direitos fundamentais no trabalho**. Disponível em: https://bit.ly/3wKGmio. Acesso em: 28 mar. 2022.

ORGANIZAÇÃO Internacional do Trabalho (OIT). **Declaração da OIT Sobre Justiça Social para uma Globalização Justa**. Disponível em: https://bit.ly/3NuaPY4. Acesso em: 29 mar. 2022.

ORGANIZAÇÃO Internacional do Trabalho (OIT). **Declaração Tripartida de Princípios Relativos a Empreendimentos Multinacionais e Política Social**. Disponível em: https://bit.ly/35Oq50X. Acesso em: 10 mar. 2022.

UNITED Natios (UN). **Guiding principles on business and human rights at 10: taking stock of the first decade**. Report of the Working Group on the issue of human rights and transnational corporations and other business enterprises. Geneva, jun. 2021. Disponível em: https://bit.ly/36Ku1R2. Acesso em: 03 abr. 2022.

ORGANIZAÇÃO Internacional do Trabalho (OIT). **Promoção do trabalho decente no Brasil**. Disponível em: https://bit.ly/3ITmKv0. Acesso em: 29 mar. 2022.

ORGANIZAÇÃO Internacional do Trabalho (OIT). **Recomendación sobre la relacón de trabajo**, 2006. Disponível em: https://bit.ly/36Vy78R. Acesso em: 5 abr. 2022.

ORGANIZAÇÃO Internacional do Trabalho (OIT). **Trabalho digno**. Disponível em: https://bit.ly/3OiYk2b. Acesso em: 12 abr. 2022.

ORGANIZAÇÃO Internacional do Trabalho (OIT). **Trabalho infantil**: estimativa global 2020. Jun. 2020. Disponível em: https://bit.ly/3LHIWKx. Acesso em: 3 abr. 2022.

ORGANIZAÇÃO Internacional do Trabalho *et. al.* **Ending child labour, forced labour and human trafficking in global supply chains**. International Labour Organization, Organisation for Economic Co-operation and Development, International Organization for Migration and United Nations Children's Fund, 2019. Disponível em: https://bit.ly/3zO6rMM. Acesso em: 22 jun. 2021.

ORGANIZAÇÃO Internacional do Trabalho. **Conferência internacional do trabalho acrescenta segurança e saúde aos princípios e direitos fundamentais no trabalho**, 10 jun. 2022. Disponível em: https://bit.ly/3A3Df5s. Acesso em: 17 ago. 2022.

ORGANIZAÇÃO Internacional do Trabalho. **Conferência internacional do trabalho acrescenta segurança e saúde aos princípios e direitos fundamentais no trabalho**, 10 jun. 2022. Disponível em: https://bit.ly/3A3Df5s. Acesso em: 17 ago. 2022.

ORGANIZAÇÃO internacional do trabalho. **Constituição da Organização Internacional do Trabalho (OIT) e seu Anexo (Declaração de Filadélfia)**. Disponível em: https://bit.ly/3vPFYin. Acesso em: 9 mar. 2022.

ORGANIZAÇÃO Internacional do Trabalho. **Convenção 155** (1981), ratificada pelo Decreto n. 1.254/1994, revogado e substituído pelo Decreto n. 10.088/2019.

ORGANIZAÇÃO Internacional do Trabalho. **Global Estimates of Child Labour**: Results and trends, 2012–2016, 2017. Disponível em: https://bit.ly/3BWbz2b . Acesso em: 19 out. 2021.

ORGANIZAÇÃO Internacional do Trabalho. **Normas internacionais do trabalho no Brasil.** Disponível em: https://bit.ly/3KB9lcK. Acesso em: 12 abr. 2022.

ORGANIZAÇÃO para Cooperação e Desenvolvimento Econômico – OCDE. **Diretrizes da OCDE para Empresas Multinacionais.** Disponível em: https://bit.ly/3ipemIX. Acesso em: 21 mar. 2022.

ORGANIZAÇÃO para Cooperação e Desenvolvimento Econômico (OCDE). **Diretrizes da OCDE para Empreendimentos Multinacionais**. Disponível em: https://bit.ly/3vQVmuS. Acesso em: 10 mar. 2022.

ORGANIZAÇÃO para Cooperação e Desenvolvimento Econômico (OCDE). **Due Diligence Guidance for Responsible Business Conduct**, 2018. Disponível em: https://bit.ly/3lUiHFF. Acesso em: 30 maio 2022.

ORGANIZACIÓN de las Naciones Unidas (ONU). **Proteger, respetar y remediar: un marco para las actividades empresariales y los derechos humanos**. Informe del Representante Especial del Secretario General sobre la cuestión de los derechos humanos y las empresas transnacionales y otras empresas comerciales, John Ruggie. Consejo de Derechos Humanos, 7 abr. 2008. Disponível em: https://bit.ly/3agzaS1. Acesso em: 25 maio 2022.

ORGANIZACIÓN Internacional del Trabajo. Conferencia Internacional del Trabajo. 87ª reúnion. **Memoria Del Director General:** Trabajo Decente. Oficina Internacional del Trabajo, Ginebra, jun. 1999. p. 14. Disponível em: https://bit.ly/3LqovBs. Acesso em: 29 mar. 2022.

ORGANIZACIÓN Internacional del Trabajo. Conferencia Internacional del Trabajo. 87ª reúnion. **Memoria del director general:** trabajo decente. oficina internacional del trabajo, Ginebra, jun. 1999. Disponível em: https://bit.ly/3LqovBs. Acesso em: 29 mar. 2022.

ORGANIZAÇIÓN Internacional del Trabajo. **Protocolo de 2014 relativo al convenio sobre el trabajo forzoso**, 1930. Disponível em: https://bit.ly/2FpSVqt. Acesso em: 27 jul. 2022.

ORGANIZAÇIÓN Internacional del Trabajo. **Recomendación sobre el trabajo forzoso (medidas complementarias)**, 2014. Disponível em: https://bit.ly/2Dk9z8l. Acesso em: 27 jul. 2022.

OURIQUES, Helton R.; SCHMIDT, Cristiane B. **O pré-sal no Brasil**: oportunidade de "upgrading" ou ilusão desenvolvimentista? Rev. Século XXI, Porto Alegre, v. 6, n. 2, 13-33, jul./dez. 2015. Disponível em: https://bit.ly/2Xv2gXv. Acesso em: 21 set. 2021.

OURIQUES, Helton Ricardo. O ressurgimento da China e suas consequências para a América Latina e o Brasil. *In*: VIEIRA, Rosângela (org.). **O Brasil, a China e os EUA na atual conjuntura da economia-mundo capitalista**. São Paulo: Cultura Acadêmica, 81-108, 2013.

OURIQUES, Helton Ricardo; VIEIRA, Pedro Antônio. **A condição semiperiférica do Brasil na economia-mundo capitalista**: novas evidências. Belo Horizonte: Rev. Carta Inter, v. 12, n. 3, 199-228, 2017.

PACHECO, Pedro Mercado. **El análisis económico del derecho**: una reconstrucción teórica. Madrid: Cento de Estudios Constitucionales, 1994.

PARADELLA, Rodrigo. Diferença cai em sete anos, mas mulheres ainda ganham 20,5% menos que homens. **Agência IBGE Notícias,** 08 mar. 2019. Disponível em: https://bit.ly/3jdwgzi. Acesso em: 19 out. 2021.

PARIZZI, João Hangenbeck; FIALHO, Lucas Silva. Liability companies for damages in their production chain: a study based on the reality of the brazilian garment industry. **Homa Publica** – Revista Internacional de Direitos Humanos e Empresa, vol. 4, jan/dez 2020.

PARLAMENTO Europeu. **Dever de diligência das empresas e responsabilidade empresarial.** Processo n. 2020/2129(INL). Res. P9_TA(2021)0073. Disponível: https://bit.ly/3PQSFkl. Acesso em: 30 maio 2022.

PENNAFORTE, Charles. **Uma pequena introdução ao pensamento de Immanuel Wallerstein.** Rio de Janeiro: Centro de Estudos em Geopolítica e Relações Internacional, 2011.

PEREIRA, Caio Mário da Silva. **Responsabilidade civil.** Atualização Gustavo Tepedino. *E-book.* 12ª ed. Rio de Janeiro: Forense, 2018.

PEREIRA, Caio Mário da Silva. **Responsabilidade civil.** Atualização Gustavo Tepedino. 12ª ed. Rio de Janeiro: Forense, 2018.

PERULLI, Adalberto. **Diritto del lavoro e globalizzazione.** Padova: Cedam, 1999.

PHILLIPS, N. **Unfree labour and adverse incorporation in the global economy**: comparative perspectives on Brazil and India. Economy and Society, n. 21, Vol. 42, n. 2, 171-196, 2013.

PHILLIPS, N.; SAKAMOTO, L. **Global production networks, chronic poverty and "slave labour" in Brazil.** Studies in Comparative International Development, Vol. 47, n. 2, 24 abr. 2012.

PINTO, Maria Cecília Alves. Terceirização de serviços: responsabilidade do tomador. **Revista do Tribunal Regional do Trabalho da 3ª Região**, Belo Horizonte, v. 39, n. 69, p. 123-146, jan./jun.2004.

PIORE, Michael J.; SABEL, Charles F. **The second industrial divide**: possibilities for prosperity. New York: Basic Books, 1984.

PIOVESAN, Flávia. Direito ao trabalho e a proteção dos direitos sociais nos planos internacional e constitucional. *In*: PIOVESAN, Flávia; CARVALHO, Luciana Paula Vaz de (coord.). **Direitos humanos e direito do trabalho.** São Paulo: Atlas, p. 3-31, 2010.

PIOVESAN, Flávia. **Direitos humanos e o direito constitucional internacional.** 12. ed. São Paulo: Saraiva, 2011.

PIRES, Marcos Cordeiro; MATTOS, Thais Caroline Lacerda. Reflexões sobre a disputa por hegemonia entre Estados Unidos e China na perspectiva do capitalismo histórico. **Revista de Relações Internacionais da UFGD**, v. 5., n. 9, 54-90, jan./jul. 2016.

PNAD Contínua: taxa de desocupação é de 14,6% e taxa de subutilização é de 29,3% no trimestre encerrado em maio. Agência IBGE Notícias, 30 jul. 2021. Disponível em: https://bit.ly/3AWfRVZ. Acesso em: 19 out. 2021.

POCHMAN, Márcio. Os trabalhadores na regressão neoliberal. *In*: OLIVEIRA, Dalila Andrade; POCHMANN, Márcio (org). **A devastação do trabalho**: a classe do labor na crise da pandemia. Brasília: Gráfica e Editora Positiva – Confederação Nacional dos Trabalhadores em Educação e Grupo de Estado sobre Política Educacional e Trabalho Decente, p. 31-54, 2020.

POCHMANN, Márcio. **A superterceirização do trabalho**. São Paulo: LTr, 2008.

POCHMANN, Márcio. **Sindeepres, Trajetórias da Terceirização**. São Paulo: Sindeepres, 2011. Disponível em: https://bit.ly/2WIurCk. Acesso em: 16 jun. 2021.

POCHMANN, Márcio. Terceirização desregulada e seus efeitos no mercado de trabalho no Brasil. **Revista do TST**, Brasília, vol. 80, n. 3, jul./set., p. 215-227, 2014.

POR acordo com senadores, reforma trabalhista deve ser alterada no Planalto. **Agência do Senado**, 13 jul. 2017. Disponível em: https://bit.ly/3BcOQhI. Acesso em: 25 jul. 2020.

PORTER, Michael E. **Vantagem competitiva**: criando e sustentando um desempenho superior. Rio de Janeiro: Campus, 1985.

PORTER, Michael. Competition in global industries: a conceptual framework. *In:* PORTER, Michael (Ed.). **Competition in global industries**. Boston: Harvard Business School Press, 1986.

PORTO, Lorena Vasconcelos. Natureza da responsabilidade – subsidiária ou solidária – na terceirização ilícita. *In*: TEPEDINO, Gustavo; MELLO FILHO, Luiz Phillipe Vieira de; FRAZÃO, Ana; DELGADO, Gabriela Neves (org.). Diálogos entre o Direito do Trabalho e o Direito Civil. 1ª ed. São Paulo: **Revista dos Tribunais**, 2013.

PRESSINOTT, Fernanda. Bunge lança programa para monitorar compras indiretas de soja. **Valor Econômico *On Line***, 03 mar. 2021. Disponível em: https://glo.bo/3qCIEgw. Acesso em: 14 nov. 2021.

PYL, Bianca. Roupas da Zara são fabricadas com mão de obra escrava. **Repórter Brasil**, 16 ago. 2011. Disponível em: https://bit.ly/3ouX959. Acesso em: 2 jun. 2021.

PYL, Bianca. Trabalho escravo é flagrado na cadeia da Pernambucanas. **Repórter Brasil**, 2 abr. 2011. Disponível em: https://bit.ly/3l9bFxp. Acesso em: 2 jun. 2021.

QUIJANO, Aníbal. **Colonialidade do poder, eurocentrismo e América Latina**. Buenos Aires, CLACSO – Consejo Latinoamericano de Ciencias Sociales, 2005. Disponível em: https://bit.ly/3CKWwYx. Acesso em: 8 nov. 2021.

RAMOS, André de Carvalho. **Curso de direitos humanos**. *E-Book*. 8ª ed. São Paulo: Saraiva Educação, 2021.

RAMOS, Gustavo Teixeira. **Responsabilidade solidária do tomador de serviços na terceirização**: fundamentos jurídicos sob perspectiva constitucional-democrática. Belo Horizonte: Ed. Dialética, 2021.

RECKZIELGEL, Tânia Regina Silva *et. al.* Terceirização e acidente de trabalho: responsabilidade civil do tomador de serviços. *In*: GOULART, Rodrigo Fortunato; VILLATORE, Marco Antônio. **Responsabilidade civil nas relações de trabalho**: reflexões atuais. Homenagem ao Professor José Affonso Dallegrave Neto. São Paulo: LTr, p. 425-434, 2015.

ROCHA, Afonso de Paula Pinheiro. **Responsabilidade civil trabalhista contemporânea**: delineamentos atuais e diretivas para o manejo da responsabilidade civil contemporânea no âmbito trabalhista. Tese de Doutorado, Curso de Pós-Graduação em Direito da Faculdade de Direito da Universidade de Fortaleza – UNIFOR, 2016.

ROCHA, Afonso de Paula Pinheiro. **Responsabilidade civil trabalhista contemporânea**: delineamentos atuais e diretivas para o manejo da responsabilidade civil contemporânea no âmbito trabalhista (Tese de Doutorado). Curso de Pós-Graduação em Direito da Faculdade de Direito da Universidade de Fortaleza – UNIFOR, agosto de 2016. Disponível em: https://bit.ly/3vFu4Xn. Acesso em: 3 ago. 2022.

RODOTÀ, Stefano. **El derecho a tener derechos.** Madri: Editorial Trotta, 2014.

RODRIGUES, José Antônio; MENDES, Gilmar de Melo. **Governança corporativa**: estratégia para geração de valor. Rio de Janeiro: Qualitymark, 2004.

RODRIGUES, Lorenna. Cade aprova compra de negócios de margarina e maionese da Bunge pela Seara. **Estadão *On Line*,** 18 nov. 2021. Disponível em: https://bit.ly/3kT8GbF. Acesso em 19 nov. 2021.

RODRIGUES, Mônica Nogueira. **Responsabilidade internacional de empresas e responsabilidade social corporativa no investimento internacional por violação do trabalho decente**. Dissertação de mestrado apresentada no Programa de Pós-Graduação em Direito da Pontifícia Universidade Católica de Campinas – PUC-Campinas. Campinas: PUC-Campinas, 2020. Disponível em: https://bit.ly/3KfQJOK. Acesso em: 3 mar. 2022, p. 74.

ROLAND, Manoela Carneiro (org.). **Reflexões sobre o Decreto 9571/2018 que estabelece diretrizes nacionais sobre empresas e direitos humanos**. Cadernos de Pesquisa, Universidade Federal de Juiz de Fora – MG, Centro de Direitos Humanos e Empresas – HOMA, v. 1, n. 7, dez. 2018. Disponível em: https://bit.ly/3z4QK61. Acesso em: 31 maio 2022.

ROSENFIELD, Cinara L.; PAULI, Jandir. Para além da dicotomia entre trabalho decente e trabalho digno: reconhecimento e direitos humanos. **Cad. CRH**, vol.25, n. 65, 319-329, 2012.

ROSENVALD, Nelson. **As funções da responsabilidade civil**. A reparação e a pena civil. São Paulo: Atlas, 2013.

ROTATIVIDADE de trabalhadores terceirizados contribui para o déficit da Previdência, diz presidente do IPEA. **Agência Brasil**, 5 mar. 2012. Disponível em: https://bit.ly/3iVdYDl. Acesso em: 21 jun. 2021.

RUGGIE, John Gerard. **Quando negócios não são apenas negócios**. *E-book*. Trad. Isabel Murray. São Paulo: Ed. Planeta Sustentável, 2014.

SAMPAIO, Aurisvaldo; CHAVES, Cristiano (coords.). **Estudos de direito do consumidor**: tutela coletiva (homenagem aos 20 anos da lei da ação civil pública). Rio de Janeiro: Lumen Juris, 2005.

SANTOS, Artur Henrique S.; JAKOBSEN, Kjeld A. O trabalho nas atuais transformações da globalização capitalista. *In*: OLIVEIRA, Dalila Andrade; POCHMANN, Márcio (org). **A devastação do trabalho**: a classe do labor na crise da pandemia. Brasília: Gráfica e Editora Positiva – Confederação Nacional dos Trabalhadores em Educação e Grupo de Estaduso sobre Política Educacional e Trabalho Decente, p. 9-30, 2020.

SANTOS, Boaventura de Sousa. Do pós-moderno ao pós-colonial. E para além de um e de outro. **Travessias**, Repositório Científico da Universidade de Coimbra, 2008. Disponível em: http://hdl.handle.net/10316/43227. Acesso em: 7 abr. 2022.

SANTOS, Boaventura de Sousa. O anti-sistema. **Sul21**, 10 fev. 2021. Disponível em: https://bit.ly/3LIizUo. Acesso em: 24 maio 2022.

SANTOS, Boaventura de Sousa. Os processos da globalização. **Revista Critica de Ciências Sociais**, Portugal, n. 125, p. set. 2021. Disponível em: https://bit.ly/3r6zo3N. Acesso em: 6 abr. 2022.

SANTOS, Boaventura de Sousa. Os processos da globalização. **Revista Critica de Ciências Sociais**, Portugal, n. 125, p. set. 2021. Disponível em: https://bit.ly/3r6zo3N. Acesso em: 6 abr. 2022.

SANTOS, Boaventura de Sousa. **Pelas mãos de Alice**: o social e o político na pós-modernidade. 10ª Ed. São Paulo: Cortez, 2005.

SANTOS, Boaventura de Sousa. **Pelas mãos de Alice**: o social e o político na pós-modernidade. 10ª Ed. São Paulo: Cortez, 2005.

SANTOS, Boaventura de Sousa. Poderá o direito ser emancipatório? **Revista Crítica de Ciências Sociais**, n. 65, 3-76, 2003.

SANTOS, Boaventura de Sousa. Postcolonialism, decoloniality, and epistemologies of the south. **Oxford Research Encyclopedias**, Literature, p. 1-30, 2021.

SANTOS, Boaventura de Sousa. Some theses on decolonizing history. **Seminar**, n. 743, p. 16-27, jul. 2021. Disponível em: https://bit.ly/3LMkgAq. Acesso em: 9 abr. 2022.

SANTOS, Enoque Ribeiro dos. O dumping social nas relações de trabalho: formas de combate. **Revista do TRT da 3ª Região.** Disponível em: https://bit.ly/3vNYE21. Acesso em: 9 mar. 2022.

SANTOS, Jorgete Vitorino Clarindo dos. A nova lei alemã de diligência em cadeias de fornecimento: novas tarefas para o departamento de compliance de empresas multinacionais. **Revista Científica do CPJM**, Rio de Janeiro, V. 1, n. 03, 2022. Disponível em: https://bit.ly/3NFvpUI. Acesso em: 30 maio 2022.

SARMENTO, Daniel. A vinculação dos particulares aos direitos fundamentais no direito comparado e no Brasil. *In*: BARROSO, Luis Roberto (Org.). **A nova interpretação constitucional**: ponderação, direitos fundamentais e relações privadas. Rio de Janeiro: Renovar, 2003.

SARMENTO, Daniel. Os direitos fundamentais nos paradigmas liberal, social e pós--social (pós-modernidade constitucional?). *In*: SAMPAIO, José Adércio Leite (Org.). **Crise e desafios da Constituição**. Belo Horizonte: Del Rey, 2004.

SARMENTO, Daniel; GOMES, Fábio Rodrigues. A eficácia dos direitos fundamentais nas relações entre particulares: o caso das relações de trabalho. **Revista do TST**, vol. 77, n. 4, p. 60-101, out./dez. 2011.

SELWYN, Benjamim. **Global value chains or global poverty chains?** A new research agenda. Bringhton, United Kingdom, The Centre for Global Political Economy – CGPE, Working Paper n. 10, Jun. 2016.

SEVERO, Valdete Souto *et al*. Fundamentos à responsabilidade solidária e objetiva da tomadora de serviços na "terceirização". **Juslaboris**, jan. 2011. Disponível em: https://hdl.handle.net/20.500.12178/163353 . Acesso em: 20 jul. 2021.

SEVERO, Valdete Souto *et al*. Fundamentos à responsabilidade solidária e objetiva da tomadora de serviços na "terceirização". **Juslaboris**, jan. 2011. Disponível em: https://hdl.handle.net/20.500.12178/163353. Acesso em: 20 jul. 2021.

SHAHID, Umar. Um lado obscuro da FIFA: os trabalhadores da bola no Paquistão. **Esquerda Online**, 29 jun. 2018. Disponível em: https://bit.ly/38eJiJX. Acesso em: 1 abr. 2022.

SHREIBER, Anderson. Responsabilidade civil e direito do trabalho. *In*: TEPEDINO, Gustavo; MELLO FILHO, Luiz Phillipe Vieira de; FRAZÃO, Ana; DELGADO, Gabriela Neves (org.). Diálogos entre o Direito do Trabalho e o Direito Civil. 1ª ed. São Paulo: **Revista dos Tribunais**, 2013.

SILVA, José Antônio Ribeiro de Oliveira. A saúde do trabalhador como um direito humano. **Revista do Tribunal Regional do Trabalho da 15ª Região**, Campinas – SP, n. 31, 2007.

SILVER, Beverly J.; SLATER, Eric. The social origins of world hegemonies. *In*: ARRIGHI, Giovanni; SILVER, Beverly J. (org.). **Chaos and governance in the modern world system**. Minneapolis: University of Minnesota Press, 1999.

SIMMA, Bruno; ALSTON, Philip. The sources of human rights law: custom, jus cogens, and general principles. **The Australian Year Book of International Law**, v. 12. Disponível em: https://bit.ly/3GhudEB. Acesso em: 25 maio 2022.

SLEE, Tom. **Uberização:** a nova onda do trabalho precarizado. Tradução de João Peres. São Paulo: Editora Elefante, 2017.

SMITH, A. A Riqueza das nações: investigação sobre sua natureza e suas causas. V. 1. São Paulo: Abril Cultural, 1982.

SOBEL, Andrew C. **Domestic choices, internationol markets**: dismantling national barriers and liberalizing securities markets. Michigan: University of Michigan Press, 1994.

SOUTO MAIOR, Jorge Luís. O que é o direito social? *In*: CORREIA, Marcus Orione Gonçalves (Org.). **Curso de direito do trabalho**. V. 1 – Teoria geral do direito do trabalho. Col. Pedro Vidal Neto. São Paulo: LTr, 2007.

SOUTO MAIOR, Jorge Luiz. A terceirização sob uma perspectiva humanista. **Revista do TST**, Brasília, v. 70, n. 1, p. 119-129, jan./jun. 2004.

SOUTO MAIOR, Jorge Luiz; MOREIRA, Ranúlio Mendes Moreira; SEVERO, Valdete Souto. **Dumping social nas relações de trabalho**. São Paulo: LTr, 2012.

SOUZA, Rodrigo Trindade de. Punitive damages e o direito do trabalho brasileiro: adequação das condenações punitivas para a necessária repressão da delinquência patronal. **Cadernos da Escola Judicial do TRT da 4ª Região**, Porto Alegre, n. 9/2005, p. 35-67, maio 2011.

SPITZCOVSKY, Débora. 5 empresas envolvidas com trabalho escravo. **The Greenest Post.** Disponível em: https://bit.ly/3CZiKXt. Acesso em: 28 set. 2021.

SUN Tech fecha fábrica em São José e demite funcionários. **G1 Vale do Paraíba e Região**, 7 dez. 2015. Disponível em: https://glo.bo/3yjMlrG. Acesso em: 26 ago. 2021.

SUPIOT, Alain. **O espírito de Filadélfia**: a justiça social diante do mercado total. Porto Alegre: Sulina, 2015.

TARTUCE, Flávio. **Direito civil**, v. 3. Teoria geral dos contratos e contratos em espécie. *E-book*. 9ª ed. Rio de Janeiro: Forense, 2014.

TARTUCE, Flávio. **Manual de responsabilidade civil**. Volume único. Rio de Janeiro: Forense. São Paulo: Método, 2018.

TARTUCE, Flávio. **Manual de responsabilidade civil**. Volume único. Rio de Janeiro: Forense. São Paulo: Método, 2018.

TAYLOR, F. W. **Princípios de administração científica**. 8. ed. São Paulo: Atlas, 1990.

TEILTELBAUM, Alejandro; ÖZDEN, Melik. Sociedades transnacionales: actores mayores en las violaciones de los derechos humanos. **Cuaderno Crítico**, n. 10 - Business y Derechos Humanos, Centro Europa – Tercer Mundo (CETIM), Genebra, 2011. Disponível em: http://www.cetim.ch/es/documents/cuaderno_10.pdf. Acesso em: 30 mar. 2022.

TEIXEIRA, Adriano Lopes Almeida. Mais-valia ou mais-valor? **Revista Economia Ensaios**, Universidade Federal de Uberlândia – UFU, n. 34(2), jan./jul. 2020. Disponível em: Acesso em: https://bit.ly/30Uzq4U. 23 nov. 2021.

TEUBNER, Gunther. A bukowina global sobre a emergência de um pluralismo jurídico transnacional. **Impulso**, Piracicaba, v. 13, n. 33, p. 9-31, 2003.

TEUBNER, Gunther. Autoconstitucionalização de corporações transnacionais? Sobre a conexão entre os códigos de conduta corporativos (*Corporate Codes of Conduct*) privados e estatais. Trad. Ivar Hartmann. Rev. Germano Schwartz. *In*: SCHWARTZ, Germano (org.). **Juridicização das esferas e fragmentação do direito na sociedade contemporânea**. Porto Alegre: Livraria do Advogado, 2012.

TEUBNER, Gunther. **Networks as connected contracts**. *E-Book*. Oxford: Hart Publishing, 2011.

TEUBNER, Gunther. **Networks as connected contracts**. *E-Book*. Oxford: Hart Publishing, 2011.

TEUBNER, Gunther. The Project of Constitutional Sociology: Irritating Nation State Constitutionalism. **Transnational Legal Theory**, 4:1, p. 44-58, 2013.

TILLY, Charles. **Globalization threatens labor's rights**. International Labor and Working-Class History, n. 47, 1-13, 1995.

TORRES, Andreza Cristina Baggio. **Teoria Contratual Pós-Moderna**: as redes contratuais na sociedade de consumo. Curitiba: Juruá, 2007.

TRABALHO infantil cai em 2019, mas 1,8 milhão de crianças estavam nessa situação. **Agência IBGE Notícias**, 17 dez. 2000. Disponível em: https://bit.ly/2Z39eEq. Acesso em: 19 out. 2021.

TREVISOL, Marcos Zanette. **A cadeia global de valor da Coca-Cola**: avaliação de oportunidades para uma empresa terceirizada do sul do Brasil. Monografia do curso de Ciências Econômicas da Universidade Federal de Santa Catarina. Florianópolis: UFSC, 2017. Disponível em: https://bit.ly/2WDRWwp. Acesso em: 1 set. 2021.

TRINDADE, Antônio Augusto Cançado. **Desafios e conquistas do direito internacional dos direitos humanos no início do século XXI**. Organization of American States – OAS, More Rights for More People, p. 407-490, ago. 2006. Disponível em: https://bit.ly/3wSWRr4. Acesso em: 25 maio 2022.

TRINDADE, Otávio Cançado. A constitucionalização do direito internacional: mito ou realidade? **Revista de Informação Legislativa**, Brasília, a. 45, n. 178, p. 271-284, abr./jun. 2008. Disponível em: https://bit.ly/3Kdn61Y. Acesso em: 31 mar. 2021.

UNIÃO Europeia. **Regulamento (EU) n. 821/2017 do Parlamento Europeu e do Conselho Europeu**. 17 maio 2017. Estabelece obrigações referentes ao dever de diligência na cadeia de produção que incumbe aos importadores de estanho, de tântalo e de tungsténio, dos seus minérios, e de ouro, provenientes de zonas de conflito e de alto risco. Disponível em: https://bit.ly/3N3zD8y. Acesso em: 30 maio 2022.

UNIÃO Europeia. **Regulamento (EU) n. 995/2010 do Parlamento Europeu e do Conselho Europeu**. 20 out. 2010. Fixa obrigações dos operadores que colocam no mercado madeira e produtos da madeira. Disponível em: https://bit.ly/3N3ywpo. Acesso em: 30 maio 2022.

UNITED Nations (UN) – Office of the High Commissioner. **The corporate responsibility to respect human rights** – an interpretive guide. New York and Geneva, fez. 2012. Disponível em: https://bit.ly/3PI15un. Acesso em: 25 maio 2022.

UNITED Nations (UN). **Grupo de Trabalho Intergovernamental sobre Empresas Transnacionais e Outras Empresas Comerciais com Respeito aos Direitos Humanos**. Resolução 26/9. Documento ONU A/HRC/RES/26/9. 14 jul. 2014. Disponível em: https://bit.ly/3qaggS3. Acesso em: 17 mar. 2022.

UNITED Nations (UN). **Legally binding instrument to regulate, in international human rights law, the activities of transnational corporations and other business enterprises**. 06 ago. 2020. Disponível em: Acesso em: https://bit.ly/3KPHtRO. 17 mar. 2022.

UNITED Nations. **Clarifying the concepts of "sphere of influence" and "complicity"**: report of the special representative of the secretary-general on the issue of human rights and transnational corporations and other business enterprises, John Ruggie. 2008. Disponível em: https://digitallibrary.un.org/record/633721. Acesso em: 16 mar. 2022.